완전공략 가이드

전공 일본어

영역별 기출문제집

머리말

임용고사를 준비하시는 많은 선생님들로부터 다음과 같은 질문을 받을 때가 있습니다.

“교수님, 저는 초수도 아니고요, 일본어에도 어느 정도 자신이 있어요. 그러니 임용고사에 합격하려면 어떤 부분을 공부해야 하는지 교수님께서 그 부분만 콕 집어서 좀 알려 주셨으면 좋겠어요.”

이런 질문을 들을 때마다 제 대답은 늘 똑같습니다.

“왕도는 없습니다. 다만 기출 문제를 꼭 풀어보세요. 그렇게 실력을 점검하시고 부족한 부분을 메우시면 도움이 될 겁니다.”

일본어 임용고사 기출 문제는 1997학년도 문제부터 2021학년도 문제까지, 상당한 양이 축적되어 있습니다. 그 사이에 교육과정도 여러 차례 개정되었고 시험 유형 자체도 여러 번 변경되었습니다. 2020학년도부터 도입된 새로운 유형은 일본어의 경우 2021학년도 시험에서 처음 선보였는데, 10점짜리 논술형 문제는 폐지되었고 전공A뿐 아니라 전공B에도 기입형 문항이 도입되면서 기입형 문제가 8문항에서 6문항으로 축소되었지만 결과적으로 A, B 유형 모두에서 서술형 문항이 11문항에서 17문항으로 증가하였습니다.

새로운 유형의 문제가 등장하면 옛 유형의 문제는 상대적으로 덜 중요하게 여겨지기도 합니다. 공부할 내용이 워낙 많다 보니 20년 전 기출 문제까지 굳이 살펴볼 필요가 있겠는가 하는 생각이 들 수도 있습니다. 하지만 작년에 시행된 2021학년도 일본어 임용고사 문제만 보더라도 A형 5번 문항의 정답인 CUP model(common underlying proficiency model)은 2011년 10번 문제에서 출제된 바 있었고 12번 문항 보기에 제시된 川柳 작품은 1997학년도 7번 문항에서도 나왔던 작품입니다. 이 밖에도 각 영역에 걸쳐 중요한 핵심 개념은 수 차례에 걸쳐 출제되고 있기 때문에 임용고사 기출 문제의 중요성은 역시 강조하지 않을 수 없습니다.

「彼を知り己を知れば百戦殆うからず」는 전쟁에서만 쓰이는 말은 아닐 겁니다. 그렇지만 기출 문제를 혼자서 풀어보고 정답을 찾는 과정은 그다지 쉽지 않습니다. 문제지는 한국교육과정평가원 홈페이지에서 찾아볼 수 있다고 해도 2009년에서 2012년 1차 객관식 문제를 제외하면 정답이 공개되어 있지 않기 때문에 공부하는 입장에서 어려움을 느끼는 분들도 많습니다.

본서는 그러한 분들을 위해서 기획되었습니다. 본서에서는 과거에 실시된 일본어 임용고사 기출 문제를 1997학년도부터 2021학년도까지 모두 모아 정리하였고 모범답안 및, 답안을 쓰는 데 필요한 지식에 대한 해설을 함께 실었습니다. 본서를 구상할 때에는 일본어 임용고사 이론서인 『완전공략가이드 전공 일본어』(2021, 우리교과서)와의 연계를 염두에 두고 그 순서에 따라서 각 영역을 나누되, 어학 부분은 음성/음운과 문자/표기, 어휘, 문법으로 세분화하였고, 작문/번역 영역과 지문 독해 영역을 추가하였습니다. 그리고 마지막 장인 PART 10에 2009학년도부터 2012학년도 2차 기출 문제를 따로 모았습니다.

공부할 때 같은 내용끼리 묶어서 공부하는 전략은 반복학습을 통한 장기 기억을 가능하게 합니다. 이에 착안하여 본서에서는 각 영역마다 핵심 주제에 따라 문제를 범주화하여 효과적인 학습이 이루어지도록 편집하였습니다. 먼저 주제별로 가장 핵심이 되는 문제를 대표 문제로 뽑아 그에 대한 해설을 한 후에, 같은 주제의 문제들은 '同範囲問題'라는 이름으로 묶어서 연속적으로 제시하였습니다.

각 페이지마다 실제로 답안을 적을 수 있는 칸도 만들어 놓았으니 시간을 정해 놓고 실전처럼 문제를 풀어보면서 현재 본인의 실력을 점검해 보기 바랍니다. 그 후 책 속의 책 '答案例'에 제시된 모범답안을 기준으로 스스로 채점을 하면서 오답 여부를 확인할 수 있습니다. 아울러 문제를 풀기 위한 배경 지식이나 유의점 등에 대해서는 '問題を解くために'에 간략한 해설을 실어 두었으니 참고하기 바랍니다.

만약 설명이 부족하다고 느껴진다면 『완전공략가이드 전공 일본어』(2021, 우리교과서)에 표시되어 있는 기출 연도를 지침 삼아 그 부분에 대한 설명을 읽어보아도 좋겠습니다. 참고로, 지면상의 제약으로 인해 PART 9 지문 독해 영역에는 모범답안만 제시하였고 PART 10에 정리해 둔 2009~2012학년도 2차 기출 문제의 경우, 서술형과 논술형 문제라서 다양한 답안 작성이 가능하기 때문에 일부 문제를 제외하고는 모범답안과 해설을 생략하였습니다.

어느 시험이나 마찬가지겠지만 기출 문제 분석은 합격을 위해 반드시 정복해야만 하는 과정입니다. 특히 임용고사처럼 출제 범위가 광범위한 경우, 어떤 부분을 중심으로 공부를 해야 하는지 갈피를 잡기 어려울 때 기출 문제를 풀어보는 연습은 현재 자신의 위치를 파악하기 위한 가장 객관적인 지표가 될 것이고, 기출 문제 분석을 통해 공부한 내용을 요약 정리하는 학습 전략은 합격으로 가는 지름길이 될 것으로 확신합니다. 모쪼록 임용고사 준비를 위해 매진하는 많은 분들께 이 책이 조금이나마 도움이 된다면 기쁘겠습니다.

임용고사는 정답이 공개되지 않는 시험이므로 이 책에 실린 답안만이 정답이라고 할 수는 없습니다. 전적으로 제 식견에 따라 작성된 예시 답안이니 여러분이 필요한 부분을 취사선택한 후 보완하고 싶은 부분을 더해 완벽한 답안을 만들어 나가기 바랍니다. 잘못된 지식을 전달하는 일이 없도록, 관련 전공 서적을 참고로 심사숙고하고 원어민에게 확인받는 과정을 거치며 최선을 다해 만든 답안입니다. 하지만 제가 작성한 답안과 다른 생각이 있다면 언제든지 고견을 전해 주시기 바랍니다. 감사한 마음으로 겸허하게 귀담아 듣겠습니다.

기획 단계에서부터 정성을 기울여 제 부족한 원고를 다듬어 책으로 만들어 주신 우리교과서 대표님과 관계자 여러분들께 깊은 감사의 말씀을 전합니다. 그리고 까다롭고 힘든 교정 작업을 도와주신 김종현 선생님과 우승희 선생님께도 진심으로 감사드립니다.

일본어 교사를 꿈꾸며 오늘도 최선을 다해 이 길을 걷고 있는 모든 수험생들께 5월을 맞아 존경의 마음을 담아 보냅니다.

2021년 5월 동소현

일러두기

01 본서에 실린 문제들은 모두 한국교육과정평가원에서 수험생들을 위해 제공하는 기출 문제지에서 발췌한 것입니다. 따라서 표기도 그 문제지에 실린 표기를 그대로 따랐습니다. 다만 2002학년도 이전의 문제에 대해서는 공개된 기출 문제지를 구할 수 없어 민혜정(2009) 편저 『신전공일본어』(현대고시사)의 표기를 따랐습니다.

02 실제 기출 문제지에서 요구하는 대로 한국어, 또는 일본어, 한자 또는 가나 문자로 답안을 쓰는 것을 원칙으로 삼아서 모범답안을 작성했습니다. 그러나 현재 시험 유형이 일본어로만 답안을 쓰게 되어 있음을 감안하여 한국어 답안을 일부러 일본어로 바꾸어 작성한 문제도 다수 있으니 참고하여 주기 바랍니다.

03 답안의 길이에 대해서는 실제 기출 문제지에서 요구하는 분량의 답안으로 작성하는 것을 원칙으로 하였으나 이해를 돕기 위해 다소 길게 작성한 답안도 있습니다. 어디까지나 예시 답안이므로 이를 참고로 하여 각자 간결하게 문장을 다시 정리하면서 실전에서 바로 사용할 수 있는 나만의 서술형 답안을 만들어 보면 좋겠습니다.

참고 사이트

- https://www.kice.re.kr/boardCnts/list.do?boardID=1500212&searchStr=&m=030306&s=kice (한국교육과정평가원 자료마당 중등교사 임용시험)
- http://ncic.go.kr (국가교육과정정보센터)

차례

1 일본어 교육론

1 代表問題

교육과정

기입형

〈A〉は、2015改定教育課程による第2外国語科教育課程(教育部告示第2015-74号)の日本語 I 科目の「内容体系」の一部である。〈B〉の下線部を参考に、ⓐ、ⓑに当てはまることばを順番に書きなさい。[2点] 2018.A 기출 | 1

〈A〉

<table>
<tr><th>領域</th><th>核心要素</th><th>内容</th><th>機能</th></tr>
<tr><td rowspan="3">言語的内容</td><td>発音及び文字</td><td>・ひらがなとカタカナ、漢字
・清・濁音、長・短音、拗音、促音、拍、イントネーション
…(中略)…</td><td rowspan="3">・聴く
・聴いて理解する
・聴いて反応する
・話す
・表現する
・状況に応じて話す
・仮名と漢字を読む
…(後略)…</td></tr>
<tr><td>語彙</td><td>・ことばの基本意味と(ⓐ)意味
・ことばの結合関係
・(ⓑ)表現
・漢字の音読み・訓読み
…(中略)…</td></tr>
<tr><td>文法</td><td>・現代日本語文法
…(後略)…</td></tr>
</table>

〈B〉

- ○ あした、何か予定ありますか。天気だったら、いっしょに花見にでも行こうかと思って。
- ○ その作家は、若者の心をつかんだ作品を引き続き発表し、一気にベストセラー作家になった。
- ○ 子供をスキーに連れていったが、なかなかうまくならないので、骨が折れた。
- ○ 道草を食わなければ、今ごろおいしいお寿司を食べていたはずなのに。

メモ

メモ

正解

ⓐ、ⓑに当てはまることばは、ⓐ派生、ⓑ慣用的である。

解説

어휘의 기본 의미는 그 단어가 다른 단어와 결합할 때 그 결합 관계에 따라 여러 가지 의미로 변화하게 되는데 이를 파생 의미라고 한다. 또한 어휘의 의미는 언어적, 사회적, 문화적 요인 등에 따라 의미의 상승이나 하강, 특수화와 일반화 등 다양하게 변화할 수 있다. 〈B〉의 예문에 나오는 단어 「天気」는 원래 중립적인 의미로서의 날씨를 의미하지만 예문에서처럼 좋은 날씨라는 뜻으로 쓰일 수 있고(意味の上昇) 동사 「つかむ」는 추상적인 내용을 대상으로 취하는 경우 의미도 추상적으로 변화한다. 그 밖에도 「骨が折れる」, 「道草を食う」와 같은 관용적 표현에서도 이와 같은 어휘의 의미 변화를 발견할 수 있다. 참고로 2015개정 교육과정 제2외국어과 교육과정(교육부고시 제2015-74호) 일본어 I 과목 중에서 내용 체계에 해당하는 내용은 다음과 같다.

1 代表問題

가. 내용 체계

영역	핵심 요소	내용	기능
언어적 내용	발음 및 문자	• 히라가나와 가타카나, 한자 • 청・탁음, 장・단음, 요음, 촉음, 박(拍), 억양 *국어의 가나 표기법, 외래어 표기법 규정에 따라 표기한다.	• 듣기 • 듣고 이해하기 • 듣고 반응하기 • 말하기 • 표현하기 • 상황에 맞게 말하기 • 가나와 한자 읽기 • 읽고 이해하기 • 읽고 의미 파악하기 • 쓰기 • 가나와 한자 쓰기 • 문법에 맞게 쓰기
	어휘	• 낱말의 기본 의미와 파생 의미 • 낱말의 결합 관계 • 관용적 표현 • 한자의 음독・훈독 *[별표 Ⅱ]에 제시된 기본 어휘를 중심으로 500개 내외의 낱말을 사용한다.	
	문법	• 현대 일본어 문법 *[별표 Ⅰ]에 제시된 의사소통 기본 표현에 사용된 문법 내용과 [별표 Ⅱ]의 기본 어휘표에 제시된 문법 요소 내에서 다룬다.	
	의사소통 표현	• 인사, 소개, 배려 및 태도 전달, 의향 및 의사 전달, 정보 요구, 정보 제공, 행위 요구, 대화 진행 등의 의사소통 기능을 상황에 맞게 사용한다. *[별표 Ⅰ]에 제시된 의사소통 기본 표현을 참고한다.	
문화적 내용	문화	• 일본의 간략한 개관 • 언어 문화 • 비언어 문화 • 일상생활 문화 • 대중문화 *위에 제시한 소재는 선택적으로 다룰 수 있다.	• 이해하기 • 표현하기 • 발표하기 • 토론하기

メモ

1 同範囲問題

[答案例] 책속의 책 p.4

기입형

01

次の〈A〉は、2015改定教育課程による日本語Ⅰ科目「内容体系」「話す」の一部である。〈A〉の下線部に該当するものを〈B〉の下線部ⓐ～ⓓから1つ選んで、場面に合った表現に直し、それを仮名5文字で書きなさい。[2点]

2019.A 기출 Ⅰ1

〈A〉

言語文化は日常の言語生活または言語によって形成されるすべての文化の総称であり、依頼方法、承諾・断りの方法、呼称の方法、表現的特徴などがある。表現的特徴とは、慣用的表現、結婚式や病院で控えることば、…(中略)…、韓国語と表現方法が異なるものなどを言う。

〈B〉

見舞い客：ⓐ具合いはどうですか。入院されたって聞いて、びっくりしました。

患者：あ、ご心配ありがとうございます。おかげさまで、ずいぶんよくなりました。

見舞い客：そうですか。それはⓑひと安心ですね。あ、これⓒつまらないものですが、よかったらどうぞ。

患者：あ、私の大好きなお菓子。ありがとうございます。

…(中略)…

見舞い客：あ、もうこんな時間。そろそろ失礼しますね。では、ⓓさようなら。

メモ

1 同範囲問題

기입형

02

〈A〉は、2015改訂教育課程による第2外国語教育課程(教育部告示第2015－74号)の日本語Ⅰ科目に提示された「成就基準」の「学習要素」の一部を抜粋したものである。〈B〉の下線部ⓒとⓓを参考に〈A〉のⓐとⓑに入ることばをそれぞれ書きなさい。[2点]

2021.A 기출 | 1

〈A〉

- 挨拶：出会い、別れ、安否、外出、帰宅、訪問、食事、年末、新年、お祝い
- 紹介：自己紹介、家族紹介、他人紹介

…(中略)…

- 行為要求：依頼、指示、禁止、勧誘、助言・提案、許可、警告
- 会話進行：話しかけ、言いよどみ、(ⓐ)、あいづち、(ⓑ)
- 言語文化：依頼の仕方、受諾・断りの仕方、呼びかけの仕方、表現的な特徴など

〈B〉

鈴木：あ、山田さん。
山田：あ、鈴木さんじゃないですか。お久しぶりです。
鈴木：本当に久しぶりです。ご家族はどうしていますか。
山田：おかげさまでみんな元気にやっています。
鈴木：山田さんのお子さんも大きくなったでしょう。
山田：ええ。最近はあまり手がかからなくなりました。
鈴木：ⓒ<u>ところで、お仕事のほうはどうですか</u>。
山田：えーと……、実は会社が倒産してしまって……。
鈴木：ⓓ<u>えっ、倒産？</u>
山田：はい、そうなんですよ。
鈴木：それは大変ですね。今、うちの会社で中途採用をしているんですが、山田さん、興味ありますか。

メモ

山田 : どんなお仕事ですか。
鈴木 : 韓国語の本を日本に紹介することをメインにしている出版社です。
山田 : あ、おもしろそうですね。詳しいお話をお聞きしたいんですが……。
鈴木 : もしよろしければコーヒーでも飲みながら話しませんか。
山田 : ええ、ぜひお願いします。

メモ

1 同範囲問題

기입형

03

2015改定教育課程による[高等学校]日本語教科教育課程(教育部告示第2015–80号)で提示された日本語Ⅰの[会話]についての「成就基準」では、〈A〉、〈B〉のような状況を考慮し、〈C〉の項目が新たに追加された。ⓐ、ⓑに入ることばを漢字または仮名で書きなさい。[2点]

2017.A 기출 Ⅰ 1

〈A〉

あかね：先生、お時間ありますか。
先生　：はい、ありますよ。
あかね：相談したいことがあるんです。

〈B〉

あかね：みどりちゃん、時間ある？
みどり：うん、あるよ。
あかね：相談したいことがあるんだ。

〈C〉

○ 相手の(ⓐ)や(ⓑ)などの違いを知り、状況に応じて話す。

メモ

[答案例] 책속의 책 p.5

기입형

04

次の〈A〉は評価方法についての説明であり、〈B〉は〈A〉の(　　)に入る用語に関する説明である。(　　)に当てはまる用語を書きなさい。[2点]　2019.A 기출 I 6

〈A〉

2015改定教育課程による日本語Ⅰ科目「評価方向」には、教師による評価だけでなく、学生相互評価、(　　)も行うという旨が記されている。

〈B〉

- 言語学習は生涯続く自律学習であると考えられるので、この評価の重要性は高まっている。
- 職場などでこの評価を求められることも増え、今までに自分がどの言語をどのくらい学び、どのくらいできるのかを説明することが必要となっている。

メモ

1 同範囲問題

기입형

05 次の(　　)に共通して入ることばを書きなさい。[2点]

2018.A 기출 I 6

- 2015改定教育課程による第2外国語科教育課程(教育部告示第2015-74号)の日本語Ⅰ科目の「評価の方向」では、「学習(　　)を活性化し、学習過程についての記録を残し、自己評価資料として活用する」と示している。
- (　　)は長期にわたる学習において、その学習の目的に沿って学生個人が行った努力の過程を示すもので、発表やプレゼンテーションという実技の場だけでは現れないそれまでの努力を記すものである。
- (　　)評価の一番の長所は、学習者自身が評価に深く関わることで、その際、評価の視点や内容を学習者と教師が共有することも大事である。
- (　　)の目的としては、資料を基に学習者自身が内省し、自己評価を行うことでメタ認知能力を育成し、自律学習を促進することがあげられる。

メモ

기입형

06 ⓐとⓑに該当することばを漢字または仮名で書きなさい。[2点]

2014.A 기출 I 1

近年の韓国の日本語教育の現場では、「2009改訂教育課程による日本語Ⅰ科目教育課程」(教育科学技術部告示第2012-14号)の指針を受け、教育の主眼が言語の構造を中心とした学習から、言語疎通機能の習得へと移行しつつある。同教育課程で定められた「意思疎通基本表現」では、一つの形式が場面や状況、文脈などに応じて、さまざまな意思疎通機能を持ち得る。一例として、「~てくれ(~てください)」の場合、次のように、その意思疎通機能は実に多岐にわたる。

- ごめん。ちょっとその本貸してくれない？ (ⓐ)
- 遅れるわよ。ひろし、早く食べて! (指示)
- あっ、危ない、気をつけて! (警告)
- 早く元気になってくださいね。お大事に。(ⓑ)

「意思疎通基本表現」では、これらの意思疎通機能のうち、「(ⓐ)」「指示」「警告」は行為要求表現に、「(ⓑ)」は配慮及び態度伝達表現に分類されている。

メモ

1 同範囲問題

객관식

07

2007년 개정 고등학교 일본어과 교육과정(일본어 Ⅰ)에 제시된 '성격'의 내용으로 옳지 않은 것은? [1.5点]

2012.1차 기출 | 1

① 일본어 학습을 통해 일본 문화를 이해함과 동시에 우리 문화를 일본에 소개하는 역할도 수행할 수 있는 기초적인 능력을 기른다.

② 정보 활용의 중요성을 인식하고 필요한 정보를 일본어로 검색할 수 있는 능력을 길러 지식 기반 사회에 적응해 갈 수 있도록 한다.

③ 의사소통 기능과 장면에 따른 언어 행동 문화를 이해하고 상호 행위를 중시하는 일본어 학습과 문화 간 상호 이해력을 기르는 데 중점을 둔다.

④ 주변에 있는 일본어 관련 학습 자원을 스스로 활용하여 학습할 수 있는 습관을 기르는 수업이 되도록 하여 학습자의 자율성과 문제해결 능력을 신장시키는 데에 기여한다.

⑤ 일본어를 익혀 첨단 과학 기술 및 정치 · 경제면에서 점점 높아지고 있는 일본의 국제적 지위에 대응하고 우리나라와의 지리 · 역사적 관계에서 요구되는 교류 관계를 지속하도록 한다.

객관식

08

2007년 개정 고등학교 일본어과 교육과정(일본어 Ⅱ)에 제시된 '교수 · 학습 방법'에 대한 설명으로 옳은 것은? [2点]

2012.1차 기출 | 2

① 학습자의 오류에 대해서는 즉각적으로 수정한다.

② 학습자의 수준에 맞도록 교과서 내용을 재구성하여 사용한다.

③ 유창성보다는 정확성을 기르는 데 중점을 둔 학습이 되도록 한다.

④ 학습자의 지적 발달을 고려하여 계단형으로 학습 내용을 구성한다.

⑤ 교수 · 학습 계획은 의사소통 기능을 중심으로 한 학습보다는 언어의 구조를 습득할 수 있도록 수립한다.

メモ

객관식

09

2007년 개정 고등학교 일본어과 교육과정(일본어 Ⅰ)에 제시된 목표의 태도 항목으로 옳지 않은 것은? [1.5点]

2011.1차 기출 | 1

① 일본어 관련 학습 자원 활용의 필요성을 알고 스스로 활용하는 태도를 갖는다.
② 한・일 문화 교류의 필요성을 알고 적극적으로 교류하고자 하는 태도를 갖는다.
③ 의사소통 기능에 대한 학습의 중요성을 알고 체험을 통해 스스로 학습하는 태도를 갖는다.
④ 일본 문화에 대한 이해의 필요성을 알고 문화 관련 학습 자료에 관심을 갖고 스스로 학습하는 태도를 갖는다.
⑤ 의사소통 기능을 성공적으로 수행하기 위해서 유창성보다는 정확성을 기르는 데 중점을 두고 스스로 학습하는 태도를 갖는다.

객관식

10

2007년 개정 일본어과 교육과정에 제시된 목표의 문화 항목으로 옳지 않은 것은? [2点]

2010.1차 기출 | 1

① 일본인의 일상생활 문화를 이해한다.
② 일본인의 언어 행동 문화를 이해한다.
③ 일본의 중요한 전통문화와 대중문화를 이해한다.
④ 일본의 중요한 정치 문화와 종교 문화를 이해한다.
⑤ 한・일 양국 문화의 공통점과 차이점을 이해하여 문화의 다양성을 인식한다.

メモ

1 同範囲問題

객관식

11

2007년 개정 고등학교 일본어과 교육과정의 「의사소통 기본 표현」이다. ㄱ과 ㄴ의 의사소통 기능이 서로 같지 <u>않은</u> 것은? [2点] 2012.1차 기출 | 3

① ㄱ. さっきの話ですけど。
   ㄴ. 話はかわりますが、……。

② ㄱ. 来週日本へ行く予定です。
   ㄴ. 図書館に行こうと思っています。

③ ㄱ. 明日映画を見に行きませんか。
   ㄴ. 山下さんもさそってみましょうか。

④ ㄱ. どうも風邪をひいたようです。
   ㄴ. しゅうがく旅行で日本へ行くかもしれません。

⑤ ㄱ. 頭もいたいし、ねつもあるんです。
   ㄴ. 今日はお風呂に入らないほうがいいですよ。

メモ

[答案例] 책속의 책 p.8

객관식

12

2007년 개정 일본어과 교육과정의 「의사소통 기본 표현」이다. 보기 1, 보기 2의 예시문에 해당하는 의사소통 기능 중 옳은 것은? [2点]

2010.1차 기출 | 3

보기 1

- 日本語がお上手ですね。
- きっとうまくいきますよ。
- 来週ならだいじょうぶです。
- いろいろお世話になりました。

보기 2

- 少々お待ちください。
- よかったら、いっしょに行かない？
- 月曜日は来なくてもいいですか。
- 環境は守らなければなりません。

	보기 1	보기 2
①	행위 요구	대화 진행
②	정보 교환	행위 요구
③	대화 진행	정보 교환
④	배려 및 태도 전달	행위 요구
⑤	배려 및 태도 전달	대화 진행

メモ

1 同範囲問題

객관식

13

2007년 개정 고등학교 일본어과 교육과정(일본어 Ⅱ)에 제시된 '평가 방법'에 대한 설명으로 옳지 않은 것은? [2点]

2011.1차 기출 I 2

① [듣　기] 다소 긴 일본어를 듣고 글의 상황과 화제를 이해하는 능력을 평가한다.
② [말하기] 인터뷰법을 적극적으로 도입하여 평가한다.
③ [읽　기] 가나와 한자가 포함된 다소 긴 글을 읽게 하고 그 능력을 평가한다.
④ [쓰　기] 받아쓰기, 통제 작문을 중심으로 평가한다.
⑤ [문　화] 자연스러운 언어 행동의 수행 능력을 중심으로 평가한다.

メモ

기입형

14

2007년 개정 일본어과 교육과정(일본어 Ⅰ)에 제시된 평가에 대한 설명으로 옳은 것은? [2点]

2010.1차 기출 I 2

① [듣　기] 다소 긴 일본어를 듣고 글의 세부 사항을 이해하는 능력을 평가한다.
② [말하기] 만화나 드라마를 보고 정확하게 설명·묘사하는 능력을 평가한다.
③ [읽　기] 가나와 상용한자가 포함된 다소 긴 글을 읽게 하여 그 능력을 평가한다.
④ [쓰　기] 컴퓨터를 이용한 일본어 입력 능력을 평가한다.
⑤ [문　화] 문화에 대한 조사와 유창한 발표력을 중심으로 평가한다.

서술형

15

제7차 교육과정에서 제시하고 있는 고등학교 일본어 Ⅰ의 '목표' 중 3가지를 쓰고, 제6차 고등학교 일본어 Ⅰ의 '목표'와 다른 점을 간단히 기술하시오. [4点]

2002 기출 | 1

(1) ____________________

(2) ____________________

(3) ____________________

다른 점 : ____________________

기입형

16

다음은 제7차 일본어과 교육과정에서 제시한 의사소통 기능과 예시문이다. 각 예시문에 해당하는 기능 ①~④를 쓰시오. [4点]

2007 기출 | 6

기능	예시문
인사 기능	• お元気ですか。 • よくできました。 • がんばってください。
①	• 広いことは広いですが、すこしきたないですね。 • こちらのほうがいいと思いますけどね。 • 大阪へですか。
②	• ここは図書館です。 • 先生に相談してみるのはどうですか。 • はやく帰ったほうがいいですよ。
③	• あの、ちょっとよろしいですか。 • 話はかわりますが。 • それじゃ失礼します。
④	• 日本の新聞をお願いできますか。 • ゆうびんきょくはどこですか。 • 電話しなくてもいいんですね。

① ____________ ② ____________

③ ____________ ④ ____________

キーワード

의사소통능력　언어생활과 문화
정보검색　지식 기반사회

メモ

1 同範囲問題

기입형

17 다음은 제7차 일본어 교육과정의 「의사소통 기능 예시문」을 응용한 문(文)이다. 밑줄 친 ㉮~㉱에 대한 세부 기능 내용을 보기 에서 찾아 쓰시오. [4点] 2008 기출 | 2

A：このプリンターちょっと借りていい。
B：㉮もちろんいいよ。

A：どうしてこの手紙が返送されてきたんだろう。住所は正しいのに。
B：もう一度、㉯郵便番号を調べてみてはいかがですか。

A：㉰本当によくやってくれた。感心したよ。
B：ありがとうございます。

A：田中さん、今晩、1時間残業してもらえるかなあ。
B：喜んでやりたいんですが、㉱今晩はちょっと……。

보기

감사	칭찬	대비	의무	추측	경험
의뢰	거절	행위완료	불필요	제안	허가

㉮ ______________ ㉯ ______________

㉰ ______________ ㉱ ______________

メモ

서술형

18

다음 글을 읽고 물음에 답하시오. [3点]

2001 기출 I 19

> 고등학교 제7차 일본어 교육과정 일본어 I 에서, 우선적으로 이수하기를 권장하는 의사소통 기능 항목은 크게 나누어 다섯 가지로 분류된다. 그 다섯 가지 항목을 기술하시오.
> (하위 개념의 항목은 쓰지 말 것)

기입형

19

보기 는 제7차 교육과정에서 제시한 의사소통 기능 예시문이다. 보기 1 과 같이 보기 2 의 문(文)을 범주, 항목, 세부항목 순으로 구분하고자 할 때, ①과 ②에 해당하는 내용을 쓰시오. [2点]

2005 기출 I 6

보기 1

- はじめまして。キムです。どうぞよろしく。
  (범주 : 인사 기능) (항목 : 일상의 인사) (세부항목 : 초면 인사)

보기 2

- 見ることはすきですが、やることはあまりすきではありません。
  (범주 : ①) (항목 : 설명) (세부항목 : ②)

①

②

メモ

1 同範囲問題

기입형

20 다음 글을 읽고, (　　) 안에 들어갈 알맞은 말을 쓰시오. [2点]

2004 기출 | 1-1

> 제7차 교육과정에서의 일본어 과목의 내용은 '의사소통 활동'과 '언어 재료'로 나뉘어지는데, '의사소통 활동' 영역에는 듣기, 말하기, 읽기, 쓰기 등 네 가지가 있고, '언어 재료' 영역에는 의사소통 기능, 발음, 문자, (　　), (　　), (　　), (　　) 등의 일곱 가지가 있다.

객관식

21 제7차 교육과정(일본어 Ⅰ)의 '내용, 교수・학습 방법'에 대한 설명으로 가장 알맞은 것은? [2点]

2009.1차 기출 | 1

①「聞く」では、多様な内容の言葉を聞き、展開方式や原因・結論などを理解する。

②「話す」では、対話の戦略を知り、それを積極的に活用する。

③「話す」では、日常生活に必要な電話の対応を流暢にこなせる。

④「読む」では、仮名と漢字で書いてある簡単な語句や文を朗読する。

⑤「書く」では、時事問題について自分の考えを論理的に展開しながら記述する。

メモ

22~23 현재 고등학교 학생들에게 적용되고 있는 제6차 교육과정의 가장 두드러진 특징은 학생의 자율 학습을 중시한 점과 정확성보다 유창성을 중시한 점이라고 할 수 있다. 고등학교 제7차 교육과정은 제6차 교육과정의 기본 정신을 계승・강화하여 2002학년도부터 시행하게 된다. 제7차 일본어과 교육과정은 제6차의 경우와 비교해 보면 특히 내용 체제, 어휘, 교수・학습 방법, 평가 방법 등에서 많은 변화를 보이고 있다. 이 중 어휘와 평가 방법 면에서 어떤 변화가 있는지 기술하시오. (6줄 이내) [총 6点] 2000 기출 I 13

서술형

22 어휘 [4点]

2000 기출 I 13-1

서술형

23 평가 방법 [2点]

2000 기출 I 13-2

キーワード

제6차 일본어과 교육과정
사용 어휘 표기용 한자
통합식 평가 면접법
의사소통 능력

メモ

[答案例] 책속의 책 p.11

기입형

24 제7차 교육과정에서는 인터넷을 활용한 정보 검색, 정보 검색을 활용한 교수 · 학습 활동, 홈페이지를 구축하여 수업에 활용하는 것 등이 중시되고 있다. 이를 위해 교사는 컴퓨터와 관련된 다양한 지식과 정보를 갖추고 있어야 한다. ① 인터넷상에서 한글과 일본어를 동시에 보이게 하려면 인터넷 익스플로러의 인코딩(E)을 무엇으로 설정해야 하는지 쓰고, ② 인터넷이 연결되지 않았거나 속도가 느린 교실에서 인터넷을 안정적으로 활용하기 위해 홈페이지 전체를 내려받는 것을 무엇이라 하는지 쓰시오. [2点]

2005 기출 | 4

① ______________________

② ______________________

メモ

서술형

25 '창의성'은 각급 학교의 교육과정에서 한결같이 강조되어 온 학교 교육의 중점 테마이다. 제6차 일본어과 교육과정에서 정확성보다 유창성을 강조하고 있는 것과 관련하여 창의성과 유창성의 관계를 설명하고, 일본어 교육을 통해 창의성을 신장시키고자 할 때 교사가 유의해야 할 점을 적으시오. (300자 이내) [7点]

1998 기출 | 5

____

____

____

____

____

キーワード

유창성 창의성 언어 표현
의사소통 창의적 사고력
토론식 수업

メモ

メモ

2 代表問題

기입형 서술형

〈B〉は〈A〉の下線部をバイリンガリズムの観点から述べたものである。〈B〉の理論の名称を書きなさい。また、それに反する理論の名称を書き、その理論について説明しなさい。[4点]

2021.A 기출 | 5

〈A〉

妻：日本に行ったら娘のミナの学校はどうする？
夫：公立の小学校に入れればいいんじゃない？
妻：ミナは今まで韓国語で勉強していたのに大丈夫かな？
夫：日本の学校で勉強すれば、日本語はすぐに覚えられるよ。
妻：でも、日本語を覚えたら韓国語は忘れちゃうよね。
ちょっとさびしいな。

〈B〉

日本語を母語としない子どもたちに対し、『学校では日本語だけを使いなさい』あるいは『家でも日本語を使うようにしなさい』と言う親や教師がいる。母語が第二言語習得の妨げになると考えられていたのである。バイリンガリズムについての初期研究では、バイリンガルはモノリンガルに劣るとされる傾向にあった。頭の中には二つの言語の風船があり、一方の風船が大きくなるともう一方は小さくなっていくと考えられていたのである。

メモ

キーワード
分離基底言語能力モデル
共有基底言語能力モデル
転移

メモ

注

共有가 아니라 共通로, 基底가 아니라 深層로 번역한 용어도 쓰인다.

正解

<B>の理論の名称は分離基底言語能力モデルである。それに反する理論は共有基底言語能力モデルである。
共有基底言語能力モデルは、二つの言語の表面的特徴は別々であってもその基底となる部分を共有して処理しているという理論である。したがって、ある言語で物事を理解すると、他の言語へと転移が起こり、両言語間に交流が可能になる。この理論によって第２言語を高度に習得するためには第１言語が十分に発達されている必要があることが説明された。

解説

분리기저 언어능력 모델(Separate Underlying Proficiency Model : SUP Model)과 공유기저 언어능력 모델(Common Underlying Proficiency Model : CUP Model)은 Cummins가 제창한 이론이다. 전자는 인간의 언어 능력은 유한하기 때문에 다언어 환경에 있을 때 하나의 언어가 우세해지면 다른 언어는 열세해진다는 가설. 두 언어를 두 개의 풍선에 비유해서 설명하기 때문에 風船説라고도 한다. 후자는 마치 두 개의 빙산처럼 표면적으로는 두 개의 언어가 제1언어와 제2언어로 분리되어 있으나 두 언어 모두 기저가 되는 언어 능력 부분은 공유하고 있다는 가설로 氷山説라고 부른다. 공유하는 부분이 있기 때문에 어떤 대상을 하나의 언어로 이해했다면 언어 간에 전이 현상이 일어날 수 있다는 것이다. 나아가 Cummins는 이 두 가지 모델을 바탕으로 언어 능력을 인지 능력과 결부시켜서 발달상호의존가설(発達相互依存仮説)을 제창하였다.

2 同範囲問題

기입형

01 次はキムさんが日本語を学びたい理由である。以下のような日本語を学習したい動機づけを何というか、2つ書きなさい。[2点]

2021.A 기출 | 2

わたしには、小学生の頃から好きなアニメがあります。とてもかっこいい女の子が主人公のアニメです。そのアニメは日本のだったので、日本のことをもっと知りたいと思うようになりました。アニメの原作となった漫画を読みたいと思って、ひらがなやカタカナを覚えました。今は、アニメや漫画だけではなく、日本語を勉強すること自体がおもしろくてしかたありません。

去年、日本に留学した従姉の家に行って、2週間滞在しました。その時に、アニメの舞台となった街にも行ってみました。その街を歩きながら、いつかわたしもここで生活したい、多くの日本人と交流したいと思うようになりました。

わたしはこれからも、もっともっと日本語を勉強するつもりです。日本語を勉強して、日本に住み、日本の文化や社会を知りたいです。

メモ

기입형

02 次の文章を読み、(　　)に共通して入る用語を書きなさい。[2点]

2019.A 기출 I 7

田中：キムさん、何か特技とかあります？
キム：とく……ぎ？
田中：ああ、何か得意なこと、うまくできること、ありますか。
キム：うまくできること……ああ、特技！はいはい、あります。私の特技は、絵を描くことです。
田中：わあ、どんな絵を描くんですか。
キム：うーん……ユーロップのスタイルの……。
田中：ユーロップ？あ、ヨーロッパ？イギリスとかフランスとか？
キム：はいはい。ヨーロッパ？ヨーロッパの……昔の……有名な絵のスタイル……。
田中：あ、油絵かな。
キム：え？もう一度言ってください。
田中：油絵。油って、分かります？
キム：はい、分かります。油。
田中：油の絵の具で描く絵。
キム：ああ、油の絵！はいはい、そうですね。油絵。油絵を描きます。

この会話は、インターアクション仮説に関して示唆する点がある。インターアクション仮説とは、お互いの意思疎通がなされるまで(　　)を行うプロセスによって理解可能になったインプットが言語習得を促進するという考え方である。母語話者など言語能力が高い者から、簡略化したインプットを学習者が受身的に受け取るのではなく、学習者側も積極的に働きかけて(　　)に参加することが習得過程では重要になる。

メモ

2 同範囲問題

기입형 서술형

03

次の〈A〉は第2言語教育の指導法の類型に関する説明である。(1)~(3)を、用いられ始めた時期の早い順に並べかえなさい。また、〈B〉のⓐに当てはまる指導法の類型を〈A〉の(1)~(3)から1つ選び、その番号を書きなさい。さらに、ⓑに当てはまる問題点を書きなさい。[4点]

2019.B 기출 1

〈A〉

(1) 意味のあるコンテクストにおいて言語の伝達活動を行うが、その中で必要が生じたときに適宜言語形式にも学習者の注意を向けさせる。易しい文法規則でも難しい文法規則でも過剰一般化を最低限に押さえることができ、学習効果の持続も期待できると言われている。

(2) 意味のあるコンテクストにおいて言語の伝達活動を行い、学習者にはその中で個々の言語形式をみずから分析し習得していくことが期待される。理解力や流暢さを身につけさせることはできるが、正確さが身につかない、また、言語形式の学習が断片的にしか起こらず、学習速度も遅いと言われている。

(3) 文法規則を提示し、コンテクストから遊離した文法練習を行う。学習者には、個々の文法規則を一つ一つ学び、実際の言語使用場面ではそれらを統合して運用することが期待される。易しい規則の学習には最も効果的だが、その効果は多くの場合、持続しないと言われている。また、難しい規則に関しては、大規模な過剰一般化が起き、学習効果が見られないとされている。

キーワード

フォーカス・オン・フォーム
リキャスト
暗示的フィードバック

メモ

〈B〉

フィードバックの方法の1つにリキャストがある。これは、相手の発話に対して、その発話意図や意味を維持しながら行う否定的フィードバックであり、(ⓐ)の代表的な指導技術である。リキャストには、コミュニケーションの流れを止めずに訂正できるという利点があるが、その一方で、(ⓑ)との批判もある。

メモ

2 同範囲問題

기입형 서술형

04

次の文章を読み、(1)と(2)に関わる第2言語習得理論上の用語を順番に書きなさい。また、(1)と(2)を比較しながら、その概念を説明しなさい。[4点]

2018.B 기출 | 1

(1) 韓国人の日本語学習者にとって、「は」と「が」の使い分けはそれほど難しくない学習項目の一つである。これは、韓国語にも「は」と「が」に相当する助詞が存在するからである。そのため、早い話、「は」、「が」をその二つの助詞にうまくマッチングさえできれば、初級レベルの学習者でもわりと簡単に「は」と「が」の使い分けができるのである。

(2) ある日、日本語教師の竹田さんは、夏休みのお土産をクラスの韓国人の学生に差し出した。その時、お土産を受け取った学生に、お礼のあと、「先生、これが何ですか」と聞かれ戸惑わされてしまった。同僚の韓国人教師に聞いたところ、韓国語の「이게 뭐예요?」の直訳だったらしい。

キーワード

第２言語習得　母語
正の転移　負の転移

メモ

[答案例] 책속의 책 p.13

서술형

05

〈A〉は、初級学習者イムさんと日本人の会話である。このようなケースにどう対応すべきか、最も関連のある仮説を〈B〉のⓐ~ⓓから一つ選び、それに基づいて書きなさい。[2点]

2017.A 기출 I 6

〈A〉

村田：イムさん、日本語の勉強はどうですか。
イム：わたし、日本語の勉強をもうやめたいです。
村田：え？ どうしてですか。
イム：授業中に日本語で答えます。先生に間違いを直されます。どんどん自信がなくなります。先生の話を聞いても、よくわかりません。日本語の勉強は、最初は楽しかったですが、今は楽しくありません。

〈B〉

ⓐ 臨界期仮説
ⓑ 発達相互依存仮説
ⓒ 情意フィルター仮説
ⓓ サピア・ウォーフの仮説

キーワード

第二言語習得
情意フィルター仮説
感情的な要因　不安感
暗示的指導

メモ

2 同範囲問題

객관식

06 ㄱ~ㄹ에 들어갈 말로 적절한 것은? [2点]

2012.1차 기출 | 9

- ［ ㄱ ］とは、学習した文法やその他の知識は言語使用の際にチェック機能として働くという説である。
- ［ ㄴ ］とは、言語習得には容易に習得がなされる時期があり、その時期を過ぎると習得が困難になるという説である。
- ［ ㄷ ］とは、学習者が作り出す母語とも第二言語とも異なる言語体系のことであり、その体系は習得段階に応じて変化していく。
- ［ ㄹ ］とは、第二言語の学習に学習者の母語が影響することであり、母語がプラスに影響する場合とマイナスに影響する場合とがある。

	ㄱ	ㄴ	ㄷ	ㄹ
①	モニター仮説	臨界期仮説	言語転移	中間言語
②	モニター仮説	自然順序仮説	言語転移	中間言語
③	モニター仮説	臨界期仮説	中間言語	言語転移
④	アウトプット仮説	臨界期仮説	言語転移	中間言語
⑤	アウトプット仮説	自然順序仮説	中間言語	言語転移

メモ

객관식

07 제2언어 습득에 대한 내용이다. 보기 의 (가), (나), (다)에 들어갈 적절한 것은? [2点]

2010.1차 기출 I 5

보기

- (가) とは、第二言語習得の過程で生じるものであり、学習者の母語とも目標言語とも異なる独特な言語体系を持つものを指す。
- (나) とは、第二言語習得の際に、既に習得された学習者の母語や他の言語が持ち込まれる現象を指す。
- (다) とは、第二言語習得の際に、学習者の母語が与える否定的な影響で生じるものを指す。

	(가)	(나)	(다)
①	言語転移	中間言語	母語干渉
②	言語転移	負の転移	中間言語
③	中間言語	言語転移	母語干渉
④	中間言語	母語干渉	言語転移
⑤	言語転移	中間言語	負の転移

メモ

2 同範囲問題

객관식

08 제2언어 습득과 관련된 설명으로 옳지 않은 것은? [2点]

2011.1차 기출 I 10

①「転移」とは、すでに学習したことが次に学習することに何らかの形で影響を与えることで、「正の転移」と「負の転移」とがある。

②「中間言語」とは、学習者が第二言語の習得過程の一時点で作り上げた、母語の体系とも第二言語の体系とも異なる独自の体系を持った言語システムである。

③「回避」とは、学習者が目標言語で話そうとするとき、発音の難しい語や使いにくい表現があると、それらの代わりになる似た言葉や言い方で話そうとすること。

④「コード・スイッチング」とは、学習者が目標言語の規則を過度に適用して、「先生のカバン」という言い方を「形容詞+名詞」にも適用して、「新しいのカバン」と言ったりすること。

⑤「共通深層能力モデル(common underlying proficiency model)」とは、特に読み書きで第一言語、第二言語のどちらかを使用すると、学習動機があって、学校などでその言語に十分接触できれば、他方の言語能力も発達するとするものである。

객관식

09 제2언어 습득 이론 중 크라센(S. Krashen)의 다섯 가지 가설에 관한 설명으로 옳지 않은 것은? [2点]

2010.1차 기출 I 6

① 習得と学習は区別される。

② 言語規則の発達には予測可能な自然順序がある。

③ 学習者の発話の際、学習された言語能力はモニターとしての役割をする。

④ 学習者の情意フィルターを高い水準に保つとインプットが効果的である。

⑤ インプットは学習者の理解可能な「$i+1$」の水準で与えるのが効果的である。

メモ

기입형

10

다음 (1), (2), (3)은 언어 습득과 관련된 내용이다. 각 설명에 맞는 번호를 보기 에서 골라 쓰시오. [3点] 2006 기출 I 2

(1)	チョムスキーら生成文法の研究者は、普通の子供たちは驚くほど短い期間に充分でない資料を根拠とし完璧な自分の母語の文法を学習する。そしてこれはあらゆる言語の文法に対応できるような抽象的で普遍的な性質を持っていると想定されている。また、人間には言語メカニズムを使っていると仮定できる。この言語メカニズムは言語的学習のために特別な役割を果たしている。
(2)	辞書的な意味としては、固定観念と訳される。ある集団に対する画一的で固定したイメージのことを指す。これは注意深く収集された客観的な分析に基づくものではなく、ウワサやクチコミのような短編的知識や情報によって形成されるが、各個人のパーソナルリティや集団の多様性を見逃す恐れがある。
(3)	第2言語の習得過程上にある学習者の第2言語能力の総体を指す。これは学習者が第2言語の習得過程の一時点で作り上げた、学習者自分の内的言語習得メカニズムの働きによって作られたものと考えられている。これは学習者の母語の体系とも、習得している第2言語の体系とも異なる独自のシステムを持っている。

보기

① 中間言語(Interlanguage)
② 監視装置理論(Monitor Theory)
③ ステレオタイプ(Stereotype)
④ 行動主義学習理論(Behaviorist Theory)
⑤ 学習方略(Learning Strategies)
⑥ 言語獲得装置(Language Acquisition Device)

(1) ________ (2) ________ (3) ________

メモ

2 同範囲問題

객관식

11 다음 일기에 보이는 오용에 대한 지적으로 가장 알맞은 것은? [1.5点]

2009.1차 기출 | 7

> 11月 9日 日曜日 晴れ
>
> きのうは友だちと箱根へ行きました。
> 電車で二時間ぐらいかかりました。
> 船を乗ったり、温泉に入ったりしました。
> 本当に楽しい一日でした。

① 揺れ
② 干渉
③ 脱落
④ 簡略化
⑤ 正の転移

メモ

객관식

12

회화 연습에서 학습자의 오용이 발견되었다. 교사는 이 오용을 보기 1 의 방법으로 수정하지 않고, 보기 2 의 방법으로 수정하였다. 보기 2 와 같은 지도 방법의 명칭으로 알맞은 것은? [2点]

2009.1차 기출 | 4

보기 1

教　師：あした何をしますか。
学習者：図書館に勉強します。
教　師：「図書館に」ではなく、「図書館で」のほうが正しいですよ。

보기 2

教　師：あした何をしますか。
学習者：図書館に勉強します。
教　師：ああ、図書館で勉強するんですね。

① 自己修正
② 過度修正
③ 明示指導
④ スキーマ(schema)
⑤ リキャスト(recast)

メモ

2 同範囲問題

기입형

13

〈A〉は学習ストラテジーについての説明であり、〈B〉は「どのように日本語を勉強したか」に対する学習者の答えである。(　　)に入るストラテジーの種類を漢字または仮名で書きなさい。[2点]　2014.A 기출 | 2

〈A〉

学習者は外国語学習の過程でさまざまなストラテジーを使っている。自分の学習をより効果的に進めるためにとる方略を学習ストラテジーと呼ぶ。オックスフォード(R. Oxford)は、学習ストラテジーを六つのタイプに分類した。この分類によると、学習ストラテジーは、目標言語に直接関わる直接ストラテジーと、自分の学習全体を管理したり、学習環境を整えたりする間接ストラテジーに大別されている。

- 学習ストラテジー
  - 直接ストラテジー
    - 記憶ストラテジー
    - (　　)ストラテジー
    - 補償ストラテジー
  - 間接ストラテジー
    - メタ認知ストラテジー
    - 情意ストラテジー
    - 社会的ストラテジー

〈B〉

《(　　)ストラテジーの例》

わたしは単語を覚えたらそれを組み合わせて少しずつ文を長く言う練習をしました。日本語に少し慣れてきたら、本や新聞、映画、日本のドラマなどのさまざまな資料を活用して自然な日本語に触れるようにしました。また、気になったら辞書や教科書を調べる習慣をつけ、自分なりに規則をノートにまとめてみました。翻訳をしながら意味をつかむことも日本語の文の構造を理解したり、分析したりするのに役に立ちました。

メモ

기입형

14

다음은 교수매체에 대한 Dale의 '경험의 원추' 모형에 따른 매체 분류와 Bruner의 인간의 지적 표상양식을 나타낸 그림이다. 빈칸에 들어갈 말을 한자(漢字)로 쓰시오. [3点]

2006 기출 I 1

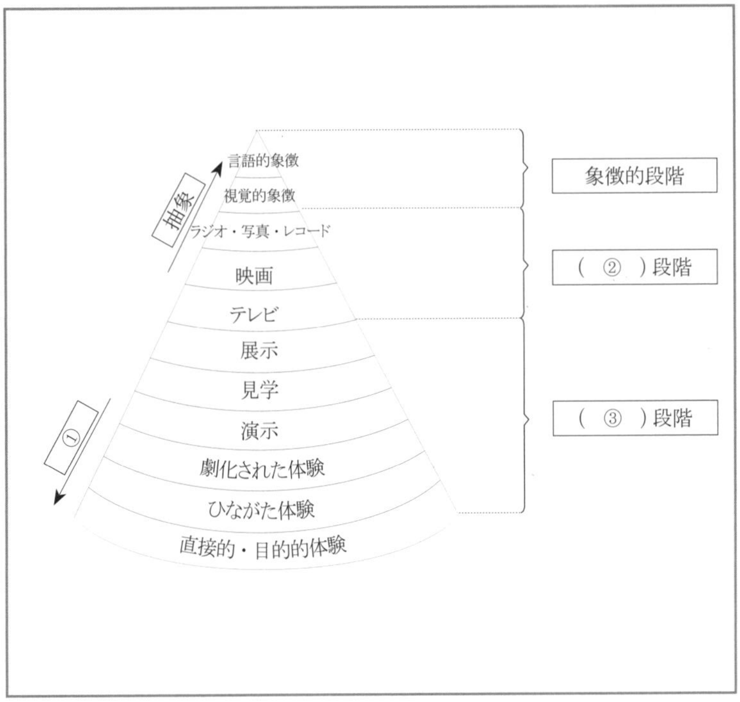

① ________ ② ________ ③ ________

メモ

3 代表問題

외국어 교수법

객관식

보기 1 은 외국어 교수법에 관한 설명이고, 보기 2 는 외국어 교수법의 종류이다. 외국어 교수법에 관한 설명과 그 종류를 바르게 짝지은 것은? [2点]

2012.1차 기출 | 6

메모

보기 1

(가) 外界からの刺激に対する反応が強化されて習慣化することを外国語学習と捉えており、ミム・メム練習やパターン・プラクティスなどの口頭練習を行うことを特徴とする。

(나) 聴解力を重視し、学習者が聞いたことに体で反応できるような方法を用いる。学習者は聞いた内容に行動で反応するため、発話の負担が少なく、興味を持って楽しく学習できる。

(다) 言語伝達能力の育成を目的とする。言語構造よりも言語を用いて何ができるかに注目しており、効率的な外国語学習には、学習者のニーズに応じたコース・デザインが重要であると考える。

(라) 学習者の心理状況が学習に与える影響を重視する。自己肯定的なイメージを作ることによって学習者に自信を持たせることができると考える。学習段階には、解説の段階、コンサートの段階、仕上げの段階がある。

(마) 言語とは習慣であるといった行動主義に対立して、内容重視の言語観に基づいたトップダウン式の練習法を用いる。やみくもに詰め込むのではなく、学習者がすでに知っている事柄に関連づけて新しいことを教えたほうが効果的だと考える。

보기 2

ㄱ. サジェストペディア
ㄴ. ナチュラル・アプローチ
ㄷ. コグニティブ・アプローチ
ㄹ. コミュニカティブ・アプローチ
ㅁ. オーディオリンガル・メソッド
ㅂ. TPR(Total Physical Response)
ㅅ. CLL(Community Language Learning)

	(가)	(나)	(다)	(라)	(마)
①	ㄱ	ㄴ	ㄷ	ㅂ	ㅅ
②	ㄹ	ㄴ	ㅁ	ㄷ	ㅅ
③	ㄹ	ㅂ	ㅁ	ㄱ	ㄷ
④	ㅁ	ㄴ	ㄹ	ㄱ	ㅅ
⑤	ㅁ	ㅂ	ㄹ	ㄱ	ㄷ

メモ

正解

⑤

解説

외국어 교수법에 관한 설명과 그 종류를 바르게 짝지은 조합을 고르는 문제이다.

(가)는 オーディオリンガル・メソッド(구두언어 교수법)에 대한 설명이고 (나)는 TPR(Total Physical Response : 전신반응식 교수법), (다)는 コミュニカティブ・アプローチ(의사소통 중심 교수법)에 대한 설명이다. 그리고 (라)는 サジェストペディア(암시적 교수법)에 대한 설명이고 (마)는 コグニティブ・アプローチ(Cognitive Approach, 認知学習アプローチ)에 대한 설명인데 인지기호학습이론(Cognitive Code Learning Theory : CCLT)이라고도 한다.

3 同範囲問題

기입형

01 다음은 교수법에 관해 설명한 글이다. A~D에 맞는 번호를 보기 에서 골라 1가지씩 쓰시오. [4点]

2007 기출 | 3

A 外国語習得の最良のモデルを、幼児の母語習得に見るものである。代表的なものにグアン式教授法とベルリッツ・メソッドがある。

B カウンセリング・ラーニングともよばれ、カウンセリングの理論と手順を、カラン(C. A. Curran)が外国語教育に応用させたものである。この教授法による典型的な授業では、学習者を円形に座らせ、教師は学習者の背後に立つ。

C 心理学者のガテーニョ(C. Gattegno)が提唱した方法である。ガテーニョが「言語学習は、教師に頼る方法ではなく、学習者の自ら気付き学んでいく能力に教師が働きかけることによって行われるべきだ」と言ったように、この教授法における授業の中心は学習者で、教師はあくまで、学習者の自立を助ける観察者、補助者である。

D ロザノフ(G. Lozanov)が確立した「暗示学」に基づき体系化された学習法の理論と実践である。できるだけ多くのポジティブな情報刺激(暗示)を与え、潜在能力を解放・活用し、短時間で多量の情報の習得を可能にする学習法であり、学習者を認知・情動・生理の面から全人格的に捉え、学習要素すべてを統合し学習プロセスを再編した総合的な教授方法である。

メモ

보기

① サイレント・ウェイ(Silent Way)
② ナチュラル・メソッド(Natural Method)
③ オーラル・メソッド(Oral Method)
④ サジェストペディア(Suggestopedia)
⑤ イマージョン・プログラム(Immersion Program)
⑥ トータル・フィジカル・レスポンス(Total Physical Response)
⑦ GDM(Graded Direct Method)
⑧ コミュニティ・ランゲージ・ラーニング(Community Language Learning)

A ________ B ________ C ________ D ________

メモ

3 同範囲問題

기입형

02

다음 중 A는 교수법, B는 학습방법에 관한 글이다. ㉮와 ㉯에 알맞은 말을 일본어로 써 넣으시오. [4点]

2008 기출 I 4

A 18世紀後半になり、外国語教育のカリキュラムの中に、ラテン語だけでなく、ドイツ語、英語、フランス語が取り入れられるようになった。しかし、17世紀のラテン語教育にその端を発する文法翻訳中心の教え方は、依然として外国語教授法の主流を占めていた。それが(㉮)と呼ばれる教授法である。文法をマスターし、テキストを母語に訳すことによってその意味を理解し、語彙を学習する方法で、読み書きの訓練が中心となる。

B ハーバード大学のケッペルが1950年代後半に創始した協力教授組織。60年代に日本に導入された教授組織の新しい編成方式に、(㉯)がある。数人でチームを作り、リーダーのベテラン教師を中心に、各教師がそれぞれの専門や特技を活用して、効率的な指導を行うことを目指す。

㉮ ____________________

㉯ ____________________

メモ

기입형

03

다음은 오픈 메소드식(Open Method) 일본어 교수・학습 모델을 제시한 것이다. 빈칸에 공통적으로 들어갈 교수・학습 활동 과정을 쓰시오. [2点]

2005 기출 I 5

목표 인식 및 자료 관찰 과정	→	학습 내용 선정 및 자료 분석 협의 과정	→	________ I	→
평가 및 보완 과정 I	→	________ Ⅱ	→	평가 및 보완 과정 Ⅱ	

メモ

3 同範囲問題

기입형

04

다음 (1)과 (2)는 어떤 교수법의 장점과 단점을 설명한 글이다. (1)과 (2)에 해당하는 각각의 교수법을 보기에서 골라 번호를 쓰시오. [2点]

2004 기출 Ⅰ 4-1

(1)	主な長所	ⓐ 無意識のうちに驚くべきほどの記憶力の増加が期待できる。 ⓑ 幼児化、ロールプレイを通じ自己からの解放があり、その結果学習者はより素直になって学習が促進される。 ⓒ 短期間のうちに膨大な内容が学習できる。 ⓓ 音楽や学習環境の整備が言語習得に深く関係していることを示した。 ⓔ 言語的な能力開発だけではなく潜在する美的感覚を刺激し豊かな感性を育てる。
(2)	主な短所	ⓐ 導入形式が命令形ということで、内容が限定されやすい。 ⓑ 抽象的概念の導入が難しい。 ⓒ 命令に従って身体を動かすことに対する反感がある学習者も多くいる。 ⓓ 聴解力から発話力への移行は必ずしも容易ではない。 ⓔ 発音の指導・矯正が不十分である。 ⓕ 学習者からの自発的発話がない。 ⓖ 実際の自然な言語運用からかなりかけ離れている。

보기

① サイレント・ウェイ
② コミュニティ・ランゲージ・ラーニング
③ トータル・フィジカル・リスポンス
④ 認知学習
⑤ サジェストペディア

(1) ______________ (2) ______________

メモ

객관식

05 전신 반응 교수법(Total Physical Response)을 이용한 수업의 장점이 아닌 것은? [2点]

2010.1차 기출 | 4

① 作文能力への移行が積極的である。

② 文法などの難しい説明はしなくてもよい。

③ 学習者に興味を湧かせて学習を楽しくする。

④ 学習者は体を使うので児童の指導に効果的である。

⑤ 学習者は聞いた内容を身体反応で示すので発話の負担がない。

メモ

3 同範囲問題

기입형

06 다음은 학습 활동 중, 말하기 연습의 예이다. A~D의 연습 명칭을 보기 에서 골라 번호를 쓰시오. [4点]

2007 기출 I 2

A	先生 : 読みました。 学生 : 読みました。 先生 : 本を 学生 : 本を読みました。 先生 : 図書館で 学生 : 図書館で本を読みました。
B	先生 : 食堂、昼ごはん、食べました。 学生 : 食堂で昼ごはんを食べました。 先生 : デパート、ハンカチ、買いました。 学生 : デパートでハンカチを買いました。
C	日本人に会って日本の祭りについて取材する。 学　生 : 日本の祭りにはどんなのがありますか。 日本人 : 札幌の雪祭りや京都の祇園祭りなどがあります。 学　生 : 東京にも有名な祭りがありますか。 日本人 : はい、神田祭りがあります。 学　生 :　　　　　　⋮ 日本人 :　　　　　　⋮
D	先生が学生Aと学生Bに、それぞれ絵1、2を渡し、互いの絵のどこが違うかを当てさせる。 学生A : 鉛筆が何本ありますか。 学生B : 1、2、… 6本あります。何本ありますか。 学生A : 3本です。赤い鉛筆がありますか。 学生B : はい、1本あります。

メモ

보기

① 変形練習
② 完成練習
③ 代入練習
④ インフォメーション・ギャップ
⑤ インタビュー・タスク
⑥ 反復練習
⑦ 拡張練習

A __________ B __________ C __________ D __________

メモ

3 同範囲問題

기입형

07

문장 ①~⑩은 「オーディオリンガル・メソッド」와 「機能−概念アプローチ」의 특징을 나타내고 있다. 전자(前者)의 특징을 나타내는 문장을 6개만 골라 번호를 쓰시오. [3点]

2004 기출 I 4-3

① 意味内容こそ、最優先する。
② 言語学習とは、構文、音声、単語を学習することである。
③ ネイティブスピーカーのような発音が求められる。
④ 学習の最初からコミュニケーションをすることを奨励してよい。
⑤ 生徒の母語を使用することは禁止される。
⑥ 学習者が望むなら、読むことも書くことも、最初の日から行ってよい。
⑦ 単元の配列は、言語学的にみた複雑さの尺度だけを考慮して決める。
⑧ 一番の目標は、流暢で許容できる言語であって、正確さは観念的に判断するものではなく、文脈の中でこそ判断できるものである。
⑨ 学習者が相手にするのは、学習機器や練習教材にある言語体系である。
⑩ 教師は、学習者が使うべき表現をはっきりと示さなければならない。

• 「オーディオリンガル・メソッド」의 특징 :

メモ

[答案例] 책속의 책 p.17

기입형

08

다음 보기 는 문형 연습의 예를 나타낸 것이다. (1)~(3)의 명칭을 일본어로 쓰시오. [3点]

2003 기출 I 1-1

보기

教師：郵便局へ行きます。
学生：郵便局へ行きます。
教師：デパートへ行きます。
学生：デパートへ行きます。

⇩

反復ドリル

(1)	(2)	(3)
教師：うどんを食べたことがあります。すし 学生：すしを食べたことがあります。 教師：豚カツ 学生：豚カツを食べたことがあります。	「~たほうがいい」の練習 教師：友だちがお腹が痛いとき、何と言いますか。 学生：早く薬を飲んだほうがいいですよ。 教師：ほかには。 学生：少し休んだほうがいいですよ。	教師：手紙を書きます。音楽を聞きます。 学生：手紙を書いたり、音楽を聞いたりします。 教師：映画を見ます。買い物をします。 学生：映画を見たり、買い物をしたりします。
⇩	⇩	⇩

メモ

3 同範囲問題

객관식

09

보기 1 은 교수법에 대한 설명이고, 보기 2 는 「多い」, 「少ない」에 대한 실제적인 교수 방법이다. 올바르게 짝지어진 것은? [2点]

2011.1차 기출 I 6

보기 1

(가) 言語の学習は型を学習することが大切であるとし、習慣形成のために繰り返し練習を行う教授法。

(나) 無意識的知覚と意識的知覚が合致すると効果が上がるとして学習環境の整備を強調する教授法。

(다) 学習者の母語やその他の媒介語を使用せずに、音声と実物とを直接に結合させようとする教授法。

보기 2

ㄱ. 容量の違う液体の入った二つのコップを見せながら、日本語だけの言語指示で「多い」「少ない」という言葉と意味を覚えさせる。

ㄴ. 学習者が調べた校舎ごとのトイレの数と学生数の結果を基に、適正なトイレの数を発表させたり、会話させるなどの活動を重視する。

ㄷ. 学習者がリラックスできるような教室内の飾りや照明などに配慮した上で、教師が諭すように、「昼間は見えないが、夜になると空にはお星様がいっぱい……」などと朗読して、「多い」という意味の理解に持っていく。

ㄹ. 長い文をなめらかに話すための練習。教師の与えるモデル文にしたがって、「多い」→「多い」、「人が」→「人が多い」、「公園に」→「公園に人が多い」、「日曜日は」→「日曜日は公園に人が多い」というふうに、学習者に次から次へと指示内容を発展させ、その意味や理解を身につけさせる。

メモ

	(가)	(나)	(다)
①	ㄱ	ㄹ	ㄷ
②	ㄴ	ㄷ	ㄹ
③	ㄴ	ㄹ	ㄱ
④	ㄹ	ㄷ	ㄱ
⑤	ㄹ	ㄴ	ㄷ

メモ

서술형

10 언어의 본질, 언어 습득, 학습, 교수법 등에 대한 가설을 설정하여, 그에 따라 체계화한 언어 학습 이론을 어프로치(Approach)라는 용어로 표현한다. 예를 들면, 오디오링구얼 어프로치(Audio Lingual Approach)는 언어는 본질적으로 음성 및 구조라는 가설에 입각한 것이며, 내추럴 어프로치(Natural Approach)는 외국어의 능력은 습득에 의해 이루어진 것으로 학습은 그것을 보충, 수정하는 종속의 역할에 불과하다는 가설에 입각하여 이론을 정정한 것이다. 요즘의 일본어 교육계에 널리 알려져 있는 커뮤니커티브 어프로치(Communicative Approach)에 대해 그 이론적 기초를 설명하고, 지도 과정상의 특징이 되는 항목을 드시오. (200자 이내) [7点] 1997 기출 | 3

キーワード

コミュニカティブ・アプローチ
機能主義言語学
社会言語学
インフォメーション・ギャップ
選択権
フィードバック
タスク練習

メモ

3 同範囲問題

기입형

11 커뮤니커티브 어프로치(Communicative Approach)는 1970년대부터 학습자에게 언어를 지식이 아닌 사용 장면과 결부된 실제 사용 능력으로 가르치고자 하는 외국어 교수법이다. 이러한 커뮤니커티브 어프로치 교수법을 일본어 교수・학습 현장에 적용하고자 할 때 사용할 수 있는 방법 중에서 다섯 가지를 쓰시오. (5줄 이내) [5点] 2000 기출 I 12

객관식

12 보기 에 해당하는 연습법으로 가장 적절한 것은? [2点]
2011.1차 기출 I 5

보기

この練習法は、〈例〉のように、インフォメーション・ギャップのある情報について質疑応答するものである。教師は事前によく教材を検討して、学習者に重要語句を使わせるような質問をする。

(先生が用意した町の地図を見せながら)
〈例〉 先生：家から学校までどのくらいかかりますか。
学生：自転車で15分ぐらいかかります。
先生：どの道を通ってきますか。
学生：この大きな道をまっすぐ行って、市役所前の交差点を右に曲がります。

① 文型練習
② タスク練習
③ 自由選択練習
④ ミム・メム練習
⑤ シミュレーション練習

メモ

서술형

13 다음 글을 읽고 물음에 대한 답을 답안지에 적으시오. [5点]

1999 기출 | 16

교수 이론은 언어관의 변천과 시대적 요구에 따라 끊임없이 새로운 교수 이론이 등장하게 된다. 80년대 이후의 대표적인 교수법으로는 내추럴 어프로치(Natural Approach), 커뮤니커티브 어프로치(Communicative Approach), 내용 중심 교수 이론(CBI : Content Based Instruction)을 들 수 있다.

기존의 오디오링구얼 메소드(Audio Lingual Method)에서는 학습자의 오용을 모어(제1언어)의 영향에 의한 것으로 해석하였으나, 내추럴 어프로치에서는 모어나 목적 언어에 상관없이 발달상의 현상으로 취급하고, 문법구조의 습득 또한 언어의 종류에 상관없는 보편적인 것으로 보았다. 제6차 교육과정에서 이해과정을 우선으로 한 것은 이러한 내추럴 어프로치의 이론을 근간으로 한 것이다.

일본어 교육에 있어서 초급 학습자를 위한 효과적인 내추럴 어프로치 교수법의 주요 목적을 들고, 교수 방법상의 유의점(Guide Line)을 구체적으로 제시해 보시오. (400자 정도)

キーワード

ナチュラル・アプローチ
習得　リラックス
インプット　学習者の情意

メモ

3 同範囲問題

14~16 次の文を読んで下の質問に答えなさい。[5点]

1999 기출 | 12

科学用語としての「文化」は時代により定義が変わり、それに従って言語教育も変化してきた。この変化を整理すると次の3つの段階になる。

A 文化の定義は、かつては「人間が社会の成員として獲得した能力や習性の複合的全体」とされ、「国家・民俗・国民を成り立たせ、脈々と連続させているもの」は何かを追及し、それを教育の対象にしていたのが「文明学」と呼ばれる方法である。私たちが、外国語の文法を習い、文学や古典・歴史や文明が記載された原書を読んだのは、このような枠組みの中での学習であって、この時代の外国語の教育法には学習者の母語を使って教える「文法訳読法(対訳法：Grammar-Translation Method)」であった。

B 続いて、第2次大戦中からの「地域研究」を中核とする時代があり、「現代一般人の行動様式・生活様式とはどのようなのか、それを支える組織・制度はどのような形態か」を追及し、教育の対象とした。「社会科」はこのような考え方の上に成り立っている教育である。この時代の外国語の教育法に「①オーディオ・リンガル・メソッド(Audio-Lingual Method)」がある。これは、一方で文型を中心に言葉の仕組み(構造)を教え、もう一方で地域研究の成果を教えながら会話能力を付けようというものだが、②異文化のコミュニケーション・ギャップの問題は解決できたとは言えなかった。

C 今日では、文化は「対人相互の作用の型」としてとらえられていることが多いと言える。言語教育に関する興味も「各個人が言語・非言語行為を媒介にして、対人相互作用の型を個人の内部に獲得していく過程」に移ってきている。現在、異文化トレーニングは、個人の成長と異文

メモ

化についての訓練や教育を明確に分け、「③体験学習」を中心に「知識学習」も合わせ持つアプローチが志向されている。

기입형

14 ①「オーディオ・リンガル・メソッド(A–L教授法)」の背景になる主要学説二つを書きなさい。(漢字または平仮名で) [1点]

1999 기출 I 12-1

서술형

15 ②「異文化のコミュニケーション・ギャップ」の問題が起こる要因(相違点)を韓国語で簡単に説明しなさい。(100字 程度) [2点]

1999 기출 I 12-2

서술형

16 「体験学習」の特徴及び留意点を韓国語で簡単に述べなさい。(200字 程度) [2点]

1999 기출 I 12-3

メモ

기입형 서술형

〈A〉は教師１と教師２が教材について相談している場面であり、〈B〉はある日本語学習者のニーズである。〈B〉の学習者のニーズに最も合うものを教科書ⓐ～ⓓの中から一つ選びなさい。また、教科書ⓒとⓓは、それぞれどのようなシラバスに基づいているか、該当するシラバスの種類を書き、その違いを説明しなさい。[5点]

2014.A 기출 | 서술형 1

〈A〉

教師1：教科書ⓐは、学習者が実際に遭遇しそうなシチュエーション別に構成されていますね。

教師2：そうですね。教科書ⓑはどうですか。「勧誘」「感謝」「謝罪」というように表現別になっているので、似たような表現の違いも一緒に学習できますよ。

教師1：でも「コーヒー飲む？」は簡単ですけど、初級の段階から「コーヒーをお飲みになりませんか」という表現を学習するっていうのはちょっと難しいんじゃないですか。

教師2：それじゃ、教科書ⓒはどうですか。基礎から体系的に勉強するのにいいと思います。

教師1：まず名詞文を習って、形容詞文、動詞文の順に導入されていますね。

教師2：教科書ⓓもありますよ。「歌舞伎」「茶道」「祭り」のような日本文化をテーマごとに取り上げています。

教師1：それもおもしろそうですね。

教師2：ええ。本当にいろいろな教科書がありますね。うちの生徒たちにはどんな教材がいいでしょうか。

〈B〉

キム君は高校2年生です。来月、「アジア高校生テニス大会」の韓国代表として、日本へ行くことになりました。まだ日本語を勉強したことはありませんが、せっかく日本へ行くので買い物や交通機関などですぐに使える最低限の旅行用会話は勉強してから行きたいと思っています。

メモ

キーワード

ニーズ
構造シラバス
（文法シラバス）
文法項目
話題シラバス

メモ

正解

<B>の学習者のニーズに最も合う教科書は@である。

教科書ⓒは構造シラバス(文法シラバス)に基づいており、教科書@は話題シラバスに基づいている。構造シラバスは、文法や文型を中心に授業が組み立てられているシラバスで文法項目を基礎から体系的に学習できるため、オーディオ・リンガル・アプローチに適している。一方、話題シラバスは、地球温暖化や日本の教育など、国内や海外の社会文化についての話題を取り上げたもので、ナチュラル・アプローチ教授法に適している。

解説

<B>의 김 군(キム君)의 ニーズ(needs)에 가장 적합한 실러버스는 場面シラバス이다. 場面シラバス는 공항이나 레스토랑 등, 특정 장면에서 사용되는 커뮤니케이션 표현을 중심으로 구성된 실러버스인데 <A>의 「学習者が実際に遭遇しそうなシチュエーション別に構成」라는 대목에서 場面シラバス임을 알 수 있다. 교과서 ⓒ는 構造シラバス에 대한 설명이고 教科書 @는 話題シラバス에 대한 설명이다. 참고로 構造シラバス 중에서 문법 항목을 이해하기 쉬운 순서대로 구성한 실러버스를 文法シラバス라고 하므로 답안으로 文法シラバス를 쓰는 것도 가능하다.

4 同範囲問題

기입형 서술형

01

다음에서 설명하고 있는 교수요목(Syllabus)을 쓰고, 그것의 대표적인 장·단점을 1가지씩 쓰시오. [3点]

2005 기출 | 3

言語の機能、表現の意図を重視して教授項目を並べたシラバスである。具体的な項目としては、「依頼」「命令」「拒絶」「感謝」「禁止」などがあり、それぞれの働きをする表現を教えることになる。例えば、「禁止」という項目の場合なら、「~てはいけない」や「~ないでください」や「~な」等が教えられる。

• 명칭 : ______

• 장·단점 : ______

______

キーワード

機能シラバス　機能
表現意図　実際の場面
コミュニケーション効果

メモ

서술형

02

일본어 교육 내용 구성 시 적용되는 교수요목(syllabus)의 종류를 4가지만 들고, 각각의 개념을 간단히 설명하시오. [4点]

2002 기출 | 2

(1) ______

(2) ______

(3) ______

(4) ______

キーワード

構造シラバス　技能シラバス
場面シラバス　機能シラバス
話題シラバス

メモ

객관식

03

보기 1 은 학습자 자신의 상황에 대한 설명이고, 보기 2 는 실러버스에 대한 설명이다. 가장 바르게 짝지어진 것은? [2点]

2009.1차 기출 | 8

보기 1

(가) 私は現在二十歳です。これまで日本語の学習経験はありません。日本語を初歩から学び、二年後には日本の大学を受験したいと思っています。いますぐ使える表現だけを学ぶよりは、基本文型や語彙などを一通り学習しておきたいのです。こんな私に適したシラバスは何でしょうか。

(나) 私は現在会社員です。日本語はこれまで何年も勉強していますが、なかなか上達しません。三ヶ月後に商談のため日本に出張の予定ですが、日本語のことが心配です。商談の際に役立つ日本語を身につけたいと思います。こんな私に適したシラバスは何でしょうか。

보기 2

ㄱ. ある程度学習が進まないと、コミュニケーションの場で流暢に話せない。

ㄴ. どのような話題がとりあげられるかという観点からのシラバスである。

ㄷ. 特定の場面で必要な言語表現を学習するには向いているが、他の場面への応用力がつきにくい場合もある。

ㄹ. その言葉をどういう目的で使うかという観点から作ったシラバスである。

	(가)	(나)		(가)	(나)
①	ㄱ	ㄴ	②	ㄱ	ㄷ
③	ㄴ	ㄷ	④	ㄴ	ㄹ
⑤	ㄹ	ㄱ			

メモ

4 同範囲問題

객관식

04

보기 는 단원의 내용을 반영한 교과서의 목차이다. 사용하고 있는 교수요목(syllabus)은? [1.5点] 2010.1차 기출 | 8

보기

제1과　家族
　　－ 私の家族
　　－ 家族とペット
제2과　学校生活
　　－ 部活動
　　－ 文化祭
제3과　趣味
　　－ スポーツ
　　－ ゲーム
제4과　旅行
　　－ 修学旅行
　　－ 家族旅行

① 話題シラバス　② 構造シラバス　③ 文法シラバス
④ 機能シラバス　⑤ スキル・シラバス

메모: メモ

기입형 서술형

05

다음 글에서 설명하는 대상을 쓰고, 이것이 적절하게 편성되었을 때의 장점을 2가지만 쓰시오. [3点] 2005 기출 | 1

これは、コース・デザインで決定される教授法、練習法、教材などを具体的な教育においてどう扱うかを明示するが、その内容にはコースの時間数、学習すべき教材の順序、教材相互の関係、時間割り、到達目標などが組み込まれ、学習を開始してからどのくらいの期間にどのくらいの教材を消化するかなどの標準的なスケジュールを表しているものである。

• 대상 : ____________________

• 장점 : ____________________

____

キーワード

カリキュラム　長所
短所　教育内容　進度
教授法　教材・教具

メモ

기입형

06 빈칸 A~D에 들어갈 용어를 보기 에서 골라 번호를 쓰시오. [4点]

2007 기출 I 1

学習者の日本語学習の目的と条件などに適したコース・デザインをするためにはまず、学習目的や学習者が日本語を必要とする場面とそこで使われる言語技能についての情報を得るための(　A　)調査と、学習者の日本語能力がどのような状況にあるかを知るための(　B　)調査が必要である。これらを分析し、何を教えるかを決定した教授項目の一覧が(　C　)である。また、それをどのように教えるかを設計するのが(　D　)である。

보기

① 母語	② コース
③ ニーズ	④ シラバス
⑤ メソッド	⑥ レディネス
⑦ スキミング	⑧ アプローチ
⑨ 評価活動	⑩ カリキュラム・デザイン

A ______________________ B ______________________

C ______________________ D ______________________

メモ

4 同範囲問題

기입형

07

다음은 「コース・デザイン」의 흐름에 관한 설명이다. (①)과 (②)에 각각 들어갈 적당한 말을 가타카나로 쓰시오. [2点]

2004 기출 I 4-2

> コース・デザインを行うための最初の情報は、学習者の学習目標と目標言語使用の(①)の分析から得られる。学習者がいったいなんのために目標言語を学習するのか、また、学習した目標言語を使用する場面、状況としてどんなものがあるかなどがここで分析され、その結果は主としてコース・デザインの次の段階である(②)・デザインのために使われる。

① [　　　　]　② [　　　　]

객관식

08

수업 준비도 분석(Readiness Analysis)을 위한 대화가 아닌 것은? [2点]

2011.1차 기출 I 4

① 先生：高校時代の第二外国語は何ですか。
　学生：中国語です。
② 先生：日本語を勉強する理由は何ですか。
　学生：卒業したら日本に留学したいからです。
③ 先生：どんなテキストで勉強したんですか。
　学生：学校の教科書で勉強しました。
④ 先生：いつから日本語の勉強を始めましたか。
　学生：高校に入ってからです。
⑤ 先生：日本語が上手ですが、どこで勉強しましたか。
　学生：日本語学校で勉強しました。

メモ

객관식

09 예비 교사가 보기 와 같이 커리큘럼을 작성하였다. 보완할 내용에 대한 지도로 올바르지 않은 것은? [2点]

2011.1차 기출 I 3

보기

期間	学習目的	使用教材	学習内容
第1週	・文字/発音の学習	ひらがな/カタカナ練習帳	・ひらがな/カタカナ ・清音/濁音/促音/撥音/拗音/長音
第5週	・数詞の学習 ・家族の名称を覚える	第3課 いくらですか 第4課 かぞくです	・数の数え方 ・ちち/はは/あに
第6週	・イ形容詞の学習 ・ナ形容詞の学習	第5課 あたたかいです 第6課 しずかです	・イ形容詞の活用 ・ナ形容詞の活用

① 練習方法を入れた方がいい。
② 使用教材を具体的に入れた方がいい。
③ 週あたりの授業時間数を入れた方がいい。
④ 学習者の学習歴を具体的に入れた方がいい。
⑤ 各課あたりの授業予定時間数を入れた方がいい。

メモ

4 同範囲問題

기입형

10 다음은 일본어 학습지도안의 일부이다. 학습지도안에 제시된 대화 내용 중에 거절 표현을 하나 찾아 쓰고, 밑줄 친 ㉮, ㉯, ㉰에 알맞은 말을 쓰시오. [4点] 2008 기출 | 1

深化学習の教案例

日時：2007.00.00　担当教師：○○○

学習項目	学習内容		
可能表現	学習目標	日本語の動詞に「れる」や「られる」を付け、可能表現を作ることができる。学習者の発話を拾って、コミュニケーションを広げる。	
文型の導入	区分	指導および学習活動	
		教師	学生
	1グループの動詞	U-verb(1グループの動詞)は"-u"を"-eru"に変えます。	「書く」は「___㉮___」になります。
	2グループの動詞	RU-verb(2グループの動詞)は"-ru"を"-rareru"に変えます。	「開ける」は「開けられる」になります。
	3グループの動詞	「する」は不規則動詞です。	「する」は「___㉯___」になります。
		「くる」は不規則動詞です。	「くる」は「こられる」になります。
	資料	くだもののたくさんある絵、写真	
	留意事項	2グループの動詞の可能表現	
文脈の導入	くだものがたくさんある絵や写真を見せて 教師：さあ、今日はくだものがたくさんありますから、たくさん食べてください。 学生：ありがとうございます。(食べるふり) 教師：さ、もっと食べてください。 学生：はーい。(また食べるふり)		

メモ

教師 : さ、もっともっと食べてください。
学生 : 先生、もういいです。
教師 : そうですか。もう ___㉰___ ませんか。私はもっと ___㉰___ ますよ。

• 거절 표현 ________________________________

• ㉮ ________________________________

• ㉯ ________________________________

• ㉰ ________________________________

メモ

4 同範囲問題

논술형

11 〈A〉は、○○高校の夏休みのキャンプ参加者募集のポスターである。〈B〉の流れに沿って、キャンプ参加者を対象に行う「放課後特別授業」のコースデザインの内容を〈作成方法〉に従って、説明しなさい。[10点] 2018.B 기출 | 8

〈A〉

「異文化にふれる会」に参加しませんか

- キャンプ名 ：異文化にふれる会
- 期間 ：7月21日～7月30日(9泊10日)
- 訪問国 ：日本
- 宿泊先 ：△△高等学校(本校の姉妹校)の寮
- 募集人数：10名
- 対象 ：本校1年生
- 内容

毎年行われる本校の海外研修プログラム
－文化体験のミッションに挑戦！－

〈今回のミッション〉
本場の寿司屋で好きなお寿司を食べよう

- 申し込み：5月31日まで

※ 詳しいことは担任の先生に問い合わせること。
※ 参加者全員を対象に、「放課後特別授業」を行う。

2018年 5月10日
○○高等学校長

キーワード

コースデザイン
ニーズ調査
「アンケート法」
「インタビュー法」
場面シラバス
教室活動

メモ

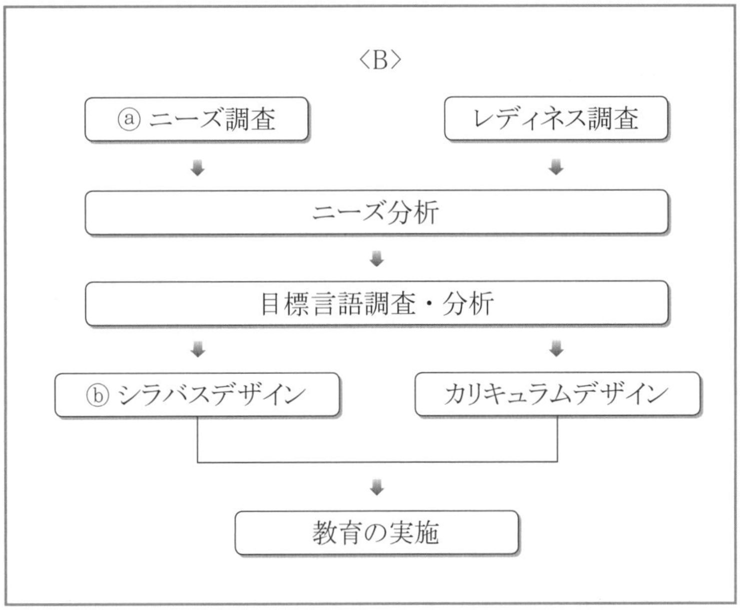

〈作成方法〉

- 序論、本論、結論の構成を備え、特に本論には以下の内容を述べること。
- ⓐを行う際に、日本語教育現場でよく用いられる方法として「アンケート法」と「インタビュー法」があげられる。〈A〉の状況に当てはめて、この二つの方法の長所と短所を比較しながら説明すること。
- ⓑを行う際に、ミッションをクリアーさせるためのより効果的なシラバスの種類を一つあげ、それを選んだ根拠を具体的に説明すること。
- ミッション遂行の目標言語を達成させるための教室活動を具体的に説明すること。ただ、キャンプ参加者全員は高校に入ってから日本語を習いはじめたことを考慮すること。

メモ

4 同範囲問題

[答案例] 책속의 책 p.21~22

※答案作成シート

	答案例	備考
序論		
本論		「アンケート法」と「インタビュー法」の長所と短所を比較
		シラバスの種類と、それを選んだ根拠を具体的に説明
		初級のための教室活動を工夫して答案を書く。
結論		

メモ

注

이「答案作成シート」는 답안을 쓰는 데 기준이 될 수 있도록 본서에서 임의로 작성한 것임.

メモ

5 代表問題

교실 활동

기입형 서술형

次は日本語教師2人の会話である。ⓐとⓑに入ることばを書きなさい。また、ⓒに共通して入ることばをカタカナで書き、それについて説明しなさい。[4点]

2021.B 기출 | 4

教師A：来学期に読解の授業を担当することになったんですが、読解授業は何をすればいいのか悩んでいます。単語の意味と新しい文法を説明して、韓国語に訳していけばいいですか。

教師B：それも一つのやり方ですね。文章を理解していくプロセスには(ⓐ)と(ⓑ)があります。単語の意味を理解して、単語から文へ、文から段落へと少しずつ理解を積み上げていくのが(ⓐ)です。特にまだ単語や文法知識に制限のある初級の学習者には効果的ですよ。

教師A：もう一つの(ⓑ)というのは何ですか。

教師B：これは、文字や単語から積み上げる作業ではなく、文章のタイトルなどの周辺情報をもとに予測や推測を行ないながら読んでいく方法です。脳内にある(ⓒ)と、書かれた文を照らし合わせていく作業と言えるでしょう。

教師A：先生、わたしは英語の授業で、単語の意味も文法も理解できたのに、文章全体の意味が把握できなかったことがあります。

教師B：それは、内容に関する(ⓒ)がなかったからでしょう。すべての学習者が読解の内容についての(ⓒ)を持っているわけではありませんから、授業では読む前にテーマについてグループで話し合う準備活動やキーワードの導入なども大切ですよ。

教師A：そうですね。

メモ

メモ

正解

ⓐに入ることばは「ボトムアップモデル」であり、ⓑに入ることばは「トップダウンモデル」である。
(「ボトムアップ式」와「トップダウン式」도 가능)

ⓒに入ることばは「スキーマ」である。
人は過去の経験や学習を通して様々な背景知識を獲得しており、この背景知識は構造化された枠組みとして存在している。この知識の構造化された枠組みを「スキーマ」という。読み手はテキストを読む時にこのスキーマをテキストの内容と照らし合わせながら読解していくストラテジーを立てることができる。

解説

독해 수업에서 이루어지는 교실 활동의 두 가지 방식에 관해 묻는 문제이다. 教師B의 설명대로 문장을 이해하는 과정(プロセス)에는 「ボトムアップモデル」와 「トップダウンモデル」가 있는데 전자는 단어 이해부터 시작해서 차근차근 더 큰 단위로 이해를 넓혀가는 방식이고 후자는 제목 등으로부터 문장의 내용을 대략적으로 예측하고 문장 내용이 자신이 예측한 것과 맞는지 확인해 가면서 읽어가는 방법이다. 이때 읽는 이는 자신이 이미 경험하여 알고 있는 여러 배경 지식에 근거하여 내용을 예측하게 되는데 그 배경 지식의 구조체가 スキーマ(schema)이다. 독해 과정에서 우리가 행간(行間)의 의미를 알 수 있는 것은 바로 이 スキーマ에 따라서 トップダウン 방식으로 독해를 하였기 때문이다.

5 同範囲問題

객관식

01

민수는 책을 읽으면서 아래와 같은 과정을 통하여 내용을 이해했다. 이러한 독해 과정의 명칭으로 알맞은 것은? [2点]

2009.1차 기출 Ⅰ 5

〈책 내용〉
今日は子どもの日でした。学校は休みなので、
友だちと遊びに行きました。

ミンスは、「子ども」「学校」「休みます」「遊びます」「行きます」などの言葉は習って知っているが、「休みなので」や「遊びに行きました」などは、まだ習っていない。それで、知っている言葉や常識などをふまえて、「어린이날이다. 어린이날은 공휴일이다. 그러므로 학교에 가지 않을 것이다. 그래서 친구와 놀러 간다.」という意味だと推測した。それから、わからない言葉は参考書などで確認した。つまり、ミンスは自分の知識や経験などを生かして語や文の意味を予測し、検証していったのである。

① シミュレーション
② フォリナートーク
③ トップダウンモデル
④ ボトムアップモデル
⑤ インターアクションモデル

メモ

객관식

02 교사가 다음 대화 내용으로 듣기 지도를 하려고 한다. 듣기 연습 시작 전의 주의 사항으로 교사가 가장 강조해야 할 것은? [2.5点]

2009.1차 기출 | 3

佐々木：すみません。
通行人：はい、何でしょうか。
佐々木：この近くにコンビニはありませんか。
通行人：コンビニですか。
佐々木：はい。
通行人：あそこに白い建物がありますね。そこを右に曲がって少し行くと、大きい道路に出ます。
その道路を渡るとすぐです。
佐々木：どのくらいかかるでしょうか。
通行人：そうですね。だいたい5分ぐらいじゃないでしょうか。
佐々木：はい、どうもありがとうございました。

① とりわけ発音を正確に聞き取ること。
② 対話全体のあらすじを把握すること。
③ 登場人物の発話の意図を正確に把握すること。
④ メモをとりながら、対話の情報を正確につかむこと。
⑤ 聞き取れなかったところは前後の関係から判断すること。

メモ

5 同範囲問題

객관식

03

일본어 학습 교실 활동과 그 방법에 대한 설명으로 옳지 않은 것은? [2点] 2009.1차 기출 I 11

① 読解の授業におけるスキャニング練習
⇒ 新聞記事の大意を把握するように練習させる。

② 定着段階で、正確に話すための完成ドリル
⇒ いくつかの単語を提示し、それを使って文を作らせる。

③ 総合的な教室活動のためのシミュレーション
⇒ 疑似場面を設定し、ある課題を遂行させる。

④ 現場指示のコソアドを学習するためのペア・ワーク
⇒ 学習者の持ち物の名称をお互いに質問させる。

⑤ 存在表現を学習するためのインフォメーション・ギャップ練習
⇒ 人や物の数など、内容の異なる絵カードを用いて練習させる。

기입형

04

다음은 교실 활동에 관한 내용이다. ①, ②에 들어갈 알맞은 말을 가타카나로 쓰시오. [2点] 2003 기출 I 1-2

> 場面と役割を与えられた学習者が、その設定のもとで役割を演じる活動を(①)と呼ぶ。(①)練習では、会話の目的、話すべき内容など大枠は決められているが、具体的な語彙、表現、文型などの選択は学習者にゆだねられている。
>
> 実際に人と話をするとき、質問する人とされる人では知っていることが違う。この違いを (②)と言う。この(②)があるから、わたしたちはことばを使って人にものを尋ねたり、人に何かを頼んだりするのだ。学習者の間に(②)を作って練習すれば、わからないことを尋ねるという現実の会話に一歩近づいたことになる。

① ____________ ② ____________

メモ

논술형

05

次の学習指導案に沿って授業を行う場合、「学習者中心の授業の実現」という観点からどのように評価できるかを、〈作成方法〉に従って述べなさい。[10点]

2019.B 기출 I 8

<table>
<tr><th colspan="2">学習段階</th><th>学習活動</th></tr>
<tr><td colspan="2">導入</td><td>・動機付け
・学習目標(友だちを紹介する文章を書くことができる)の提示</td></tr>
<tr><td rowspan="4">展開</td><td>ⓐ<u>作文のモデルを提示</u></td><td>わたしの友だちのキム・チョルスさんを紹介します。
キムさんは、○○高校の1年生で、わたしと同じクラスです。部活もわたしと同じ日本文化部に入っています。私たちは、いつも一緒に勉強したり遊んだりしています。
キムさんの趣味は、日本のアニメを見ることです。また、絵を描くことが好きで、絵がとても上手です。それで、いつか日本でアニメの仕事がしたいと言っています。
キムさんは、おもしろい人です。それで、一緒にいると、とても楽しいです。また、とても親切な人で、いつもわたしを助けてくれます。
これからも、おもしろくて親切なキムさんと、仲良くしたいです。</td></tr>
<tr><td>書くための準備</td><td>・グループでアイディアを出し合う。
・グループで書く内容(誰について何を書くか)を話し合う。</td></tr>
<tr><td>書く</td><td>・各自、文章を書く。</td></tr>
<tr><td>ⓑ<u>推敲</u></td><td>・学習者同士での修正をしてから、教師による修正をする。</td></tr>
<tr><td colspan="2">まとめ</td><td>・まとめ、次回の授業の予告</td></tr>
</table>

キーワード

教室活動
学習者中心の授業の実現
「書く活動」
作文のモデル
相互評価

メモ

5 同範囲問題

〈作成方法〉

- 序論、本論、結論の構成を備え、特に本論には以下の内容を含めて述べること。
- 下線部ⓐのような、作文のモデルを提示して「書く活動」をさせる方法が持つ長所と短所を、文型を提示して「書く活動」をさせる方法と比較して述べること。
- 下線部ⓑにおける、「学習者同士での修正」と「教師による修正」それぞれの長所と短所を述べること。

※答案作成シート

	答案例	備考
序論		
本論		作文のモデルを提示して「書く活動」をさせる方法が持つ長所と短所を、文型を提示して「書く活動」をさせる方法と比較。（どちらのほうが「学習者中心の授業」に効果的か）
		「学習者同士での修正」と「教師による修正」それぞれの長所と短所を述べる
結論		

メモ

注

이 「答案作成シート」는 답안을 쓰는 데 기준이 10될 수 있도록 본서에서 임의로 작성한 것임.

논술형

06

教師が抱いているビリーフ(belief)は、教授・学習において極めて重要な要素である。〈A〉を参考に、〈B〉と〈C〉の教室活動を比較しつつ、教師１と教師２の日本語教師としてのビリーフについて述べなさい。また、それについてのあなたの考えを書きなさい。[10点]

2014.B 기출 | 논술형 2

〈A〉

ここでいう「ビリーフ(belief)」とは、指導の内容や過程などに関して教師が抱いている信条、または確信のことである。「ビリーフス(beliefs)」ともいう。

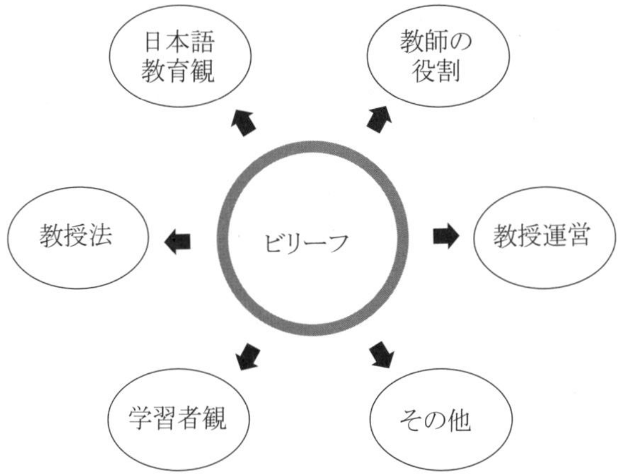

〈ビリーフのイメージ〉

〈B〉

〈日本語教師１の教室活動〉

教師１　：みなさん、今日は「～たことがある」と「～たことがない」について勉強します。この表現は「経験」を表します。経験を表しますから、動詞の「～た」形を使って、「何々したことがあります」

キーワード

ビリーフ(belief)　教室活動
学習者中心の授業　教育観
オーディオリンガル・アプローチ
コミュニカティブ・アプローチ

メモ

といいます。経験がないときは、否定形を使って「何々したことがありません」といいます。それじゃ、練習しましょう。「書く」は「書いたことがあります」。

学習者全体 ：「書いたことがあります」
教師1 ：「食べる」は「食べたことがあります」。
学習者全体 ：「食べたことがあります」
教師1 ：「する」は？
学習者全体 ：「したことがあります」
教師1 ：「行く」
学習者全体 ：「行ったことがあります」
教師1 ：「日本へ行く」
学習者全体 ：「日本へ行ったことがあります」
教師1 ：「アメリカ」
学習者全体 ：「アメリカへ行ったことがあります」
教師1 ：「中国」
学習者全体 ：「中国へ行ったことがあります」
(パターン・プラクティスを続ける)

…(中略)…

教師1 ：みなさん、よくできました。では、教科書を一緒に読みましょう。わたしの後について読んでください。
「渡辺さんは、京都へ行ったことがありますか」
学習者全体 ：「渡辺さんは、京都へ行ったことがありますか」
教師1 ：「はい、あります」
学習者全体 ：「はい、あります」
教師1 ：「鈴木さんは、どうですか」
学習者全体 ：「鈴木さんは、どうですか」
教師1 ：「私は一度も京都へ行ったことがありません」
学習者全体 ：「私は一度も京都へ行ったことがありません」
(音読を続ける)

メモ

…(中略)…

教師１　：では、本文の意味を確認しましょう。
「渡辺さんは、京都へ行ったことがありますか」
「와타나베 씨는 교토에 간 적이 있습니까?」
(翻訳を続ける)

…(中略)…

教師１　：では、最後に作文をしてみましょう。教科書の89ページの韓国語を「~たことがある/~たことがない」を使って作文してください。Aさんは１番、Bさんは２番、Cさんは３番の問題の答えを、前に出て、黒板に書いてください。

〈C〉

〈日本語教師２の教室活動〉

教師２　：みなさん、わたしは、去年、日本へ行きました。富士山を見ました。わたしは日本へ行ったことがあります。富士山を見たことがあります。Aさん、どこへ行きましたか。

学習者A：わたしは、慶州へ行きました。

教師２　：Aさんは慶州へ行きました。Aさんは慶州へ行ったことがあります。

…(中略)…

教師２　：「~たことがあります」は、動詞の「~た形」+「~ことがあります」。経験の意味です。「~た形」は勉強しましたね。それでは、みなさん、ペアになって練習しましょう。右の人は学生です。左の人は先生です。先生は問題を出してください。

学習者B：「食べます」

学習者C：「食べたことがあります」
(学習者どうしがペアになって練習する)

…(中略)…

メモ

メモ

教師２　：わたしは村上春樹に会ったことがあります。サインももらいました。みなさんは、特別な経験がありますか。クラスの中で、自分と似ている経験をした人を探してグループを作ってください。教室の中を歩いて、いろいろな友達と話しましょう。

学習者D：わたしはヨーロッパへ行ったことがあります。Eさんは？

学習者E：わたしもヨーロッパへ行ったことがあります。

…(中略)…

教師２　：みなさん、グループになりましたね。それでは、グループで自分の経験を話しましょう。グループの友達の話を聞いて、質問をしてください。言いたいことばが日本語でわからないときは、わたしを呼んでください。
(グループ活動。教師は各グループを回りながら学習者がわからないときには助ける)

学習者F：わたしはバンジージャンプをしたことがあります。

学習者G：あ、わたしもありますよ。

学習者F：あ、そうですか。Gさんはどこでしましたか。

…(中略)…

教師２　：それでは、各グループの特別な経験を、グループで一人ずつみんなに紹介してください。

学習者H：FさんとGさんは、バンジージャンプをしたことがあります。Fさんはとてもおもしろかったと言いましたが、Gさんは怖かったと言いました。

…(中略)…

教師２　：それでは、みなさん、今日の授業で学んだことを内省シートに書いてください。友達の表現でよかったこと、自分がもっと勉強したいこと、先生への質問などを書いて出してください。

※答案作成シート

序論	
本論	
結論	

メモ

注

이「答案作成シート」는 답안을 쓰는 데 기준이 될 수 있도록 본서에서 임의로 작성한 것임.

6 평가

代表問題

서술형

次は初級日本語クラスの試験問題である。(1)~(9)のうちから不適切な問題を2つ選び、その理由をテストの良し悪しを測る尺度の観点から説明しなさい。[4点]

2021.B 기출 Ⅰ 3

初級日本語クラス 期末テスト

名前：＿＿＿＿＿＿＿

・これは何ですか。

(1)	(2)	(3)	(4)
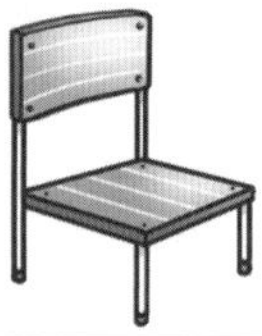			

・(　　)に入ることばを1つ選びなさい。

(5) 日本人は はし(　　) ご飯を 食べます。
① と　② で　③ も　④ が

(6) クリスマスプレゼントに 何(　　) 欲しいですか。
① の　② も　③ が　④ は

(7) あれは (　　)の 雑誌ですか。
① だれ　② どれ　③ どこ　④ なん

(8) きょうは (　　)ですか。
① いつ　② どの　③ なんさい　④ なんにち

・質問に答えなさい。

(9) 田中さんは、お母さんとスーパーへ行きました。田中さんは200円の牛乳を1本と300円のパンを5つと100円のチョコレートを3つ買いました。お母さんは、200円のジュースを買いました。5本買うと20％引きでしたから5本買いました。2人でいくら払いましたか。
① 2,600円　② 2,700円　③ 2,800円　④ 2,900円

メモ

キーワード

テスト　測定
出題ミス
信頼性
(内容的)妥当性

メモ

正解

不適切な問題は(7)と(9)である。その理由は次のようである。
(7)は(　)の中に入ることばが１つに限らないため、出題ミスである。こうなると全員正解とせざるを得なくなって弁別力が弱くなるため、この問題の信頼性は格段に落ちてしまう。
(9)は設問の内容が日本語能力より算数の計算能力を測るものになっているため、測定しようとしている事柄を的確に測定できない。このように（内容的）妥当性の低い問題はテスト問題として不適切である。

解説

테스트를 평가하는 척도로는 신뢰도, 타당도, 객관성, 실용성 등이 있다. 문제에서 「テストの良し悪しを測る尺度」라고 언급한 부분으로 보아 위와 같은 척도에 따라 답안을 작성해야 한다. 신뢰도는 그 테스트가 어느 정도 믿을 만한 것인가에 대한 척도인데 문제 (7)처럼 정답이 여러 개 존재하는 출제 오류는 신뢰도를 해치는 요인 중 하나이다. 그리고 타당도는 측정하려고 의도했던 것을 정말 측정하고 있는가에 대한 척도를 말하므로 문제 (9)는 타당도의 측면에서 부적절한 문제가 된다.

6 同範囲問題

기입형

01

〈A〉は、語彙力を問う客観テストの例である。〈B〉のⓐ、ⓑに入ることばを漢字または仮名で書きなさい。[2点]

2017.A 기출 I 3

〈A〉

⑴ 次は着用に関することばである。それぞれ韓国語に訳しなさい。

はく_____　かける_____　かぶる_____　はめる_____

⑵ (　　)に入ることばを書きなさい。

・デパート (　　)ネックレス (　　)買いました。

⑶ 下線部と同じ意味のことばを選びなさい。

・寒いから、手袋をして出かけます。

① 着て　② はいて　③ はめて　④ 巻いて

⑷ 左右のことばを意味が通じるように線で結びなさい。

帽子を　・	・　はく
めがねを　・	・　かける
スカートを　・	・　かぶる

〈B〉

客観テストは、自分で解答を書き込む再生形式と、用意されたものの中から正答を選ぶ再認形式との二つに分けられる。⑴の翻訳法と⑵の空欄補充法は再生形式の例であり、⑶の多肢選択法と⑷の(ⓐ)は再認形式の例である。語の用法の学習は、単純に意味を覚えるだけでなく、文中でともに用いられる他の語や句などとの(ⓑ)関係を知ることも重要である。⑶と⑷はその関係を問う問題である。

キーワード

客観テスト
組み合わせ法
語や句などとの結合関係

メモ

객관식

02

보기 1 은 테스트의 목적이고, 보기 2 는 테스트의 종류이다. 테스트의 목적과 종류를 가장 바르게 짝지은 것은? [2点]

2012.1차 기출 I 4

보기 1

(가) 適切なクラスへ振り分けるために学習者の言語能力を測る。

(나) 一定期間特定のコースや授業で学習した内容の理解度を測る。

(다) 文法規則を類推する能力や記憶力など、語学学習に対する素質を判断する。

(라) 受験者の能力が認定基準のどのレベルかを測る。日本語能力試験がその例である。

보기 2

ㄱ. 適性テスト(aptitude test)

ㄴ. 到達度テスト(achievement test)

ㄷ. プレースメント・テスト(placement test)

ㄹ. プロフィシエンシー・テスト(proficiency test)

	(가)	(나)	(다)	(라)
①	ㄴ	ㄷ	ㄱ	ㄹ
②	ㄴ	ㄷ	ㄹ	ㄱ
③	ㄷ	ㄴ	ㄱ	ㄹ
④	ㄷ	ㄴ	ㄹ	ㄱ
⑤	ㄷ	ㄹ	ㄱ	ㄴ

メモ

6 同範囲問題

기입형

03

평가를 실시하는 목적과 시기에 따라 교육 평가의 유형을 다음과 같이 3종류로 나눌 수 있다. (　　) 안에 들어갈 평가 유형을 한자(漢字) 또는 히라가나로 쓰시오. [4点]

2008 기출 | 3

(総括)的評価
学習指導の終了後(学期末、学年末、卒業前など)に実施され、学習の成果を測定するための評価である。指導計画の反省と改善のための資料となる。

(㉮)的評価
学習指導の前に学習者がどの程度の学力をもち、どのような問題点をかかえているかを、教師が知るためになされる評価である。この評価をもとにして、指導計画や指導方法に変更が加えられる。

(㉯)的評価
学習指導の途中で、学習目標がどの程度達成され、どの部分が獲得されていないかを評価するものである。これは、教師および学習者へのフィードバック機能をもち、指導・学習のための資料となる。

㉮ ______________________________

㉯ ______________________________

メモ

기입형

04 다음은 일본어 교육 평가에 관한 내용이다. 각 설명에 맞는 것을 보기 에서 하나씩 골라 기호를 쓰시오. [3点]

2003 기출 | 2-1

(1) まとまった文章から一定の間隔で単語を削除し、その空欄を再生する形式のテストである。
(2) 将来、学習者が直面する学習困難点や習得の度合いを予測することから、予測テストと呼ばれることもある。
(3) 学習者がどのような技能や知識を持っていて、今後どのような内容の学習が必要かを明らかにするテストである。

보기

(a) OPI (b) プレースメントテスト (c) 主観テスト
(d) 診断テスト (e) 到達度テスト (f) クローズテスト
(g) 熟達度テスト (h) 言語学習適性テスト

(1) ________ (2) ________ (3) ________

기입형

05 객관식 테스트 형식의 명칭을 일본어로 세 개만 쓰시오. [2点]

2003 기출 | 2-2

(예 真偽法) (   ) (   ) (   )

メモ

6 同範囲問題

기입형

06

다음은 평가의 특성과 조건에 대한 설명이다. ①과 ②에 들어갈 말을 한자(漢字) 또는 히라가나로 쓰시오. [2点]

2005 기출 | 2

すべての評価は(①)、(②)、客観性、実行可能性等の要件が要求される。(①)とは、そのテストの測定結果が、そのテストの作成目的である特定の目標を、実際にどの程度的確にとらえているかを問うものである。(②)とは、同じ測定対象に対して、同じ条件のもとでは同じ結果が得られるという測定の一貫性、または安定性の程度を意味している。

① ______________________

② ______________________

기입형

07

다음에 해당하는 테스트(Test)의 명칭을 쓰시오. [3点]

2007 기출 | 4

クラス内の学習者の言語能力にできるだけばらつきを持たせないことは、教育の効率を考えるうえで、教える側にとっても、学ぶ側にとっても、非常に重要なことである。それで、このテストは既習学習者を対象として、学習者の言語能力を測定し、最も適したレベルのクラスに振り分けるために行われる。このテストの名称は「テストの結果の使い方」によるもので、テストそのものの形式や内容を規定するものではない。これは事前的評価として行った熟達度テストやいろいろなテストの結果によってクラス分けに使うテストである。

____

メモ

기입형

08

아래 보기 의 문제는 위 7가지 '언어 재료' 중에서 어느 영역을 평가한 것인지 하나를 골라 쓰시오. [1点]

2004 기출 | 1-2

제7차 교육과정에서의 일본어 과목의 내용은 '의사소통 활동'과 '언어 재료'로 나뉘어지는데, '의사소통 활동' 영역에는 듣기, 말하기, 읽기, 쓰기 등 네 가지가 있고, '언어 재료' 영역에는 의사소통 기능, 발음, 문자, 어휘, 문법, 문체, 문화 등의 일곱 가지가 있다.

보기

◆ 빈칸에 공통으로 들어갈 말로 알맞은 것은? (2004학년도 수능 기출문제)

・イムさんは きれい______、げんきです。

・あしたは 4月 27日______、父の たんじょうびです。

①か　②は　③で　④へ　⑤を

メモ

6 同範囲問題

객관식

09

보기 의 밑줄 친 말이 가리키는 것은? [2点]

2010.1차 기출 I 7

보기

これは、学習者のパフォーマンスを学習者同士が評価するものである。これは、たとえば、作文、スピーチ、ロール・プレイでのパフォーマンスなどを評価するものであるが、これにより、自分自身のパフォーマンスを意識することができる。また、教師以外の人間に自分のパフォーマンスを見てもらうことで学習意欲があがる、などの効果が期待できる。

① クイズ
② ピア評価
③ 自己評価
④ ポートフォリオ評価
⑤ プレースメント・テスト

メモ

[答案例] 책속의 책 p.27

객관식

10 A는 테스트 형식이고, B는 이에 대한 문제 예이다. 문제 예의 제시가 적절하지 않은 것은? [1.5点] 2011.1차 기출 I 11

① A: [誤りを訂正させる形式]

B:

食事を(　　)から、勉強をしました。

a. した　　b. して　　c. する　　d. しない

② A: [問題文中の空欄を補充する形式]

B:

これ(　　)先生(　　)いただきました。

③ A: [学習内容を思い出して回答する形式]

B:

辞書形	ます形	て形
		はしって
おきる		
	します	

④ A: [正しい答えと間違った答えの真偽を判定させる形式]

B:

(　　)日本語先生は素敵です。

(　　)日本語の先生は素敵です。

⑤ A: [二つの項目群から、それぞれ適切な組み合わせになるものを選ぶ形式]

B:

(a)	(b)
みかん	飲む
ミルク	見る
テレビ	食べる

メモ

6 同範囲問題

객관식

11

예비 교사 A는 주당 2시간씩 1년간 일본어 수업을 들은 고등학생을 대상으로 독해력을 측정하기 위해 아래와 같은 평가 문항을 제작하였다. 이 문항을 이용한 테스트의 문제점에 대한 지적으로 가장 적절한 것은? [2.5点]

2009.1차 기출 I 6

〈예비 교사 A가 제작한 문항〉

아래의 글을 읽고「ここ」가 가리키는 곳을 고르시오.

ここには、二つの大きな橋があります。一つは明石に行く橋です。そして、もう一つは鳴門に行く橋です。全国からたくさんの人がこれらの橋を見に来ます。

㉠ 福島　㉡ 淡路島　㉢ 新潟　㉣ 鹿児島

① 正解率が高すぎる。
② 簡単には実施できない。
③ 評価目標が達成しにくい。
④ 問題の採点が容易でない。
⑤ 使われている文型が難しい。

メモ

서술형

12 평가에는 양적으로 파악하는 방식과 질적으로 파악하는 방식이 있다. 대상의 질적 파악이란 교육 목표에서 비추어 대상의 가치를 판단하는 것이다. 제6차 일본어과 교육과정에서 의사소통 기능을 강조하고 있는 것과 관련하여, 바람직한 구두 언어 능력 평가법의 개발과 적용의 문제는 일본어 교육계가 당면한 주요 과제 중의 하나이다. 일본어의 구두 언어 능력 평가법에는 응답 테스트, 인터뷰 테스트, 통역 테스트 등이 있다. 이 중에서 인터뷰 테스트법이란 무엇인가를 간단히 설명하고 장점과 문제점 및 문제점을 최소화하기 위한 방안을 적으시오. (300자 이내) [7点]

1998 기출 I 6

キーワード

インタビューテスト
口頭言語能力
内容妥当性　客観性
実行可能性

メモ

7 代表問題

교재/교구

기입형 서술형

〈A〉の教案に基づいて、「聴解」の授業をする際、(　　　)に入る生教材として適切なものを〈B〉のⓐ～ⓓから1つ選びなさい。また、他の3つの教材が<u>不適切な理由</u>をそれぞれ書きなさい。[4点] 2021.A 기출 I 6

〈A〉

目標	現代の日本語の談話から必要な情報を聞き取る				
レベル	日本への留学を考えている上級の日本語学習者				
使用教材	(　　　　　　　　　　　　)				
学習活動	時間	項目	教師の活動	学習者の活動	留意事項
	5分	ウォームアップ	・学習者に日本でどんな勉強がしたいのか質問する	・教師の質問に答える ・学習者どうしで質問し合う	—
	3分	導入	・今日の授業について説明する	・教師の説明を聞く	—
	5分	聞き取り活動	・授業教材を視聴させる(1回目)	・授業教材を視聴する	・メモは取らないで聞くことに集中させる

メモ

〈B〉

ⓐ 日本で有名な大河ドラマ

ⓑ 囲碁のテレビの解説番組

ⓒ 教育用に作成された座談会の会話

ⓓ 日本の生活や文化を紹介するテレビ番組

メモ

正解

生教材として最も適切なものはⓓである。
残りの教材が不適切な理由は次のようである。
ⓐは、現代の日本語の談話ではないため、学習目標に適していない。また、大河ドラマの特性上、時代的背景についての理解が必要になるため、聞き取り能力を育てるには不適切である。
ⓑは、囲碁に関連した専門用語の聞き取りは学習者の水準をはるかに越えるものであり、また、学習目標とも合わない。
ⓒは、教育のためにわざと作成されたものであるため、生教材として適切なものとは言えない。

解説

「生教材」란, 모어화자(母語話者)가 실제 생활에서 사용하는 것으로, 교육을 위해 일부러 제작되거나 가공되지 않은 교재를 말한다. 이러한 조건에 부합되는 것은 ⓐ와 ⓑ와 ⓓ인데, 이 중에서 ⓐ와 ⓑ는 청해 교재로 쓰기에는 지나치게 어렵고, ⓐ는 「現代の日本語の談話から必要な情報を聞き取る」라고 하는 학습 목표와도 부합되지 않는다.

7 同範囲問題

기입형

01

다음 교재·교구의 장점과 문제점을 보기 에서 각각 하나씩 골라 기호를 쓰시오. [총 4点] 2003 기출 I 3

보기

(a) 持ち運びが可能なサイズのものに限定される。抽象的な事柄には使えない。
(b) 1枚だけでも数枚連続しても使え、練習のキューに適している。
(c) 絵や写真では得られない本物のもつ迫力があるため、練習に現実感がもたらされる。
(d) 教室への機器の移動も可能だが重いので少し面倒である。
(e) 一定の順序にしたがって体系的に学習することができない。
(f) クラスサイズが大きいと見えにくくなる。
(g) 簡単に操作できる。最初の文や絵の上に重ねて使用したりその場で加筆することもできる。
(h) 課の順序を入れ替えたり、一部分だけを抜き出して使うことができる。

	長所	問題点
(1) 絵カード		
(2) レアリア		
(3) OHP		
(4) モジュール型教材		

メモ

[答案例] 책속의 책 p.28

기입형

02 다음은 일본어 교육에서 활용되는 교재와 교구에 대한 설명이다. A~C에 맞는 번호를 보기 에서 골라 쓰시오. [3点]

2007 기출 | 5

A 映画・ビデオテープに準ずる機能を持ちながら、より経済的である。視聴覚機器の中ではその起源が最も古く、欧米では17世紀に使われた記録がある。ただ、部屋を暗くしなければならないので、メモを取ったり手元の教科書を見たりするのは難しい。

B 特に初級で使われる実物教材を指す。「こ・そ・あ・ど」や「上・下/中・外」などの位置関係や各種の語彙の指導に有効である。言葉で描写しようとすると学習目標の項目よりも難しい語彙・表現を使わなくてはならないときや臨場感を求めたいときなどに有効である。

C 学習者それぞれに演ずる役割を箇条書きにして指定したカードを渡して、目標となる構文・語彙を使えば後は自由に会話をさせるという形式の学習活動をさせる時に使われる。

보기

① レアリア	② スライド
③ ビデオ教材	④ ロール・カード
⑤ 音声テープ教材	⑥ モジュール型教材

A ____________ B ____________ C ____________

メモ

7 同範囲問題

객관식

03 다음은 교사가 실용 회화를 중심으로 만든 교재의 일부이다. 이와 같은 교재를 만들 때 유의해야 할 점으로 <u>거리가 먼</u> 것은? [2点]

2009.1차 기출 | 2

第5課 郵便局で

田中：すみません。
　　　この小包を速達でお願いします。
局員：はい、わかりました。
　　　ちょっと重いですね。中身は何ですか。
田中：はい、本です。
局員：そうですか。
　　　それじゃ、500円になります。
田中：あ、それと80円の切手を10枚ください。
局員：それでは、合わせて1,300円になります。
田中：はい、これで。
局員：はい、ちょうどいただきます。
　　　ありがとうございました。

① リスニングのCDは、臨場感が出るように作る。
② 学習者が接する可能性の高い場面を設定して作る。
③ 会話の練習は、ロール・プレイができるように作る。
④ 会話の内容は、主にタスク・シラバスを利用して作る。
⑤ 語彙は、実用性を考慮し、使用頻度の高いものを選んで作る。

メモ

객관식

04

보기 는 일본어 교육에서 활용되고 있는 교재・교구에 관한 설명이다. 바른 것만을 있는 대로 고른 것은? [2点]

2012.1차 기출 | 5

보기

ㄱ. 絵教材は、連続した動作を表す文型の結合ドリルのキューとして使われる。余分な情報をカットしたり、注目させたい情報を際立たせたりすることができない。

ㄴ. モジュール型教材は、教科書のように一定の順序に従う伝統的な教材とは異なり、各単元が独立的に構成されているため、学習者のニーズが高い順序で使うことができる。

ㄷ. OHPは、静止画や文字情報を提示するのに適している。文字を拡大してみせることもでき、多人数のクラスに効果的である。重ねて使用したり、その場で加筆することができない。

ㄹ. CAI教材は、教室内のカリキュラムから独立して、学習者が自分の能力や学習スタイルに応じて活用できる。システム設計により、学習履歴の把握、誤答傾向の分析なども可能である。

ㅁ. 文字カードは、初級クラスで用いられることが多く、中・上級では使用されない。教師の自作が容易で、学習者の注意を集中させることができる。文字の大きさや字体にまで配慮する必要はない。

ㅂ. リソース型教材は、学習者の周りにいる教師・友人などの人的教材、本・新聞などの物的教材、学習機関・コミュニティーなどの社会的教材のことであり、これらのすべてが学習者の教育情報源になる。

① ㄴ, ㄹ
② ㄴ, ㅂ
③ ㄴ, ㄹ, ㅂ
④ ㄱ, ㄴ, ㄷ, ㅁ
⑤ ㄱ, ㄷ, ㄹ, ㅁ

メモ

7 同範囲問題

객관식

05

교재・교구에 관한 설명으로 옳은 것은? [2点]

2009.1차 기출 | 12

① 文字カードは、文字や語彙の教育には効果的であるが、文型練習には利用できない。

② ビデオ教材は、言語教材としては有効に利用できるが、非言語行動の理解をするには適していない。

③ 初級クラスでテレビのニュース番組を、聞き取りの教材として利用する場合、スキミングの練習になる。

④ モジュール教材は、各単元ごとに完結しているので、学習者のニーズやレディネスなどに応じて利用できる。

⑤ CAI教材を利用する場合、学習者は自分の学習履歴をチェックすることはできるが、自分のペースで学習することは難しい。

객관식

06

보기 1 은 교재의 종류이고, 보기 2 는 교재에 대한 설명이다. 올바르게 짝지어진 것은? [2点]

2011.1차 기출 | 12

보기 1

(가) レアリア	(나) CAI教材
(다) モジュール型教材	(라) フラッシュ・カード

メモ

보기 2

ㄱ. 教室あるいは家で練習させるためのもので、練習問題や書き込み欄などを設けた、学習用の教材。

ㄴ. 意味の説明や小道具として臨場感を高めるためなどに使われる実物教材で、特に初級用の実物教材を指す。

ㄷ. 教育のための情報源を指し、これには「人的なもの(教師、周囲の人々)」や「物的なもの(教科書、参考書、新聞、雑誌など)」がある。

ㄹ. 文字学習などで瞬間的に単語などを見せて、素早くそれを読み取る学習をさせるためのもので、スライドでも同じような練習ができるが、スライドよりも扱いが容易である。

ㅁ. コンピューターを相手に自習するプログラムで、教育内容の提示、練習、文法などの説明、誤用の訂正など、教師の役割の大きな部分をコンピューターが果たせるようになっている。

ㅂ. 各単元が独立的に自己完結している教材の集合体で、一般的な教材のように1課から順次学んでいくという方式ではなく、学習者のニーズに応えて必要度の高いものから学んでいけるように作られた教材。

	(가)	(나)	(다)	(라)
①	ㄴ	ㄱ	ㅁ	ㄷ
②	ㄴ	ㅁ	ㄹ	ㄷ
③	ㄴ	ㅁ	ㅂ	ㄹ
④	ㄷ	ㅁ	ㅂ	ㄱ
⑤	ㄷ	ㄱ	ㄴ	ㄹ

メモ

7 同範囲問題

객관식

07 교사가 교실 활동에서 「生教材」를 사용한 예이다. 「生教材」에 해당하는 것만을 보기 에서 있는 대로 고른 것은? [2点]

2012.1차 기출 I 10

보기

ㄱ. ロール・カードを使用して、ロール・プレイさせる。

ㄴ. 録音したNHKのニュースを聞かせて、シャドーイングさせる。

ㄷ. 日本の新聞の漫画を切り取って、漫画の状況を簡単に言わせる。

ㄹ. 日本の地下鉄の路線図を使って、乗り換えの場面などを教える。

ㅁ. 教師が日本の祝日を入れたカレンダーを作って、祝日の意味を確認させる。

ㅂ. 教室で学習者に飲食店のメニュー表を作成させ、飲食店でのやりとりを学習させる。

ㅅ. 市販されている活動集のタスク・シートを印刷して、友だちにインタビューさせる。

① ㄴ, ㄷ

② ㄱ, ㄹ, ㅂ

③ ㄴ, ㄷ, ㄹ

④ ㄱ, ㅁ, ㅂ, ㅅ

⑤ ㄷ, ㄹ, ㅁ, ㅅ

メモ

서술형

08

1997학년도부터 초・중등학교에 교육정보화 기반이 구축되면서 멀티미디어 매체를 일본어 교수・학습에도 활용하고 있다. 멀티미디어 매체는 질 높은 음향과 영상, 그리고 방대한 자료를 저장할 수 있다는 일반적인 장점을 가지고 있으므로 다른 교과에 비해 외국어 교과인 일본어 교육에서도 보다 효과적으로 활용할 수 있을 것이다. 이러한 멀티미디어 매체를 일본어 교육 현장에 적용했을 때의 장점을 기술하시오. (5줄 이내) [5点]

2000 기출 I 14

キーワード

マルチメディア
外国語教育
自主性
双方向コミュニケーション
水準別学習

メモ

서술형

09

일본어 학습에 사용될 수 있는 시청각 교육기기(전기를 사용하는 기기로 한정)의 명칭을 아는 대로 나열하고, 시청각 교재를 이용한 일본어 교육의 특성을 적으시오. (300자 이내) [7点]

1998 기출 I 7

キーワード

視聴覚教育機器　臨場感
水準別学習　反復学習
双方向コミュニケーション
動機づけ

メモ

7 同範囲問題

[答案例] 책속의 책 p.30

서술형

10 요즘 들어 외국어 교육 분야에도 멀티미디어 시스템이 빠른 속도로 보급되고 있다. 멀티미디어 시스템이 언어 교육에 도입될 때 무엇이라고 부르는지 그 명칭을 적고, 그 내용이 일본어 교육에 활용될 때의 장・단점에 대하여 약술하시오. (300자 이내) [7点] 1997 기출 I 2

キーワード

CAI教材　CALL教材
マルチメディア　臨場感
水準別学習　反復学習
双方向コミュニケーション
動機づけ

メモ

2 일본 사회와 문화

1 代表問題

일본 개관

기입형

우리나라의 행정구역은 특별시, 광역시, 도 단위의 광역자치단체와 시, 군, 구의 기초자치단체로 나뉘어진다. 일본은 「1都, 1道, 2府, 43県」의 광역자치단체와 「市, 町, 村」의 기초자치단체로 되어 있다. 「1都, 1道, 2府」는 각각 어디를 가리키는지 그 이름을 한자로 쓰시오. [2点]

2000 기출 | 8-2

メモ

正解

東京都, 北海道, 大阪府, 京都府

解説

일본 행정구역을 묻는 문제이다. 일본의 광역자치단체는 都道府県이라는 4개의 행정 단위로 구분되는데 이 중에서 「都」는 東京都를 가리키고 「道」는 北海道를 가리킨다. 그리고 「府」는 京都府와 大阪府의 2개가 있으며 기타 43개의 「県」이 있다.

1 同範囲問題

[答案例] 책속의 책 p.31

기입형

01 일본의 국토는 일반적으로 홋카이도(北海道), 혼슈(本州), 시코쿠(四国), 규슈(九州)의 4개 지역으로 나뉘며, 이들 지역은 다시 8개 지방으로 나뉜다. 다음의 지도에서 ㉮, ㉯의 지방명과 그 지방에서 가장 대표적인 도시를 한자(漢字)로 쓰시오. [1点]

2008 기출 | 20

日本의 지방 구분

㉮ 지방명 : ________________ 대표 도시명 : ________________

㉯ 지방명 : ________________ 대표 도시명 : ________________

メモ

1 同範囲問題

기입형

02 〈A〉の下線部の例を、それぞれ一つずつ漢字または仮名で書きなさい。また、〈B〉の(1)~(4)に関連のある地域を、〈C〉のⓐ~ⓗから一つずつ選びなさい。[1点]

2017.A 기출 | 12

〈A〉

昔の日本には、地方行政区画として五畿七道があった。そのうち、七道には西海道、南海道、山陰道などがある。これらは、日本を大きく区分する際の呼称としても用いられていたものだが、現在は、新幹線名、自動車道名などに使われている。さらに、五畿七道の下には大和、土佐、薩摩、伊豆、出雲などの国が置かれたが、その名を一般に旧国名と呼ぶ。これらも〈B〉のように、その地域の特産物、施設などに冠して使う場合が多く、現代の言語生活に今でも根強く残っている。

〈B〉

(1) 土佐犬 ：中型の日本犬で、日本の天然記念物。
(2) 薩摩焼 ：朝鮮の陶工によって創始された焼き物。
(3) 伊豆の踊子：ノーベル賞作家川端康成の代表的作品。
(4) 出雲大社 ：日本最古の神社建築様式を誇り、縁結びで有名。

メモ

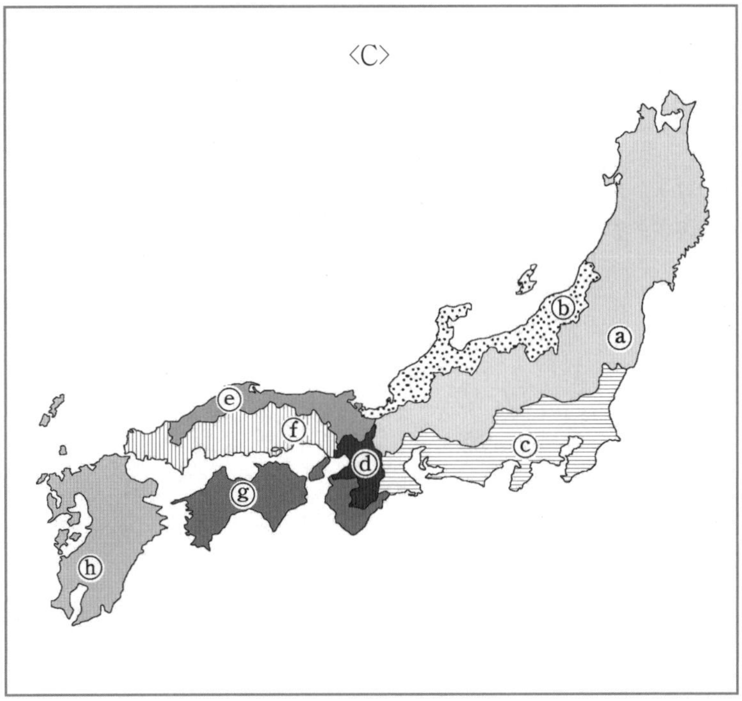

メモ

[答案例] 책속의 책 p.31

기입형

03

次のA~Dに入るものを漢字またはひらがなで書きなさい。[2点]

2001 기출 | 11

① 日本の国旗は日章旗または(A)といわれている。

② 日本の国歌として歌われてきた(B)の歌詞は古今和歌集に収録されている和歌であるが、作者は不明である。

③ 日本では昔から桜が国を代表する花と考えられている。また、皇室の紋章が(C)であるため、これも日本を代表する花とされている。

④ 神話や昔話にしばしば登場する(D)が1947年日本鳥学会で国鳥に指定された。

メモ

メモ

2 代表問題

일본 역사

기입형

次は日本歴史の流れである。A~Dに入るものを漢字またはひらがなで書き入れなさい。[2点]

2001 기출 | 12

> 弥生時代－古墳時代－(　A　)－奈良時代－(　B　)－鎌倉時代－南北朝時代－(　C　)－戦国時代－安土桃山時代－江戸時代－明治時代－(　D　)－昭和時代

メモ

正解

A 大和時代(やまとじだい)
B 平安時代(へいあんじだい)
C 室町時代(むろまちじだい)
D 大正時代(たいしょうじだい)

解説

일본 역사의 시대 구분에 대한 문제이다. 순서와 함께 대강의 연도를 기억해야 한다.

2 同範囲問題

[答案例] 책속의 책 p.32

기입형

01 보기 는 일본의 근대 이후의 연호(年号)를 순서대로 나열한 것이다. (　　) 안에 들어갈 알맞은 연호를 한자(漢字)로 쓰시오. [1点]

2004 기출 | 19-1

보기

明治 － 大正 －(　　　)－ 平成

메モ

기입형

02 다음 글의 (　　) 안에 들어갈 알맞은 말을 한자(漢字)로 쓰시오. [1点]

2004 기출 | 19-2

　江戸時代の統治体制は、幕府の将軍と藩の支配権をもった(　　)が主従関係をむすび、幕府と藩が全国の土地と人民をそれぞれ支配するしくみであったが、これを幕藩体制という。

2 同範囲問題

기입형

03 다음 글을 읽고 물음에 답하시오.

2003 기출 I 11-1

日本の小学校は6年社会科で歴史を学ぶ。文部省編集の指導書は、①明治28年の日清戦争、37年後の日露戦争や②昭和12年の日中戦争、第2次世界大戦の教え方に新しい見解を付け加えた。例えば昭和については、「これらの戦争において、中国をはじめとする諸国に我が国が大きな損害を与えたことについても触れることが大切である」という点である。

(1) 윗글의 ①과 ②에 해당하는 서기 연도를 히라가나로 쓰시오. [2点]

① ______________________ ② ______________________

(2)「昭和」이후의 연호(年号)를 한자(漢字)로 쓰시오. [1点]

____

기입형

04 다음 글이 설명하는 시대를 한자(漢字)로 쓰시오. [1点]

2003 기출 I 11-2

徳川家康が関ヶ原の戦で勝利を占め、徳川慶喜の大正奉還に至るまで約260年間をいう。徳川時代ともいわれる。

____

メモ

기입형

05

다음 글은 무엇에 관한 것인지 적당한 말을 가타카나로 쓰시오. [1点]

2004 기출 | 19-3

1980年代後半からの日本は、急激な円高によって、大幅な貿易黒字が生まれたものの、設備投資が停滞したために、余剰資金が生じるようになった。多くの企業や金融機関では、余剰資金で土地や株式を投機的に買ったり、資金の貸付を積極的におこなうようになった。そのため、地価と株価は急激に上昇し、企業収益は回復して景気回復をたすけたものの、資産や所得の格差が拡大した。

			経	済

기입형

06

다음에서 설명하고 있는 사건을 한자(漢字) 또는 히라가나로 쓰고, 이것이 일어난 연도를 서기(西紀)로 쓰시오. [2点]

2005 기출 | 27

天皇は神に誓うというかたちで新政府の政治方針を発表した。江戸を東京とあらため、年号を決め、首都を京都から東京にうつした。天皇を中心とする新しい政治の機構を作るためにいろいろな改革をはじめた。

• 사건 : ______________________

• 연도 : ______________________

メモ

2 同範囲問題

기입형

07 다음은 일본 역사와 관련이 있는 글이다. 빈칸 ①~③에 들어갈 말을 일본어로 쓰시오. [3点] 2007 기출 I 25

A. (①)改新は、645年中大兄皇子(後の天智天皇)を中心に中臣鎌足(後の藤原鎌足)などの革新的な朝廷豪族が蘇我家を滅ぼして開始した古代政治史上の大改革である。古代中央集権国家成立の出発点となった。

B. 日本の中世は、源頼朝が鎌倉幕府を開いた1192年あたりから、徳川家康が江戸幕府を開設した1603年頃までの時期である。日本の中世は、鎌倉時代、南北朝時代、室町時代、(②)時代と細分化されるが、その中で(②)時代は織田信長・豊臣秀吉が政権を握っていた時代をいう。

C. (③)は、明治前半期、藩閥専制政治に対抗して起こった政治運動である。1874年1月、板垣退助らの民撰議院設立建白書にはじまり、憲法発布と国会開設とともに衰退する。文学の方面では、この運動のための政治的啓蒙や宣伝を目的とした政治小説が登場する。

① ______________________

② ______________________

③ ______________________

メモ

기입형

08

다음 글에서 설명하는 인물의 이름을 한자(漢字) 또는 히라가나로 쓰시오. [1点]

2003 기출 Ι 13-1

- 日本の明治時代の啓蒙・思想家、教育者である。
- 現在の一万円札の人物である。
- 慶応義塾の創立者で『学問のすゝめ』の著者でもある。

メモ

기입형

09

최근 일본 우익세력이 연계된 역사교과서 왜곡 움직임 중에서도 「自由主義史観研究会」를 조직한 藤岡信勝는 이 문제가 일본의 중학교 역사교과서에 실리는 것을 "노예범죄에는 위안소 같은 것이 들어 있지 않다."고 반대하였고, 2000년 12월 8일부터 12일까지 일본 東京에서 개최된 '일본군 성노예 전국 국제법정'에서도 중요한 안건이었던 이 문제는 무엇인지 그 답을 한글 또는 漢字로 쓰시오. [1点]

2001 기출 Ι 10-2

기입형

10

일본의 역사교과서 왜곡사건과 함께 한일 양국 간의 「古代史論争」은 항상 중요한 쟁점으로 인식되어져 왔다. 예를 들어 「任那日本府説」도 그중의 하나이다. 한일 간의 「古代史論争」 중에서 고대유물이나 유적으로 인해 논쟁이 되고 있는 것 2개를 漢字 또는 한글로 쓰시오. [2点]

2001 기출 Ι 10-3

3 代表問題

일본의 연중행사와 축제

기입형 서술형

次のⓐとⓑに入ることばをそれぞれ書きなさい。また、ⓒに該当することばを書き、それを行なう意味について説明しなさい。[4点] 2021.B 기출 | 11

> 古く日本では、1年を2期に分ける考え方があって、半期を単位として雇用契約を結ぶ職人も多く、盆や(ⓐ)を前に賃金の清算が行なわれた。つい近年まで勘定を盆暮払いとした習慣に代表されるように、盆と(ⓐ)は日本人の生活に根差した二分法であった。
>
> 盆は旧暦7月13日から16日に行なわれる行事である。仏教の(ⓑ)に由来するとされ、先祖を死後の苦しみの世界から救済し、冥福を祈るための行事であった。一方、(ⓐ)は新年の祝いの期間を指すことばで、「事はじめ」に該当する。
>
> 今でも「盆と(ⓐ)が一緒に来たよう」というのは、嬉しいことが重なったり、とても忙しかったりする様子を表す時に使われるようになった。
>
> 盆には、全国各地で老若男女が集まって(ⓒ)をする様子がみられる。夜、行なわれるのも神仏や霊が月の出に伴うかたちで降臨すると考えたからである。(ⓒ)は主に、やぐらやかがり火を囲む様式と行列を組んで練り歩く行列型に大別される。なお、盆が終わり、精霊を送り出す行事を精霊流しといい、16日にする地域が多い。

メモ

キーワード
踊り 先祖
もてなす
供養

正解

- ⓐ 正月　　ⓑ 盂蘭盆会(うらぼんえ)　　ⓒ 盆踊り
- ⓒ 盆踊りには、踊りを通して先祖への思いを馳せて供養することで、お盆の時期に迎えたご先祖様の霊をもてなし、一緒に過ごして送り出すという意味が込められている。

解説

대표적인 연중행사인 (お)正月와 (お)盆에 관한 문제이다. 세 번째 단락 처음에 나오는 「盆と正月が一緒に来たよう」라는 관용 표현에 맞추기 위해서는 접두사 お를 쓰지 않아야 한다. ⓑ의 정답인 盂蘭盆会(うらぼんえ)는 太陰暦 기준으로 7月 15日을 중심으로 7月 13日부터 16日까지의 나흘간 치러지는 불교행사이다.

3 同範囲問題

[答案例] 책속의 책 p.34

기입형 서술형

01 〈A〉の下線部「七五三」を説明し、このような子供のための日本の伝統行事を一つ挙げなさい。また、〈B〉を参考に、〈A〉のⓐとⓑに該当することばを漢字または仮名で書きなさい。[5点] 2014.B 기출 | 서술형 1

〈A〉

日本全国にはおよそ８万５千もの神社があるといわれている。それだけ神社は日本人の生活に密接に関わっている。正月の初めには「初詣」に出かけたり、11月15日には、「七五三」のために参詣したりする。また、「お宮参り」の際にも神社に詣でたりする。

神社には、神を祀ったり神事に仕えたりする神主や巫女と呼ばれる人たちがいる。神社の入口には鳥居があり、境内では狛犬が見られる。また、（　ⓐ　）を奉納したり、（　ⓑ　）を引いたりする人もいる。

〈B〉

- （　ⓐ　）は、祈願やお礼参りの際に、社寺に奉納する絵入りの額や板絵をいう。
- （　ⓑ　）は、神仏に祈願して、事の吉凶を占うために引くものをいう。

条件

- 「七五三」の説明には、年齢、性別を含むこと。
- 日本の伝統行事は本文以外から挙げること。

キーワード

男の子　３歳・５歳
女の子　３歳・７歳　神社
健康と幸運　千歳飴
11月15日　日本の伝統行事

メモ

3 同範囲問題

서술형

02

②七五三을 설명하시오. [2点]

1997 기출 I 10-3

키ーワード

男の子　3歳・5歳
女の子　3歳・7歳
神社　健康と幸運　千歳飴
11月15日

メモ

기입형

03

다음은 일본의 연중행사에 관한 설명이다. 행사가 행해지는 순서대로 [ ]에 번호를 쓰시오. [2点]

2003 기출 I 13-2

① 女の子の将来の幸福を願うお祭りで、雛壇を作って、雛人形を飾り、ひしもち、白酒、桃の花などを供える日。
② 3歳、5歳の男児と3歳、7歳の女児を神社に参拝させる日。その日、各地の神社では着飾った子供たちの姿がよく見られる。
③「鬼は外、福は内。」と言いながら豆まきをする。悪い事を追い払い、幸運を招くという儀式の日。
④ 牽牛星と織女星が年に一度だけであうという中国の伝説にちなむお祭りの日で、竹に歌や願いごとを書いた色紙を結びつける。
⑤ 男の子が健やかに育つことを願うお祭りで、武士の人形を飾り、鯉のぼりをたて、柏餅を食べながら楽しむ日。

[③] ⇨ [ ] ⇨ [ ] ⇨ [ ] ⇨ [ ]

[答案例] 책속의 책 p.34~35

기입형

04 빈칸 ①~③에 들어갈 말을 일본어로 쓰시오. [3点]

2007 기출 | 24

4月29日の(①)の日に始まり、5月3日の憲法記念日、5日のこどもの日、それに日曜日も含めると、この時期は休日が多い。普通この時期を(②)と呼んで休暇を楽しむ人が多い。会社によっては従業員のために、休暇にはさまれた週日を休業にしてしまうので、この週は動物園や遊園地をはじめ行楽地は人でいっぱいになる。また、この時期に海外旅行に行く人も多い。5月5日は、子供のすこやかな成長を祝い、幸福を願う日である。武者人形や武具を飾ったり、屋外には(③)を揚げたりする。柏餅やちまきを食べたり菖蒲湯に入ったりしてこの日を祝う。

① ______________________

② ______________________

③ ______________________

メモ

3 同範囲問題

기입형 서술형

05

「土用」의 날에 먹는 대표적 음식의 명칭을 본문에서 찾아 히라가나로 쓰고 그 풍습의 의미를 1줄 이내로 쓰시오. [3点]

2006 기출 | 24

土用というのも、夏の土用だけが普通に使われているが、春・夏・秋・冬それぞれに土用がある。土用という言葉は土旺が訛ったものだといわれ、旺は旺盛の旺で、盛んなという意味。春・夏・秋・冬それぞれの気のもっとも盛んな時を指している。暦に土用と記してあるのは、それぞれの土用の入りの日で、土用は入る日から18日間である。土用の丑の日に鰻の蒲焼を食べるのは、江戸時代からのことだが、その日が二度あることがあるのは、土用の期間が18日間あるからである。春の土用が終わった翌日が立夏、夏の土用が済んだ次の日が立秋である。

• 음식의 명칭 : ______________________

• 풍습의 의미 : ______________________

キーワード

夏　夏バテ　栄養

メモ

06~10 次の文は、日本の行事について書いてあります。それぞれに当たる行事の名称を書きなさい。(和漢混交文、または、ひらがなで書くこと) [総7点]

1998 기출 I 3

기입형

06 お世話になった人に感謝の気持をあらわす7月の行事。[1点]

1998 기출 I 3-1

기입형

07 自然や季節の移り変わりを楽しむ3月の代表的な行事。[1点]

1998 기출 I 3-2

기입형

08 子供が健康に育つことを願うⓐ3月、ⓑ5月、ⓒ11月の行事。[3点]

1998 기출 I 3-3

기입형

09 悪い鬼を追い出して家内安全を願う春の行事。[1点]

1998 기출 I 3-4

기입형

10 先祖を供養する7月(地方によっては8月)の行事。[1点]

1998 기출 I 3-5

メモ

3 同範囲問題

11~13　次の文を読んで下の質問に答えなさい。

1999 기출 Ⅰ 10

> 日本は春・夏・秋・冬の四季がはっきりしていて、年中行事にも季節感がよく現われている。春先には農業の農作と農民の平安などを祈って正月の行事をはじめ、春祭り・春祈祷などの行事が行われる。特に正月にはさまざまな行事が行われる。1月1日は新しい年の初日で(　①　)といい、この日の朝には神社や寺に訪れ(　②　)をする人が多く、家族そろって(　③　)を飲み、(　④　)を食べる習慣がある。家の前に(　⑤　)が降りてくるときの目印になる物として(　⑥　)を立て、玄関に(　⑦　)を飾る。立春の前日は(　⑧　)といい、[A.福を招くための行事]が行われる。

기입형

11

(①~⑧)のなかに適当な言葉を書き入れなさい。(漢字または平仮名で) [3点]

1999 기출 Ⅰ 10-1

서술형

12

「年中行事」の多くは、農耕の儀式や日本古来の宗教観・季節感と深く結び付いていた。日本の「年中行事」本来の姿と意義を韓国語で述べなさい。(50字 程度) [1点]

1999 기출 Ⅰ 10-2

メモ

キーワード

身体健康　家内安全
豊作　神　供える

メモ

서술형

13

Aの行事の内容について韓国語で書きなさい。(20字程度) [1点]

1999 기출 I 10-3

キーワード

豆　まく　鬼は外　福は内
無病息災

メモ

기입형

14

下記の①と②に当たる年中行事の名称を日本語で書きなさい。[2点]

2000 기출 I 7-1

① 七月にある星のお祭りです。紙に願いごとを書いて、笹に飾ります。
② 8月13日から15日まで全国で行われる。これは古い伝統のある仏教の行事で、この日、先祖の魂が戻ってくるというので花や食べ物を供えて祭る。

①

②

3 同範囲問題

객관식

15 일본의 풍속에 관한 설명으로 옳지 않은 것은? [1.5点]

2009.1차 기출 I 39

① お正月には、神社やお寺に参拝し、一年の健康と無事を祈る。

② お彼岸には、お墓参りをして、先祖を供養する。

③ お盆には、神社から神主を招き、読経してもらう。

④ 七五三は、男三歳と五歳、女三歳と七歳のときに子供の成長を祝う行事である。

⑤ 大みそかには、年越しそばを食べて、長寿を願う。

객관식

16 日本の年中行事の説明として正しくないものは？[2点]

2010.1차 기출 I 38

① お正月には、しめなわを張り、門松をたてて新年の門出を祝う。

② 節分には、鬼を追い払うため豆をまき、一年の無病息災を願う。

③ ひな祭りには、ひな人形を飾り、白酒と柏餅を食べて女の子の健康を祈願する。

④ 端午の節句には、武者人形を飾り、菖蒲を軒に差して男の子の健やかな成長を祈願する。

⑤ お盆には、きゅうりや茄子で精霊馬を作るなどして、先祖の冥福を祈る。

メモ

서술형 기입형

17

次のⓐに当てはまる「まつり」の名称を漢字で書き、その「まつり」の起源について現在の開催月を含めて説明しなさい。また、ⓑに当てはまる人物名を書きなさい。[4点]

2018.A 기출 | 14

元来「まつり」とは神と人間とのつながりを深めるための宗教的な儀式から生まれた。すなわち、神の御霊を慰めたり、あらゆる願い事を祈願し、その成就に感謝したりする目的で行われるのがまつりなのである。今もまつりは全国各地で一年を通して行われており、まさに日本はまつりの国と言える。

中でも歴史と伝統、規模において日本三大祭と呼ばれるのが、東京の神田祭、大阪の天神祭、そして京都の(ⓐ)である。人によっては神田祭の代わりに三社祭を入れる場合もあり、天神祭を天満祭と呼ぶ場合もある。神田祭の始まりは徳川家康の関ヶ原合戦での勝利を記念したことがきっかけであり、天神祭は学問の神様である(ⓑ)を祭る大阪天満宮が鎮座する際の儀式が始まりである。

最近、まつりは神と人間の疎通という本来の目的から離れて、観光産業や村おこしの手段としてイベント化する傾向にある。しかし、まつりは今もなお日本人の心の憩いの場であり、共同体の統合や一体感の形成などに欠かせないものである。

キーワード

祇園祭　疫病
七月　御霊会

メモ

[答案例] 책속의 책 p.37

기입형

18

다음은 ○○고등학교의 일본 문화 연구부가 학교 문화제에 참가하기 위해 조별로 계획한 준비 내용이다. (①), (②), (③)에 들어갈 알맞은 말을 한자(漢字)로 쓰시오. [3点]

2004 기출 | 18

日本文化研究部の文化祭参加計画

- A組 ： 韓国の「シルム」と似ている日本の伝統的なスポーツである(　①　)について調査する。
- B組 ： 日本の三大祭りである東京の神田祭り、(　②　)の祇園祭り、大阪の天神祭りについて調査する。
- C組 ： 日本で入学試験の季節になると、合格祈願のために神社を訪れ、(　③　)に志望校と名前を書いてお願いすることのようなイベントを準備する。

① ______________________

② ______________________

③ ______________________

メモ

メモ

4 代表問題

일본의 전통문화

기입형

다음은 일본의 전통예능(伝統芸能)에 대한 설명이다. ㉮, ㉯에서 설명하는 전통예능이 무엇인지를 한자(漢字)로 쓰시오. [2点] 2008 기출 | 19

㉮ 豪華な装束を身につけ、謡・囃子につれて演じ舞う歌舞劇。登場人物は、シテ・ワキ・ツレ・トモという役割を担って演じる。興行は原則五番立てで行われ、最初に脇能・二番目物・三番目物・四番目物・五番目物の順に演じられていく。しかし、最近は五番立てにこだわらず、番組数を減らして上演されることが多い。

㉯ 喜劇的色合いのつよいせりふ劇で、室町時代に芸能楽が大成するのと時を同じくして、猿楽から独立した。本来はある劇の幕間に演じられた寸劇で、会話のなかに写実的な物まね口調の演技を取り入れ、その時代の会話体を主体とし、おかしさを持たせた舞台芸能である。

正解

㉮ 能　㉯ 狂言

解説

일본 전통예능 중의 하나인 能(のう)와 狂言(きょうげん)에 대해 묻는 문제이다. 能는 일본의 전통 가면극으로, 奈良時代에 중국에서 전해진 거리 예능의 하나인 散楽(さんがく)에서 비롯되었으며 室町時代에 발달하였다. 전용극장인 能楽堂에서 전문 배우 能楽師가 엄숙한 분위기 속에서 공연하는데 크게 연기를 담당하는 立方(たちかた)와 연주를 담당하는 담당인 囃子方(はやしかた)로 나누어진다. 2001년에 유네스코 세계 무형문화재로 지정되었다. 그리고 能를 공연할 때 能와 能 사이에 공연되는 대사 중심의 촌극을 狂言이라고 하는데 能를 다섯 종목 공연할 경우 能와 狂言을 한 종목씩 번갈아 공연하는 五番立て가 정석이다. 또한 能의 등장인물은 シテ・ワキ・ツレ・トモ라는 역할을 각각 담당하는데 이 중에서 주인공은 シテ이고 조연은 ワキ이다. 한편 狂言의 주인공도 シテ라고 하는데 狂言에서는 조연(주인공의 상대역)을 アド라고 부른다.

メモ

4 同範囲問題

[答案例] 책속의 책 p.37~38

기입형

01

다음은 일본 문화와 관련된 설명이다. 밑줄 친 부분 중에서 잘못된 것 하나를 찾아 한자(漢字) 또는 히라가나로 바르게 고쳐 쓰시오. [2点]

2002 기출 | 10-2

- 門松は、松の枝を組み合わせて作った飾りに竹や梅が添えられたもので、正月の間、家の門前に一対置く。
- 鳥居は寺の参道の入口にあり、神のいる聖域であることを表す神道のシンボルとなっている。
- こたつは、日本人の「畳の上に座る生活」にマッチした暖房器具である。
- 神道は日本古来の宗教であり、日本人の自然観と先祖崇拝の念がその中核をなしている。

メモ

기입형

02

江戸時代初期に生まれ、江戸時代に完成した古典演劇です。女優を使わず、おやまと称する男優が女性の役割をつとめます。この演劇の名を日本語で書きなさい。[2点]

2000 기출 | 7-2

4 同範囲問題

03~05 다음 글을 읽고 물음에 답하시오.

1997 기출 I 10 일부

普通の日本人は生まれてから死ぬまで、人生という長い道を一歩一歩歩んでゆく過程で、それぞれの節目に応じた儀礼を行う。

子供が生まれると誕生を祝うことを始めとして、成年になったら成人式を、そして結婚式を行い、人が死ぬと葬式を、その後は祭祀を行う。このような成長段階での行事や冠婚葬祭など、人生の各段階に行う儀礼を「人生儀礼」あるいは「 ① 」という。

生後、3日目から14日目あたりには、子供に名前をつける儀式が行われる。名前を紙に書いて神棚とか、(a)床の間の柱に貼りつけて祝い、まわりの人に知らせるのである。

一般的には子供が生まれて100日目には(b)食い初めの祝いをする。初めて飯を食べるという意味の食い初めは、飯粒をわざわざ食べさせ、無事な成長を祈るのである。

11月15日には、②七五三という祝いの行事を行う。

子供が成長し大きくなって、一人の大人として活動することができる年齢になると成人式を行い、社会的にも成人として認めてもらうことになる。③(즉, 어엿한(한 사람 몫의) 사회인으로서 대접받게 되었던 것이다.)

現代では、1月15日は成人の日といい、祝日になっている。その年に20歳になる男女の青年に各地域ごとに成人式が行われ祝福される。

大人になった青年男女は心身の成長に伴い、相手を求め、結婚することになる。現代の結婚式は、いろいろな形式で行われている。神社での、神前結婚式、寺での仏前結婚式、教会でのキリスト教式、結婚式場の利用などがある。

年をとるに従って(c)厄年には厄ばらいをして無事に過ごそうとしたり、年祝いをすることもある。

メモ

기입형

03

「 ① 」에 들어갈 적당한 용어를 漢字로 적으시오. [1点]

1997 기출 | 10-1

기입형

04

밑줄 그은 (a)~(c)의 한자어 발음을 가타카나로 적으시오. [1点]

1997 기출 | 10-2

기입형

05

위의 결혼식 중 가장 일본적인 결혼식을 적으시오. [1点]

1997 기출 | 10-5

メモ

4 同範囲問題

기입형 서술형

06 次の文章のⓐに当てはまることばを漢字で書きなさい。また、下線部ⓑが日本文化に及ぼした影響を、条件に従って説明しなさい。[4点] 2019.B 기출 | 5

和菓子は茶道と密接にかかわる。茶会で出された菓子は、元来、果物や餅、煮しめなどで、加工品ではない自然食に近いものであった。その後、西洋からカステラなどの(ⓐ)が伝わり、主な材料が砂糖になった。ⓑ禅宗寺院で出された点心が起源の饅頭や羊羹も、だんだん小豆餡が用いられるようになった。

また、茶の味をひきたてるための菓子が京都などで独自の発展を遂げ、その地方のお土産などになっている。中でも、甘い小豆餡を基本とした、美しい彩りと凝った形が特徴である京菓子は有名で、現代でもお土産などによく利用される。

条件

- 禅宗が日本に伝えられた時代を含めること。
- 茶道以外の文化を2つ含めること。

キーワード

禅宗　華道　剣道　弓道
書院造　枯山水　精進料理

メモ

객관식

07 보기 の内容をもとに、その時期を暦の早い順に正しく並べたものは？ [1.5点]

2012.1차 기출 | 39

보기

ㄱ. 師走の二十一日、午後八時に京都を出発した。
ㄴ. 水無月に かなしき水を 湛えおり 家族をつつむ 東京の水。
ㄷ. 神無月には、八百万の神々が出雲大社に集まると考えられている。
ㄹ. 弥生の声を聞いても、まだまだ安堵できない。北風も吹けば大雪も降る。

① ㄴ-ㄷ-ㄹ-ㄱ
② ㄴ-ㄹ-ㄱ-ㄷ
③ ㄹ-ㄱ-ㄴ-ㄷ
④ ㄹ-ㄴ-ㄷ-ㄱ
⑤ ㄹ-ㄷ-ㄴ-ㄱ

객관식

08 日本の伝統文化に関する説明として正しくないものは？ [2点]

2012.1차 기출 | 40

① 落語・講談・浪曲などの大衆芸能を興行する娯楽場を「寄席」という。
② 相撲の番付で、横綱の次位で関脇の上の地位にある力士を「大関」という。
③ 能・歌舞伎・長唄など、各種の芸能で拍子をとり、または情緒を添えるために伴奏する音楽を「地謡」という。
④ 歌謡・舞踊などの伴奏や、歌舞伎・文楽のバックグラウンド音楽として用いる、三本の弦を張った弦楽器を「三味線」という。
⑤ 歌舞伎における特殊な化粧法で、正義・悪・超人的な力などをもつ役柄を強調するために、一定の型に顔面を彩色することを「隈取り」という。

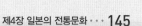

メモ

4 同範囲問題

객관식

09

日本の文化に関する説明として正しくないものは？ [2点]

2011.1차 기출 I 39

① 引出物は、結婚式や祝い事などに参加した人への贈り物である。

② 成人式は、満20歳になった若者を祝うために1月の第2月曜日に行われる。

③ お年玉は、もとは米や餅などの食物であり、正月の歳神への供物であった。

④ 団扇は、あおいで涼をとる道具であり、開閉の自由なところが扇子と異なる。

⑤ 暖簾は、商店や料理店の戸口につるし、営業中であることを示すものである。

객관식

10

日本の文化に関する説明として正しくないものは？ [2点]

2011.1차 기출 I 40

① のしは、和歌や俳句を書き記すための縦長の紙である。

② 凧は、竹などの骨組みに紙を貼り、糸をつけ、空高く揚げるものである。

③ 和菓子は、中国からの唐菓子と宣教師からの南蛮菓子二つが混ざって、オリジナルとして完成したものである。

④ 雛人形は、穢れや禍を移して流す人形が起源といわれ、平安時代に始まり、江戸時代以降、桃の節句に飾るようになった。

⑤ 盆栽は、鎌倉時代には盆の上に石を置き植物を植え付けたものだったが、その後、植物のみで作られる盆栽が優位になった。

メモ

객관식

11

例から正しい説明の組み合わせを選んだものは？
[2点]

2010.1차 기출 Ⅰ 39

例

ㄱ. こけしは、東北地方伝統の土製人形で、繊細な姿態と色彩を特徴とする。

ㄴ. 相撲で競技に入る前に左右の足を交互に高く上げることを「四股をふむ」と言う。

ㄷ. 祇園祭りは平安神宮創建を祝うために作られたもので、昔の京都の風習が窺われる。

ㄹ. 落語は滑稽な話を数人で演じて聴衆を笑わせる大衆芸能で、「落ち」が妙味である。

ㅁ. 漫才は二人コンビで滑稽な軽口の掛け合いを行う演芸で、「ボケ」と「つっこみ」の役がある。

① ㄱ, ㄷ

② ㄱ, ㄹ

③ ㄴ, ㅁ

④ ㄴ, ㄹ, ㅁ

⑤ ㄷ, ㄹ, ㅁ

メモ

[答案例] 책속의 책 p.40

객관식

12

보기 에서 옳은 설명을 고른 것은? [2点]

2009.1차 기출 I 40

보기

ㄱ. 大相撲の初日のことを千秋楽と言う。
ㄴ. 日本三景は、松島、天橋立、厳島である。
ㄷ. 下駄は、鼻緒の付いた平底の履物である。
ㄹ. 着物の中で振り袖は、未婚の女性が着るものである。
ㅁ.「京の着倒れ、大阪の食い倒れ」の「京」とは東京のことを指す。
ㅂ. 親子丼は、ごはんの上に鶏肉と卵をのせたもので、他人丼は、牛肉と卵をのせたものである。

① ㄱ, ㄴ, ㄷ
② ㄱ, ㄷ, ㄹ
③ ㄴ, ㄹ, ㅂ
④ ㄴ, ㅁ, ㅂ
⑤ ㄷ, ㄹ, ㅁ

メモ

メモ

5 代表問題 일본의 행동 문화

기입형

다음은 무엇에 대한 설명인가? 한자(漢字) 또는 히라가나로 쓰시오. [1点]

2003 기출 I 12-1

> 日本では、旅先などから持ち帰る、普通はその土地の産物で、家族・知人に配る物がある。このことばは、広義では、家人を喜ばすために外出先で求め帰る食べ物やおもちゃなどを指し、狭義では、人の家を訪問する時に持って行く贈物を指す。

メモ

正解

(お)土産(みやげ)

解説

선물에 대한 설명을 읽고 해당하는 단어를 쓰는 문제이다. 선물을 가리키는 일본어 단어에는 贈り物, お土産, プレゼント, ギフト, お祝い 등이 있는데 이 중에서 여행이나 출장을 다녀온 기념으로 과자나 차, 술 등, 그 지방의 특산품을 사 와서 가족이나 직장 동료, 친구 등에게 건네주는 선물은 お土産라고 한다. 이 단어는 다른 사람의 집을 방문할 때에 들고 가는 선물을 가리키기도 하는데 이 경우에는 手土産(てみやげ)라고도 한다. 한편 プレゼント는 생일을 맞은 사람, 입학 및 졸업, 그 밖에 기쁜 일이 있거나 기념일이 돌아왔을 때 일반적으로 주고받는 선물을 말한다.

[答案例] 책속의 책 p.40

기입형

01 다음 글을 읽고 물음에 답하시오. [2点]

2003 기출 I 12-2

子ども社会での(①)が、また大きく問題化している。各地で、それが原因となっての子どもの自殺がつづいたためである。学級全体で1人を(②)る、といった(③)形が増えて、かばう子がいない。やり方の陰湿さ、残虐さの点でも、歯止めがなくなっている。この問題のむずかしさは、教師にも親にも分からないところで進行する点にある。

(1) ①과 ②에 공통으로 들어갈 말을 히라가나로 쓰시오. [1点]

(2) 다음 글을 참고하여 ③에 들어갈 말을 한자(漢字)로 쓰시오. [1点]

村のおきてを破った村人を、他の村人が申し合わせて、のけものにすること。転じて、一般に仲間はずれにすること。

メモ

[答案例] 책속의 책 p.40~41

객관식

02

日本人の伝統的な習慣や生活様式の説明として正しくないものは？ [2点]

2010.1차 기출 I 40

① 畳のへりや敷居を踏んだり、その上に座ったりしないほうがよい。
② 靴を脱ぐ時は、靴のつま先を外の方に向けて置くのが礼儀である。
③ 訪問先で床の間にものを置いたり、足を踏み入れたりするのは礼儀に反する。
④ 家の新築には、1階の仏壇や神棚の真上を歩かないように2階の構造に注意する。
⑤ 食事の時、親しい仲なら自分の箸から相手の箸へと食べ物を運んでもかまわない。

메모

객관식

03

手紙の形式に関する説明として正しいものは？ [2点]

2011.1차 기출 I 28

① 時候の挨拶は、必ず頭語の次の行に書く。
② 後付けの追伸は、副文のあと、1行あけて小さい字で書く。
③「敬具」は終りの挨拶で、書き手が男性の場合は「かしこ」と書く。
④「さて」は書き出しの言葉で、前文を書きはじめる時、書くものである。
⑤ 相手の名前や敬称は行末に書かず、自分に関する言葉は行頭に書かない。

メモ

6 代表問題

일본의 의식주 문화

기입형

다음은 각각 무엇에 대한 설명인가? 한자(漢字)나 히라가나로 쓰시오. [2点]

2002 기출 I 10-1

(1) 和室の壁面に設けられた、一畳か半畳程度の部分で、掛軸や生け花を飾る場所です。床は板張りで、周囲より一段高くなっているのがふつうです。

(2) バンジョーに似た形の弦楽器で、フレットのないのが特徴です。3本の弦をばちで弾いて演奏し、歌舞伎や文楽、民謡の伴奏に使われます。江戸時代以降、日本の代表的な楽器となりました。

メモ

正解

(1) 床の間(とこのま) (2) 三味線(しゃみせん)

解説

일본의 전통 가옥 구조와 전통 악기에 대한 설명을 읽고 해당되는 단어를 쓰는 문제이다. 床の間는 和室의 인테리어 장식의 하나로 방 한쪽 벽면에 바닥보다 약간 높게 만들어 놓은 공간이다.

반조(Banjo)나 만돌린(mandolin)처럼 생긴 악기인 三味線(しゃみせん)은 安土・桃山時代에 중국에서 전래되어 沖縄를 거쳐 일본 전국으로 보급되었으며 江戸時代 이후 일본을 대표하는 악기가 되었다. 지판(指板)의 표면을 나누는 금속 돌기인 フレット(fret)가 없는 것이 특징이며 세 줄의 현을 은행잎처럼 생긴 撥(ばち)로 연주하는데 주로 歌舞伎나 文楽, 民謡 등의 반주에 사용된다.

6 同範囲問題

[答案例] 책속의 책 p.41

기입형

01

次は、日本の住宅に関する説明である。ⓐ~ⓔから、間違っている用語を二つ選び、漢字または仮名で正しく書きなさい。[2点]

2017.A 기출 | 4

日本の個人住宅は木造が多い。木造は通風採光がよく、高温多湿な日本の風土に適している。また、材料である木の落ち着いた感触が日本人の好みに合っている。

住宅の内装は、だいたい一定の型がある。一般に和室の天井は木の板であり、壁はⓐ塗壁、床は板を張った上に畳を敷いてある。畳の本体はわらで作ったマットであり、表にⓑいぐさで織ったシートが張ってある。部屋の一角には、床を一段高くし、正面の壁に書画、床板の上に置物・花瓶などを飾るⓒ床の間がある。開口部の下部には、ⓓ鴨居という、溝の刻まれた横木があるが、その上を左右に滑らせることによって建具を開閉する。建具の一つであるⓔ襖は、遮蔽はもちろん、採光も考慮されている。

これらは日本の多湿の風土によく適合しており、長い間の生活の知恵から生まれたものである。

– 新日本製鉄株式会社能力開発部、
『日本—その姿と心—』より改変 –

メモ

6 同範囲問題

객관식

02 日本の衣服に関する内容である。[ ]に入る適切なものは？ [2.5点]

2010.1차 기출 I 37

女性の着物には二種類の基本的なスタイルがある。とても長くゆったりとした袖のついた[(가)]は未婚女性が、そして普通の長さの袖の[(나)]は既婚の女性が着る。デザインや色使いは無数にあるが、女性が年齢を重ねるにつれ、色味は徐々に控え目になる。重要な要素は幅の広い帯、髪飾りのかんざし、そして色鮮やかな着物用の小袋、巾着である。長袖の白いエプロンは割烹着といわれ、着物を汚さないよう、台所や旅館などで着物の上から身につける。

最もフォーマルなタイプの男性用着物は、通常は黒で着物にズボンのような[(다)]、丈の長い、ゆったりした[(라)]と呼ばれる上着からなる。男性も女性も指の分かれた足袋をはく。

軽やかでカジュアルな[(마)]は男性も女性も、夏場に家でくつろぐときや、旅館に泊まるとき、祭りの際に着る。

	(가)	(나)	(다)	(라)	(마)
①	振袖	留袖	袴	浴衣	羽織
②	留袖	振袖	羽織	袴	浴衣
③	振袖	留袖	袴	羽織	浴衣
④	留袖	振袖	羽織	浴衣	袴
⑤	振袖	留袖	羽織	袴	浴衣

メモ

객관식

03 일본의 주거 문화에 대한 설명으로 옳지 않은 것은? [2点]

2009.1차 기출 | 38

① 床の間には、花を飾ったり、掛け軸を掛けたりする。

② ふすまは、畳間の間仕切りの役割をし、取り外しができる。

③ こたつは、日本の暖房器具の一つで、冬の間家族団らんの憩いの場でもある。

④ 畳は、洋式住宅が一般化した現代でも、日本人に広く愛されている床材である。

⑤ 火鉢は、床を四角に切って作ったもので、暖をとったり、煮炊きをしたりする所である。

メモ

7 일본의 언어 행동

代表問題

기입형 서술형

次の文章を読み、ⓐに当てはまることばを書きなさい。また、日本人担当者が下線部ⓑのような表現を使った理由を説明しなさい。[4点]

2019.A 기출 I 13

> 人間の文化とコミュニケーションは不可分の関係にあり、文化はコミュニケーションを通して形成され発展を続け、一方、各々の文化は固有のコミュニケーション様式を造りあげてきた。このことにより、文化的背景の異なる者の間のコミュニケーションでは、その文化的背景が要因となって、(　ⓐ　)が生じることがある。
>
> たとえば、こういう類いの話をよく聞く。何らかの事情で困っていた外国人が、日本の役所に行って無理な書類の発行を頼んだ。日本人担当者は、自分の権限ではどうにもできないことだったので、その受け答えにずいぶん苦しんだ果てに、ⓑ「<u>いちおう、前向きに考えます</u>」と言って、その場をしのいだ。これを聞いた外国人が自分の頼みが受け入れられたと勘違いし、再度その確認のため役所に行ったそうだが、これこそ(　ⓐ　)の1つである。

メモ

キーワード

コミュニケーション
頼まれる　文化
断り　本音
建前　婉曲

メモ

正解

- ミス(・)コミュニケーション
- 日本人担当者が下線部ⓑ「いちおう、前向きに考えます」と言った理由
  - 日本人は人に何かを頼まれたときにストレートに断るより婉曲な言い回しで表現することを好む傾向があるからである。
  - 日本人は何かを断るときにはっきり「NO」と言うと相手が気分を害してしまうと思うため、周囲の空気を読んで建前と本音を使い分けて生活する習慣があるからである。

解説

일본인에게는 本音(ほんね)와 建前(たてまえ)라는 것이 있다. 本音는 꾸미지 않은 감정이나 가치관을 말하는데 일본 사회에서는 경우에 따라서 이러한 감정이나 가치관을 밖으로 드러내지 않는 것을 미덕으로 여기는 습관이 있다. 그럴 때에 사용되는 것이 建前이다. 이는 대외적으로 보여주기 위한 표면적인 태도인데 그 사회에서 요구되는 정답과 같은 것으로 일본에서 다른 사람과의 인간 관계를 원활하게 유지하기 위해서 꼭 필요한 것이라고 할 수 있다. 이러한 사고방식은 언어 행동에도 반영되는데, 예를 들면 일본어에는 「いいです」나 「けっこうです」처럼 문자 그대로 해석하면 승낙인지 거절인지 판단하기 어려운 표현들이 많다. 문제에서처럼 어떤 부탁을 했을 때 일본인이 「考えておく」나 「検討させてもらう」와 같은 대답을 하는 것은 완곡한 거절의 의미로 사용되는 경우가 많은데 외국인들은 이를 문자 그대로의 의미로 해석하여 종종 오해가 발생하기도 한다. 이처럼 문화 차이 등으로 인해 커뮤니케이션이 제대로 이루어지지 않는 사태를 ミス(・)コミュニケーション(miscommnication)이라고 한다. 그 결과 전달하고자 하는 의도가 제대로 전달되지 않거나, 사태가 실제와는 다른 형태로 상대방에게 인식되기도 한다.

7 同範囲問題

기입형

01

다음 문장의 (a), (b)에 각각 공통으로 들어갈 가장 적당한 말을 히라가나로 쓰시오. [2点]

2002 기출 | 10-3

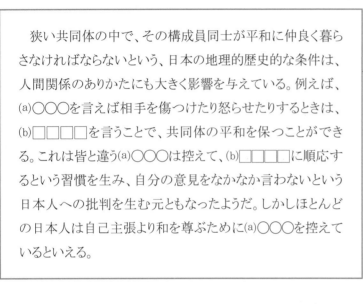

> 狭い共同体の中で、その構成員同士が平和に仲良く暮らさなければならないという、日本の地理的歴史的な条件は、人間関係のありかたにも大きく影響を与えている。例えば、(a)○○○を言えば相手を傷つけたり怒らせたりするときは、(b)□□□□を言うことで、共同体の平和を保つことができる。これは皆と違う(a)○○○は控えて、(b)□□□□に順応するという習慣を生み、自分の意見をなかなか言わないという日本人への批判を生む元ともなったようだ。しかしほとんどの日本人は自己主張より和を尊ぶために(a)○○○を控えているといえる。

(a) ________________ (b) ________________

メモ

서술형

02

언어에 따라 의사 표현 방식, 경어법, 인사법, 대화 자세와 같은 언어 행동에는 차이가 있다. 일본인의 언어 행동 특징 중 일본어 교육의 관점에서 가장 중요하다고 생각되는 사항 한 가지를 들고 그 이유를 적으시오. (200자 이내) [7点]

1998 기출 | 8

キーワード

相づち　関接発話
敬語表現(待遇表現)
婉曲な表現

メモ

[答案例] 책속의 책 p.42

객관식

03 日本人の言語行動の特徴についての説明として最も適切なものは? [2点]

2012.1차 기출 | 37

① 自分の父親に話すときは、一般的に「デス・マス」をつけて話す。
② 父親の妹と母親の妹を直接呼ぶときの親族名称は、それぞれ異なる。
③ 第三者に自分の兄や姉のことを紹介するときの親族名称は、話し手の性によって異なる。
④ 目上の人からの誘いを断るときは、中途で言い切らず最後まで明確に言ったほうが丁寧な話し方である。
⑤ 聞き手の相づちは、話し手の意見に同意する意味もあるが、多くは話をよく聞いているという信号の意味を示す。

メモ

8 代表問題 일본의 대중문화

기입식

①과 ②에 들어갈 말을 한자(漢字) 또는 히라가나로 쓰시오. [2点]

2005 기출 | 28

> 일본의 애니메이션은 매우 인기가 있어 세계적으로 인정받는 감독과 작품들도 상당수 있다. 그중에서 일본의 애니메이션의 거장 (　①　)은/는 일본의 애니메이션을 발전시킨 일본의 독보적인 인물이다. 그는 1985년부터 스튜디오 지브리(**スタジオジブリ**)를 만들어 운영하고 있으며, 2~3년에 한 작품씩 극장용 애니메이션을 선보이고 있다. 그의 대표 작품 중에는 1988년의 '이웃집 토토로(**となりのトトロ**)'를 시작으로, 1997년 '원령공주'라고 번역되어 한국에서도 상영된 '(　②　)'에 이르기까지 많은 작품들이 있다.

① ______________________

② ______________________

메모

正解

① 宮崎駿(みやざきはやお)

② もののけ姫(ひめ)

解説

한국에도 많은 팬이 있는 세계적 감독 宮崎駿와 그의 작품 중 하나인「もののけ姫」에 대해 묻는 문제이다.

8 同範囲問題

[答案例] 책속의 책 p.43

기입형

01 최근 우리나라는 일본 대중문화를 적극적으로 이해하고 수용하기 위한 가시적인 조치의 하나로 1998년 10월 20일 '문화의 날'을 맞아 일본 대중문화에 대한 제한적인 개방을 하게 되었다. 아직 모든 분야에서 개방이 이루어진 것은 아니지만 영상 분야 등이 일차적으로 개방되었다. 이에 따라 수편의 일본 영화가 일반 극장에서 상영된 바 있다. 개방 조치 이후 우리나라의 일반 극장에서 상영되었거나 상영되고 있는 영화의 제목을 일본어로 2개만 쓰시오. [2点]

2000 기출 I 8-1

メモ

9 代表問題

일본・일본인론

기입식

01~02 次の文章を読み、あとの問いに答えなさい。

2001 기출 I 9 일부

> ルース・ベネディクトの『菊と刀』は、もう①押しも押されもせぬ古典である。それを疑うものは誰もいないだろう。アメリカでのことは知らないが、日本におけるこの古典の売れ行きは群を抜いていた。古典となることとベストセラーになることはかならずしも重ならないが、ただ、私の手元にある長谷川松治氏の日本語訳(教養文庫版)はすでに百刷を超えている。もっとも古典のなかには、ときにそれを取り巻く賞賛の声とはうらはらに、どこかいかがわしさの影を引きずっているものがないではない。だから、いつしか辛口の批評の②槍玉にあげられることにもなる。ひょっとすると『菊と刀』の出来栄えが鮮やかだっただけに、それにたいする論難の調子もつい熱を帯びたということだったのかもしれない。歴史の無視、資料操作の恣意的偏向、「罪の文化」(西欧)と(　　)(日本)というあまりにもナイーブにすぎる二元論……、挙げていけばきりもない。おまけにベネディクトは一度も来日したことがなかった。日本と日本人をじかに体験していなかった。そのいわば文化研究のルール違反が、必要以上の反発を招いたのであったのかもしれない。むろん、反発や論難は日本の国内から発せられただけではなかった。やがて当のアメリカからも③火の手が上がりはじめる。

メモ

기입형

01

例文の(　　)の中に入る言葉を、漢字またはひらがなで書きなさい。[1点]

2001 기출 | 9-1

メモ

正解

恥の文化(はじのぶんか)

解説

미국의 문화인류학자인 루스 베네딕트(Ruth Fulton Benedict)의 저서인 『菊と刀』에 관한 문제이다. 이 책에서 그는 일본에는 수치의 문화, 즉 「恥の文化」가 있다고 주장하였는데 이는 내면적인 죄의 자각에 따라 선행을 행하는 「罪의 문화」와 달리, 외면적인 강제력에 의해 선행을 하게 되는 문화라고 하였다. 또한 「恥の文化」가 존재한다는 것은 일본인에게 있어 도덕의 절대적 기준이 수치 의식에 있음을 의미하며 일본인의 집단주의적 관념은 죄보다는 수치에 중점을 둔 「恥の文化」에 의해 유지되고 있다고 보았다.

기입형

02

ルース・ベネディクトの『菊と刀』とともに戦後、日本人の書いた日本論の中では、土居健郎と中根千枝の書いた日本論が一番よく知られている。二人の書いた日本論の一番代表的な書名を一つずつ漢字またはひらがなで書きなさい。[2点] 2001 기출 I 9-3

メモ

正解

『甘えの構造(あまえのこうぞう)』

『たて社会の人間関係(たてしゃかいのにんげんかんけい)』

解說

『甘えの構造』는 정신과 의사이자 정신분석학자인 土居健郎(どいたけお)에 의해 1971년에 출판된 대표적인 일본인론 중 하나이다. 1950년대에 저자가 미국에 유학하던 시절에 「甘え」에 해당하는 단어가 타 언어에 존재하지 않는다는 것을 깨닫고 그때 겪었던 경험을 바탕으로 일본과 일본인의 특성을 설명하고자 하였다. 그리고 『タテ社会の人間関係』는 사회인류학자인 中根千枝(なかねちえ)가 일본 사회 구조에 관한 세밀한 분석에 바탕을 두고 이론화한 것으로 1967년에 출판된 일본인론의 고전이다.

3 일본 문학

1 代表問題 상대 문학

기입형

다음은 『万葉集』에 대한 설명이다. ①～④에 들어갈 작자나 노래를 한자(漢字) 또는 히라가나로 쓰시오. [3点] 2005 기출 | 24

『万葉集』には天皇や貴族から下級の役人、農民、防人、乞食などまでいろいろな層の人の作った約4,500余首の歌が集められている。万葉第一期の歌人である額田王、第二期の専門的な宮廷歌人で長歌の様式を完成させた(　①　)、第三期の山上憶良、第四期には『万葉集』の編纂にかかわったと言われる(　②　)等が代表的歌人である。

特殊な巻としては巻十四と巻二十がある。巻十四に収められた(　③　)は、東国の民謡的な歌で、素朴な調べで地方民衆の生活感情をうたっている。(　④　)の多くは巻二十に防人たちの歌として収められている。辺境防備のため、東国から徴発された兵士たちの歌で、肉親との別離の悲しみが胸を打つ。

正解

① 柿本人麻呂(かきのもとのひとまろ)
② 大伴家持(おおとものやかもち)
③ 東歌(あずまうた)
④ 防人(の)歌(さきもり(の)うた)

解説

일본 상대 문학에서 자주 출제되는 문제이다. 東歌는 지리적으로 떨어진 東国(あずまのくに、とうごく)의 方言이 섞인 소박한 어조로 서민들의 생활상을 노래한 것이고 防人歌는 역시 지리적으로 멀리 떨어진 九州 지방에서 해안 경비를 담당하던 防人들의 심정을 노래한 것이다. 450년간에 걸쳐 만들어졌다고 하는 『万葉集』의 작자는 여러 명이 있는데 1기부터 4기까지 대표 가인이 누구인지, 그리고 포함되어 있는 작품의 장르와 그 특징 등을 반드시 암기하도록 한다.

メモ

1

同範囲問題

[答案例] 책속의 책 p.44

기입형

01 다음 글의 (　　)에 공통으로 들어갈 문헌을 한자(漢字)로 쓰시오. [1点]

2003 기출 | 10-1

『古歌集』『柿本人麻呂歌集』『高橋虫麻呂歌集』『類聚歌林』などが(　　)以前にもあったことが知られる。これらは現存していないが、漢詩集にならってまとめられたものと思われる。こうした動きの中でそれまでの歌を集大成したのが(　　)で、日本の現存最古の歌集である。

長い期間を経て、何人もの人々によってまとめられていき、最終的に現在の二十巻のかたちに編集したのは大伴家持だといわれている。八世紀後半のことであった。約四千五百首の歌が収められており、年代は仁徳天皇期から奈良中期まで約四百五十年にわたっている。

メモ

1 同範囲問題

기입형 서술형

02 次の文章は『万葉集』に関する説明である。ⓐに当てはまる人物名を漢字で書きなさい。また、ⓑ、ⓒに当てはまることばを漢字で書き、その内容についてそれぞれ説明しなさい。[4点] 2018.A 기출 I 13

> 『万葉集』は現存する日本最古の歌集で、約4,500首の歌を載せる。作者は天皇、皇族から一般庶民、遊女に及ぶが、作者未詳の歌が半数を越える。巻ごとに成立時期は異なるが、最終的に『万葉集』20巻の全体をまとめた編者は(ⓐ)と推定される。
>
> 部立は「雑歌」、「(ⓑ)」、「(ⓒ)」の三種が中心となっており、その他、四季に分けたり、「譬喩」・「羇旅」・「問答」のように分けて編集してある。この部立は『古今和歌集』をはじめ、後世の勅撰和歌集の手本となる。

キーワード

大伴家持　相聞(歌)
挽歌

メモ

注

羇旅(きりょ):和歌・俳句の部立の一つで、旅情を詠んだもの。

[答案例] 책속의 책 p.44

기입형

03

아래 표의 (1)과 (2)에 각각 들어갈 작품명의 마지막 부분 (●표)만 한자(漢字)로 쓰시오. [1点]

2004 기출 | 10-4

作品名	編者	成立	目的	内容
(1) ○○●	稗田阿礼が誦習。太安万侶が撰録。	712年	国内的に朝廷の権威を示そうとする。	神話・伝説などが多く、文学的性格が強い。
(2) ○○○●	舎人親王ら。	720年	対外的に国威を示そうとする。	史実に重点を置き、歴史的性格が強い。

(1) ______________________

(2) ______________________

メモ

2 代表問題 중고 문학

01~03 다음은 일본 고전 문학의 대표적인 작품을 설명한 글이다. 다음 각 문항을 읽고 답하시오. [総 4点]

2002 기출 | 12

A. 四代七十四年にわたる長編物語で、虚構を通して貴族社会を写実的に描く。深い思索・内省的態度・深刻な人生批判・流麗繊細な文体が特色である。作り物語の虚構性、歌物語の敍情性、女流日記文学の内面凝視の目を受け継ぎ、総合完成させた、日本古典文学の最高傑作である。

B. 自然や人生についての感想、宮廷生活の回想を集めた随筆である。鋭い感想、客観的態度、印象鮮明な描写、簡潔で気品ある文体である。随筆という文学形態を創始したもので、中古文学の傑作である。

기입형

01 A 작품의 주인공 이름을 한자(漢字) 또는 히라가나로 쓰시오. [1点]

2002 기출 | 12-1

正解

光源氏(ひかるげんじ)

解説

일본 고전 문학의 가장 뛰어난 작품으로 평가받는 『源氏物語』의 주인공을 묻는 문제이다. 『源氏物語』는 京都를 무대로 주인공 光源氏가 수많은 여성들과 주고받은 연애담을 그린 작품이다.

メモ

기입형

02 B의 작품명과 작자명을 한자(漢字) 또는 히라가나로 쓰시오. [2点]

2002 기출 I 12-2

• 작품명 : ______________________ • 작자명 : ______________________

메모

正解

• 作品名 : 枕草子(まくらのそうし)
• 作者名 : 清少納言(せいしょうなごん)

解説

중고 시대의 문학 중에서 수필 문학의 효시로 유명한 작품인 『枕草子』와 작가를 묻는 문제이다.

2 代表問題

기입형

03 A 작품의 주무대이며, B 작품의 배경이 된 곳을 오늘날의 한자(漢字) 지명으로 쓰시오. [1点]

2002 기출 | 12-3

メモ

正解

京都

解説

『源氏物語』는 平安時代의 궁정생활을 그린 작품이므로 이 작품의 주무대이자 배경이 된 곳은 그 당시의 도읍이었던 京都이다.

2 同範囲問題

[答案例] 책속의 책 p.45~46

01~03 다음 각 문항을 읽고, 물음에 답하시오.

2004 기출 | 10 일부

(1)	むかし、をとこ、初冠して、平城の京、(　　)日の里にしるよしして、狩に往にけり。その里に、いとなまめいたる女はらから住みけり。このをとこ、かいまみてけり。おもほえずふるさとに、いとはしたなくてありければ、心地まどひにけり。
(2)	(　　)はあけぼの。やうやう白くなり行く、山ぎはすこしあかりて、むらさきだちたる雲のほそくたなびきたる。夏はよる。月の頃はさらなり、やみもなほ、ほたるの多く飛びちがひたる。
(3)	祇園精舎の鐘の声、諸行無常の響きあり。裟羅双樹の花の色、盛者必衰のことわりをあらはす。おごれる人も久しからず、只(　　)の夜の夢のごとし。たけき者もつひには滅びぬ、ひとへに風の前の塵に同じ。

객관식

01 (1)에 해당하는 작품을 보기에서 골라 번호를 쓰시오. [1点]

2004 기출 | 10-1

보기

① 源氏物語　② 枕草子　③ 方丈記
④ 平家物語　⑤ 大和物語　⑥ 伊勢物語

メモ

2 同範囲問題

객관식

02 (2)와 관련이 깊은 것(文芸理念)을 보기 에서 골라 번호를 쓰시오. [1点]

2004 기출 | 10-2

보기

① もののあはれ　② をかし　③ さび
④ 粋　⑤ 義理・人情

기입형

03 (1)~(3)의 (　　) 안에 공통으로 들어갈 말을 한자(漢字)로 쓰시오. [1点]

2004 기출 | 10-3

04~05 次にあげた四つの作品名を参考にして、あとの問いに答えなさい。[総4点]

2000 기출 | 6

A. 須磨には、いとど心づくしの秋風に、海はすこし遠けれど、行平の中納言の関吹き越ゆると言ひけむ浦波、夜々はげにいと近く聞こえて、またなくあはれなるものは、かかる所の秋なりけり。『源氏物語』

B. 夏は夜。月のころはさらなり。闇もなほ、蛍のおほく飛びちがいたる。『枕草子』

C. なほものはかなきを思へば、あるかなきかの心ちする、かげろふの日記といふべし。『蜻蛉日記』

D. あづまぢの道のはてよりも、なほ奥つかたにおひ出でたる人、いかばかりかはあやしかりけむを、いかに思ひはじめけることにか、……『更級日記』

メモ

[答案例] 책속의 책 p.45

기입형

04

上記の四つの作品はすべてが平安時代に書かれたものという共通点を持っているが、四人の作者が持っているもう一つの共通点を指摘し、『源氏物語』の作者の名前を漢字または平仮名で書きなさい。[2点]

2000 기출 I 6-1

メモ

서술형

05

四人の作者が持っている共通点に留意しながら、そのような人々の文学活動を可能にした背景を韓国語で書きなさい。(3줄 이내) [2点]

2000 기출 I 6-2

キーワード

仮名文字の普及
外戚関係　後宮の発達
才媛　女流文学の開花

メモ

2 同範囲問題

기입형

06

다음 A~C를 읽고 각각의 작품명을 한자(漢字)로 쓰고, 빈칸 ①, ②에 들어갈 미의식(美意識)과 관련된 단어를 히라가나로 쓰시오. [4点] 2007 기출 | 12

A　やまと歌は、人の心を種として、万の言の葉とぞ成れりける。世中に在る人、事、業、繁きものなれば、心に思ふ事を、見るもの、聞くものに付けて、言い出せるなり。花に鳴く鴬、水に住む蛙の声を聞けば、生きとし生けるもの、いづれか、歌を詠まざりける。力をも入れずして、天地を動かし、目に見えぬ鬼神をも(　①　)と思はせ、男女の仲をも和らげ、猛き武士の心をも、慰むるは、歌なり。

B　五月ばかりなどに山里にありく、いと(　②　)。草葉も水もいと青く見え渡りたるに、上はつれなくて草生ひ茂りたるを、ながながとたださまに行けば、下は、えならざりける水の、深くはあらねど、人などの歩むに走りあがりたる、いと(　②　)。左右にある、垣にある、ものの枝などの、車の屋形などにさし入るを、いそぎてとらへて折らんとするほどに、ふと過ぎてはづれたるこそ、いとくちをしけれ。

C　須磨には、いとど心づくしの秋風に、海はすこし遠けれど、行平の中納言の関吹き越ゆると言ひけむ浦波、夜々はげにいと近く聞こえて、またなく(　①　)なるものは、かかる所の秋なりけり。御前にいと人少なにて、うち休みわたれるに、独り目をさまして、枕をそばだてて四方の嵐を聞きたまふに、波ただここもとに立ちくる心地して、涙落つともおぼえぬに枕浮くばかりになりにけり。

• A 작품명 : ________________

• B 작품명 : ________________

• C 작품명 : ________________

• 단어 : ① ____________　② ____________

メモ

서술형

07 〈A〉の(1)、(2)は平安時代の物語作品の一部である。同じグループに分類できる作品を〈B〉から二つずつ選び、各グループの特徴について説明しなさい。[4点]

2017.A 기출 I 13

〈A〉

(1) 天人の中に、持たせたる箱あり。天の羽衣入れり。またあるは、不死の薬入れり。一人の天人言ふ、「壺なる御薬たてまつれ。穢き所の物きこしめしたれば、御心地悪しからむものぞ。」とて、持て寄りたれば、いささかなめたまひて、少し、形見とて、脱ぎ置く衣に包まむとすれば、在る天人、包ませず。

(2) 昔、男ありけり。東の五条わたりに、いと忍びて行きけり。みそかなる所なれば、門よりもえ入らで、童べの踏みあけたる築地のくづれより通ひけり。人しげくもあらねど、たび重なりければ、あるじ聞きつけて、その通ひ路に夜ごとに人をすゑてまもらせければ、行けども、えあはで帰りけり。さて、よめる、

人知れぬわが通ひ路の関守は宵々ごとにうちも寝ななむとよめりければ、いといたう心やみけり。あるじ許してけり。

〈B〉

ⓐ 大和物語　ⓑ 栄花物語　ⓒ 落窪物語
ⓓ 狭衣物語　ⓔ 平中物語　ⓕ 宇津保物語

キーワード

竹取物語　作り物語
伊勢物語　歌物語
落窪物語と宇津保物語
大和物語と平中物語

メモ

2 同範囲問題

[答案例] 책속의 책 p.46~47

08~09 次の文章を読み、あとの問いに答えなさい。[総2点]

2001 기출 I 13

『今昔物語集』は、天竺、震旦、本朝の三部を立て、更に仏法部と世俗部を区分するなど、細部まで整然とした組織によって、一千余の説話を集める。殊に、武士・庶民・盗賊等の貴族の目に隠されていた世界を描き出した功績は高く評価され、漢字仮名交じりの簡潔な独特の文体は、(　　　　)等の和漢混交文を準備するものである。

기입형

08 下線部はそれぞれその国を指す言葉である。その国名を順番どおりに漢字またはひらがなで書きなさい。[1点]

2001 기출 I 13-1

기입형

09 例文の(　　)に入る作品は、軍記物語の一つで、「祇園精舎の鐘の声、諸行無常の響きあり。」という文から始まる。この作品名を漢字またはひらがなで書きなさい。[1点]

2001 기출 I 13-2

メモ

注

09番問題の答案を書くときは中世時代の作品を書くこと。

メモ

기입형

다음 내용의 작품이 무엇인지 작품명과 작자를 한자(漢字) 또는 히라가나로 쓰고, 두 작품에 전편(全篇)을 통해 흐르는 공통된 주제가 무엇인지를 1줄 이내로 쓰시오. [4点]

2008 기출 I 16

㉮ 建暦2年成立。初め武士。23歳で出家して、旅を愛し、自然に親しんだ作者が仏教の立場で書いた鎌倉初期の随筆。前半は当時の世の中の混亂や自然界の異変を書き、後半は自分のせまい家に住んでからの生活を書いた。

㉯ 1331年頃成立。種々の感想や見聞などを書いた随筆。人事や自然にたいする作家の深い考えが味わいのある文章で述べてある。随想風に長短243段が書きつづられている。王朝趣味・有職故実への関心が強く、貴族文化への尚古的態度が見られる。

• ㉮ 작품명 : ______________ 작자명 : ______________

• ㉯ 작품명 : ______________ 작자명 : ______________

• 공통 주제 : ______________

メモ

メモ

正解/答案例

- ㉮の作品名：方丈記(ほうじょうき)　作者名：鴨長明(かものちょうめい)
- ㉯の作品名：徒然草(つれづれぐさ)　作者名：兼好法師(けんこうほうし)
  (兼好法師 대신에 吉田兼好도 가능)
- 共通テーマは、自然と人生に対する省察と仏教的無常観である。

解説

中世時代의 대표적 수필인 『方丈記』와 『徒然草』에 관한 문제이다. 鴨長明는 鎌倉 전기의 歌人이자 수필가로 和歌와 琵琶 실력이 뛰어났다. 불교에 귀의한 후에는 京都의 좁은 암자(方丈の庵)에서 은거하며 집필 활동으로 세월을 보냈다. 화재, 홍수, 기근, 대지진 등의 자연재해를 겪으면서 느낀 불교적 無常観을 표현한 수필 『方丈記』를 비롯하여 불교설화집인 「発心集(ほっしんしゅう)」와 歌論書인 「無名抄(むみょうしょう)」 등의 작품을 남겼다. 한편 鎌倉 후기에 兼好法師에 의해 쓰여진 수필 『徒然草』 역시 전반적으로 불교적 無常観이 감도는 작품인데, 이 작품에는 자연이나 인생사, 설화, 처세술, 有職故実 등, 다양한 주제에 대한 관찰 및 지식인이 갖는 사고방식이 잘 표현되어 있다.

注

有職故実(ゆうそくこじつ)：朝廷や公家、武家などが行う、昔からの行事・儀式・制度・官職・風俗・習慣の先例。また、それらを研究する学問。

3 同範囲問題

객관식

01

보기 の作品と、その作者に関する説明として正しくないものは？ [2点]

2011.1차 기출 I 23

> 보기
>
> ゆく河の流れは絶えずして、しかも、もとの水にあらず。淀みに浮かぶうたかたは、かつ消えかつ結びて、久しくとどまりたる例なし。世の中にある人と栖と、またかくのごとし。

① 隠居生活の自由と草庵で和歌管絃に遊ぶ喜びとを語った。

② 遁世修行者としての反省・自責に到達した心境を述べた。

③ 人生と住居との転変無常を社会の実態と自身の体験とに象徴して述懐した。

④ 五十歳の頃に出家して五年の歳月を大原に送り、六十歳の頃に日野山に移った。

⑤ 自然と人生に対する鑑賞・批判のほかに、仏道を説き、有職故実について詳しく記した。

メモ

서술형

02 일본 문학의 시대 분류는 고대, 중고, 중세, 근세, 근대, 현대로 분류하는 것이 일반적인데, 중세 수필 문학에는 『東斎随筆』, 『寝覚』, 『歎異抄』, 『立正安国論』, 『正法眼蔵』, 『一遍上人語録』 등이 있다. 이들 작품 외에 일본 중세 수필 문학을 대표하는 두 작품을 들고, 작자명과 작품의 특징을 적으시오. (단, 작자와 작품명은 한자(漢字) 또는 ひらがな로 적을 것) (300자 내외) [7点] 1998 기출 I 10

キーワード

方丈記　鴨長明　徒然草
兼好法師(吉田兼好)
隠居生活　仏教的無常観
自照文学　自然災害

メモ

[答案例] 책속의 책 p.47

서술형

03 次の作品のジャンルの名称を漢字で書き、そのジャンルを 条件 に従って説明しなさい。[4点]

2019.A 기출 | 14

地　：さし来る潮を汲み分けて、見れば月こそ桶にあれ、
シテ：これにも月のいりたるや、
地　：嬉しやこれも月あり、
シテ：月はひとつ、
地　：影はふたつ、満つ潮の、夜の車に月を載せて、憂しとも思はぬ、潮路かなや。
ワキ：いかに塩屋の内に案内申さうのう。
ツレ：なにごとにて候ふぞ。
ワキ：旅人の道に行き暮れて候、一夜の宿をおん貸し候へ。

条件

- 大成者を含めること。
- 美的理念を含めること。

キーワード

能　観阿弥・世阿弥
幽玄　高尚　優美

メモ

メモ

기입형

〈A〉の俳句を詠んだ俳人の名前を漢字で書き、その俳人の作風を〈B〉のⓐ~ⓓの中から一つ選びなさい。[2点] 2014.A 기출 | 9

〈A〉

○ 古池や 蛙飛びこむ 水の音

○ 五月雨を あつめて早し 最上川

〈B〉

ⓐ 俗語や漢語、流行語などの俳言を用いて言語遊戯を主とする。

ⓑ さび・しをり・細み・軽みを重んじ、平易な表現で人生の深遠を象徴的に詠む。

ⓒ 式目の簡略化をはかり、奇抜な着想・見立てと軽妙な言い回しを特色とする。

ⓓ 古典などに材料を求め、浪漫的で叙情に溢れ、絵画的で印象鮮明である。

メモ

正解

この俳句をよんだ人は松尾芭蕉であり、彼の作風を説明したものはⓑである。

解説

俳諧는 連歌에서 발달한 5・7・5의 3句로 구성된 짧은 詩를 말한다. 室町 말기에 山崎宗鑑, 荒木田守武 등이 친근한 소재를 해학적으로 읊었던 俳諧連歌(「俳諧」는「こっけい」를 의미)가 독립하여 俳諧라고 불리게 되었는데 江戸時代에 들어와서는 松永貞徳의 貞門俳諧, 西山宗因의 談林俳諧를 거쳐서 松尾芭蕉의 俳諧 作風인 蕉風에 이르게 되면서 예술적으로 높은 경지에 도달하였다. 明治時代에 正岡子規의 俳諧 혁신 운동이 일어난 이후부터 革新俳句라고 불리게 되었다.

〈B〉의 설명 중에서 ⓐ는 松永貞徳의 貞門俳諧에 대한 설명이고 ⓒ는 西山宗因의 談林派의 作風에 대한 설명이다. 그리고 ⓓ는 江戸時代의 유명한 俳人, 与謝蕪村의 俳諧에 대한 설명이다. 松尾芭蕉의 蕉風에 대해 설명한 것은 ⓑ이다.

メモ

注

・蕉風：松尾芭蕉とその門人によって確立された俳句の作風。閑寂で気品高い芸術としての俳諧を目指し、「さび・しおり・細(ほそ)み・軽(かる)み」を重んじた。「さび」は古びておもむきのある美しさで、閑寂・枯淡な境地をいい、「しおり」は作者の細やかな感情が余情となって句ににじみでることをいう。また、「細み」は、句の心が幽玄で微妙な境地になった状態をいい、「軽み」は、身近な題材に美を見いだして平淡にさらりと表現することをいう。

・俳諧七部集：松尾芭蕉一代の俳諧選集の中から、代表的な7部12冊を集めた書。『冬の日』『春の日』『曠野』『ひさご』『猿蓑』『炭俵』『続猿蓑』の各集。『芭蕉七部集』ともいう。

・談林派：西山宗因が指導した俳諧の流派。江戸時代の前期に貞門派(松永貞徳によって指導された俳諧の一派)に代わって約10年間俳壇の主流をなした。井原西鶴もこの流派で活躍した。古風な貞門派と違って題材の新しさや軽快な俳諧を目指した。新興町人階級の感情をうたい、俳諧を連歌や和歌から独立させる役割を果たした。

4 同範囲問題

01~04　次の文章を読み、あとの問いに答えなさい。[総4点]

2001 기출 I 14

A. 海暮れて鴨の声ほのかに白し(『野ざらし紀行』)
荒海や佐渡に横たふ天の河(『奥の細道』)

B. 時に一人の祖母涙をこぼし「ただ今のありがたいことを承りまして、さてもさてもわが心底の恥づかしうございます。今夜のこと、信心にて参りましたではござらぬ。」

(『世間胸算用』)

기입형

01　例文Aからも味わえるように、芭蕉の文学理念で、「閑寂枯淡の境地、自然と一体化した内面の情調」を指す言葉を漢字またはひらがなで書きなさい。[1点]

2001 기출 I 14-1

기입형

02　例文Bの作家は、大阪の町人出身で、近世散文を代表する浮世草子を創始し、それを代表する人である。作家名を漢字またはひらがなで書きなさい。[1点]

2001 기출 I 14-2

기입형

03　例文Bの作家の書いた「町人物」の中で、例文以外の一番代表的な作品名を一つ漢字またはひらがなで書きなさい。[1点]

2001 기출 I 14-3

メモ

기입형

04

例文Bのような浮世草子には、「共同社会を営む他人に対して果たさなければならない道徳理念」と「人間の封建社会から拘束されない自然の心情」との矛盾と葛藤が文学理念として取り上げられている。この文学理念を指す言葉を漢字またはひらがなで書きなさい。
[1点]

2001 기출 | 14-4

メモ

기입형

05

빈칸 ①과 ②에 들어갈 대표적인 작가의 이름과 그 작가의 대표 작품 하나를 한자나 히라가나로 쓰시오. [4点]

2006 기출 | 11

> 近世の社会体制が成立して、一世紀近い年月を経て、元禄時代になる頃、上方や江戸では経済の発展を背景に、近世社会の仕組みが姿を表し、新しい人間関係の中で生きて行く人々が現れた。こうした動きを見つめ、都市の多様な生活を描き、新しい人間の心情を捉えようとしたのは、文学に関わる人々であった。中でも散文文学の(　①　)、韻文文学の(　②　)、劇文学の近松門左衛門の三人は、すぐれた作品を著して、近世文学の世界を切り開き、文化史の上に重要な足跡を残した。

- ① 작가 : ________________　작품 : ________________
- ② 작가 : ________________　작품 : ________________

4 同範囲問題

기입형

06

빈칸 ①~③에 들어갈 말을 한자(漢字)로 쓰시오. [3点]

2007 기출 I 13

(　①　)は、武士の家に生まれたが、上京後、演劇作家の道を歩んだ。元禄末年まで、おもに坂田藤十郎のために歌舞伎の脚本を書いていたが、1705年、竹本座の専属作者となり、以後多くの浄瑠璃脚本を書き下ろした。作品には、歴史上の事件や伝説に取材した(　②　)物の『国性爺合戦』『出世景清』や、当時実際起こった事件を脚色した(　③　)物の『曾根崎心中』『冥途の飛脚』など、多くの名作がある。

- ① ______________________
- ② ______________________
- ③ ______________________

기입형

07

다음에 열거한 내용과 관련된 일본의 시대(時代)를 한자(漢字)로 쓰시오. [1点]

2002 기출 I 10-4

(a)『奥の細道』の成立	(b) 近松門左衛門
(c) 人形浄瑠璃の隆盛	(d) キリスト教禁止令

____

メモ

기입형

08 아래 작품은 일본 근세의 하이쿠(俳句)이다. 각 하이쿠가 가리키는 계어(季語)와 계절(季節), 그리고 이 작품의 작자와 작자의 대표적 기행문학 작품명을 한자(漢字) 또는 히라가나로 쓰시오. [3点]

2005 기출 | 23

> ① 閑かさや岩にしみ入る蝉の声。
> ② 草臥れて宿かるころや藤の花。

- ①의 계어 : ________　　• 계절 : ________
- ②의 계어 : ________　　• 계절 : ________
- 작자 : ________　　• 작품명 : ________

メモ

4 同範囲問題

기입형 서술형

09 **〈A〉は落語に関する説明、〈B〉は古典落語の作品である。(　　)に当てはまることばと、ⓐとⓒの読み方を順番に書きなさい。また、松公がⓑのように言った意図を説明しなさい。[5点]** 2018.B 기출 I 7

〈A〉

落語は、座布団に正座した和服の演者が一人数役をこなす滑稽な話を通し、聴衆を楽しませる寄席芸能を指す。扇子と手拭いを小道具にして、身ぶり手ぶりで、顔の表情も加えて演じる。特に、話の終りの機知に富んだ話題や洒落で結ぶ部分を(　　　)という。

また、落語は江戸時代の庶民生活の中から生まれた笑い話を取り入れてできあがり、現在も根強い人気を持つ。

〈B〉

男たちが集まってくだらない話をしているところへ、遅れた男が真っ青になって飛び込んできた。聞くと、途中で蛇が出てきたのでびっくりして走ってきたという。どんな大蛇かとたずねると、ほんの一尺ばかり、しかもよく見ると古縄だったという話だ。赤ん坊のころから長いものが苦手なのだと説明した。蛇だけじゃなく、鰻やドジョウもだめだし、そばやうどんも怖いという。

それを聞いていた松公は急にタンカを切り、「黙って聞いてりゃ、馬鹿じゃねえか。俺なら、蛇もⓐ<u>鉢巻き</u>がわりに使う。」と、普段から兄貴風を吹かしていただけに言いたい放題だ。

他のやつが、それでも何か怖いものがあろうと松公に詰寄ると、弱気にⓑ「<u>実は饅頭が怖い</u>。」と打ち明けた。松公がいやがるものだから、図に乗っていろいろな饅頭の名前を並べ立てた。すると、松公の顔色が変わり、具合が悪くなった様子で「横になっていいかい。」と布団を被って寝てしまった。

メモ

男たちは別の部屋へ移った。生意気な野郎だから饅頭をたくさん買ってきて松公を懲らしめてやろうと話がまとまり、山のように饅頭がⓒ<u>揃った</u>。寝ている松公の枕元へ並べ、声をかけた。むくっと起き上がった松公、饅頭の山を見て泣き出した。

してやったりと皆、大喜び。が、よく見るとどうもおかしい。

「なるほど怖い。やっぱり怖い。おお怖い。」と泣いているふりをしながら、うまそうに饅頭をぱくついているのだ。残りを風呂敷に包もうとまでしている。だまされたと気づいた一人が、

「いったい本当に怖いのは何なんだ。」

「へへ、ここらでいいお茶がいちばん怖い。」

－PHP研究所編『古典落語100席』より改変－

メモ

근현대 문학

(1) 작가와 작품의 특징

기입형

다음 글을 읽고 물음에 답하시오. 2003 기출 | 10-2 일부

　この小説の「はしがき」の文章は、妙に凝った戯作調の文語体で、今日、言文一致体の最初のこころみといわれているこの小説が、この時代の文章観の中でどれほど孤独な不安なこころみであったかを暗示するものである。
　読者は本文を読めば、これが今日の口語文とはちがう、いうならば口語脈をもった一種の文語体であることがわかるであろう。今日の口語文が失った抑揚、めりはりといった文章の節が感じられるのである。知識青年内海文三を通して明治の文明・風潮を批判し、自我の目覚めと苦悩とを写実的に描く。言文一致体による近代写実小説の先駆である。この小説の作家の『あひびき』などには清新な自然描写と口語体が見られる。

(1) 윗글에서 말하는 소설의 작가와 제목을 보기 에서 골라 기호를 쓰시오. [2点]

• 작가 : ____________ • 제목 : ____________

보기

(a) 小説神髄	(b) 坪内逍遥	(c) 雪中梅	(d) 経国美談
(e) 小説総論	(f) 浮雲	(g) 幸田露伴	(h) 二葉亭四迷
(i) 山田美妙	(j) 文づかい		

メモ

メモ

注

浮雲：二葉亭四迷の小説。1887(明治20)~1889年発表。日本ではじめて話し言葉(口語)を用いて言文一致の文体で書かれた。新しい思想の持ち主であるが融通のきかない性格の青年、内海文三が失業して人生にも恋にも失敗していく姿を描き、当時の社会や文明を写実的に描こうとした。現実を客観的に描写しようとしたと最初の写実主義(リアリズム)小説として文学史上、重要な位置を占める。

正解

• 作者 : (h)　　• 作品 : (f)

解説

설명을 읽고 작품명과 작자를 고르는 문제이다. 「言文一致体の最初のこころみといわれているこの小説」라는 표현과 주인공의 이름이 「内海文三」라는 부분에서 힌트를 얻을 수 있으므로 二葉亭四迷가 쓴 근대 소설 『浮雲』임을 알 수 있다.

5 同範囲問題

기입형

01

①~⑩의 '작품–작가'가 잘못 이어진 것을 3개만 찾아서 번호를 쓰고, 그리고 그 작품에 해당하는 작가를 보기 에서 골라 기호를 쓰시오. [3点]

2004 기출 I 9-1

① 金閣寺－高村光太郎
② 羅生門－芥川龍之介
③ 暗夜行路－志賀直哉
④ 坊つちやん－夏目漱石
⑤ 浮雲－二葉亭四迷
⑥ 一握の砂－石川啄木
⑦ みだれ髪－田山花袋
⑧ たけくらべ－島崎藤村
⑨ 高瀬舟－森鷗外
⑩ 俘虜記－大岡昇平

보기

ⓐ 三島由紀夫　ⓑ 太宰治　ⓒ 正岡子規
ⓓ 川端康成　ⓔ 永井荷風　ⓕ 与謝野晶子
ⓖ 樋口一葉　ⓗ 横光利一　ⓘ 泉鏡花
ⓙ 有島武郎

번 호			
작 가			

メモ

[答案例] 책속의 책 p.50

기입형

02

다음은 일본 소설의 모두(冒頭)들이다. ①, ②, ③의 작가와 작품명을 각각 한자(漢字) 또는 히라가나로 쓰시오. [3点]

2005 기출 I 25

① 「武蔵野のおもかげは今わづかに入間郡に残れり」と自分は文政年間にできた地図で見たことがある。
② それはまだ人々が「愚」という貴い徳を持っていて、世の中が今のように激しく軋み合わない自分であった。
③ 禅智内供の鼻といえば、池の尾で知らない者はない。長さは五六寸あって上唇の上から顎の下までさがっている。

- ①의 작가 : ______________ • 작품명 : ______________
- ②의 작가 : ______________ • 작품명 : ______________
- ③의 작가 : ______________ • 작품명 : ______________

メモ

5 同範囲問題

기입형

03 다음 A~C는 일본 근대소설의 한 부분이다. 각각의 작가명과 작품명을 일본어로 쓰시오. [3点]

2007 기출 I 15

A　芳子が常に用ひて居た蒲団―萌黄唐草の敷蒲団と、綿の厚く入つた同じ模様の夜着とが重ねられてあつた。時雄はそれを引出した。女のなつかしい油の匂ひと汗のにほひとが言ひも知らず時雄の胸をときめかした。夜着の襟の天鵞絨の際立つて汚れて居るのに顔を押附けて、心のゆくばかりなつかしい女の匂ひを嗅いだ。性慾と悲哀と絶望とが忽ち時雄の胸を襲つた。

B　勘定してみると奥さんがKに話をしてからもう二日余りになります。その間Kは私に対して少しも以前と異なった様子を見せなかったので、私は全くそれに気が付かずにいたのです。彼の超然とした態度はたとい外観だけにもせよ、敬服に値すべきだと私は考えました。彼と私を頭の中で並べてみると、彼のほうがはるかに立派に見えました。「おれは策略で勝っても人間としては負けたのだ。」という感じが私の胸に渦巻いて起こりました。

C　こう言って、生徒の机のところへ手を突いて、詫入るように頭を下げた。「皆さんが御家へ御帰りに成りましたら、何卒父親さんや母親さんに私のことを話して下さい―今まで隠蔽していたのは全く済まなかった、と言って、皆さんの前に手を突いて、こうして告白けたことを話して下さい―全く、私は穢多です、調里です、不浄な人間です」とこう添加して言った。丑松はまだ詫び足りないと思ったか、二歩三歩退却して、「許して下さい」を言いながら板敷の上へ跪いた。

• A 작가명 : ______________　작품명 : ______________

• B 작가명 : ______________　작품명 : ______________

• C 작가명 : ______________　작품명 : ______________

メモ

기입형

04 다음 소설을 읽고 각 문항에 답하시오. [3点]

2002 기출 | 11-1

A 三四郎が凝として池の面を見詰めてゐると、大きな木が、幾本となく水の底に映つて、其又底に青い空が見える。三四郎は此時電車よりも、東京よりも、日本よりも、遠く且つ遥かな心持がした。然ししばらくすると、其心持のうちに薄雲の様な淋しさが一面に広がつて来た。さうして、野々宮君の穴倉に這入つて、たつた一人で坐つて居るかと思はれる程な寂寞を覚えた。

B どこで生れたかとんと見当がつかぬ。何でも薄暗いじめじめした所でニャーニャー泣いて居た事丈は記憶して居る。吾輩はこゝで始めて人間といふものを見た。然もあとで聞くとそれは書生といふ人間中で一番獰悪な種族であつたさうだ。此書生といふのは時々我々を捕へて煮て食ふといふ話である。然し其当時は何といふ考えもなかつたから別段恐しいとも思はなかった。

⑴ 위의 밑줄 친 부분을 우리말로 옮겨 쓰시오.

______

⑵ 위 A와 B의 작품명을 일본어로 쓰시오.

• A 작품명 : ______ • B 작품명 : ______

メモ

5 同範囲問題

기입형

05

다음은 근대소설(近代小説), 근대시(近代詩), 단가(短歌) 작품의 일부분이다. 작품명과 작가(作家)를 한자(漢字) 또는 가나(仮名)로 쓰시오. [4点]

2008 기출 | 21

㉮ 雨ニモマケズ
風ニモマケズ
雪ニモ夏ノ暑サニモマケヌ
丈夫ナカラダヲモチ
欲ハナク
決シテイカラズ
イツモシズカニワラッテヰル

㉯ 私はもう私が分からなくなつて来た。私はただ近づいて来る機械の鋭い先尖がじりじり私を狙つてゐるのを感じるだけだ。誰かもう私に代つて私を審いてくれ。私が何をして来たかそんなことを私に聞いたつて私の知つてゐよう筈がないのだから。

㉰ 「この味がいいね」と君が言ったから
　七月六日はサラダ記念日
「嫁さんになれよ」だなんてカンチューハイ
　二本で言ってしまっていいの
空の青梅のあおさのその間
　サーフボードの君を見つめる
向きあいて無言の我ら砂浜に
　せんこう花火ぽとり落ちぬ

メモ

㉣ あんなに唐突に生れた想念であつたとはいへ、金閣を焼くといふ考えは、仕立卸しの洋服か何ぞのやうに、つくづくぴつたりと私の身についた。生れたときから、私はそれを志してゐたかのやうだつた。少なくとも父に伴はれてはじめて金閣を見た日から、この考へは私の身内に育ち、開花を待つてゐたかのやうだつた。

- ㉮ 작품명 : ______________ 작가명 : ______________
- ㉯ 작품명 : ______________ 작가명 : ______________
- ㉰ 작품명 : ______________ 작가명 : ______________
- ㉣ 작품명 : ______________ 작가명 : ______________

メモ

5 同範囲問題

06~11 次の例文は日本の近・現代小説の代表的作品である。よく読み、あとの問いに答えなさい。[総9点]

2001 기출 | 15

A こんな夢を見た。
腕組をして枕元に坐っていると、仰向に寝た女が、静かな声でもう死にますという。
女は長い髪を枕に敷いて、輪廓の柔らかな瓜実顔をその中に横たえている。 ─『夢十夜』─

B 私は、その男の写真を三葉、見たことがある。
一葉は、その男の、幼年時代、とでも言うべきであろうか、十歳前後かと推定される頃の写真であって、 ─『人間失格』─

C それはまだ人々が「愚か」という貴い徳を持っていて、世の中が今のように激しく軋み合わない時分であった。 ─『刺青』─

D 堀川の大殿様のような方は、これまでは固より、後の世には恐らく二人とはいらっしゃいますまい。噂に聞きますと、あの方の御誕生になる前には、大威徳明王の御姿が御母君の夢枕にお立ちになったとか申すことでございますが、 ─『地獄変』─

E 山登りの連れというのは大阪の会社員達で、大社詣での帰途、此山に寄った連中だった。謙作は二三時間昼寝で睡気の方はよかったが、昼飯に食った鯛にあたったらしく、 ─『暗夜行路』─

F 張述伊が没したのは、日本の長い戦争がもう十ヶ月もすると終りを告げる冬のある日のことだった。その日のことを僕は鮮明に憶えている。もう九ツになっていたからである。 ─『砧をうつ女』─

G 死者たちは、濃褐色の液に浸って、腕を絡みあい、頭を押しつけあって、ぎっしり浮かび、また半ば沈みかかっている。 ─『死者の奢り』─

メモ

H　国境の長いトンネルを抜けると雪国であった。夜の底が白くなった。信号所に汽車が止まった。　　　—『雪国』—

기입형

06 例文の作家の中で、耽美派や白樺派の作家の名前を一人ずつ漢字またはひらがなで順番どおり書きなさい。[2点]

2001 기출 I 15-1

기입형

07 例文Cの作品を書いた作家の代表的長編小説の作品名を漢字またはひらがなで書きなさい。[1点]

2001 기출 I 15-2

기입형

08 例文の作家の中で、自殺した三人の作家の名前を漢字またはひらがなで書きなさい。[2点]

2001 기출 I 15-3

メモ

5 同範囲問題

기입형

09

例文Hの作家の書いた作品の中で、1926年『文芸時代』に連載し、「旅芸人と行をともにするなかでの哀歓を美しく描いた青春小説」の作品名を漢字またはひらがなで書きなさい。[1点]

2001 기출 Ι 15-4

기입형

10

例文Fは在日韓国人作家としては、はじめて芥川賞を受賞した作品である。Fの作家名とともに芥川賞を受賞した、在日僑胞出身の三人の作家の名前を(合わせて四人)漢字または韓国語で書きなさい。[2点]

2001 기출 Ι 15-5

기입형

11

例文Gの作家がノーベル文学賞の受賞式で行った講演の題目を漢字またはひらがなで書きなさい。[1点]

2001 기출 Ι 15-6

メモ

객관식

12 (가), (나), (다)에 들어갈 말을 바르게 나열한 것은? [1.5点]

2009.1차 기출 | 23

明治末期から大正にかけて、文壇の自然主義に刺激を受けた詩壇では、口語自由詩の試みがなされるようになり、口語を用いることで詩の素材を拡大し、さまざまな個性ある表現を生み出すようになった。この時期には、理想主義の詩人や、芸術至上主義的立場にたつ、象徴詩の流れをくむ人たちがいる。(가)は大正三年に処女詩集『道程』でその結晶をみせ、(나)は大正六年に『月に吠える』を発表し、近代詩を達成したのである。また、大正十四年には、長い洋行から帰った(다)が、訳詩集『月下の一群』を出版し、後の詩人たちに大きな影響を与えた。

	(가)	(나)	(다)
①	高村光太郎	萩原朔太郎	堀口大學
②	萩原朔太郎	堀口大學	石川啄木
③	上田敏	萩原朔太郎	高村光太郎
④	石川啄木	高村光太郎	上田敏
⑤	上田敏	石川啄木	堀口大學

メモ

5 同範囲問題

객관식

13

(가) (나) (다) (라) (마)の作家を例から正しく選んだものは？ [2点]

2010.1차 기출 I 23

例

ㄱ. 国木田独歩　ㄴ. 太宰治　ㄷ. 谷崎潤一郎
ㄹ. 葉山嘉樹　ㅁ. 島崎藤村　ㅂ. 芥川龍之介
ㅅ. 永井荷風　ㅇ. 小林多喜二

(가) 私はこれから、あまり世間に類例がないだろうと思われる私達夫婦の間柄に就いて、出来るだけ正直に、ざっくばらんに、有りのままの事実を書いて見ようと思います。それは私自身に取って忘れがたない貴い記録であると同時に、恐らく読者諸君に取っても、きっと何かの参考資料となるに違いない。(中略) 彼女はみんなから「直ちゃん」と呼ばれていましたけれど、或るとき私が聞いて見ると、本名は奈緒美と云うのでした。この「奈緒美」という名前が、大変私の好奇心に投じました。

(나) これはある精神病院の患者、— 第二十三号がたれにでもしゃべる話である。彼はもう三十を越しているであろう。が、一見したところはいかにも若々しい狂人である。彼の半生の経験は、— いや、そんなことはどうでもよい。彼はただじっと両ひざをかかえ、時々窓の外へ目をやりながら、(中略) 院長のS博士や僕を相手に長々とこの話をしゃべりつづけた。

(다) 私の教えている生徒は小諸町の青年ばかりでは無い。平原、小原、山浦、大久保、西原、滋野、その他小諸附近に散在する村落から、一里も二里もあるところを歩いて通って来る。こういう学生は多く農家の青年だ。学校の日課が済むと、彼等は各自の家路を指して、松林の間を通り鉄道の線路に添い、あるいは千曲川の岸に随いて、蛙の声などを聞きながら帰って行く。

メモ

㈑ 「おい、地獄さ行ぐんだで！」二人はデッキの手すりに寄りかゝって、蝸牛が背のびをしたように延びて、海を抱え込んでいる函館の街を見ていた。— 漁夫は指元まで吸いつくした煙草を唾と一緒に捨てた。巻煙草はおどけたように、色々にひっくりかえって、高い船腹をすれずれに落ちて行った。彼は身体一杯酒臭かった。(中略) この蟹工船博光丸のすぐ手前に、ペンキの剥げた帆船が、へさきの牛の鼻穴のようなところから、錨の鎖を下していた。

㈒ メロスは激怒した。必ず、かの邪知暴虐の王を除かなければならぬと決意した。メロスには政治がわからぬ。メロスは、村の牧人である。笛を吹き、羊と遊んで暮らしてきた。けれども邪悪に対しては、人一倍に敏感であった。

	㈎	㈏	㈐	㈑	㈒
①	ㄷ	ㄴ	ㅁ	ㄹ	ㅂ
②	ㄷ	ㅂ	ㅁ	ㅇ	ㄴ
③	ㅅ	ㄴ	ㄱ	ㅇ	ㅂ
④	ㅅ	ㄷ	ㄱ	ㄹ	ㄴ
⑤	ㅅ	ㅂ	ㄱ	ㅇ	ㄴ

メモ

객관식

14

보기 1の(가) (나) (다)の作家と、보기 2のㄱ、ㄴ、ㄷ、ㄹの作品との組み合わせが正しいものは？ [2.5点]

2011.1차 기출 I 22

보기 1

日本文学に近代的な実質をもたらしたのは、ロシア文学を通して水準の高いリアリズム論を体得していた(가)であり、続いてドイツから帰国した(나)が評論・詩・翻訳詩などの各分野で浪漫的傾向を帯びた啓蒙活動を精力的に展開した。しかし、その期間は短く、やがて帝国憲法に基づく国家体制が成立する前後から顕著になってきた国粋主義的な気運を背景にして、(다)らの硯友社が力をもつようになり、その元禄風の技巧文学による文壇支配が日清戦争の前後まで続いた。

보기 2

ㄱ. 石炭をば早や積み果てつ。中等室の卓のほとりはいと静にて、熾熱燈の光の晴れがましきも徒なり。今宵は夜毎にこゝに集ひ来る骨牌仲間も「ホテル」に宿りて、舟に残れるは余一人のみなれば。

ㄴ. 一時間程を経て文三は漸く寝支度をして褥へは這入ッたが、さて眠られぬ。眠られぬ儘に過去将来を思ひ回らせば回らすほど、尚ほ気が冴て眼も合はず、是ではならぬと気を取直し緊敷両眼を閉ぢて眠入ッた風をして見ても、自ら欺むくことも出来ず、余儀なく寝返りを打ち溜息を吻きながら眠らずして夢を見てゐる内に、一番鶏が唱ひ二番鶏が唱ひ、漸く暁近くなる。

ㄷ. 見るに気の毒なるは雨の中の傘なし、途中に鼻緒を踏み切りたるばかりは無し、美登利は障子の中ながら硝子ごしに遠く眺めて、あれ誰れか鼻緒を切つた人がある、母さん切れを遣つても宜う御座んすかと尋ねて、針箱の引出しから友仙ちりめんの切れ端をつかみ出し、

メモ

庭下駄はくも鈍かしきやうに、馳せ出でて椽先の洋傘さすより早く、庭石の上を伝ふて急ぎ足に来たりぬ。

ㄹ.「一月の十七日、宮さん、善く覚えてお置き。来年の今月今夜は、貫一は何処で此月を見るのだか！再来年の今月今夜……十年後の今月今夜……一生を通して僕は今月今夜を忘れん、忘れるものか、死んでも僕は忘れんよ！可いか、宮さん、一月の十七日だ。来年の今月今夜になったらば、僕の涙で必ず月は曇らして見せるから、月が……月が……月が……曇ったらば、宮さん、貫一は何処かでお前を恨んで、今夜のように泣いて居ると思ってくれ。」

	㈎	㈏	㈐
①	ㄱ	ㄴ	ㄷ
②	ㄴ	ㄱ	ㄹ
③	ㄴ	ㄷ	ㄱ
④	ㄷ	ㄱ	ㄹ
⑤	ㄷ	ㄹ	ㄱ

メモ

5 同範囲問題

객관식

15 보기 1 の特徴と 보기 2 の人物との組合わせが正しいものは？ [2.5点]

2012.1차 기출 I 21

보기 1

(가) 季語や用語上の約束にとらわれず、五七五の定型に制約されない自由な表現をめざす新傾向俳句を唱えた。句集に『新俳句』などがある。

(나) 『万葉集』と源実朝の作風を重視し、素朴な写生を主張した。従来の古今調の俳句を批判し、俳句の革新運動を押し進めた。句集に『俳句稿』などがある。

(다) 官能の解放による自我解放を大胆に歌い、優美的な恋愛賛歌は星菫調とも呼ばれ、浪漫主義短歌の中心的存在となった。歌集に『舞姫』などがある。

(라) 伝統的な季題や定型を守る立場で新傾向運動に対抗し、有季定型律を守り客観写生によるべきだと花鳥諷詠を唱えた。句集に『五百句』などがある。

(마) 貧苦の日常から社会を見通す目が平明な口語的発想の中に生きており、三行書きの形式でその生活実感を伝えている。歌集に『一握の砂』などがある。

보기 2

ㄱ. 正岡子規　ㄴ. 斎藤茂吉　ㄷ. 北原白秋
ㄹ. 河東碧梧桐　ㅁ. 石川啄木　ㅂ. 高浜虚子
ㅅ. 与謝野晶子　ㅇ. 伊藤左千夫

	(가)	(나)	(다)	(라)	(마)
①	ㄹ	ㄱ	ㅅ	ㅂ	ㅁ
②	ㄹ	ㄱ	ㅇ	ㄴ	ㄷ
③	ㄹ	ㄷ	ㅅ	ㅂ	ㅁ
④	ㅂ	ㄷ	ㅇ	ㄴ	ㄱ
⑤	ㅂ	ㅅ	ㅁ	ㄴ	ㄷ

メモ

기입형

16

다음은 일본의 현대문학에 관한 글이다. (　　) 안에 알맞은 작가(作家)를 한자(漢字) 또는 히라가나로 쓰시오. [4点]

2008 기출 | 18

> 『ノルウェィの森』がベストセラーになった(㉮)は、長編『ねじまき鳥クロニクル』、阪神淡路大震災をモチーフにした連作短編『神の子どもたちはみな踊る』を発表。小説以外でも『アンダーグラウンド』、『約束された場所で』など、インタビューという手法を選んで現代社会に生きる人の心を描き出す。(㉯)も『ヒュウガ・ウイルス』、『ラブ&ポップ』、『希望の国のエクソダス』と現在の問題を直視した作品を次々に発表。『キッチン』、『TUGUMI』で若い読者の心をつかんだ(㉰)は、短編集『とかげ』、『体は全部知っている』を、山田詠美も『放課後の音符』や『トラッシュ』、『僕は勉強ができない』などを書いた。ノーベル文学賞を受賞した(㉱)は、三部作『燃えあがる緑の木』を「最後の作品」とすると発言したが、『宙返り』で復帰した。

㉮ ______________________

㉯ ______________________

㉰ ______________________

㉱ ______________________

メモ

기입형

다음은 일본 근대 문학의 문학사조에 관한 설명이다. ①~③에 들어갈 문학사조를 일본어로 쓰시오. [3点] 2007 기출 I 14

日本近代文学は、翻訳小説や政治小説の流行によって芽生え、1880年代半ば頃の坪内逍遙と二葉亭四迷による(①)主義の主張や、二葉亭四迷・山田美妙の言文一致の実践によって幕を開いたといえる。その後、国粋主義的な機運を背景にして尾崎紅葉・幸田露伴を中心とした(②)主義文学と、森鴎外を先駆者とし、『文学界』の北村透谷を中心とした(③)主義文学によって盛んな活動が展開された。

① ______ ② ______ ③ ______

メモ

正解

① 写実 ② 擬古典 ③ 浪漫

解説

근대 문학 태동기의 대표적인 문학사조에 대해 묻는 문제이다. 각 문학사조가 나타난 시기와 특징, 그리고 대표 문인들과 대표 작품은 출제 빈도가 높은 편이므로 꼭 익혀두어야 한다.

5 同範囲問題

[答案例] 책속의 책 p.55

01~02 次の文を読んで質問に答えなさい。

1999 기출 | 14 일부

既に自然主義に積極的態度を許せば、その積極的思念の行止まりはなんであらうかという問題が、必ず起らざるを得ない。即ち自然主義の目的論が生じる。思ふに①自然主義が②理想主義乃至③写実主義と違ふ根本は実にここに存する。写実主義は現実を写すを目的とするといひ理想主義は理想を写すを目的とするといふ。然るに自然主義はひとり真(Truth)を写すといふ。真といふ語は自然主義の生命でありモットである。自然主義から言はすれば、理想といひ現実といふ語はまだ浅い、第二義の役にしか立たぬ。

– 島村抱月「文芸上の自然主義」–

기입형

01

①~③の文芸思潮を日本近代文学の展開順序に従って提示しなさい。[1点]

1999 기출 | 14-1

서술형

02

文章の言葉づかいを話し言葉に一致させようと工夫した作者たちの属した文芸思潮をあげ、その傾向について韓国語で簡単に説明しなさい。(50字 以内) [2点]

1999 기출 | 14-2

メモ

キーワード

言文一致体
二葉亭四迷
写実主義

メモ

5 同範囲問題

03~04 次の文章を読んで、あとの問いに答えなさい。[総4点]

2000 기출 | 5

明治37年から38年にかけて行われた日露戦争によって、日本国民の視野は世界的に拡がり、西洋近代精神の特色である個人主義的な自我意識と現実感は、従来の半封建的な因習や道徳を揺り動かし、また、資本主義も、その地歩を固めるにつれて、その内にひそむ矛盾は、日本国民の前に露呈され、深刻な現実問題として取り上げられるに至った。こうした社会情勢を背景として登場した新しい文芸思潮は後の日本近代文学の展開に長くその影響を及ぼした。

기입형

03 上記の文の中に出ている新しい文芸思潮の名を漢字で書き、島崎藤村と田山花袋の作品としてこの新しい文芸思潮の成立と関わっている作品名を一つだけ選んで漢字または平仮名で書きなさい。[2点]

2000 기출 | 5-1

기입형

04 この新しい思潮の暴露的な傾向に反発して官能の美を追求する耽美派が登場するが、当時そのいずれにも属さないで、独自で倫理的、理知的な作品を発表して次の時代の理想主義、理知主義の人々に深い影響を与えた二人の作家がいる。二人の名前を漢字または平仮名で書きなさい。[2点]

2000 기출 | 5-2

メモ

기입형

05

自然主義文学があまりにも人生の醜悪な面を暴露する傾向がはなはだしいために、文学の意義を改めて考える人が出て活躍した反自然主義文学に属する類派名を書きなさい。(漢字または平仮名) [2点]

1999 기출 | 14-3

メモ

기입형 서술형

06

다음은 근대 문학 중 예술파(芸術派)로 분류되는 신감각파(新感覚派) 작가가 쓴 작품의 일부분이다. 이 작품의 이름과 작가를 쓰고, 신감각파를 4줄 이내로 설명하시오. [3点]

2005 기출 | 26

> 道がつづら折りになって、いよいよ天城峠に近づいたと思うころ、雨脚が杉の密林を白く染めながら、すさまじい早さで麓から私を追って来た。

• 작품명 : ____________ • 작가명 : ____________

• 신감각파 : ____________________________________

キーワード

大正末~昭和初
『文藝時代』 横光利一
川端康成 片岡鉄平
感覚的な新しい美や心理の追求

メモ

5 同範囲問題

기입형

07 다음은 근대 일본 문단의 한 유파(流派)를 설명한 글이다. 그 유파의 이름을 한자 또는 히라가나로 쓰시오. [2点]

2002 기출 | 11-2

> それまでの写実的な表現方法を否定した彼らは、擬人法や比喩などを斬新に用いた表現方法によって、特に感覚面で鮮やかなイメージを描き出した流派である。代表作は、川端康成の『伊豆の踊子』、『雪国』、横光利一の『日輪』などがある。

08~09 다음은 志賀直哉의『城の崎にて』의 일부분이다. 다음 글의 특성을 고려하여 물음에 답하시오. [7点]

1997 기출 | 6

> ある朝の事、自分は一疋の蜂が玄関の屋根で死んでいるのを見つけた。足を腹の下にぴったりとつけ、触覚はだらしなく顔へたれ下がっていた。ほかの蜂は一向に冷淡だった。巣の出入りに忙しくそのわきをはいまわるが全く拘泥する様子はなかった。忙しく立ち働らいている蜂はいかにも生きている物という感じを与えた。そのそばに一疋、朝も昼も夕も、見る度に一つ所に全く動かずにうつむきに転がっているのを見ると、それが又いかにも死んだものという感じを与えるのだ。それは三日程その侭になっていた。それは見ていて、いかにも静かな感じを与えた。淋しかった。ほかの蜂がみんな巣へ入ってしまった日暮、冷めたい瓦の上に一つ残った死骸を見る事は淋しかった。しかし、それはいかにも静かだった。

メモ

기입형 서술형

08

이 글에서와 같이 일본 근대 문학에 있어서 자신을 소재로 한 소설을 무슨 소설이라고 부르는지 명칭을 적고, 그 이유를 문장 중의 구절을 인용하여 설명하시오. [3点]

1997 기출 I 6-1

기입형 서술형

09

이 작가가 속해 있던 문단의 類派名을 적고, 그 유파가 등장하게 된 사회적 배경과 그 유파의 성격을 설명하시오. [4点]

1997 기출 I 6-2

キーワード

「静かな感じを与えた。」

「淋しかった。」

自分の心境や経験

１人称話者の視点

メモ

5 同範囲問題

기입형 서술형

10 次の(1)と(2)の説明を読んで、それぞれに当てはまる近代作家の名前を書きなさい。また、小説において2人が共通に属する文芸思潮の名称を漢字で書き、その文芸思潮の特徴を2つあげ、説明しなさい。[5点]

2018.B 기출 I 6

(1) 詩作から散文に移った作者は1906年、代表作の『破戒』を発表する。差別という社会的問題を取り上げたこの作品は、「身の素性を隠せ」という父の戒めを破らざるを得なかった主人公の内面的葛藤と孤独を追っている。『破戒』は近代的自我の表出に悩んだ作者の苦悩を、社会の問題との関連において描き出した点で高く評価される。

(2) 『蒲団』はフランスのゾライズムの影響を受けた作者の代表作である。女弟子に惹かれる中年の文学者の内面心理を描いたこの作品は、作者自身の生活を赤裸々に表現したものと解され、やがて私小説の端緒ともなった。主に身の回りのできごとから作品の素材をとった作者は、対象をできるだけ具体的に再現しようとする平面描写を力説した。

キーワード

島崎藤村　田山花袋
自然主義　人間の本質
ありのままを描写
自己告白

メモ

객관식

11 近代文学に関する事項の組み合わせが正しいものは？ [1.5点]

2011.1차 기출 I 21

	文学雑誌	文学思潮	文学分野	主要作家
①	白樺	反自然主義	散文	武者小路実篤
②	明星	自然主義	散文	島村抱月
③	文学界	反自然主義	韻文	森鷗外
④	スバル	浪漫主義	韻文	与謝野鉄幹
⑤	早稲田文学	浪漫主義	散文	北村透谷

객관식

12 다음 글과 관련된 문예사조의 특징으로 옳지 않은 것은? [2点]

2009.1차 기출 I 22

> 小説の主脳は人情なり。世態風俗これに次ぐ。人情とはいかなるものをいふや。曰く、人情とは人間の情欲にて、所謂百八煩悩是れなり。(中略) 此人情の奥を穿ちて、賢人、君子はさらなり、老若男女、善悪正邪の心の中の内幕をば洩す所なく描きいだして周密精到、人情を灼然として見えしむるを我が小説家の務めとはするなり。よしや人情を写せばとて、其皮相のみを写したるものは、未だ之れを真の小説とはいふべからず。其骨髄を穿つに及び、はじめて小説の小説たるを見るなり。

① 個性や自我の解放を感性の方面に求めた文学傾向である。
② 主観を交えずに、現実をありのままに描写する立場である。
③ 政治小説が可能性として内包していた文学の思想性を排斥する。
④ 従来の戯作文学に対抗して提唱されたため、理論的に不十分な面がある。
⑤ 旧文学の持つ功利性を脱し、西欧近代の実情に照らした新文学を創始しようとする動きである。

メモ

근현대 문학

(3) 기타

기입형

다음은 어느 소설의 모두(冒頭)에 나오는 글이다. (　　) 안에 들어갈 적당한 말을 한자(漢字)로 쓰시오. [1点]

2004 기출 | 9-2

> 国境の長いトンネルを抜けると(　　)であつた。夜の底が白くなつた。信号所に汽車が止まつた。向側の座席から娘が立つて来て、島村の前のガラス窓を落した。雪の冷気が流れこんだ。娘は窓いつぱいに乗り出して、遠くへ叫ぶやうに、「駅長さあん、駅長さあん。」

メモ

正解

雪国

解説

川端康成의 대표적 소설인 『雪国』의 冒頭 부분이다. 아름다운 자연 풍경을 배경으로 지식층 남성인 島村(しまむら)와 芸者인 駒子(こまこ)의 슬프도록 순수한 사랑을 그린 작품으로, 근대 일본의 서정적인 소설의 고전으로 평가받는 작품이다.

[答案例] 책속의 책 p.60

기입형 서술형

01

次の文章の⓪に当てはまることばを漢字で書き、下線部ⓑを 条件 に従って説明しなさい。[5点]

2019.B 기출 I 7

尾崎紅葉は(ⓐ)という日本で最初の文学団体を結成、同人雑誌『我楽多文庫』を発刊し、明治二十年代の文壇の主流をなした。(ⓐ)で最初に認められたのは言文一致の先駆をなした山田美妙だったが、その退社後、紅葉は『二人比丘尼色懺悔』を成功させた。ⓑ上方文学の伝統と坪内逍遥の新しい小説理論である写実主義を継承し、(ⓐ)一門を率いた紅葉は、その名文とともに文壇の主流を占め、後年『金色夜叉』などを発表した。

条件

- 時代を含めること。
- 代表的な文芸ジャンルを2つ含めること。
- 代表的な作者を2人含めること。

メモ

5 同範囲問題

객관식

02 近代文学に関する説明として正しくないものは？ [2点]

2012. 1차 기출 | 20

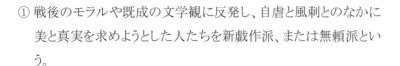

① 戦後のモラルや既成の文学観に反発し、自虐と風刺とのなかに美と真実を求めようとした人たちを新戯作派、または無頼派という。

② 昭和初期、権力の弾圧を受けたプロレタリア作家の、共産主義思想の放棄あるいは転向の苦悩を題材とした作品群を転向文学という。

③『近代文学』の同人は、政治に対する文学の自律性と人間の主体性を重視する立場から新日本文学会と路線を共にし、民主主義文学の確立を提唱した。

④ 純文学と大衆文学との中間に位置する中間小説は、世相や風俗から題材を取り、広い読者層を対象として書かれたもので、第二次大戦後盛んになった。

⑤ 第三の新人と呼ばれる人たちは、戦後派が思想性や観念性を重んじたのに対し、自分の日常生活の現実をみつめて自己の本質をとらえようとする、私小説の伝統を受けつぐ方法をとった。

メモ

객관식

03 日本の近代文学に関する説明として正しくないものは？[1.5点]

2010. 1차 기출 I 22

① 戯作文学は、江戸戯作文芸の流れを継承しながら新しい時代を風刺・滑稽化したもので、仮名垣魯文の『西洋道中膝栗毛』『安愚楽鍋』などの作品がある。

② 浪漫主義は、世俗的因習や封建的倫理を否定し、内面の真実と自我の目覚めを尊重した文学思潮で、森鷗外や北村透谷のような作者が活躍した。

③ 新現実主義は、耽美派や白樺派が見逃している現実を知性によって捉え直そうとした文学思潮で、新思潮派の芥川龍之介と奇蹟派の広津和郎に代表される。

④ 新心理主義は、ジョイスやプルーストらの影響を受け、人物の深層心理を表現しようとした文学思潮で、井伏鱒二や梶井基次郎などの作者が活動した。

⑤ 第三の新人は、戦後派の政治性や観念性に対し、日常生活に潜む不安や危機意識などを描き出そうとした流派で、安岡章太郎や遠藤周作などの作者が活動した。

メモ

6 代表問題

문학 이념

기입형

다음은 일본의 문학 이념(文学理念)을 설명한 것이다. ㉮~㉱에서 설명하는 문학 이념이 무엇인지 보기 에서 골라 쓰시오. [4点]

2008 기출 I 17

㉮ 艶美な情趣を心に深くこらすこと。また、それによってかもし出される美しさ。

㉯ ものごとを客観的・理知的に賞美するよう、そこに知性や批評意識がはたらくため、情感や滑稽さの方向にひろがっていく傾向がある。

㉰ この世のものとは思えないような華やかな美しさ。

㉱ 平安時代の文学精神を表す。主観的・感情的に感動する様である。物語の本質論。文学の自律を説いた批評意識の先駆として注目される。

보기

妖艶　有心　をかし　幽玄　ますらをぶり　もののあはれ

㉮ ____________　㉯ ____________

㉰ ____________　㉱ ____________

メモ

メモ

正解

㉮ 有心　㉯ をかし　㉰ 妖艶　㉱ もののあはれ

解説

문학에 관련된 미적 이념에 대한 설명을 읽고 어떤 문학 이념인지 보기에서 골라 쓰는 문제이다.

㉮의 有心(うしん)은 幽玄(ゆうげん)을 계승한 이념으로 幽玄처럼 余情美를 중시하면서도, 幽玄보다 기교적이고 요염한 優艶美의 정취가 주를 이룬다.

㉯의 をかし는 平安時代 문학에 나타나는 미적 이념의 하나로 清少納言의 『枕草子』로 대표되는 지적이고 밝은 감동을 주는 이념이다.

㉰의 妖艶은 艶이라고도 하는데 「幽玄」의 일종으로 우아한 아름다움(優美)과 깊이 있는 정취로 화려하게 호소하는 미의식이다.

㉱의 もののあはれ는 외부 세계의 대상을 접했을 때 자연스럽게 일어나는 정서나 감동으로 『源氏物語』를 비롯하여 平安時代 문학을 대표하는 미적 이념인데 近世의 国学者 本居宣長가 『源氏物語玉の小櫛』에서 제창하였다.

6 同範囲問題

기입형 서술형

01

下線部の王朝文学の美的理念を一つ挙げ、その理念の特徴を書きなさい。また、ⓐとⓑに該当する作品名と文芸雑誌名を漢字で書きなさい。[5点]

2014.B 기출 I 서술형 2

近代の多くの作家は古典から多大な影響を受けており、作品の中にその様子を窺い知ることができる。例えば、谷崎潤一郎は、大正後期から日本的伝統美に傾倒し、<u>王朝文学</u>の息吹きを現代に生かした新しい境地を拓いた。長編小説の『(ⓐ)』では、大阪船場の旧家の四人姉妹の生き方を通して、日本の伝統と文化を絵巻物風に描いている。

また、芥川龍之介は、1916年、雑誌『(ⓑ)』に『鼻』を発表し、夏目漱石の激賞を受けたが、この作品は『今昔物語集』と『宇治拾遺物語』に基づくもので、異様に長い鼻を持つ僧の心理の明暗をユーモラスに描き分けながら、傍観者のエゴイズムをあばいている。

キーワード

美的理念　もののあはれ
平安時代　しみじみとした情趣

メモ

[答案例] 책속의 책 p.59

객관식

02 (　　　)에 공통으로 들어갈 말로 알맞은 것은? [2点]

2009. 1차 기출 | 21

「(　　　)」なる語は上代には見えない。年代の確定できる最古例は『古今集』の「仮名序」である。

今の世の中、色につき、人の心、花になりにけるより、あだなる歌、はかなき言のみいでくれば、(　　　)の家に埋もれ木の、人知れぬこととなりて、まめなる所には、花薄ほに出すべきことにもあらずなりにたり。その初めを思へば、かかるべくなむあらぬ。

ここには、いわゆる国風暗黒時代の和歌のあり方と(　　　)の家との関係、その両者に対する批判意識などが、やや図式的に示されている。紀貫之は、和歌が公的な場に用いられなかったのを不振の時代としてとらえていた。漢詩文に比肩しうる晴れの場に和歌を引き出すことを念願とし、律令官人として、和歌を媒介とした君臣和楽の世界を築くことを理想としていた貫之にとって、それを妨げるものは悪むべきことであった。「まめなる所」では口にできないような形で和歌を私する(　　　)の家は、第一に批判されるべき存在だったのである。(中略)
しかし、物語の世界になると、(　　　)は盛んに活躍する。「物語の出でき始めの祖」といわれる『竹取物語』でも、求婚者として最後に残ったのは「(　　　)といはるるかぎり五人」の貴公子たちであった。

① みやび
② をかし
③ ゆうげん
④ もののあはれ
⑤ いろごのみ

メモ

7 代表問題

문학 장르

객관식

〈A〉は文学作品とその説明であり、〈B〉は文学のジャンルである。〈A〉の⑴～⑷に該当するジャンルを〈B〉から一つずつ選びなさい。[2点] 2017.A 기출 | 8

〈A〉

⑴『雨月物語』は中・短篇の九話の怪談からなり、人間の復讐・愛欲などが迫力ある文章で描かれている。

⑵『日本霊異記』は薬師寺の僧景戒が編纂し、この世に起こる奇異な出来事や仏教の因果応報の教えを説いている。

⑶『水無瀬三吟百韻』は宗祇・肖柏・宗長の名匠三人で詠んだ作品で、発句は後鳥羽院の「見渡せば」の歌を本歌取りしている。

⑷『竹斎』は山城国のやぶ医者竹斎が下僕のにらみの介を伴って、京から江戸へ下る諸国行脚の失敗談を綴った作品である。

〈B〉

ⓐ 和歌　ⓑ 読本　ⓒ 連歌
ⓓ 説話　ⓔ 浮世草子　ⓕ 仮名草子

メモ

メモ

正解

(1) ⓑ (2) ⓓ (3) ⓒ (4) ⓕ

解説

(1)에서 말하는 『雨月物語』는 江戸時代 후기의 読本이므로 답은 ⓑ가 된다. 読本은 소설의 일종이라고도 할 수 있는데 江戸時代 후반에 유행하였다. 그림 중심의 草双紙에 비해 읽을 거리가 많았기 때문에 読本이라는 이름이 붙여졌다. 주로 공상적이고 전기적(伝奇的)인 내용의 장편으로 구성되어 있다. 滝沢馬琴의 『南総里見八犬伝』, 그리고 上田秋成의 『雨月物語』 등이 유명하다.

(2)에서 말하는 『日本霊異記』는 平安時代 초기 작품으로 현존하는 가장 오래된 説話集이므로 답은 ⓓ이다.

(3)의 『水無瀬三吟百韻』은 室町時代 후기의 連歌師, 飯尾宗祇가 제자들과 함께 大阪の水無瀬神宮에 바친 連歌集이다. 따라서 답은 ⓒ이다.

(4)에서 인용한 『竹斎』는 江戸時代 초기의 仮名草子이다. 仮名草子는 仮名로 쓰여진 物語類라는 뜻으로 室町時代의 御伽草子의 흐름을 이어받아 江戸時代 초기에 주로 京都를 중심으로 출판되었으며 서민들 사이에서 널리 읽혔다. 説話物・教訓物・軍記物 등 여러 가지 내용으로 이루어져 있다.

7 同範囲問題

기입형

01 빈칸 ①~③에 들어갈 해당 문학 장르를 한자나 히라가나로 쓰시오. [3点]

2006 기출 I 12

　鎌倉・室町・江戸と呼ばれる封建社会時代を大観すると、抒情詩としては、王朝和歌から連歌を派生し、さらに連歌から(　①　)を誕生させており、叙事文学においては、王朝物語から説話・軍記に転じ、さらにはお伽草子・仮名草子をへて、(　②　)を出現させ、それが黄表紙や洒落本や人情本に落ちていった。
　劇文学をそだてた演劇形態としては、初めて能・狂言を産み、それはそれとして保持せられながら、時代とともに、人形浄瑠璃や(　③　)を出現させている。

① ______________________

② ______________________

③ ______________________

メモ

기입형

02

〈A〉は文学作品の一部であり、〈B〉は文学のジャンルである。〈A〉の(1)~(4)に該当するジャンルを〈B〉から選び、それぞれ1つずつ書きなさい。また、(3)の作品名と美的理念を書きなさい。[4点] 2021.A 기출 | 12

〈A〉

(1) やせ蛙負けるな一茶これに有り

(2) 役人の子はにぎにぎをよく覚え

(3) 雪のいと高う降りたるを、例ならず御格子まゐりて、
炭櫃に火おこして、物語りなどして、集まりさぶらふに、
「少納言よ、香炉峯の雪、いかならむ」と
御簾を高く揚げたれば、笑はせたまふ。

(4) けふのうちに
とほくへいつてしまふわたくしのいもうとよ
みぞれがふつておもてはへんにあかるいのだ
(あめゆじゆとてちてけんぢや)
うすあかくいつそう陰惨な雲から
みぞれはびちよびちよふつてくる
(あめゆじゆとてちてけんぢや)

〈B〉

ⓐ 狂歌　ⓑ 狂言　ⓒ 詩　ⓓ 随筆
ⓔ 説話　ⓕ 川柳　ⓖ 俳諧　ⓗ 物語

メモ

7 同範囲問題

객관식

03 文学ジャンルに関する説明として正しくないものは？ [2点]

2011.1차 기출 I 20

① 連歌は、時の摂政・関白二条良基に文学に値するものとして認められ、南北朝に格段に隆盛した。

② 歌謡は、日本の詩歌の最も古い形式として和歌を分化させ、『万葉集』の中にも多量に取り込まれている。

③ 読本は、中世のお伽草子と元禄期を中心とする浮世草子との間をつなぐ一群の草子類で、庶民啓蒙の傾向が強いものであった。

④ 朗詠は、平安貴族の中で大いに愛されたが、その詞章が漢詩の佳句秀句や和歌なので、詩歌形態として新たなものは見られなかった。

⑤ 近代詩は、明治以後、翻訳を主とした「新体詩抄」における七五調ないしは五七調の定型詩から出発し、だんだん自由律の詩へと変わっていった。

メモ

서술형

04

일본의 근대시와 현대시는 전통 운문문학과 그 형식에 있어 상당한 차이가 있다. 그러나 다음에 열거한 고전 詩歌는 형식면에서 오늘날에도 일본 운문문학의 주요한 기조를 이루고 있는 것들이다. 다음 詩歌 ①, ②, ③의 형태명을 각각 적고 형식상의 특징을 비교 설명하시오. [7点]

1997 기출 | 7

① 春の野の霞たなびきうら悲し夕かげに鶯鳴くも
② 古池や蛙飛びこむ水の音
③ 役人の子はにぎにぎをよく覚え

メモ

8 代表問題 성립 순서 배열

기입형

次は各時代の文学背景と特色に関する説明である。(1)~(5)を年代が早い順に並べかえなさい。[2点]

2021.A 기출 | 4

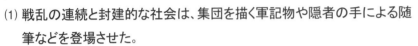

(1) 戦乱の連続と封建的な社会は、集団を描く軍記物や隠者の手による随筆などを登場させた。

(2)『野ざらし紀行』『笈の小文』『奥の細道』など、数次の旅によって書かれた紀行文が成立した。

(3) 西欧文学の強い影響を受け、浪漫主義・自然主義・耽美主義などの理論に基づく新しい文学が起こった。

(4) 藤原氏が幼少の天皇にかわって政務の実権をとる摂関政治が行なわれ、文学に多大な影響を及ぼした。

(5) 日本固有の文化や精神を究明する国学が隆盛、『古事記伝』『源氏物語玉の小櫛』などが書かれた。

메모

正解

(4) → (1) → (2) → (5) → (3)

解説

각 시대별 특징에 대한 설명을 읽고 순서대로 배열하는 문제이다.
(1)은 中世時代(鎌倉時代)에 대한 설명이고 (2)는 近世時代(江戸初期)에 대한 설명이다. 그리고 (3)은 近代時代 문학에 대한 설명이고 (4)는 中古時代, (5)는 近世時代(江戸中期)에 대한 설명이다. 순서대로 배열하면 (4)→(1)→(2)→(5)→(3)이 된다.

[答案例] 책속의 책 p.60

기입형

01 次の文章は文学作品の一部である。(1)~(4)を成立年代の早い順に並べかえなさい。[2点] 2019.A 기출 I 8

⑴ 小説の主脳は人情なり、世態風俗これに次ぐ。人情とはいかなるものをいふや。曰く、人情とは人間の情欲にて、所謂百八煩悩是なり。それ人間は情欲の動物なれば、いかなる賢人善者なりとていまだ情欲を有ぬは稀なり。
⑵ ゆく河の流れは絶えずして、しかも、もとの水にあらず。淀みに浮ぶうたかたは、かつ消えかつ結びて、久しくとどまりたる例なし。世の中にある人と栖と、またかくのごとし。
⑶ をとこもすなる日記といふものを女もしてみむとてするなり。それの年の師走の二十日余り一日の日の、戌の時に門出す。そのよし、いささかにものに書きつく。
⑷ さいつころ、雲林院の菩提講に詣でて侍りしかば、例の人よりはこよなう年老い、うたてげなる翁二人、嫗といきあひて、同じ所に居ぬめり。あはれに同じやうなるもののさまかなと見侍りしに、これらうち笑ひ、見かはして言ふやう、…(下略)…

メモ

8 同範囲問題

기입형

02

次の文章は文学作品に関する説明である。(1)~(4)を成立年代の早い順に並べかえなさい。また、(　　)に当てはまる古典文学のジャンルの名称を漢字で書きなさい。[2点]

2018.A 기출 Ⅰ 8

> (1) 世俗説話700余話を30編に分類した説話集で、編者は橘成季である。勅撰集にならった構成で、多くの資料から史実を引用している。詩歌管絃の優れた話を多く取り上げるなど、王朝文化へのあこがれが強い。
> (2) 中国の『剪燈新話』をはじめとする怪奇小説を翻案した作品で、作者は浅井了意である。その中の「牡丹灯籠」の話は怪異談の白眉と言われる。ジャンルとしては(　　)にあたる。
> (3) 権中納言と寝覚上が悲劇的運命の果てに結ばれるという恋物語である。登場人物の心理描写に優れ、構想も変化に富み、人生の哀愁が漂う作品として高く評価される。
> (4) 後深草院に愛された二条が過去を回想して綴った自伝的な作品である。愛の遍歴と、出家して悟りを求める内容で、日記・紀行・物語の要素をあわせ持っている。

기입형 서술형

03

(1)~(4)を発表年代順に並べなさい。また、(1)、(2)と関連した文学思潮を挙げ、その特徴を説明しなさい。[4点]

2017.A 기출 Ⅰ 14

> (1) 山の手線の電車に跳ね飛ばされてけがをした、その後養生に、一人で但馬の城の崎温泉へ出かけた。背中の傷が脊椎カリエスになれば致命傷になりかねないが、そんなことはあるまいと医者に言われた。二、三年で出なけれ

メモ

ば後は心配はいらない、とにかく要心は肝心だからと言われて、それで来た。三週間以上――我慢できたら五週間ぐらいいたいものだと考えて来た。

(2)「己はお前をほんたうの美しい女にする為めに、刺青の中へ己の魂をうち込んだのだ、もう今からは日本国中に、お前に優る女は居ない。お前はもう今迄のやうな臆病な心は持つて居ないのだ。男と云ふ男は、皆なお前の肥料になるのだ。……」其の言葉が通じたか、かすかに、糸のやうな呻き声が女の唇にのぼつた。娘は次第々々に知覚を恢復して来た。

(3) 国境の長いトンネルを抜けると雪国であつた。夜の底が白くなつた。信号所に汽車が止まつた。向側の座席から娘が立つて来て、島村の前のガラス窓を落した。雪の冷気が流れこんだ。娘は窓いつぱいに乗り出して、遠くへ叫ぶやうに、「駅長さあん、駅長さあん。」明りをさげてゆつくり雪を踏んで来た男は、襟巻で鼻の上まで包み、耳に帽子の毛皮を垂れてゐた。

(4) 親譲りの無鉄砲で小供の時から損ばかりして居る。小学校に居る時分学校の二階から飛び降りて一週間ほど腰を抜かした事がある。なぜそんな無闇をしたと聞く人があるかも知れぬ。別段深い理由でもない。新築の二階から首を出して居たら、同級生の一人が冗談に、いくら威張っても、そこから飛び降りる事は出来まい。弱虫やーい。と囃したからである。

メモ

8 同範囲問題

객관식

04 (가) (나) (다) (라) (마)の作品を成立順に並べたものは？ [2.5点]

2010.1차 기출 I 21

(가) また、養和のころとか、久しくなりて覚えず。二年があひだ、世の中飢渇して、あさましき事侍りき。或は春夏ひでり、或は秋大風、洪水など、よからぬ事どもうちつづきて、五穀ことごとくならず。夏植うるいとなみありて、秋刈り、冬収むるぞめきはなし。これによりて、国々の民、或は地をすてて境を出で、或は家を忘れて山に住む。さまざまの御祈はじまりて、なべてならぬ法ども行はるれど、さらにそのしるしなし。

(나) 今昔、百済国ヨリ渡レル僧有ケリ。名ヲバ義覚ト云フ。彼ノ国ノ破ケル時此ノ朝ニ渡テ、難破ノ百済寺ニ住ス。此ノ人長高クシテ七尺也。広ク仏教ヲ学シテ悟リ有ケリ。専ニ般若心経ヲ読誦シテ日夜ニ不怠ズ。其ノ時ニ、同寺ニ一人ノ僧有テ夜半ニ房ヲ出デ、行クニ、彼ノ義覚ガ所ヲ見レバ、光リ有リ。

(다) 筑波の郡。東は茨城の郡、南は河内の郡、西は毛野の河、北は筑波の岳なり。古老の曰へらく、筑波の県は、古、紀の国と謂ひき。美万貴の天皇の世、采女の臣の友属、筑簟の命を紀の国の国の造に遣はしたまひし時に、筑簟の命云ひしく、「身が名をば、国に着けて後の代に流伝へしめまく欲りす」といひて、すなはち本の号を改めて、更め筑波と称ふといへり。

(라) あづまぢの道のはてよりも、猶おくつかたに生ひいでたる人、いか許かはあやしかりけむを、いかに思ひはじめける事にか、世の中に物語といふ物のあんなるを、いかで見ばやと思ひつつ、つれづれなるひるま、よひゐなどに、姉まま母などやうの人々の、その物語、かの物語、光る源氏のあるやうなど、ところどころ語るを聞くに、いとどゆかしさまされど、わが思ふままに、そらにいかでかおぼえ語らむ。

メモ

㈒ 千里に旅立て、路粮をつゝまず、「三更月下無何に入」と云けむ、むかしの人の杖にすがりて、貞亨甲子秋八月、江上の破屋をいづる程、風の声、そゞろ寒気也。

野ざらしを心に風のしむ身哉

① ㈎-㈐-㈏-㈑-㈒
② ㈏-㈐-㈑-㈒-㈎
③ ㈏-㈑-㈎-㈐-㈒
④ ㈐-㈏-㈎-㈑-㈒
⑤ ㈐-㈑-㈏-㈎-㈒

メモ

[答案例] 책속의 책 p.62

객관식

05 次にあげた日本文学作品を参考にして下の質問に答えなさい。

1999 기출 | 13 일부

① つれづれなるままに、日ぐるし硯にむかひて心にうつりゆくよしなしごとを、そこはかとなく書きつくれば、あやしうこそものぐるほしけれ。 －『徒然草』－

② 男もすなる日記といふものを、女もしてみむとてするなり。 －『土佐日記』－

③ 月日は百代の過客にして、行かふ年もまた旅人なり。舟の上に生涯を浮かべ、馬の口とらへて老いを迎ふる者は、日々旅にして旅をすみかとす。 －『奥の細道』－

④ 春は、あけぼの。やうやうしろくなりゆく山ぎは、すこしあかりて、紫だちたる雲のほそくたなびきたる。 －『枕草子』－

⑤ 祈園精舎の鐘の声、諸行無常の響きあり。羅双樹の花の色、盛者必衰のことわりをあらはす。おごれる人も久しからず、ただ春の夜の夢のごとし。猛き者もつひには滅びぬ。ひとへに風の前の塵におなじ。 －『平家物語』－

⑥ いづれの御時にか、女御・更衣あまたさぶらひたまひける中に、いとやむごとなき際にはあらぬが、すぐれて時ぬきたまふありけり。 －『源氏物語』－

⑦ ゆく川の流れは絶えずして、しかももとの水にあらず。よどみに浮かぶうたかたは、かつ消えかつ結びて、久しくとどまりたるためしなし。 －『方丈記』－

日本の中古時代に書かれた作品を探し、その成立に従って作品を提示しなさい。[1点]

1999 기출 | 13-1

メモ

メモ

01~03 次にあげた日本文学作品を参考にして下の質問に答えなさい。

1999 기출 | 13 일부

〈A〉

① つれづれなるままに、日ぐるし硯にむかひて心にうつりゆくよしなしごとを、そこはかとなく書きつくれば、あやしうこそものぐるほしけれ。

－『徒然草』－

② 男もすなる日記といふものを、女もしてみむとてするなり。

－『土佐日記』－

③ 月日は百代の過客にして、行かふ年もまた旅人なり。舟の上に生涯を浮かべ、馬の口とらへて老いを迎ふる者は、日々旅にして旅をすみかとす。

－『奥の細道』－

④ 春は、あけぼの。やうやうしろくなりゆく山ぎは、すこしあかりて、紫だちたる雲のほそくたなびきたる。

－『枕草子』－

⑤ 祈園精舎の鐘の声、諸行無常の響きあり。羅双樹の花の色、盛者必衰のことわりをあらはす。おごれる人も久しからず、ただ春の夜の夢のごとし。猛き者もつひには滅びぬ。ひとへに風の前の塵におなじ。

－『平家物語』－

⑥ いづれの御時にか、女御・更衣あまたさぶらひたまひける中に、いとやむごとなき際にはあらぬが、すぐれて時ぬきたまふありけり。

－『源氏物語』－

⑦ ゆく川の流れは絶えずして、しかももとの水にあらず。よどみに浮かぶうたかたは、かつ消えかつ結びて、久しくとどまりたるためしなし。

－『方丈記』－

メモ

기입형 서술형

01

『古今和歌集』の仮名序文を書いた人が作った作品名をあげ(漢字または平仮名で)、その作品の文学的な意義を韓国語で簡単に述べなさい。(50字 程度) [1点]

1999 기출 | 13-2

메모: メモ

正解

土佐日記(とさにっき)

仮名で書かれた日本最初の日記文学(가나 문자로 쓰여진 일본 최초의 일기 문학)

解説

나열된 작품 중에서『古今和歌集』의 仮名序文을 쓴 紀貫之(きのつらゆき)의 작품은 ②의『土佐日記』이다. 이 작품의 의의는 仮名 문자로 쓰여진 일본 최초의 日記文学이라는 점이다.

9 代表問題

기입형

02 夏目漱石の門下生として『千鳥』『桑の実』の作者として児童文学誌『赤い鳥』を創刊し、当時の日本語教育に大きく貢献した人の名前を書きなさい。(漢字または平仮名) [1点]

1999 기출 | 13-4

メモ

正解

鈴木三重吉(すずきみえきち)

解説

鈴木三重吉는 夏目漱石의 문하생으로 1906(明治39)年에 『千鳥』를, 이듬해에 『山彦』를 연이어 발표하면서 소설가로서 데뷔하였다. 1918(大正7)年에 어린이잡지 『赤い鳥』를 창간하는 등 아동문학의 발전을 위해서도 공헌하였다. 그 밖의 작품으로 소설 『小鳥の巣』『桑の実』 등이 있다.

기입형

03

日本近代浪漫主義運動の中心となった『明星』の主な詩人として「いのちなき砂のかなしさよ/さらさらと/握れば指のあひだより落つ」(『一握の砂』)の短歌を作った人の名前を書きなさい。(漢字または平仮名) [1点]

1999 기출 I 13-5

メモ

正解

石川啄木(いしかわたくぼく)

解説

石川啄木는 『明星』에서는 浪漫主義 歌人으로 활약했으나 이후 自然主義 쪽으로 전환하여 일상생활과 밀착된 短歌를 읊었다. 대표작 『一握の砂』에서는 三行書き라는 새로운 방법을 구사하여 短歌의 전통성을 타파하였고 내용과 형식 모두 근대 短歌의 예술적 가능성을 보여줌으로써 大正 歌壇에 커다란 영향을 주었다.

9 同範囲問題

기입형

01 (A)~(D)の中で、下線部の名称とその説明が一致しないものを一つ選び、説明に合った名称を漢字で書きなさい。[2点] 2014.A 기출 I 8

(A) 内向の世代は、昭和四十年前後に登場した作家たちで、イデオロギーにとらわれず、あくまで自己の内面を見つめながら現実をとらえようとする傾向を持った。

(B) 和漢混淆文は、仮名で書かれた和文体と、漢語や漢文訓読体、あるいは口語などの混じった文体で、鎌倉期以後の軍記物語や随筆などに多く用いられた。

(C) 新戯作派は、大正末から昭和初期にかけて同人雑誌『文芸時代』を中心に興った文学の一派で、斬新な感覚と表現技術の工夫という点に近代的な特色を持つ。

(D) 歌合は、平安初期以来、宮廷や貴族の間で流行したもので、歌人を左右に分け、詠んだ歌を一首ずつ組み合わせて判者が優劣を判定し、勝負を決める遊戯である。

メモ

기입형

02 다음 글을 읽고 물음에 답하시오.

2003 기출 | 10-2 일부

この小説の「はしがき」の文章は、妙に凝った戯作調の文語体で、今日、(　①　)体の最初のこころみといわれているこの小説が、この時代の文章観の中でどれほど孤独な不安なこころみであったかを暗示するものである。

読者は本文を読めば、これが今日の口語文とはちがう、いうならば口語脈をもった一種の文語体であることがわかるであろう。今日の口語文が失った抑揚、めりはりといった文章の節が感じられるのである。知識青年内海文三を通して明治の文明・風潮を批判し、自我の目覚めと苦悩とを写実的に描く。(　②　)体による近代写実小説の先駆である。この小説の作家の『あひびき』などには清新な自然描写と口語体が見られる。

⑵ 윗글의 ①과 ②에 공통으로 들어갈 말을 한자(漢字)로 쓰시오.

[1点]

メモ

9 同範囲問題

객관식

03 日本文学に関する説明として正しくないものは？ [1.5点]

2012.1차 기출 | 18

① 草双紙は、江戸時代の通俗的な絵入りの読物で、表紙の色や製本のしかたによって、赤本・黒本・青本・黄表紙・合巻などと呼ばれた。

② 旋頭歌は、記紀歌謡や『万葉集』などに見られる歌体で、五七五七七・五七五七七と、短歌二首を重ねた形をとっており、本来民謡的な謡い物が多い。

③ 歌物語は、平安前期の物語の一種で、特定の歌を中心として、それにまつわる短い物語を展開したものであり、それらの物語を集めた作品をいう。

④ 軍記物語は、動乱の姿をそのまま写し出した物語で、滅びゆく者と新しく興りつつある者の姿が、ありありと捉えられている。中世に入り、源平二氏の興亡を懐古的・悲劇的に描いた作品が書かれた。

⑤ 観念小説は、作者の観念を露骨に表明し、好んで人生の裏面を描いたもので、特に日清戦争後、明治資本主義社会の歪みに目を向け、人間性を圧殺する社会のあり方を糾弾した一群の小説をいう。

メモ

객관식

04 보기 1 の内容と 보기 2 の作品との組み合わせが正しいものは？ [2点]

2012.1차 기출 | 19

보기 1

(가) 町人の最大関心事である金をテーマに取り上げた町人物で、当時の一流商人がいかにして蓄財に成功したかを描いた作品である。

(나) 藤原道長の権勢とその由来を、批判をも交えながら、紀伝体で書いたもので、和文調の中に漢文調を生かした簡潔で力強い文体の作品である。

(다) 仏教的無常観から書かれた人生訓・処世訓が多いが、儒教的あるいは老荘的な観点からのものや、自然観照・趣味・王朝への憧れなど、内容が多彩である。

(라) 宮仕えの間に接した行事の様子や、同輩女房たちに対する鋭い批評が見られる作品で、華やかな宮廷生活になじめない自分の孤独を凝視する姿勢が特徴的である。

보기 2

ㄱ.『大鏡』 ㄴ.『徒然草』 ㄷ.『世間胸算用』
ㄹ.『和泉式部日記』 ㅁ.『十訓抄』 ㅂ.『栄花物語』
ㅅ.『紫式部日記』 ㅇ.『日本永代蔵』

	(가)	(나)	(다)	(라)
①	ㄷ	ㄱ	ㄴ	ㄹ
②	ㄷ	ㅂ	ㅁ	ㄹ
③	ㅇ	ㄱ	ㄴ	ㅅ
④	ㅇ	ㅂ	ㄴ	ㅅ
⑤	ㅇ	ㅂ	ㅁ	ㄹ

メモ

9 同範囲問題

객관식

05 각 시대별 일본 문학의 특징에 대한 설명으로 옳지 않은 것은? [2.5点]

2009.1차 기출 | 20

① 上代には、中国文化の影響を直接に反映した漢詩文が作られ、それらは『懐風藻』の中にまとめられた。

② 中古には、都と地方との行き来が盛んになり、『海道記』『東関紀行』など旅を素材とした紀行文学もつづられるようになった。

③ 中世には、『建礼門院右京大夫集』や『とはずがたり』のように、宮廷を舞台とした女房日記もつづられ、平安時代の物語を模倣した擬古物語も多く作られた。

④ 近世には、印刷術の発達によって、大量の版本が供給されるようになり、写本の時代では一部特権層の専有物であった文学が、庶民中心のものになった。

⑤ 近代には、自由民権運動の担い手たちが自ら筆を執った政治小説の流行を通して、文学に知識人の仕事としての価値が認められるようになった。

メモ

[答案例] 책속의 책 p.63

객관식

06 日本の文学史に関する内容として正しくないものは？ [2点]

2010.1차 기출 | 20

① 上代には、言霊信仰のもとに人が神に向って発する「宣命」と、天皇が臣下に自分の意思を告げ知らせる「祝詞」が行われた。

② 中古には、最古の仏教説話集『日本霊異記』や仮名で書かれた『三宝絵詞』、そして仏教霊験譚『打聞集』など、多様な形態の説話集が成立した。

③ 中世には、長句と短句を交互に続けていく鎖連歌が行われ、それが次第に和歌的優美さを求める「有心連歌」と言語遊戯的な滑稽を主とした「無心連歌」とに分かれていった。

④ 近世には、多様な形式の仮名草子が登場し、教訓的な『可笑記』、古典のパロディ『仁勢物語』、名所記的な『竹斎』などが広く読まれた。

⑤ 近代には、従来の伝統的な韻文文芸に対し、新しい詩形を生み出そうとする気運が生じ、『新体詩抄』をはじめ、『於母影』のような訳詩集も作られた。

メモ

4 음성/음운

1 代表問題 개념 정의

기입형

다음 문장의 (　　) 안에 공통으로 들어갈 가장 적당한 말을 한자(漢字)로 쓰시오. [1点]

2002 기출 I 8-3

「語の意味を区別する働きのある最小の音声的単位」は(　　)と呼ばれる。(　　)とは、いわば「ある言語の音の組織を考える上での抽象的な音の単位」である。

メモ

正解

音素

解説

음성 음운 관련 기본 개념을 묻는 문제이다. 의미 구별을 가능하게 하는 최소의 음성적 단위는 음소인데 자음과 모음이 그 예가 된다. 음소는 서로 대립을 이루는 변별적인 특징을 지니고 다른 음소들과 긴밀한 관계를 맺으며 전체적인 체계를 이루는데 음소 하나로 구분되는 단어 두 개의 한 쌍을 **最小対立語**(minimal pair)라고 한다. 또한 음소 간의 차이를 나타내는 자질을 **弁別的素性**(distinctive features)라고 한다.

1 同範囲問題

[答案例] 책속의 책 p.64

기입형

01 元々はアイ[ai]、オイ[oi]、アエ[ae]の発音が東京方言でエー[e:]に発音される現象(例えば「いたい」が「イテー」になること)を何というのか、書きなさい。[1点]

2001 기출 | 8-3

기입형

02 次の(　　)に共通して入ることばを書きなさい。[2点]

2021.B 기출 | 2

'right'と'light'という単語は多くの日本語母語話者にとってはどちらも「ライト」であるが、英語母語話者は、「右」と「光」という異なった語として認識する。同様に、「きょうは天気がよかったので電気をつけなかった。」という文において、「天気」の「て」と「電気」の「で」は、多くの韓国語母語話者にはその区別が難しいが、日本語母語話者は異なった音として認識する。このように各言語において1つの音素だけが異なる語のペアを(　　)という。(　　)は、発音の違いを聞き分けたり、発音できるようにしたりする練習にも利用される。

メモ

1 同範囲問題

기입형

03 다음은 일본어 음성의 특징에 대한 설명이다. 설명한 내용이 맞는 것을 세 개만 골라 기호를 쓰시오. [3点]

2003 기출 | 5-1

> (1) 環境により音が決まるものを自由異音という。
> (2) ハ行子音の調音点は声門、硬口蓋、両唇である。
> (3) 尾高型とは最後の拍が他の拍より特に高いので尾高型という。
> (4) 撥音は前の音によって実際の音が決まる。
> (5) アクセントによって単語の意味を区別する機能を弁別機能という。
> (6)「日本語能力試験」は8音節で11拍である。

(　　　)(　　　)(　　　)

기입형

04 일본어 발음을 지도할 때에 유의해야 할 것의 하나로 독립된 음가(音価)가 없으면서도 하나의 박(拍)을 갖고 있는 특수음소(特殊音素)라는 것이 있다. 이들 특수음소의 명칭을 모두 한자(漢字) 또는 히라가나로 쓰고, 각각의 특수음소가 들어 있는 단어를 1개씩만 쓰시오. [3点] 2005 기출 | 10

メモ

기입형

05

ⓐには音節数を数字で書き、ⓑには該当することばを漢字または仮名で書きなさい。[2点] 2014.A 기출 | 5

日本語の音節には、音声学的単位としての「音節」と、音韻論的単位としての「モーラ(拍)」がある。

「音節」というのは「大きく聞こえる音を中核とした音のひとかたまり」を一音節とするものである。これに対して、「モーラ」は、特殊音節を含めて、「一音節の長さに相当する時間の単位」のことである。例えば、「オジサン」という語は3音節、4モーラであるが、これとミニマルペアになる「オジイサン」は(ⓐ)音節、5モーラである。このように、日本語は母音の(ⓑ)によって語の意味を弁別する機能を持っている。

ⓐ ______

ⓑ ______

メモ

서술형

06

일본어 音調 중에서, 악센트・인토네이션과 함께 음성교육상 중요한 위치를 차지하고 있는 「프로미넌스(プロミネンス)」에 대하여 설명하시오. (한글로 답할 것. 50字 내외) [2点] 2001 기출 | 16-1

______

______

______

キーワード

音声　卓立

特定部分の強調

メモ

1 同範囲問題

기입형 서술형

07

次を読み、ⓐに入ることばを漢字または仮名で書きなさい。また、下線部ⓑに提示された方法以外の例を書きなさい。[2点] 2017.A 기출 | 2

> 発話者が、文中の情報で最も重視する特定の部分を、他の部分より際立たせて発音することを(ⓐ)と呼ぶ。
>
> 例えば、「きのう太郎は船で福岡に行った」という文があるとしよう。「きのう」に(ⓐ)が置かれた場合は、発話者が「おとといではなくて、きのう」という時点をとりたてて示していることが伝わり、「船(で)」に置かれた場合は、交通手段が「飛行機や新幹線ではなく、船」ということがわかる。また、「福岡(に)」に置かれた場合は、「東京や大阪ではなく、福岡」という目的地がとりたてられていることを示している。
>
> (ⓐ)の方法としては、その部分だけ、ⓑ<u>高くする、スピードを落とす、発声を変える、または、前後にポーズを入れる</u>などがある。

メモ

[答案例] 책속의 책 p.65

객관식

08 ㈎㈏㈐㈑㈒に入る最も適切なものは？[2点]

2010. 1차 기출 I 15

ㄱ.「さ・ん・か」のように、長さにかかわる音の単位を ㈎ という。
ㄴ.「さん・か」のように、自然に音声を区切って発音することのできる最小単位を ㈏ という。
ㄷ.「あか(赤)」と「おか(丘)」は「あ」と「お」によって意味が変わる。このような意味の区別に関係する音の最小単位を ㈐ という。
ㄹ.「さ・ん・か」[sa・ŋ・ka]は、さらに[s][a][ŋ][k][a]のように細かく分けることができる。このように、音声学上、それ以上分割できない最小の単位を ㈑ という。
ㅁ.「アメリカのドラマを見た。」という文を、意味を持つ最小単位で区切ると、「アメリカ」「の」「ドラマ」「を」「見」「た」のような、一般に ㈒ と呼ばれる単位に分かれる。

	㈎	㈏	㈐	㈑	㈒
①	拍	音節	音素	単音	形態素
②	音節	拍	単音	音素	形態素
③	拍	音節	単音	音素	形態素
④	音節	拍	形態素	単音	音素
⑤	拍	単位	音素	音節	形態素

メモ

2 代表問題

음성의 변별 자질 (변별 소성)

기입형

次の文章のⓐ、ⓑに当てはまる用語を書きなさい。[2点]　2019.A 기출 | 4

> 子音は、肺から出される音、あるいは息が各種器官によって妨害され騒音として発生する音であり、調音点と調音方法によって分類できる。日本語の子音は、その音がどこで作られるかという調音点によって、歯茎音、硬口蓋音などに分けられる。また、その音がどのように作られるかという調音方法によって、はじき音、摩擦音などに分けられる。たとえば、「か・き・く・け・こ」の頭子音は、調音点による分類では(　ⓐ　)に、調音方法による分類では(　ⓑ　)に属する。

メモ

正解

ⓐ 軟口蓋音　ⓑ 閉鎖音, 또는 破裂音

解説

음성의 변별 자질(변별 소성) 중 하나인 조음점(조음 위치)과 조음법(조음 방법)을 묻는 문제이다. 「か행」의 자음은 軟口蓋의 위치에서 만들어지므로 조음점으로 분류하면 軟口蓋音인데, 막혔던 숨을 터뜨리면서 음을 만들어 내므로 조음 방법으로 분류하면 閉鎖音, 또는 破裂音이다.

2 同範囲問題

[答案例] 책속의 책 p.65

기입형

01

다음 대립하는 2가지 「音声(おんせい)」는 각각 어떤 음을 가리키는지 한자(漢字)로 쓰고, 그 대립하는 구체적인 변별 소성(弁別素性)을 보기 에서 골라 번호를 쓰시오. [3点]

2007 기출 I 9

日本語には軟口蓋破裂音[k, g]の対立があり、韓国などアジア系の多くの学習者にとって、大きな泣き所ともいわれている。この問題は[t, d][p, b]などの破裂音の対立や、さらには摩擦音[s, z][ʃ, ʒ]にも及ぶことである。

보기

① 唇の閉鎖	② 唇の振動	③ 声帯の振動
④ 声門の閉鎖	⑤ 歯茎の使用	⑥ 硬口蓋の使用

- 음의 종류 : [k, t, p, s, ʃ] – ______________________

  [g, d, b, z, ʒ] – ______________________

- 변별 소성 : ______________________

メモ

2 同範囲問題

기입형

02 다음 글을 읽고, (①)과 (②)에 들어갈 알맞은 말을 쓰시오. [2点]

2004 기출 I 3

> 한국인은 일본어의 파열음과 파찰음 발음 시, 무성음・유성음을 구별하지 못해 오류를 범하는 일이 많다. 즉, 「ぎん(銀)」을 「きん」으로 발음하여 듣는 사람이 「金」과 혼동한다든지, 「また(또)」를 「まだ」로 발음하여 '아직'이라는 의미와 혼동하게 된다든지 하는 것이다. 이는 근본적으로는 한국어와 일본어의 음운체계가 다른 것에 기인하지만, 구체적으로는 한국어의 다음과 같은 발음 특징 때문이다.
>
> • 한국어의 파열・파찰음은 어두에서 (①)으로 소리 나는 일이 없다.
>
> • 한국어의 파열・파찰음은 유성음과 유성음 사이에서는 (②)으로 소리 난다.

① ______________ ② ______________

기입형

03 한국어는 평음(平音 : ㄱ・ㄷ・ㅂ・ㅈ), 경음(硬音 : ㄲ・ㄸ・ㅃ・ㅉ), 기음(気音 : ㅊ・ㅋ・ㅌ・ㅍ)의 세 가지로 말의 뜻이 구별되는 언어이지만, 일본어는 영어처럼 무성음과 유성음이라는 두 가지로 말의 뜻이 구별되는 언어이다. 따라서 일본어의 음성 교육에서 가장 중요한 것은 무성음과 유성음을 구분하여 발음하는 일이다. 예를 들면, 「だいがく」[daigaku]는 '大学'이지만 「たいがく」[taigaku]는 '退学'으로서 서로 전혀 다른 뜻이 된다. 일본어의 오십음도(五十音図)에 나타나는 46개의 음절 중에서 무성자음이 포함되는 음절을 행(行)으로 구분하여 쓰시오. (5줄 이내) [5点]

2000 기출 I 10

メモ

서술형

04

일본어 음성 교육의 현장에서 50音図의 「ア行」과 「カ行」을 지도할 경우, 특히 주의해야 할 점을 쓰시오. (각각 50字 내외의 한글로 답할 것) [2点]

2001 기출 | 16-2

キーワード

원순모음 비원순모음 유기음 무기음 유성음 무성음

メモ

객관식

05

語頭子音の調音に舌が関与しないものは? [2点]

2011.1차 기출 | 14

ㄱ. 苦手	ㄴ. 里親	ㄷ. 堆積	ㄹ. 普請
ㅁ. 蔓延	ㅂ. 背丈	ㅅ. 呆然	

① ㄱ, ㄴ, ㄹ ② ㄱ, ㄷ, ㅂ ③ ㄴ, ㄹ, ㅅ
④ ㄷ, ㅁ, ㅂ ⑤ ㄹ, ㅁ, ㅅ

メモ

3 代表問題

음의 변화 (이음, 무성화, 중설화 등)

기입형

다음 글을 읽고, 물음에 답하시오. [3点]

2004 기출 | 5-1

> 일본어의 「ん」은 하나의 음처럼 인식되지만, 실제로는 뒤에 오는 음에 따라 여러 가지 **異音**으로 나타나며 그 **異音**들은 상보분포를 이룬다. 「ん」 뒤에 모음이나 반모음이 오면 「ん」은 그 모음이나 반모음에 가까운 **鼻母音**으로 발음되는데, 그 **鼻母音**은 대략 [ĩ]과 [ɯ̃]의 두 가지로 나눌 수 있다.

어떤 음들이 「ん」 뒤에 올 때 「ん」이 [ĩ] 또는 [ɯ̃]으로 발음되는가 히라가나로 모두 쓰시오.

(1) [ĩ]으로 소리 날 때 : 「ん」 뒤에 ________________ 가 올 때

(2) [ɯ̃]으로 소리 날 때 : 「ん」 뒤에 ________________ 가 올 때

メモ

注

전설모음 [i] [e]
후설모음 [a] [ɯ] [o]

正解

① い、え、や、ゆ、よ
② あ、う、お、わ

解説

「ん」은 조음 환경에 따라 여러 가지 이음으로 나타나는데 모음, 반모음, 마찰음 앞에서 비모음 [ṽ]로 나타난다. 이를 다시 나누면 전설모음 [i] [e]와 반모음 [j] 앞에서는 비모음 [ĩ]로(例 : 単位(たんい)、繁栄(はんえい)、深夜(しんや)), 후설모음 [a][ɯ][o]와 반모음 [w] 앞에서는 비모음 [ɯ̃]로(例 : 談話(だんわ)、関羽(かんう)、嫌悪(けんお)) 나타난다.

3 同範囲問題

[答案例] 책속의 책 p.66~67

기입형

01

일본어에 유입된 외래어 음소(音素) /t/는 모음(母音) [i] 앞에서 다음 ㉮, ㉯와 같은 이음(異音)으로 실현된다. 이음(異音) ㉮와 ㉯가 들어 있는 일본어 문자를 각각 가타카나로 표기하고, 그 문자가 들어 있는 단어를 1개씩만 쓰시오. (단, 단어는 사전에 등재된 것으로 제한한다.) [4点]

2008 기출 I 8

/t/→ { ㉮ [tʃ] / ㉯ [t] }

	㉮	㉯
가타카나 표기		
해당되는 단어		

서술형

02

밑줄 친 부분의 내용과 달리 현대 일본어에서는 이중자음(二重子音)이 존재한다. 그 음절의 종류를 들고 각각의 음운적 특징을 2줄 이내로 쓰시오. [3点] 2006 기출 I 7

音韻の面では、音節の構造が母音で終る特色を持ち、特殊な音節を除くと、すべて開音節となる。音節の最初にr音で始まる語がなく、また<u>子音が二つ並ばない</u>。音節の数も111と少なく、アクセントは高さアクセントで、強さアクセントを持たない。現代語では、アクセントの滝の有無とその位置により形の違いが示される。また、上代の日本語には母音調和の傾向を持っていたことが認められる。

• 음절의 종류 : ____________________

• 음운적 특징 : ____________________

メモ

キーワード

역행동화　異音

[k][s][ɕ][p][t]

[m][n][ɲ][ɴ][ŋ][ṽ]

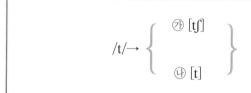

メモ

3 同範囲問題

[答案例] 책속의 책 p.67

기입형

03

다음 보기 에서 원칙적으로 모음이 무성화하는 음절(가나)을 모두 찾아 쓰시오. [1点]

2003 기출 | 5-2

보기

くかん	しがい	アイスコーヒー
かきかた	ちから	かけふとん

メモ

서술형

04

일본어의 음성적 특징 중에는 본래 유성음이어야 할 모음이 무성음으로 되는 현상이 있는데, 이를 일컬어 '모음의 무성화'라 한다. 일본어 모음의 무성화는 어떠한 음성적 환경에서 일어나는지 예를 들어 설명하시오. [7点]

1997 기출 | 4

キーワード

고모음(협모음)
イ([i])와 ウ([ɯ])
무성자음　語末이나 文末

メモ

기입형

05

일본어의 「ウ」단(段)에서 모음 /u/가 중설화(中舌化)되어 발음되는 것을 모두 가타카나로 쓰시오. [2点]

2005 기출 | 20

メモ

4 代表問題

拍(モーラ)

기입형

次の単語の音節数と拍(mora)数を書きなさい。[1点]　2001 기출 Ⅰ 8-2

① センセイ(先生)	(　　音節、　　拍)
② イッタイ(一体)	(　　音節、　　拍)

メモ

正解

① (2音節、4拍)

② (3音節、4拍)

解説

문제로 제시된 단어 ①せんせい의 모음은 [e]와 [eː]이므로 2음절이고 ②いったい의 모음은 [i][a][i]이므로 3음절임을 알 수 있다. 그리고 장음이나 촉음, 발음과 같은 특수음절도 拍에 포함되므로 ①과 ② 모두 4拍이다.

4 同範囲問題

[答案例] 책속의 책 p.67~68

객관식

01 보기 1 の条件をすべて満たしている語を 보기 2 から全部選んだものは？ [2点] 2012.1차 기출 I 12

보기 1

- 4モーラ語である。
- 語頭の子音は無声破裂音である。
- 三つ目のモーラを構成する母音は、日本語の母音のうち舌の位置が最も低いものである。

보기 2

ㄱ. 尊ぶ	ㄴ. 戯れ	ㄷ. 教唆
ㄹ. 海難	ㅁ. 撤廢	ㅂ. 共催
ㅅ. 逆立ち	ㅇ. 土地柄	

① ㄱ, ㄴ, ㄷ, ㅅ ② ㄱ, ㄷ, ㅅ, ㅇ
③ ㄹ, ㅁ, ㅂ, ㅇ ④ ㄴ, ㄹ, ㅁ, ㅂ, ㅅ
⑤ ㄷ, ㄹ, ㅁ, ㅂ, ㅇ

メモ

5 代表問題 アクセント

기입형

同音異意語(ミニマルペア)になっている語の中で1拍(mora)目が高く発音される語を①～⑧から選び、その記号を書きなさい。[2点] 2001 기출 I 8-1

① ハシ(橋)　② ハシ(箸)
③ アサ(朝)　④ アサ(麻)
⑤ キル(切る)　⑥ キル(着る)
⑦ カウ(買う)　⑧ カウ(飼う)

メモ

正解

② ③ ⑤ ⑧

解説

문제에 제시된 단어의 アクセント는 다음과 같다.

①	ハシ(橋)	○●	尾高型
②	ハシ(箸)	●○	頭高型
③	アサ(朝)	●○	頭高型
④	アサ(麻)	○●	平板型
⑤	キル(切る)	●○	頭高型
⑥	キル(着る)	○●	平板型
⑦	カウ(買う)	○●	平板型
⑧	カウ(飼う)	●○	頭高型

1拍(mora)째가 높게 발음되는 단어는 頭高型이므로 정답은 ② ③ ⑤ ⑧이 된다.

5 同範囲問題

[答案例] 책속의 책 p.68

서술형

01 次の事項について日本語で説明しなさい。

④ 日本語のアクセントの特徴 [3点] 1999 기출 | 8 일부

キーワード

高低アクセント　音節
アクセントの核(滝)
平板式　起伏式

서술형

02 次の会話文の中から誤解の原因となったことばを二つ抜き出し、それぞれについて音声学的観点からその名称と特徴を説明しなさい。[4点] 2017.B 기출 | 2

青山：もしもし、桃井さん、青山です。
桃井：あ、青山さん。どうしたんですか。
青山：すみません。あの、きょう、お通夜、6時からでしたよね。わたしちょっと遅れそうなんですが……。
桃井：あ、そうですか。いいですよ。車で待ってますから。
青山：じゃ、急いで行きます。

〈20分後〉

青山：あ、もしもし、桃井さん。斎場に着きました。先に入っちゃったんですか。来るまで待ってるって言ってたのに……。
桃井：え？ わたし、さっきからずっと車で待ってますよ。
青山：え？？？

キーワード

平板型　頭高型
アクセントの核　下がり目

メモ

6 代表問題　イントネーション

서술형

〈A〉はイントネーションに関する文章で、〈B〉は表現意図の例である。ⓐに当てはまることばを書きなさい。また、ⓑに当てはまる表現意図の例を〈B〉の中から2つ選んで書きなさい。さらに、その2つのうちの1つを取り上げ、条件に従って答えなさい。[4点]　2018.A 기출 | 9

〈A〉

イントネーションとは、文あるいは句のレベルで、超分節的に意味を付与する(　ⓐ　)の変動である。狭義には、話者の表現意図に関係する文末(句末)における変化を指す。

文の意味を決める上で重要な役割を果たす文末イントネーションは、研究者によって諸説様々であるが、一般的には、平調と上昇調と下降調の三つに分けられる。実際の現象としては文全体の変化が絡むなど複雑であるが、平調は中立的な発話に用いられる。上昇調は「質問」や「誘い」などの表現意図を表すのに使われ、下降調は(　ⓑ　)などを表すときに使われる。まとめて言うと、上昇調は話し手の働きかけや期待が聞き手に向けられている場合が多く、下降調は話し手自身の感情や認識を表す場合が多いと言える。

〈B〉

疑問　　納得　　落胆　　確認要求

条件

○ まず、表現意図を書き、その意図が伝わるように、明確に設定した場面状況を書いた後、例文を作ること。

メモ

キーワード
- 表現意図
- 納得　落胆
- 場面状況
- 下降調
- イントネーション

メモ

答案例

ⓐ 音(声)の高低(ピッチ)、音(声)の高さ、音(声)の上がり下がり

ⓑ 納得、落胆

・表現意図は「納得」である。場面状況は、顔色が悪い人に対してその理由を尋ね、具合が悪いという答えを聞いて納得するときの発話である。
例「ああ、だから顔色が悪いんですね。」(下降調のイントネーション)

・表現意図は「落胆」である。場面状況は、毎日野菜ばかり食べていて今日こそはお肉を食べさせてもらいたいと思っていたのに、夕食のメニューが野菜カレーだと聞いてがっかりしたときの発話例である。
例「なんだ、また野菜か。ひどいなぁ。」(下降調のイントネーション)

解説

첫 번째 문제에 대한 답안은 イントネーション의 정의를 이해하면 쓸 수 있다.

두 번째 문제에 대한 답안은 먼저 下降調のイントネーション에 해당하는 표현 의도 두 가지(納得/落胆)를 쓰고, 그중 하나를 골라 표현 의도가 분명하게 드러나는 예문을 간단하게 작성하되, 어떤 장면인지를 먼저 분명하게 밝혀야 한다.

[答案例] 책속의 책 p.69

기입형

01 次の対話文を発音する際、番号のついているところの音節が高く発音される所と、上昇調イントネーションの所をすべて選び、その番号を書きなさい。[2点]

1998 기출 I 2-6

①② ③④ ⑤
A：このあめ(雨), 午後にはあがるそうですよ。
⑥⑦ ⑧ ⑨ ⑩
B：あ、そうですか。じゃあ、午後からでかけます。

객관식

02 下線部の文末イントネーションのうち、自然なものを全部選んだものは？[1.5点]

2012.1차 기출 I 27

A：あ、雨が降ってる。
B：えっ、雨↗㉠。私、傘持ってきてない。
A：私も…。どうしようか↗㉡。
B：じゃ、もう少し図書館で勉強する↗㉢。
A：うーん。勉強ね↘㉣。
B：来週からテストじゃん。ちょうどいいんじゃない↘㉤。
A：そうだね。よし、がんばろう。
※ ↗上昇調, ↘下降調

① ㉠, ㉡, ㉤
② ㉠, ㉢, ㉣
③ ㉠, ㉢, ㉤
④ ㉡, ㉢, ㉣
⑤ ㉡, ㉣, ㉤

メモ

メモ

7 代表問題 기타

서술형

次の文を読んで下の質問に答えなさい。[4点]

1999 기출 | 11

> 日本語の教育上、もっとも問題になるのは教師の音声言語に対する意識と教科書、教材の取り扱いである。特に話し言葉を使用してコミュニケーション活動をするとき、音声上のどんな要素(形)が心の態度と情報の伝達に関与するのかを明らかにすることは音声研究上の重要な課題である。日本語の教育においてコミュニケーションの観点から考えられる日本語の文音語の種類をあげ、その特徴を簡単に韓国語で説明しなさい。(300字程度)

メモ

キーワード

- 高低アクセント
  アクセントの核
  起伏式
  平板式
  アクセントの機能
- 音(声)の高低
  表現意図
  上昇調
  下降調
- 焦点
  特定部分の強調
- 無音区間
- 強弱・長短の配置
  モーラ型リズム

答案例

① アクセント(Accent) : 공용어인 일본어 악센트는 高低 악센트를 가지고 있으며 1拍째 2拍째의 악센트가 다르고 한 단어 내에서 한 번 낮아진 악센트는 다시 높아지지 않는다는 특징이 있다. 악센트의 核의 유무에 따라 起伏式와 平板式로 나뉜다. 또한 악센트에는 단어의 의미를 구별해 주는 변별적 기능과 문장 내에서 언어 단위를 알려 주는 통사적 기능이 있다.

② イントネーション(Intonation) : 문장이나 구 차원에서 超分節的으로 의미를 부여하는 음의 높낮이를 말한다. 장면에 따른 화자의 표현 의도와 관련되어 상승조 억양과 하강조 억양, 상승하강조와 하강상승조의 억양이 있다.

③ プロミネンス(Prominence) : 문장 내 특정 부분에 초점을 두고 강조하기 위해 그 부분만 높게 발음하거나 전후에 포즈를 두거나 하여 두드러지게 표현하는 것을 말한다.

④ ポーズ(Pause) : 발화 도중에 잠시 숨을 멈추고 발화를 중단하는 무음 구간(silent pause)을 말한다. 특정 부분에 초점을 둠으로써 표현 의도를 명확하게 하고 청자의 주의를 집중시키는 역할을 한다.

⑤ リズム(Rhythm) : 규칙적으로 일어나는 강약(強弱)이나 장단(長短)의 배치를 말한다. 음의 강약이 규칙적으로 반복되어 형성되는 리듬을 강세형 리듬, 음의 장단이 규칙적으로 반복되어 형성되는 리듬을 음절형 리듬이라고 하는데 일본어는 음절형 리듬에 해당되며, 拍(モーラ)이 반복되는 モーラ型 리듬이다.

同範囲問題

[答案例] 책속의 책 p.69

기입형

01 다음 ①~④에서 밑줄 친 부분의 의미를 변별하는 음성적 요소를 모두 쓰시오. [4点]

2006 기출 | 8

① ハシデ (橋で / 箸で / 端で) ご飯を食べます。
② キョウカイ (教会 / きょう買い / きょう会) に行きます。
③ 彼女はきれいな先生の妹 (きれいな、先生の妹 / きれいな先生の、妹) です。
④ A：あしたも雨でしょう。
B1：またか。(推量)　B2：さあ。(同意表現)

① ______________________________

② ______________________________

③ ______________________________

④ ______________________________

メモ

객관식

02 日本語の共通語に関する説明として正しくないものは？ [2点]

2011.1차 기출 | 15

① /h/と/b/は清濁の対立である。
②「ス・ツ・ズ」の母音は中舌化する。
③ [p]と[b]は無声・有声の対立である。
④「高い」と「深い」はミニマルペアである。
⑤ 2拍のイ形容詞のアクセントは頭高型しかない。

객관식

03 현대 일본어의 공통어에 대한 설명으로 옳지 않은 것은? [2点]

2009.1차 기출 I 18

① 「さ」の子音と「し」の子音は、調音法が異なる。
② 有声子音の前で、「母音の無声化」は起らない。
③ 「イントネーション」は、文の表す意味にかかわる。
④ 第二拍が低で第一拍と第三拍が高の「三拍語」はない。
⑤ 「拍」は等時性を持ち、拗音を除いては、仮名一字に相当する。

객관식

04 共通語の発音の説明として正しいものは？ [2点]

2010.1차 기출 I 14

(가) 「勝手、切手」は三拍である。
(나) 日本語のアクセントは、一語の中で一度下がったら二度と上がらない。
(다) 「心配、銀行」の「ん」の発音は、有声両唇鼻音と有声軟口蓋鼻音との違いである。
(라) 複合語の二番目の語の初めの無声子音は、複合語の中では、全て有声音に変化する。
(마) 「日本銀行」の「ぎ」、「ガラガラ」の二番目の「ガ」は、鼻濁音化する。
(바) 「きし(岸)、くち(口)」のように、[i] [ɯ]は無声子音の間や、語末また文末で無声子音の後に立った場合に無声化しやすくなる。

① (나) (다) (라)　② (나) (라) (마)　③ (가) (나) (다) (바)
④ (가) (나) (라) (바)　⑤ (가) (다) (마) (바)

メモ

객관식

05

교사가 학습자의 발음상의 오용에 대해 (가)~(라)와 같은 방법으로 지도하려고 한다. 각각의 지도 방법이 오용례 ㄱ, ㄴ 중 어느 쪽에 적용되는지를 바르게 고른 것은? [2点]

2012.1차 기출 I 7

(가) 手や黒板をたたきながら発音させて、拍を意識させる。
- ㄱ. 「きふじん」を「キウジン」と発した場合
- ㄴ. 「びよういん」を「ビョーイン」と発した場合

(나) のど元に指を当てさせて、声帯振動を感じさせる。
- ㄱ. 「プリン」を「フリン」と発した場合
- ㄴ. 「がっこう」を「カッコー」と発した場合

(다) 無声歯茎摩擦音を発音させてから、無声歯茎破擦音を練習させる。
- ㄱ. 「フランス」を「プランス」と発した場合
- ㄴ. 「ついたち」を「チュイタチ」と発した場合

(라) 音の高さの変化が「ドミド」ではなく「ミドド」であることを伝える。
- ㄱ. 3拍の中高型アクセントの単語を頭高型アクセントで発した場合
- ㄴ. 3拍の頭高型アクセントの単語を中高型アクセントで発した場合

	(가)	(나)	(다)	(라)
①	ㄱ	ㄱ	ㄱ	ㄱ
②	ㄱ	ㄴ	ㄱ	ㄴ
③	ㄴ	ㄱ	ㄱ	ㄱ
④	ㄴ	ㄴ	ㄴ	ㄱ
⑤	ㄴ	ㄴ	ㄴ	ㄴ

メモ

5 문자/표기 영역

1 代表問題

개념 정의

기입형

다음 설명에 맞는 것을 보기에서 각각 하나만 골라 기호를 쓰시오. [3点]

2003 기출 | 6

(1)「団子」は「だんご」と読み、前の字は音読みで、後の字は訓読みが用いられている。このような読み方を(　　)という。

(2)「紅葉」を「もみじ」と読み、漢字を一つずつ読まないで全体を一つの訓で読むのを(　　)という。

(3)「円滑」は「えんかつ」、「口腔」は「こうこう」と読むべきところ、誤った類推により「えんこつ」「こうくう」と読まれる場合が多い。このような読み方を(　　)という。

보기

(a) 熟字訓　(b) 国字　(c) 重箱読み　(d) 字音　(e) 百姓読み

(1) ________　(2) ________　(3) ________

正解

(1) (c)　(2) (a)　(3) (e)

解説

(1) 2글자로 된 한자숙어(漢字熟語)를 읽을 때 앞 글자는 音読み로, 그 다음 글자는 訓読み로 읽는 방식을 重箱読み라고 한다. 그와 반대로 앞 글자는 訓読み로, 그 다음 나오는 글자는 音読み로 읽는 방식은 湯桶読み라고 한다.

(2) 2글자 이상으로 이루어진 한자숙어에 대해 한 글자 단위로 읽지 않고 전체 단어 단위로 訓読み를 적용하여 읽는 방식의 字訓을 熟字訓이라고 한다.

(3) 한자를 잘못된 유추에 따라 틀리게 읽는 방식이 어느새 허용되어 버리는 경우가 있는데, 그런 한자음을 慣用音이라고 하고 그렇게 읽는 방식을 百姓読み라고 한다.

メモ

1 同範囲問題

[答案例] 책속의 책 p.71

기입형

01

(　　) 안에 공통으로 들어갈 알맞은 말을 쓰시오. [1点]

2004 기출 | 8-2

> 平安時代に語中のハ行が(　　)に変化したが、この(　　)に変わったハ行を「ハ行転呼音」と呼ぶ。

기입형

02

문장 (1)과 (2)의 설명에 해당하는 말을 각각 한자(漢字)로 쓰시오. [2点]

2004 기출 | 6-3

> (1) 日本語の文の切れ目に付ける符号。文の最後の字の右下に小さく添える中白の点。
> (2) 文章を書くとき、文中の切れ、続きを明らかにするために、切れ目に入れる符号。

(1) ____________________

(2) ____________________

기입형

03

(　　) 안에 들어갈 알맞은 말을 한자(漢字)로 쓰시오. [1点]

2004 기출 | 5-2

> 二つの語が結合する場合に、後にくる語の頭の清音が濁音になることを(　　)という。

メモ

1 同範囲問題

기입형

04

다음 (　　) 안에 들어가야 할 말을 한자(漢字) 또는 히라가나로 쓰시오. [1点]

2002 기출 I 3-3

語の意味に関係なく、その語と同じ「音」や「訓」を当てはめた用字法が(　　)である。「めでたい」「やはり」「アジア」などを、「目出度い」「矢張り」「亜細亜」などと書くものである。

メモ

서술형

05

次の事項について日本語で説明しなさい(但し、①②は例を三つ以上あげること)。

1999 기출 I 8 일부

① 湯桶読み [2点]
② 連声 [3点]
③ 係り結び [2点]

①

②

③

キーワード

① 漢字熟語の読み方
訓読み　音読み

② 漢字熟語
「m」「n」「t」で終わる音
「ア行」「や行」「ワ行」
「ナ行」「マ行」「タ行」

③ 古文
「ぞ」なむ「や」か「こそ」
連体形や已然形

メモ

객관식

06 (가) (나) (다) (라)に入る最も適切なものは？ [2点]

2011.1차 기출 | 13

文字の歴史は、大きくとらえるならば、要するに、表語文字から表音文字へと展開した。この展開の要因は、数量的な(　가　)であろう。一言語において、通常、語は万を単位として数えなければならないが、音は、いわゆる単音としては、百以下に留まる。日本語は、その単音の結合の型も、数が少なく、百数十である。表音文字は、多く単音に対応するが、仮名は(　나　)に対応する。また、シュメール文字あるいは漢字から新たに文字が誕生したとき、それが多く表音文字となったのには、言語が異なることが要因としてはたらいたであろう。漢字から仮名が誕生した要因は、漢字では表記しきれない日本語、たとえば活用語尾・(　다　)・韻文・固有名詞を、表記しようとしたところに求めることができる。

表音文字のような性格は、現代の表語文字の典型として挙げられる漢字においても明瞭なところがあって、すなわち、漢字の大半は、音を表わす部分を構成要素として組み込んだ(　라　)である。

	(가)	(나)	(다)	(라)
①	経済性	音節	子音	会意文字
②	機能性	音節	助詞	会意文字
③	経済性	音節	助詞	形声文字
④	経済性	形態素	助詞	会意文字
⑤	機能性	形態素	子音	形声文字

メモ

2 代表問題

한자

기입형

일본어의 한자(漢字) 교육에 관한 내용이다. 글의 내용과 관련하여 한국인 초급 학습자에 대한 주의 사항 2가지를 보기 에서 골라 번호를 쓰시오. [3点]

2007 기출 I 7

> 日本語学習者にとっては、漢字の習得は避けられない事項である。そして、日本の表記慣習に従うならば、当然漢語語彙は漢字で書くことが望ましいし、少なくとも読んで理解できるようにならなければならない。関連語が出た場合、既習の漢字の記憶を新たにし、また相違などに注意を向けることが必要である。「暑い・熱い・厚い」「会う・合う」「數学・数学」「読書・読む」などがその例である。

보기

① 四声の区別　　② 六書の区別

③ 音読み・訓読みの区別　　④ 草書体・行書体の区別

⑤ 旧字体・新字体の区別

メモ

正解

③, ⑤

解説

일본어 학습에 필요한 한자 교육의 범위를 묻는 문제이다. 四声의 구별은 일본어 발음과 관련이 없고 六書(りくしょ) 역시 한자의 구조를 이해하는 데 도움을 줄 뿐 초급 학습자에게 꼭 필요한 내용은 아니며 草書体(そうしょたい)와 行書体(ぎょうしょたい)의 구별도 불필요하다. 그보다 한국인 초급 학습자들에게는 한국어에는 일반적으로 한자 읽기 방법이 하나뿐이지만 일본어에서는 음독과 훈독(読(どく)書(しょ)・読(よ)む)으로 여러 가지 있다는 사실에 주의해야 한다. 그리고 일본에서는 한국에서 사용하는 한자(旧字体)와 달리 新字体를 사용하는 것이 보통이므로(數学・数学) 이 점에 대해서도 주의를 기울여야 한다.

2 同範囲問題

[答案例] 책속의 책 p.72~73

객관식

01

교사는 일본어 학습자의 한자섞어쓰기 표기를 아래와 같이 수정하였다. 수정이 적절하지 않은 것은? [2点]

2009.1차 기출 I 9

[학습자의 표기]		[교사의 수정]
① 薬が利く	→	薬が効く
② 解決を計る	→	解決を図る
③ 新聞に乗せる	→	新聞に載せる
④ 学力が延びる	→	学力が伸びる
⑤ 成功を治める	→	成功を納める

기입형

02

다음 그림 ①, ②, ③에 들어갈 한자(漢字)의 읽기를 히라가나로 쓰시오. [3点]

2006 기출 I 3

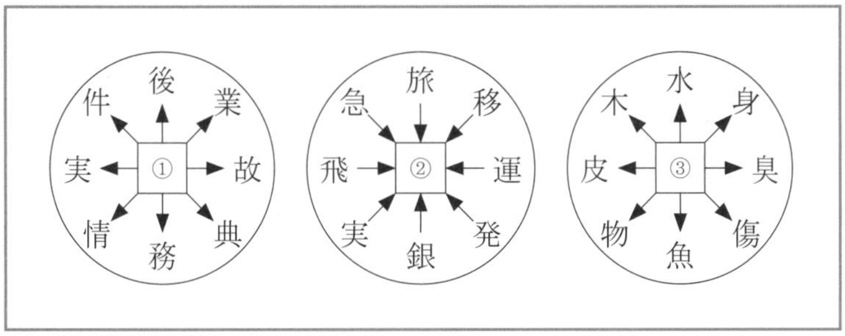

① ________ ② ________ ③ ________

メモ

2 同範囲問題

기입형

03 다음 낱말 중에서 「者」를 「じゃ」로 읽는 것 3개를 찾아 그 기호로 쓰시오. [1点] 2002 기출 I 3-2

(a) 患者	(b) 前者	(c) 忍者	(d) 芸者	(e) 作者
(f) 学者	(g) 医者	(h) 業者	(i) 信者	

기입형

04 다음 문(文)의 밑줄 친 부분을 한자(漢字)를 사용하여 변화시켜 다시 쓰시오. [2点] 2008 기출 I 9

『朝日新聞』に以前「ねえねえ、きいて」という小話欄があった。そこにかつて「<u>とらずにとってよ</u>」と題して、神奈川県の主婦の、次のような一口話の載ったことがあった。

わが家の玄関の飾り窓にハチが巣を作った。
大騒ぎする私。
「ハチの巣とって、とって」といったら、主人がカメラを
持ってきた。

・「とらずにとってよ」

→ ＿＿＿＿＿＿＿＿＿＿

メモ

객관식

05

교사가 보기 와 같은 말을 학생에게 들려주고 받아쓰기를 실시하였다. 밑줄 친 부분을 한자로 모두 옳게 쓴 것은? [2.5点]

2010.1차 기출 | 10

보기

ㄱ. らいしゅうは じんじいどうが ある。
ㄴ. としょかんの ひゃっかじてんで しらべる。
ㄷ. かいさつぐちで うんちんを せいさんする。

① ㄱ. 来週は人事移動がある。
ㄴ. 図書館の百科事典で調べる。
ㄷ. 改札口で運賃を清算する。

② ㄱ. 来週は人事異動がある。
ㄴ. 図書館の百科事典で調べる。
ㄷ. 改札口で運賃を清算する。

③ ㄱ. 来週は人事移動がある。
ㄴ. 図書館の百科事典で調べる。
ㄷ. 改札口で運賃を精算する。

④ ㄱ. 来週は人事異動がある。
ㄴ. 図書館の百科辞典で調べる。
ㄷ. 改札口で運賃を精算する。

⑤ ㄱ. 来週は人事異動がある。
ㄴ. 図書館の百科事典で調べる。
ㄷ. 改札口で運賃を精算する。

メモ

2 同範囲問題

객관식

06 교사가 학생에게 보기 와 같이 들려주고 받아쓰기 테스트를 실시하였다. 보기 의 밑줄 친 부분을 한자로 모두 올바르게 나타낸 것은? [2.5点]

2011.1차 기출 I 7

보기

ㄱ. おとうさんから おこづかいを もらう。
ㄴ. あめのなかを あいあいがさで あるく。
ㄷ. みんなは かれの はなしに きょうみしんしんだった。

① ㄱ. お父さんからお小遣いをもらう。
ㄴ. 雨の中を相合い傘で歩く。
ㄷ. みんなは彼の話に興味津々だった。

② ㄱ. お父さんからお小遣いをもらう。
ㄴ. 雨の中を合い相傘で歩く。
ㄷ. みんなは彼の話に興味深々だった。

③ ㄱ. お父さんからお小遣いをもらう。
ㄴ. 雨の中を愛合い傘で歩く。
ㄷ. みんなは彼の話に興味津々だった。

④ ㄱ. お父さんからお小使いをもらう。
ㄴ. 雨の中を愛合い傘で歩く。
ㄷ. みんなは彼の話に興味津々だった。

⑤ ㄱ. お父さんからお小使いをもらう。
ㄴ. 雨の中を相合い傘で歩く。
ㄷ. みんなは彼の話に興味深々だった。

メモ

기입형 서술형

07

次の文章を読み、下線部ⓐの3種類の字音を流入時期の早い順に並べなさい。また、「行」の字音を下線部ⓑのように説明しなさい。[4点]

2019.A 기출 | 12

韓国語では、少数の例外を除き、漢字には1つの読みしかない。しかし、日本語では1つの漢字に複数の読みがある場合もあり、日本語学習者の悩みの種の1つである。日本語における漢字には、ふつう訓読みと音読みという2つの読み方がある。

音読みは、さらに、中国のどの時代のどの地方の字音が伝わったものかによってⓐ3種類に大別される。たとえば、「経」という漢字には、ⓑ「経歴」の「ケイ」、「経文」の「キョウ」、「看経」の「キン」という3つの字音が存在する。

キーワード

呉音　漢音　唐(宋)音

「ギョウ」「コウ」「アン」

メモ

서술형

08

次の 資料1 のⓐⓑⓒの「行」の読みと関連して、日本漢字音の由来とその種類について述べなさい。

2011.2차 기출 | 3 일부

資料1

- 動物のⓐ行動パターンには、それぞれ特徴がある。
- 来年のⓑ行事には、ぜひご参加お願いします。
- 祭りのⓒ行灯がとてもきれいでした。

キーワード

呉音　漢音　唐(宋)音

「ギョウ」「コウ」「アン」

メモ

3 代表問題

표기 규칙 일반

기입형

밑줄 친 부분이 가리키는 '일본어 표기 규칙'을 일본어로 쓰시오. [3点]

2006 기출 I 9

> 現代日本語の表記には、基本的には漢字、ひらがな、カタカナをまじえ、必要に応じてアラビア数字、ローマ字などを用い、これに「句読点」「かっこ」等の各種符号を加えて行うことになっている。それらの文字をまじえて日本語を表記するためには、現在のところそのよりところとしては四つのようなものがある。

メモ

正解

① 現代仮名遣い
② 送り仮名のつけ方
③ 常用漢字表
④ 外来語の表記(또는 ローマ字のつづり方)

解説

일본 文化庁은 内閣告示・内閣訓令으로 「常用漢字表」「現代仮名遣い」「送り仮名の付け方」「外来語の表記」「ローマ字のつづり方」의 다섯 가지를 제시하여 일반 사회생활에서 일본어를 표기할 때의 기준으로 삼도록 권고하고 있다.
(https://www.bunka.go.jp/kokugo_nihongo/sisaku/joho/joho/kijun/naikaku/index.html)

[答案例] 책속의 책 p.74

서술형

01

ⓐ、ⓑを漢字仮名交じり文に書き直し、そこに見られる文字の書き分けについて説明しなさい。[4点]

2017.B 기출 | 1

ⓐ ニワニハハハノスキナハナガサイテイマス。
ⓑ イモウトハアメリカヘリョコウニイキマシタ。

条件

- 漢字表記できる語は必ず漢字で書くこと。
- 「送り仮名の付け方」(1981年10月1日改正内閣告示)、「外来語の表記」(1991年6月28日付内閣告示第2号)に従うこと。

キーワード

ひらがな　カタカナ　漢字
外来語の表記
送り仮名の付け方　活用

メモ

3 同範囲問題

기입형

02 빈칸 ①에는 인명을, ②에는 표기법(仮名遣い)의 명칭을 일본어로 쓰시오. [3点]

2007 기출 | 10

> 表音文字が成立した当初は音韻と文字がきちっと対応していたとしても、音韻の変化に文字の対応が遅れ、表記に乱れが生じてくる。そのために仮名遣いが問題となる。日本でこのような仮名遣いの問題にいち早く気づき、幾つかの仮名の使い分けを主張したのが「定家仮名遣い」で有名な藤原定家である。江戸時代に『和字正濫鈔』を著した(①)の仮名遣いは、1946年現代仮名遣いが公布されるまで広く行われた(②)のもととなったものである。

• 인명 : ① ______________________

• 표기법 : ② ______________________

メモ

기입형 서술형

03

次の下線部ⓐに従って仮名を前から12番目まで書きなさい。また、ⓑに当てはまることばを書きなさい。さらに、下線部ⓒのように言える理由を、音の種類を3つあげて説明しなさい。[4点] 2019.B 기출 | 3

現代、辞書・名簿などの見出し、ものごとの配列の序次として用いられているものに「五十音順」がある。これは、5段10行の50欄に、日本語を表す仮名のほとんどを配当した仮名表である「五十音図」に基づいている。古くは「五音」などとも呼ばれ、その並べ方には様々な形があったが、今日のアカサタナハマヤラワの順が一般化したのは近世以降と見られる。

ところで、仮名配列の序次として古くから用いられていたものに、「ⓐいろは順」もある。いろは順の元となった「いろはうた」は清音の音節を重複させないですべて網羅した歌であるが、このような原理で、網羅すべき音を一回だけ使って作ったとされる唱え方には他に(ⓑ)もある。長い間、仮名配列の序次として優勢だったのはいろは順だったが、今日では、五十音順がいろは順をほぼ駆逐していると言える。

さて、五十音図は、音図という名にもかかわらず、ⓒ現代音韻の一覧表と言うには十分ではないものである。しかし、ある程度音韻を手がかりにした仮名表として便利なもので、語の配列の基準としての実用的な価値があり、一般に用いられている。

キーワード

いろは唄　五十音図
天地の詞　鳥啼く歌

メモ

3 同範囲問題

기입형

04

次のオ列長音の表記に関する文章を読み、下線部に該当する体言と用言の例を、条件に従って1つずつ書きなさい。[2点] 2018.A 기출 | 2

日本語の現代仮名遣い[1986年7月1日内閣告示]の原則は、語を現代語の音韻に従って書き表すことである。「オ列の長音」は、「わこうど(若人)」、「ほうる(放る)」のように、オ列のひらがなに「う」を添えることを原則とする。しかし、表記の習慣による特例で、「う」ではなく、別の仮名を添えて書く場合がある。これらの例は、歴史的仮名遣いでオ列の仮名に「ほ」か「を」が続くものであるという特徴がある。

条件

- 日本語の辞書の見出しとして載っている語に限る。
- 人名、地名、外来語、方言は除くこと。
- 「流れ」、「近く」のような転成名詞は含まないこと。
- ひらがなで書くこと。

メモ

객관식

05 보기 から正しい説明を全部選んだものは? [2点]

2012.1차 기출 I 11

보기

ㄱ. 「おっしゃる」は、「otsyaru」とローマ字表記する。
ㄴ. 「賜る」と「賜わる」は、両方とも認められている。
ㄷ. 「健やかだ」と「健かだ」は、両方とも認められている。
ㄹ. 「立ち退く」と「立退く」は、両方とも認められている。
ㅁ. 「布地」を仮名で表記する場合、「ぬのじ」と書いても「ぬのぢ」と書いても良い。
ㅂ. 「公理」は「こうり」、「氷」は「こおり」と仮名表記するのは、実際の発音の違いを反映したものである。
※ 以上は、「ローマ字のつづり方」(1954年内閣告示)や「送り仮名の付け方」(1981年一部改正内閣告示)、そして「現代仮名遣い」(1986年内閣告示)に基づく。

① ㄴ　② ㄴ, ㄹ　③ ㄱ, ㄷ, ㅁ
④ ㄴ, ㄹ, ㅂ　⑤ ㄱ, ㄷ, ㅁ, ㅂ

メモ

[答案例] 책속의 책 p.75~76

객관식

06 日本語の表記に関する説明として正しくないものは？ [2点]

2010.1차 기출 | 13

① オ列の長音は、「わこうど(若人)」「こおり(氷)」のように、オ列の仮名に「う」か「お」を添える。

② 「そえぢ(添乳)」「にいづま(新妻)」のような二語の連合によって生じた「ぢ」「づ」は、「ぢ」「づ」を用いて書く。

③ 「メーター」と「メートル」、「グローブ」と「グラブ」のように、語形に揺れのある外来語の表記は両方使える。

④ 「かがやかしい」「よろこばしい」のような語幹が「し」で終わる形容詞は、「輝しい、喜しい」のように「し」から送る。

⑤ 「tan'i, gen'in, kin'yôbi」のように、はねる音を表わすnと次にくる母音字またはyとを切り離す必要がある場合には、nの次に「'」を入れる。

メモ

メモ

4 代表問題

표기/발음의 변화

기입형

ⓐに入ることばを漢字または仮名で書き、下線部ⓑに該当することばを一つ平仮名で書きなさい。[2点]

2014.A 기출 | 4

> 四つ仮名は、「じ」「ぢ」「ず」「づ」の四つの仮名、および、その仮名で表される音のことをいう。
>
> 古くは、「じ」と「ぢ」、「ず」と「づ」は、それぞれ異なる音(「じ」「ず」は摩擦音の[ʒi][zu]、「ぢ」「づ」は破裂音の[di][du])で発音されたが、室町末期になると「ぢ」「づ」が(　ⓐ　)化して[dʒi][dzu]となり、以後「じ」「ず」との混乱がみられ、17世紀末には現代と同じようになった。このために、「じ」と「ぢ」、「ず」と「づ」の間には、それぞれ仮名遣いの上でも、その使い方が大きな問題になった。
>
> 現代でも「ぢ」と「づ」で表記する語彙がある。具体的には、ⓑ同じ音が連続したため、後の音が濁音になった場合と二語の連合によって生じた場合とがある。

条件

- 日本語の辞書に載っている語に限る。
- 人名、地名、外来語を除くこと。

メモ

メモ

正解

ⓐ 破擦音化(はさつおんか)

ⓑ ちぢみ(縮) ちぢむ ちぢれる ちぢこまる つづみ(鼓) つづく(続) つづる(綴) 등의 단어 중에서 선택하되 ひらがな로 답안을 쓴다.

解説

現代仮名遣い에서 「ぢ」와 「づ」로 표기되는 어휘의 예로는 같은 음이 연속될 경우 뒤에 위치한 음이 탁음이 되거나(同音連呼, 連呼音), 두 개의 단어가 만나 복합어를 이룰 때(二語の連合)의 두 가지 종류가 있다. 전자의 예로는 縮(ちぢ)む, 続(つづ)く와 같은 어휘가 있고 후자의 예로는 鼻血(はなぢ), 小包(こづつみ) 등의 예가 있다.

4 同範囲問題

기입형

01 次の会話のⓐとⓑに適切なことばを書きなさい。[2点]

2021.A 기출 I 3

ユナ：先生、「こんにちは」はどうして「コンニチワ」と読むんですか。

教師：昔は、「こんにちは」の「は」は「ハ」と発音しましたが、時代とともに語中語末のハ行音は(　ⓐ　)へと変化しました。それで、今は「コンニチワ」と読みます。

ユナ：あ、そうですか。もともとはハ行音だったんですね。

教師：ただ、今は助詞の「は」は発音通りの表記ではなく、ハ行で書くことになっています。それで今のように「こんにちは」と書いて、「コンニチワ」と読むようになったんですよ。助詞の(　ⓑ　)も発音通りに書きませんね。

ユナ：あ、そうですね。勉強になりました。ありがとうございます。

メモ

[答案例] 책속의 책 p.76

기입형

02 일본어 문자・표기 교육과 관련된 다음 글을 읽고 답하시오. [3点]

2002 기출 I 3-1

いわゆる五十音図は平安時代の日本語の音節を示したものだといいますが、すでにヤ行の「い」「え」、ワ行の「う」は、ア行の「い」「え」「う」と重複しています。ですから「ん」を加えるとすれば、日本語の「かな」は(a)________個あるわけです。しかし、現代語音を書き表すための「[　　　　]」では、その中で、さらに「ゐ」「(b)________」の二字は用いられなくなっています。[wi][we]のような音は、現代の標準語では[i][e]と差異がなくなってしまったからです。「を」も、濁音の「(c)________」「(d)________」も、[wo][di][du]のような音がないので、ア行音やザ行音に統合されてよいのですが、書き表し方の上での便宜のために、なお用いられています。

① 밑줄 친 (a)에 들어가야 할 숫자를 쓰고, (b)~(d)에 들어가야 할 가나를 히라가나로 쓰시오.

(a) ____________　(b) ____________

(c) ____________　(d) ____________

② 윗글의 [　　　　] 안에 들어가야 할 말을 한자(漢字) 또는 히라가나로 쓰시오.

____

メモ

4 同範囲問題

기입형 서술형

03 다음은 어떤 단어들이 결합될 때 연탁(連濁)현상이 나타나는가를 설명하기 위한 교수·학습자료이다. 그중에서 연탁현상이 나타나는 카드 하나를 찾아 기호를 쓰고, 이러한 연탁현상이 나타나는 조건(상황)을 2줄 이내로 설명하시오. [4点]

2008 기출 I 5

(카드 A)

鼻 + 血 →
昔 + 話 →

(카드 B)

新聞 + 広告 →
暖房 + 器具 →

(카드 C)

ビデオ + カメラ →
ビジネス + ホテル →

- 연탁현상이 나타나는 카드 : ______________________
- 조건(상황) 설명 : ______________________

____

キーワード

修飾　被修飾関係　複合語
「カ・サ・タ・ハ行」 語頭
清音　濁音

メモ

객관식

04

보기 1 의 예와 보기 2 의 현상이 바르게 짝지어진 것은? [2点]

2009.1차 기출 | 19

보기 1

(가) 恋
(나) 因縁
(다) 平仮名
(라) おはようございます

보기 2

ㄱ. 連濁
ㄴ. 連声
ㄷ. 音便
ㄹ. ハ行転呼音

	(가)	(나)	(다)	(라)
①	ㄴ	ㄱ	ㄷ	ㄹ
②	ㄴ	ㄹ	ㄱ	ㄷ
③	ㄷ	ㄴ	ㄹ	ㄱ
④	ㄹ	ㄱ	ㄷ	ㄴ
⑤	ㄹ	ㄴ	ㄱ	ㄷ

기입형

05

다음 보기 에서 촉음편형 「っ」으로 활용하는 것을 두 개만 골라 기호를 쓰시오. [2点]

2003 기출 | 8-2

보기

(a) 寝る　(b) 蹴る　(c) 居る
(d) 甦る　(e) 得る　(f) 似る

(　　　　) (　　　　)

メモ

[答案例] 책속의 책 p.77

서술형

06

資料2 の語例を音訓の組み合わせによって分類しなさい。そして、語例の中で音の変化が生じるものを探して、その現象について述べなさい。ただし、すべての例には振り仮名を振ること。 2011.2차 기출 | 3 일부

資料2

漢字	語例
足	足袋　補足　遠足　足音　素足
音	福音　音色　騒音　観音　発音
素	素材　素人　素顔　素手　素性
豆	納豆　小豆　大豆　豆粒　豆腐
発	発明　発作　発射　突発　発起
雨	梅雨　時雨　雨量　大雨　雨戸　雨具　霧雨

－『常用漢字表』(一部修正) －

キーワード

連声　連濁　促音化
半濁音化　母音交替
音韻添加

メモ

メモ

代表問題

객관식

보기 から正しい説明を全部選んだものは? [2点]

2012.1차 기출 | 14

보기

ㄱ.「春雨」と「雪隠」は、連声の例である。
ㄴ.「三敗」と「三杯」は、読み方が同じである。
ㄷ.「大勢」と「蜜蜂」は、湯桶読みの例である。
ㄹ.「浮いて」と「率いて」は、イ音便の例である。
ㅁ.「なさる」と「おっしゃる」は、命令形の作り方が同じである。
ㅂ.「動く」と「減る」は、対応する他動詞との形態上の派生関係が同じである。

① ㅁ, ㅂ ② ㄱ, ㄷ, ㄹ ③ ㄱ, ㅁ, ㅂ
④ ㄴ, ㅁ, ㅂ ⑤ ㄱ, ㄴ, ㄷ, ㄹ

メモ

正解

①

解説

ㄱ.「雪隠(せっちん)」은 連声의 예가 맞지만「春雨(はるさめ)」는 音韻添加의 예이다.
ㄴ.「三敗(さんぱい)」와「三杯(さんばい)」는 読み方가 같지 않다.
ㄷ.「大勢(おおぜい)」는 訓読み와 音読み의 순서이므로 湯桶読み가 맞지만「蜜蜂(みつばち)」는 音読み와 訓読み의 순서이므로 重箱読み의 예이다.
ㄹ.「浮(う)いて」는 イ音便의 예이지만「率(ひき)いて」는 音便이 일어나지 않는 동사이다.
ㅁ.「なさる」와「おっしゃる」는 명령형이 둘 다「~い」로 끝나는 특이한 경우이다.
ㅂ.「減(へ)る」는 대응하는 타동사「減らす」와 형태상으로 대응을 이루며 자동사에서 타동사가 파생된 관계를 나타내고「動(うご)く」는「動(うご)かす」와 형태상의 파생 관계를 이룬다.

[答案例] 책속의 책 p.78

객관식

01 보기 의 ㄱ은 학생이 작성한 글이고, ㄴ은 이에 대한 교사의 지도이다. 교사의 지도가 올바른 것만을 모두 고른 것은? [2点]

2011.1차 기출 | 8

보기

(가) ㄱ. 書き留でお願いします。
　　ㄴ. 「き」は書かない。
(나) ㄱ. コンパスなしで真丸を描く。
　　ㄴ. 「真」の後に「っ」を入れる。
(다) ㄱ. 彼は部下へのたずなさばきがうまい。
　　ㄴ. 「ず」を「づ」に直す。
(라) ㄱ. 社長はたった今、会議中でございます。
　　ㄴ. 「たった」を「ただ」に直す。
(마) ㄱ. 私は図書館で火事が起きたと聞きました。
　　ㄴ. 「は」の後、または、「で」の後に句点をつける。

① (가), (나)　② (가), (다), (라)
③ (가), (라), (마)　④ (가), (다), (라), (마)
⑤ (나), (다), (라), (마)

メモ

[答案例] 책속의 책 p.78

객관식

02

보기 から正しい説明を全部選んだものは？ [2点]

2012.1차 기출 I 16

보기

ㄱ. 「峠」「込」「働」は国字の例である。
ㄴ. 「三」「上」「馬」は指事文字の例である。
ㄷ. 「時雨」「小豆」「素敵」は熟字訓の例である。
ㄹ. 「起工」「気候」「寄港」は同音異義語の例である。
ㅁ. 「倶楽部」「目出度い」「出鱈目」は当て字の例である。

① ㄱ, ㄷ　② ㄱ, ㄹ　③ ㄹ, ㅁ
④ ㄱ, ㄹ, ㅁ　⑤ ㄴ, ㄷ, ㅁ

메모

객관식

03

다음 설명 중 적절하지 않은 것은? [2点]

2009.1차 기출 I 13

① 「荷物」は、「湯桶読み」の例である。
② 「てくてく」は、人の歩き方を表すオノマトペである。
③ 「手前みそ」は、「自画自賛」の意味を表す慣用句である。
④ 「先祖」は、「撥音」に軟口蓋音が後続した場合の例である。
⑤ 「書きゃ」は、文脈により、二つの意味に解釈できる「縮約形」の例である。

メモ

注

オノマトペ：音や声などをまねた擬声語、状態や模様などをまねた擬態語をさす用語

6 일본어 어휘

代表問題

어휘 일반

기입형

下の説明を読み、パズルA～Jに当てはまるひらがな(一字ずつ)を書きなさい。[3点]

2001 기출 | 1

① A	②	③	④			⑧
⑤			B	⑥		C
				⑦		
⑩		G		D		
F				⑨		E
⑪	H	⑫				
		⑬		⑭		
		I		J		

• ヨコのカギ：

① 人と会ったとき、礼儀としていうことばや行う動作

⑤ 人の言ったことに対して、だまっていないで、こちらからも反対するようなことを言う

⑦ よわいものをわざと苦しめたり、こまらせたりすること

⑨ (虫が食ったように)、穴があいたり、欠けたりしている歯

⑩ 少ない、少し、ちょっと

⑪ あたま

⑬ からだ全体に毛がはえていて4本の足で歩く動物

• タテのカギ：

① 前と同じように、いつものとおり

② よい

③ 一方が高く、もう一方がひくくかたむいている道

④ 木・竹などで作り、これを手に持って歩くときの助けにするもの

⑥ 吸って中のほうまで入れる

⑧ 女の子、年がわかい、まだ結婚していない女の人

⑫ 自分のほうにきた物を手に取る

⑭ 屋号などを染め抜いて店頭にたらす布など

メモ

メモ

正解

A. あ　B. え　C. と　D. こ　E. ば　F. ら　G. か　H. の　I. と　J. れ

解説

설명을 읽고 그에 해당하는 단어를 넣는 크로스워드 퍼즐을 통해 어휘력을 테스트하는 문제이다. 각 설명에 해당하는 단어는 아래를 참조.

① A あ	② い	③ さ	④ つ			⑧ お
⑤ い	い	か	B え	⑥ す		C と
か				⑦ い	じ	め
⑩ わ	ず	G か		D こ		
F ら				⑨ む	し	E ば
⑪ ず	H の	⑫ う				
		⑬ け	も	⑭ の		
		I と		J れ		
		る		ん		

1 同範囲問題

기입형

01 次の下線部のところをひらがなで書きなさい。[2点]

2001 기출 Ι 4-2

① 커피 4잔　　② 자동차 2대

③ 소 1마리　　④ 비둘기 3마리

⑤ 볼펜 3자루

기입형

02 다음 각 문장이 설명하고 있는 말을 보기에서 골라 그 기호를 쓰시오. [3点]

2002 기출 Ι 7-1

(1) わざわざ苦心してやったのに、それにふさわしくない結果が出て、残念だという気持ちを表す。
(2) ゆるやかで気持ちのよい様子。また、心や体がのんびりして気持ちのよい様子。
(3) これまでと比べてずっとよくなるようす。

보기

(a) ぐんと　　(b) すっかり　　(c) ゆったり
(d) せっかく　　(e) たまたま　　(f) とっくり
(g) ふっつり

(1)

(2)

(3)

メモ

기입형

03 가장 자연스러운 일본어문의 완성을 위해 보기 의 부사들 중에서 각각 1개만 골라 그 번호를 쓰시오. [2点]

2004 기출 | 12-2

(1) (　　)植えた木が、台風で倒れてしまったんです。
(2) いつまで昔の恋人の写真をとっておくの。(　　)燃やしてしまいなさい。

보기

① つい　② さっさと　③ せっかく
④ ひととおり　⑤ あまり　⑥ かえって

(1) ______________________

(2) ______________________

기입형

04 문장 (1)과 (2)의 의미에 해당하는 각각의 외래어를 보기 에서 골라 번호를 쓰시오. [2点]

2004 기출 | 6-1

(1) 学生などが、たがいに費用を出しあってする懇親会。
(2) 食通。美食家。

보기

① ワークショップ　② フルーツ　③ ミート
④ コンパ　⑤ グルメ　⑥ ゼミ

(1) ______________________

(2) ______________________

メモ

1 同範囲問題

기입형

05 다음 문장의 (　　) 안에 들어갈 가장 적당한 말을 히라가나로 쓰시오. [2点]

2002 기출 | 9-1

「有難う」「すみません」は美しい言葉とされているが「すみません」には礼を言う、謝るの2機能があり混用されている。最近では簡単な(「　　」)で万事すませる傾向があり問題となっている。

객관식

06 文脈からみて、下線部が正しいものを 보기 から全部選んだものは？ [2.5点]

2012.1차 기출 | 30

보기

ㄱ. 仕事に追われ、<u>帰宅時間</u>が遅くなった。
ㄴ. 原因不明で治療方法も確立されていない<u>難治病</u>だ。
ㄷ. 大学を<u>生涯教育</u>の場として提供し、地元とのつながりを深める。
ㄹ. 少女が話した特徴に<u>酷似</u>した男性を発見し、強盗容疑で逮捕した。
ㅁ. テンポのよさと力強いせりふ、そして狭い会場の<u>現場感</u>が特徴である。
ㅂ. 韓国は1997年の通貨危機を契機に、<u>経済回生</u>の柱として情報通信立国を掲げた。

① ㄱ, ㄴ, ㄷ　② ㄱ, ㄷ, ㄹ　③ ㄴ, ㄷ, ㅂ
④ ㄴ, ㅁ, ㅂ　⑤ ㄱ, ㄷ, ㄹ, ㅁ

メモ

[答案例] 책속의 책 p.80

객관식

07 (가), (나)에 들어갈 말로 가장 적절한 것은? [2点]

2009.1차 기출 | 37

日本人はお客をもてなす場合、過剰に食べ物を勧めることがある。これはお客が遠慮しているだろうと思っての行為であるが、外国人にはそれが(가)感じられることがある。日本人のように、必要以上に遠慮することがないからである。

また、日本人が他人に物を贈る場合、よく「誠につまらないものですが」という挨拶をするが、それは「つまらないものだから、お返しは無用」ということを暗示した、相手のことを(나)挨拶なのである。

	(가)	(나)
①	なかむつまじく	おもいやった
②	なかむつまじく	きくばりした
③	おしつけがましく	おもいやった
④	おしつけがましく	かろんじた
⑤	さしつかえなく	きくばりした

メモ

1

同範囲問題

객관식

08 友だち同士の会話である。(가) (나) (다) (라) (마)に入る最も適切なものは？ [2点]

2010.1차 기출 I 29

佐藤：[(가)]、知ってる？
大野：何を？
佐藤：お前がいいって言ってた木村さん、彼氏いるみたいだよ。
大野：[(나)]、ほんと？
佐藤：うん、ほんと。
大野：[(다)]、全然しらなかったよ。で、相手はだれ？
佐藤：[(라)]、あそこにいるあいつらしいよ。
大野：[(마)]。

	(가)	(나)	(다)	(라)	(마)
①	あっ	うわっ	ほら	ふーん	ちぇっ
②	ねえ	えっ	ちぇっ	ほら	なるほどね
③	うわっ	ほら	あーあ	えっ	ねえ
④	そうそう	ちぇっ	さてと	ううんと	ほら
⑤	おい	ふーん	あのう	ちぇっ	よいしょ

メモ

객관식

09 ㉠~㉤に入る最も適切なものは？ [2点]

2012.1차 기출 | 33

僕は今までいわゆる有名人にあまり会ったことがない。これはどうしてかというと、ただ単に僕の目が悪いからである。それ以上の深い意味はない。目が悪いから遠くにいる人の顔がはっきり見えないのである。

近くにいる場合でも、僕は(㉠)まわりの状況に対して不注意な方なので、ついついいろんなことを見すごしてしまうことが多い。だから知りあいによく「村上はすれちがってもあいさつひとつしない。」と非難される。そんなわけで、有名人と出会ったとしてもぜんぜん気づかずに通りすぎてしまうことになる。

ところが僕のつれあいはそういうことにかけては実に(㉡)人で、どんな雑踏の中にいても必ず有名人の存在をサッとキャッチしてしまうのである。こういうのはもう天与の才ということばで表現するしかないんじゃないかという気がする。それで彼女と一緒にいると「あ、今中野良子とすれちがった」とか「あそこに栗原小巻いるわよ」とか教えてくれるのだけれど、僕が「え、どこどこ?」と(㉢)頃にはみんなもうどこかに消えてしまっているのである。

ひどい時には「さっきの喫茶店であなたのとなりに山本陽子が座ってたでしょ」なんていうこともある。そんなその時に(㉣)教えてくれたらいいのにと思う。

まあよく考えてみれば山本陽子の素顔を見ることにどれだけの価値があるのか？ということになるのだろうけれど、それでもやはり(㉤)「損をした」と思う。変なものです。

	㉠	㉡	㉢	㉣	㉤
①	わりに	目が光る	見わたす	すっと	見逃す
②	わりに	目が光る	見まわす	そっと	見間違えて
③	わりに	目ざとい	見まわす	そっと	見逃して
④	たしか	目が光る	見わたす	すっと	見逃して
⑤	たしか	目ざとい	見まわす	そっと	見間違えて

メモ

1 同範囲問題

기입형 서술형

10 次のⓐに共通して入ることばを書きなさい。また、下線部ⓑの理由について 条件 に従って説明しなさい。
[4点]

2021.A 기출 I 11

(　ⓐ　)という言葉は、もともと「遠い将来まで見通す」という意味の中国語であるが、日本語に取り入れられ、現代では、さまざまな場面で用いられるようになった。たとえば、⑴では、「よく考えた上で、何かをしない」という意味で、「深夜であることを考えて電話しなかった」ことを表している。そして、⑵は人に何かすることを勧めたり、物をあげたりするときによく使う表現である。また、⑶でⓑ部下が発言しているように「行きたくありません」の代わりに用いることも可能である。

⑴ 深夜だったので、電話するのは(　ⓐ　)した。
⑵ さあ、どうぞ(　ⓐ　)なく召し上がってください。
⑶ 上司：今晩、田中君と飲みに行くけど、君も来ないか。
　部下：すみません。
　　　　今日はちょっと、(　ⓐ　)しておきます。

―『日本人の心がわかる日本語』より改変 ―

条件

- 使用場面および使用目的の観点から説明すること。

キーワード

使用場面　上下関係　提案
使用目的　断る　遠慮
体面

メモ

기입형

11~12 다음은 취업 설명회의 안내장이다. 물음에 답하시오. [総3点]

2003 기출 Ⅰ 9

就職説明会のご案内

① □□

時下ますますご清祥のこととお喜び申し上げます。平素は何かとご支援ご協力を賜りまして、誠にありがたく存じます。

② □□、今年もいよいよ卒業生諸君の進路につきまして、ご相談をいただく時期となってまいりました。

つきましては来年度の就職説明会を下記のように行いたいと存じますので、ご多忙の中お手数ですが、関係各位にはご来場賜りたくお願い申し上げます。

まずはご案内まで。

③ □□

記

日時　十二月八日(日) 午前十時~十二時

場所　本社ABCホール(六階)

以上

기입형

11 ①과 ③에 들어갈 말을 한자(漢字)로 쓰시오. [2点]

2003 기출 Ⅰ 9-1

① ____________ ③ ____________

기입형

12 ②에 들어갈 말을 히라가나로 쓰시오. [1点]

2003 기출 Ⅰ 9-2

____

メモ

1 同範囲問題

13 다음 글을 읽고, 물음에 답하시오.

2004 기출 | 16 일부

…(前略)…

(C) 子どものとき、私たちは二つ三つの友情を大事にしている。けれども、しだいに大人になり、交際が広くなり、生活が複雑にそして忙しくなってくると、人との関係はそれぞれの奥行きを失って、㉡とおりいっぺんのつきあいに色あせてしまう。習慣や利害が簡単に人を結びつけたり引き離したりする。「生まれつき筆不精で」とか「とてもいそがしくて」とか言って、事務的な手紙しか書かなくなる。

(D) 人生というものが私たちにとって、一回限りの織物であるならば、私たちはそれを織る糸を美しくじょうぶなものにしなければならないだろう。

기입형

밑줄 친 ㉡과 의미가 가장 가까운 것을 보기 에서 골라 번호를 쓰시오. [1点]

2004 기출 | 16-4

보기

① ほんとうに親しい　② 中身のある
③ むつまやかな　④ 上辺だけである

メモ

14 다음 글을 읽고 물음에 답하시오.

1997 기출 | 8 일부

炎暑の夏が到来すれば、疫病退散と健康を確保するための夏祭りが行なわれるが、京都の祈園祭りなどが代表的な例になる。

秋には各地で豊年を祝って秋祭りを行う。

冬には海の幸・山の幸・野の幸①を神殿に供えて感謝の祭りを催し、来年の豊作を祈る。12月には世話になった人②に歳暮③を贈ったり、年末になると職場や友人の間で忘年会が開かれる。大晦日の夜は除夜の鐘を聞きながら新年を迎える。この時、年越そばを食べる風習がある。

기입형

밑줄 그은 ①, ②, ③의 의미를 적으시오. [4点]

1997 기출 | 8-2

① ____________________

② ____________________

③ ____________________

メモ

[答案例] 책속의 책 p.82

기입형

15 다음 글을 읽고, 물음에 답하시오.

2004 기출 I 15 일부

メモ

(1) ________

唐代(618~907)は文学史上、一般に初唐、盛唐、中唐、晩唐に分けられる。その中唐期のこと。科挙の試験を受けるため都の長安にやってきた賈島は、驢馬の背に乗って詩作にふけっていた。「僧は推す月下の門」という詩句を得たが、「推す」という語を「敲く」にすべきかどうかと思索しているうちに、都の長官である韓愈の行列に突き当たってしまった。そこで賈島は無礼を詫びるとともに、事情を説明した。当時を代表する詩文の大家であった韓愈は、事情を聞くと許すともに、「敲くのほうがよい」と助言してくれた。そして、二人は、そのままくつわを並べて進みながら、詩を論じあったという。

기입형

(1)에 들어갈 글의 제목을 윗글에서 찾아 2자로 된 한자어(漢字語)로 쓰시오. [1点]

2004 기출 I 15-1

メモ

객관식

下線部が同じ読み方になっているものを 보기 から全部選んだものは? [2点]

2012.1차 기출 | 13

보기

ㄱ. 絵心：法会	ㄴ. 険悪：汚辱
ㄷ. 夏至：化身	ㄹ. 嫡女：失着
ㅁ. 一斉：細君	ㅂ. 対句：失墜
ㅅ. 鎮定：籠城	ㅇ. 頭重：好事家

① ㄱ, ㄹ, ㅂ, ㅇ　② ㄱ, ㅁ, ㅂ, ㅅ
③ ㄴ, ㄷ, ㅁ, ㅇ　④ ㄱ, ㄴ, ㄹ, ㅁ, ㅅ
⑤ ㄷ, ㄹ, ㅂ, ㅅ, ㅇ

正解

①

解說

한자 읽기 문제이다. 밑줄 친 부분의 한자가 동일한 음으로 구성되어 있는 짝을 고른다.

ㄱ. 絵心(えごころ)：法会(ほうえ)
ㄴ. 険悪(けんあく)：汚辱(おじょく)
ㄷ. 夏至(げし)：化身(けしん)
ㄹ. 嫡女(ちゃくじょ)：失着(しっちゃく)
ㅁ. 一斉(いっせい)：細君(さいくん)
ㅂ. 対句(ついく)：失墜(しっつい)
ㅅ. 鎮定(ちんてい)：籠城(ろうじょう)
ㅇ. 頭重(ずじゅう・ずおも)：好事家(こうずか)

メモ

[答案例] 책속의 책 p.82

기입형

01

次の下線部①~⑤のカタカナを漢字に書きなおしなさい。[2点]

2001 기출 | 5

極めて残念なことであるが、学校において、いまだに児童生徒への体罰が跡を絶たない。文部省の調査においても平成9年度に体罰ではないかとして問題とされ、学校において調査した事件は989件に上っている。

体罰については、学校教育法により厳に①キンシされているものであるが、もとより体罰による懲戒は、児童生徒の②ジンケンの尊重という観点からも許されるものではない。また、教師と児童生徒との③シンライ関係を損なう原因ともなり、教育的な④コウカも期待されないと考えられる。

文部省では、従来から、各種通知や各種会議等を通じて体罰の根絶について指導を行ってきたが、今後ともその⑤テッテイを図っていくこととしている。

기입형

02

日本語辞典では、次の五つの言葉は、どんな順番でならべられているか。その順番を記号で書きなさい。[1点]

1999 기출 | 1

① 抗争　② 交渉　③ 更生
④ 故障　⑤ 恒常

メモ

2 同範囲問題

기입형

03

보기 의 어휘들 중 밑줄 친 「雨」를 「さめ」라고 읽는 것을 모두 골라 번호를 쓰시오. [1点]

2004 기출 I 6-4

보기

① 五月雨　　② 大雨　　③ 春雨
④ 梅雨　　⑤ 小雨　　⑥ 氷雨

객관식

04

読み方の結合パターンが同じものは？ [2点]

2011.1차 기출 I 18

ㄱ. 火鉢　　ㄴ. 切符　　ㄷ. 縁側
ㄹ. 結納　　ㅁ. 消印　　ㅂ. 反物
ㅅ. 両替

① ㄱ, ㄴ, ㄹ, ㅁ　　② ㄱ, ㄷ, ㅂ, ㅅ
③ ㄴ, ㄷ, ㄹ, ㅂ　　④ ㄴ, ㄹ, ㅁ, ㅂ
⑤ ㄷ, ㄹ, ㅂ, ㅅ

メモ

[答案例] 책속의 책 p.82~83

기입형 서술형

05

次の文章を読み、ⓐ、ⓑに当てはまることばを 条件 に従って順番に書きなさい。また、下線部ⓒについて 条件 に従って説明しなさい。[4点]

2018.A 기출 I 11

漢字は元来中国で作られ発達した文字であるが、日本では固有の文字が誕生する前からこれをもって日本語を表記するようになった。日本の漢字には様々な読み方があり、漢字の中国語音に基づく日本語音での読み方を「音」(または、字音・音読み)、漢字の義に対応する日本語による読み方を「訓」(または、字訓・訓読み)という。また、古くから中国から伝えられた語を、和語に対して（　ⓐ　)といい、中国の漢字音に従って読むという特徴から字音語ともよばれる。これには日本で作られたものも多く、(　ⓐ　)が一般に広く用いられるのに伴い、もともと訓読みをした語の表記を音読みにすることが生じた。例えば、「かへりごと→返事、ものさはがし→物騒」などは、日本で独自に当てた漢字表記を音読した(　ⓑ　)にあたる。(　ⓑ　)は、古くはその構成や読みに音と訓とを合わせた、ⓒ「湯桶読み」や「重箱読み」のものもあり一種の「混種語」の様相を呈することもあったが、近代以降、外国語の概念に対応するための翻訳語としての地位を確保するにいたった。

条件

- ⓐは漢字2文字で書くこと。
- ⓑは漢字4文字で書くこと。
- ⓒは必ず「混種語」の定義に基づいて説明すること。

キーワード

漢字熟語の読み方　混種語
和語　漢語　訓読み
音読み

メモ

06 次の文章を読み、あとの問いに答えなさい。

2001 기출 I 10 일부

現在、世界のどの民族においても、自らの社会の歴史を通史の教科書として叙述しようとするとき、国際的視野をもって自らの社会や文化の歩みへの理解を深め、世界に開かれた自己の社会の現在と将来に、自主的な指針を①示唆できるよう努力することは、②立場や視点を超えた共通の課題となってきている。ところで、この三・四年の間に論壇に積極的に登場するようになった「自由主義史観」論者は、一様に戦後、とりわけ一九九〇年代に入ってからの中学義務教育の歴史の教科書が、上の理解や③指針を全面否定する「自虐史観」で貫かれていると、批判・糾弾している。「自虐史観」とは、同論者の定義を俟つまでもなく、必要以上に自らを責め苛め、他者のいいなりに媚び諂う悪者として描き上げる史観であるから、現行の中学の日本史教科書、すなわち「歴史」のほとんどが、この「自虐史観」で日本の歴史を叙述しているのだとすれば、たんに史実でないというのみならず、国民的歴史④認識の形成という観点からも、不問に付すわけにはゆかない。

기입형

下線部 ①～④の漢字の読み方をひらがなで書きなさい。[2点]

2001 기출 I 10-1

① ____________ ② ____________

③ ____________ ④ ____________

メモ

07 次の文章を読んで、あとの問いに答えなさい。

2000 기출 | 4 일부

(A) ただ、突然やってくる災害と違って、①ゴサドウが発生するタイミングは特定されている。大事なのは、最後まで気を抜かずに手を打ち続けることである。
企業や②ギョウセイは時間が許す限り、あきらめずに対応をやり切る。とりわけ、対策の遅れが指摘される医療機関や、中小企業、地方自治体にこの点を強く求めたい。併せて、万一の事態に備えた危機管理計画を整備し、連絡体制や人の配置など、周到な打ち合わせも欠かせない。

…(中略)…

(D) コンピューターが西暦年号を読み違え①ゴサドウを引き起こす2000年問題で、政府が初めて国民に11項目の具体的な留意点を呼び掛けた。
2000年まであと2カ月。企業や②ギョウセイの取り組みは最終段階を迎え、かつてのような過剰な不安感は和らぎつつある。だが、完全に安心とは決して言い切れないところに、この問題の難しさがある。政府の呼び掛けは、行き過ぎた不安は無用だが、侮ってはならないというメッセージと受け止めるべきだろう。

기입형

下線部①と②のカタカナを漢字に書き改めなさい。[2点]

2000 기출 | 4-1

① ____________ ② ____________

メモ

2 同範囲問題

기입형

08

표시된 ①~③에 해당하는 한자(漢字) 읽기를 히라가나로 쓰시오. [3点]

2006 기출 | 21

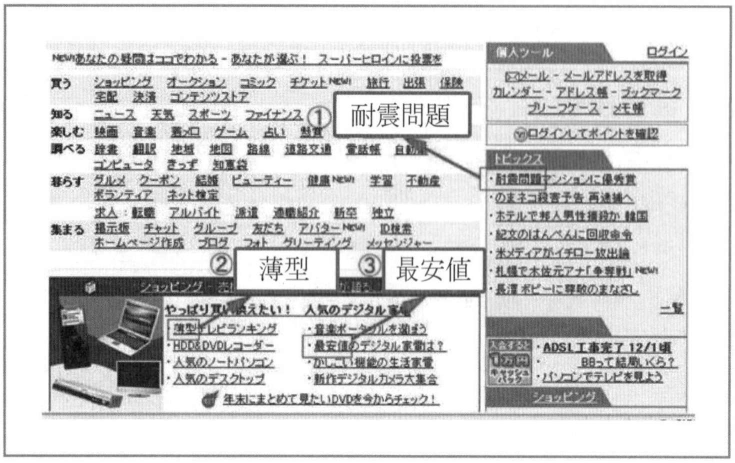

① ______________________

② ______________________

③ ______________________

メモ

09 다음 글을 읽고 물음에 답하시오.

1997 기출 | 8 일부

炎暑の夏が到来すれば、疫病退散(a)と健康を確保するための夏祭りが行なわれるが、京都の祈園(b)祭りなどが代表的な例になる。

秋には各地で豊年を祝って秋祭りを行う。

冬には海の幸・山の幸・野の幸①を神殿に供えて感謝の祭りを催し、来年の豊作を祈る。12月には世話になった人②に歳暮③を贈ったり、年末になると職場や友人の間で忘年会が開かれる。大晦日(c)の夜は除夜の鐘を聞きながら新年を迎える。この時、年越そばを食べる風習がある。

기입형

밑줄 그은 (a), (b), (c)의 한자의 발음을 히라가나로 적으시오. [3点]

1997 기출 | 8-1

(a) ______________ (b) ______________ (c) ______________

メモ

2 同範囲問題

[答案例] 책속의 책 p.83

기입형

10 보기 중 한자(漢字)의 후리가나(振り仮名)가 잘못 표기된 4개를 골라서 바르게 고쳐 쓰시오. [4点] 2008 기출 | 7

보기

雪崩(なだれ)	乳母(うば)
更迭(こうしつ)	仲人(なこうど)
最寄り(さより)	時雨(しごれ)
雑魚(ざこ)	紛糾(ふんきゅう)
匿名(どくめい)	乙女(おとめ)

______ → ______

______ → ______

______ → ______

______ → ______

メモ

メモ

객관식

次の文の(　　)に入れるのに最も適当なものを選びなさい。[1点]

1999 기출 | 2

赤ちゃんが(　　)寝ている。

① ほやほや　② もやもや　③ すやすや
④ どやどや　⑤ さやさや

メモ

正解

③

解説

아기가 자고 있는 모습, 또는 그 때 아기가 내는 숨소리를 표현한 オノマトペ를 고르는 문제이다. 「ほやほや」는 따끈따끈하고 말랑말랑한 모습, 「もやもや」는 안개나 아지랑이 등이 낀 모습, 「どやどや」는 여럿이 떼를 지어 우르르 들어오는 모습, 「さやさや」는 천천히 흔들리는 모습이나 서로 닿아서 나는 바스락거리는 소리를 나타내는 オノマトペ이다.

[答案例] 책속의 책 p.84

기입형

01 ①~④の意味に当てはまるものを選び、その記号を書きなさい。[2点]

2001 기출 I 6-1

보기

㉠ しとしとと　　㉡ ぼんやりと　　㉢ がさがさ
㉣ もぐもぐと　　㉤ すくすくと

① 一点に集中しない ______

② 雨が静かに降る ______

③ 油気なくて、ざらざらする ______

④ 勢いよく伸びる ______

기입형

02 그림 (1), (2), (3)을 표현하는 알맞은 말을 보기 에서 골라 쓰시오. [3点]

2006 기출 I 13

보기

にこにこ　　ぐうぐう　　おいおい　　すやすや
うとうと　　げらげら　　しくしく　　くすくす
せかせか　　めきめき

(1) ______ (2) ______ (3) ______

メモ

3 同範囲問題

기입형

03 빈칸 A~C에 알맞은 말을 보기 에서 찾아 번호를 쓰시오. [3点]

2007 기출 | 18

- お姉さんは結婚の申し込みを断られたのか(A)して帰り、食事もしない。
- 昨日海水浴場で日焼けした肌が(B)する。
- このコートはぼくには(C)だ。大きすぎる。

보기

① だぶだぶ	② ひりひり	③ がらがら
④ さらさら	⑤ がんがん	⑥ こつこつ
⑦ しょんぼり	⑧ ねばねば	⑨ からから
⑩ じめじめ		

A ____________ B ____________ C ____________

メモ

기입형

04 다음 ( ) 안에 들어갈 가장 적당한 말을 보기 에서 골라 그 기호를 쓰시오. [2点]

2002 기출 | 7-2

(1) (　　)しないで早くやりなさい。
(2) 地震で家が(　　)揺れる。
(3) 雨が(　　)降る。
(4) 涙を(　　)流しながら話した。

보기

(a) ぐらぐら	(b) ぐずぐず	(c) くすくす
(d) ひらひら	(e) ぽろぽろ	(f) ざあざあ

(1) ______

(2) ______

(3) ______

(4) ______

メモ

3 同範囲問題

객관식

05 ㄱ은 학생이 의성어・의태어를 사용해 작문한 글이고, ㄴ은 이에 대한 교사의 지도이다. 교사의 지도가 올바르지 않은 것은? [2点]

2011.1차 기출 I 9

① ㄱ. 筍がもりもり育っていく。
ㄴ.「もりもり」を「すくすく」に直す。

② ㄱ. 駅にはしっかり5分で着きました。
ㄴ.「しっかり」を「きっかり」に直す。

③ ㄱ. 閑散期とあって空席がちらちら目だつ。
ㄴ.「ちらちら」を「ちらっと」に直す。

④ ㄱ. 面接ではぱきぱきとした態度が好まれる。
ㄴ.「ぱきぱき」を「はきはき」に直す。

⑤ ㄱ. 目がきりきり痛むときは目薬を注しなさい。
ㄴ.「きりきり」を「ちくちく」に直す。

メモ

[答案例] 책속의 책 p.85

객관식

06 ㉠~㉤に入る最も適切なものは？ [2点]

2012.1차 기출 | 28

男A：あー、危なかったぁ。今日は寝坊しちゃったよ。
男B：おまえの頭、(㉠)だぞ。ほら、鏡見てみろよ。

…………………………

男A：えっ、今から会議？ おれ、まだ資料に目通してないよ。
男B：あきらめろ。今さら(㉡)しても仕方がない。ほら、行くぞ。

…………………………

男A：はぁー。やっぱり、資料見とけばよかった。
部長に目つけられちゃったよ。
男B：そんなに(㉢)するな。さ、仕事、仕事。

…………………………

男B：お疲れ。今日も(㉣)と一杯どうだ？
男A：ごめん。今日こそはやく帰ってこいって言われてさ。でも、ちょっとだけなら。

…………………………

男Aの妻：また、遅く帰ってきて。今日は、早く帰ってきてっていったでしょ？
男A：そんなに(㉤)言うなよ。おれが悪かったって。本当ごめん。

	㉠	㉡	㉢	㉣	㉤
①	ばさばさ	じたばた	ぐずぐず	ごくっ	がつがつ
②	ばさばさ	どたばた	くよくよ	ごくっ	がみがみ
③	ぼさぼさ	じたばた	ぐずぐず	ぐいっ	がつがつ
④	ぼさぼさ	じたばた	くよくよ	ぐいっ	がみがみ
⑤	ぼさぼさ	どたばた	くよくよ	ごくっ	がみがみ

メモ

[答案例] 책속의 책 p.85

기입형 서술형

07 〈A〉の(1)と(2)が不自然な理由について説明しなさい。また、〈B〉のⓐとⓑに適切なことばを書きなさい。[4点]

2021.B 기출 I 7

〈A〉

(1) 大きな岩がころころ転がる。

(2) 小さな石がごろごろ転がる。

〈B〉

「きらきら」「ぎらぎら」「ころころ」「ごろごろ」は、「ABAB」型の擬音語・擬態語である。その「AB」に接尾辞が結合してできた単語に、「ABめく」と「AB(ⓐ)」がある。接尾辞「めく」と「(ⓐ)」は、擬音語・擬態語を(ⓑ)化する。ただし、すべての「ABAB」型の擬音語・擬態語から「ABめく」や「AB(ⓐ)」が作られるわけではなく、たとえば、「きらきら」は「きらめく」になるが、「ぎらぎら」は「ぎらめく」にはならない。

キーワード

清音　濁音　軽い　重い

無声子音[k]　有声子音[g]

メモ

メモ

4 代表問題

관용 표현

기입형

次の語句の解釈が下に書いてある。当てはまる記号を書き入れなさい。
[각 0.5点씩 총 2.5点]

1999 기출 Ⅰ 6

① 鼻にかける(　　)　② 寝耳に水(　　)
③ 目にあまる(　　)　④ 合点がいかない(　　)
⑤ 油を売る(　　)

㉠ しゃくにさわる。　㉡ 無道で、だまってみていられない。
㉢ しんとして、静かなようす。　㉣ 自慢する。
㉤ 怒ったり、驚いたりした目を大きく見開く。
㉥ むだ話をし、なまける。
㉦ なんとなく好きではない。　㉧ 納得できない。
㉨ 不意の出来事におどろく。　㉩ 一生懸命に働く。

正解

①㉣　②㉨　③㉡　④㉧　⑤㉥

解説

관용어구와 그에 해당되는 설명을 서로 이어주는 전형적인 **再認形式** 문제이다. ①의 「**鼻にかける**」는 자부심을 갖고 자랑한다는 의미이므로 ㉣**自慢する**가 답이 되고, ②의 「**寝耳に水**」는 '아닌 밤중에 홍두깨'처럼 느닷없는 일이라는 뜻이므로 ㉨**不意の出来事におどろく**가 답이 된다. 그리고 ③의 「**目にあまる**」는 눈꼴 사나워서 봐 줄 수가 없다는 뜻이므로 ㉡**無道で、だまってみていられない**가 답이며, ④의 「**合点がいかない**」는 납득할 수 없다는 뜻이므로 ㉧**納得できない**가 답이다. 끝으로 ⑤의 「**油を売る**」는 해야 할 일을 하지 않고 잡담을 하며 게으름을 피운다는 뜻으로 쓰이므로 ㉥**むだ話をし、なまける**가 답이 된다.

メモ

4 同範囲問題

[答案例] 책속의 책 p.85~86

기입형

01

①~⑤の意味に当てはまるものを選び、その記号を書きなさい。[2点]

2001 기출 I 6-2

㉠ お世辞がうまい	㉡ 相手が強すぎる
㉢ 中途半端である	㉣ つい言ってしまう
㉤ 大体程度が分かっている	㉥ 謙虚な態度を示す
㉦ おおげさなでたらめを言う	

① 口をすべらす ________________

② 腰がひくい ________________

③ ほらを吹く ________________

④ 歯がたたない ________________

⑤ 帯に短かし、たすきに長し ________________

メモ

4 同範囲問題

기입형

02 〈A〉の(　　)に入ることばを、〈B〉から1つずつ選び、ことわざを完成しなさい。[2点]

2021.B 기출 | 1

〈A〉

(1) 水清ければ(　　)　　(2) 転ばぬ(　　)
(3) 立つ鳥(　　)　　(4) 急がば(　　)

〈B〉

ⓐ あとを濁さず　ⓑ 返らず　ⓒ 魚すまず
ⓓ 魚夫の利　ⓔ 地固まる　ⓕ 先の杖
ⓖ 赤くなる　ⓗ 回れ

(1) ______________________

(2) ______________________

(3) ______________________

(4) ______________________

기입형

03 다음 관용구의 □ 안에 들어갈 한자(漢字)를 이용해서 4자 숙어를 만들어 한자(漢字)로 쓰시오. [2点]

2002 기출 | 9-3

• □言もない　• □橋をたたいて渡る
• うり□つ　• 足もとから□が立つ

メモ

기입형

04

(　　) 안에 들어갈 알맞은 말을 보기 에서 골라 번호를 쓰시오. [2点]

2004 기출 | 17

⑴ 年長者の長い間の経験は尊重すべきである。
　– 亀のこうより年の(　　)。
⑵ 水泳の達者な河童でも時には押し流されてしまう。
　– 河童の(　　)流れ。
⑶ 風流より実利の方がよいというたとえ。
　– (　　)より団子。
⑷ どれもこれも同じように平凡で、特にすぐれたものがないこと。
　– どんぐりの(　　)くらべ。
⑸ 不幸や不運が重なることをいう。
　– 泣き面に(　　)。

보기

① 背　② 花　③ 甲　④ 川　⑤ 火　⑥ 劫　⑦ 蜂　⑧ 蝿

(1) ________ (2) ________ (3) ________ (4) ________ (5) ________

기입형

05

문장 (1)~(3)의 (　　) 안에 공통으로 들어갈 말을 한자(漢字)로 쓰시오. [1点]

2004 기출 | 6-2

⑴ 子どもの使いでは(　　)もとない。
⑵ 君が疑われているらしいといわれて、(　　)なしか彼の顔色が変わったようだ。
⑶ 留守番があるので(　　)おきなく出かけられる。

メモ

4 同範囲問題

기입형

06 다음은 신체의 일부분을 사용한 관용구이다. 빈칸 ①~④에 들어갈 알맞은 동사를 일본어로 쓰시오. [4点]

2006 기출 | 10

- 手を（　①　）。：やりそこなってこりる。取り扱いにこまる。
- 足が（　②　）。：出費が予算をこえる。隠したことがあらわれる。
- 目が（　③　）。：たいそう好きである。心を奪われて思慮分別がない。
- 口に（　④　）。：あまい言葉にだまされる。盛んに人々の口にもてはやされる。

① ____________ ② ____________

③ ____________ ④ ____________

기입형

07 다음 (1), (2)의 관용구에 각각 공통으로 들어갈 가장 적당한 말을 한자(漢字)로 쓰시오. [2点]

2002 기출 | 7-3

(1) □がおけない（何の気がねもない。遠慮がない）
□がない（関心がない）
□がひける（何かやましい気がして遠慮がちになる）
(2) ○に余る（黙って見ていられないほどひどい）
○がない（非常にすきだ）
○がまわる（非常にいそがしい）

① ____________ ② ____________

メモ

객관식

08 日本における動物に関わる表現の説明として、正しいものを 보기 から全部選んだものは? [2点]

2012.1차 기출 I 38

보기

ㄱ. 「たぬき寝入り」とは、寝ているふりをすることをいう。
ㄴ. 「竹に雀」とは、不調和なことをするたとえのことをいう。
ㄷ. 「きつねうどん」とは、油揚げを入れたうどんのことをいう。
ㄹ. 「からすの行水」とは、烏が水浴びをして濁った水のことをいう。
ㅁ. 「やぶ蛇」とは、好事には障害の多いことのたとえのことをいう。
ㅂ. 「きつねの嫁入り」とは、日が照っているのに雨が降ることをいう。
ㅅ. 「鶴の一声」とは、意見や利害が対立した場合、権力や権威のある人の一言をいう。

① ㄱ, ㄷ　② ㄴ, ㄹ, ㅁ　③ ㄷ, ㅂ, ㅅ
④ ㄱ, ㄷ, ㅂ, ㅅ　⑤ ㄴ, ㄹ, ㅁ, ㅂ

メモ

4 同範囲問題

객관식

09 ㈎는 밑줄 친 비유표현을 이용하여 학생이 작성한 것이고, ㈏는 교사가 이를 수정한 것이다. 수정이 옳은 것은? [2点]

2010.1차 기출 | 9

보기

	㈎	㈏
ㄱ.	割れるような批判	→ 割れるような拍手
ㄴ.	目を皿のようにして怒る	→ 目を皿のようにしてよろこぶ
ㄷ.	のどから手が出るほど怖い	→ のどから手が出るほどほしい
ㄹ.	盆と正月が一緒に来たような煩わしさ	→ 盆と正月が一緒に来たようなのどかさ

① ㄱ, ㄴ　② ㄱ, ㄷ　③ ㄴ, ㄷ
④ ㄴ, ㄹ　⑤ ㄷ, ㄹ

メモ

기입형

10 빈칸 ①과 ②에 들어갈 속담을 일본어로 쓰시오. [4点]

2006 기출 I 5

会議や交渉がうまくまとまるように、事前に関係者の間で意見調整などをしておくことを「根回し」といいます。根回しの習慣は、公的な場での対立を嫌う日本人の傾向を示しています。「右へならえ」は、ある意見や行動に自分の言動を合わせることをいいます。また、「(　①　)」ということわざは、「目立ちすぎると、人から憎まれたり、周囲から押さえ付けられたりする」という意味です。

A：俺さあ、今月からイタリア語とスペイン語、いっしょに勉強することにしたんだ。ほら、似てるじゃない、すごく。だから一石二鳥ってわけ。

B：どっちか一つにした方がいいと思うけどなあ。(　②　)、って言うしねえ。

① ________________

② ________________

メモ

4 同範囲問題

기입형

11 次の文章を読み、文脈に沿って⓪、ⓑに当てはまる動詞と接続詞を 条件 に従って順番に書きなさい。

2018.B 기출 | 4 일부

ある俳優の渋いせりふによって、「不器用」という言葉は株を(ⓐ)。本来は否定的な意味だが、その中にあった好意的なニュアンスが膨らんだ。いまや「器用」を越える褒め言葉かもしれない。米国のフォード元大統領も不器用な人だったらしい。

…(中略)…

「二つ同時」も良し悪しで、警察庁によれば、今年の上半期に自転車の「ながら運転」が全国で85件摘発されたという。携帯電話で話したり、画面を見たりしながら乗るなどの違反である。実感より少ない、と感じる人も多いのではないか。警察官の指導警告に従わないで「赤切符」を切られるか、事故を起こして「事件扱い」された数なのだという。(ⓑ)まさに氷山の一角と言えるだろう。実際に街を歩いていると、危なっかしい「曲乗りまがい」は随分多い。当たり前の光景になった歩きスマホにも言えるが、「二つ同時」はどちらかにしてほしい。

－ 朝日新聞『天声人語』2015.8.28.より改変 －

条件

- ⓐは時制にも注意すること。
- ⓑはひらがな3文字で書くこと。また、日本語の辞書の見出しとして載っている語に限る。

ⓐ ________________ ⓑ ________________

メモ

[答案例] 책속의 책 p.88

기입형

12 「手をぬく」という慣用句の意味を韓国語で書きなさい。[1点]

1998 기출 Ⅰ 2-5

メモ

5 代表問題

위상어(位相語)

기입형

ⓐとⓑに該当することばを漢字または仮名で書きなさい。[2点]

2014.A 기출 | 6

> 日本社会には、年齢、(ⓐ)、(ⓑ)など、さまざまな集団の違いや場面の相違に応じてことばの違いが現れる現象がある。これを位相といい、この違いが現れた語を位相語と呼ぶ。
>
> このような現象は、音声・音韻、文字・表記、文法、語彙の各分野において見られる。例えば、「疲れた」と「しんどい」、「かたつむり」と「でんでんむし」は(ⓐ)の違いによるもので、「もう行くぞ」と「もう行くわよ」は(ⓑ)の違いによるものである。しかし、近年ではこういった位相語の境界があいまいになりつつある。

メモ

メモ

正解

ⓐ 地域　ⓑ 性別

解説

위상(位相)과 위상어에 대한 개념을 묻는 문제이다. 피곤하다고 말할 때 도쿄 쪽에서는 「疲れた」로 표현하지만 오사카 쪽에서는 「しんどい」라고 하고 달팽이를 「かたつむり」라고 부르는 도쿄 쪽 사람들과 달리 오사카 쪽 사람들은 「でんでんむし」라는 이름으로 부르는 것이 일반적이다. 이는 지역에 따른 차이이며 종조사 「ぞ」나 「わ」의 사용 유무는 성별에 따른 차이이다.

이처럼 일본에서는 성별이나 연령, 직업, 지역, 구어체와 문장체, 대화 장면이나 상대방과의 사회적 관계 등, 여러 가지 요인에 따라 사용하는 어휘가 달라지는데 이를 위상이라고 하며 그러한 위상의 차이에 따라 달라지는 어휘를 위상어라고 한다. (研究社 『日本語教育事典』 p.210) 다만 지역방언에 대해서는 학자에 따라 지역 방언을 위상어에 포함시키지 않는 학자도 있다.

● 위상어의 예

① 성별에 따른 위상어 : 「おれ」「めし」(男)　「わたし/あたし」「ごはん」(女)

② 직업에 따른 위상어 : 「オペ」(의사)　「ホシ」(경찰)(集団語라고도 한다)

③ 지역에 따른 위상어 : 「つかれた」(東京)　「しんどい」(大阪)(地域方言으로 부르기도 한다.)

④ 연령에 따른 위상어 : 若者言葉 ―「マジ/きもい」

5 同範囲問題

기입형

01 다음 글의 (　　)에 공통으로 들어갈 말을 한자(漢字)로 쓰시오. [1点]

2003 기출 I 7-2

男女、年齢、職業、社会の階層などの違いによって、同一の事物を指示する場合にもそれぞれ特徴的な語が使われる。この現象を(　　)という。そしてその使われる語を(　　)語という。

기입형

02 현대일본어에는 남녀 언어 표현의 차이가 있다. 그 차이를 고려하여 다음 남녀 대화문을 동일한 의미의 표현이 되도록 빈칸 ①~③을 완성하시오. [3点]

2006 기출 I 16

〈女性同士の対話〉
A：(　①　)、韓国から輸入されたCD持っている?
B：ええ、持っているわよ。
A：ちょっと来週の宿題をするために借りたいんだけど、(　②　)。
〈男性同士の対話〉
A：すずきくん、韓国から輸入されたCD持っている?
B：うん、(　③　)。
A：ちょっと来週の宿題をするために借りたいんだけど、いいかな。

① ______

② ______

③ ______

メモ

기입형

03 두 사람의 대화를 읽고 빈칸에 들어갈 적합한 말을 쓰시오. [1点]

2004 기출 | 13-1

キム：これ俺のおふくろが送ってくれた韓国のおかしです。どうぞ。

先生：だけどキムさん、今「俺のおふくろ」って言っていたけど、目上の人と話すときは、その言葉は使わないほうがいいわよ。

キム：あ、すみません。「です」を使っているから丁寧でいいと思ったんですが……。

先生：「俺」とか「おふくろ」という言葉と「です」ではバランスが悪くて、不自然な感じがするの。

キム：そうですか。

先生：こういう場合は「________」などと言ったほうがいいわね。

キム：はい、分かりました。

メモ

5 同範囲問題

기입형

04 일본어는 구어체에서 남성어와 여성어로 분류되는 특성이 있다. 다음을 남성어와 여성어로 분류하여 그 번호를 쓰시오. [2点] 2005 기출 | 8

> ① 相づちが多い。
> ② 改まった場面での漢字の使用頻度が高い。
> ③「ぞ」や「ぜ」などの終助詞をよく使う。
> ④ 1人称代名詞として「あたし」をよく使う。
> ⑤ 感動詞の種類が多く、その使用頻度も多い。
> ⑥「きれいね。」のように文末の「だ」を省くことが多い。
> ⑦「すてき」といった主観的な評価を伴う形容詞をよく使う。

• 남성어 : ______________________________

• 여성어 : ______________________________

メモ

기입형

05

次の〈A〉と〈B〉は、同じことを違う言い方で表す例である。〈A〉は位相、〈B〉は文体に関わるものである。ⓐ、ⓑに当てはまることばを順番に書き、〈B〉の(1)を参考にし、ⓒに当てはまる文を書きなさい。[4点]

2018.B 기출 | 5

〈A〉

(1) [年齢]
- 駅まで車で行く。
- 駅までブーブーで行く。

(2) [　ⓐ　]
- ぼくは行かない。あしたから試験だから。
- ぼくは行かん。あしたから試験やから。

(3) [　ⓑ　]
- あら、めずらしいわね。あなたも本、読んでるのね。
- お、めずらしいな。おまえも本、読んでるのか。

〈B〉

(1) • このケースは今までそんなに報告されてなくて、その原因も分からない。
• このケースは今までそれほど報告されておらず、その原因も明らかではない。

(2) • ものすごく難しい問題だったみたい。
• ＿＿＿ⓒ＿＿＿。

メモ

5 同範囲問題

기입형 서술형

06 次の場面にふさわしくない表現を一つ選び、適切な表現にかえなさい。また、その理由を書きなさい。[2点]

2014.A 기출 I 3

> 司会　：お二人の門出を祝って、乾杯！
> 参席者：乾杯！
> 司会　：では、新郎新婦上司の佐藤弘様より、お祝いのお言葉をいただきます。
> 佐藤　：新郎の誠君、新婦の由美さん、ご結婚おめでとうございます。まさか二人が付き合っていたなんて、私は同じ会社にいながらまったく気づきませんでした。今日のこの日を忘れず、末永くお幸せに！
>
> …(中略)…
>
> 司会　：それでは、新婦のお色直しのあと、新郎新婦によるケーキ入刀がございます。新婦のお色直しの間、皆様、お食事を召し上がりながら、ゆっくりとご歓談ください。
>
> …(中略)…
>
> 司会　：これをもちまして高橋家・宮本家ご両家の結婚式を終わらせていただきます。ありがとうございました。

キーワード

お開きにする　忌み言葉
タブー視

メモ

기입형 서술형

07

次の文章を読み、下線部ⓐについて、形態上の特徴2つと使用主体を書きなさい。また、ⓑに入ることばを書きなさい。[4点]

2019.A 기출 | 11

明治以降の近代に入ると、それまでのⓐ女房詞、武家ことば、町人ことばといった区別に代わって、上流・中流・下流といった(ⓑ)間のことばの差異や対応が見られるようになった。(ⓑ)によって、夫婦の呼称に区別があった。たとえば、夫を殿様、その妻を奥様と言う。夫を檀那様と言えば、その妻を御深窓様と言う。ご亭主と言えば、おかみさんと言う。必ず対をなす習慣だったのに、近頃*は中流以上の家では夫を檀那様と言いながら妻を奥様と言う。この場合は御深窓様であるべきなのに、このようにも使う。

いずれにしても近代日本語の形成過程において、中流の人々のことばが、一種の主導力を発揮したことは、日本語史において重要な事実である。

*明治28年(1895)前後を指す。

キーワード

お　もじ　女房　女官
階級　身分

メモ

5 同範囲問題

서술형

08

다음은 격식을 갖춘 장면과 그렇지 않은 장면의 대화이다. 격식을 갖춘 장면에서의 담화적 특징 3가지를 쓰시오. [3点]

2006 기출 | 6

A	村上　：ねえ、百恵さん。映画のチケットが二枚手に入ったんだけど、見に行かない？ 百恵　：どんな映画なの？ 村上　：カンヌ映画祭で最優秀を取った○○って映画なんだ。 百恵　：ごめんね、その映画、私もう見ちゃったの。 村上　：残念だなあ。じゃあ、また今度。

B	伊藤　：朝早く申し訳ございません。伊藤と申しますが、山田先生はお出ででしょうか。 奥さん：たった今、出かけたところですが、何か？ 伊藤　：実は明日中、大学の願書を提出しなければならなくて、先生の推薦状がどうしても必要なんです。それでお電話を。 奥さん：ああ、そうですか。お昼過ぎには帰ってくると思いますが。 伊藤　：では、その頃、もう一度電話するとお伝えいただけないでしょうか。 奥さん：わかりました。帰ってまいりましたら、必ず伝えておきます。 伊藤　：よろしくお願いします。では、失礼いたします。

キーワード

丁寧語　「です・ます体」
敬語　縮約表現　男性語
女性語

メモ

09~11 次の対話文を読んで、あとの問いに答えなさい。

1998 기출 | 1 일부

A：あああ、絶望的!
B：どうしたの?
A：数学のこの点数、サ・イ・テ・イ!
B：ⓑなに言ってんのよ。わたしなんか、もっと悪いのに。
A：(ⓒ)、なぐさめてくれて。

기입형

09 話者A、Bの性別として考えられる答えをすべて韓国語で書きなさい。[2点]

1998 기출 | 1-1

기입형

10 下線部ⓑをフォーマルな形に書きなおしなさい。[1点]

1998 기출 | 1-3

기입형

11 (ⓒ)に最も適当なことばを書きいれなさい。[2点]

1998 기출 | 1-4

メモ

6 어휘의 의미

代表問題

다음 보기에는 원래의 의미로부터 변화한 의미를 갖게 된 것들이 있다. 해당하는 것을 두 개씩 골라 기호를 쓰시오. [3点]

2003 기출 | 7-1

보기

(a) 坊主	(b) さかな	(c) 妻	(d) 瀬戸物
(e) 女房	(f) 果報	(g) おまえ	(h) 僕

(1) 拡大化(一般化)した意味を持つもの　(　　　)(　　　)

(2) 縮小化(特殊化)した意味を持つもの　(　　　)(　　　)

(3) 下落した(よくない)意味を持つもの　(　　　)(　　　)

正解

(1) (a) (d)　(2) (b) (c)　(3) (e) (g)

解説

시간의 흐름에 따라 의미가 변화한 단어들을 그 종류에 따라 나누는 문제이다.

(1) 의미가 확대되어 일반화된 예로는
(a) 坊主(僧房の主⇨一般の僧、男の子)와 (d) 瀬戸物(愛知県瀬戸市で作られた陶磁器⇨陶磁器一般) 등이 있다.

(2) 의미가 축소되어 특수화된 예로는
(b) さかな(酒菜⇨魚)와 (c) 妻(夫婦や恋人が互いに相手を呼ぶ称⇨配偶者である女性) 등이 있다.

(3) 의미가 하강하여 부정적인 의미를 갖게 된 예로는
(e) 女房(宮中で奉仕した身分の高い女官⇨妻の俗っぽい言い方)와 (g) おまえ(貴人の敬称⇨同輩以下をやや見下して呼ぶ語) 등이 있다.

그 밖에도 의미가 상승하여 긍정적인 의미를 갖게 된 단어로 「天気, 果報, 評判, 未亡人, 僕」 등이 있다.

メモ

6 同範囲問題

[答案例] 책속의 책 p.91

서술형

01

〈A〉のⓐ～ⓗは反義(対義)語のペアである。これらの語はさらにある意味関係によって、四つのグループに分けられる。〈B〉のグループ１を参考に、〈A〉から同じ意味関係のものを二つずつ選んで、その意味関係をグループ２～４に書きなさい。[5点]

2014.A 기출 | 서술형 3

〈A〉

~~ⓐ 貸す：借りる~~	ⓑ 最大：最小
ⓒ 当たる：外れる	~~ⓓ 上り坂：下り坂~~
ⓔ 北極：南極	ⓕ 太る：痩せる
ⓖ 好きだ：嫌いだ	ⓗ 地上：地下

〈B〉

グループ１	ⓐとⓓは一つの事柄を相対する視点から捉えた反義関係である。
グループ２	
グループ3	
グループ4	

キーワード

相補的反義関係
程度の差(程度性)　連続的
非連続的　極端的　対極的

メモ

6 同範囲問題

기입형 서술형

02

次のⓐに共通して入る用語を書き、下線部ⓑについて説明しなさい。また、ⓒとⓓに「あがる」あるいは「のぼる」を入れなさい。[4点] 2021.A 기출 I 8

単語は、他の単語と孤立してばらばらに存在するのではなく、互いに関係しながら存在している。中には、「コップ」と「グラス」、「打つ」と「叩く」、「あがる」と「のぼる」のようによく似た意味を持つ単語どうしがあり、これらを(ⓐ)という。

たとえば、「あがる」と「のぼる」の場合、両者とも「低い所から高い所へ移る」という意味をもち、(1)ではどちらも用いることが可能である。ただ、<u>ⓑ(1)の「あがる」と「のぼる」とでは多少の意味の差はある</u>。また、(2)と(3)のように、「あがる」と「のぼる」を入れ替えられない場合もある。このことから(ⓐ)でも、その意味領域には、重なる部分と重ならない部分があるといえる。

(1) 展望台にあがる/のぼる。
(2) 花火が空に(ⓒ)。
(3) 弟は木に(ⓓ)。

ⓐ ______________________

ⓑ ______________________

____

____

ⓒ ______________________

ⓓ ______________________

キーワード

類義語　移動後の結果
移動主体の位置変化
移動過程

メモ

객관식

03 ㈎ ㈏ ㈐ ㈑ ㈒に入る最も適切なものは？ [2.5点]

2011. 1차 기출 I 16

- 目の前にすばらしい景色が(　가　)。
- 日本に仏教が(　나　)のはいつ頃ですか。
- 資金ができたので、さらに商売を(　다　)。
- 経験を通じて、見聞を(　라　)ことが大切だ。
- 模様替えをしたら、なんとなく部屋が(　마　)ような気がする。

	㈎	㈏	㈐	㈑	㈒
①	広がった	広まった	広げた	広める	広がった
②	広まった	広めた	広げた	広げる	広まった
③	広がった	広がった	広めた	広げる	広がった
④	広まった	広められた	広げた	広げる	広められた
⑤	広げられた	広まった	広めた	広める	広がった

객관식

04 下線部の「適当」の意味が他と異なるものは？ [2点]

2011. 1차 기출 I 29

① A：計算がピタッと合ったよ。
　B：適当にやったのに、凄いわね。

② A：湯加減はいかがでしたか。
　B：適当でよろしゅうございました。

③ A：社長、苦情電話が殺到しています。
　B：適当にあしらっておけ。

④ A：あいつ、ふられたと思ったら、また新しい彼女、つくったよ。
　B：適当な男だなあ。

⑤ A：物価が5％上がったから、商品も5％引き上げておいてくれ。
　B：店長、それは適当というものじゃありませんか。

メモ

7 代表問題

어종(語種)

기입형 서술형

〈A〉の下線部について説明しなさい。また、〈B〉の 例 を語種によって分類し、(1)～(4)に書きなさい。なお、混種語は「ヒット(外来語)＋曲(漢語)」のように、その構成を書きなさい。[4点]

2017.A 기출 | 9

〈A〉

語種とは、語をその起源や由来によって分類したもので、日本語では、大きく和語、漢語、外来語、混種語の4種類に分けられる。このうち漢語は、厳密には外来のものであるが、日本語における定着度が高いことから、主に西欧語を起源とする外来語とは別扱いするのが一般的である。また、混種語は、語種の異なる複数の語が組み合わさって出来たものである。

〈B〉

例

試合	美術	親子丼	光通信
気遣う	目新しい	スケート靴	タブレット

(1) 和語　：＿＿＿＿＿＿＿＿＿＿

(2) 漢語　：＿＿＿＿＿＿＿＿＿＿

(3) 外来語：＿＿＿＿＿＿＿＿＿＿

(4) 混種語：＿＿＿＿＿＿＿＿＿＿

メモ

キーワード

日本固有の語
やまとことば
訓読み

メモ

正解

- 「和語」とは漢字が伝来される前にもともと日本にあった固有の語で「やまとことば」とも言う。漢字を訓読みするときには和語で読む。
- 〈B〉の言葉を語種によって分類すると、次のようになる。

⑴ 和語：「試合、親子丼、目新しい」

⑵ 漢語：「美術」

⑶ 外来語：「タブレット」

⑷ 混種語：「光(和語)+通信(漢語)」、「気(漢語)+遣う(和語)」
「スケート(外来語)+靴(和語)」

解説

일본어 어휘의 어종(語種)은 그 기원에 따라 일본 고유의 和語, 한자의 전래에 따라 성립된 漢語, 중국 외의 다른 나라에서 들어온 外来語, 그리고 이 세 가지의 어종이 섞여 있는 混種語의 4種類로 나누어진다. 한자어라고 하더라도 훈독을 할 경우는 和語라고 생각해야 한다. 試合의 어종에 대해서는 다음 설명을 참조하기 바란다.

- 仕方(しかた)　仕事(しごと)　仕業(しわざ) …「する」の連用形「し」の当て字として「仕」を使用。
- し合う：「互いにする」の名詞化 … 仕合 ⇒「互いに勝負を競う」… 試合(為合 ⇒ 仕合 ⇒ 試合)

cf. 泥仕合(どろじあい)：互いに相手の欠点・失敗・秘密などを言い立てて非難しあう醜い争いのこと。

闇仕合(やみじあい)：暗闇の中での立ち回りや争い。相手もわからず争うこと。歌舞伎などで使われる場合が多い。

…「勝負を競う」という意味ではないから「仕合」だが、「泥試合・闇試合」も使わないわけではない。

7 同範囲問題

[答案例] 책속의 책 p.92

서술형 기입형

01 어휘의 어종(語種)에서 말하는 '혼종어(混種語)'의 개념을 2줄 이내로 설명하고, 보기 에서 이에 해당하는 단어를 2개만 고르시오. [2点]

2005 기출 I 12

보기

話し手、ローカル、本箱、受付、なまたまご、
国際関係、なまゴム、田舎者

• 개념 : ____________________

____

• 단어 : ____________________

키ーワード

和語　漢語　外来語
2種類以上　複数種の語彙

メモ

メモ

8 代表問題

단어의 구성(語構成)

기입형

다음은 단어를 분류한 것이다. 그 분류 기준과 ①, ②, ③ 각각의 그룹 명칭을 일본어로 쓰시오. [3点]

2007 기출 | 11

① 春(はる), 風(かぜ), 雨(あめ), 山(やま), 水(みず), 傘(かさ)
② 春風(はるかぜ), 山里(やまざと), 水遊び(みずあそび)
③ 真心(まごころ), おビール, 秋めく, 強がる

• 기준 : ____________________

• 명칭 : ① ____________ ② ____________ ③ ____________

メモ

正解

• 기준 : 語構成
• 명칭 : ① 単純語(単一語) ② 複合語 ③ 派生語

解説

단어를 분류하는 기준은 여러 가지가 있다. 이 문제에서는 단일어와 합성어(복합어와 파생어)의 예를 들고 있는데, 이렇게 단어를 분류하는 기준은 단어의 구성, 즉 語構成이다.

의미 면에서 더 이상 분해할 수 없는 단어를 単純語라고 하며, 분해할 수 있는 단어는 두 개 이상의 단어(語基)가 결합하여 성립한 複合語, 그리고 語基에 접두사나 접미사가 결합되어 이루어진 派生語로 나누어진다.

8 同範囲問題

[答案例] 책속의 책 p.93

기입형

01 보기 의 일본어 복합동사 중에 전항과 후항의 조합이 바르지 않은 것 2개를 골라 번호를 쓰시오. [1点]

2004 기출 | 11-1

보기

① 食べ始まる	② 走り終わる	③ 駆け上がる
④ 這い上げる	⑤ 張り上げる	⑥ 運び上げる

메모: メモ

객관식

02 (가), (나)의 복합어와 같은 결합 관계로 짝지어진 것은? [1.5点]

2009.1차 기출 | 15

(가) 日暮れ	雪解け	値上がり
(나) 砂遊び	石焼き	体当たり

	(가)	(나)
①	水遊び	手書き
②	白髪まじり	手作り
③	川くだり	里帰り
④	雨宿り	金持ち
⑤	肌ざわり	島育ち

8 同範囲問題

객관식

03

複合名詞を構成する前要素と後要素の結合関係が 보기 1 の下線部と同じパターンの語を、品詞性を考慮し、보기 2 から正しく選んだものは？ [2点]

2012.1차 기출 | 15

보기 1

(가) 家出をした。
(나) 挿絵を入れる。
(다) 厚着して外出した。

보기 2

ㄱ. 煮物	ㄴ. 早寝	ㄷ. 子守
ㄹ. 遠出	ㅁ. 書留	ㅂ. 脇見
ㅅ. 見方	ㅇ. 近道	

	(가)	(나)	(다)
①	ㄱ, ㅁ	ㄷ, ㅂ	ㄹ, ㅇ
②	ㄱ, ㅂ	ㅁ, ㅅ	ㄹ, ㅇ
③	ㄷ, ㅂ	ㄱ, ㅁ	ㄴ, ㅇ
④	ㄷ, ㅂ	ㄱ, ㅅ	ㄴ, ㄹ
⑤	ㄷ, ㅅ	ㅁ, ㅂ	ㄴ, ㄹ

객관식

04

合成語に関する説明として正しくないものは？ [2点]

2011.1차 기출 | 17

①「落ち葉」と「空き缶」は連体修飾関係の複合語である。
② 派生語は語基に一つ以上の接辞が結合してできた語である。
③「歯ブラシ」と「早起き」は統語構造をもった複合語である。
④「近寄る」と「飛びはねる」は並列構造をもった複合語である。
⑤「赤玉」は連濁、「酒屋」は語基の語末母音が交替した例である。

メモ

기입형

05

ⓐ、ⓑに入る例を一つずつ漢字または仮名で書きなさい。また、ⓒ、ⓓに該当することばをそれぞれ漢字または仮名で書きなさい。[2点] 2017.A 기출 I 5

日本語の複合語のうち、「N(名詞)+V(動詞)型」の複合名詞を、その意味から分類すると、次のようになる。

(1) 行為名詞　：草取り、魚釣り、綱引き
(2) 行為者名詞：絵描き、嘘つき、(ⓐ)
(3) 道具名詞　：栓抜き、箸置き、(ⓑ)
(4) (ⓒ)　：夜明け、日暮れ、昼下がり
(5) (ⓓ)　：村はずれ、山沿い、車寄せ
(6) 状態名詞　：二日酔い、すし詰め、水ぶくれ

ⓐ ______________________

ⓑ ______________________

ⓒ ______________________

ⓓ ______________________

メモ

9 代表問題

축약(縮約)

기입형

다음 단어들의 축약형을 쓰시오. 단, 축약형이 한자(漢字)인 경우는 반드시 괄호 안에 후리가나(振り仮名)를 쓰시오. [3点] 2008 기출 I 11

㉮ デジタルカメラ	㉯ アポイントメント	㉰ 青森函館トンネル

㉮ ____________ ㉯ ____________ ㉰ ____________

メモ

正解

㉮ デジカメ ㉯ アポ ㉰ 青函(せいかん)トンネル

解説

길이가 긴 외래어의 경우, 네 글자로 줄이는 경우가 많은데 「アポ」처럼 두 글자로 줄이는 단어도 있다. ㉰의 青森函館(あおもりはこだて)トンネル는 축약형이 되었을 때 지명을 青函(せいかん)トンネル처럼 음독으로 읽어야 한다.

9 同範囲問題

[答案例] 책속의 책 p.94

기입형

01

다음 밑줄 친 부분을 축약형(縮約形)으로 고쳐 쓰시오. [2点]

2002 기출 | 5-2

(1) それで食べ物やラジオなどを<u>準備しておいた</u>ほうがいいわよ。
(2) みんな忙しいから今日は<u>来ては</u>だめだよ。

(1) ______________________

(2) ______________________

기입형

02

보기 와 같이 [ ] 에 알맞은 축약형을 쓰시오. [1点]

2004 기출 | 5-3

보기

行けば ⇨ 行きゃ

行ければ ⇨ [ ]

기입형

03

다음은 실제의 언어 사용 장면에서 많이 사용되는 축약표현의 예이다. ①과 ②를 축약 이전의 형태로 쓰시오. [2点]

2005 기출 | 9

• なに<u>してんの</u>。<u>やめたきゃ</u>、やめなさい。
　　　　①　　　　②

① ______________________

② ______________________

メモ

10 代表問題

품사

서술형

次を読んで、＿＿＿＿＿に入る教師の説明の続きを書きなさい。[5点]

2014.A 기출 | 서술형 4

教師　：日本語には2種類の形容詞があります。「重い」、「軽い」のように、名詞を修飾するときに名詞の前が「〜い」になるものを「イ形容詞」といいます。「きれいな」、「静かな」のように名詞の前が「〜な」になるものを「ナ形容詞」といいます。

学習者：先生、「大きい」は「イ形容詞」ですね。では、「大きな」は「ナ形容詞」ですか。

教師　：いいえ、そうではありません。「大きい」と「大きな」はどちらも意味的には＿＿＿＿＿＿＿＿＿＿＿＿＿＿＿＿＿＿＿＿＿＿＿＿＿＿＿＿。

メモ

キーワード
- 形容詞
- 連体詞
- 活用
- 名詞を修飾
- 意味　機能
- 形態
- 名詞を説明
- 述語

正解

同じです。しかし、「大きな」は形容詞ではなくて「連体詞」と呼びます。連体詞は名詞の前に来て名詞を修飾する機能をするものですが、述語になってその名詞を説明することはできません。「大きい」は「大きいスイカ」のようにも、「このスイカは大きいです」とも言えるでしょう。そして、過去形は「大きかった」、否定形は「大きくありません」、副詞的に使うときには「大きくなる」など、いろいろ活用することができますが、「大きな」はそのように活用することはできません。「小さい」と「小さな」の場合にも「小さい」はイ形容詞ですが、「小さな」は連体詞です。

解説

품사를 구별하는 기준은 의미와 기능, 그리고 형태 세 가지이다. 이 문제는 형용사 「大きい」와 연체사 「大きな」에 대해 설명하는 문제이다. 형태만 보고 ナ形容詞라고 오해할 수 있는 단어이므로 연체사 「大きな」가 형용사와 어떻게 다른지에 대해 의미와 기능, 활용을 비교해 가면서 설명하는 것이 좋다.

7 일본어 문법

1 代表問題

일본어의 특징

기입형

일본어의 특성에 관한 내용이다. 바르지 <u>않은</u> 것 3가지를 골라 번호를 쓰시오. [3点]

2007 기출 I 8

① 母音が9つある。
② 地域方言がない。
③ 開音節構造である。
④ 修飾語が被修飾語の前にくる。
⑤ 特殊音素のモーラ(拍)音素がある。
⑥ 漢字を使用しているので中国語と同じ系統である。
⑦ 数(number)や性(gender)は義務範疇ではない。

メモ

正解

① ② ⑥

解説

일본어는 모음이 5개이며 지역 방언이 존재한다. 언어 계통으로 보아 중국어는 고립어에 해당하지만 일본어는 그렇지 않다.

1 同範囲問題

[答案例] 책속의 책 p.95~96

기입형

01 다음은 한국어와 일본어의 차이점에 대한 설명이다. 내용이 맞으면 ○표, 틀리면 ×표를 하시오. [4点]

2003 기출 | 4

(1) 言語類型論では、形態論的な観点から世界の諸言語を孤立語、膠着語、屈折語、抱合語に分類しているが、日本語は膠着語に、韓国語は屈折語に分類される。
(2) 母音で終わる音節を開音節、子音で終わる音節を閉音節と言うが、日本語の音節は原則的に閉音節で、韓国語は開音節である。
(3) だれに敬語を使用するかを基準にした場合、日本語の敬語は相対敬語で、韓国語の敬語は絶対敬語であると言われている。
(4) 日本語では、会話への参加を明示的に表現する強い必要性があるから、あいづちの出現頻度が非常に高いが、韓国語では日本語より出現頻度が低い。

(1) ________ (2) ________ (3) ________ (4) ________

メモ

1 同範囲問題

기입형

02 빈칸 ①~③에 들어갈 알맞은 말을 한자나 히라가나로 쓰시오. [3点]

2006 기출 | 18

> (①)言語学とは、現在使われている任意の2つ以上の言語を比較する言語学で、言語間の類似点、相違点を明らかにしようとするものである。1940年代にアメリカで生まれ、その理論背景には行動主義心理学とアメリカ構造言語学がある。また、言語を比較する点で共通しているものとして、世界の諸言語を言語的な特徴における類似点、相違点からいくつかのタイプに分類し、研究する類型論がある。類型論には形態的類型論と(②)的類型論があり、前者は19世紀にドイツの言語学者フンボルトらによって提唱され、世界の言語を「屈折語」「孤立語」「(③)語」「抱合語」の4つに分類した。

① ______________________

② ______________________

③ ______________________

メモ

[答案例] 책속의 책 p.96

서술형

03 이 지구상에는 3,000 혹은 6,000여 개의 언어가 사용되고 있는 것으로 알려져 있다. 이 많은 언어 중에서 UN의 공용어(Official language)는 영어, 중국어, 러시아어, 프랑스어, 스페인어, 아랍어 등 6개 언어뿐이고, 세계 여러 나라에서 외국어로 학습되고 있는 언어 또한 소수에 불과하다. 학습 대상 외국어를 선정하는 기준은 언어의 국제적 위상과 깊은 관련이 있다. 언어의 위상은 시대에 따라, 국가에 따라 또는 개인에 따라 달라질 수 있다. 한국의 일본어 학습자가 일본어를 학습 대상으로 선정함에 따라 그 기준으로 삼을 수 있는 일본어의 위상을 약술하시오. (400자 이내) [7点]

1997 기출 Ⅰ 1

メモ

2 代表問題

품사와 문장 성분

서술형

次の下線部は、文法的に正しくないとされる表現である。このような表現が見られる理由を、条件に従い説明しなさい。[4点] 2021.B 기출 I 10

マリナ：	ねえねえ、この前、シュン君が言ってた1時間待ちのカフェってあそこじゃない？
アユミ：	あ、本当だ。たしか駅前って言ってたよね。
マリナ：	そうだね。
アユミ：	でも、なんか違くない？
マリナ：	うん、ぜんぜん人が並んでないよね。

条件

○ 品詞、形態、意味的特徴の観点から説明すること。

メモ

キーワード

品詞　形態
意味　形容詞
動詞

正解

品詞からみると「違う」は形態の面では動詞に該当し動詞に準じて活用する。しかし「違う」の語彙的な意味は動作ではなくて状態を表しており意味的には形容詞の特徴を有している。そのため、人々の間でこれをイ形容詞のように認識する傾向が生じ、その使用が広まった結果、下線部のような表現が現れたものと考えられる。

解説

동사임에도 불구하고 イ形容詞와 같은 활용을 하는 「違う」에 대해 그 이유를 묻는 문제이다. 품사분류의 기준은 의미(동작인가 상태인가 등), 문장 내 기능(주어인가 술어인가 등), 그리고 형태론적 특징 등이 있다. <条件>에서도 品詞、形態、意味的特徴の観点から説明すること라고 쓰여 있으므로 답안을 쓸 때에 이 세 가지 관점에서의 특징을 빠짐 없이 쓰도록 한다.

2 同範囲問題

[答案例] 책속의 책 p.95~96

기입형

01 일본의 학교문법은 크게 3가지 기준으로 품사를 분류하고 있다. 보기 를 참고하여 품사 분류 기준 3가지를 각각 1줄 이내의 일본어로 쓰시오. [3点] 2007 기출 | 16

보기

連体詞	• 自立語である。 • 活用がない。 • 修飾語になる。

① ______

② ______

③ ______

기입형

02 下線部の品詞名を書きなさい。ただし、学校文法として認められている10品詞の中で答えなさい。(답은 한글 또는 漢字로 쓸 것) [2点] 2001 기출 | 4-3

① 彼女は<u>また</u>ふられたね。 ② あの男は<u>おかしな</u>人だわ。
③ <u>うん</u>、私も行くよ。 ④ 雨は降ら<u>ない</u>だろう。
⑤ さっぱり<u>きれい</u>になった。

① ______

② ______

③ ______

④ ______

⑤ ______

メモ

2 同範囲問題

서술형

03 次の会話文を読み、下線部ⓐ、ⓑについて 条件 に従って順番に説明しなさい。[4点]

2018.B 기출 | 2

キム：先生、「静かだ」を辞書で調べても出てきません。どうすればいいですか。

田中：そうですね。では、終止形*の「静かだ」じゃなくて、語幹の「静か」で引いてみてください。

キム：語幹でですか。あ、あった！えっ、でも、おかしいですね。「忙しい」のようなイ形容詞は終止形でいいのに、どうしてナ形容詞はそれじゃだめなんでしょうか。

田中：なかなか鋭い質問ですね。まず、ナ形容詞とイ形容詞は状態性の概念を表すという点で共通しますが、活用の仕方は大きく異なります。例えば、「静かだ」のようなⓐナ形容詞の語尾「だ」は、文末においては、指定・断定の助動詞「だ」と同じ形の変化を見せますが、イ形容詞は、連体形と終止形が同じ形で、動詞に似たような活用をするとされています。また、ⓑナ形容詞の語幹は独立して用いられることも多く、その独立性の強さという点から名詞に近い性格を持ちます。つまり、イ形容詞は動詞と、ナ形容詞は名詞とのつながりが深いんです。ということで、ナ形容詞は語幹のみの形で見出し語として辞書に載せられるんですよ。

キム：よくわかりました。結局、名詞の「学生」を「学生だ」で引かないのと同じ理屈なんですね。どうもありがとうございました！

*基本形ともいう。

キーワード

ナ形容詞　名詞　活用
語幹　格助詞　共起

メモ

条件

- ⓐは、ナ形容詞と体言の場合を例示しながら説明すること。
- ⓑは、ナ形容詞と様々な格助詞との共起関係を例示しながら説明すること。

기입형

04

다음 문장에서 쓰이고 있는 「ない」가 조동사인 것을 모두 골라 그 기호를 쓰시오. [1点] 2002 기출 | 4-2

(a) ひとりでもさびしくはないよ。
(b) それはよくないからすぐ改めなさい。
(c) 君の親切は決して忘れない。
(d) そんなことぼくにはできないね。
(e) 本がほしかったが金はなかった。
(f) 勉強しなければだめよ。

メモ

2 同範囲問題

기입형

05 ⓐ~ⓓに入る最も適当なものを下の例から選び、書きなさい。[2点]

2001 기출 | 2

A：ねえ、ねえ、今日映画見に行かない？
B：ごめん。今日はちょっと。
3時に打ち合わせがあるんだよ。(ⓐ)5時には新宿で約束があるし。
A：ひさしぶりに一緒に行こうとしたのに。
B：邦子さんと行ったら。(ⓑ)尚子さんと行く？
A：いやなの。邦子はおしゃべりだし(ⓒ)二人ともけちじゃ。
B：そうなの。ぼくはそうは思わないけど。
A：(ⓓ)、あんたが一緒に行けば。

보기

それから　それとも　それなら　それこそ　それに

ⓐ ______________________

ⓑ ______________________

ⓒ ______________________

ⓓ ______________________

メモ

기입형

06 次のA~Cに入る最も適当なものを選び、書きなさい。[2点]

2001 기출 | 7

一定の年齢以上の人が口にする言葉に、「近ごろの若い者はものを知らない」というのがあります。私もそう思っています。しかし、だからといって「近ごろの若い者は知るべきことを知らない」と思っているわけではありません。(A)、「近ごろの若い者はものを知らない」というのは、「高齢者が知っていることを知らない」ということに過ぎないからです。(B)、「若者が知っていることを高齢者は知らない」という意味では、「近ごろの高齢者はものを知らない」とも言えるのです。(C)、若者と高齢者とでは、知っていることが違うというだけのことなのです。

보기

それで　なぜなら　要するに　たとえば　逆に

A ______

B ______

C ______

メモ

2 同範囲問題

기입형

07 다음 문장의 (　　) 안에 들어갈 가장 적당한 말을 보기 에서 골라 쓰시오. [1点]

2002 기출 | 8-1

話すことはむずかしいという声をときどき聞く。そうだなと思う。と、また別に、いや、書くことはむずかしいという声も聞く。それも、そうだなと思う。わたしはずっと今まで教育に関係のある仕事をやってきたから、話すことや書くことに縁が深いほうの人間だ。(　　)話すことのむずかしさに共感できるかもしれない。

보기

だから　けれども　ところで　しかし　それとも　たとえば

서술형

08 밑줄 친 ①과 ②의 의미용법 차이, ③과 ④의 의미용법 차이를 각각 1줄 이내로 설명하시오. [3点]

2006 기출 | 17

- 午後から雨が降りだした。①そして、夕方には雪だった。
- ハンバーガーを2つ食べた。②それから、コーヒーを飲んだ。

- 静かで、③そして便利な場所。
- 鈴木さんは、英語とフランス語とドイツ語と④それから韓国語も話せる。

- ①과 ②의 차이 : ____________________
- ③과 ④의 차이 : ____________________

メモ

キーワード

列挙　並立　時間関係
情報の追加

メモ

기입형

09 (①、②)の中に「しかし、そうすると、そこで、ただし、そして」のうち、適当なものを入れなさい。[2点]

2000 기출 I 1-2

大金持ちになった杜子春はすぐ立派な家を買って、玄宗皇帝にも負けないくらいぜいたくな暮らしをしはじめました。(①)、いくら大金持ちでもお金には際限がありますから、さすがのぜいたくやの杜子春も一年、二年とたつうちにはだんだん貧乏になりだしました。そうすると人間は薄情なものできのうまでは毎日来ていた友達も、きょうは門の前を通ってさえ、挨拶ひとつしていきません。(②)とうとう三年目の春、また杜子春が以前のとおり、一文なしになってみると、広い洛陽の都の中にも、彼に宿を貸そうという家は一軒もなくなってしまいました。いや、宿を貸すどころか、いまでは碗に一杯の水も恵んでくれるものはないのです。

そこで彼はある日の夕方、もう一度あの洛陽の西の門の下に行って、ぼんやり空を眺めながら、途方にくれて立っていました。

－芥川龍之介『杜子春』－

① ______

② ______

メモ

2 同範囲問題

객관식

10 例の(　　)の言葉がどちらも使えるものは？ [2.5点]

2010.1차 기출 I 17

例

ㄱ. しばらくすると雨は(さらに/もっと)激しく降ってきた。

ㄴ. (せっかく/わざわざ)準備したのだから、雨でも出かけましょう。

ㄷ. コネで採用は決まっていたが、(とりあえず/いちおう)テストは受けてきた。

ㄹ. あの人は、日本語が(全然/けっして)わからないだろうか。

ㅁ. 私の給料では、軽自動車を買うのが(やっと/ようやく)です。

ㅂ. お礼を言いに行ったのに、(むしろ/かえって)ごちそうになってしまった。

① ㄱ, ㄴ　② ㄱ, ㄴ, ㄷ

③ ㄱ, ㄴ, ㄷ, ㄹ　④ ㄱ, ㄴ, ㄷ, ㄹ, ㅁ

⑤ ㄱ, ㄴ, ㄷ, ㄹ, ㅁ, ㅂ

기입형

11 보기 에 제시한 부사를 「情態副詞」, 「程度副詞」, 「陳述副詞」로 분류하여 쓰시오. [3点]

2005 기출 I 13

보기

ひょっとしたら　ざあざあ　必ずしも　かなり

ずっと　そっと　たぶん

① 情態副詞 : ______________________

② 程度副詞 : ______________________

③ 陳述副詞 : ______________________

メモ

객관식

12

(가), (나), (다), (라)에 들어갈 말로 가장 적절한 것은? [2点]

2009.1차 기출 | 17

- (가)彼が怪しく思えてしかたがない。
- まったくあいつは(나)ならない奴だな。
- 一生懸命走って列車に(다)間に合った。
- (라)雨はあがったらしい。

	(가)	(나)	(다)	(라)
①	どうも	どうにか	どうやら	どうにも
②	どうやら	どうも	どうにか	どうにも
③	どうも	どうにも	どうにか	どうやら
④	どうやら	どうにか	どうにも	どうも
⑤	どうにか	どうにも	どうやら	どうも

メモ

2 同範囲問題

기입형

13 빈칸 ㉮~㉱에 가장 적절한 일본어 조사(助詞)를 쓰시오. [4点]

2008 기출 | 15

> 忘れようとすればするほど人は忘れられなくなる動物である。
>
> 忘れるのに本来努力なんていらないのだ。次から次に降りかかる日々の出来事なんて、気がついたら忘れてしまっているものがほとんど。忘れてしまったこと(　㉮　)思い出さないのが普通。
>
> ある時ふいに、そういえばあんなことがあった(　㉯　)って思い出すことがあっても、引きずったりしないから、記憶なんて大概儚いカゲロウの羽根のようなもので、太陽の熱にそのうち溶かされ、永遠に消え去ってしまう。
>
> ところがあれから五年(　㉰　)の歳月が経っているという(　㉱　)、忘れさろうとすればするだけしっかりとあおいの思い出は記憶されてしまい、ふとした瞬間、たとえば横断歩道を渡っている一瞬や、仕事に遅れそうで走っている最中、酔いときは芽実(めみ)と見つめあっている時なんかに、亡霊のようにすっと現れ出てきてぼくを戸惑わす。
>
> －『冷静と情熱のあいだ』(辻 仁成)より－

㉮ ________ ㉯ ________ ㉰ ________ ㉱ ________

메모

[答案例] 책속의 책 p.98

객관식

14

보기 1 の「さえ」と意味・用法が同じものを 보기 2 から全部選んだものは？ [2点]

2012.1차 기출 | 23

보기 1

- 風だけでなく雨さえ降ってきた。
- 親兄弟ばかりでなく、妻にさえ死に別れた。

보기 2

ㄱ. あのころは授業料どころか家賃さえはらえないほどまずしかった。

ㄴ. 昨夜のパーティーでは最後にケーキやフルーツの盛り合わせさえ出てきた。

ㄷ. 痴ほうが進んだ87歳の母は、自分が熱を出して入院していることさえ分からない。

ㄹ. その小説はあまりにもおもしろくて、食事の時間さえもったいないと思ったほどだった。

ㅁ. 水かさを増した川は、洪水を起こし、家や田畑、時には多くの人命さえ奪うことがある。

ㅂ. 彼はいつも本さえあれば他には何もいらないと言っているぐらいだから、きっと家の中は本だらけなんだろう。

① ㄱ, ㅁ　　② ㄴ, ㅁ

③ ㄷ, ㅂ　　④ ㄱ, ㄴ, ㅁ

⑤ ㄷ, ㄹ, ㅂ

メモ

2 同範囲問題

서술형

15 밑줄 친 ①~③은 문법적 기능이 다르다. 각각의 문법적 기능을 쓰시오. [3点]

2006 기출 | 15

> • 一年①か二年、外国で勉強するつもりだ。
> • 市長②ならびに教育長の出席をえて卒業式を挙行した。
> • 中学生になった息子が新しいゲーム③だの携帯電話だのうるさい。

• 문법적 기능 ① ______________________

② ______________________

③ ______________________

キーワード

接続詞　列挙選択
並列(並立)　例示　不満

メモ

[答案例] 책속의 책 p.99

기입형

16

다음 대화문의 ①~⑤에 들어갈 자연스러운 종조사(終助詞)를 보기 에서 하나씩 고르시오. (단, 중복 사용 불가) [2点]

2005 기출 | 22

森　：もしもし。山田さんいますか。
山田：はい。私です(①)。
森　：ああ、私です。森です。
　　突然ですけど、今ひまかしら。出てこれない(②)。
山田：ええ……いいですけど。どうして？ どうしてうちがわかったの。
森　：どうしても知りたい(③)、と思うと自然にわかるようになってる(④)。
　　じゃあ、駅前百貨店の五階の家電売場の所で(⑤)。
山田：うん。わかった。じゃね。

보기

な、　ね、　のよ、　が、　かな

① ______ ② ______ ③ ______ ④ ______ ⑤ ______

メモ

2 同範囲問題

기입형

17 다음 문장의 (　　) 안에 공통으로 들어갈 가장 적당한 말을 히라가나로 쓰시오. [2点]

2002 기출 I 4-3

- 一人17万、つまり3人で50万強かかる(　　)です。
- 熱が四十度もあるのですから、苦しい(　　)です。
- あんなに小さい関取が横綱に勝てる(　　)がない。
- 少々の病気で仕事を休む(　　)にはいかない。
- 来月から地方の支社に転勤だ。と言っても左遷される(　　)ではないよ。

기입형

18 「の」와 「こと」의 선택과 관련된 내용이다. 「の」를 넣어 적절한 문(文) 3개를 골라 그 기호를 쓰시오. [3点]

2008 기출 I 13

㉮ 僕は外国人同士が韓国語だけで話している(の/こと)を聞いたよ。
㉯ 先生は学校で学生たちが帰ってくる(の/こと)を待っていた。
㉰ 部長は取引先の担当者に会う(の/こと)を命じた。
㉱ 見る(の/こと)は信じることだ。
㉲ 彼が殺人を犯した(の/こと)が明らかになった。
㉳ 母親は子供がテレビをつける(の/こと)をとめた。

メモ

객관식

19 下線部の「の」と「こと」の使い方が正しくないものは？ [2点]

2010.1차 기출 | 16

① 雨なので花見に行くのをやめました。
② このパソコンを運ぶことを手伝ってください。
③ ここから子供たちが遊んでいるのが見えます。
④ いっしょに海外旅行に行くことを約束しました。
⑤ ゼミに出られないことを先生に伝えてください。

メモ

3 代表問題

지시어

서술형

다음을 참고로 하여 문맥 지시의 경우, 「そ」계열의 지시어와 「あ」계열의 지시어가 구분되는 근거를 3줄 이내로 설명하시오. [2点] 2005 기출 I 16

① A：山田さんが事故で入院したって。
B：うん、その話、鈴木さんから聞いたよ。
② A：例の話、どうなった？
B：あの話か、あまりうまくいってないようだよ。

메모

キーワード

- 文脈指示
- 「ソ」列
- 「ア」列
- 例の話

正解

文脈指示においては相手の発言内容をその場で受けて指し示す時は「ソ」列の指示語を使い、話し手も聞き手もよく知っていることについては「ア」列を使うことが基本である。①の「その」は、Aの発言内容をその場ではじめて受けており、②の「例の話」は話し手と聞き手がすでに知っている情報なのでそれを指す時は「あの」を使う。

解説

문맥지시에서 화자와 청자가 다 잘 알고 있는 대상을 가리킬 때에는 「ア」계열의 지시어를 사용하고 그렇지 않은 경우에는 「ソ」계열, 또는 「コ」계열을 사용한다. 다만 청자가 알고 있는 사항이라도 상대방이 처음 말한 대상을 바로 받아서 가리키거나 다른 사람에게서 전해 들은 내용을 가리킬 때에는 「ソ」계열의 지시어를 사용한다. 「例の話」는 화자와 청자가 이미 잘 알고 있다는 것을 전제로 해서 쓰는 말이기 때문에 그 내용을 가리킬 때에는 「ア」계열의 지시어를 사용해야 한다.

3 同範囲問題

[答案例] 책속의 책 p.100

기입형

01

(①、②)の中に「この、その、あの」のうち、適当なものを入れなさい。[2点]

2000 기출 | 1-1

A：鈴木先生が今度学会で発表なさった論文、もう読みましたか。
B：ええ、ゆうべ一気に読み上げました。
A：(　①　)結論どう思いましたか。
B：そうですね。今図書館から借りてきた(　②　)本の結論とは大分違いますね。

① ______________________

② ______________________

기입형

02

다음 대화 내용에서 (　　)에 알맞은 지시어를 히라가나로 쓰시오. [1点]

2003 기출 | 14-1

A：昨日山田さんという人に会いました。その人、道に迷っていたので助けてあげました。
B：(　　)人、ひげをはやした中年の人でしょ。
A：はい、そうです。
B：あの人なら、私も知っています。

メモ

3 同範囲問題

객관식

03 指示語の用法とその例である。下線部が正しく使われているものは？[2.5点]

2010.1차 기출 | 27

① [話し手がこれから話題にしようとする事柄を指す場合]
例）それはここだけの話ですが、実は今度転勤することになったんです。

② [話し手が直前に出した話題の中の事柄を指す場合]
例）多くの人は宗教に対してある種の憧れを持つ。あれは人間には永遠というものを信じたいという感情があるからだ。

③ [聞き手は知らないが、話し手自身が言った話に出てきた事柄を指す場合]
例）中国人も日本人と同じように自分のことをはっきり言わないことがある。しかし、この程度は日本人ほどではない。

④ [相手が、直前に話題が話し手自身に関わる問題であることを了解している場合]
例）A：今度転勤されるそうですね。
B：ええ、そうなんです。でも、このことはだれにも言わないでください。

⑤ [記憶中の物事を思い出しながら指す場合]
例）子供時代は田舎で過ごした。このころが懐かしい。

メモ

객관식

04 ㉠~㉣に入る最も適切なものは？ [1.5点]

2012.1차 기출 I 29

〈智美の家で〉
良子：実は、明日お見合いするんだよね。
智美：えー、本当に？ この間、駅まで迎えに来てた(㉠)彼とは、別れたってこと？
良子：うん、そうなの。それで、何着ていこうかまよってて。
智美：そうね。前、優子の結婚式の二次会で着てた(㉡)感じの服はどう？
良子：(㉢)? ちょっと寒くないかな。
智美：でも、お見合いするのは室内でしょ？ 上に何か羽織っていったら？
良子：そうね。そうするわ。
智美：あー、そういえば、由希子もお見合いするらしいじゃん。
良子：由希子といえば、(㉣)話聞いた？
智美：え、仕事やめたってこと？
良子：そうそう。

	㉠	㉡	㉢	㉣
①	あの	あんな	あれ	あの
②	あの	そんな	それ	その
③	その	あんな	それ	あの
④	その	そんな	それ	その
⑤	その	そんな	あれ	あの

メモ

4 代表問題 주어와 주제

기입형

다음은 일본어의 주어와 주제에 관한 설명이다. 맞는 것에는 (○)표, 틀린 것에는 (×)표를 하시오. [2点]

2004 기출 I 11-2

⑴ 主語と主題は文法的に全く異なる概念である。( )
⑵ 一つの文には必ず主語がある。( )
⑶ 主語に対応する語は述語である。( )
⑷ 主題はすべて「名詞＋は」の形をとる。( )

正解

(1) ○ (2) × (3) ○ (4) ×

解說

주어와 주제에 관한 기본 개념에 대해 묻는 문제이다. 주어는 술어와 호응을 이루는 문장 성분을 가리키는 말이고 주제는 문장 내에서 화제로 삼는 대상이나 전제가 되는 사항을 가리키는 말이므로 두 가지는 문법적으로 전혀 다른 개념이다. 주어가 없는 문장인 일어문(一語文)도 존재하므로 (2)의 설명은 맞지 않다. (3)의 설명은 맞는 내용이며, 주제를 나타내는 표현은 「は」 외에도 「こそ・なら・って・といえば」 등이 있으므로 (4)의 설명은 옳지 않다.

メモ

4 同範囲問題

[答案例] 책속의 책 p.100

객관식

01

보기 1 は日本語の「主題」に関する説明である。보기 1 の(나)と同じタイプを 보기 2 のBから全部選んだものは？ [2.5点]

2012.1차 기출 | 26

보기 1

日本語における「主題」というのは、「その文が何について述べるかを示すもの」、「文を述べるときの前提となるもの」のことである。なお、「主題」になれるのは、その場にあるものや、前の文脈に出てきたもの、聞き手が聞いてすぐ特定できるものなどである。

(가) 私は韓国人です。
↓
(主題)

(나) あの人が社長です。
↓
(主題)

보기 2

ㄱ. A：あれー、なんか臭いな。
B：(台所で) お母さん、卵焼きが焦げているよ。

ㄴ. A：空模様が変だぞ。
B：あ！雪が降っている。

ㄷ. A：今回の採用試験は易しいんだって。
B：誰がそんなことを言っているんですか。

ㄹ. A：外で何かあったの？
B：誰かが大声で叫んでいたよ。

ㅁ. A：Bさんの生まれた家はどこですか。
B：ここが私が生まれた家です。

① ㅁ　② ㄴ, ㄹ　③ ㄷ, ㅁ
④ ㄱ, ㄷ, ㅁ　⑤ ㄱ, ㄴ, ㄷ, ㄹ

メモ

4 同範囲問題

[答案例] 책속의 책 p.101

서술형

02 次の(1)~(3)の下線部の「が」と「は」がどの部分に結びつくかそれぞれ書きなさい。また、(2)と(3)の下線部の「は」の用法を比較し、その違いを説明しなさい。[4点]

2021.A 기출 I 9

(1) 母が作った料理はおいしい。
(2) 私は母が作った料理が好きだ。
(3) 弟はともかく、私は好きじゃない料理が天ぷらだ。

キーワード

結びつく　主題　対比
取り立て助詞

メモ

メモ

5 代表問題

문법 카테고리

(1) Tense & Aspect

서술형

次の(1)の下線部の意味が同じである理由を説明しなさい。また、(2)の下線部を「ル・タ形」は「テンス」、「テイル形」は「アスペクト」の観点から説明しなさい。[4点]

2021.B 기출 | 8

(1) ⓐ 彼女は<u>優れた</u>作品を発表した。
　ⓑ 彼女の作品は<u>優れている</u>。
(2) ⓐ 私は来月<u>結婚する</u>。
　ⓑ 私は4年前に<u>結婚した</u>。
　ⓒ 私は<u>結婚している</u>。

メモ

キーワード

動作　状態
特性
アスペクト
テンス　過去
未来　発話時
結果継続

正解

(1)の下線部の意味が同じである理由は、動詞「優れる」が動作ではない状態や特性を表す動詞であるため、継続相と完成相の対立を成さないからである。また、(2)ⓐの下線部はル形が未来テンスを表し、ⓑの下線部のタ形は過去の出来事が実現した時点を位置づける過去テンスを表している。一方、ⓒの下線部のテイル形は継続相として変化後の状態が発話時において持続していることを表す結果継続のアスペクト的意味を表す。

解說

テンス・アスペクトの 기본적인 특징을 묻는 문제이다. 동사의 어휘적 의미에 따라 「優れる」처럼 상태를 나타내는 동사는 アスペクト의 대립이 존재하지 않으며 연체수식어가 되었을 때에 마치 형용사처럼 명사를 꾸며주는 역할을 한다. 「結婚する」는 변화동사이기 때문에 계속상 「テイル形」의 アスペクト 의미는 結果継続(結果残存)이므로 발화시에도 혼인상태가 지속 중임을 나타내지만 완성상 「結婚する」나 「結婚した」는 시간을 나타내는 말과 함께 쓰였을 때 그 시점에서 그 사건이 성립하거나 성립했음을 나타낸다.

5 同範囲問題

[答案例] 책속의 책 p.101

기입형 서술형

01

次の〈A〉の下線部と文法的性質が同じものを〈B〉のⓐ～ⓔから3つ選んで書きなさい。また、その文法的性質について説明しなさい。[4点] 2018.A 기출 | 12

〈A〉

先生の説明を聞いてようやく分かってきました。

〈B〉

- 田舎の叔母が柿をⓐ送ってきました。
- 最近、父の気力が少しずつⓑ衰えてきました。
- こどもが泣きながら母親のところにⓒ走ってきました。
- 私の知り合いの中でも、フリーターがⓓ増えてきました。
- 晴れていた空が突然ⓔ曇ってきました。

キーワード

移動動詞　補助動詞
くる　空間移動
アスペクト　時間
対象の移動　変化

メモ

5 同範囲問題

서술형

02 보기 의 동사 중 계속동사와 순간동사를 3개씩 골라 쓰고, 계속동사와 순간동사의 차이를 각각의 동사에 붙는 「ている」의 의미와 관련지어 2줄 이내로 설명하시오. [4点]

2008 기출 | 14

보기

見る	ある	すぐれる	決まる	要る
歩く	到着する	読む	似る	死ぬ

㉮ 동사 분류

- 계속동사 : ____________ ____________ ____________
- 순간동사 : ____________ ____________ ____________

㉯ 비교 설명 ____

____

객관식

03 (가)~(마)의 밑줄 친 「タ」에 대한 설명으로 가장 옳은 것은? [2点]

2009.1차 기출 | 25

(가) 旅行に行った学生たちが帰って来る。
(나) 帽子をかぶった人が手を振っている。
(다) そうか、今日は博物館の休館日だった。
(라) 漱石は優れた文学作品を数多く残した。
(마) ぼくが言うより君が直接言ったほうがいい。

① (가)と(나)は、過去の意味を表す。
② (가)と(다)は、状態の意味を表す。
③ (나)と(라)は、「テイル」形でも使える。
④ (다)と(마)は、過去の意味ではない。
⑤ (라)と(마)は、「ル」形でも使える。

キーワード

継続動詞 「ている」形
継続相 動作進行
瞬間動詞 結果残存
相(アスペクト)的意味

メモ

객관식

04

다음 문장 속에 쓰인 밑줄 친 「た」는 각각 서로 다른 의미의 용법으로 쓰이고 있다. ①, ②, ③에 해당하는 같은 의미의 용법을 (a)~(f) 중에서 두 개씩 골라 쓰시오. [3点]

2000 기출 I 9-1

(a) 見つけた時には届け出なさい。
(b) 心配していたことがついにやってきた。
(c) よく似た兄弟だ。
(d) ぼくも東京へ行ってきたことがある。
(e) 彼が来た時はたしか十二時だった。
(f) 南側に面した部屋は暖かい。

① 机の上に飾った花がとても美しい。 ______ ______

② あっ、汽車が来た。 ______ ______

③ 今朝は五時に起きた。 ______ ______

메모

기입형 서술형

05

다음 예문에서 「ところ」의 공통적인 문법적 기능을 쓰고, 그 문법적 기능이 ①, ②, ③에서 각각 어떻게 달리 나타나는지 설명하시오. [3点]

2005 기출 I 17

① ただいま買い物に出かけるところです。
② ただいま電話番号を調べているところです。
③ ただいま書類を事務局に出したところです。

• 공통된 문법적 기능 : ______

• 차이점 : ______

______

キーワード

アスペクト　動作の直前
動作の進行中
動作の完了直後

메모

기입형

①, ②에 들어갈 알맞은 말을 보기 에서 골라 기호를 쓰시오. [2点]

2003 기출 | 8-1

「一太郎が伸子を殴った。」のような文は能動文、「伸子が一太郎に殴られた。」の文は受身文と呼ばれる。日本語文法では「伸子が一太郎に殴られた。」という文は通例(　①　)と呼んで、自動詞からは作ることができないといわれている。このような受身文は典型的には能動文における(　②　)を表す非ガ格名詞を文のガ格〈主語〉に転換することによって形成されたものである。

보기

(a) 直接受身(まともの受身)　(b) 相手の受身
(c) 持ち主の受身(所有の受身)　(d) 間接受身(第三者の受身)
(e) 能動者　(f) 受動者
(g) 受益者　(h) 第三者

① ______________________

② ______________________

メモ

メモ

正解

① (a) ② (f)

解説

일본어의 ヴォイス(ボイス・態)에 대한 기본 개념을 묻는 문제이다. 일본어 수동문의 종류에는 크게 나누어 직접 수동(直接受身〔まともの受身〕)과, 간접 수동(間接受身〔第三者の受身〕), 그리고 소유자 수동문(持ち主の受身〔所有の受身〕)이 있는데 소유자 수동문을 간접 수동에 포함시키는 입장도 있다. 직접 수동은 가장 전형적인 수동문으로 타동사의 능동문에서 파생되고 자동사로는 만들 수 없다. 그리고 능동문에서의 대상(受動者)을 나타내는 非ガ格 명사구가 수동문에서는 ガ格인 주어로 전환되며 동사의 형태도 수동형으로 바뀐다.

5 同範囲問題

논술형

01

(A)のⓐ~ⓓを「部屋を使う」動作主の観点から二つに分けて説明しなさい。また、(B)~(D)は述語の文法的な違いに注目し、それぞれ比較して説明しなさい。
[10点] 2014.B 기출 | 논술형 1

(A) ⓐ わたしは木村さんに2階の部屋を使わせられた。
ⓑ わたしは木村さんに2階の部屋を使ってもらった。
ⓒ わたしは木村さんに2階の部屋を使わせてあげた。
ⓓ わたしは木村さんに2階の部屋を使わせてもらった。

(B) ⓔ わたしは2階の部屋を使った。
ⓕ わたしは木村さんに2階の部屋を使われた。

(C) ⓖ 木村さんは2階の部屋を使った。
ⓗ 木村さんが2階の部屋を使ってくれた。

(D) ⓘ わたしは木村さんに2階の部屋を使わせた。
ⓙ わたしは木村さんに2階の部屋を使わせてあげた。

(A)	
(B)	ⓔとⓕ：
(C)	ⓖとⓗ：
(D)	ⓘとⓙ：

キーワード

動作主　使役受身
授受表見　許可　恩恵
迷惑

メモ

서술형

02 次の(1)、(2)のそれぞれのⓐとⓑの違いを「意志性」の観点から順番に説明しなさい。[4点]

2018.B 기출 I 3

(1) ⓐ 先生はいねむりをしている学生に本を読ませた。
ⓑ 先生は手をあげた学生に本を読ませた。

(2) ⓐ 私は昨日の飲み会でお酒をたくさん飲みました。
ⓑ 私は昨日の飲み会でお酒をたくさん飲まされました。

キーワード

意志性　使役　使役受身

メモ

기입형

03 下線部「れ」の文法的意味を下の例㉠～㉣から選び、その記号を書きなさい。[1点]

2001 기출 I 3-2

① この絵はあの方がかか<u>れ</u>ました。
② この子は、父に死な<u>れ</u>て、学校へも行けなくなりました。
③ まだ若いのに気の毒に思わ<u>れ</u>てならない。

例

㉠ 可能　㉡ 自発　㉢ 受身　㉣ 尊敬

① ______ ② ______ ③ ______

5 同範囲問題

서술형

04 다음 ②는 문법적으로 잘못된 문(文)이다. 바른 문으로 고치고, ①과 비교하여 잘못된 문법적 이유를 1줄 이내로 쓰시오. [3点]

2007 기출 | 17

> ① 田中さんは息子を椅子に座らせ、本を読ませた。
> ② ＊田中さんは息子を本を読ませた。
>
> ＊ : 비문(非文) 표시

• ②의 바른 문 : ______________________

• 문법적 이유 : ______________________

키ーワード
二重目的語　使役文
被使役者

メモ

기입형 서술형

05 次の文章は、日本語の自動詞と他動詞に関する説明である。ⓐ、ⓑに当てはまる用語を書きなさい。また、下線部ⓒの説明が正しくない理由を書きなさい。[4点]

2019.A 기출 | 9

> 日本語の自動詞と他動詞には、「(電気が)つく－(電気を)つける」のように対をなすものがある。一方、「いる」「遊ぶ」のような自動詞や、「読む」「食べる」のような他動詞は、対をなさない。このような対をなさない自動詞を他動詞的に用いる場合は、(　ⓐ　)形で代用し、対をなさない他動詞を自動詞的に用いる場合は、(　ⓑ　)形で代用する。また、「対策が決定する」「対策を決定する」のように、1つの動詞が両方に使われることもある。「大空を飛ぶ」「高速道路を走る」における動詞はⓒいずれも他動詞で、「を」は動作の対象を表す。

____

____

キーワード
他動詞　自動詞　対象
移動の経路　使役　受身

メモ

서술형

06

다음 ①과 ②의 문장에서 밑줄 친 「を」의 의미와 용법의 차이를 「よむ」와 「とおる」의 동사의 성격과 관련지어 설명하시오. (3줄 이내) [3点]

2000 기출 I 9-2

① 本をよむ。

② 道をとおる。

키ーワード

他動詞　自動詞　対象

移動経路　通過

メモ

기입형

07

보기 1 의 동사를 자타대응동사(自他対応動詞)라 한다. 동일한 관점에서 보기 2 의 ①과 ②에 들어갈 동사를 쓰시오. [2点]

2005 기출 I 11

보기 1

- 旗があがりました。　대　旗をあげました。

보기 2

- 皆がおどろきました。　대　皆を(　①　)。
- 部屋が(　②　)。　대　部屋をかたづけました。

①

②

5 同範囲問題

서술형

08 다음 두 문(文)에서 보조동사 「くれる」와 「あげる」가 구분되는 조건을 「話者의 視点」이라는 관점에서 3줄 이내로 설명하시오. [2点]

2005 기출 I 15

> ① 太郎が花子に水泳を教えてくれる。
> ② 太郎が花子に水泳を教えてあげる。

キーワード

視点　あげる　くれる
話し手　主語　立場

メモ

서술형

09 '의사소통을 위한 일본어교육문법'이라는 관점에서 ①~④의 표현을 가르칠 때 적절한 우선순위를 번호로 쓰고, 그 근거를 1줄 이내로 설명하시오. [3点]

2006 기출 I 4

> ① 受動文　② 能動文
> ③ ～てくれる文　④ ～てもらう文

• 순서 :

• 근거 :

キーワード

意思疎通　構文　理解度
使用頻度

メモ

객관식

10

(가)~(마)の㉠, ㉡のうち、それぞれの文脈において、最も適切なものは？ [2点]

2012.1차 기출 I 22

(가) 田中選手はもともと弱みを他人に(㉠見せ/㉡見させ)ない。
(나) 母親は娘の亡骸に純白のウェディングドレスを(㉠着せた/㉡着させた)。
(다) 暑さが相手チームのエネルギーを(㉠消耗し/㉡消耗させ)、勝利を勝ち取ることができた。
(라) いくら堆肥になるとはいっても、できるだけ生ゴミを(㉠発生しない/㉡発生させない)のが理想的だ。
(마) 大澤さんは、さらに花の鮮度を(㉠持続する/㉡持続させる)ために、保水性の高い布で作った袋を開発したという。

	(가)	(나)	(다)	(라)	(마)
①	㉠	㉠	㉠	㉡	㉡
②	㉠	㉠	㉡	㉡	㉡
③	㉡	㉠	㉡	㉡	㉡
④	㉡	㉡	㉡	㉠	㉠
⑤	㉡	㉡	㉡	㉡	㉠

メモ

기입형

次の下線部ⓐ～ⓔから間違っているものを1つ選び、正しく直しなさい。[2点]

2019.A 기출 | 2

- こんな番組、二度とⓐ見るまい。
- 事件のことはいっさいⓑ言うな。
- 木村さんは、たしか去年ⓒ結婚したはずだ。
- この話を聞いたら、山田さんはさぞⓓ喜ぶだろう。
- この店の雰囲気は、あたかも外国にⓔいるらしい。

メモ

正解

間違っているものはⓔ「いるらしい」であり、正しく直すと「いるようだ」になる。

解説

「らしい」와 「ようだ」는 둘 다 認識的モダリティ의 증거성 판단(証拠性判断)을 나타내는 형식으로 화자가 어떤 증거에 입각하여 그럴 것이라고 추측하거나 판단할 때 쓰는 モダリティ表現이다. 그런데 「ようだ」에는 추측이라는 용법 외에 비유(比喩) 또는 比況라는 용법도 있다. 「あたかも」는 뭔가를 꼭 닮았다고 할 때 쓰는 표현으로 상황에 의한 판단이 아니라 비유 용법의 モダリティ表現과 함께 쓰이는 부사이다. 참고로 이러한 부사에는 「まるで」「さながら」「ちょうど」가 있다. 답안을 쓸 때, 「ようだ」의 구어체 표현 「みたいだ」를 쓸 수도 있지만 문체상 어울리지 않는다.

5 同範囲問題

[答案例] 책속의 책 p.105

기입형

01 다음 문장의 (　　) 안에 들어갈 가장 적당한 말을 보기 에서 골라 쓰시오. [1点]　2002 기출 Ⅰ 8-2

言表内容に対する話し手の捉え方、および聞き手に対する働きかけや伝達のあり方といった、発話時における話し手の心的態度に関する情報を(　　)という。これは、文の中の「事柄」以外の話者の主観的な部分で、たいていは文末に位置する。

보기

テンス	ムード	アスペクト
ヴォイス	ストラテジー	モーラ

기입형

02 ①～③の「ようだ」の文法上の用法をそれぞれ漢字または韓国語で書きなさい。[2点]　2001 기출 Ⅰ 17-2

① 彼はまるで白痴のようだ。
② 君のようなのを怠け者というのだ。
③ とても助からないようだ。

① ____________________

② ____________________

③ ____________________

メモ

5 同範囲問題

기입형

03

보기 의 일본어 표현은 말하는 이의 기분(마음가짐)을 나타내는 것들이다. 문법적 의미로서의 '불필요'를 나타내는 표현이 아닌 것 2개를 골라 번호를 쓰시오. [2点]

2004 기출 | 12-1

보기

① なくてもいい　② ことはない　③ なければいけない
④ ものではない　⑤ 必要はない　⑥ までもない

기입형

04

다음의 밑줄 친 부분은 크게 두 가지 의미로 나눌 수 있다. 두 가지 의미를 쓰고, 그 용법에 따라 (a)~(f)를 나누어 쓰시오. [4点]

2000 기출 | 11

(a) さじがなかったので、食べにくかったそうです。
(b) なんだか元気が出そうな曲ですね。
(c) 日本の秋はきれいそうなので、いつか行きたいと思います。
(d) ミンホさんは一人で行ってみたいそうです。
(e) 韓国語の先生は親切でやさしそうな女の先生です。
(f) 上手になるには練習しかいい方法がなさそうです。

①

②

メモ

기입형

05

다음 문(文)을 각각 부정문(否定文)으로 고치시오. [2点]

2005 기출 I 14

① 今日は雨が降りそうです。
② 今日は天気がよさそうです。

① ______________________

② ______________________

メモ

서술형

06

일본어 동사의 기본형에 접속되는 문말 표현 「～ようだ」와 「～らしい」에 관하여, 다음 용례 ①, ②를 참고로 하여 의미상의 차이점을 설명하시오. (200자 이내) [7点]

1998 기출 I 9

① 彼女は確かに、ここに来たことは来たようだ。
② 彼女は、来年、卒業論文を出すらしい。

キーワード

証拠　推測　判断　伝言

メモ

5 同範囲問題

기입형

07 次の〈A〉の中から、下線部の「タ形」がムードの用法で使われた文を選んでその番号を書きなさい。また、そのムードの具体的な意味を書きなさい。[2点]

2018.A 기출 | 5

〈A〉

(1) かわいい娘の結婚は父親をとても悲しませた。
(2) ほら、そこ危ない！ どいた、どいた。
(3) 花子は大事にしているカメラをなくしてしまった。
(4) 本人がどうしてもやりたいと言うので、やらせることにした。

メモ

서술형

08 〈A〉の下線部と同じ用法を〈B〉から1つずつ選び、その用法をそれぞれ説明しなさい。[4点]

2021.B 기출 I 6

〈A〉

(1) わたし、どうしてもこれが欲しいんです。

(2) 地面が濡れている。夕べ雨が降ったんだ。

〈B〉

ⓐ さあ、はやく歩くんだ。

ⓑ 疲れているんだから、ちょっと休ませてよ。

ⓒ 彼の様子からすると、きっと合格したんだね。

ⓓ (カレンダーを見て) あ、あした締め切りなんだ。

キーワード

のだ(ノダ)文　理由　判断

メモ

객관식

09 다음 밑줄 친 부분과 용법이 같은 것은? [2点]

2009.1차 기출 I 30

彼、プレッシャーを感じてたんじゃないかな。

① あら、山田さんじゃないですか。

② あの人、今日お休みじゃないの。

③ 何をするんだ。あぶないじゃないか。

④ ケンカかと思ったらプロレスじゃないか。

⑤ あそこに赤い建物が見えるじゃないですか。

서술형

次の(1)、(2)それぞれの下線部ⓐとⓑの違いを、主節と従属節との条件関係から順番に説明しなさい。[4点]

2019.B 기출 I 2

(1) ⓐ 東京に行ったら、電話してください。
　ⓑ 東京に行くなら、電話してください。

(2) ⓐ お金があれば、旅行に行けるのに。
　ⓑ ここまで来れば、後は一人で帰れます。

メモ

キーワード

仮定条件
主節　従属節
反事実的条件文

正解

(1)のⓐは、「東京に行った後、東京から電話してほしい」という意味であり、従属節の事柄が完了した時点で主節の事柄が成立する。これに対して(1)のⓑは、「東京に行く前に電話してほしい」という意味になり、従属節の事柄が成立する時点は主節の事柄の成立時点より後になる。

(2)のⓐは、主節の事柄が実現するための前提条件を従属節が提示している。ここで、「お金がある」は仮定条件であり現実とは反対の状況なのでこの文は反事実的条件文である。しかし、ⓑの「ここまで来れば」は、「その状況に及んだ以上は」という意味なので従属節の事柄が仮定ならぬ実際に起こった現実を述べており、すでに確定した条件を理由に主節の事柄が成立することを表している。

解説

일본어 복문 중에서도 조건표현의 의미용법에 대해 묻는 문제이다. 「たら」는 従属節의 사건이 실현된 후에 主節의 사건이 실현된다는 条件関係를 보이지만 「なら」는 상대방의 발언 내용이나 그 상황을 전제로 하여 자신의 의견을 말하는 용법으로 쓰이므로 시간 순서가 「たら」와는 반대가 된다. 한편 「ば」는 일반적인 조건표현에도 쓰이지만 (2)의 ⓐ처럼 실제 사실과는 반대되는 사실을 가정하는 反事実的条件文으로도 쓰일 수 있다. 그리고 (2)의 ⓑ ここまで来れば는 「지금 현 시점에서 이렇게 된 이상」이라는 뜻을 나타내므로 「ここまで来れば、後は一人で帰れます。」는 「여기까지 왔으니까 이제는 혼자서 집에 갈 수 있다」라고 해석할 수 있다. 그러므로 이 문장에서의 従属節은 이미 실현된 상황을 나타내고, 이에 따라 主節의 사건이 성립할 수 있다는 조건관계를 나타낸다고 볼 수 있다.

5 同範囲問題

[答案例] 책속의 책 p.107

객관식

01

(가)~(마)의 조건표현에 대한 설명으로 적절하지 않은 것은? [2.5点]

2009.1차 기출 | 26

> (가) この地域は10月になると、雪が降ります。
> (나) 国境の長いトンネルを抜けると、そこは雪国だった。
> (다) あと1,000円あれば、この財布が買えるのに。
> (라) 適当なものがあったら、買ってきてください。
> (마) 飲んだら、乗るな。乗るなら、飲むな。

① (가)は、一般に前件が成立すれば後件も成立する事柄を表す。この例では、「ナラ」は使えない。

② (나)は、前件と後件がすでに実現された事柄を表す。この例では、「タラ」も使える。

③ (다)は、現実とは異なる事柄を仮定する条件文である。この例では、「タラ」も使える。

④ (라)は、確定条件の用法で、個別的・一回的な事柄を表す。この例では、「バ」も使える。

⑤ (마)の「ナラ」は、前件と後件の時間的な関係が「タラ」とは逆である。この例では、「ト」は使えない。

メモ

5 同範囲問題

객관식

02

보기 에서 밑줄 친 「テ」의 용법이 같은 것끼리 모은 것은? [1.5点]

2009.1차 기출 I 27

보기

ㄱ. 昨日は早めに帰って宿題をした。
ㄴ. 自転車に乗って会社まで行く。
ㄷ. デパートに行って買い物をした。
ㄹ. 熱を出して学校を休んだ。
ㅁ. 彼らは両手を組んで立っていた。

① ㄱ, ㄷ ② ㄱ, ㄹ ③ ㄴ, ㄹ
④ ㄴ, ㅁ ⑤ ㄷ, ㅁ

メモ

서술형

03

ⓐ~ⓔに、「ために」または「ように」を入れ、文を完成させなさい。また、「ために」と「ように」の文法的意味における共通点と相違点を述べなさい。[4点]

2017.B 기출 | 4

志望動機書

李賢敏

わたしの両親は、国際的な視野を持てる(ⓐ)、との思いから、いろいろな国に連れて行ってくれました。特に、惹かれたのは日本です。

わたしは中学生の頃から日本のアニメに興味を持ちました。アニメを字幕なしで見る(ⓑ)独学で日本語の勉強を始めました。

高校生になると日本語の授業がありました。日本に留学したいというわたしの思いを知った日本語の先生が、桜木大学を紹介してくださいました。

わたしは、大学に入る(ⓒ)、今、一生懸命勉強しています。いつか日本の文化を紹介できる(ⓓ)なりたいと思います。夢がかなう(ⓔ)頑張ります。

…(後略)…

キーワード

ために　ように　目的
理由　原因　意志動詞
無意志動詞　動作　状態

メモ

6 代表問題

오류 찾기

서술형

下線部を適切な表現に直し、なぜ不自然なのか説明しなさい。また、そのほかの不自然な表現を三つ選び、適切な表現に直しなさい。[5点]

2014.A 기출 | 서술형 2

教師 ：みなさん、夏休みはどうでしたか。
カン ：楽しかったです。夏休みの間、先生が見たかったんです。
教師 ：カンさんは、夏休みに何をしましたか。
カン ：わたしはツアーで日本へ行きました。
教師 ：どうでしたか。
カン ：知らない人と一緒の部屋でしたから不便でした。
教師 ：そうですか。イーさんは何をしましたか。
イー ：わたしは家族と釜山へ行きました。さしみがおいしかったです。
…(中略)…
教師 ：みなさん、夏休みに楽しい思い出をたくさん作りましたね。では、宿題を出してください。
パク ：先生、わたしは宿題を忘れましたね。
教師 ：そうですか。では、明日までに必ず出してくださいね。
パク ：はい、結構です。

メモ

メモ

正解

下線部は、「夏休みの間、先生に会いたかったんです。」に直さないといけない。日本語では人に対面するときに「見る」ではなく「会う」を使うからである。ほかに不自然な表現を適切な表現に直すと次のようになる。

「知らない人と一緒の部屋でしたから不便でした。」を「知らない人と一緒の部屋だったので不便でした。」に直す。

「先生、わたしは宿題を忘れましたね。」を「先生、申し訳ありませんが、宿題を忘れてしまいました。」に直す。

「はい、結構です。」を「はい、わかりました。」に直す。

解説

부자연스러운 표현을 자연스럽게 고치는 문제이다.

먼저 밑줄 친 「先生が見たかったんです。」는 동사 「会う」를 써야 하는데 「見る」를 썼기 때문에 잘못되었다. 그 밖에도 부자연스러운 표현을 찾아보면 「知らない人と一緒の部屋でしたから不便でした。」에서 종속절에 「でしたから」를 쓰고 바로 「不便でした」를 쓰는 것은 자연스럽지 않으므로 「知らない人と一緒の部屋だったので」로 고치는 것이 좋다. 또한 「先生、わたしは宿題を忘れましたね。」에서는 종조사 「ね」를 사용할 필요가 없고 사죄의 뜻을 담아 「先生、申し訳ありませんが、宿題を忘れてしまいました。」라고 말하는 것이 자연스럽다. 끝으로 숙제 기일을 연장해 준 선생님에게 「はい、結構です。」라고 말하는 것은 매우 건방지게 보이므로 「はい、わかりました。」라고 대답해야 한다.

6 同範囲問題

기입형

01

文法的に正しくない表現を一つ選び、直しなさい。[2点]

2014.A 기출 I 7

ⓐ 親にとって一番大切なものは子供だ。
ⓑ 北海道の冬は耐えがたいほど寒かった。
ⓒ 息子が合格したら、みんなで飲みに行こう。
ⓓ 環境問題に対して各国が協議する必要がある。
ⓔ わたしは長時間バスに乗ると、気分が悪くなる。

メモ

기입형

02

次の文の中から表現のしかたにあやまったところを抜き出し、正しく書きなさい。[2点]

1999 기출 I 7

① 湯気を噴出する口を求めて釜の蓋をゆるぐように、数分の間を置いては大地を震わしていた。
② 彼は今日こそは彼女に結婚を申し込むべき彼女の家へと向かった。

기입형

03 (　　)の中に入る最も適当な言葉を選び、その記号を書きなさい。[1点]

2001 기출 | 3-1

① 銭湯は夜10時(ⓐまで ⓑまでに)ですが、
② 9時(ⓐまで ⓑまでに)入らなければなりません。
③ 君が寝ている(ⓐあいだ ⓑあいだに)地震が3回もあったよ。

① ________ ② ________ ③ ________

기입형

04 다음 일본어 문(文)에서 부자연스러운 것을 모두 골라 그 번호를 쓰시오. [3点]

2006 기출 | 14

① 佐藤が私の弟から本をもらった。
② おいしいコーヒーをたくさん飲みたい。
③ ヤンさんは鈴木さんのお世話になった。
④ 鈴木さんは彼が犯人だと思っているようだ。
⑤ 道に迷ったとき、親切な人が私に話しかけた。
⑥ 今週の週末にクラス全員でお花見に行くつもりだ。

• 부자연스러운 것 : ________

メモ

6 同範囲問題

객관식

05 다음은 학습자의 일본어 표현이다. 이에 대한 교사의 지적으로 가장 적절한 것은? [2点] 2009.1차 기출 I 10

(가) このツルは、先生が作ったのですか。一ついただいてもよろしいですか。
(나) 私は初めの場所では、その場の雰囲気になかなかなじみにくいんです。
(다) 五時間も並んだんだ。チケットが手に入らなかったではおかないぞ。
(라) わたしはあいにく存じませんので、その先の交番でお尋ねしてください。
(마) この地方は一年中にわたって穏やかな気候だ。

① (가)の「よろしい」が間違っているから他の語に変えた方がいい。
② (나)の「なかなか」が間違っているから他の語に変えた方がいい。
③ (다)の「おかない」が間違っているから他の語に変えた方がいい。
④ (라)の「ので」が間違っているから他の語に変えた方がいい。
⑤ (마)の「穏やかな」が間違っているから他の語に変えた方がいい。

メモ

객관식

06 주어진 상황에 적합한 일본어 표현으로 가장 자연스러운 것은? [2点]

2009.1차 기출 I 28

① 会社の同僚が家まで迎えに来た場合：
「わざわざ家まで来てもらってありがとう」
② 窓の近くにいる人に窓を開けるよう依頼する場合：
「すみません、窓を開けていただきませんか」
③ 部長に早退の許可をとる場合：
「部長、今日は用事があるんですから、早く帰ります」
④ 観光客に日程を説明する場合：
「それでは、今日のスケジュールをご紹介してさしあげます」
⑤ 取引先からの電話を受けた場合：
「社長はただ今、席を外しておりますが、どんなご用でしょうか」

메모

객관식

07 밑줄 친 말의 쓰임이 옳지 않은 것은? [2点]

2009.1차 기출 I 24

① 冷めないうちに食べましょう。
② 晴れているうちに洗濯物を干す。
③ 若いうちにいろいろな国を旅行する。
④ お風呂に入っているうちに宅配便が来た。
⑤ これは朝のうちにやってしまわなければならない。

6 同範囲問題

객관식

08

(가)는 학생이 작성한 글이고, (나)는 이에 대한 교사의 지도이다. 교사의 지도로 옳지 <u>않은</u> 것은? [2点] 2010.1차 기출 | 11

① (가) 三週間にわたって雨が降りつづき、洪水の被害が出た。
　(나)「わたって」を「かけて」に直した方がいい。
② (가) 彼は負けた試合のことをかんかんと悩んでいる。
　(나)「かんかん」を「くよくよ」に直した方がいい。
③ (가) 表面がざらざらしていて、触ると非常に気分が悪い。
　(나)「気分」を「気持ち」に直した方がいい。
④ (가) 39℃にもなっていた体温が、注射のおかげで平熱にかえった。
　(나)「かえった」を「もどった」に直した方がいい。
⑤ (가) 私には恋人と呼べる人はいませんが、気にする人はいます。
　(나)「気にする」を「気になる」に直した方がいい。

객관식

09

文中で、下線部の表現が<u>自然でない</u>ものは？ [1.5点] 2010.1차 기출 | 18

① <u>からかったつもり</u>はないんだけど、あの人、怒ってるのかな。
② あそこの<u>家の中ときたら</u>、散らかし放題で足の踏み場もない。
③ このドレスは<u>デザインもさることながら</u>、色使いがすばらしい。
④ <u>嫌われたくないばかりで</u>、心にもないお世辞を言ってしまった。
⑤ <u>公務員ともあろうものが</u>、強盗をはたらくとは何と言うことだ。

メモ

객관식

10 文中で、下線部の表現が正しいものは？ [2点]

2010.1차 기출 I 24

① 旅行に行けば、傘を持っていくといいです。
② 私がここに来たとき、彼らは就職の話をし続けた。
③ その金庫にはだれかによってかぎがかけてあります。
④ まだメンバーが十分集まらないで、会議は始まらない。
⑤ 警察官は職務権限で通行中の車を止まらせることができる。

メモ

객관식

11 文中で、下線部の表現が正しくないものは？ [1.5点]

2010.1차 기출 I 25

① 彼は、あんなことを言うべきではなかったのに。
② 汚職が発覚した以上、彼は議員を辞職すべきだ。
③ 八時集合だから、私は明日の朝早く起きるべきだ。
④ エジプトのピラミッドは永遠に残すべき人類の遺産である。
⑤ 政府は国民の健康という問題をいい加減に扱うべきではない。

6 同範囲問題

객관식

12

例 から自然な表現を選んだものは？ [2点]

2010.1차 기출 | 26

例

ㄱ. 話がまとまると、電話で知らせてください。
ㄴ. さんざんな目にあったあげく、結局、失敗した。
ㄷ. 君はなまけているから、成績が悪いのだ。
ㄹ. 他人に悟れまいにして、いろいろの手を使ったらしい。
ㅁ. 子供が目を覚さないあいだに、洗濯をした。
ㅂ. 雨が降っているために、傘をもっていきなさい。

① ㄱ, ㄹ　② ㄱ, ㅁ　③ ㄴ, ㄷ
④ ㄴ, ㅁ　⑤ ㄷ, ㅂ

객관식

13

例 から正しい表現を全部選んだものは？ [2.5点]

2011.1차 기출 | 24

例

ㄱ. 君は僕にもお菓子をもらったよね。
ㄴ. 昨日の夕方に、にわか雨が降った。
ㄷ. 部屋の鍵がだれかによって開けてあった。
ㄹ. きっと、あの人は嘘をついているんじゃないか。
ㅁ. そのチームは相手チームによって守備の隙をつかれた。
ㅂ. これを使うとセメントをはやく固まらせることができる。

① ㄱ, ㄷ, ㄹ　② ㄱ, ㄹ, ㅂ　③ ㄴ, ㄷ, ㅁ
④ ㄱ, ㄷ, ㅁ, ㅂ　⑤ ㄴ, ㄹ, ㅁ, ㅂ

メモ

객관식

14 (가) (나) (다) (라) (마)のㄱ、ㄴのうち、最も適切なものは？ [2点]

2011.1차 기출 | 25

(가) 目上の人には失礼な言い方をする (ㄱ. ものはない。 / ㄴ. ものではない。)

(나) 部長は営業の仕事を山田さんに (ㄱ. 任せようと思う。 / ㄴ. 任せるつもりか。)

(다) 最近私はスポー ツをやって ないが、決して嫌いな (ㄱ. わけではない。 / ㄴ. ことではない。)

(라) 韓国で国公立の高校の先生に なるためには、「教員任用試験」に (ㄱ. 受かるべきだ。 / ㄴ. 受からなければならない。)

(마) かなりお腹が大きいので、双子に (ㄱ. 違いない。 / ㄴ. 決まっている。)

	(가)	(나)	(다)	(라)	(마)
①	ㄱ	ㄱ	ㄱ	ㄴ	ㄴ
②	ㄱ	ㄴ	ㄴ	ㄱ	ㄴ
③	ㄴ	ㄴ	ㄱ	ㄴ	ㄱ
④	ㄴ	ㄱ	ㄱ	ㄱ	ㄴ
⑤	ㄴ	ㄱ	ㄴ	ㄱ	ㄴ

メモ

6 同範囲問題

객관식

15 (　　)の言葉がどちらも使えるものは？ [2点]

2011.1차 기출 | 26

① 顔を(洗う/洗った)ついでに足も洗った。
② 問題が(難しくて/難しいから)、解くのはやめよう。
③ 夫が帰宅するまでは(掃除を終わらせた/退屈だった)。
④ (たとえ/もし)誰に頼まれても、この仕事は引き受けません。
⑤ 新しい家に(引っ越す/住んでいる)たびに、新しい友人ができる。

객관식

16 例から正しい表現を選んだものは？ [2点]

2011.1차 기출 | 27

例

ㄱ. 遅刻しそうだったので、駅まで走り抜いた。
ㄴ. 大地震があったにしては、被害は少なかった。
ㄷ. フランスワインといえば、この私に任せてよ。
ㄹ. 明日の朝、晴れたとしても、この雨では運動場は乾かないだろう。
ㅁ. 優秀な成績で大学を卒業した兄にひきかえ、弟は遊んでばかりだ。

① ㄱ, ㄴ, ㄷ　② ㄱ, ㄷ, ㄹ　③ ㄴ, ㄷ, ㅁ
④ ㄴ, ㄹ, ㅁ　⑤ ㄷ, ㄹ, ㅁ

メモ

객관식

17

보기 から正しい文を全部選んだものは？ [2点]

2012.1차 기출 I 24

보기

ㄱ. ベッドから起きあがったとたん、めまいがして、危うく気を失いかけた。

ㄴ. 私はいま右手を痛んでいるところで、重いものを持ち上げることはできません。

ㄷ. お腹がすいてきたから、お父さんはまだだけれども、そろそろ食べだそう。

ㄹ. 人間がロボットに対して支配的であり続けたいなら、コンピューターの頭脳を持つしかない。

ㅁ. 五日午前九時の降り始まりから六日正午までの総雨量は、大分県日田市で218ミリに上っている。

ㅂ. 本田はウォームアップの時から気持が落ち着いてきているし、本物の選手になりかかっていると思う。

① ㄱ, ㄹ　② ㄷ, ㅂ　③ ㄱ, ㄷ, ㄹ
④ ㄱ, ㄹ, ㅂ　⑤ ㄴ, ㄷ, ㅁ

객관식

18

日本語の文として正しくないものは？ [2点]

2012.1차 기출 I 25

① 彼は駅前でバスを待っているうちに新聞を買った。
② 見ている間に、真っ青な夏空に白い入道雲がもくもくとわいてきた。
③ 東北地方を転々とするうちに、方言の違いを思い知らされ、言葉に敏感になった。
④ 監督は、「小山選手が現役であるうちに、彼女を追い越すような選手を育てたい」と語った。
⑤ おじさんは、少年たちの間に交じって、彼らが、一匹つる間に二匹つりあげて得意になっていた。

メモ

6 同範囲問題

[答案例] 책속의 책 p.111~112

객관식

19 보기 는 일본어 학습자의 작문 예이다. 교사의 수정 지시가 필요한 것만을 있는 대로 고른 것은? [2.5点]

2012.1차 기출 | 8

보기

ㄱ. 彼にはこの仕事が務められない。
ㄴ. 彼は私に太郎を連れてきました。
ㄷ. あ、数学もわかってみるとけっこう面白い！
ㄹ. 郵便局へ行くのにはどちらへ行ったらいいでしょうか。
ㅁ. うちの父はお酒を飲むと、たばこを吸いたがっています。
ㅂ. 夢が実現することを祈りながら、新しい年を迎えました。

① ㄱ, ㅁ　② ㄴ, ㄹ　③ ㄷ, ㅁ, ㅂ
④ ㄱ, ㄴ, ㄹ, ㅁ　⑤ ㄴ, ㄷ, ㅁ, ㅂ

メモ

メモ

7 代表問題 대우 표현

기입형 서술형

次は教師と日本語学習者との会話である。下線部ⓐ～ⓔのうちから、目上の人に対して避けるべき表現を2つ選び、その理由をそれぞれ書きなさい。[4点]

2021.B 기출 I 5

> 教師：あ、パクさん、今日の授業は終わりましたか。
> パク：ⓐはい、もう終わりました。
> 教師：あ、そうですか。パクさんは頑張っていますね。
> パク：ありがとうございます。
> 　　　ⓑところで先生は教え方がとても上手ですね。
> 教師：どうも……。パクさんはこれから何をしますか。
> パク：ⓒ今日はクラスの友達とごはんを食べに行きます。
> 　　　ⓓ学校の近くの新しいレストランが安くておいしいそうです。
> 　　　ⓔ先生も一緒に行きたいですか。
> 教師：いえ、今日は約束がありますから。ありがとう。

メモ

キーワード

目上の人　評価
希望・願望
上手　たい

正解

目上の人に対して避けるべき表現はⓑとⓔである。その理由は、まず、ⓑは学習者が教師を上手だと評価しているような感じをあたえてしまい、失礼になるからである。次に、ⓔは相手の希望・願望を尋ねる際、日本語では目上の人に「…たいですか」を使ってその人の気持を直接尋ねる行動は失礼なので避けるべきである。

解説

대우 표현(待遇表現)은 인간 관계와, 의사소통이 이루어지는 장면(場面)에 대해 화자가 가져야 하는 마음가짐이나 태도와 관련된 표현 전반을 가리키는 용어이다. 따라서 경어(敬語)도 포함하여 더 폭넓은 범위의 표현 선택 및 그때 사용되는 구체적인 언어 표현을 총칭하는 용어라고 할 수 있다. 이 문제는 그와 같은 관점에서 문법적으로 바른 문장이라 하더라도 윗사람에게 사용하면 안 되는 표현을 찾아내고 그것이 왜 부적절한 표현이 되는지에 대하여 답하는 문제이다. 윗사람의 능력에 대한 직접적인 평가, 윗사람의 감정에 대한 직접적인 질문 등은 그 상황에 어울리는 표현이 되지 못한다는 점을 기술해야 한다.

同範囲問題

[答案例] 책속의 책 p.112

기입형

01

次の文章を読み、ⓐに当てはまる用語を書きなさい。また、下線部ⓑに該当する用語を書きなさい。[2点]

2019.A 기출 I 5

日本語は敬語が発達した言語である。敬語は敬意を表す対象によって、大きく素材敬語*と(ⓐ)の2つに分かれる。

一方、素材敬語でもなく、丁寧語のような(ⓐ)でもない、いわゆる「準敬語」は、敬語教育において注意を要する。たとえば、「お茶、お寺、ご祝儀」などは、現代日本語において、男女とも「お」「ご」を付けるのが一般的である。また、男性は「お」「ご」を付ける人も付けない人もいるが、女性は付けるのが一般的なものもある。その例として、「お金、お米、ご褒美」などをあげることができる。ⓑこのようなことばは、話し手の品位やたしなみを表すために使われる。

* 話題敬語とも言う。

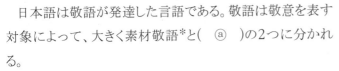

メモ

7 同範囲問題

기입형

02 次の(　　)に入る文法上の意味用法を書きなさい。[2点]

2019.A 기출 I 3

〈日本語学校で〉

留学生：先生、明日私たちがパーティーを開きます。これ、招待状です。

先生　：(招待状を見て) ああ、5時からか。会議があるんだけどな。

留学生：そうですか。じゃ、いらっしゃらなくてもいいです。

先生　：?

留学生の下線部の発言は、それを聞いた先生に不快感を与え、誤解される恐れがある。なぜなら、目上の人に(　　)の表現を使ったからである。このような場合は、「残念ですね」などの表現を用いるとよい。

メモ

기입형

03 次のⓐ、ⓑに当てはまることばを順番に書きなさい。[2点]

2018.A 기출 | 4

〈郵便局で〉

職員：お客様、その件は、となりの窓口でお伺いになってください。

客　：どうも。

下線部は、敬語として正しくない表現である。なぜなら、「お～になる」という敬語形式の中に、(　ⓐ　)である「伺う」は入ることができないからである。正しい待遇表現にするためには、「お(　ⓑ　)になってください」に直さなければならない。

メモ

기입형

04 ⓐ～ⓖから不自然なものを二つ選び、正しく直しなさい。[2点]

2017.A 기출 | 7

> 黒川：はじめまして。桜高校のⓐ黒川と申します。
> 白　：はじめまして。韓国大学のⓑ白教授です。どうぞよろしくお願いいたします。
> 黒川：こちらこそよろしくお願いいたします。
> 白　：ⓒ黒川先生は韓国は初めてですか。
> 黒川：いいえ。幼い頃、ⓓ父の仕事の関係で韓国に住んだことがあります。
> 白　：ⓔお父様のお仕事でですか。
> 黒川：はい。大学の教員をしておりました。
> 白　：ひょっとして……。あの有名なⓕ黒川一郎教授様ですか。
> 黒川：はい、ⓖ黒川一郎です。ご存知でしたか。

メモ

객관식

05 例から自然な待遇表現を全部選んだものは？[2点]

2011.1차 기출 I 19

例

(가) 訪問者：○○物産の加藤です。人事部の田中部長いらっしゃいますか。
受付　：田中部長でございますね。田中はいま席をはずしておりますが……。

(나) 部長　：課長から聞いたんですけど、私のサインが必要なんですか。
主任　：はい、恐れ入ります。実は課長の決済をいただきましたので、部長のご承認をいただけませんでしょうか。

(다) 先輩　：来週の土曜日のテニス大会、参加してもらえないかな。
後輩　：じゃ、せっかくですから、参加してもらいます。

(라) 社長　：みなさん、今回の懸案事項はここまでにします。
司会　：では、社長が申されましたように、今回の懸案事項は次回にいたしまして、次の案件にまいりたいと思います。

(마) 先生　：この前頼んでおいた空からの写真、見たいんだけどなあ。
学生　：はい、これからご覧に入れます。

① (가), (다)　② (나), (마)　③ (가), (나), (마)
④ (가), (다), (라)　⑤ (나), (라), (마)

メモ

7 同範囲問題

객관식

06 文脈からみて、下線部の学生の待遇表現が自然なものを 보기 から全部選んだものは？ [2点]

2012.1차 기출 I 17

보기

ㄱ. 先生：週末は何をしたの。
　 学生：父の誕生日プレゼントを<u>お買いしました</u>。
ㄴ. 学生：先生、受付に木村先生が<u>お見えです</u>。
　 先生：あ、そう？ ありがとう。
ㄷ. 学生：先生、その荷物、<u>持ってあげましょうか</u>。
　 先生：じゃ、少しお願い。
ㄹ. 先生：今週の土曜日に方言調査に一緒に行かない？
　 学生：ありがとうございます。でも、他の用事がありますので、少し<u>考えさせてください</u>。
ㅁ. 学生：先ほど先生のお友だちが関西弁を<u>おっしゃっていましたよね</u>。
　 先生：そうだよ。よくわかったね。

① ㄱ, ㅁ　② ㄴ, ㄹ　③ ㄱ, ㄴ, ㄹ
④ ㄱ, ㄷ, ㅁ　⑤ ㄴ, ㄹ, ㅁ

メモ

객관식

07

(가)는 대우 표현을 이용한 학생의 글이고, (나)는 이에 대한 교사의 지도이다. 교사의 지도로 옳은 것은? [2点]

2010.1차 기출 | 12

① (가) お客さま、まだお部屋にいらっしゃいますか。
　(나)「いらっしゃいますか」を「おりますか」に直した方がいい。
② (가) 失礼ですが、山田さんのお父さんでおりますか。
　(나)「おりますか」を「ございますか」に直した方がいい。
③ (가) 今、お時間、おありですか。
　(나)「おありですか」を「いらっしゃいますか」に直した方がいい。
④ (가) うちの母が先生に拝見したいと言っております。
　(나)「拝見したい」を「お会いしたい」に直した方がいい。
⑤ (가) 紹介状をお持ちしていらっしゃいますか。
　(나)「お持ちして」を「ご持参して」に直した方がいい。

객관식

08

例から正しい待遇表現を選んだものは？ [2点]

2010.1차 기출 | 19

例

ㄱ. 部長が書かれた報告書に課長も目を通されました。
ㄴ. 先生、先生も来週のピクニックに誘ってさしあげましょうか。
ㄷ. 後ほど、こちらからお電話をかけさせていただきます。
ㄹ. 私は新幹線の駅名を全部存じ上げています。
ㅁ. すみません、そちらにうちの父おじゃましておりませんか。
ㅂ. 面接では、聞かれた質問についてよくお考えして答えました。

① ㄱ, ㄴ, ㅂ　② ㄱ, ㄷ, ㅁ　③ ㄱ, ㄷ, ㅂ
④ ㄴ, ㄹ, ㅂ　⑤ ㄷ, ㅁ, ㅂ

メモ

7 同範囲問題

객관식

09 ㈎ ㈏ ㈐ ㈑に入る最も適切なものは？ [2点]

2010.1차 기출 I 28

課長　　：ちょっと悪いんだけど、この書類、4時までに ㈎ 。
新入社員：はい、 ㈏ 。
課長　　：それと、君、今日、デートって言ってたよね。
新入社員：はい。それが……。
課長　　：それが、あいにく急な仕事が入っちゃってね。今日、ぼくといっしょに残業 ㈐ んだけど。手伝ってよ。
新入社員：ええ？……わかりました。 ㈑ 。

	㈎	㈏
①	まとめといてくれる	わかりました
②	まとめといて	4時までにですね
③	まとめていてもらえる	いいですよ
④	まとめといてくれ	かしこまりました
⑤	まとめといて	承知しました

	㈐	㈑
①	させてほしい	お手伝いします
②	してほしい	手伝ってさしあげます
③	してもらいたい	がんばります
④	したい	手伝わせます
⑤	してもらいたい	お手伝いします

メモ

객관식

10

보기 에서 경어의 용법이 같은 것끼리 모은 것은? [2点]

2009.1차 기출 | 14

보기

ㄱ. 先生、どこに行かれますか。
ㄴ. この頃、お忙しいでしょうか。
ㄷ. ちょっとお茶でも飲みましょう。
ㄹ. これから父のところへ参ります。
ㅁ. この商品は無料でお届けします。
ㅂ. どうぞ、おかけになってください。
ㅅ. 藤田さんは何時頃いらっしゃいましたか。
ㅇ. 暑いので、上着を脱がせていただきます。

① ㄱ, ㄴ, ㄹ, ㅂ ② ㄱ, ㄴ, ㅂ, ㅅ ③ ㄴ, ㄷ, ㅁ, ㅇ
④ ㄴ, ㄹ, ㅁ, ㅇ ⑤ ㄴ, ㄹ, ㅂ, ㅅ

기입형

11

다음의 ㉮와 ㉯는 사장을 만나러 온 사람에게 비서(秘書)가 말할 수 있는 서로 다른 경어 표현이다. 비서는 ㉮와 ㉯에서 각각 누구에게 말하고 있는지 그 적절한 대화 상대를 쓰시오. [2点]

2008 기출 | 12

㉮ 秘書：はい、社長はおります。少々お待ちください。
㉯ 秘書：はい、社長はいらっしゃいます。少々お待ちください。

㉮ ______________________

㉯ ______________________

メモ

7 同範囲問題

기입형

12 밑줄 친 부분 중 경어 사용법이 바르지 않은 것의 번호를 쓰고, 바르게 고치시오. [3点]

2007 기출 I 19

- 来週の日曜日に ①参上いたします。
- それでは、発表を ②始めさせていただきます。
- 「山下さん、③いらっしゃいましたら、窓口まで ④おいでください」と放送が流れた。
- 金魚にえさを ⑤やっていた兄が、「今の、変だろう」と言った。
- 「よかった」と先生が ⑥おっしゃられた。
- ご用の節は ⑦お呼びになってください。
- 弟もそれをあの方から ⑧伺ったそうです。

- 번호 : ____________________
- 바른 표현 : ____________________

서술형

13 다음 두 사람의 대화에서 잘못된 부분을 바르게 고쳐 쓰고, 그 이유를 쓰시오. [3点]

2006 기출 I 23

武田(A社)：社長さんいらっしゃいますか。
野村(B社)：はい、社長さんはただいま、お出かけになって
　　　　　いらっしゃいます。

- 수정문 : ____________________
- 이유 : ____________________

____

メモ

キーワード

相対敬語　内の人
他所の人　尊敬語　謙譲語

メモ

[答案例] 책속의 책 p.114

14~15 밑줄 친 부분의 보통어 표현을 겸양어 표현으로, 존경어 표현을 보통어 표현으로 고쳐 쓰시오. [総2点] 2004 기출 | 7

기입형

14 これからも世界の動向にたえず注目していこうと思います。[1点] 2004 기출 | 7-1

기입형

15 そんなにお酒を召し上がったら、お体に毒ですよ。[1点] 2004 기출 | 7-2

기입형

16 다음 대화문에서 경어의 사용이 잘못된 부분을 찾아 바르게 고치시오. [2点] 2005 기출 | 21

A：今日はどこへおいでになりましたか。
B：ひさしぶりに美術館に行ってまいりました。
A：あ、そうですか。いい作品をご拝見なさいましたか。
B：ええ、ほんとうによかったです。
A：お疲れになったでしょう。お茶でもお入れしましょうか。

- 잘못된 부분 : ________________

⇨ 고쳐진 것 : ________________

メモ

7 同範囲問題

기입형

17 다음 대화문의 밑줄 친 표현 중에서 잘못되어 있는 3곳을 찾아 바르게 고쳐 쓰시오. [2点]

2002 기출 | 5-1

訪問客：ごめんください。
高校生：はあい。
訪問客：私はこの前お電話したお父さんの古い友だちですが、お父さん、いらっしゃいますか。
高校生：あのう、急用で出かけていて、おりませんが……。
訪問客：そうですか……。困ったなあ。いつごろお帰りになるか、わかりませんか。
高校生：すぐお帰りになると思います。お客さんがあるからすぐもどると言っていましたから。
訪問客：あ、そうですか。それじゃあ……。お母さんはいらっしゃいますか。
高校生：はい。お母さんは裏にいますからいま呼んできます。ちょっとお待ちしてください。

(1) ______

(2) ______

(3) ______

メモ

기입형

18 下の会話の場面を考えた上で、下線部①〜④の間違った敬語表現を書き直しなさい。[2点]

2001 기출 | 3-3

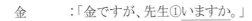

金　　　：「金ですが、先生①いますか。」
先生の妻：「ええ、②待っていました。どうぞ、お入りください。」
金　　　：「失礼致します。仙台へ③行ってきましたので、これお菓子、少しばかりですが。
④食べていただこうと思いまして……。」
先生の妻：「それはありがとうございます。さっそく今晩いただきます。」

① ______________________

② ______________________

③ ______________________

④ ______________________

メモ

7 同範囲問題

기입형

19

다음 대화를 읽고, 밑줄 친 부분을 경어 표현으로 고치시오. [4点]

2003 기출 | 16

受付：いらっしゃいませ。

木村：木村ともうしますが、経理部の田中さんに ①会いたいのですが。

受付：経理部の田中ですね。失礼ですが、お約束していらっしゃいますか。

木村：いいえ、近くまでまいりましたので、寄ってみたのですけれど……。

受付：そうですか。では、②ちょっと待ってください。

(電話で)

木村様と③いう人が来ていますが……。近くまでいらっしゃったのでお寄りになったそうです。

……はい、承知いたしました。

(木村へ)

④今、来るのでここに入ってお待ちください。

木村：はい、では待たせていただきます。

① ______________________

② ______________________

③ ______________________

④ ______________________

メモ

기입형

20

(　　)に接頭語「お・ご」を付けなさい。ただし、両方とも付けにくいのは(×)にしなさい。[2点]

2001 기출 I 4-1

①(　　)料理　　②(　　)学校
③(　　)希望　　④(　　)味噌
⑤(　　)ゆっくり

기입형

21

(①、②)に最も適切な言葉を漢字または平仮名で書き入れなさい。[2点]

2000 기출 I 1-3

拝啓 当社の製品「電子伝言板」について詳しく知りたいというお問い合わせに対し、お答えいたします。当社の「電子伝言板」はお宅の電話をできる限り有効に利用して(　①　)ために開発された伝言電話ツールです。あなたがメッセージを伝えられたい相手の方がお留守の時でも、「電子伝言板」を使われると、あなたのメッセージは当社のコンピューターに保存され、コンピューターからメッセージが相手の方に自動的に伝えられます。伝言を希望する時刻の設定など、伝言のために必要と思われる機能も全て備えており、それらが極めて簡単に使えるように工夫されております。さらに一対一の伝言以外にも、複数の相手や不特定のメンバーへの伝言も可能です。また、相手の方も「電子伝言板」をお持ちであれば、あなたからのメッセージを聞きたい時に聞くことができます。……。

(　②　)

① ______________________

② ______________________

メモ

7 同範囲問題

22~23 次の文の下線部①、②を「目上の人」に言う表現にしなさい。[総4点]

2000 기출 | 2

기입형

22

風邪で頭痛が①しますので、②休みます。[2点]

2000 기출 | 2-1

① ______________________

② ______________________

기입형

23

都合の①いい日を②言ってください。[2点]

2000 기출 | 2-2

① ______________________

② ______________________

기입형

24

次の文の中で敬語に直せる言葉を全部敬語にして、なるべく丁寧な言い方に書き直しなさい。[2点]

1999 기출 | 3

さあ、遠慮しないで、ゆっくり見ろ。

____

メモ

25~27 次の文から敬語の使い方がまちがっている所をとりだし、書きなおしなさい。 1998 기출 I 2 일부

メモ

기입형

25 お客さまが全部お降りしてからお乗りください。[1点] 1998 기출 I 2-1

기입형

26 母が先生によろしくとおっしゃいました。[1点] 1998 기출 I 2-2

기입형

27 それでは、あすにでもお宅へいただきにいきます。[1点] 1998 기출 I 2-3

기입형

28 일본어 대화체에는 「です・ます体(정중체)」와 「友達言葉(반말체)」가 있다. 보기 와 같이 밑줄 친 부분의 정중체를 적합한 반말체로 고치시오. [1点] 2004 기출 I 13-2

보기

鈴木さんも<u>来ますよ</u>。⇨ 鈴木さんも<u>来るよ</u>。

名古屋に<u>住んでいるんですか</u>。

⇨ 名古屋に ＿＿＿＿＿＿＿＿＿＿＿＿＿＿。

기입형

次の文章の下線部の中から意味が異なるものを1つ選んで書き、その文法的意味を書きなさい。[2点] 2018.A 기출 I 3

現代日本語の中には、現代語の文法知識だけでは理解できない表現がある。たとえば、書名の『眠れる森の美女』、『怒れる若者達』に現れている「眠れる」、「怒れる」は、それぞれ「眠ることができる」、「怒ることができる」の意味ではなく、「眠っている」、「怒っている」という意味になる。これは、「眠れる」、「怒れる」の「る」が、文語文法における完了(存続)の助動詞「り」の名詞修飾形であることに起因する。

このように、文語的表現は、歌や映画のタイトル、記事などの見出し、キャッチ・コピーなどにも散見される。また、「我関せずの態度」、「言わんとしている」、「起こりかねぬ事態」、「起こさねばならぬ」などの表現にも見られる。

メモ

メモ

正解

下線部の中から意味が異なるものは「ん」であり、文法的意味は「意志」である。

解説

고전 문법과 관련된 사항은 자주 출제되는 영역은 아니지만, 이 문제에 등장하는 「ず(ぬ・ね)」나 「む(ん)」는 고전 문법과 [学校文法]에서 助動詞라고 부르는 것으로 현대 일본어에서도 그 흔적을 많이 남기고 있는 표현들이므로 독해 문제를 풀기 위해서라도 알아두는 것이 좋다. 「言わんとしている」의 「言わん」은 동사 「言う」에 의지나 추량을 나타내는 조동사 「む」가 결합한 것이다. 조동사 「む」는 음운상의 변화가 매우 심한 편인데 「む[mɯ]」에서 「ん[m・n]」을 거쳐 현재와 같은 「う[ɯ]」의 형태로 남게 되었다. [m・n]」이라는 발음은 平安時代 중기부터 나타났으며 平安時代 말기가 되면 표기도 「ん」이 우세해진다. 「~하기 위해서」라는 뜻을 지닌 표현 「~せんがために」의 「ん」도 「む(ん)」가 흔적을 남기고 있는 예이다.

「我関せずの態度」, 「起こりかねぬ事態」, 「起こさねばならぬ」는 모두 打消し(否定)의 조동사 「ず」의 모습이다. 「ぬ」는 「ず」의 連体形이며 「ね」는 「ず」의 已然形이다. 또한 「ず」는 이중 활용을 하는 조동사로, 뒤에 조동사가 올 때에는 未然形이 「ざら」가 되고 連体形은 「ざる」가 된다. 현대어에서도 「のみならず」, 「ずにはいられない」, 「ざるを得ない」와 같은 표현에서 조동사 「ず」의 흔적을 찾아볼 수 있다.

8 同範囲問題

서술형

01 다음 글을 읽고 물음에 답하시오. [3点]

2001 기출 | 18

> 일본어 문법에서 文語와 口語를 비교하면 文의 구조, 품사의 종류, 작용 등의 문법상 기본적인 것은 비슷하나, 「用言의 活用이 다르다」라는 등의 차이가 있다. 이 외의 주된 차이점을 3가지 더 쓰시오.

키ーワード

用言の基本形
助詞と助動詞　係り結び
形式名詞の省略
口語　文語

メモ

기입형

02 문장 (1)과 (2)의 밑줄 친 「ぬ」에 대해 그 의미와 활용형을 보기 에서 골라 쓰시오. [2点]

2004 기출 | 8-1

	意味	活用形
(1) 風と共に去りぬ。	(　　)	(　　)
(2) 言わぬが花。	(　　)	(　　)

보기

意味　：過去　完了　推量　断定　否定　比況
活用形：未然形　連用形　終止形　連体形
　　　　已然形・仮定形　命令形

기입형

03 다음 각 문장에 알맞게 「行く」를 활용하여 (　　) 안에 써넣으시오. [2点]

2002 기출 ❙ 4-1

(1) (　　)ぬと言ったけれども、それでは行くとしようか。
(2) 行こうか(　　)まいかと迷ったが、けっきょく行かないことにきめた。

(1) ______________ (2) ______________

메모

メモ

기입형

04 次の文を口語(現代日本語)に訳しなさい。[2点]

1999 기출 ❙ 4

人の心すなほならねば、偽りなきにしもあらず。

____

代表問題

기입형

次の(　　)に共通して入ることばを書きなさい。[2点]　2018.A 기출 I 7

「話す」という行為には、スピーチ、プレゼンテーション、講演のような一方向で行うものと、会話のような双方向のものがある。両者に共通して、日本人は適切な語彙が浮かばない場合、(　　)を使って時間を稼いだり、別の言葉で言い換えたりする。特に、会話の途中で、何も言わないと話が終わったと思われ、他の人に割り込まれ、伝えたいことが伝えられなくなることもあるので、「えー」、「あのう」、「ああ」などの言葉を発して、ターン(発話順序)を確保したりする。このような言いよどみのことを(　　)と呼び、これは狭義の「談話標識」の一つと言える。

また、日本語での「話す」という行為においては「書く」という行為と異なり、同時性が必要であり、頭の中で展開を考える時間は少ない。談話展開におけるストラテジーの一つとして、(　　)の使い方を指導することは、日本語教育の立場から見ても意義のあることである。

メモ

正解

フィラー

解説

담화 표식(談話標識)의 하나인 「フィラー」에 관한 문제이다. 최근의 외국어 교육에서는 음성이나 어휘, 문법뿐 아니라 사회적・문화적인 내용 면에서도 적절한 의사소통 능력을 갖추도록 지도하고 있다. 자연스러운 의사소통 현장을 살펴보면, 특히 말하기 능력에 관한 담화 전략으로서 맞장구 치기, 음성적으로 강조하기(プロミネンス), 효과적으로 생략하기(言いさし) 등과 함께, 할 말이 금방 떠오르지 않을 경우에 대화의 순서를 유지하기 위한 전략으로서 「あのー」라든가 「ええと」와 같은 「言いよどみ表現」인 フィラー를 사용하는 경우를 흔히 볼 수 있다.

[答案例] 책속의 책 p.118

기입형

01 글을 읽고 □ 안에 들어갈 가장 적당한 말을 히라가나로 쓰시오. [2点]

2002 기출 I 9-2

定義及び機能については諸説あるが、会話場面において聞き手が話し手に話を続けるよう促す機能を持つ。したがって、聞き手が積極的に会話に参加しようとする態度を表すことができる。「ええ」「うん」「そう」「それで」「なるほど」などの他、相手の言葉を聞き手が繰り返す、あるいは言い換えるなどの表現も□□□□と考えられる。

メモ

9

同範囲問題

객관식

02 ㈎ ㈏ ㈐ ㈑ ㈒に入る最も適切なものは? [1.5点]

2011.1차 기출 I 30

鈴木：(가)、山下じゃないか。
山下：お、久しぶり。なんでここに。
鈴木：なんでじゃないよ。俺が訊きたいくらいだよ。
山下：(나)この近くの会社に転勤したんだ。
鈴木：ああ、そうか。そうすると、そこの。
山下：うん、(다)。
鈴木：すごいなあ。
山下：すごくはないよ。(라)、売り場を一つ、任されているけどね。
鈴木：え、売り場？ その高いビルの、商社じゃなかったんだ。
山下：ビルは同じでも、うちはそこの地下。
鈴木：まあいいか。一杯、付き合えよ。
山下：(마)、そうこなくっちゃ。

	㈎	㈏	㈐	㈑	㈒
①	あれ	事実は	まだね	まあ	おお
②	あれれ	実は	まあね	まだ	ええ
③	あれ	事実は	まあね	まあ	うん
④	あれれ	実のところ	まだね	まさか	そう
⑤	あれ	実は	まあね	まあ	ああ

メモ

객관식

03 Aの発話に対して、承諾の意味に捉えられるものは？ [1.5点]

2010.1차 기출 | 36

① A：明日のパーティーにも来てもらえないかな。
　B：それが、あいにく……。
② A：ちょっとそこの店に寄っていきませんか。
　B：まあ、仕方ないか。
③ A：この間お話しした取引の件、どうなりましたでしょうか。
　B：その件は、とてもじゃないけど……。
④ A：すみません、明日までこの雑誌貸してもらえませんか。
　B：やー、実は、それがね……。
⑤ A：来週の日曜日のゴルフ大会、参加してもらえないかな。
　B：来週？ 勘弁してよ。

メモ

기입형 서술형

04 일본어 「嘘をつけ!」는 표면적 의미와 실질적 의미가 모순된다. 그 이유를 2줄 이내로 설명하고, 보기 에서 이러한 관계를 보여 주는 표현을 모두 골라 쓰시오. [3点]

2005 기출 | 19

보기

- くよくよするな！
- 落ち着け！
- 勝手にしろ！
- バカ言え！
- 撃てるものなら撃ってみろ！
- 元気を出せ！
- 落とし穴に落ちてしまえ！

• 이유 : ____________________

____

• 표현 예 : ____________________

キーワード

反語　述語の形態　命令文
表面的意味　実質的な意味

メモ

9 同範囲問題

서술형

05 次は、レイさんが田中さんに依頼する際に誤解が起こってしまった会話例である。レイさんが使用すべきだった言語表現を日本語教育では何と呼ぶか、その名称と用法を書きなさい。また、指導する際の授業の流れを 条件 に従って説明しなさい。[10点]

2017.B 기출 I 8

もしもし、田中さん？
同じゼミのレイです。
あ、レイさん、どうしたの？
田中さん、大学の近くに
住んでたよね？
うん。
明日までの宿題のプリントを
教室に忘れて来ちゃったんだ。
ちょっと取りに行って、それを
メールで送ってくれない？
え…？

キーワード

前置き　発話態度
相手への配慮
談話(ディスコース)
クッションことば

メモ

条件

- コミュニカティブ・アプローチに基づき、導入、展開の順に説明すること。
- 使用すべき言語表現の例を三つ挙げ、具体的な教室活動を書くこと。

メモ

代表問題

서술형

(1)〜(4)のⓐとⓑの違いをそれぞれ説明しなさい。[4点] 2017.A 기출 | 10

(1) ⓐ プレゼンの資料は作ってある。
ⓑ プレゼンの資料は作っておく。

(2) ⓐ 家に帰ったら、窓ガラスが割れていた。
ⓑ 家に帰ったら、窓ガラスが割られていた。

(3) ⓐ 済州島に行く時、姉が空港まで来てくれた。
ⓑ 済州島に行った時、姉が空港まで来てくれた。

(4) ⓐ 新入社員の面接があるから、社長が来るはずだ。
ⓑ 新入社員の面接があるから、社長が来るわけだ。

メモ

キーワード

自動詞　他動詞
状態の存続
現在　未来
動作主　意図
見送り　出迎え
推論　判断根拠

メモ

正解

(1)のⓐは誰かが作った資料が現在存在しているが、ⓑはこれからプレゼンの準備のために前もって資料を作ることを意味する。

(2)のⓐは窓ガラスが割れている状態に焦点を当て、動作主については関心がないが、ⓑは誰かの行為によって窓ガラスが破損されたことを強調している。

(3)のⓐは済州島に向かって出発する時に姉が空港まで見送りに来たことを意味するが、ⓑは済州島に到着したときに、姉が済州島の空港まで出迎えて来たことを意味する。

(4)のⓐは新入社員の面接があるからきっと社長が来るだろうと推測しているが、ⓑは社長が来る、または来ている理由は新入社員の面接のためだと知り、納得している。

解説

「~てある」는 타동사에 접속하여 동작주의 의도적인 행위가 이루어진 후에 그 결과 상태가 현재 존재함을 나타내고 「~ておく」는 사전에 어떤 준비를 해 두거나 어떤 상태를 그대로 보존한다는 의미를 나타낸다.

자동사의 「~ている」는 그 상태 자체에 초점을 두고 동작주에 대해서는 무관심하지만 타동사의 수동문인 「~されている」는 동작주의 행위로 인해 이 상태가 초래되었다는 의미를 나타낸다.

시간을 나타내는 종속절에서 비과거형(スル形)의 사용은 주절의 사태 성립 시간보다 이후를, 과거형(シタ形)의 사용은 주절의 사태 성립 시간을 기준으로 이전을 나타낸다.

「はずだ」는 어떤 이유나 판단 근거를 바탕으로 이루어진 논리적인 추측을 할 때 사용하는 표현이며, 「わけだ」는 어떤 사태의 이유에 대해 화자 나름대로의 추론을 통해 결론을 내리고 납득했음을 나타내는 표현이다.

10 同範囲問題

서술형

01

次の疑問文ⓐ～ⓖを、「はい」「いいえ」で答えられるかどうかにより分類し、その文法的根拠を書きなさい。また、「はい」「いいえ」で答えられるものを、「はい、そうです。」「いいえ、違います。」で答えられるかどうかにより分類し、そこに見られる文法的特徴を書きなさい。[4点]

2017.B 기출 ǀ 3

ⓐ 教室に誰がいますか。
ⓑ これもあの人のですか。
ⓒ 先生の車はあれですか。
ⓓ 大学の寮は新しいですか。
ⓔ おばあさんはお元気ですか。
ⓕ 佐藤さんはゲームをしますか。
ⓖ どんなスポーツができますか。

キーワード

YES NO疑問文(判定疑問文・真偽疑問文)
WH疑問文(疑問詞疑問文)
のだ文　述語文のタイプ

メモ

객관식

02 Bの応答がAの意図に合っているものは？ [2点]

2011.1차 기출 I 37

① A：私の彼、毎日、うるさくつきまとうのよ。
B：そうなの、男のおしゃべりって、最低ね。
② A：今度、会社をあずかることになりました。よろしく。
B：そうですか、戸締まり、ご苦労様です。
③ A：それじゃ、もう少し話をつめようではないか。
B：そうですね、全体的に長いから、図表は省くことにします。
④ A：君、聞いた？ 山田君が仏門の道に入ったんだって。
B：あの寺？ あそこの道は狭いんだぜ。軽じゃ無理だよ。
⑤ A：この前のお友だち、お風呂から上がったら、お先にいただきましたって言うのよ。
B：彼、礼儀、正しいじゃないか。

객관식

03 Bの応答がAの意図に合っているものは？ [1.5点]

2011.1차 기출 I 38

① A：バイトの君！ 時間だから、もうあがってもいいよ。
B：そーすか。じゃ、お先に失礼します。
② A：俺、あの子がテレビに出ただけで、体がしびれてしまうんだ。
B：それ、もしかして漏電じゃない。修理してもらったら。
③ A：あ、そこの新入り！ 朝は毎日、お茶をいれることになっているんだよ。
B：あのう、主任さん。お茶は茶筒に入っていますが。
④ A：お疲れさん。また新規の客、契約取ったんだって。随分、腕をあげたね。
B：課長、そうなんですよ。四十腕で痛かったのが、ほら、この通り！
⑤ A：宴もたけなわですが、そろそろこのへんで、おひらきにしたいと思います。
B：おいおい、さっきから飲んでんじゃないか。これから宴会を開くのかよ。

メモ

객관식

04 일본어 표현에 관한 설명으로 바르지 않은 것은? [2点]

2009.1차 기출 I 16

① 「柔らかい体を作る」の「柔らかい」は、「柔らかな」の形でも使われる。

② 「その本はもう読みました」の「その本」は主題を表し、主語にはならない。

③ 「動く」と「動かす」は自・他の対立をなしているが、「体を動く」とも言える。

④ 「留学しても、どうか頑張ってください」に使われている副詞は、文末の表現と呼応する。

⑤ 「寒いところで、一時間も待たされた」の述部には、使役と受身が同時に使われている。

メモ

객관식

05 (가), (나), (다), (라)에 들어갈 말로 가장 적절한 것은? [2点]

2009.1차 기출 | 29

ジニ：拓也さんから借りてたマンガ、ようやく読み終えたよ。
拓也：えっ、もう読んだのか。
ジニ：まあね。そのかわり、夕べ(　가　)。
拓也：そんなにムリすることないのに。
ジニ：でも、拓也さんに(　나　)。
　　　実はさ、表紙をちょっと(　다　)。
拓也：いいよ、そのくらい。っていうか、それ、ジニにプレゼントするよ。
ジニ：え？ いいの？
拓也：いいに(　라　)。
　　　オレとかこの学校のこととか、忘れんなよな。
ジニ：うん、ありがとう。

	(가)	(나)
①	徹夜するじゃん	謝っちゃった
②	徹夜しちゃった	謝ってるじゃん
③	徹夜しなきゃ	謝んなきゃ
④	徹夜したじゃん	謝っちゃった
⑤	徹夜しちゃった	謝んなきゃ

	(다)	(라)
①	汚れちゃった	決まったじゃん
②	汚れるじゃん	決まってるじゃん
③	汚しちゃった	決まっちゃった
④	汚れるじゃん	決まったじゃん
⑤	汚しちゃった	決まってるじゃん

メモ

10 同範囲問題

기입형

06

다음의 (a)~(g) 문장 중에서 밑줄 친 부분이 올바른 문장 2개를 골라 기호로 쓰시오. [2点]

2002 기출 | 8-4

(a) ここは高い所だから、大水になっても安全する。
(b) このごろのわかい人はあいさつの方法も知らない。
(c) 自己を中心にして物を考える。
(d) あの人は医者であり、また大学の先生もある。
(e) 人間は考えをする動物だ。
(f) あなたのそばに大きな字引きがありますね。そのものはだれのですか。
(g) 3時以前は会社ですが、それ以後は留守になります。

メモ

서술형

07

「思う」와 「考える」의 意味上 주된 차이점을 예를 들어 설명하시오. (한글로 답할 것. 100字 내외) [2点]

2001 기출 | 17-1

キーワード

思う　考える　感情
心的活動　論理的思考

メモ

기입형

08

일본어 형용사의 어간에 「~がる」를 붙여서 사용할 수 없는 것 2개를 골라 번호를 쓰시오. [1点]

2004 기출 I 11-3

① 悲しい	② 痛い	③ 太い
④ 懐かしい	⑤ 薄い	⑥ おもしろい

기입형

09

접미어 「~がる」는 감정형용사에 붙어 동사를 만드는 기능이 있다. 이 기능을 학생들이 제대로 알고 있는지 평가하기 위한 사지선다형 문항을 만드시오. [4点]

2008 기출 I 6

질문

㉠

㉡

㉢

㉣

メモ

[答案例] 책속의 책 p.121

서술형

10

형용사 「ほしい」와 동사 「ほしがる」가 구별되는 문법적 조건을 2줄 이내로 설명하시오. 단, 적절한 예문을 제시하시오. [2点]

2005 기출 | 18

키ーワード

1人称　3人称　第三者

希望　ガ格　ヲ格

メモ

객관식

11

(가), (나)의 밑줄 친 부분에 대한 설명 중 가장 적절한 것은? [2点]

2009.1차 기출 | 32

(가) <u>おっしゃることはごもっともだと思わないわけではないのでございまして、ええ。</u>

ㄱ. 相手の意見にまったく同意する。

ㄴ. 相手の意見に同意しかねる。

ㄷ. 相手の意見にまったく同意しない。

(나) <u>日本の経済は不況から立ち直っていなくもないのではないかと思われる。</u>

ㄹ. 日本の経済は立ち直る見込みがない。

ㅁ. 日本の経済はある程度立ち直っている。

ㅂ. 日本の経済はまったく立ち直っていない。

	(가)	(나)		(가)	(나)
①	ㄱ	ㄹ	②	ㄱ	ㅁ
③	ㄴ	ㄹ	④	ㄴ	ㅁ
⑤	ㄷ	ㅂ			

8 일본어 작문/번역

1 代表問題 오류 정정

기입형

다음 글은 한국인 일본어 학습자의 작문이다. 잘못된 표현을 있는 대로 골라내어 바르게 고치시오. [7点] 1997 기출 | 5

> あしたは私の誕生日です。それでお姉さんといっしょに近いデパトへ行って、買物をしました。果物はもう買ってあります。
>
> 友だちにはあした6時まで来るように言っておきましたが、花子だけが来ません。どうして来ないかと聞いて見たら、かぜのために学校も決席したと言いました。

メモ

正解

① お姉さん → 姉
② 近い → 近くの/近所の
③ デパト → デパート
④ 6時まで → 6時までに
⑤ 来ないか → 来ないのか
⑥ 見たら → みたら
⑦ 決席 → 欠席
⑧ 言いました → 言われました

解説

① 자신의 가족에 대한 지칭이므로 謙譲語인 姉를 써야 한다.
② 近い는 명사를 수식할 때 近くの라고 해야 한다. 명사인 近所를 사용하여 수식할 수도 있다.
③ 장음 부호를 넣어야 한다.
④ 계속적 사태가 아닌 기한을 의미하므로 まで가 아니라 までに를 써야 한다.
⑤ どうして와 호응을 이루는 のだ文을 쓰는 것이 자연스럽다.
⑥ 보조동사로 쓰였으므로 한자를 쓰지 않아야 한다.
⑦ 한자가 잘못되었다.
⑧ 종속절의 주어와 주절의 주어를 일치시켜야 하므로 수동태를 써야 한다.

1 同範囲問題

[答案例] 책속의 책 p.122

기입형

01

다음은 한국인 일본어 학습자의 작문 오용 예이다. 밑줄 친 부분의 일본어 오류를 바르게 고쳐 쓰시오. [総2点]

2004 기출 I 2

> ① 강원도의 풍경도 유명했다. → 江原道の風景も有名した。[1点]
> ② 2층에서 발소리가 난다. → 二階で足音がでる。[1点]

① ______________________

② ______________________

객관식

02

(가), (나)의 우리말을 일본어로 표현한 것 중 가장 옳은 것은? [2点]

2009.1차 기출 I 31

> (가) 이렇게 많은 물건은 이 상자에 들어갈 수가 없다.
> ㄱ. これだけ多い品物はこの箱にははいれない。
> ㄴ. これだけ多くの品物はこの箱にははいらない。
> ㄷ. これだけ多い品物はこの箱にははいらない。
> ㄹ. これだけ多くの品物はこの箱にははいれない。
>
> (나) 야마다 군은 건강하지 않다고 한다.
> ㅁ. 山田君は元気ではなさそうだ。
> ㅂ. 山田君は元気だそうではない。
> ㅅ. 山田君は元気だとは聞いていない。
> ㅇ. 山田君は元気でないと聞く。

	(가)	(나)
①	ㄱ	ㅇ
②	ㄴ	ㅅ
③	ㄴ	ㅇ
④	ㄷ	ㅂ
⑤	ㄹ	ㅁ

メモ

1 同範囲問題

객관식

03 韓国語の日本語訳として、適切でないものは？ [2点]

2010.1차 기출 I 30

① 뻔뻔스럽기는 참!
ずうずうしいったら、ありゃしない。

② 인간 절박하면 무언들 못 먹겠어!
人間せっぱ詰まれば何だって食べるさ。

③ 너무 수줍어하지 말고 한 곡 하지?
もったいぶらずに歌ったら？

④ 동생이 늦잠이라도 자면 아버지한테 호되게 혼났어.
弟が朝寝坊などをしようものなら、父からこっぴどく叱られた。

⑤ 제대로 지도 안 해 주면 딸을 어떻게 학교에 보낼 수 있겠어!
ちゃんと指導してくれなくちゃ、娘を学校にやれやしない。

객관식

04 日本語の韓国語訳として、正しくないものは？ [2点]

2010.1차 기출 I 31

① 夏はともすると睡眠不足になりがちである。
여름은 자칫하면 수면 부족이 되기 쉽다.

② なにごとも慎重にやるに越したことはない。
무슨 일이든 신중하게 하는 것이 좋은 것만은 아니다.

③ 周囲の批判もものともせずに、彼女は自分の信念を貫き通した。
주변의 비판도 아랑곳하지 않고 그녀는 자신의 신념을 관철시켰다.

④ 彼女は歌がうまいといわれて、柄にもなく顔を赤らめていた。
그녀는 노래를 잘한다고 하자 어울리지 않게 얼굴을 붉혔다.

⑤ ただでさえ人手が足りなくて困っているのに、三人もやめられたらどうしようもない。
그렇지 않아도 일손이 부족한데 세 사람이나 그만둔다면 보통일이 아니다.

メモ

객관식

05 韓国語の日本語訳として適切でないものは? [2点]

2011.1차 기출 I 31

① 내일부터 또 일이구나……, 가기 싫다.
明日からまた仕事かあ……、気が重いなあ。

② 그 사람의 실수는 한두 번의 일이 아니다.
彼の失敗は一度やら二度やらのことではない。

③ 매일은 아니더라도 일주일에 한 번은 청소해라.
毎日とはいかないまでも、週に一度は掃除しなさい。

④ 수화기를 들자마자 큰소리로 말하기 시작했다.
受話器を耳にあてるなり大声でしゃべり始めた。

⑤ 이렇게 손이 많이 가는 바느질은 야마다 씨니까 가능한 일이다.
こんな手間のかかる縫い方は、山田さんならではの仕事だ。

객관식

06 日本語の韓国語訳として最も自然なものは? [2点]

2011.1차 기출 I 32

① 彼は仏頂面で、いつもむっとしている。
그는 인자한 얼굴에 늘 말이 없다.

② 改めてつくづく見ると、俺もまんざらじゃないね。
다시 살펴보니 나도 어쩔 수가 없군.

③ 君を待ちきれずに、もうすこしで会議を始めるところだった。
자네를 더 기다릴 수가 없어서 좀 전에 회의를 시작했어.

④ 友人の結婚式に臨んで、二人の幸せを願わずにはいられなかった。
친구 결혼식에 참석하여 두 사람의 행복을 빌 수만은 없었다.

⑤ 新入社員のあの田中さん、お辞儀の仕方からして、まったくなってない。
그 신입 사원 다나카 씨 말이야, 인사하는 태도하며, 전혀 아니야.

メモ

1 同範囲問題

객관식

07 韓国語の日本語訳として自然な文を 보기 から全部選んだものは? [2点]

2012.1차 기출 | 31

보기

ㄱ. 어머니는 오늘 무척 지쳐 보인다.
→ 母は今日とても疲れていそうに見える。

ㄴ. 그 사람은 왠지 돈이 있어 보인다.
→ 彼はなぜかお金があって見える。

ㄷ. 주문한 책장이 도착했는데 사진과 다르게 보인다.
→ 注文した本棚が届いたが、写真とちがって見える。

ㄹ. 그 사람이 타고 있는 오토바이는 대단히 세련되어 보인다.
→ 彼が乗っているバイクはとても粋に見える。

ㅁ. 아사미(浅見) 씨는 상냥해 보이지만, 실은 무서운 사람이다.
→ 浅見さんは優しそうに見えるけど、実は恐ろしい人である。

ㅂ. 사진 속에서 웃는 이즈미(和泉)는 언뜻 보기에 행복해 보인다.
→ 写真の中で笑う和泉は一見幸せそうに見える。

① ㄱ, ㄴ
② ㄹ, ㅂ
③ ㄱ, ㄷ, ㅁ
④ ㄷ, ㄹ, ㅁ
⑤ ㄷ, ㄹ, ㅁ, ㅂ

メモ

객관식

08 日本語の韓国語訳として最も自然なものは? [2点]

2012.1차 기출 I 32

① 僭越ながらご指名によりひとこと申し述べたいと思います。

→ 몹시 긴장이 되지만, 저를 지명해 주셔서 한 말씀 드리고 싶습니다.

② 2007年から足かけ4年間のアメリカ滞在を経て、日本に帰ってきている。

→ 2007년부터 4년이 좀 넘는 미국 체재 기간을 거쳐 일본에 돌아왔다.

③ この年になってから一人暮らしを始める心細さといったらありはしない。

→ 이 나이가 되고 나서 독신 생활을 시작하는 불안감은 전혀 없다.

④ 父親から継いだ家業のほかにも、講演やテレビ出演など引く手あまたである。

→ 아버지로부터 물려받은 가업 외에도, 강연이나 텔레비전 출연 등 여기저기에서 일을 의뢰하는 사람이 많다.

⑤ お手盛りと後ろ指をさされない制度を作るためにも調査方法を再検討すべきだ。

→ 정확하지 못하다고 뒷손가락질을 받지 않을 제도를 만들기 위해서라도 조사 방법을 재검토해야 할 것이다.

メモ

기입형

次の文章を読み、下線部を 条件 に従って日本語に訳しなさい。

2018.B 기출 | 4 일부

ある俳優の渋いせりふによって、「不器用」という言葉は株を上げた。本来は否定的な意味だが、その中にあった好意的なニュアンスが膨らんだ。いまや「器用」を越える褒め言葉かもしれない。米国のフォード元大統領も不器用な人だったらしい。「걸으면서 껌을 씹지 못한다」는 말을 들을 정도였다고 한다. 동시에 두 가지 일을 할 수 없다는 의미의 조롱이면서도 정직한 사람이라는 뜻 역시 있었던 것 같다. 「二つ同時」も良し悪しで、警察庁によれば、今年の上半期に自転車の「ながら運転」が全国で85件摘発されたという。携帯電話で話したり、画面を見たりしながら乗るなどの違反である。実感より少ない、と感じる人も多いのではないか。警察官の指導警告に従わないで「赤切符」を切られるか、事故を起こして「事件扱い」された数なのだという。だからまさに氷山の一角と言えるだろう。実際に街を歩いていると、危なっかしい「曲乗りまがい」は随分多い。当たり前の光景になった歩きスマホにも言えるが、「二つ同時」はどちらかにしてほしい。

– 朝日新聞『天声人語』2015.8.28.より改変 –

条件

○ 日本語訳には動詞の受動形を必ず1回は用いること。

メモ

メモ

正解

冗談めかして「歩きながらガムがかめない」と言われるほどだったという。同時に二つのことができないという意味の揶揄ながら、正直者という含みもあったようだ。

解説

「冗談めかす」는 「半ば冗談で言う。冗談っぽく言う。」라는 뜻이다. 「めかす」는 「それらしく装うさま」를 의미하는 접미사이다.

<条件>에서 동사 受動形를 반드시 사용하라고 했기 때문에 '듣다'를 번역할 때 「聞く」 대신에 「言われる」를 사용해야 한다.

2 同範囲問題

기입형

01 筆者が下線部ⓐのように思う理由を書き、下線部ⓑと言いかえられることばを文中から1つ探して書きなさい。また、下線部ⓒを日本語に訳しなさい。[4点]

2021.B 기출 | 9

メモ

辞書をちょっと読み比べた方には、同意していただけると思うのですが、私は、ⓐ国語辞典を〈かばん〉のようなものだと思っています。

たとえば、近所のコンビニまで行くときに持っていくかばんと、旅行に行くときのかばん、仕事に持っていくときのかばん、あるいはデート用。それを、全部ひとつのかばんで済ませる人もいますが、TPOにあわせて、そのつど持っていくかばんを変える人もいます。

実は、国語辞典も用途にあわせた編集方針が組まれているんです。おなじ旅行に行くとき用のかばんでも、「とにかく物がいっぱい入るかばん」と、「軽量化を志したかばん」では、デザインも重さも千差万別です。それと一緒で、おなじ小型の国語辞典でも、たとえば「昔のことばも載っている、古典も読める国語辞典」という編集方針のものもあれば、近年の雑誌などを読みやすくするような、「新しいことばに対応した国語辞典」というものもあり、一冊ごとに、用途がまったく異なるんです。

そしてそれは、みなさんが想像するよりもはるかに大きな差となって表れています。どの国語辞典にも、冒頭部分に編集方針という、序文みたいなものが載っており、この序文を読み比べるだけでも、実は、かなり楽しめます。

みなさんは、「辞書なんて、人のあたたかみを感じない単なる説明的記述が載っているだけだ」と思っていませんか？もうおわかりだと思いますが、どんな辞書にも、執筆者や編者がいて、その人たちのⓑ「想い」というものが存在していま

す。そして、ⓒ집필자들은 그 개개의 감정을 억눌러 어떻게든 냉정하게 기술하려고 주의하고 있습니다.

－『学校では教えてくれない！国語辞典の遊び方』より改変－

メモ

2 同範囲問題

서술형

02 次の文章を読み、下線部ⓐを 条件 に従って日本語に訳しなさい。

2019.B 기출 | 4 일부

通常、私たちは「自分っていったい何？」と自身に問うことなく生活しています。ところが、ⓐ타자와의 관계가 흔들리면 타자뿐만 아니라 자신이라는 존재에 눈을 돌리게 됩니다. そして、自分を責め、悩み苦しむのです。

また日常においては、私たちは無意識に自己の理想とする個性が他者という鏡に映し出されるよう、自己を操作しがちです。つまり、私たちは他者からの視線を常に気にしながら生きているのです。

ところが、操作された自己と操作している自己とが乖離(かいり)しすぎたり、望むような自己が他者の鏡に映らなかったりすると、不安でいたたまれなくなってしまいます。

…(後略)…

－ 岩本茂樹『自分を知るための社会学入門』より改変 －

条件

- 条件表現には、「～と」を使うこと。
- 否定表現には、「～ず」を使うこと。

メモ

기입형

03

下線部を日本語に訳しなさい。また、不適切な日本語の表現を二つ抜き出し、正しく直しなさい。[4点]

2017.B 기출 I 5

わたしが目指す教育

朴京姫

교육이란 문자 그대로 아이들을 가르치고 기르는 것이다. 나는 교사의 한 사람으로서 매일 아이들에게 다양한 지식을 가르치고 있다. 하지만, 우리들은 '가르치는' 것에 치우쳐 '기르는' 것을 소홀히 하고 있지는 않는가?

世の中にはいろいろな「才能」を持つ人がいる。ある人は音楽に才能を見出し、またある人は、絵を描くことに才能を見出す。子どもたちはその才能に結びつく潜在能力の宝庫である。

それでは、才能とは何でしょうか。作曲家は五線譜の上で音楽を作り出す。音楽を作るのに楽器を奏でなくても頭の中に音楽が聞こえるのである。また、陶芸家は、作品を作り出すのに必ずしも設計図を必要としない。頭の中に出来上がりのイメージがあり、それを目の前で再現していく。頭の中に何が聞こえるか、何が見えるか、何を感じるかが、すなわちその人の才能であると言えよう。

学校ではさまざまな教科を教えているけど、すべてにおいてエキスパートである必要はない。潜在能力を引き出すことこそが教育であると思う。

…(後略)…

메모

2 同範囲問題

기입형

04 (　　) 안에 제시된 상황을 참조하여, ㉮~㉱의 문(文)을 일본어로 옮기시오. [4点]

2008 기출 I 10

㉮ 이 케이크, 맛있을 것 같다.	(케이크를 직접 보면서)
㉯ 교토(京都)에 간다면, 신칸센이 편리합니다.	(교통편 질문을 받고)
㉰ 아버지가 공항까지 데려다 주셨습니다.	(선생님과의 대화)
㉱ 빨래를 하고 있는 동안에, 방에는 아무도 없었다.	(일기문)

㉮ ______________________

㉯ ______________________

㉰ ______________________

㉱ ______________________

기입형

05 다음 글을 제시된 条件에 맞게 일본어로 옮기시오. [3点]

2007 기출 I 20

田中 씨는 매일 늦게까지 잔업을 하고 있는 것 같다.

条件

① 「らしい」를 사용할 것.
② 밑줄 친 부분은 한자(漢字)로 쓸 것.
③ 명령이나 강요 등에 의해 어쩔 수 없이 잔업을 하고 있다는 뜻의 「使役受身」를 사용할 것.

____

メモ

기입형

06

글을 일본어로 옮길 때, 제시된 条件 에 맞게 A, B에 들어갈 말을 쓰시오. [3点]

2007 기출 I 21

계속 신세만 지고 있을 수 없고, 일을 찾을 작정이다.
ずっとお世話になり(　A　)では(　B　)し、仕事を探すつもりだ。

条件

A는 4글자, B는 5글자로 쓸 것.

A | | | | |　　B | | | | | |

기입형

07

괄호 안의 단어를 사용하여 밑줄 친 부분을 일본어로 옮기시오. [3点]

2006 기출 I 19

① 突然母に死なれて <u>일이 손에 잡히지 않는다</u>. (つく)
② プライバシーとは、人に <u>알려지고 싶지 않은</u> 自分の秘密や個人情報を他人から守る権利である。(知る)
③ バブル崩壊は <u>어떻게 손쓸 수 없는</u> 状況になってしまった。(かかる)

① ____________________

② ____________________

③ ____________________

メモ

2 同範囲問題

기입형

08 다음 한국어를 일본어로 완성하시오. [3点]

2006 기출 I 20

① 아침에 우유를 마셨을 뿐 아무것도 먹지 않았습니다.
② 영화를 본 셈치고 책을 사기로 했습니다.
③ 그녀는 꾸중을 듣기는커녕 칭찬을 받았습니다.

① 朝 ＿＿＿＿＿＿きりで＿＿＿＿＿＿＿＿＿＿。

② 映画を ＿＿＿＿＿＿つもりで＿＿＿＿＿＿＿＿＿＿。

③ 彼女は ＿＿＿＿＿＿どころか＿＿＿＿＿＿＿＿＿＿。

기입형

09 다음 각각의 문(文)을 일본어로 옮기시오. [3点]

2005 기출 I 7

① 田中 씨는 선생님께 갔습니다.
② 田中 씨는 아직 안 왔다고 합니다.
③ 田中 씨는 한국에 올 수 있게 되었습니다.

① ＿＿＿＿＿＿＿＿＿＿＿＿＿＿＿＿＿＿＿＿

② ＿＿＿＿＿＿＿＿＿＿＿＿＿＿＿＿＿＿＿＿

③ ＿＿＿＿＿＿＿＿＿＿＿＿＿＿＿＿＿＿＿＿

メモ

기입형

10

다음 대화체 문장의 밑줄 친 부분을 일본어로 고치시오. [1点]

2004 기출 | 13-3

キム：先生、合格しました。誰よりも先に先生にお知らせしたくて。
先生：おめでとう、정말로 잘 됐다。
キム：ありがとうございます。志望校に合格できたのは先生のおかげです。
先生：ううん、あなたが努力したからよ。

기입형

11

밑줄 친 우리말을 일본어로 바꿀 때, 빈칸에 들어갈 적당한 말을 히라가나로 쓰시오. [総5点]

2004 기출 | 14

① 잔디밭에 들어가지 말 것. (「べし」활용형 사용할 것) [2点]

＿＿ に 立ち入る ＿＿。

② 아무리 괴롭더라도 살지 않으면 안 된다. (「ず」활용형 사용할 것) [1点]

いかに苦しくとも 生＿＿。

③ 일부러 갔던 보람은 있었다. [1点]

わざわざ 行った＿＿ はあった。

④ 하면 된다. [1点]

な＿＿。

메モ

2 同範囲問題

기입형

12 다음 문장의 밑줄 친 부분을 일본어로 고치시오. [2点]

2003 기출 I 14-2

① 대학을 졸업한 이래, 대학에 한 번도 가 보지 않았다.

② 두 사람의 관계가 악화된 것은 다나카 씨가 약속을 지키지 않았기 때문이다.

기입형

13 다음 밑줄 친 부분을 일본어로 고치시오. [3点]

2002 기출 I 5-3

① 사람은 부자가 되면 될수록 인색해지는 법이다.

→

② 대학 교육의 목적은 전문지식의 습득뿐만 아니라 인격의 형성에 있다.

→

メモ

14 次の文章を読んで、あとの問いに答えなさい。

2000 기출 | 4 일부

(B) 2000年問題の予行演習となったカーナビゲーションのトラブル問題を思い起こしたい。鳴り物入りで行われた事前の注意喚起にもかかわらず、当日はメーカーに問い合わせの電話が殺到した。幸い深刻な事故はなかったが、情報周知の難しさや、無関心の壁の厚さを示した。対応は着実に進んでいる。だからといってすべての分野で終わったことを確認するのは不可能だ。プログラム対応を済ませても、手落ちが残ることもある。この機会を狙って、システムに悪質な仕掛けが組み込まれる恐れを指摘する専門家もいる。先進国では着々と対応が進むが、十分に ③손이 미치지 않는 途上国もある。

기입형

下線部③の韓国語を日本語に書き改めなさい。[2点]

2000 기출 | 4-2

기입형

15 次の文の(　　)の中に「뚱뚱해지기 시작했다」という意味に当たる日本語を書きいれなさい。[1点]

1998 기출 | 2-4

「中年になって、ちょっと(　　)ような気がするんだ。」

メモ

3 代表問題

한국어로 번역하기

기입형

次の文章を読み、下線部ⓑを韓国語に訳しなさい。 2019.B 기출 | 4 일부

通常、私たちは「自分っていったい何？」と自身に問うことなく生活しています。ところが、ⓐ타자와의 관계가 흔들리면 타자뿐만 아니라 자신이라는 존재에 눈을 돌리게 됩니다. そして、自分を責め、悩み苦しむのです。

また日常においては、私たちは無意識に自己の理想とする個性が他者という鏡に映し出されるよう、自己を操作しがちです。つまり、私たちは他者からの視線を常に気にしながら生きているのです。

ところが、操作された自己と操作している自己とが乖離(かいり)しすぎたり、望むような自己が他者の鏡に映らなかったりすると、不安でいたたまれなくなってしまいます。

太宰治の『人間失格』は、この自己が理想とする個性を操作しようとするあまり、操作している自己と大きく乖離してしまい、ⓑ抜け殻のような人間になってしまった姿を描いたものです。

－ 岩本茂樹『自分を知るための社会学入門』より改変 －

メモ

正解

빈 껍데기 같은 인간이 되어 버린 모습을 그린 소설(작품)입니다.

3 同範囲問題

[答案例] 책속의 책 p.125

기입형

01

次を韓国語に訳しなさい。[総2点] 1999 기출 Ⅰ 5

① 買おうと思っているうちに、つい買いそこねてしまった。
② 泣きつらにはち

① ______________________________

② ______________________________

메모

기입형

02

다음은 시가 나오야(志賀直哉)의 『城の崎にて』의 한 구절이다. 우리말로 옮겨 쓰시오. [2点] 2002 기출 Ⅰ 11-3

鼠が殺されまいと、死ぬに極つた運命を担いながら、全力を尽くして逃げ廻つてゐる様子が妙に頭についた。

____

____

3 同範囲問題

03 다음 글을 읽고, 물음에 답하시오.

2004 기출 | 16 일부

(A) 読書の最良の方法は、書物を手紙として読むということ、直接自分にあてて書き送られた手紙として読むということである。手紙として読むことができないのは、書かれたものに魂がないか、読む方に魂がないか、どちらかだろう。その両方であることが近ごろはずいぶん多いように思われる。魂のこもっていないものを読むことは、結局こちらの魂を安く売り渡すことになるだろう。このように自分にとっていちばんたいせつなものを失ってしまう行為は、なかなか気づかれないけれども、それだけに、こういう行為が重なってどんな人間ができ上がるかを思うと恐ろしい気がする。

(B) 読書の場合だけではない。同じようなことが音樂や美術のような芸術の場合にもいえるだろうし、さらに、私たちの日常生活についてもあてはまるだろう。私たちの人生という布は、いうまでもなく、この㉠かけがえのないたいせつな織物も、近ごろはますますお粗末に、安手なものになっていくようだ。

(C) 子どものとき、私たちは二つ三つの友情を大事にしている。けれども、しだいに大人になり、交際が広くなり、生活が複雑にそして忙しくなってくると、人との関係はそれぞれの奥行きを失って、㉡とおりいっぺんのつきあいに色あせてしまう。習慣や利害が簡単に人を結びつけたり引き離したりする。「生まれつき筆不精で」とか「とてもいそがしくて」とか言って、事務的な手紙しか書かなくなる。

(D) 人生というものが私たちにとって、一回限りの織物であるならば、私たちはそれを織る糸を美しくじょうぶなものにしなければならないだろう。

メモ

기입형

밑줄 친 ㉠을 우리말로 번역하시오. [1点] 2004 기출 | 16-3

メモ

3 同範囲問題

04 次の文章を読み、あとの問いに答えなさい。

2001 기출 I 9 일부

ルース・ベネディクトの『菊と刀』は、もう①押しも押されもせぬ古典である。それを疑うものは誰もいないだろう。アメリカでのことは知らないが、日本におけるこの古典の売れ行きは群を抜いていた。古典となることとベストセラーになることはかならずしも重ならないが、ただ、私の手元にある長谷川松治氏の日本語訳(教養文庫版)はすでに百刷を超えている。もっとも古典のなかには、ときにそれを取り巻く賞賛の声とはうらはらに、どこかいかがわしさの影を引きずっているものがないではない。だから、いつしか辛口の批評の②槍玉にあげられることにもなる。ひょっとすると『菊と刀』の出来栄えが鮮やかだっただけに、それにたいする論難の調子もつい熱を帯びたということだったのかもしれない。歴史の無視、資料操作の恣意的偏向、「罪の文化」(西欧)と恥の文化(日本)というあまりにもナイーブすぎる二元論……、挙げていけばきりもない。おまけにベネディクトは一度も来日したことがなかった。日本と日本人をじかに体験していなかった。そのいわば文化研究のルール違反が、必要以上の反発を招いたのであったのかもしれない。むろん、反発や論難は日本の国内から発せられただけではなかった。やがて当のアメリカからも③火の手が上がりはじめる。

기입형

下線部①, ②, ③の部分を韓国語に訳しなさい。[2点]

2001 기출 I 9-2

① ____________________

② ____________________

③ ____________________

メモ

05 다음 글을 읽고, 물음에 답하시오.

2004 기출 I 15 일부

推敲

唐代(618~907)は文学史上、一般に初唐、盛唐、中唐、晩唐に分けられる。その中唐期のこと。科挙の試験を受けるため都の長安にやってきた買島は、驢馬の背に乗って詩作にふけっていた。「僧は推す月下の門」という詩句を得たが、「推す」という語を「敲く」にすべきかどうかと思索しているうちに、都の長官である韓愈の行列に突き当たってしまった。そこで買島は (2)無礼を詫びるとともに、事情を説明した。当時を代表する詩文の大家であった韓愈は、事情を聞くと許すともに、「敲くのほうがよい」と助言してくれた。そして、二人は、そのままくつわを並べて進みながら、詩を論じあったという。

기입형

밑줄 친 (2)를 우리말로 번역하시오. [1点] 2004 기출 I 15-2

メモ

[答案例] 책속의 책 p.125

06

次の対話文を読んで、あとの問いに答えなさい。

1998 기출 I 1 일부

A：あああ、絶望的!
B：どうしたの?
A：数学のこの点数、ⓐサ・イ・テ・イ!
B：なに言ってんのよ。わたしなんか、もっと悪いのに。

기입형

下線部ⓐ「サ・イ・テ・イ」の、文中における意味を韓国語で書きなさい。[2点]

1998 기출 I 1-2

メモ

メモ

4 代表問題

주제 작문

서술형

〈A〉、〈B〉を参考に、〈C〉の大学への問い合わせの手紙を完成させなさい。[5点]

2017.B 기출 | 7

〈A〉

韓国文化高校の朴先生は、2年生の李さんから次のような相談を受け、李さんの代わりに手紙を書くことにした。

李さんはインターネットで〈B〉のようなオープンキャンパスの案内を見た。桜木大学は志望校の一つなので、この機会に大学に行って、寮を見たり、奨学金の情報を集めたりしてみたいと思っている。また、在学生による個別相談で、韓国人留学生と面談できるか知りたいという。

〈B〉

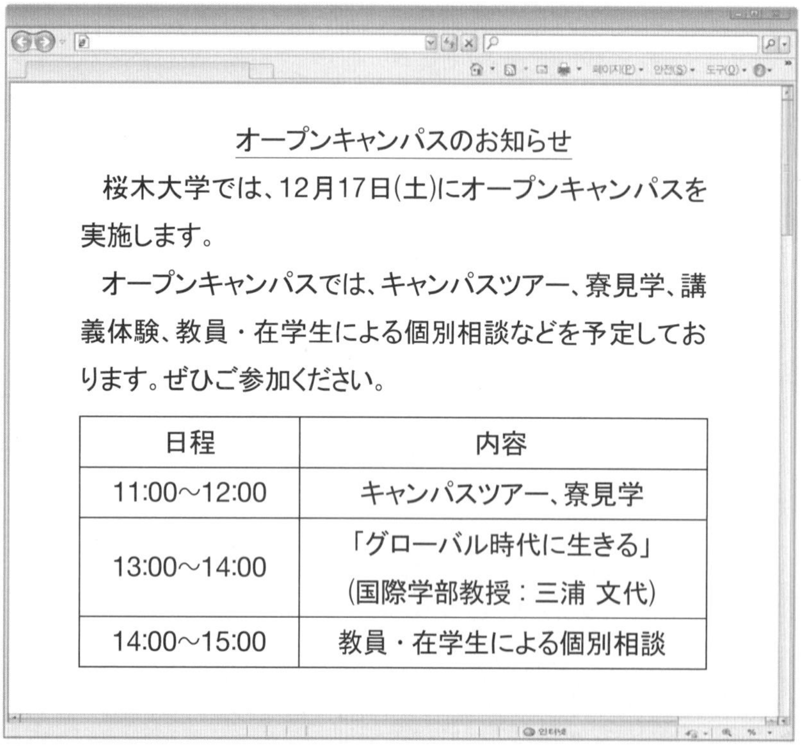

オープンキャンパスのお知らせ

桜木大学では、12月17日(土)にオープンキャンパスを実施します。

オープンキャンパスでは、キャンパスツアー、寮見学、講義体験、教員・在学生による個別相談などを予定しております。ぜひご参加ください。

日程	内容
11:00～12:00	キャンパスツアー、寮見学
13:00～14:00	「グローバル時代に生きる」 (国際学部教授：三浦 文代)
14:00～15:00	教員・在学生による個別相談

メモ

〈C〉

2016年11月17日

桜木大学アドミッションオフィス御中

韓国文化高等学校

日本語科教諭 朴京姫

オープンキャンパスについての問い合わせ

拝啓 晩秋の候、時下ますますご清栄のこととお喜び申し上げます。

突然のお手紙を失礼いたします。私は、韓国文化高等学校の朴京姫と申します。

さて、______________________________

____

実は、______________________________

____

____

____

オープンキャンパスは、本校の生徒にはとてもいい機会だと思われます。

どうぞよろしくお願いいたします。

敬具

メモ

メモ

正解

さて、数日前にインターネットを通して貴学で実施予定のオープンキャンパスのお知らせを拝見しました。

実は、本校の在学生のうちに、貴学への進学を志望している生徒がおります。その生徒は貴学を訪問してキャンパスツアーや寮見学など、色々な行事にぜひ参加させていただきたいと思っており、特に、教員・在学生による個別相談に参加し、奨学金の情報についてもお伺いしたいと言っております。

12月17日(土)のオープンキャンパスへの参加を申し込むには、どのような手続きが必要でしょうか。参加資格や申し込みの締切など、申し込みに必要な情報をお教えいただけますでしょうか。なお、もし参加費が必要ならそれについてもぜひお知らせいただければ幸いです。

解説

대학 입학처 담당 교원에게 보내는 문의 메일이므로 비즈니스 레터 형식을 갖추어 최대한 정중한 문체를 사용한다. 조건을 충족시키기 위해서는 〈A〉의 배경 설명을 잘 읽고 공고 〈B〉의 내용도 함께 고려하여 참가를 희망하는 학생 입장에서 알고 싶은 내용을 중심으로 메일 본문을 작성하되, さて 이후에는 이러한 메일을 보내게 된 경위, 実は 이후에는 실제로 묻고 싶은 내용으로 나누어서 답안을 작성하도록 한다.

4 同範囲問題

[答案例] 책속의 책 p.125

서술형

01 〈B〉は〈A〉のメールに対しての返信である。〈B〉の内容を参考に、〈A〉のメールを完成させなさい。[5点]

2014.B 기출 | 서술형 3

〈A〉

△△ 高校 高木美穂先生

ご無沙汰しております。いかがお過ごしですか。
私どもはおかげさまで元気にしております。
早速ですが、今年の貴校の本校訪問につきまして、いくつかお聞きしたいことがありましたので、メールをいたします。

それでは、よろしくお願いいたします。

○○高校 李ハナ

〈B〉

○○高校 李ハナ先生

李先生、こんにちは。
メール早速拝見いたしました。ありがとうございます。
おかげさまで私どもも元気にしております。
もう６月に入り、そろそろ恒例の韓国訪問の準備に取りかかろうとしていたところに、李先生からのメールが届きました。
いろいろとお気遣いいただき、本当に感謝しております。

メモ

4 同範囲問題

さて、お問い合わせの件は、以下の通りです。内容をご検討の上、ご返信ください。

・日程：2014年８月４日～７日(３泊４日)
・人数：28名(※男子12名、女子14名、女性教諭２名)
・希望の見学先：お任せします。

それでは、よろしくお願いいたします。

△△高校 高木美穂

条件

- 返信に書かれている情報を必ず問い合わせること。
- メール全体の文体を統一すること。

メモ

9 지문 독해

제1장 | 단락 재배열

제2장 | 요지 파악

제3장 | 문장 완성하기

제4장 | 종합 독해

기입형

次の(1)~(4)が自然な流れになるように並べかえなさい。また、下線部ⓐとⓑの漢字の読み方をひらがなで書きなさい。[4点] 2021.A 기출 I 7

人は50歳を過ぎる頃になると、頭では思い浮かんでいても、固有名詞が出てこないことが多くなる。

(1) ちなみに「物忘れが激しくなった」というと、「認知症のⓐ前兆ではないか？」と不安に思う人も多いようだが、この二つは似て非なるものだ。

(2)「ほら、あの人なんて言ったっけ？ あ～名前が喉まで出かかっているんだけどなぁ」なんてもどかしい思いをした経験は、中高年なら誰にでもあるはずだ。

(3) ものを思い出そうとしたとき「○○を引き出せ」という命令信号が脳内に発生し、神経細胞やシナプスのネットワークのなかを瞬時に駆けまわるのだが、集中力がⓑ衰えると、この伝達がうまく行なえなくなる。

(4) こうした物忘れは、必要な記憶を脳の中から引き出すための集中力や検索力が、年齢とともに衰えていくために起こると考えられている。

なぜなら、物忘れの場合は、本当に忘れてしまったのではなく、思い出すことができないだけだが、認知症の場合はその日に起こったことを思い出せなくなるなど直前の記憶を失うことが多いからだ。

－『脳の不思議』より改変－

メモ

正解

(1)~(4)を自然な流れになるように並べかえると、(2) - (4) - (3) - (1)になる。
下線部ⓐとⓑの漢字の読み方はⓐ「ぜんちょう」とⓑ「おとろえる」である。

1 同範囲問題

[答案例] 책속의 책 p.126

기입형 서술형

01

次を読み、(1)〜(3)を最も自然な文章になるように並べかえなさい。また、ⓐに当てはまることばを文中から探して書きなさい。さらに、下線部ⓑの理由を書きなさい。[5点]

2019.B 기출 | 6

日本は、世界でも有数の天災多発国だ。毎年台風が襲来して草木をなぎ倒し、そこここで洪水が起こる。地震や火山の噴火で山は崩れ、山火事で全山が燃えつきることもある。しかし、日本の森は、壊れても焼かれても復元する力をもっており、世界中でも最も回復力が強い森だといってよい。

(1) ところでヨーロッパの森は日本のそれとは違い、人為に対してもろくて弱い。農耕牧畜が始まって以来、ヨーロッパの森林は破壊し続けられ、ほとんどなくなってしまった。自然は人間によって支配されるべき対象であった。自然破壊の極致に至ったとき、自然は保護しなければならないという思想が生まれたのである。

(2) 日本人にとっては、自然は支配する対象ではなかった。空気は水と同じく、人間を取り巻くごく当たり前のものであった。人間の力ではびくともしない豊かな自然、それがここ二十年の間に巨大な破壊技術の進歩により、急激に破壊されはじめたのである。

(3) 豊かな自然の中で育った日本人には、それを保護しようなどという考えが生まれようもなかった。どんな災厄からも立ち直る自然、それはちっぽけな人間の力をはるかに超越した不動の存在で人間を守りこそすれ、人間に守られるものではありえなかった。大野晋氏によると、大和言葉には(ⓐ)に該当する言葉は見当たらないという。おのずからしかり、つまり、あるがままにあるものとして(ⓐ)は認識されてきた。人々は、四季の移ろいに身をゆだね、もののあわれを感じとり、いのちのはかなさに思いをいたした。

メモ

しかし、まだ日本人の心の奥には、自然は無限に豊かであるかのような印象が根を張っている。この状況が続けば、かつてのヨーロッパのように、否もっと恐ろしい形で日本の自然が破壊しつくされるであろう。そうなればもはや取り返しがつかなくなる。ⓑ今のうちに自然保護と愛好の思想を育てなければならない。

－ 河合雅雄『子どもと自然』より改変 －

メモ

기입형

02

次の文章を読み、(1)〜(4)を、最も自然な文章になるように並べかえ、番号で書きなさい。また、「たとえば」を文頭に入れられる文を1つ選び、その番号を書きなさい。なお、主旨が分かるよう、文章のタイトルを書きなさい。[4点]

2018.A 기출 I 10

論理力向上のために大切なのは、さまざまな接続表現に注意することである。

(1) その前後で議論が方向転換している可能性が高い。

(2)「しかし」という接続詞は多くの場合「転換」を示している。

(3) 論理とは言葉と言葉の関係にほかならないが、それを明示するのが接続表現だからである。

(4) 議論の方向を見失わないためには、「しかし」という接続詞に注意することが必要となるのである。

ただし、ときに接続表現は省略されるので、その場合には自分でそれを補って読まなければならない。

− 野矢茂樹『論理トレーニング101題』より改変

メモ

1 同範囲問題

기입형

03

〈A〉で筆者が考える「本当の意味での人工知能」とは何か書きなさい。また、〈B〉の(1)~(4)を最も自然な文の流れになるように並べかえ、〈B〉のⓐを完成させなさい。[5点]

2017.B 기출 | 6

〈A〉

最近、人工知能が世間を賑わせているが、実は人工知能はまだできていない。世の中に「人工知能を使ったシステム」が増えているが、本当の意味での人工知能はできていないのだ。人間の知能の原理を解明し、工学的に実現するという人工知能は、まだどこにも存在しない。「人工知能を使った製品」や「人工知能技術を使ったサービス」というのは実は嘘なのだ。嘘というのは少し言い過ぎかもしれない。人間の知的な活動の一面をまねしている技術は、「人工知能」と呼ばれるからだ。しかし、人間の持つ知能は深遠で、はるか手の届かないところにあり、自分たちの脳がどういう仕組みでできているか、いまだにその原理はわかっていない。

〈B〉

(　　　ⓐ　　　)のではないか。なぜなら、人間の脳は電気回路と同じだからだ。

(1) ところが、多くの人にとって、人間の思考をコンピュータのプログラムで実現するというのは、簡単には受け入れ難いようだ。よくある反応は、「人間には心や感情があるではないか」というものである。

(2) 人間の思考が、もし何らかの「計算」なのだとしたら、それをコンピュータで実現できないわけがない。すごく長いテープと、それに書き込む装置、読み出す装置さえあれば、すべてのプログラムは実行可能である。

メモ

(3) だが、コンピュータに感情を持たせることも可能である。人間の思考はプログラムで実現できるという考え方は、たしかに、何か神聖なものを冒している気にさせる。高名な科学者ですら、人間の特殊性を説明しようとするくらいである。

(4) 電気回路というのは、コンピュータに内蔵されているCPUに代表されるように、通常は何らかの計算を行うものである。人間の脳の働きもこれとまったく同じである。

人間を特別視したい気持ちもわかるが、脳の機能や、その計算のアルゴリズムとの対応を一つひとつ冷静に考えていけば、(　　　ⓐ　　　)というのが、科学的には妥当な予想である。

－ 松尾豊、『人工知能は人間を超えるか』より改変 －

メモ

기입형

04 次を読んで、自然な文の流れになるよう、(A)~(D)を並べかえなさい。[2点]

2014.A 기출 | 10

かつて日本人にとって欧米諸国とは、ほとんどが書物の中での存在にすぎなかった。そこで、たとえ日本人がこれらの国の文化を誤解したとしても、すぐ直接どうということはあまりなかったのである。

(A) 知人が私に話してくれたことであるが、日本から派遣されてパリに駐在していた商社員の息子さんが、ある日突然に登校拒否を始めた。調べてみると、その原因が、なんと太陽の色にあったのである。フランスの小学校に通っているうちに、何かで太陽の絵を描いたとき、この子一人だけが赤く塗ったため、フランス人の友達にひどくからかわれ、ショックを受けてしまったのだという。

(B) 太陽が赤の日本の文化では、月は黄である。ところが太陽が黄の文化では、月は白が普通であり、当然のことだが、黄ではあり得ない。このことを知らなかった日本人の親子は、絵本の太陽を月と思い、納得できなかったのである。

(C) ところが近頃のように、外国人との直接の交流が頻繁になり、普通の日本人が極めて手軽に国外に出かけるようになると、言語文化的な相互理解の欠如は、いろいろと無視できない摩擦や、笑うに笑えない問題を生み始める。

(D) また、次のような話もある。私の授業に参加していたある中年の婦人が、夫君と共にイギリスに滞在中、現地で買った絵本を子供が見ているとき、「お母さん、この本おかしいよ」と叫んで飛んで来た。見ると、何でもない町の風景の絵なのだが、太陽が真黄色に描いてある。子供は「昼間にお

メモ

月様が出ているなんて、変だよ」といって聞かなかったという話である。

一つの国の文化というものは、このように一度それと分かってしまえば何でもないことに、当人が自覚していない極く小さな暗黙の社会的なとりきめやきまりが無数に含まれている。この部分が、いわば文化の根とでもいうべき基層を形成していて、この無自覚の部分の異文化間の食い違いが、大は異民族同士の対立反目といった深刻な問題から、小は帰国子女の不適応などの隠れた原因となることが多い。ことに全く同一と思われるものについての価値が正反対であるようなとき、思わぬ事件を引き起こすのである。

－ 鈴木孝夫、『日本語と外国語』一部修正 －

メモ

1 同範囲問題

객관식

05 意味上、最も自然な順に述べたものは？ [2点]

2012.1차 기출 I 34

ㄱ. そのほとんどが母親が父親に怒りをぶっつけるのだが、そのときは、二人とも父親を庇う。

ㄴ. 私には六才になる双子の孫がいる。娘の子供で、二人とも男の子である。二人は、いつもふざけ合っていて、すぐにケンカになるのだが、母親と父親が口ゲンカをすることがある。

ㄷ. そして、二人が協力して母親と父親の手を引っ張って継がせようとする。文字通り子は鎹の役割をしてくれるわけだが、わが孫たちは、実はこの先がある。

ㄹ. 母親と父親は、仕方なく笑顔になって手をつなぐのだが、両親が仲良くなったことを確認すると、弟の方が、「お小遣いをちょうだい」と両手を出し、すると兄の方が「ぼくたち、パパとママを仲良しにさせてあげたのだもんね」と、催促するのだというのである。

ㅁ. そして母親を叱る。娘の家では、だいたい母親が強く、父親は母親が怒ってもニコニコ笑っているのだが、子供たちは、父親が弱いとみてその味方をするのである。

① ㄴ－ㄱ－ㄷ－ㅁ－ㄹ

② ㄴ－ㄱ－ㅁ－ㄷ－ㄹ

③ ㄴ－ㅁ－ㄱ－ㄷ－ㄹ

④ ㄹ－ㄱ－ㅁ－ㄴ－ㄷ

⑤ ㄹ－ㄷ－ㄴ－ㅁ－ㄱ

メモ

객관식

06 意味上、最も自然な順に並べたものは？ [2点]

2011.1차 기출 I 34

(가) 私たちは日常、円盤形のコインに向かって、たいていその丸い面に対面する方向からつきあっている。いわば、コインの《円形の面》からのつきあいのほうが、《長方形の面》からの接触より頻繁だ。しかし、それはそれだけのことである。論理的に、二つの面は同格だと言うべきであろう。

(나) けれども、もちろんコインは年中円形に見えるわけではない。水平方向から眺めれば、明らかに、薄い長方形に見えるはずだ。短い棒状に見えるはずだ。そして私たちには、そんなことは分かりきっているように思われる。しかし、ものはためしに、

　　コインは長方形だ。

という文を口に出して言ってみると、なぜか、まことに異様な発言をしているような気がする。

(다) また、少なくとも現代人の私たちにとっては、コインを薄い長方形として認識するべき機会はずいぶん多いはずなのだ。駅でキップを買う時も、たばこを買う時も、私たちは自動販売機の、薄い長方形の穴へコインを入れる。そしてその穴の形は、正確にコインの一面を表現している。

　　百円玉は円形だ。
　　百円玉は長方形だ。

という二つの文の、論理的かつ実証的な構成は、ほとんど等しい。どちらも省略的で、どちらも一面的である。後者の発言は(したがって後者の認識は)前者より頻度が低いだけである。

(라) ふだん私たちは、コインを丸いものと見なしている。そして、百円玉、十円玉などと言う。もちろん、「丸い」とか「玉」と言っても、それは決してビー玉のような球形ではなく、正確には円盤形のことだと、だれでも承知している。

メモ

(마) つまり、コインをテーブルなどの上に置いた時、あるいは床や地面に落とした時、人間の目の位置から見下ろすと丸く見えるということだ。コインが自然に安定しやすい姿勢で置かれている時、人間の視線の自然な角度から見ると、丸い。そこで、私たちは、

コインは円形だ。

という文を承認する。それはまことにもっともな発言だと思う。

① (가)-(나)-(마)-(다)-(라)
② (가)-(라)-(마)-(다)-(나)
③ (가)-(마)-(다)-(라)-(나)
④ (라)-(다)-(나)-(가)-(마)
⑤ (라)-(마)-(나)-(가)-(다)

メモ

객관식

07 意味上、正しい順に並べたものは？[2点]

2010.1차 기출 | 33

(가) クジラたちは、周りの状況を的確に察知し、とても上手に生活を送っている。そのことから、クジラたちは、情報を受信・発信する何か優れた手段をもっているのではないかと、かなり以前から話題になっていた。しかし、その「何か」は、長いことなぞのままだった。

(나) 海で暮らす動物たちは、どのようにして情報を得たり、伝え合ったりしているのだろう。クジラを例に調べてみよう。

(다) クジラは高い音から低い音までさまざまな種類の音を出すことができる。しかも、非常に短い音と、比較的低い、長く続く音の二種類を、目的に応じて使い分けているのである。

(라) 動物たちはそれぞれ特有の方法で、身の回りの情報を得たり、得た情報や気持ちをたがいに伝え合ったりして生活している。特に、群れで暮らすことの多い動物たちにとって、それはとても重要なことである。

(마) ところが、クジラが鳴くことが知られるようになって、このなぞが解明され始めた。クジラの発する音が、優れた働きをしていることが明らかになってきたのである。

① (가)－(다)－(나)－(마)－(라)
② (나)－(가)－(다)－(라)－(마)
③ (다)－(나)－(라)－(마)－(가)
④ (라)－(가)－(다)－(마)－(나)
⑤ (라)－(나)－(가)－(마)－(다)

メモ

1 同範囲問題

객관식

08

㈎~㈒를 글의 흐름상 가장 자연스러운 순서로 배열한 것은? [2.5点]

2009.1차 기출 | 34

메모

㈎ わたくしはしばらくその老人の、高いのどぼとけのぎくぎく動くのを、見るともなしに見ていました。なにか話しかけたいと思いましたが、どうもあんまりむこうがしずかなので、わたくしはすこしきゅうくつにも思いました。

㈏ けれども、半日まるっきり人にも出会わないそんな旅でしたから、わたくしは食事がすんでも、すぐにいずみとその年とった巡礼とから、わかれてしまいたくはありませんでした。

㈐ そのとき、一人の巡礼のおじいさんが、やっぱり食事のために、そこへやってきました。わたくしたちはだまってかるく礼をしました。

㈑ 流沙の南の、やなぎでかこまれた小さないずみで、わたくしは、いった麦粉を水にといて、昼の食事をしておりました。

㈒ けれども、ふとわたくしはいずみのうしろに、小さなほこらのあるのを見つけました。それはたいへん小さくて、地理学者や探険家ならばちょっと標本にもっていけそうなものではありましたが、まだまったくあたらしく黄いろと赤のペンキさえぬられていかにも異様に思われ、その前には、そまつながら一本の幡も立っていました。

① ㈎－㈏－㈒－㈐－㈑
② ㈎－㈐－㈏－㈑－㈒
③ ㈎－㈒－㈑－㈐－㈏
④ ㈑－㈏－㈎－㈒－㈐
⑤ ㈑－㈐－㈏－㈎－㈒

기입형

09 의미가 자연스럽게 통하도록 B~G를 순서에 맞게 정렬하시오. [4点]

2008 기출 I 22

A. 今日、トットちゃんは、悲しかった。もう、トットちゃんは、三年生になっていて、同級生の泰(たい)ちゃんを、とても好きだと思っていた。頭がよくて、物理ができた。英語を勉強していて、最初に「キツネ」という英語を教えてくれたのも、泰ちゃんだった。

B. それだけいうと、泰ちゃんは、下をむいたまま、歩いて行ってしまった、トットちゃんは、ポカンとして、その泰ちゃんの頭が……脳味噌が、いっぱいつまっている、自分の尊敬している頭、仮分数、という仇名の頭が……見えなくなるまで見ていた。

C. 「そりゃ、そうよ。だって、トットちゃん、今日、おすもうの時間に泰ちゃんのこと、投げとばしたじゃないの。泰ちゃんは、頭が重いから、ずーっと、土俵の外に、すっとんだんだもの。そりゃ、怒るわよ」

D. 「トットちゃん、キツネは、フォックスだよ。」

(フォックスかあ……)

その日、トットちゃんは、一日、“フォックス”という響きに、ひたったくらいだった。だから、毎朝、電車の教室に行くと、最初にする事は、泰ちゃんの筆箱の中の鉛筆を、全部ナイフで、きれいに、けずってあげる事だった。自分の鉛筆ときたら、歯でむしりとって、使っているというのに。

E. トットちゃんは、ポケットに手をつっこんだまま考えた。思いあたる事は、ないように思えた。仕方なく、トットちゃんは、同級生のミヨちゃんに相談した。ミヨちゃんは、トットちゃんの話を聞くと、大人っぽい口調で、こういった。

F. トットちゃんは、心の底から後悔した。(そうだった)、毎日、鉛筆をけずってあげるくらい好きな人を、なんで、お

メモ

すもうの時間に、すっかり忘れて、投げとばしちゃったんだろう……。でも、もう遅かった。トットちゃんが、泰ちゃんのお嫁さんになれない事は、決まってしまった。(でも、明日から、やっぱり、鉛筆は、けずってあげよう) だって、好きなんだもの。

G. ところが、今日、その泰ちゃんが、トットちゃんを呼びとめた。そのとき、トットちゃんは、昼休みなので、プラプラと講堂の裏の、例のトイレの汲み取り口のあたりを散歩してたんだけど、「トットちゃん!」という泰ちゃんの声が、怒ってるみたいなので、びっくりして立ち止まった。泰ちゃんは、一息つくと、いった。「大きくなって、君がどんなに頼んでも、僕のお嫁さんには、してあげないからね!」

－『窓ぎわのトットちゃん』(黒柳徹子)より－

• 글의 순서 : (A) → (　　) → (　　) → (　　) → (　　) → (　　) → (　　)

기입형 서술형

10 B~E를 문맥에 맞게 정렬하고, 밑줄 친 부분에 대한 원인 2가지를 본문에서 찾아 2줄 이내의 한국어로 쓰시오. [4点]

2006 기출 | 25

A. 高校生の作った8ミリドラマの審査員になって、50本の作品を見た映画監督○○○さんが、「どうしてこうも似通っているのだろう。」と、首をひねっている。技術の巧拙はいろいろだが、ドラマの筋立てに判で押したように同じ感触のものが多いのだそうだ。

メモ

B. 別れるときは、たいてい、後ろに副都心の超高層ビルがそびえることになっているそうだ。先生も、友人も、家族も、積極的な役割を担っていないのが共通している。若者たちが8ミリの目で自分を見つめようという意図は分かるのだが、おそらく薄墨で描いたような、観念的な絵になっているのではないか。

C. まず、高校生の主人公は髪が長く、やせこけて、ジーパンをはいている。受験の重圧の中で、ふと、髪の長い女の子に出会う。そして二人が行く所は、湖か池のある森、あるいは都会の片隅の公園である。二人はぎごちなく話し合い、やがて何となく別れる。

D. しかし半面では、そのために自分の周囲にある事物や人間に対する観察や知識をなおざりにしがちなマイナスもある。高校生という年齢は熟した抽象論を持つより、箇々の事物をありのまま観察し、貪慾に吸収すべき時期であって、そこに押さえがないと観念に重みが伴わないし、また創造の翼もかえって羽ばたきを失う。

E. なぜそうなのかについてはたくさんの解釈があろうが、学校教科書に人生論風の文章が多いことをあげる人もいる。人生の後半期になって一つの境地に到達した人が、抽象的に総括を語る文章を、若い時代に読んで有益であることは言うまでもない。

F. もう一つの解釈は、学校と自宅という線を結んだ受験勉強以外に、若者にとっての手ごたえのある現実が乏しいことだ。旅に出よう、という彼らの熱望が分かる気がする。現実からの逃避ではなく、現実を獲得したいためなのだろう。

• 글의 순서 : A → ____ → ____ → ____ → ____ → F

• 원인 : ______________________________

____

메모

1 同範囲問題

기입형

11

다음 글을 읽고 물음에 답하시오.

2005 기출 I 32

A. 生活していく上で間に合うという数でいえば、三千語あれば間に合う。だいたいは生きていられる。これがいわゆる基本語です。では、三千語知っていればいいか。言語活動がよく営めるには、三千では間に合わない。三万から五万の単語の約半分は、実のところは新聞でも一年に一度しか使われない。一生に一度しかお目にかからないかもしれない。しかし、その一年に一度、一生に一度しか出あわないような単語が、ここというときに適切に使えるかどうか。使えて初めて、よい言語生活が営めるのです。そこが大事です。語彙を七万も十万ももっていたって使用度数1、あるいは一生で一度も使わないかも知れない。だからいらないのではなく、その一回のための単語を蓄えていること。

B. なんでもかんでもむずかしい言葉をたくさん覚える必要があるといっているのではありません。そのときどきに、ピタッと合う、あるいは美しい表現ができるかどうか。それが問題です。それが言語の能力があるということです。歌人や小説家が辞書を読んで単語を覚えようとしたのは、そういうときに備えたいからです。だから、読み手もその細かい心づかいにつきあうだけの感度をそなえていなくてはいい読者といえません。

C. 語彙が多いとか少ないとかいうけれど、人間はどのくらいの言葉を使うものなのか。例えば新聞や雑誌に使われている単語は、年間およそ三万語といわれています。しかし、その50~60パーセントは、年間の使用度数1です。つまり、半分の単語は新聞・雑誌で一年に二度とお目にかかることがない。ちょっと古いけれど、昭和30年代の調査では、高校の上級生が三万語の語彙をもってい

メモ

たという調査結果があります。今は大学生でも語彙は平均一万五千か二万くらいに落ちているのではないかと思います。読書量がものすごく減っていますから。

D. 例えば「味」についていえば、「味得する」という単語があります。これは確かに使用度数は少ない。今やもう、ほとんど使わなくなっているけれど、なにかの時に「それが味得できた」と使うことでピタッと決まることがある。「深い、かすかな味わいが分かった」では、文章の調子、文体としてだめなときがある。文章を書くには、一度使った単語や言い回しを二度繰り返さないという文章上の美意識がある。それに触れる。何か別の言い回しが必要になる。そのとき、その書き手がどれだけ語彙を持っているかが問題になる。類語辞典が役立つのはそういうときです。

－ 大野 晋『日本語練習帳』より －

의미가 자연스럽게 통하도록 A~D를 순서대로 정렬하시오. [3点]

(　　　)→(　　　)→(　　　)→(　　　)

メモ

12 다음 글을 읽고, 물음에 답하시오.

2004 기출 | 16 일부

(A) 読書の最良の方法は、書物を手紙として読むということ、直接自分にあてて書き送られた手紙として読むということである。手紙として読むことができないのは、書かれたものに魂がないか、読む方に魂がないか、どちらかだろう。その両方であることが近ごろはずいぶん多いように思われる。魂のこもっていないものを読むことは、結局こちらの魂を安く売り渡すことになるだろう。このように自分にとっていちばんたいせつなものを失ってしまう行為は、なかなか気づかれないけれども、それだけに、こういう行為が重なってどんな人間ができ上がるかを思うと恐ろしい気がする。

(B) 読書の場合だけではない。同じようなことが音楽や美術のような芸術の場合にもいえるだろうし、さらに、私たちの日常生活についてもあてはまるだろう。私たちの人生という布は、いうまでもなく、このかけがえのないたいせつな織物も、近ごろはますますお粗末に、安手なものになっていくようだ。

(C) 子どものとき、私たちは二つ三つの友情を大事にしている。けれども、しだいに大人になり、交際が広くなり、生活が複雑にそして忙しくなってくると、人との関係はそれぞれの奥行きを失って、とおりいっぺんのつきあいに色あせてしまう。習慣や利害が簡単に人を結びつけたり引き離したりする。「生まれつき筆不精で」とか「とてもいそがしくて」とか言って、事務的な手紙しか書かなくなる。

(D) 人生というものが私たちにとって、一回限りの織物であるならば、私たちはそれを織る糸を美しくじょうぶなものにしなければならないだろう。

メモ

기입형

아래 문장은 (A)~(D)의 단락 중 맨 마지막 부분이다. 어느 단락의 마지막 부분인지 그 단락의 기호를 쓰시오. [1点] 2004 기출 I 16-5

こういうことも、やはり自分の魂を失ってしまう行為ではあるまいか。

メモ

1 同範囲問題

13

次の文章を読んで、あとの問いに答えなさい。

2000 기출 | 4 일부

(A) ただ、突然やってくる災害と違って、①ゴサドウが発生するタイミングは特定されている。大事なのは、最後まで気を抜かずに手を打ち続けることである。

企業や②ギョウセイは時間が許す限り、あきらめずに対応をやり切る。とりわけ、対策の遅れが指摘される医療機関や、中小企業、地方自治体にこの点を強く求めたい。併せて、万一の事態に備えた危機管理計画を整備し、連絡体制や人の配置など、周到な打ち合わせも欠かせない。

(B) 2000年問題の予行演習となったカーナビゲーションのトラブル問題を思い起こしたい。鳴り物入りで行われた事前の注意喚起にもかかわらず、当日はメーカーに問い合わせの電話が殺到した。幸い深刻な事故はなかったが、情報周知の難しさや、無関心の壁の厚さを示した。

対応は着実に進んでいる。だからといってすべての分野で終わったことを確認するのは不可能だ。プログラム対応を済ませても、手落ちが残ることもある。この機会を狙って、システムに悪質な仕掛けが組み込まれる恐れを指摘する専門家もいる。先進国では着々と対応が進むが、十分に ③손이 미치지 않는 途上国もある。

(C) 重要なのは、消費者や関係者が適切な対応を取りやすくする積極的な情報提供と、行き届いた相談に力を入れることだ。年末ぎりぎりになって、懸念される事態が新たに判明した場合でも、情報開示に二の足を踏むことだけは避けたい。

メモ

相手がソフトウェアーという目に見えない存在だけに、個人にはたしかにとっつきにくい。「対策は企業や②ギョウセイの責任」という受け身の思いも、個人の関心を薄める要因になっている。しかし、災害や事故に対するのと同様、自ら積極的に関心をもって万一に備えるという姿勢は社会生活の基本でもある。

(D) コンピューターが西暦年号を読み違え①ゴサドウを引き起こす2000年問題で、政府が初めて国民に11項目の具体的な留意点を呼び掛けた。
2000年まであと2カ月。企業や②ギョウセイの取り組みは最終段階を迎え、かつてのような過剰な不安感は和らぎつつある。だが、完全に安心とは決して言い切れないところに、この問題の難しさがある。政府の呼び掛けは、行き過ぎた不安は無用だが、侮ってはならないというメッセージと受け止めるべきだろう。

メモ

기입형

上の(A)~(D)は順序が違っています。正しい順序に直しなさい。[2点]

2000 기출 | 4-3

(　　　)→(　　　)→(　　　)→(　　　)

기입형

01

次の文章の下線部ⓐを韓国語に訳しなさい。また、下線部ⓑとⓒが同じ意味になるように(　　)にことばを書き、この文章全体の主題となる一文を抜き出しなさい。[4点] 2021.A 기출 | 10

無事に仕事場の引っ越しが済んだと思ったら、今度は自宅の引っ越しです。まだ時間に余裕があるのですが、私の精神に余裕がまるでない。引っ越しってなんでこう、やらねばならぬことが多いのか。

ⓐ若かりしころから、私の人生は「やらねばならぬことがなぜか一度に押し寄せてくる」傾向にあります。今回も二つの引っ越し以外に、このタイミングで片づけねばならぬことが複数あり、すべて完了した暁には、数多の案件を並外れた筋力でジャグリングする、私のシルク・ドゥ・ソレイユっぷりに磨きがかかっていることでしょう。

さて、忘れてはならないこと。「捨てる」を目的にした大規模な片づけです。これが終わらないと、引っ越しの見積もりも取れません。で、これがつらくて仕方がない。亡き母が一度でもⓑ袖を(　　　)た記憶のある服、使っていた鞄、着物などが、自宅にもわんさか残っているからです。

前回の引っ越しの際、私はこれらを処分せずにそのまま持ってきて、押し入れの奥底に仕舞いました。そこから一度も、段ボールを開いた試しはない。つまり、使用を基準に考えれば不用品。しかし、思い出基準で考えれば貴重品。

いまの家に住んでいるあいだに、保存しておきたい仕事用の書籍がかなり増えました。今回は、さすがに遺品をどうにかしないとなりません。

押し入れを整理し、今日は母がⓒ着ていた可愛い花柄のちゃんちゃんこを捨てました。私だってこの5年くらい一度もⓑ袖を(　　　)ていないのに、書いているそばからつらい。しかし、こうやって少しずつ減らしていかないと、結局は自分の首を絞めることになる。所有って処分と背中合わせなのですよね。

－『AERA』, 2020年10月19日より改変－

メモ

メモ

正解

- ⓐの韓国語訳：젊었을 때부터 내 인생은 '무슨 이유에선지 할 일들이 꼭 한꺼번에 몰려드는' 경향이 있었습니다.
- ⓑ 通(とお)し
- 主題となる一文：所有って処分と背中合わせなのです。

2 同範囲問題

서술형

01 次を読み、筆者の主張とその根拠を要約して書きなさい。[5点]

2014.B 기출 | 서술형 4

言語学の世界では、ある言語のほうが他の言語よりも、本質的に優れている、ということはありません。もちろん、形態的にどちらの言語のほうが複雑ということはあります。たとえば、ロシア語やナバホ語は、中国語に比べたら、語形変化などはずっと複雑です。だからといってロシア語のほうが難しいということはなく、中国語は別の側面(たとえば音調)が複雑で、全体としては、複雑さは変わらないと考えられています。ましてや、どちらが優れているか、というのは、科学的には決めようがない。つまり、世界の言語はすべて平等です。

言語の優位性についてよく誤解されるのが、科学技術の議論ができない言語がある、という事実です。そのような場合は英語など、他の言語を使わなければならないので、その言語は劣っている、というわけです。しかしこれは、「言語そのもの」に問題があるのではなく、科学技術の語彙がその言語にはまだ導入されていないので、英語などの教科書を使ったほうが(短期的には)早い、というだけのことです。

日本でも、江戸時代に初めて西洋の学問が入ってきたときには、同じ問題がありました。オランダ語の医学書を訳した蘭学者の苦心はよく知られています。今では日本語で科学技術を扱うことはできない、などと考える人は誰もいません。必要さえあれば、世界のどの言語も、科学技術を扱えるようになるのです。

－ 白井恭弘、『ことばの力学－応用言語学への招待』－

メモ

객관식

02 文章の内容に合っているものは？ [2点]

2012.1차 기출 | 36

東京・銀座の真ん中で、街路樹のケヤキが歩道をふさいでいた。長さ10メートルほど、端の太さは40センチ。二股の幹の片方が折れたらしい。現場でチェーンソーがうなる。猛(たけ)る風雨に、すました街も一変した。不意に揺れる大地も怖いが、にじり寄る台風も恐ろしい。沖縄の手前でゆるりと輪を描いていた15号は、我に返ったように勢いを増し、秋台風らしい速さで列島を縦断した。帰宅ラッシュに重なった首都圏では交通網が乱れ、家路を断たれた群衆が駅に道路にあふれた。先の12号が残した紀伊半島の土砂ダムには一部決壊の情報がある。「先輩」が仕込んだ爆薬に15号が点火した形だ。震災の被災地にも、暴風雨は容赦なかった。きのうは、1959年の15号、すなわち伊勢湾台風が発生した日でもある。東海地方で育ったせいか、小学校の授業でそう教わった。わが誕生日と同じかと落ち込みながら、大きな台風は9月半ばから実りの秋を襲う、と銘じたものだ。まだ気は抜けない。海から空からと、水難の年である。各地の古老に「生まれて始めて」と言われては寄る辺ない。なるほど、文明のはるか前から独自の営みを重ねる自然は侮れない。だが人間には、悔し涙で綴った教訓の束がある。悪条件が重なると大災害になるが、一つでも除けば災害の規模は一けた小さくできる。お天気博士、倉嶋厚(くらしまあつし)さんの教えである。猛威をかわすため、津々浦々に刻まれた爪痕をくまなく探り、次に消し去るべき条件を拾い集めよう。

① 紀伊半島の土砂ダムは伊勢湾台風で一部決壊した。
② 秋台風は本来、ゆっくりとした速度で進むものである。
③ 台風はこれからまた襲ってくるかもしれず、油断はできない。
④ 災害を減らすためには、各地の古老の話に耳を傾けるべきである。
⑤ 地震による被災地では台風の被害を最小限に食い止めることができた。

メモ

2 同範囲問題

객관식

03 文章の内容に合っているものは？ [2点]

2011.1차 기출 | 33

ヨーロッパの旅行は時間さえあれば汽車に乗るのが楽しい。自然の景観が手に取るところにあるし、土地の人たちとじかに接することができる。時間がゆっくり流れてくれる。

その汽車旅行に一つ泣き所がある。日本から行く場合、当然のことながらスーツケースが重い。客車に乗るときに、これをさげて、踏み段を二、三段登らなければならない。これがなかなかの筋肉労働となる。別にあずける方法もあるが、面倒で敬遠される。

ところが、イギリスにゆくと、少なくとも大きい駅ではプラットホームが客車の床と同じ高さであるので、乗客は水平に客車に乗れる。日本もこのイギリス方式を明治時代にならったようである。

英仏海峡に懸案の海底トンネルができて、列車が走るようになった。パリの北駅では案のじょう、荷物をもちあげて三段登って客車に入った。ロンドンのウォータルー駅に着くと、段差なしにスーと降りてしまった。イギリス式、日本式は乗客フレンドリーである。

このトンネル通過には、フレンドリー・システムの検証の他に、もう一つ目的があった。フランスに入国するときにはパスポートに入国スタンプを押さない。イギリスはスタンプを押す。トンネル通過記念にスタンプがほしかったので、パリ発ロンドン着の方向にした。そして首尾よく「チャネル・タネル」と押してもらった。

ヨーロッパの主要な駅では、駅舎の屋根が駅全体をおおっている。日本では、線路の部分が青天井である。雨や風のとき、乗客は不愉快なおもいをする。全面を屋根でおおうのは、費用がかさむということだろうか。駅のいっそうのフレンドリー化も願いたい。

メモ

パリの駅舎は美術館に姿を変えたが、日本の駅は、そのような変身はできない。

① フランスと日本の駅は、乗車時に段差がないのでフレンドリーである。
② トンネル通過記念にスタンプがほしかったので、フランスから汽車に乗った。
③ 日本の駅のフレンドリー・システムは、明治時代にフランスからならったものである。
④ パリ発ロンドン行きの汽車に乗ったのは、フレンドリー・システムだけを検証するためである。
⑤ ヨーロッパ旅行では、カバンを別に預ける方法がないので、重いスーツケースをさげていくしかない。

メモ

2 同範囲問題

객관식

04 筆者の意見に最も合っているものは？ [2.5点]

2011.1차 기출 I 35

人間だけが感じる、人間らしい苦痛とはどんなものだろうか。体が傷ついているのでもなく、体が飢えているのでもなく、しかも傷つき飢え乾くということが、人間にはある。ひとすじに希望をつないでいたことがむざんに打ち砕かれれば、わたしたちの心は、目に見えない血を流して傷つく。やさしい愛情を受けることなく暮していれば、わたしたちの心は、やがてたえがたい乾きを覚えてくる。しかし、そういう、苦しみの中でも、いちばん深くわたしたちの心につきはいり、わたしたちの目からいちばんつらい涙をしぼり出すものは、自分がとり返しもつかないあやまちを犯してしまったという意識だ。自分の行動をふり返ってみて、損得からではなく、道義の心から「しまった」と考えるほどつらいことは、おそらくほかにないだろうと思う。

自分のあやまちを認めることはつらい。しかしあやまちをつらく感じるということの中に、人間のりっぱさもあるのだ。正しい道義にしたがって行動する能力をそなえたものでなければ、自分のあやまちを思って、つらい涙を流しはしないのだ。人間である限り、あやまちは誰にでもある。そして、良心がしびれてしまわない以上、あやまちを犯したという意識は、私たちに苦しい思いをなめさせずにはいない。しかし、おたがいに、この苦しい思いの中から、いつも新たな自信をくみ出していこうではないか。正しい道にしたがって歩いていく力があるから、こんな苦しみもなめるのだと。

メモ

① 人間は、道義にしたがって行動すれば苦しみを感じない。

② 人間は、とり返しのつかないあやまちを犯したときに、意識的に一番辛い涙を流す。

③ 一番人間らしい苦痛とは、やさしい愛情を受けることなく暮していくことである。

④ 自分のあやまちを道義的な心から意識し、認めるところに、人間の立派さがある。

⑤ 人間は、良心の有無を問わずあやまちを犯したとき、苦しい思いをなめずにはいられない。

メモ

객관식

05 文章の内容を最も正しく捉えたものは？ [2点]

2010.1차 기출 I 32

2001年、厚生労働省医療サービス向上委員会は、国立病院化サービスに関するガイドラインとして、「患者の呼称の際、原則として姓(名)に『さま』を付ける」という指針を示し、これ以降、患者に「さま」を付ける呼び方が全国の医療機関で聞かれるようになった。しかし、これに対する患者の反応を調べた吉岡他(2008)によると、72名の患者の中で「さま」を望んだ人は一人もおらず、91.7%の患者は「さん」を望んでいた。その理由は、「『さん』が対等な関係にふさわしく自然」「『さま』は堅苦しく上下関係ができてしまう」などであった。この結果が示すように、患者は「さま」という呼称、つまり特別待遇されることを望んでいるのではなく、対等なパートナーとして扱ってほしいと望んでいる。「患者主体の医療」とは、患者が医療者とは異なる、しかし同様に価値ある文化を持った一人の人間として扱われ、そこから生まれる患者と医師の信頼関係に基づく医療だからである。これからの「患者主体の医療」においては、医師と患者が互いの文化を理解する努力を払うことが求められよう。

① 患者は特別に待遇されることを望んでいる。
② 決まった医療サービスのガイドラインに従うべきだ。
③ 患者にはガイドライン通りに「さん」を付けるべきだ。
④ 患者は医師と同様の人間として扱われることは望まない。
⑤ 医師と患者はお互いの文化を理解する努力を払うべきだ。

メモ

[答案例] 책속의 책 p.127

객관식

06 文章の内容と合っているものは？ [2点]

2010.1차 기출 I 34

年末に向け、さらに悪化しそうな雇用情勢に、どう立ち向かうのか、鳩山政権の緊急雇用対策がまとまった。8月の完全失業者は360万人を超え、改善の兆しは見られない。雇用対策は今後の第2次補正や来年度予算でも取り組むことが期待されるが、目下の情勢の厳しさを考えれば、それらを待っている余裕はない。自公政権当時の今年度補正予算ですでにつくった基金も活用しつつ、将来への布石となる内容も盛り込んだ。

職を失い困っている人の暮らしや、就職先をさがす新卒の若者を支える。同時に、介護や環境、農林といった分野でNPOや社会的企業の活用を通じた地域社会での「雇用創造」に本格的に取り組む。こうした対策により、今年度末までに10万人の雇用を創出したり、下支えしたりする。

一つのポイントは職業訓練の充実をはじめとする「人づくり」だ。鳩山政権は公共事業に頼らない雇用対策をさぐってきた。その具体策が、職業訓練の充実だ。今回の対策では、働きながら介護職の資格を身につけられる制度をつくる。人手不足感のある介護現場で働きながらの訓練は、安定雇用に結び付く可能性が高い。失業した人に生活費付きで職業訓練の機会を提供する事業の前倒しも決めた。

「社会的企業」を通じた地域雇用の創造を打ち出したことも大きな特徴だ。NPOなどが社会に貢献する事業をビジネスとしても成功させ、安定した雇用をつくろうという狙いである。日本でも、病気の子でも預かってくれる保育事業や、住居がない失業者の自立支援といった福祉分野の社会的企業が生まれている。行政や企業、市民が参加した環境NPOが地域の河川や公園の計画づくりを社会的企業として担う例もある。

メモ

2 同範囲問題

> 　多様化する生活者のニーズに応じるには、行政だけでは担いきれない。住民や企業、NPOなどの知恵を寄せ合い、地域の活力を取り戻す。そこにもっと雇用の場を生み出せるはずだ。それを政治の知恵でうまく支えていかねばならない。

① 行政や企業、NPOなどで作った社会的企業が最も望ましい。
② 鳩山政権はNPOや社会的企業に頼らない雇用対策をさぐってきた。
③ 雇用対策は目下の情勢が厳しいので来年度予算に盛り込むことにした。
④ 他に仕事のない人が介護職の資格を簡単に身につけられるような制度を作る。
⑤ 地域雇用の創造のためにNPOのビジネスを成功させ雇用をつくろうとしている。

メモ

객관식

07 筆者の主張を正しく捉えたものは？ [2点]

2010.1차 기출 I 35

梅雨が本物になる前に、鎌倉を歩いてきた。青空を惜しむ人で大層なにぎわいだ。JR北鎌倉駅から明月院に向かう。あじさい寺は各地にあるが、ここの境内は日本古来種のヒメアジサイが薄青に染める。牛歩の列から「人が多すぎる」と声がもれた。

四季を愛で、歴史や仏教を知り、静寂に浸る。老いも若きも、鎌倉の味わい方は人それぞれだ。明月院、建長寺、妙法寺とも拝観料は300円。それで得られる満足のほどは、何を見に来たかにもよろう。

鎌倉市や神奈川県は3年後を目標に、この地をユネスコの世界遺産にすべく事を進めている。このうえ鎌倉に能書きが必要なのかと問えば、歴史と緑を守るためだという。例えば、行政指導に頼る建物の高さ制限を、きっちりルール化しやすいそうだ。

すでに世界遺産に登録された京都や奈良との違いとして、鎌倉は武家の文化を強調する。サムライ、ショウグンの源流である。ただし、いびつに国際化し、拝観料が高いだけのカマクラになるくらいなら、「世界」の看板は無用だ。武士は食わねど高楊枝でいい。

① 世界遺産への登録は慎重にすべきだ。
② 国際化のためには世界遺産への登録は必ず必要である。
③ 鎌倉を世界遺産にすべく事を進めていかなければならない。
④ 鎌倉の歴史と緑を守るために、世界遺産への登録は進めるべきだ。
⑤ 鎌倉は武家の文化を強調するために、世界遺産への登録が必要である。

メモ

2 同範囲問題

객관식

08 다음 글의 제목으로 가장 적절한 것은? [2点]

2009.1차 기출 | 33

アカデミー賞の授賞式は、過去に幾つもの印象的なスピーチを生んできた。それに、もうひとつが加わった。「もう一度封筒を確認してくれるかな」

1981年以来6回目のノミネートで初の監督賞を受けた、マーティン・スコセッシ監督の念押しのジョークだ。生まれ育ったニューヨークを舞台にした「タクシードライバー」などで名匠とうたわれてきたが、アカデミー賞では無冠だった。

友人で、授賞式ではプレゼンターとなったスティーブン・スピルバーグ氏が述べている。「僕の映画が囁きならば、マーティの映画は叫びだ」。

確かに、「タクシードライバー」などで描かれた暴力の場面はすさまじく、それは「叫び」の世界と呼べるだろう。しかし、見終わって感じるのは、単なる後味の悪さなどではない。主人公たちの振るう暴力の源は、個々人を超えた普遍的な所にあるように見える。暴力は、いわば時代の叫びであり、それは見る側の耳に残ってしまう。そういう意味では、危険な監督でもある。

監督は以前、アカデミーはある程度ハリウッドの"黄金時代"の価値観に忠実な組織だが、自分の映画はそれとは正反対のものを描いているようだと述べたという。そして、「私は賞を取るよりはむしろ自分の好きに映画を作るほうを選ぶ」とも語った。

アカデミー賞での、無冠の時代は終わった。しかし、時代の叫びを描く仕事に、エンドマークは出そうもない。

―『天声人語』―

メモ

① 時代の叫びを描く映画
② 囁きの映画と叫びの映画
③ スピルバーグ監督とスコセッシ監督
④ 映画「タクシードライバー」の暴力性
⑤ アカデミー賞とハリウッドの“黄金時代”

メモ

2 同範囲問題

서술형

09 다음 글을 읽고 물음에 답하시오.

2005 기출 I 33

A. 生活していく上で間に合うという数でいえば、三千語あれば間に合う。だいたいは生きていられる。これがいわゆる基本語です。では、三千語知っていればいいか。言語活動がよく営めるには、三千では間に合わない。三万から五万の単語の約半分は、実のところは新聞でも一年に一度しか使われない。一生に一度しかお目にかからないかもしれない。しかし、その一年に一度、一生に一度しか出あわないような単語が、ここというときに適切に使えるかどうか。使えて初めて、よい言語生活が営めるのです。そこが大事です。語彙を七万も十万ももっていたって使用度数1、あるいは一生で一度も使わないかも知れない。だからいらないのではなく、その一回のための単語を蓄えていること。

B. なんでもかんでもむずかしい言葉をたくさん覚える必要があるといっているのではありません。そのときどきに、ピタッと合う、あるいは美しい表現ができるかどうか。それが問題です。それが言語の能力があるということです。歌人や小説家が辞書を読んで単語を覚えようとしたのは、そういうときに備えたいからです。だから、読み手もその細かい心づかいにつきあうだけの感度をそなえていなくてはいい読者といえません。

C. 語彙が多いとか少ないとかいうけれど、人間はどのくらいの言葉を使うものなのか。例えば新聞や雑誌に使われている単語は、年間およそ三万語といわれています。しかし、その50~60パーセントは、年間の使用度数1です。つまり、半分の単語は新聞・雑誌で一年に二度とお目にかかることがない。ちょっと古いけれど、昭和30年代の調査では、高校の上級生が三万語の語彙をもっていたという調査結果があります。今は大学生でも語彙は平

メモ

均一万五千か二万くらいに落ちているのではないかと思います。読書量がものすごく減っていますから。

D. 例えば「味」についていえば、「味得する」という単語があります。これは確かに使用度数は少ない。今やもう、ほとんど使わなくなっているけれど、なにかの時に「それが味得できた」と使うことでピタッと決まることがある。「深い、かすかな味わいが分かった」では、文章の調子、文体としてだめなときがある。文章を書くには、一度使った単語や言い回しを二度繰り返さないという文章上の美意識がある。それに触れる。何か別の言い回しが必要になる。そのとき、その書き手がどれだけ語彙を持っているかが問題になる。類語辞典が役立つのはそういうときです。

－ 大野 晋『日本語練習帳』より －

윗글의 필자가 주장하는 바를 1줄 이내로 쓰되, 우리말로 쓰시오. [3点]

メモ

[答案例] 책속의 책 p.128

기입형

10 다음 글의 주제어를 본문에서 찾아 일본어로 쓰시오.

2006 기출 | 22 일부

森林は、雨の降らないときにだけ働くのではありません。短い時間にたくさん降った雨が、そのまま川に集まって流れると、水はあふれて洪水を起こし、人に大きな害を与えます。こうしたときは、人造ダムも川の流れをせき止めて、人造湖にためます。しかし、これには限度があります。人造ダムよりはるかに多くの水をたくわえることのできる森林が洪水を防いでくれていると言えるでしょう。

洪水を防いでいるだけでなく、森林は、山くずれも防いでいます。森林のないはげ山では、一度にたくさんの雨がふると、山の斜面の土がくずれ落ち石や岩もおし流して、大きな被害をあたえます。森林のある山では、木の根が土の中に張りめぐらされているので、土も動かず、石や岩もしっかりおさえつけられています。ですから、こういう山では、山くずれが起きにくいのです。

かたい岩を、たくさんの植物や動物を養っていけるような土に変えていくのも、森林の働きです。防風林や防雪林のように、風や雪を防ぐ働きもあります。森林が酸素を出して空気をきれいにしてくれること、木材や紙などをあたえてくれることは、よく知られていることです。

• 주제어 : ______________________

メモ

メモ

기입형

次の文章を読み、ⓐに当てはまることばを、文中から探して書きなさい。また、下線部ⓑ~ⓕから、読み方が間違っているものを1つ選び、正しく直しなさい。さらに、ⓖを、文脈に合わせて完成させなさい。[4点] 2019.A 기출 | 10

〈日本のリーダーの任務は和の維持〉

日本の社会は、西欧的なコントラクト関係が設定されにくい。この関係で構成された集団では、個々の成員の間、リーダーと成員の間がしっくりいかなくなることがよくある。その集団の個々人にとっては、共通の目的や仕事の達成よりも、感情的な人間関係が重要視されるからである。

日本の学術調査団では、(ⓐ)を結んで、寄り合い所帯的団員構成をもった場合、ほとんど例外なく失敗を招く。仕事の能率は悪く、感情的な人間関係に精力を使われ、予定した仕事が少しもスムーズに運ばず、ものすごい苦労をする。

たいてい仲間割れをして、団長は悪口ⓑ<u>雑言(ざつげん)</u>の対象以外の何物でもなくなってしまう。日本では立派な教授でも、現地人や外国人の前で喧嘩をし、いがみ合ってⓒ<u>汚名(おめい)</u>を残してしまうような結果となる。これではいくら優秀な団員からなり、十分な費用をもっていても、仕事の成果はさっぱりあがらないのである。

これに対して、リーダーが長老格の教授で、その愛弟子ばかりを団員とした調査団ほどうまくいく。こうした隊では、どんなに貧しい調査費でも、どんなに苦しい環境にあっても、目的をⓓ<u>完遂(かんすい)</u>しうるのである。それは、われわれの団長のためにはあらゆるⓔ<u>犠牲(ぎせい)</u>をいとわないというるわしい積極性が団員にあり、一方、「かわいい奴らだ」という限りない弟子へのいつくしみに支えられた団長のおもいやりがあるからである。

この関係にあっては、団長の力ももちろんあるが、団員によって団長が動かされる度合いは、目には見えないが、相当あるのが普通である。実際、リーダーのⓕ<u>権限(けんげん)</u>は欧米人による調査団の場合よりずっと小さくなっている。

メモ

従って、学問的に非常にすぐれ、才能のあるリーダーが、それを十分発揮できない場合が多い。団長の存在理由は、調査を指導する、あるいは自分の調査目的を達成するというよりも、むしろ(⑨)ということにある。

– 中根千枝『タテ社会の人間関係』より改変 –

メモ

正解

- ⓐに当てはまることばは「コントラクト関係」である。
- 読み方が間違っているものはⓑ雑言(ざつげん)であり、「ぞうごん」または「ぞうげん」に直さないといけない。
- ⑨を、文脈に合わせて完成させると、「和を維持する」になる。

3 同範囲問題

객관식

01 보기 の(　　)の中に入る表現として最も適切なものは? [2.5点]

2012.1차 기출 I 35

보기

まあ、ラジオのパーソナリティーに限らず、なにかになる、ということは非常に難しいことで、なんとなれば、なにかになる、ためには、その、なにか、がなんなのかを知っていないとなれないからで、しかし、なにかになろうと思っている人は大抵、これからなろうとしている訳だから、そのなにかがなんなのかよく分からないまま、ならなければならぬからで、訳が分からぬまま、やみくもになろうとしても大概は失敗をするに決まっているからである。

具体的に申し上げると、例えば、刀鍛冶になりたいと思った時点で、人はいまだ刀鍛冶ではないわけで、刀鍛冶がなんだか分からぬまま、刀鍛冶を目指さねばならず、がために、名刀工五郎正宗になったようなつもりで、烏帽子を被り白装束で往来を歩くなど、本来の刀鍛冶になるために必要な努力とはまるで違った、無駄な努力をしてしまいがちなのである。

また、そういうことを防止するために各種学校や職業訓練学校というものがあるのであるが、同じことをするのでも金を払ってやるのと貰ってやるのとでは、随分とやり方が違うのであり、(　　　　)、畳の上の水練、必ず、なれる、とは言い難い。

① いくら学校で技術を習っても
② あけすけな態度で努力するが
③ やっと技術を習得したと思いきや
④ はなから学校のあら探しに終始しても
⑤ 学校のカリキュラムに問題があるとはいえ

メモ

기입형

02 다음 글의 ①에 들어갈 가장 적절한 말을 본문에서 찾아 일본어로 쓰시오.

2006 기출 I 22 일부

森林は、雨の降らないときにだけ働くのではありません。短い時間にたくさん降った雨が、そのまま川に集まって流れると、水はあふれて洪水を起こし、人に大きな害を与えます。こうしたときは、人造ダムも川の流れをせき止めて、人造湖にためます。しかし、これには限度があります。人造ダムよりはるかに多くの水をたくわえることのできる森林が洪水を防いでくれていると言えるでしょう。

洪水を防いでいるだけでなく、森林は、(①)も防いでいます。森林のないはげ山では、一度にたくさんの雨がふると、山の斜面の土がくずれ落ち石や岩もおし流して、大きな被害をあたえます。森林のある山では、木の根が土の中に張りめぐらされているので、土も動かず、石や岩もしっかりおさえつけられています。ですから、こういう山では、山くずれが起きにくいのです。

かたい岩を、たくさんの植物や動物を養っていけるような土に変えていくのも、森林の働きです。防風林や防雪林のように、風や雪を防ぐ働きもあります。森林が酸素を出して空気をきれいにしてくれること、木材や紙などをあたえてくれることは、よく知られていることです。

• ① : ______________________

メモ

3 同範囲問題

기입형

03 (가) (나) (다) (라)に入る最も適切なものは? [2点]

2011.1차 기출 | 36

「目は口ほどにものを言う」「目は心の窓」などというように、目は非言語伝達の手段の中でも心と直結している表現力豊かな部分であると考えられている。(　　가　　)、興味ある対象に向かったときに瞳孔が拡大することも確認されている。また、会話でも発話を始めたり終わらせたりする合図を出したり、相手の反応を察して会話の内容を調整したりする大きな役割を目は担っている。

(　　나　　)、同時に目は日本人にとっては危険なものでもある。「目上」「目下」というような表現があるとおり、自分より地位や年齢の高い人の目を凝視するのは失礼とされ、本能的に相手の目をあまり長く見つめたりのぞき込んだりすることを避ける。(　　다　　)相撲の立ち合いを考えてみれば分かるが、にらみ合うことは相手を威嚇する攻撃のサインなのである。

(　　라　　)、しかられるときにも目を合わせていると自責の念がないと見られてしまう。また、町中でなにげなく目を合わせた途端、「眼をつけた」ということになる場合もある。

	(가)	(나)	(다)	(라)
①	実際	しかし	だから	それどころか
②	実際	ところで	逆に	それどころか
③	実際	しかし	逆に	したがって
④	一般に	しかし	だから	それどころか
⑤	一般に	ところで	だから	したがって

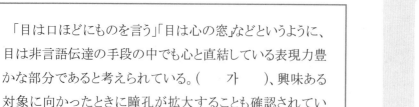

メモ

객관식

04 문맥상 (　　)에 들어갈 가장 적절한 것은? [2点]

2009.1차 기출 | 35

日本に襲来する台風は、主として赤道に近い熱帯及び亜熱帯の海上に発生する。その元は赤道に沿って帯のように長く連なる雲(熱帯収束帯)である。熱帯収束帯の中で雲はさまざまに動いているが、時に一部が回転運動を始め、周囲でやや強い風が吹くようになる。弱い熱帯低気圧の発生である。そして、それらのうち、さらに発達して中心近くの風速が秒速17.2メートル以上になったものが、「台風」と認定される。その数は一年で約28個(全世界では約80個)である。台風は、偏東風に押されてしばらく西に進むが、あるところで太平洋高気圧の弱いところを突破し、その後は偏西風に引き込まれて北上を始め、速度を速めながら北東寄りに進むようになる。そして、(　　　　)。台風の寿命は平均でおよそ一週間だが、さまざまな気象条件が合致してその間に日本列島に到達すれば、台風上陸という事態になるわけである。

① ぜったい日本列島に近づく
② たまにそこに日本列島がある
③ たまたま日本列島がそこにある
④ まさにその方向に日本列島がある
⑤ 決まってそれが日本列島に上陸する

メモ

3 同範囲問題

기입형

05 ㈎~㈐에 들어갈 가장 적당한 말을 보기 에서 고른 것은? [2点]

2009.1차 기출 | 36

言うまでもないことだが、"甲子園"はすべての高校球児の夢であり、憧れである。ここで行われる春の選抜(選抜高校野球大会)、夏の大会(全国高校野球選手権大会)への出張を夢見て、(가)栄光の全国制覇を夢見て、彼らはきょうも苦しいランニングに耐え、激しいノックに耐え、厳しい叱咤に耐えている。

(나)、甲子園にかける夢は誰もが等しく持つことはできても、残念ながら栄冠は必ずしも誰にも等しく輝くわけではない。全国の大部分の高校はかつて一度も甲子園には行ったことがないし、また甲子園出場校のなかでも、気候条件や歴史の違いなどにより、野球の実力には自ずと地域差がある。(다)四七都道府県のうち、春(72回)・夏(82回)を通じてまだ一度も優勝したことのない県が十七もあるのである。

보기

ㄱ. それに　ㄴ. 現に　ㄷ. しかも　ㄹ. どうか
ㅁ. ただ　ㅂ. しかし　ㅅ. そして

	㈎	㈏	㈐
①	ㄱ	ㄷ	ㄴ
②	ㄱ	ㅁ	ㄷ
③	ㄷ	ㄴ	ㅁ
④	ㅅ	ㄴ	ㄹ
⑤	ㅅ	ㅂ	ㄴ

メモ

[答案例] 책속의 책 p.128

06~07 다음 글을 읽고, 물음에 답하시오.

2004 기출 I 16 일부

(A) 読書の最良の方法は、書物を手紙として読むということ、直接自分にあてて書き送られた手紙として読むということである。手紙として読むことができないのは、書かれたものに魂がないか、読む方に魂がないか、どちらかだろう。その両方であることが近ごろはずいぶん多いように思われる。魂のこもっていないものを読むことは、結局こちらの魂を安く売り渡すことになるだろう。このように自分にとっていちばんたいせつなものを失ってしまう行為は、なかなか気づかれないけれども、(ⓐ)、こういう行為が重なってどんな人間ができ上がるかを思うと恐ろしい気がする。

(B) (ⓑ)。同じようなことが音楽や美術のような芸術の場合にもいえるだろうし、(ⓒ)、私たちの日常生活についてもあてはまるだろう。私たちの人生という布は、いうまでもなく、このかけがえのないたいせつな織物も、近ごろはますますお粗末に、安手なものになっていくようだ。

(C) 子どものとき、私たちは二つ三つの友情を大事にしている。(ⓓ)、しだいに大人になり、交際が広くなり、生活が複雑にそして忙しくなってくると、人との関係はそれぞれの奥行きを失って、とおりいっぺんのつきあいに色あせてしまう。習慣や利害が簡単に人を結びつけたり引き離したりする。「生まれつき筆不精で」とか「とてもいそがしくて」とか言って、事務的な手紙しか書かなくなる。こういうことも、やはり自分の魂を失ってしまう行為ではあるまいか。

(D) 人生というものが私たちにとって、一回限りの織物であるならば、私たちはそれを織る糸を美しくじょうぶなものにしなければならないだろう。

メモ

3 同範囲問題

[答案例] 책속의 책 p.128

기입형

06

(ⓐ), (ⓒ), (ⓓ)에 들어갈 알맞은 것을 보기에서 골라 쓰시오. [2点]

2004 기출 | 16-1

보기

たとえば	それだけに	それで
さらに	けれども	それとも

ⓐ ______________ ⓒ ______________ ⓓ ______________

메모

기입형

07

문맥 흐름상 (ⓑ)에 들어갈 가장 알맞은 것을 보기에서 골라 번호를 쓰시오. [1点]

2004 기출 | 16-2

보기

① 魂の場合だけではない
② 人間がこわくなるだけではない
③ 読書の場合だけではない
④ 自分にとっていちばんたいせつなものだけではない

____

メモ

기입형

ⓐ～ⓕから漢字の読み方が間違っているものを二つ選び、正しく直しなさい。また、下線部ⓖが何を意味するか説明しなさい。[4点] 2017.A 기출 | 11

ミロのヴィーナスを眺めながら、彼女がこんなにもⓐ魅惑的(みわくてき)であるためにはⓑ両腕(りょううで)を失っていなければならなかったのだと、僕は、ふと不思議な思いにとらわれたことがある。つまり、そこには、美術作品の運命という制作者のあずかり知らぬ何ものかも、ⓒ微妙(びみょう)な協力をしているように思われてならなかったのである。

パロス産の大理石でできている彼女は、十九世紀の初めごろ、メロス島でⓓ発掘(ほっくつ)され、フランス人に買い取られて、パリのルーヴル美術館に運ばれたといわれている。その時、彼女はその両腕を自分の美しさのために、無意識的に隠してきたのであった。よりよく時代を超えてゆくために。

僕はここでⓔ逆説(きゃくせつ)を弄しようとしているのではない。これは、僕の実感なのだ。ミロのヴィーナスは、言うまでもなく、高雅と豊満の驚くべき合致を示しているところの、いわば美というものの一つの典型である。しかも、失われた両腕は、あるとらえ難いⓕ神秘的(しんぴてき)な雰囲気、いわば生命の多様な可能性の夢を深々とたたえているのである。つまりそこでは、大理石でできた二本の美しい腕が失われた代わりに、存在すべき無数の美しい腕への暗示という、不思議に心象的な表現が思いがけなくもたらされたのである。

したがって、僕にとっては、ミロのヴィーナスの失われた両腕の復元案というものが、すべて興ざめたもの、滑稽でグロテスクなものに思われてしかたがない。なぜなら、ここで問題となっていることは、表現におけるⓖ量の変化ではなくて、質の変化であるからだ。

― 清岡卓行、「ミロのヴィーナス」より改変

メモ

メモ

正解

- 漢字の読み方が間違っているものはⓓとⓔであり、それぞれ発掘(はっくつ)とⓔ逆説(ぎゃくせつ)に直さないといけない。
- ⓖが意味するのは、ミロのヴィーナスの失われた両腕の復元は、単に足りない部分を付け足す量的な変化ではなく、失われた両腕から感じ取られる神秘的な雰囲気や思いがけなくもたらされる心象的な表現などが消えてしまう質の変化にほかならないということである。

4 同範囲問題

01~02 다음 글을 읽고 물음에 답하시오.

2007 기출 | 22~23

A. 人間でもそのりっぱさというものは、川と同じでないでしょうか。川の長い流れが河口に行くように、人間も生涯の大部分を終えてある地点へ来たとき、その人間の過ぎ来し方のあり様が、私などにどうも問題になるようです。河口がいくらりっぱでも、そんなことにはたいして驚かされません。やはり、その人間がそこへ来るまでの長い人生の①どうていが、その人を美しくも醜くも見せますね。私は少し偏屈かもしれませんが、やはり人間というもののりっぱさを、そのように考えたい気持ちですね。

B. 私が、その人物は転任でなくて、定年で職をひいたのに違いないと思ったのは、列車が駅を離れてしまって、その人物が窓から顔を引っ込め、腰から手ぬぐいを出して、そこだけ日焼けしていない白い額の汗をふき、そして、すぐは自分の席に腰をおろさず、しばらく茫然とした面持ちで目を軽く閉じて立っているのを見た時です。

C. 私が川が好きだというのも、川というものはどんな川でも、みな海へ出ようとする一途さを持っているからでしょうか。人間でも川のような一途な流れをその経歴に持っている人はりっぱですな。

D. わたしはふとその時、その人物は泣くなとおもいました。と、はたして彼は鼻をすすり、小さくたたんだ日本手ぬぐいを目に当てました。そして、彼は②網棚のカバンの位置を直し席に腰をおろすと、あとは窓のほうへ顔を向けたまま、いつまでも物思いにふけっているかっこうでした。そして二度ほど手ぬぐいを目に持っていきました。

E. 私はその時、その人物をりっぱだと思いました。いかなる人かまったく知りませんが、しかし、いかにも一生を鉄道にささげた人の、職場からの身のひき方はかくあろうと思われるような、そんな態度でした。③かいさつ係を何年も

メモ

やり、小さい駅の助役になり、それから徐々に大きい駅へとかわっていった、そんなその人の過去が目に見えるようでした。自分の来し方を、見ず知らずの私に展望させるものを、その時のその人物は持っていたのです。けっして樹枝を大きく広げてはいないでしょう。しかし、ただ一本の流れとして、その人物の過去は名もない小さな谷川から、ともかく海へ出るまで、流れ続いてきているのです。

F. 数年前のことですが、私は東海道線のある大きい駅で、一人の国鉄駅員が大勢の駅員たちに送られて汽車に乗り込んできたのを見たことがあります。五十年配のみるからに律義な顔をした中肉中背の人物で、もちろん駅員の制服を身にまとっていました。私は初め、その駅員は転任するので皆に送られて新しい任地へ向かうのだと思っていました。鉄道の関係者が④総出で送っているところを見ると、駅長か助役か知らないが、とにかくある程度の地位についていた人物なのでしょう。見送り人たちの態度は、私に気がつくほど控えめで言葉少なでした。列車が動き出すと、駅のホームの他の場所でも、駅員たちがみな三人四人と整列し、帽子を取って短く刈り込んだ頭を窓から出しているその人物の方へ下げています。

기입형

01 밑줄 친 단어 ①~④를 한자(漢字)는 히라가나로, 히라가나는 한자(漢字)로 바꿔 쓰시오. [2点]

2007 기출 I 22

① ______________ ② ______________

③ ______________ ④ ______________

メモ

기입형

02 의미가 자연스럽게 통하도록 B~F를 순서대로 정렬하고, 「川」와 「人間」에 대해 공통된 「りっぱさ」를 요약하고 있는 한 단어를 찾아 쓰시오. [4点] 2007 기출 | 23

• 글의 순서 : A → (　　) → (　　) → (　　) → (　　) → (　　)

• 단 어 : ____________________

메모

03~05 다음 글을 읽고 물음에 답하시오. 2005 기출 | 29~31

若い女性の元気ぶりがとりわけ目につくにつれ、男性の①ふがいなさが気になる。最近、花嫁学校ならぬ花婿学校ができて話題になった。

生活ひとつをとってみても、女の子たちはさまざまな洋食の食べ方を覚え、あちこちの有名店で試食、エスニック料理、果ては本場のヨーロッパ旅行でのグルメ体験という具合に豊富な体験をもつ。それにひきかえ、受験戦争ひと筋に脇目も(②ふる)やってきた男の子たちは、「いま輝いている」女の子と見合いをしても、うろうろ、まごまごするばかりで、何もかも母親に任せていた③マザコンぶりが今さらながら現われて、女の子にすっかり馬鹿に(④する)てしまう。かくて、花婿学校の誕生となったのだが、これはもう男の子個人の問題というより、社会自体の問題といえそうだ。というわけで、若者論は男女ごちゃまぜ論ではなく、男女異次元の視点に立たねばならぬと思う。男の子たちは、再び(⑤이 세상에 태어난다면)女になって生まれたいと思い、今の日本では、男は責任ばかり(⑥背負う)て何もいいことがない、と考えているかのようでもある。

－ 千石 保『まじめの崩壊』より －

기입형

03

①, ③의 의미를 우리말로 쓰시오. [2点]

2005 기출 I 29

① ______________________________

③ ______________________________

기입형

04

②, ④, ⑥의 동사를 전후 문맥에 맞는 형태로 바꾸시오. [3点]

2005 기출 I 30

② ____________ ④ ____________ ⑥ ____________

기입형

05

⑤를 일본어로 옮기시오. [2点]

2005 기출 I 31

____

メモ

4 同範囲問題

06~11 다음 글을 읽고 물음에 답하시오.

2003 기출 I 15

A ________________________________

人間的関心は、いつも低俗なもののみに向けられるのではない。人間性を低きに求めることは、究極において人間性の否定となる。人間性は何か積極的なものであって、人間はそれ自体において、すでになんらかの高さに達しているのである。したがって高きに人間性を求めるヒューマニズムも、決して①普遍性を欠くことにはならないのである。人間には②かしつもあれば、弱点もあり、堕落もある。(B)また向上もあれば、美点もあり、成功もある。(C)これこそ積極的に人間的なものなのである。そしてこのような善きものを人間に認めて、人間を信ずることこそひろく人間を愛することの基礎となるであろう。人間愛とは、③漠然と人間を思い浮かべてこれを愛しようとすることではない。それは個々の場合に、人間をあくまで人間として認め、敵のうちにさえ人間的なものを見出そうと努力することにほかならない。かしつを許す場合にもそれが人間愛となるためには、④こんぽんにおいて人間を信ずる心がなければならないのであって、単なる共犯者意識だけでは、我々は⑤冷酷な悪魔となったであろう。人間のなしとげた善美なるものを見て、我々は人間を信じ、人間であることを喜ぶのである。善美なるものに無関心であるということは、人間的なことではない。教養が(ⓐ)であるという意味は、このような人間的関心の開拓を指しているのである。ヒューマニズムは、およそ人間のなすことは、自分にはよそごととは思われないという、一個の博大な⑥せいしんをいうのである。(D)ヒューマニズムは、人間の悪とともに、その善をも見うる眼識とならねばならぬ。低きを見ることも必要であるが、高きを見ることは一層人間的なことなのである。人間性はその高さによって、計らねばならぬ。

メモ

기입형

06

밑줄 친 ①, ③, ⑤를 히라가나로 쓰시오. [3点]

2003 기출 I 15-1

① ________ ③ ________ ⑤ ________

기입형

07

밑줄 친 ②, ④, ⑥을 한자(漢字)로 쓰시오. [3点]

2003 기출 I 15-2

② ________ ④ ________ ⑥ ________

기입형

08

B~D에 알맞은 말을 보기 중에서 하나씩만 골라 기호를 쓰시오. [3点]

2003 기출 I 15-3

보기

(a) しかるに	(b) したがって	(c) やはり	(d) しかし
(e) さて	(f) たとえば	(g) もし	(h) そして

B ________ C ________ D ________

メモ

4 同範囲問題

기입형

09 ⓐ에 들어갈 알맞은 말을 본문 중에서 찾아 쓰시오. [1点]

2003 기출 | 15-4

객관식

10 윗글의 취지에 맞는 것을 다음에서 두 개만 골라 번호를 쓰시오. [1点]

2003 기출 | 15-5

① 人間は本質的には善である。
② 人類愛とはひろく愛することである。
③ 人類愛とは人間を信ずることである。
④ ヒューマニズムとは人を信ずることである。
⑤ ヒューマニズムは人間にとって最高のものである。
⑥ ヒューマニズムは人間愛の基礎である。

기입형

11 윗글의 A에 들어갈 제목으로 알맞은 말을 본문 속에서 찾아 쓰시오. [2点]

2003 기출 | 15-6

メモ

12~13 다음 글을 읽고 답하시오.

2002 기출 Ⅰ 6

A. 幼い日の生活というものには、その人の人生にとっての大切な根源的なものが①**潜**んでいるものである。そして、その幼い日の遊び友だちというのは、自分にとって大切な幼い日の思い出の中の、欠くことのできない点景人物となって、あるなつかしさにいろどられ、心の中に刻まれているものなのである。なにかのおりに思い出して、今ではわからなくなってしまったその②**消息**を知りたいような気持ちにもなる、自分の心の中に生きている友ということができる。

B. ③**オトナ**になりきってから知りあった友だちについてもまた、同様のことが言えるであろう。その友だちもまた、人生をいかに生きていくかということを、共に考えあったことのない人なのである。

C. ところが、心の中の幼い日の思い出の中に生きている友だちというものは、歳月が過ぎてから、たまたま、じっさい再会するチャンスに恵まれたりしてみると、実に④**キタイ**はずれのものだということを経験している人も、少なくないことであろう。そういう友だちに、おとなになってからめぐりあってみると、ただ幼い日の思い出という、いま生きているその人生の広がりからいえば、ごくわずかなところだけで二人の心はつながっているばかりである。その後の体験や思索を加えた自分への理解や共鳴を求めても、通じあうものの何もない他人だということを思い知らされるばかりなのである。つまり、幼友だちというものは、この人生をいかに生きていくかということを、共通した切実な問題として考えあった、そういう時代を持ちあっていない間柄なのである。

メモ

D. 終生の友というものは、この人生をいかに生くべきかということを、共に考えあったことのある人の中からだけ得られるものなのである。つまり、若い日の自己形成期を共に生きた⑤ナカマの中からこそ得られるものだと思うのである。この自己形成期に、(a) ______________________ ____________________を考えあった友だちは、その影響を、お互いの自己形成の中に刻みつけあっているものなのである。

E. 人がその幼い日の思い出を共通にしているということによって、お互いにお互いを⑥トクベツになつかしい間柄にしているということはありうる。(b)しかし、そのなつかしさというものだけで、人が終生の友になりうるかどうかということは疑問である。

メモ

기입형

12

밑줄 친 ①과 ②의 한자 읽기를 히라가나로 쓰시오. [1点]

2002 기출 | 6-1

① ______________________ ② ______________________

기입형

13

밑줄 친 가타카나로 쓰여진 ③~⑥의 낱말을 한자(漢字)로 고쳐 쓰시오. [2点]

2002 기출 | 6-2

③ ______________________ ④ ______________________

⑤ ______________________ ⑥ ______________________

기입형

14

밑줄 친 (a)에 들어갈 말을 D단락 안에서 찾아 빈칸에 쓰시오. [1点]

2002 기출 | 6-3

기입형

15

밑줄 친 (b)의 내용을 자세히 서술하고 있는 단락은 어느 것인지 그 기호를 쓰시오. [1点]

2002 기출 | 6-4

기입형

16

윗글의 A~E 단락을 문맥에 맞게 올바른 순서로 배열하시오. [2点]

2002 기출 | 6-5

E				

기입형

17

윗글의 제목으로 가장 적합한 말을 본문 중에서 찾아 쓰시오. [2点]

2002 기출 | 6-6

メモ

4 同範囲問題

18~20　次の文章を読んで、あとの問いに答えなさい。

2000 기출 | 3

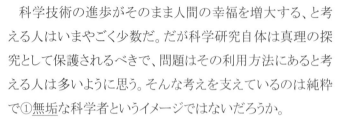

科学技術の進歩がそのまま人間の幸福を増大する、と考える人はいまやごく少数だ。だが科学研究自体は真理の探究として保護されるべきで、問題はその利用方法にあると考える人は多いように思う。そんな考えを支えているのは純粋で①無垢な科学者というイメージではないだろうか。

本書では、職業としての科学者と学会という名の科学者共同体の誕生に始まり、技術と密接に結び付くことで、科学がほかの学問とは比較にならないほど大きな社会的影響力をもつに至った経緯が語られる。そこからさらに、(a)自らの影響力に目をつぶり、学会内部だけに目を向けて研究する科学者の現状とその現状に潜む危険が、エピソードを交えて浮き彫りにされる。

学会内での高い評価を求めて熾烈な競争に熱中する科学者の姿を、「ブレーキのない車」と著者は呼ぶ。科学技術の及ぼす影響を考えれば、全人類がその車に同乗していると考えるべきだろう。それでも科学抜きの社会に戻れない以上、この危険な車を制御するすべを探るしかない。

核エネルギーや遺伝子の発見が及ぼす影響を考えて社会に対する責任を訴える科学者は、科学者間の倫理基準では、自由な研究を②阻害する者と見なされるという。そこには、真理探究に名を借りた、科学者の無責任さが如実に現れている。他方その無責任さを容認し、いわば科学に隷属しつつ貪欲に利用してきた社会の対応も問題だ。

無責任な科学者とそれを利用する社会という構図の問題点は、環境問題に凝縮されていると著者は言う。そこで環境問題への対処がその構図の転換につながるという立場から、(b)著者の提案が示される。

－『現代』1995年2月号 講談社 －

メモ

기입형

18 下線部①と②の読み方をカタカナで書きなさい。[2点]

2000 기출 | 3-1

① ______________________

② ______________________

기입형

19 下線部(a)の意味を韓国語に訳しなさい。[2点]

2000 기출 | 3-2

____

기입형

20 下線部(b)は具体的にどのような提案になるだろうと思われますか。韓国語で書きなさい。
(3줄 이내) [3点]

2000 기출 | 3-3

____

____

____

____

メモ

4 同範囲問題

21~29　次の文章を読んで、あとの問いに答えなさい。[10点]

1999 기출 | 9

理想が何であるかは、これを生活に対して考えてみるとⓐメイリョウになるであろう。生活は事実である。何処までも経験的なものである。それに対して思想にはつねに仮説的なところがある。仮説的なところのないような思想は(　①　)とは言われないであろう。思想がⓑジュンスイに思想としてもっている力は(　②　)の力である。思想はその仮説の大きさに従って偉大になる。

<　A　>思想に仮説的なところがないとすれば、いかにしてそれが生活から区別され得るであろうか。考えるということもそれ自身としては明らかに我々の生活の一部分であって、これと別のものではない。しかるに、(I)そのものがなお生活から区別されるのは、考えるということが本質的には仮説的に考えることであるためである。

考えるということは過程的に考えることである。過程的な思考であっても方法的であることができる。しかるに(　③　)が過程的であるのは仮説的に考えるからである。<　B　>仮説的な思考であって方法的であることができる。懐疑にしても方法的であるためには仮説によらなければならぬことは、デカルトの(　④　)において模範的に示されている。

仮説的に考えるということは論理的に考えるということと単純に同じではない。仮説はある意味で論理よりも根源的であり、論理はむしろ(Ⅱ)そこから出てくる。論理そのものが一つの仮説であるということもできるであろう。仮説は自己自身から論理を作り出す力をさえもっている。論理よりも不確実なものから論理が出てくるのである。論理も仮説を作り出すものと考えられる限りそれ自身(　⑤　)的なものと考えねばならぬ。

メモ

[答案例] 책속의 책 p.130

すべて確実なものは不確実なものから出てくるのであってその逆でないということは考えるべきである。つまり確実なものは与えられたものでなくて形成である。(Ⅲ)精神は芸術家であり、鏡ではない。

＜　C　＞思想のみが仮説的であって、人生は仮説的でないのであろうか。人生もある仮説的なものである。それが仮説的であるのは、(Ⅳ)それがⓒキョムにつながるためである。各人はいわば一つの仮説を説明するために生まれている。生きていることは、ただ生きているということを証明するためではないであろう。— そのような証明はおよそ不要である。— 実に、一つの仮説を説明するためである。＜　D　＞人生は実験であると考えられる。— 仮説なしに実験というものはあり得ない。— もとよりそれは、何でも勝手にやって見ることではなく、自分がそれを説明するために生まれたⓓコユウの仮説を追求することである。

기입형

21

①～⑤の(　　)に適切な一言(漢字二字)を本文の中からさがして答えなさい。[1.5点]

1999 기출 | 9-1

① ______________ ② ______________ ③ ______________

④ ______________ ⑤ ______________

기입형

22

下線部ⓐ～ⓓのカタカナを漢字に改め記しなさい。[2点]

1999 기출 | 9-2

ⓐ ______________ ⓑ ______________

ⓒ ______________ ⓓ ______________

メモ

4 同範囲問題

기입형

23

「しかるに」の類義語を書きなさい。[1点]

1999 기출 I 9-3

기입형

24

A~Dの〈　　〉には、前後の文の間の連接関係を示す言葉が入る。下記の中から最もよく当てはまるものを選び、書きなさい。[0.5点]

1999 기출 I 9-4

だから	そして	すると	しかし	それでは
すなわち	なお	ところで	もし	もしかすると

A ______________ B ______________

C ______________ D ______________

기입형

25

下線部 I「そのもの」が指す語を本文の中からさがし、記しなさい。[1点]

1999 기출 I 9-5

기입형

26

下線部 II「そこ」が指す語を本文の中からさがし、記しなさい。[1点]

1999 기출 I 9-6

メモ

기입형

27

下線部Ⅲは何を比喩しているか。本文の中でその意味を述べているものから最も適当な文を選んで、始めと終わりを三字ずつ記しなさい。[1点]
1999 기출 | 9-7

기입형

28

下線部Ⅳ「それ」が指す語を本文の中からさがし、記しなさい。[2点]
1999 기출 | 9-8

객관식

29

この文章の主題として最も適当なものを選びなさい。[0.5点]
1999 기출 | 9-9

① 思想について	② 懐疑について
③ 論理について	④ 仮説について
⑤ 人生について	

メモ

4 同範囲問題

30~32 次の文を読んで下の質問に答なさい。[5点]

1999 기출 | 15

万葉の時代から「言挙げぬ国」とされた日本には、口論や反抗はよしとしない風土があったようです。また、俳諧や和歌という短詩型文学が伝統的に存在し、「以心伝心」「不立文字」等の仏教用語も知られています。現在では①「腹芸」が時折使われることもあります。こうしたところから、語らぬ文化という表現が生まれたものと思われますが、ここには大きく分けて二つの側面があると思われます。

それは②短詩型文学の達成に関わる日本人の言語運用の意識と、③日本語自体の構造に関わるとらえ方です。

－「語らぬ文化と日本語」、実践日本事情入門、大修館－

A. 「天の原ふりさけ見れば春日なる三笠の山に出でし月かも」 －古今、阿部仲麻呂－

「奈良七十七堂伽監八重桜」 －芭蕉－

B. 「春はあけぼの。やうやうしろくなり行く山ぎはすこしあかりて、むらさきだちたる雲のほそくたなびきたる」

－『枕草子』の冒頭文－

「国境の長いトンネルを抜けると雪国であった。夜の底が白くなった。信号所に汽車が止まった。」

－川端康成の『雪国』(1947)の書き出しの所－

C. 「In spring it is the dawn that is most beautiful. As the light creeps over the hills, their outlines are dyed a faint red and wisps of purplish cloud trail over them.」

(春で最も美しいのはあけぼのである。光が山の上にしのびよると、その輪郭が少し赤くそめられ、紫がかった雲のいく筋かが山のうえにたなびく。)

メモ

「The train came out of the long tunnel into the snow country. The earth lay white under the night sky. The train pulled up at a signal stop.」
(汽車は長いトンネルを出て雪国へ入った。地面は夜空のもと白く横たわっていた。汽車は信号所で止まった。)

서술형

30 ①「腹芸」を韓国語で簡単に説明しなさい。[1点]

1999 기출 | 15-1

서술형

31 ②「短詩型文学の達成に関わる日本人の言語運用の意識」についてAを参考にして韓国語で説明しなさい。(100字 程度) [2点]

1999 기출 | 15-2

서술형

32 ③「日本語自体の構造に関わるとらえ方」の具体的な例をBとCの文を比較して韓国語で説明しなさい。(100字 以内) [2点]

1999 기출 | 15-3

メモ

キーワード

정형시
언어 운용
운율
절제된 표현

キーワード

일본어의 구조
주어 술어
간접적인 표현
생략

4 同範囲問題

33~39 次の文を読んで、あとの問いに答えなさい。

1998 기출 | 4

オーバードクターの身で全共闘運動に積極的に加担し、大学当局に(a)執拗な異議の申したてをくりかえしたのが、かれこれ三十年近くも前のこと。「大学解体」というまぶしいばかりのスローガンまでかかげた運動に義理立てするのもわるくなかろうという思いと、大学というところ、どうやらあまり上質の知性のすみかではないらしいとの判断が重なって、(b)既定のコースたる大学教師の職を生業とすることだけはよそうと心に誓った。思想的決断なのだと(c)気負うところもないではなかったが、後から考えると、生来の意地っぱりが顔をだしたというのが真相に近かった。

(　(d)　)、大きい教室の(e)きょうだんに立って何十人、何百人を相手に(f)こうぎをする、という役まわりからは解放された。(g)多勢の人の前で話すのが苦手で、話しおわったあとは自己嫌悪に陥いることのみ多い身としては、文字どおり肩の荷をおろす思いだった。大学に勤めるかわりに、近所の子どもたちを相手にした小さな学習塾をはじめたから、(h)(가르치는 일임에는 변함이 없었지만)、十人前後の子ども相手の授業には、多人数相手の(i)こうぎの堅苦しさがまったくない。日常のことばから授業のことばへ、授業のことばから日常のことばへ、ごく自然に行き来できるのだった。が、都会の片隅の零細塾の経営には浮き沈みがあって、(j)塾の上がりだけではどうやりくりしても一家六人の家計を支えきれない時期もあった。で、週一日だけ予備校で教えることになり、多人数相手の(k)きょうだんに立つことになった。

メモ

기입형

33

次のことばに当てはまる漢字を書きなさい。[1点]

1998 기출 I 4-1

(e), (k) きょうだん　　(f), (i) こうぎ

기입형

34

次の漢字熟語の読み方をカタカナで書きなさい。[1点]

1998 기출 I 4-2

(a) 執拗　　(g) 多勢

기입형

35

(　(d)　)に当てはまる最も適当なつなぎのことばを書きなさい。[1点]

1998 기출 I 4-3

기입형

36

(j)「塾の上がり」の意味を韓国語で書きなさい。[1点]

1998 기출 I 4-4

メモ

4 同範囲問題

기입형

37 (c)「気負うところもないではなかったが」を韓国語に訳しなさい。[1点]

1998 기출 | 4-5

기입형

38 (h) (가르치는 일임에는 변함이 없었지만)を日本語に訳しなさい。[1点]

1998 기출 | 4-6

기입형

39 (b)「既定のコースたる大学教師の職を生業とすることだけはよそうと心に誓った」の性格的理由に当たる表現を本文の中から選び、原文どおり書きなさい。[1点]

1998 기출 | 4-7

メモ

40~42 다음 글을 읽고 물음에 답하시오. [7点]

1997 기출 I 9

共催を日韓の未来への糧に (朝日新聞 1996. 6 .2)

歴史には、思いがけず希望と試練が一緒にやってくるときがある。サッカーの2002年ワールドカップは、日本と韓国との共催と決まった。

この決定を歓迎する。障害を乗り越えつつ大会を成功させ、日韓のきずなを強めてこそ、共催を本当に喜べる①。両国の未来につながる道はこれから始まる。

国際サッカー連盟(FIFA)の共催方針を受け入れるにあたって、日本の招致関係者は戸惑いを隠せなかった。単独開催を目指してきたのだからごもっともだが、新しい日韓関係をつくるチャンスと前向きに受け止めるべきだ。

日韓間では過去の植民地支配を背景としたぎくしゃくした関係が折折に頭をもたげる②。日本側には韓国経済の追い上げがもたらす違和感もあろう。こうした双方の国民感情が共催の壁になってきた。今後は、準備作業を通じて、両国のさまざまなレベルで溝を埋める努力をしたい。

W杯は共催した前例がない。決勝戦をどちらで開くのか。日韓とも開催国として、予選抜きで出場できるのか。三十二チームが参加する試合を、両国にどう割り振るのか。FIFAは今後、ワーキンググループで、こうした共催の具体策をまとめる。

しかし、大がかりな施設の整備や運営を求められる大会の共催問題を、FIFAや両国のサッカー組織だけで解決することはできない。橋本龍太郎首相と金泳三大統領は、一日に電話で、両国が協力して大会を成功させることを確認した。

共催となれば、チームや観客を安全でスムーズに運ぶ方法、物価や通貨の違いの調整、査証の発給などで、政府間の協力が欠かせない。開幕、閉幕のイベントへの天皇と韓国大統領の相互訪問が、論議の的になるかもしれない。いろ

メモ

いろな面で、政府間の緊密な協議が必要となる。「政治」の責任は重い。

共催までに、両国とも、国内的に難題を抱えつつ、折衝に望むことになる。もしも両国が鋭く対立するようなことになれば、韓国側からは日本の歴史認識への批判や反日感情が噴き出し、日本側からは嫌韓感情が再燃するおそれがある。

そうなれば、せっかくの共催が、日韓関係にマイナスとなってしまう。こうした事態を避けるためには、相手の事情を配慮する気持ちや、譲り合いの精神が大切だ。

W杯の日韓共催は六年後のことである。その間、両国の相互理解と協力が進むことは、アジアの平和と安定に少なからず寄与することだろう。

기입형

40 밑줄 친 ①과 ②를 우리말로 옮기시오. [3点]

1997 기출 | 9-1

① ______________________________

② ______________________________

メモ

[答案例] 책속의 책 p.132

기입형

41 월드컵 공동개최를 위한 한일 양국 간의 불가피한 협력사항을 본문에서 찾아 우리말로 쓰시오. [2点]

1997 기출 I 9-2

기입형

42 월드컵 공동개최에 임하는 양국의 바람직한 정신자세를 본문에서 찾아 우리말로 쓰시오. [2点]

1997 기출 I 9-3

メモ

10 2차 기출 문제

1 2次問題 2012학년도

01 第二言語習得におけるフォリナートーク(Foreigner Talk)とティーチャートーク(Teacher Talk)の特徴を 条件 にしたがって説明し、それぞれの肯定的な側面と否定的な側面を述べなさい。【25点】

条件

- 特徴には、音声・語彙・文法・談話的な要素を二つずつ含むこと。

02 次の 資料 は高校『日本語Ⅰ』の授業で教える「まつり」の項目である。「2007年改訂高等学校教育課程(日本語Ⅰ)」に基づき、下記の 条件 にしたがって学習内容を記述しなさい。【25点】

資料

① 祇園まつり　② 嵐山もみじまつり　③ 神田まつり
④ さっぽろ雪まつり　⑤ 天神まつり

条件

- 伝統的なまつりを行うための三つの過程とその名称を説明すること。
- 〈資料〉のまつりを「伝統的なまつり」と「それ以外のまつり」に二分類し、二つのグループを比較してその特徴を説明すること。必ず、共通点と相違点(上の三つの過程は除く)を二つずつあげること。

メモ

03 次の 資料 は田中の発話が語用論的に自然にも不自然にも解釈できる。それぞれ解釈について、グライス(Grice)の「協調の原理(Cooperative Principle)」に基づいて説明しなさい。【20点】

資料

山下：田中さん、田中さんの趣味は写真だと聞きましたが。

田中：ええ。よく山に行くんですよ。

メモ

1 2次問題 2012학년도

04

次の 資料1 と 資料2 の下線部を読んで 注意事項 を参考にし、以下の問いに答えなさい。【30点】

04-1 資料1 の下線部は時間表現である。資料1 の「スル」形と「シタ」形の機能と、資料2 の「スル」形と「シタ」形の機能について述べなさい。[20点]

04-2 資料1 と 資料2 で「スル」形と「シタ」形がそれぞれ異なる機能を果たす理由について述べなさい。[10点]

資料1

田代：もしもし、山本？今、なにしてる？
山本：うん、今うどん食べてるけど、なに？
田代：例のバイトの件だけど、だいじょうぶ？ 時間ある？
山本：うん、だいじょうぶ。
田代：岡部にも話してみた？
山本：うん、岡部も手伝いに来るって言ってたよ。
田代：あ、本当。よかった。
山本：じゃ、土曜日バイト先に直接行くね。
田代：了解。じゃ、土曜日ね。

資料2

うとうととして眼が覚めると女は何時(いつ)の間にか、隣の爺さんと話を始めている。この爺さんは慥(たし)かに前の前の駅から乗った田舎者である。発車間際に頓狂(とんきょう)な声を出して、馳(か)け込んで来て、いきなり肌を抜いだと思ったら背中にお灸(おきゅう)の痕(あと)が一杯あったので、三四郎の記憶に残っている。爺さんが汗を拭いて、肌を入れて、女の隣りに腰を懸けたまでよく注意して見ていた位である。

メモ

女とは京都からの相乗である。乗った時から三四郎の眼に着いた。第一色が黒い。三四郎は九州から山陽線に移って、段々京大阪へ近付いてくるうちに、女の色が次第に白くなるので何時の間にか故郷を遠退(とおの)く様な憐(あわ)れを感じていた。それでこの女が車室に這入(はい)って来た時は、何となく異性の味方を得た心持がした。この女の色は実際九州色であった。(略)

－ 夏目漱石『三四郎』(新潮文庫) －

注意事項

- テキストの違いに注意すること。
- 「スル」形には「シテイル」、「シタ」形には「シテイタ」を含むこと。
- アスペクト(相)的な意味は排除すること。

メモ

01

一般に、日本語教育における作文指導の方法として教師添削が広く採用されている。しかし、生徒にとっては、最初から答えを与えられるようなことになり、生徒が自分自身で考えてみる機会を奪われてしまう可能性もある。このような問題に対して、資料に示すピア・ラーニングの観点から、日本語作文教育の抱える問題への解決策を具体的な例を挙げながら述べなさい。ただし、従来の教師中心の教育観とその問題点についても必ず触れること。【25点】

資料

ピア・ラーニングは、コラボレーションを中心概念とする学習方法である。そこでの学習はpeer(仲間)同士の相互支援のなかで進められる。(中略)ピア・ラーニングの授業デザインの特徴は、第一に、ペアや小グループの活動形態をとる点である。これは、学習者の主体性、自発性を重視し、参加しやすい場づくりとするからである。第二に、学習課題の設定は、創造が目指されるものとする。対話による批判的検討、相互内省を促すように方向づけられる。第三に、学習活動においては、学習者個人がもつ認知能力、技能、社会性などの個人的背景が重視される。第四に、学習活動への積極的な参加を支援するために、多様なリソースが設定される。教材・教具はもちろんのこと、教師もまた人的リソースとして機能する。さらに、教室外の環境にある多様なリソースとも関連づけられる。

メモ

02 次の 資料 を読んで以下の問いに答えなさい。【25点】

資料

① A：会議は午後３時でしょう。
　B：ええ、そうです。

② (天気予報でアナウンサーが)??明日は大雨になると思います。

③ 先生：田中君どこにいるか知らない？
　生徒：??図書館でしょう。

④ 先生：田中君どこにいるか知らない？
　生徒：図書館だと思います。

注：「??」は不自然さを表す

02-1 「でしょう」にはいろいろな用法がある。①の「でしょう」の用法を含め、代表的な「でしょう」の用法を２つ挙げて比較しながら述べなさい。また②の「と思います」は不自然である。なぜ不自然なのかを述べなさい。[15点]

02-2 会話の中で、非断定を表す「でしょう」は③のように言い切りの形で使うと不自然になることが多いが、④のように「と思います」を使うと自然になる。生徒にその理由を質問された場合、日本語教師としてどう説明すればよいか、その教授内容を下の〈2007年改訂日本語科教育課程〉と関連づけて述べなさい。[10点]

2007年改訂日本語科教育課程

〈文化教育の目標〉
○ 日本人の基本的な言語行動文化を理解する。

メモ

03

次の 資料1 のⓐⓑⓒの「行」の読みと関連して、日本漢字音の由来とその種類について述べなさい。また、資料2 の語例を音訓の組み合わせによって分類しなさい。そして、語例の中で音の変化が生じるものを探して、その現象について述べなさい。ただし、すべての例には振り仮名を振ること。【25点】

資料1

- 動物のⓐ行動パターンには、それぞれ特徴がある。
- 来年のⓑ行事には、ぜひご参加お願いします。
- 祭りのⓒ行灯がとてもきれいでした。

資料2

漢字	語例
足	足袋　補足　遠足　足音　素足
音	福音　音色　騒音　観音　発音
素	素材　素人　素顔　素手　素性
豆	納豆　小豆　大豆　豆粒　豆腐
発	発明　発作　発射　突発　発起
雨	梅雨　時雨　雨量　大雨　雨戸　雨具　霧雨

－『常用漢字表』(一部修正) －

メモ

04

次のA、B、Cに共通する文学理念を漢字で書き、日本文学史におけるこの理念の意義と歴史的な流れを記述しなさい。また、AとBの文章がおさめられている作品の名称をそれぞれ漢字で書き、各作品に関する説明を記述しなさい。【25点】

A：たましきの都のうちに、棟を並べ甍を争へる、高きいやしき、人の住まひは、世々を経て尽きせぬものなれど、これをまことかと尋ぬれば、昔ありし家はまれなり。あるいは去年焼けて今年作れり。あるいは大家滅びて小家となる。住む人もこれに同じ。所も変はらず、人も多かれど、いにしへ見し人は、二、三十人が中に、わづかに一人二人なり。朝に死に、夕べに生まるるならひ、ただ水の泡にぞ似たりける。

B：祇園精舎の鐘の声、諸行無常の響きあり。娑羅双樹の花の色、盛者必衰の理をあらはす。おごれる人も久しからず、ただ春の夜の夢のごとし。たけき者もつひには滅びぬ、ひとへに風の前の塵に同じ。

C：そらになる
心は春の
霞にて
世にあらじとも
おもひ立つかな

メモ

01

メモ

※答えは、日本語で作成すること。

次の 資料A と 資料B は、同一のある日本語教材から引用したものである。資料A と 資料B における日本語の〈清音〉に関する記述内容を分析し、日本語教師の立場から、注意事項 に基づいて自分の意見を述べなさい。【25点】

資料A

ひらがな

清音

あ	い	う	え	お
か	き	く	け	こ
さ	し	す	せ	そ
た	ち	つ	て	と
な	に	ぬ	ね	の
は	ひ	ふ	へ	ほ
ま	み	む	め	も
や		ゆ		よ
ら	り	る	れ	ろ
わ				を
ん				

濁音

が	ぎ	ぐ	げ	ご
ざ	じ	ず	ぜ	ぞ
だ	ぢ	づ	で	ど
ば	び	ぶ	べ	ぼ

半濁音

ぱ	ぴ	ぷ	ぺ	ぽ

拗音

きゃ	きゅ	きょ
しゃ	しゅ	しょ
ちゃ	ちゅ	ちょ
にゃ	にゅ	にょ
ひゃ	ひゅ	ひょ
みゃ	みゅ	みょ
りゃ	りゅ	りょ
ぎゃ	ぎゅ	ぎょ
じゃ	じゅ	じょ
びゃ	びゅ	びょ
ぴゃ	ぴゅ	ぴょ

資料B

発音と文字

〈母音〉

日本語の母音字には「あ」「い」「う」「え」「お」がある。

あ	い	う	え	お

〈子音〉

1. 清音(せいおん)

五十音図で、音節の子音が声帯の振動を伴わない無声音であるもの。

か	き	く	け	こ
さ	し	す	せ	そ
た	ち	つ	て	と
な	に	ぬ	ね	の
は	ひ	ふ	へ	ほ
ま	み	む	め	も
や		ゆ		よ
ら	り	る	れ	ろ
わ				を
ん				

2. 濁音(だくおん)

清音の中で、「か」「さ」「た」「は」行の文字の右上に「゛」符号をつけて濁音をつくる。濁音符、または「にごり」と呼ぶ。濁音は発音する時、声帯が振動する有声音である。

が	ぎ	ぐ	げ	ご
ざ	じ	ず	ぜ	ぞ
だ	ぢ	づ	で	ど
ば	び	ぶ	べ	ぼ

3. 半濁音(はんだくおん)

~(省略)~

4. 拗音(ようおん)

~(省略)~

※〈資料B〉の説明は一部内容を改めている。

メモ

3 2次問題 2010학년도

注意事項

- 〈資料A〉と〈資料B〉の〈清音〉に関する記述の食い違いを指摘すること。
- 〈資料B〉の〈清音〉に関する記述内容の問題点を指摘し、〈清音〉を〈資料B〉の下線部のように定義した場合、〈清音〉として認められるものにはどういうものがあるか、〈資料B〉の〈清音〉の表の中から該当する行を提示すること。
- 〈清音〉として認められないものについては、例のように各行の音節の子音の代表的な異音(allophone)を国際音声字母(IPA)で表し、その弁別的特徴を調音方法、調音位置、声帯振動の有無、の観点から2つ以上示すこと。
  例) か行：子音[k] (破裂音・軟口蓋音・無声音)
- このように〈清音〉の認識にずれが生じる原因とは何かを指摘し、これを改善するための、より良い指導要領について記述すること。

メモ

02

最近の日本語学習者を対象としたニーズ(needs)調査によると、アニメを見るために日本語を学びはじめたという学習者が多い。そこで、教師がアニメを活用した聞き取り授業を計画し、以下の 資料 を作成したと仮定する。アニメを用いて授業を行うには、この 資料 からアニメの基本語彙、各作品の特徴的な語彙を抽出し、高校の教科書の語彙との関係を見る必要がある。このことを踏まえ、教師の立場に立って、次の1)と2)の問いに答えなさい。【25点】

1) アニメの授業に必要な語彙を以下の手順ア、イにしたがって選定しなさい。解答には、語彙を選定した基準とその語彙リストを示すこと。

ア. 〈資料〉のXから、①アニメの基本語彙と、②各作品の特徴的な語彙を抽出する。

※ 基本語彙については〈引用文1〉を、特徴的な語彙については〈引用文2〉を参考にすること。

イ. ①アニメの基本語彙については〈資料〉のYと比較し、さらに2つのグループ(①−A、①−B)に分ける。

2) 以上の方法で得られた語彙リストを活用して聞き取り授業を行う場合、以下の教授項目にしたがって、どの語彙リストをどのように活用できるか、述べなさい。

〈アニメを活用した聞き取り授業の教授項目(その一部)〉

a. アニメ作品の内容と関連づけて説明する。

b. アニメの筋が一区切りするところまで見せ、①−Aと①−Bを確認する。

c. 教科書に現れない、アニメの各基本語彙を用いた例文をあげて教える。

メモ

3 2次問題

2010학년도

引用文1

ある目的のために語彙調査によって選定された使用率が高く、使用範囲の広い語を選んだものを一般に基本語彙という。

－ 秋元美晴『よくわかる語彙』アルク －

引用文2

ある作品において使用率の高い語彙というものは、一方において、基本的な語を含むと同時に、他方において、その作品の独特の語(キーワード的な語)を含むという、二つの性格をもっている。

－ 田中章夫『国語語彙論』明治書院
(原文の内容を一部修正) －

資料

区分／順位	X：アニメ作品における使用率の高い語彙			Y：高校の教科書の語彙(既習得語彙)
	作品 1	作品 2	作品 3	
1	うん	行く	うん	ある
2	どう	うん	言う	言う
3	で(接続詞)	その	その	行く
4	行く	もの	もの	いる
5	その	で(接続詞)	の(終助詞)	うん
6	くれる	食べる	で(接続詞)	帰る
7	する	言う	蛍	来る
8	言う	どう	する	くれる
9	もの	の(終助詞)	くれる	この
10	すごい	くれる	なんか	する
11	どんぐり	なんか	どう	その
12	の(終助詞)	する	食べる	食べる
13	さつき(人名)	城	行く	どう
14	トトロ	すごい	飴	なる
15	なんか	飛行船	戦争	もの

メモ

03 次の会話文は、高校の日本語教科書からの引用である。内容を読んで質問に答えなさい。【25点】

> A：日本では味噌汁を飲む時、スプーンを使ってもいいですか。
> B：いいえ、使わないほうがいいです。
> A：では、スプーンを使わないで飲むんですか。
> B：はい、左の手で持って飲んでください。
>
> －『日本語Ⅱ』教科書－

日本語教師が生徒に<u>日本人の食事作法</u>を、上記の内容に結び付けて紹介しようとする場合、どのような学習内容を提示するのが効果的であろうか。下記の「2007年改訂日本語科教育課程」の文化教育の目標に基づき、**注意事項**を参考にしながら、その学習内容を記述しなさい。また、その内容と関連づけて外国語教育における文化教育の効用について、5行程度にまとめなさい。

2007年改訂日本語科教育課程

○ 文化教育の目標

1. 日本人の言語行動文化を理解する。
2. 日本人の日常生活文化を理解する。
3. 日本の重要な伝統文化及び大衆文化を理解する。
4. 韓・日両国の文化の共通点と相違点を理解し、文化の多様性を認識する。

注意事項

○ それぞれの例は、必ず３つ挙げること。
○ 同類、あるいは類似した例は１つだけ挙げること。
○ 同一の例を用いて２回以上説明しないこと。

メモ

04

次の 引用文 の下線部のⓐとⓑに関連して、質問に答えなさい。【25点】

引用文

- まだ、わからないが、あまりⓐなさそうだよ。
- しゃくにさわった彼は、その帰りに弁護士のところに寄って、書類の鑑定をⓑしてもらった。

－山本有三『路傍の石』－

04-1 教師は、引用文 におけるⓐの「なさそうだ」と関連して、生徒たちに(A)の内容のように教えたところ、生徒から(B)の下線部について質問を受けた。教師は、特に(A)の〈注意3〉をどう説明すればよいか、記述しなさい。記述の際は、次の点に注意すること。[15点]

(1) (A)の〈注意3〉と 資料 を参考にし、(B)のそれぞれの例をめぐって、「～な(さ)そうだ」に前接する用言の性質を中心に記述すること。

(2) (1)のように考える根拠を示すこと。

(A)

「そうだ」

【意味】様態　そういう様子だ、そういう様子になるように思われる、という意味である。

【接続】連用形と語幹につく。

～(中略)～

〈注意3〉なーさーそうだ　　よーさーそうだ

形容詞の「ない」「よい」の語幹「な」「よ」に続く場合だけは、その間に「さ」を入れて表現する。

お金が なーさーそうだ。 天気が よーさーそうだ。

メモ

助動詞の「ない」の場合は「さ」を入れないで、次のようになる。

かれは　何も　わからーなーそうだ。

－ 村上本二郎『初歩の国文法 口語・文語』
東京・昇龍堂出版株式会社 －

(B)

① 「神様のくれる鮨」(群像)は、四匹の猫と安住の地を求めて千葉県に「居場所」を確保したと思ったものの、そこもなかなか「安住の地」とはいえなそうだ。

② 高木仁三郎らの対談「科学『われわれのもの』にする方法」は、そういうジレンマを抱えた私たちに何らかのヒントを与えてくれそうに見える。だが、内容を読むと状況はあまり楽観的ではなさそうだ。

③ そのニューポロに御殿場市周辺で早速試乗した。運転席に乗り込んで最初に感じたのはシートの硬さだ。少し硬めで遠出をしても疲れなさそうだ。

④ いかにも不格好な鳥のように、飛べなさそうなその形態――。だが、それこそが、脱重力＝自由への欲望の強さをまざまざと物語ってやまないのだ。

－ ①~④は、毎日新聞の記事 －

資料

- 「動詞＋ない」に「そうだ」が続く場合、「～なそうだ」の形が一般的であるが、「～なさそうだ」も必ずしも誤用とは言えず、言葉の変化として理解できる。
- 「ない」が様態の助動詞「そうだ」に接続するときは、「知らなそうだ」「すまなそうだ」のように、語幹相当の「な」に直接続くのが一般的だが、形容詞の「ない」と同様に、「知らなさそうだ」「すまなさそうだ」のように「さ」を介することもある。

－ 北原保雄編『明鏡国語辞典』大修館書店
(原文の内容を一部修正) －

メモ

04-2 教師は、引用文における⑥の「〜てもらう」と関連して、生徒から資料の[問い]、および(A)〜(C)の例文の意味の違いについて質問を受けた。教師の立場で、どう説明するのがよいか、記述しなさい。記述の際は、注意事項の(a)(b)(c)の手順で述べること。[10点]

資料

[問い] 「(溺れかけている太郎を見て)次郎が太郎を助けた」「太郎が私の荷物を運んだ」という例文をそれぞれ「〜てもらう」文に直し、下記の(A)と(B)のどちらの意味合いを持つか答えなさい。

(A)「〜てもらう」が使われた①の例は、出来事としては②と同じである。
① 太郎は先生にほめてもらった。
② 太郎は先生にほめられた。

(B)「〜てもらう」が使われた③の例は、④の意味を含んでいる。
③ 太郎は花子に本を読んでもらった。(頼んでやってもらう場合)
④ 太郎は花子に本を読ませた。

(C)「〜てもらう」は、⑤の例では使われない。この場合は、⑥のようになる。
⑤ × 太郎は花子になぐってもらった。(太郎が不本意になぐられる場合)
⑥ 太郎は花子になぐられた。

メモ

注意事項

(a) 〈資料〉の[問い]の答えを提示する。

(b) ①と③は許容され、⑤は許容されない理由を説明する。

(c) (b)の理由をもとに、①と②、および③と④に見られる意味の違いを説明する。

メモ

01 次の内容を参考にして質問に答えなさい。【25点】

生徒A：最近、韓国に来る日本人が多いって。
生徒B：韓流ブームのおかげかな。
生徒C：本場のキムチを食べに来たのかな。
生徒D：韓国の歴史に興味があるんじゃない。

P先生は、上のような生徒たちの会話を聞き、プロジェクト・ワークとして、日本人観光客を対象としたインタビューを計画した。今回のプロジェクト・ワークに参加する韓国人学習者は、日本人に直接インタビューをしたことがない。

01-1 教室外学習活動を含むプロジェクト・ワークのメリットについて述べなさい。(5行以上) [10点]

01-2 P先生は、今回のプロジェクト・ワーク全体を、次のようにデザインした。今回の日本人観光客を対象としたインタビュー・プロジェクト・ワークの、(3)(4)に入る学習行為を、(1)(2)(5)(6)(7)(8)のように叙述式で述べなさい。(行数に制限はない) [15点]

学習活動プロセス

(1) オリエンテーション

まず、何のための学習活動なのかを学習者に提示する。それから、目的、具体的な方法、進め方などを説明する。学習活動とのつながりは、教師の説明を聞くことで「聞く技能」が考えられる。他に、質疑応答の場面からは「聞く・話す技能」が考えられ、メモをとることからは「書く技能」が考えられる。

メモ

⑵ テーマとグループ分け

学習者をいくつかのグループに分けてグループごとにテーマを決めることもできるし、逆に、テーマを決めてからグループ分けをすることも可能である。学習活動とのつながりは、学習者間の意見調整の過程から「話す・聞く技能」が考えられ、メモをとることから「書く技能」が考えられる。

⑶ 情報・資料収集・インターアクション事項の想定(活動に必要な準備段階のことを述べる)

(＿＿＿＿＿＿＿＿＿＿＿＿＿＿＿＿＿＿＿＿)

⑷ 活動に必要な言語練習(具体的な例を1つ挙げて述べる

(＿＿＿＿＿＿＿＿＿＿＿＿＿＿＿＿＿＿＿＿)

⑸ 活動実施

教室から離れて、実際に日本人との接触を行う。日本人にインタビューをするとき、失礼な印象を与えないよう、充分に練習をしておくことが必要である。また、トラブルが生じた際に教師に連絡できるよう、緊急時の連絡先を確認しておくことが大事である。学習活動とのつながりは、インタビュー時のコミュニケーションを通して「話す・聞く技能」が考えられ、メモをとることから「書く技能」が考えられる。

⑹ 結果のまとめと分析

報告のための準備(録音、録画、ハンドアウト、OHPなど)をしたり、プレゼンテーションの練習などを行う。学習活動とのつながりは、報告のための録音・録画資料の書き起こしとその要約の過程から「聞く・書く・読む技能」が考えられ、報告資料づくりを通して「書く技能」が考えられる。

⑺ プレゼンテーションとディスカッション(報告会と質疑応答)

グループごとの発表を通して、参加者たちが得た情報を交換し合ったり、反省点と感想を話し合ったりする。また、困った点や予想しなかった場面に遭遇した経験など

メモ

を共同でディスカッションする。学習活動とのつながりは、参加者同士の発表・質疑応答を通して「話す・聞く技能」が考えられる。他に、ハンドアウトやパワー・ポイント資料を読むことからは「読む技能」、メモをとることからは「書く技能」が考えられる。

(8) フィードバックとレポート作成

講評を通して評価と改善点などを指摘した後、レポート作成をもってプロジェクト・ワークを終了させる。学習活動とのつながりは、教師の講評を聞くことで「聞く技能」が考えられ、レポート作成の過程から「書く技能」が考えられる。

メモ

02 次の文は、夏目漱石の『こころ』(下、先生と遺書)からの引用である。内容をよく読んで、質問に答えなさい。【25点】

私は殉死という言葉をほとんど忘れていました。平生使う必要のない字だから、記憶の底に沈んだまま、腐れかけていたものと見えます。妻の笑談を聞いて始めてそれを思い出した時、私は妻に向ってもし自分が殉死するならば、明治の精神に殉死するつもりだと答えました。私の答えも無論笑談に過ぎなかったのですが、私はその時何だか古い不要な言葉に新しい意義を盛り得たような心持がしたのです。

それから約一ヶ月ほど経ちました。御大葬の夜私はいつもの通り書斎に坐って、相図の号砲を聞きました。私にはそれが明治が永久に去った報知のごとく聞こえました。後で考えると、それが乃木大将の永久に去った報知にもなっていたのです。私は号外を手にして、思わず妻に殉死だ殉死だと云いました。

私は新聞で乃木大将の死ぬ前に書き残して行ったものを読みました。西南戦争の時敵に旗を奪られて以来、申し訳のために死のう死のうと思って、つい今日まで生きていたという意味の句を見た時、私は思わず指を折って、乃木さんが死ぬ覚悟をしながら生きながらえて来た年月を勘定してみました。西南戦争は明治十年ですから、明治四十五年までには三十五年の距離があります。乃木さんはこの三十五年の間死のう死のうと思って、死ぬ機会を待っていたらしいのです。私はそういう人にとって、生きていた三十五年が苦しいか、また刀を腹へ突き立てた一刹那が苦しいか、どっちが苦しいだろうと考えました。

それから二三日して、私はとうとう自殺する決心をしたのです。(略、ルビ省略)

－『夏目漱石全集8』筑摩書房文庫版全集－

メモ

4 2次問題 2009학년도

上の引用文については、天皇制を容認していると批判する意見もある。この引用文の中から、そのような批判が可能になる妥当な根拠を探し、そういう批判に対する自分の意見を論じなさい。

注意

- 10行以上書くこと。改行は自由だが、不自然な方法による行の操作は減点の対象になる。
- この引用文に限定して書いても採点に不利はない。また、引用文以外の部分や、他の(作家の)作品、文学史の知識、思想や文化論などを活用してもいいが、強制事項ではない。

メモ

03 次の引用文の内容を読んで、質問に答えなさい。(改行は自由だが、不自然な方法による行の操作は減点の対象になる)【30点】

失敗談の続き。過日、昔の失敗を思いださせてくれる事件に遭遇した。(中略) これは時も場所も人もはっきりしている。

時は今年の11月8日午前、場所は羽田発、富山行きの全日空機の客室内。人はスチュワーデス嬢。仮にY嬢としておく。

もともと背が低いところへ加齢でいっそう縮んでしまった私が、荷物入れを見上げて立ちつくしていたら、くだんのY嬢が笑顔で手伝ってくれた。いささか面目ない気がしなくもなかったが、背も私より高いし腕力もありそうなお姐さんだったので、好意に甘えて収納を任せた。動作もキビキビしていて、朝から爽快な気分を味わった私は、心を込めて「ありがとう」とお礼のことばを発した。

返ってきたことばが、「とんでもございません！」。ウーン、笑顔に免じて見逃して(聞き逃して)おくか。

ⓐいまさら解説するまでもないと思われるが、これは誤用。「とんでもない」が正しい。確かなことはわからないが、「途(と)でもない」の転とか。「途方もない」「とても考えられない」「意外だ」と、非難の気持ちを込めて使うのが、本来の用法。転じて、今日のように、相手のことばを強く否定して「そんなことはない」「冗談ではない」と言いたい時に使う。

その限りにおいて上のY嬢の使い方は誤っていないのだが、「ない」を、より丁寧に言うつもりで、「ございません」としたのはよくない。と、少なくとも私は思う。—などと書きながら、実は私も「とんでもございません」を使ってしまったことがある。20年以上も前のことだが、編集した中国語テキストの訳文に使った。テキストはそのままでしばらく出回っていたが、特に苦情は耳にしなかった。どなたも気づかなかったの

メモ

か、大目に見ていただいたのか、改版の折にこっそり直しておいた。トンデモナイ奴ダ、ですか。

ちなみに、この「誤用」について岩波の『広辞苑』第六版は「とんでもありません」「とんでもございません」の形でも使うとし、特に誤りとはしていない。またⓑ三省堂の『大辞林』第三版は「とんでもございません」は誤った言い方とされるが、現在はかなり広がっている、としている。ていねいな言い方をしたければ、「とんでものうございます」「とんでもないことでございます」と言えばよいとのこと。以上、今回は漢字とも漢語とも無縁の話題になってしまった。

－上野惠司「とんでもない？とんでもございません？漢字・漢語あれこれ(7)」(原文の内容一部修正) －

[とんでもない] (形容詞・口語)

- とほうもない。思いもかけない。意外である。もってのほかである。
- (相手のことばに対する強い否定を表す)まったくそんなことはない。冗談ではない。

語誌

- ⓒ「とんでもない」の丁寧体は、「とんでもないことでございます」が本来であるが、近時、人々による誤った類推の結果生じた、「とんでもありません」「とんでもございません」の形を耳にすることが増えている。

－『日本国語大辞典』(原文の内容一部修正) －

メモ

03-1 「とんでもございません」に対しては、上記の引用文の ⓐⓑⓒのように、誤用であると主張する見解がある。日本語教師の立場で、このような主張は、何を根拠にしているのかについて、形態素の概念を活用し、論理的に説明しなさい。(8行以上) [15点]

注意

- 形態素(morpheme)とは、意味を有する最小の単位のことである。
- 「学生でもない」「難しくもない」などのような、形態的に類似した表現と比較するのが望ましい。

03-2 引用文の下線部ⓒに用いられている「生じる」は、次のように自動詞としても他動詞としても使われる。

- わが国の自動車輸出はますます盛んになり、各国との間に摩擦が生じてきた。
- 複雑な人間関係は、当然、さまざまな摩擦を生じる。

他動詞の認定については、「ヲ格名詞句」をとるかどうか、という基準だけで考えると、「生じる」をはじめ、多くの動詞が問題となる。そこで、自他の認定が問題となる「生じる」タイプの動詞のもつ特性を、下の他動詞の認定基準に基づき、例文①～③と関連づけて説明しなさい。(ただし、「生じる」タイプを含め、各タイプに属する他の動詞の例を2つ挙げて説明すること) (8行以上) [15点]

例文① 「太郎が花瓶を割った。」

例文② 「太郎が公園を歩いた。」

例文③ 「太郎が財布をなくした。」

メモ

4 2次問題

2009학년도

〈他動詞の認定基準〉

⑴ 他動性(transitivity)の条件

- 項(argument)を2つとる。
- 主体(動作主, agent)による意図的な(volitional)行為(動作)を表す。
- 客体(対象, theme / 被動作主, patient)には、現実時間における変化(totally affected)が起こる。

⑵ 典型的な他動詞であれば、上の３つの条件をすべて満たしていると考えられる。上の他動性の条件に基づいて考えた場合、「ヲ格名詞句」をとる動詞であっても、他動性の度合いに違いがあるということになる。

メモ

04

次の 例示 は、日本語教師と韓国人学習者の金さんの会話文である。ⓐは、金さんの不自然な敬語表現を日本語教師が直したものであり、下はその訂正の根拠を説明した内容の一部である。この 例示 を参考にして次の質問に答えなさい。【20点】

例示

教師：金さん、昨日はどうして早く帰ったんですか。

金　：実は、国からお父さんがいらっしゃったんです。

↓

ⓐ実は、国から父が来たんです。

(訂正の根拠)

日本語の敬語表現の運用には上下関係や親疎関係のほかに、「ウチ」と「ソト」という所属集団の相違も重要な基準として働いている。「ウチ」は自分が所属している集団であり、「ソト」は所属していない集団である。日本語の敬語表現の運用においては、「ソト」に対して「ウチ」の人間を高めてはならない、という基準があるが、金さんはこれに違反して、自分の父親の呼称や行為を高めている。

以下の 会話文 のⓑは、例示 のⓐのように金さんの不自然な敬語表現を、日本語教師が直したものである。ⓑに直した根拠を、日本語教師として学習者にどのように説明するか、例示 の「訂正の根拠」のように、日本語の敬語表現の運用の観点から述べなさい。

また、例示 会話文 のように、韓国人学習者が不自然な敬語表現を使うようになる原因を指摘し、それを解決するための望ましい敬語教育のあり方について、日本語教師の立場から述べなさい。

メモ

会話文

教師：週末は何をしましたか。

金 ：部屋でギターをお弾きしました。それから自転車にお乗りしました。

↓

ⓑ部屋でギターを弾きました。それから自転車に乗りました。

注意

- 解答を書くときは、⑴ⓑに直した根拠、⑵不自然な敬語表現を使うようになる原因と敬語教育のあり方、の順序で段落を区別して、それぞれ5行以上書くこと。
- ⓑに直した根拠については、他の例を1つ挙げて説明すること。
- 改行は自由だが、不自然な方法による行の操作は減点の対象になる。

メモ

メモ

동소현 편저
- 한국외국어대학교 일본어통번역학과 강사
- 희소고시학원(쌤플러스) 일본어 강사

교원 임용고사

완전공략 가이드

전공 일본어

영역별 기출문제집

편저자 동소현
펴낸이 김장일
펴낸곳 우리교과서

초판 1쇄 발행 2021년 5월 25일

편　집 이효정
디자인 스노우페퍼

우리교과서 서울시 금천구 벚꽃로 254, 1204호
문의 02-2113-7535
팩스 02-2113-7536
신고번호 제396-2014-000186호

정가 52,000원

ISBN 979-11-87642-31-2(13370)

교원 임용고사

완전공략 가이드

전공 일본어 영역별 기출문제집

同範囲問題

答案例

問題を解くために

우리교과서

완전공략 가이드

전공 일본어

영역별 기출문제집

同範囲問題

答案例

問題を解くために

차례

PART 1 일본어 교육론

제1장 교육과정

본책 p.13

01 2019.A 기출 1

〈A〉の下線部に該当するものは〈B〉のⓓであり、「おだいじに」に直さないといけない。こういう表現は「いみことば」と言われる。

問題を解くために

〈B〉의 밑줄 친 부분 ⓐ~ⓓ 중에서 〈A〉의 밑줄 친 부분 「病院で控えることば」에 해당하는 것은 ⓓ「さようなら」이며 이를 장면에 알맞게 고치면 「おだいじに」가 된다. 교육과정 성취기준 중의 하나인 표현적 특징 중에는 결혼식이나 병원 등에서 삼가는 말이 포함되어 있는데 이러한 말을 일본어로는 「忌(い)み言葉」라고 한다. 이는 우리가 사용하는 말에 신비로운 힘이 있다는 일본인들의 「言霊(ことだま)思想」과 관련이 있으며 환자에게 「さようなら」라는 말을 하는 것은 이별을 암시하기 때문에 금기시되는 것이다. 참고로 2015개정교육과정 제2외국어과 교육과정(교육부고시 제2015-74호) 일본어 I 과목 중에서 「성취기준 (2) 말하기」 중 출제된 부분과 관련된 내용은 다음과 같다.

> 나. 성취기준
>
> (중략)
>
> (2) 말하기
>
> (중략)
>
> (가) 학습 요소 : 기본 어휘표, 의사소통 기본 표현, 언어・비언어 문화
>
> (중략)
>
> (나) 성취기준 해설
>
> – 언어 4기능(듣기, 말하기, 읽기, 쓰기)으로 성취기준을 제시하였지만, 학교 현장에서는 언어 4기능을 유기적으로 통합하여 교수・학습할 것을 권장한다.
>
> – 일본어의 음성적 특징이란 청・탁음, 장・단음, 요음, 촉음, 박(拍), 억양 등의 발음상의 특징을 말한다.
>
> – 언어문화는 일상의 언어생활 또는 언어에 의하여 이루어지는 모든 문화를 통틀어 이르는 말로, 의뢰 방법, 승낙・거절 방법, 호칭 방법, 표현적 특징 등이 있다. 표현적 특징이란 관용적 표현(顔が広い, となりの花は赤い 등), 결혼식(切る, 時々 등)이나 **병원**(お元気ですか, さようなら 등) **등에서 삼가는 말**, 헤어질 때 사용하는 다양한 표현(さようなら, お気をつけて, お大事に 등), 한국어와 표현 방법이 다른 것(あれこれ, 行ったり来たり, 明日、学校ですか 등) 등을 말한다.

02 2021.A 기출 1

〈A〉のⓐに入ることばは「話題(の)転換」であり、ⓑに入ることばは「聞き返し」である。
(「聞(き)き返(かえ)し」 대신에 「問(と)い返(かえ)し」도 가능)

問題を解くために

2015개정 교육과정 제2외국어과 교육과정 내용 중에서 의사소통기능과 관련된 문제이다. 〈B〉의 대화 내용을 이해해보면 ⓒ의 발화는 화제를 전환하는 기능을 하고 있음을, ⓓ의 발화는 방금 들은 내용을 다시 되묻는 기능을 하고 있음을 알 수 있다. 참고로 2015개정 교육과정 제2외국어과 교육과정(교육부고시 제2015-74호) 일본어 I 과목 중에서 「성취기준 학습 요소」 중 출제된 부분과 관련된 내용은 다음과 같다.

> 나. 성취기준
>
> (중략)
>
> (2) 말하기
>
> (중략)
>
> (가) 학습 요소 : 기본 어휘표, 의사소통 기본 표현, 언어・비언어 문화
>
> • 인사 : 만남, 헤어짐, 안부, 외출, 귀가, 방문, 식사, 연말, 신년, 축하
>
> • 소개 : 자기소개, 가족 소개, 타인 소개
>
> • 배려 및 태도 전달 : 감사, 사과, 칭찬, 고충・불평, 격려, 위로, 승낙・동의, 거절・반대, 사양, 겸손, 유감
>
> • 의향 및 의사 전달 : 희망, 의지, 목적, 의견 제시, 기대, 감정, 정정・부정

- 정보 요구 : 존재, 장소, 시간・때, 선택, 비교, 이유, 방법 상태, 형편・사정, 취향・취미, 능력・가능, 경험, 확인
- 정보 제공 : 안내, 추측, 전언, 상황 설명
- 행위 요구 : 의뢰, 지시, 금지, 권유, 조언・제안, 허가, 경고
- 대화 진행 : 말 걸기, 머뭇거림, **화제 전환**, 맞장구, **되묻기**
- 언어문화 : 의뢰 방법, 승낙・거절 방법, 호칭 방법, 표현적 특징 등
- 비언어 문화 : 손짓, 몸짓 등

03 2017.A 기출 1

ⓐに入ることばは「地位(ちい)」、ⓑに入ることばは「親密度(しんみつど)」である。
(「親密度」 대신에 「親(した)しさ」도 가능)

問題を解くために

교육과정에서 제시하는 성취기준 중에서 2015개정 교육과정에 추가된 내용에 대해 묻는 문제이다. 〈A〉와 〈B〉의 대화문을 보면 화자와 청자와의 관계에 따라 서로 다른 대우 표현을 사용하고 있음을 알 수 있는데 교육과정 성취기준에서는 이를 '지위' '친밀도'라고 규정하고 있다. 2015개정 교육과정 제2외국어과 교육과정(교육부고시 제2015-74호) 일본어 I 과목 중에서 「성취기준 (2) 말하기」 중 출제 부분과 관련된 내용은 다음과 같다.

나. 성취기준

(중략)

(2) 말하기

[12일 I -02-01]음성적 특징에 유의하여 말한다.
[12일 I -02-02]낱말 또는 짧은 문장으로 자신의 의사나 정보를 표현한다.
[12일 I -02-03]의사소통 기본 표현과 관련된 짧고 쉬운 대화를 한다.
[12일 I -02-04]일본인의 언어・비언어 문화에 맞게 표현한다.
[12일 I -02-05]상대방의 **지위나 친밀도** 등의 차이를 인지하고 상황에 맞게 말한다.

04 2019.A 기출 6

〈A〉の(　　)に当てはまる用語は「自己評価(じこひょうか)」である。

問題を解くために

교육과정에서 제시하는 「평가 방향」 중에 제시된 여러 가지 평가의 유형 중에서 「**自己評価**」에 대해 묻는 문제이다. 참고로 2015개정 교육과정 제2외국어과 교육과정(교육부고시 제2015-74호) 일본어 I 과목 「평가 방향」 중에서 출제된 부분에 해당하는 내용은 다음과 같다.

4. 교수・학습 및 평가의 방향

(중략)

나. 평가 방향

(1) 교육과정의 성격과 목표에 맞도록 평가 계획을 수립한다.

(중략)

(2) 학습 내용을 분석하여 평가 계획을 수립한다.

(중략)

(3) 학습 활동 유형(개인, 짝, 모둠, 전체), 학생 중심 수업 활동, 수업 내용 확인 활동 등이 포함되도록 평가 계획을 수립한다.
- 교수・학습이 진행되는 도중에 형성평가를 실시함으로써 학생이 배운 성취기준을 제대로 익혔는지 점검하고, 학습 상의 문제점을 파악하여 도움을 주고, 학생의 추후 학습에 대한 방향을 제시한다.
- 적극적인 수업 참여를 유도하기 위해 학습자의 의사소통 활동 참여도를 평가에 반영한다.
- 통합 언어 기능에 대한 평가는 교수・학습 과정에서 통합적 과제를 수행하도록 하면서 관찰 평가, **자기 평가**, 학생 상호 평가 등 다양한 방법으로 실시한다.
- 정보 통신 및 기타 교수・학습 자료 탐색과 활용 능력 평가는 수행 평가를 활용한다.
- 가급적 수행평가는 수업 활동과 연계하여 실시하고, 수업 중에 수행평가가 어떻게 시행될 것인지 구체적으로 계획하여 학생들에게 공지하고, 채점 기준을 구체적으로 마련하여 공정한 평가를 한다.
- 학교 여건, 수준, 특성 등을 감안하여 평가 방법을 선택적으로 활용할 수 있다.

05 2018.A 기출 6

(　　)に当てはまる用語は「ポートフォリオ」である。

問題を解くために

교육과정에서 제시하는 「평가 방향」 내용 중에서 과정 중심형 평가와도 관련이 깊은 '포트폴리오'에 대해 묻는 문제이다. 참고로 2015 개정 교육과정 제2외국어과 교육과정(교육부고시 제2015-74호) 일본어Ⅰ 과목 「평가 방향」 중에서 출제된 부분에 해당하는 내용은 다음과 같다.

4. 교수·학습 및 평가의 방향
가. 교수·학습 방향
(중략)
나. 평가 방향
(1) 교육과정의 성격과 목표에 맞도록 평가 계획을 수립한다.
- 교수·학습 방법의 기본 방향인 인성 교육, 의사소통 능력 신장, 세계 시민 의식 배양에 기반을 두고 평가 방향을 정한다.
- 평가의 객관성을 유지하기 위해 명확한 평가 기준을 사전에 설정한다.
- 평가 결과는 개별 지도에 활용하는 한편, 향후 교수·학습 계획에 반영한다.
- 학습 **포트폴리오**를 활성화하여 학습 과정에 대한 기록을 남기고 자기 평가 자료로 활용한다.

06 2014.A 기출 1

ⓐに該当することばは「依頼(いらい)」であり、ⓑに該当することばは「激励(げきれい)」である。

問題を解くために

2009개정 교육과정(교육과학기술부고시 제2012-14호)의 별표에 나오는 의사소통 기본 표현에 관해 묻는 문제이다. 이에 따르면 「**その本貸してくれない**」는 행위요구 중에서 「의뢰」, 「**はやく元気になってくださいね。**」는 배려 및 태도 전달 중에서 「격려」라는 의사소통 기능으로 분류되어 있다. 참고로 2015개정 교육과정의 의사소통 기본표현에서는 「**その本貸してくれない**」가 「**その本貸してくれませんか**」로 변경되었고, 새롭게 「**お大事に。**」가 「위로」 기능에 추가되었다.

07 2012.1차 기출 1

⑤

問題を解くために

2007년 개정 고등학교 일본어과 교육과정(일본어Ⅰ)에 제시된 「성격」의 내용을 묻는 문제이다. ⑤와 같은 내용은 포함하고 있지 않다. 참고로 2007년 개정 교육과정 고등학교 일본어Ⅰ에 제시된 「성격」의 내용은 다음과 같다.

'일본어Ⅰ'은 이러한 시대적 요구에 따라 한·일 교류에 능동적으로 대처할 수 있는 인재를 양성하기 위해 개설된 기초 과목으로서 다음과 같은 성격을 갖는다.
첫째, 일상생활에서 사용되는 의사소통 기능의 기초적인 능력을 습득하는 데 중점을 둔다.
둘째, 의사소통 기능과 장면에 따른 언어 행동 문화를 이해하고 상호 행위를 중시하는 일본어 학습과 문화 간 상호 이해력을 기르는 데 중점을 둔다.
셋째, 정보 활용의 중요성을 인식하고 필요한 정보를 일본어로 검색할 수 있는 능력을 길러 지식 기반 사회에 적응해 갈 수 있도록 한다.
넷째, 일본어 학습을 통해 일본 문화를 이해함과 동시에 우리 문화를 일본에 소개하는 역할도 수행할 수 있는 기초적인 능력을 기른다.
다섯째, 주변에 있는 일본어 관련 학습 자원을 스스로 활용하여 학습할 수 있는 습관을 기르는 수업이 되도록 하여 학습자의 자율성과 문제 해결 능력을 신장시키는 데에 기여한다.

08 2012.1차 기출 2

②

問題を解くために

2007년 개정 고등학교 일본어과 교육과정(일본어Ⅱ)에 제시된 「교수・학습 방법」에 대한 문제이다. 오답의 근거는 다음 자료(별책14 외국어과 교육과정(Ⅱ) 일본어(제2007-79호))에서 확인할 수 있다.

> 4. 교수・학습 방법
>
> 가. 일반 지침
>
> (1) 정확성보다는 **유창성**을 기르는 데 중점을 둔 학습이 되도록 한다.
>
> (2) 교수・학습 계획은 언어의 구조를 중심으로 한 학습보다는 **의사소통 기능**을 습득할 수 있도록 수립한다.
>
> (3) 학습 내용의 이해와 적용이 용이하도록 수업을 단계별로 구성한다.
>
> (4) 학습자의 지적 발달을 고려하여 **나선형**으로 학습 내용을 구성한다.
>
> (5) 학습자가 학습 활동에 적극적으로 참여할 수 있는 협동 학습과 체험 학습이 이루어지도록 구성한다.
>
> (6) 학습자 주도형 자율 학습을 활성화할 수 있도록 구성한다.
>
> (7) 학습 동기를 유발할 수 있도록 학습자의 관심과 요구를 반영한 발견 학습을 활용한다.
>
> (8) 교수・학습에 도움이 되는 다양한 정보 통신 기술(ICT) 관련 매체를 활용한다.
>
> **(9) 학습자의 수준에 맞도록 교과서 내용을 재구성하여 사용한다.**
>
> (10) 학습자의 수준과 개성을 고려한 개별 학습을 활용하도록 한다.
>
> (11) 학습자의 흥미를 높이기 위해 퀴즈, 게임, 노래 등 다양한 학습 자원을 활용한다.
>
> (12) 학습 의욕을 저해할 수 있는 **오류의 즉각적인 수정은 피하도록 한다.**

09 2011.1차 기출 1

⑤

問題を解くために

2007년 개정 고등학교 일본어과 교육과정(일본어Ⅰ)에 제시된 목표의 태도 항목에 관한 문제이다. 오답의 근거는 다음 자료(별책14 외국어과 교육과정(Ⅱ) 일본어(제2007-79호))에서 확인할 수 있다.

> 1. 성격
>
> (중략)
>
> 2. 목표
>
> 가. 언어기능
>
> (중략)
>
> 나. 문화
>
> (중략)
>
> 다. 태도
>
> (1) 의사소통 기능에 대한 학습의 중요성을 알고 체험을 통해 스스로 학습하는 태도를 갖는다.
>
> (2) 의사소통 기능을 성공적으로 수행하기 위해서 상호 이해의 중요성을 알고 스스로 학습하는 태도를 갖는다.
>
> (3) 일본 문화에 대한 이해의 필요성을 알고 문화 관련 학습 자료에 관심을 갖고 스스로 학습하는 태도를 갖는다.
>
> (4) 한・일 문화 교류의 필요성을 알고 적극적으로 교류하고자 하는 태도를 갖는다.
>
> (5) 정보 검색의 필요성을 알고 다양한 매체를 활용하는 태도를 갖는다.
>
> (6) 일본어 관련 학습 자원 활용의 필요성을 알고 스스로 활용하는 태도를 갖는다.

10 2010.1차 기출 1

④

問題を解くために

2007년 개정 일본어과 교육과정에 제시된 목표의 문화 항목에 관한 문제이다. 오답의 근거는 다음 자료(별책14 외국어과 교육과정(Ⅱ) 일본어(제2007-79호))에서 확인할 수 있다.

1. 성격

(중략)

2. 목표

가. 언어기능

(중략)

나. 문화

(1) 일본인의 기본적인 언어 행동 문화를 이해한다.
(2) 일본인의 기본적인 일상생활 문화를 이해한다.
(3) 일본의 중요한 전통문화와 대중문화를 이해한다.
(4) 한・일 양국 문화의 공통점과 차이점을 이해하여 문화의 다양성을 인식한다.

11 2012.1차 기출 3

⑤

問題を解くために

2007년 개정 고등학교 일본어과 교육과정의 「의사소통 기본 표현」에 따르면 ①의 ㄱ과 ㄴ은 둘 다 '화제 전환' 기능이고 ②의 ㄱ과 ㄴ은 둘 다 '의지' 기능이며 ③의 ㄱ과 ㄴ은 둘 다 '권유' 기능이고 ④의 ㄱ과 ㄴ은 둘 다 '판단・추측' 기능이다. 그렇지만 ⑤의 ㄱ은 '상황 설명', ㄴ은 '조언'으로 의사소통 기능이 서로 같지 않다.

12 2010.1차 기출 3

④

問題を解くために

2007년 개정 일본어과 교육과정의 '의사소통 기능 예시문'에 따르면 〈보기 1〉은 모두 배려 및 태도 전달기능(칭찬, 격려・위로, 승낙・동의, 감사)에 속하는 내용이고 〈보기 2〉는 행위 요구 기능(의뢰, 권유・제안, 허가 요구, 의무)에 속하는 내용이다.

13 2011.1차 기출 2

④

問題を解くために

2007년 개정 고등학교 일본어과 교육과정(일본어 Ⅱ)에 제시된 「평가 방법」에 대한 관한 문제이다. 오답의 근거는 다음 자료(별책14 외국어과 교육과정(Ⅱ) 일본어(제2007-79호))에서 확인할 수 있다.

5. 평가

가. 평가 지침

(중략)

나. 평가 방법

(1) 듣기
(가) 다소 긴 일본어를 듣고 그 진위를 판단하는 능력을 평가한다.
(나) 다소 긴 일본어를 듣고 글의 상황과 화제를 이해하는 능력을 평가한다.
(다) 다소 긴 일본어를 듣고 그 내용에 따라 행동으로 옮길 수 있는지를 평가한다.
(라) 다소 긴 일본어를 듣고 핵심어에 대한 이해 능력을 평가한다.

(2) 말하기
(가) 학습한 내용을 중심으로 질문이나 대답하는 능력을 평가한다.
(나) 그림이나 사진을 보고 간단하게 설명・묘사하는 능력을 평가한다.
(다) 인터뷰법을 적극적으로 도입하여 평가한다.
(라) 학습한 내용을 역할놀이와 장면 연습 등을 통해 표현하는 능력을 평가한다.

(3) 읽기
(가) 가나와 한자가 포함된 다소 긴 글을 읽게 하고 그 능력을 평가한다.
(나) 다소 긴 대화문이나 글의 대의를 파악하는 능력을 평가한다.
(다) 다소 긴 글을 읽고 핵심어와 주제어 찾는 능력을 평가한다.

(4) 쓰기

(가) **자율 작문**을 중심으로 평가한다.

(나) 학습자의 경험을 중심으로 한 글쓰기 능력을 평가한다.

(다) 컴퓨터를 이용한 일본어 입력 능력을 평가한다.

(라) 다양한 매체를 활용한 정보 검색 활동 결과를 평가한다.

(5) 문화

(가) 자연스러운 언어 행동의 수행 능력을 중심으로 평가한다.

(나) 일상생활 문화는 개인이나 모둠별로 조사한 자료나 발표한 내용 등을 중심으로 평가한다.

(다) 전통문화와 대중문화는 개인이나 모둠별로 조사한 자료나 발표한 내용 등을 중심으로 평가한다.

14 2010.1차 기출 2

④

問題を解くために

2007년 개정 일본어 교육과정 「5. 평가」 항목을 참조한다.

15 2002 기출 1

(1) 일상생활에서 사용되는 쉬운 일본어를 이해하고, 쉬운 일본어로 의사소통을 할 수 있는 기초적인 능력을 기른다.

(2) 일본어의 말하기 능력의 신장과 일본인의 일상 언어 생활 및 문화에 대한 관심과 이해를 깊게 하여 일본인과의 의사소통에 능동적으로 참여하는 태도를 기른다.

(3) 인터넷을 통하여 일본어에 의한 정보 검색의 기초적인 방법을 알고, 정보 검색에 흥미를 가진다.

• 다른 점 : 언어의 4기능에 걸친 의사소통 능력의 함양뿐 아니라 문화적인 교류에 참가할 수 있는 능력을 키울 것과 지식 기반 사회에 필요한 정보 검색 능력을 갖출 것을 강조하고 있다.

問題を解くために

제7차 교육과정의 고등학교 일본어 I 의 「2. 목표」를 참고로 한다.

16 2007 기출 6

① 意思および態度伝達機能
② 情報伝達機能
③ 談話展開機能
④ 要求機能

問題を解くために

제7차 교육과정은 1997년 12월에 교육부고시 제1997-15호로 고시된 교육과정이다. 그 후 4회에 걸친 부분 개정이 있었는데 이 문제는 4차 부분 개정이 이루어지기 전에 제시된 의사소통 기능을 기준으로 출제된 것이다.

참고로 2015개정 교육과정에서 「**~のはどうですか**」와 「**ほうがいい**」는 「7. 행위요구」 중에서 '조언 · 제안' 표현으로 분류되어 있다.

17 2008 기출 2

㉮ 許可　㉯ 提案　㉰ 称賛　㉱ 断り

問題を解くために

제7차 일본어 교육과정의 「의사소통 기능 예시문」에 비슷한 문장이 나와 있다. 단, 2015년 개정 교육과정에 따르면 「**ええ、いいですよ。**」와 「**はい、もちろんです。**」는 「3. 배려 및 태도 전달」 중에서 '승낙 · 동의' 기능으로 나와 있다.

18 2001 기출 19

① 挨拶　② 情報伝達　③ 意思・態度伝達
④ 要求　⑤ 談話の展開

問題を解くために

제7차 일본어 교육과정의 「의사소통 기능 예시문」을 보면 다음과 같이 나와 있다.

다음은 고등학교 일본어 교육 과정에서 우선적으로 이수하기를 권장하는 의사소통 기능 항목과 예시문이다. 기능 항목은 크게 나누어, 인사 기능, 정보 전달의 기능, 의사・태도 전달의 기능, 요구 기능, 담화 전개 기능으로 나누고, 각각의 항목에 하위 항목을 설정하였다.

19 2005 기출 6

① **情報伝達機能**
② **対比**

問題を解くために

제7차 일본어 교육과정의 「의사소통 기능 예시문」 중에서 「2. 정보 전달의 기능, (11) 대비」에 동일한 문장이 나와 있다.

20 2004 기출 1-1

語彙　文法　文体　文化

問題を解くために

제7차 일본어 교육과정 「3. 내용 나. 언어 재료」 항목을 참조한다.

21 2009.1차 기출 1

④

問題を解くために

제7차 교육과정은 1997년 12월에 교육부고시 제1997-15호로 고시된 교육과정이다. 그 후 4회에 걸친 부분 개정이 있었는데 4차 부분 개정에서 이전과 달리 많은 면이 개정되었으며 이 교육과정은 2007개정 교육과정이라는 이름으로 교육인적자원부고시 제2007-79호로 고시되었다.
오답의 근거는 다음 자료(별책14 외국어과 교육과정(Ⅱ) 일본어(제2007-79호))에서 확인할 수 있다.

4. 교수 · 학습 방법
가. 일반 지침
(중략)
나. 언어기능
(1) 듣기
(가) 단음이나 낱말보다는 문장 중심의 자연스러운 일본어를 듣도록 한다.
(나) 듣기 학습에 도움을 주는 사진이나 영상 자료 등을 효과적으로 활용한다.
(다) 짧고 쉬운 문장을 듣고 그것을 행동으로 옮겨보게 한다.
(라) 자연스러운 일본어를 익힐 수 있도록 원어민의 발음을 듣게 한다.
(2) 말하기
(가) 언어 행동 문화에 맞는 역할놀이, 장면 연습, 게임 등을 활용한다.
(나) 학습자의 학습 참여 기회를 늘릴 수 있도록 구성한다.
(다) 모둠 활동을 중심으로 학습자의 대화량을 늘리도록 한다.
(라) 상대편과의 관계, 대화 내용, 대화 전개, 언어 행동 문화에 맞추어 표현할 수 있도록 단계적으로 학습하게 한다.
(마) 자연스러운 일본어를 익힐 수 있도록 원어민의 발음을 따라 말하게 한다.
(3) 읽기
(가) 짧고 쉬운 일본어를 소리 내어 읽을 수 있도록 한다.
(나) 일상생활에서 자주 접할 수 있는 표지판, 짧고 쉬운 전자우편, 카드 등 다양한 학습 자원을 활용하도록 한다.
(다) **가나와 한자가 섞인 짧고 쉬운 문장**을 읽고 그 중심 내용을 요약하여 발표해 보도록 한다.
(라) 자연스러운 일본어를 익힐 수 있도록 원어민의 발음을 따라 읽게 한다.
(4) 쓰기
(가) 문자 학습은 글자 중심보다는 낱말 중심의 학습이 되도록 한다.
(나) 짧고 쉬운 일본어를 통제 작문 중심으로 지도한다.
(다) 가나와 한자가 섞인 짧고 쉬운 문장을 컴퓨터에 입력해 보도록 한다.
(라) 짧고 쉬운 전자 우편이나 카드 등을 직접 써 보도록 한다.
(마) 짧고 쉬운 일본어를 듣고 그 중심 내용을 요약하여 글로 표현해 보도록 한다.

22 2000 기출 13-1

① 기본 어휘는 제6차 일본어과 교육과정(이하 6차)에서는 771낱말, 제7차에서는 833낱말로 증가하였다.
② 사용 어휘는 일본어Ⅰ이 600낱말, 일본어Ⅱ가 800낱말(총 1400낱말)이었으나, 제7차에서는 일본어Ⅰ이 500낱말, 일본어Ⅱ가 400낱말(총 900낱말)로 줄여 어휘의 양적 확대를 최소화하고자 했다.
③ 교육과정상 최초로 표기용 한자를 733자 이내로 제한하였다.

23 2000 기출 13-2

① 일상생활에서 사용되는 일본어의 의사소통 기능을 중심으로 언어의 네 기능을 모두 평가하되, 말하기와 듣기에 중점을 두고 요점 파악 능력과 능동적 태도 등을 평가한다.
② 학생의 서열화된 평가보다 학습 진단을 위한 평가가 되도록 한다.
③ 평가 목표와 내용에 따라 분리식 평가와 통합식 평가를 실시하되, 특히 말하기, 듣기를 중심으로 한 통합식 평가에 비중을 둔다.
④ 말하기는 필답식 평가를 지양하고, 면접법에 비중을 두어 실제의 의사소통 능력을 효과적으로 평가하도록 한다.
⑤ 의사소통 활동과 문화 이해에 대한 적극적인 참여도를 평가한다.
⑥ 일본어에 의한 정보 검색 및 통신과 같은 언어 능력의 응용력을 평가한다.
⑦ 평가의 결과는 질적 결과와 양적 결과를 분석하여 다음 단계의 학습 및 개별 학습 지도에 반영한다.

問題を解くために

제7차 일본어 교육과정 「5. 평가 가. 평가 지침 및 다. 평가 방법」 항목을 참조한다.

24 2005 기출 4

① Unicode(UTF-8)
② 미러링

25 1998 기출 5

유창성은 창의성을 구성하는 하나이다. 유창성에는 연상적 유창성, 언어적 유창성, 표현적 유창성, 관념적 유창성 등이 있는데 특히 언어 교육에서 말하는 유창성은 언어 표현 기능의 중요한 구성 요소가 된다. 일본어 교육에 있어서 창의성을 키우기 위해서 교사는 의사소통 기능으로서의 표현 기능과 이해 기능을 키워 주며, 이를 통하여 합리적이며 창의적인 사고력을 길러 주도록 한다. 이를 위해 다양한 언어 표현과 장면 등에 대한 경험의 폭을 넓히도록 하고, 학생의 생각이나 느낌을 창의적으로 표현할 수 있도록 토의나 토론식 수업 등 다양한 수업 운영 방식을 택하도록 한다. 또한 문제를 접했을 때에도 사고하는 능력을 기르게 하여, 창의적으로 문제를 해결할 수 있게 하고 평가 시에도 단순하고 지엽적인 내용보다는 창의적인 사고와 실제적인 적용에 중점을 두는 평가가 되도록 한다.

제2장 제2언어 습득

본책 p.34

01 2021.A 기출 2

キムさんが日本語を学びたい動機付け2つは、内発的動機付けと統合的動機付けである。

問題を解くために

「**内発的動機付け**」는 학습 그 자체에서 의미와 즐거움을 느끼는 등, 학습자의 내면에서부터 동기가 부여되어 학습 자체가 목적이 되는 경우를 말한다. 반대 개념으로 「**外発的動機付け**」가 있다. 「**統合的動機付け**」는 목표언어 사회나 문화에 참여하는 것이 제2언어를 학습하는 동기가 되는 경우를 말한다. 반대 개념으로 「**道具的動機付け**」가 있다.

02 2019.A 기출 7

(　　)に共通して入る用語は「意味(の)交渉」である。

問題を解くために

インターアクション仮説(The Interaction Hypothesis)은 **相互交流仮説**이라고도 하는데 Michael H. Long(1983)에서 제창되었다. 그는 Krashen의 인풋 가설(The Input Hypothesis)에 대한 반론으로 제2언어 습득은 인풋만이 아니라 대상 언어를 사용한 면대면(face to face)식 상호교류에 의해 촉진된다고 하면서 Krashen의 제2언어 습득 이론에서 말하는 '이해 가능한 인풋'의 효과는 학습자가 적극적으로 '의미 협상(**意味交渉** negotiate for meaning, **会話で意味がわからなくなった時に頑張って意思疎通をしようとする工夫のこと**)'을 해야 하는 환경에 놓여 있을 때 제대로 발휘된다고 주장하였다

注

●インターアクション仮説：

ロングさんが唱えたもの。第二言語習得においては話者と話者とが直接情報のやりとり、つまり、インターアクション(意味交渉)をすることが大事であるという仮説。意味交渉とは、会話で意味がわからなくなった時に頑張って意思疎通をしようとする工夫のことをいう。

03 2019.B 기출 1

用いられ始めた時期の早い順に並べかえると、(3) (2) (1)順になる。次に、〈B〉のⓐに当てはまる指導法の類型は(1)である。また、ⓑに当てはまる問題点としては、リキャストは暗示的フィードバックであるため学習者が特に注意を払っている場合でないと教師の指導のポイントをつかめにくいという点があげられる。

問題を解くために

(3) 「**フォーカス・オン・フォームズ**(focus on forms)」는 문법의 반복적인 연습이나 번역을 통한 학습을 중시하는 지도법으로, 외국어 교수법 중에서 역사가 긴 **文法訳読法**이 대표적이다. (2) 「**フォーカス・オン・ミーニング**(focus on meaning)」는 형식보다는 의미를 이해하는 것을 중시하는 지도법이기 때문에 정확함보다는 유창함을 추구하고 문법은 별로 중시하지 않는다. 커뮤니커티브 어프로치가 이에 해당한다. (1) 「**フォーカス・オン・フォーム**(focus on form)」는 의미 중심의 커뮤니케이션 활동을 수행하면서 그 속에서 특정 문법이나 어휘 등의 언어 형식에 초점을 맞추는 지도법으로 「**フォーカス・オン・ミーニング**」와 「**フォーカス・オン・フォームズ**」의 통합이라고 할 수 있는데 과제(task) 중심의 수업에서 많이 사용된다.
「**リキャスト**(recast)」는 모어 화자인 지도자가 학습자의 실수를 명시적으로 드러내지 않고 수정하는 암시적 피드백의 하나이다. 「**フォーカス・オン・フォーム**」와 같은 지도법에서 사용되며 「**言い直し**」라고도 한다. 대화를 중단시키지 않고 자연스러운 흐름을 유지할 수 있으며 현장에서 오류를 깨닫게 되기 때문에 오류 수정에 효과적이다. 다만 무엇이 문제인지를 명시화하지 않는 암시적 피드백이기 때문에 교사가 문법 수정을 특히 의식하면서 제공하지 않는 한, 학습자는 지도 포인트를 제대로 인식하기 어렵다. 또 학습자마다 언어적 발달 단계 및 언어 학습에 대한 자세나 의식이 다를 수 있으므로 문법 지도 효과에 차이가 생길 수 있다. 따라서 피드백이 제대로 효과를 발휘하려면 학습자가 주의를 기울여서 문법 수정을 스스로 깨닫지 않으면 안 된다.

04 2018.B 기출 1

第２言語習得理論上の用語のうち、(1)と関わるものは「正の転移」であり、(2)と関わるものは「負の転移」である。「正の転移」は、共通する発音や文法などが第２言語習得を促進させることである。(2)「負の転移」は、母語知識が第２言語習得を妨げたり学習を遅らせたりすることをいうが、「母語の干渉」ともいわれる。

問題を解くために

「言語転移」는 제2언어 습득에서 모어(母語)의 언어습관이 의식적, 혹은 무의식적으로 목표언어에 영향을 주는 것을 말한다. 문법 규칙이나 발음이 비슷하여 모어의 지식이 제2언어 습득을 촉진하는 전이를 **正の転移**(Positive Transfer)라고 하고 모어의 지식이 제2언어 습득을 방해하거나 지연시키는 전이를 **負の転移**(Negative Transfer)라고 하는데 후자는 **「母語の干渉」**이라고도 부른다.

05 2017.A 기출 6

このケースへの対応と最も関連のある仮説は©情意フィルター仮説である。これは、クラッシェンの第5の仮説で、感情的な要因がいかに第二言語習得に影響を及ぼすかを説明している。例えば、イムさんのように授業時間に緊張して日本語でうまく答えられなかったり間違いを直されることが不安で自信をなくしてしまったりという否定的な感情は言語の習得を妨げる。したがって、教師はよりわかりやすい日本語を使ったり、なるべく明示的フィードバックを控えて暗示的指導を通してイムさんが感じる不安感を和らげるような対応をすべきである。

問題を解くために

수업시간에 긴장하여 일본어 공부에 흥미를 잃어버린 학습자의 지도와 관련하여 어떻게 대응해야 하는지를, 〈B〉의 가설 중 **©情意フィルター仮説**과 관련지어 답안을 써야 한다. 나머지 가설에 대한 설명을 간략히 정리하면 다음과 같다.

ⓐ **臨界期仮説** : レネバーグ(Lenneberg)によって提唱された仮説。母語習得に関する理論で、言語習得には臨界期(12歳~13歳頃と推定)が存在し、ある年齢を過ぎると母語話者のような言語能力を習得するのは難しいとする仮説。

ⓑ **発達相互依存仮説** : カミンズ(Cummins)が提唱した、第一言語能力と第二言語能力の転移の可能性についての仮説。第２言語の発達は母語の言語能力に依存しているため第１言語が発達していれば第二言語も発達しやすくなり、第１言語が未発達だと第２言語も発達しにくくなると主張した。この仮説は言語能力を二つの氷山にたとえる共有基底言語能力(CUP : Common Underlying Proficiency)モデルに基づいている。

ⓓ **サピア・ウォーフの仮説** : 言語的相対性原理(Principle of linguistic relativity)ともいう。言語が人間の認識を形作るという学問上の見解で、異なる言語を使うと認識する世界観や概念のあり方も変化するという仮説。

06 2012.1차 기출 9

③

問題を解くために

제2언어 습득과 관련된 개념에 대해 묻는 문제이다. 제시문에 인용된 개념에 대한 설명은 다음과 같다.

ㄱ. **モニター仮説** : 「習得」된 지식이나 능력은 제2언어의 발화의 시작과 유창성에 관여하지만, 「学習」된 지식이나 능력은 학습자가 언어 규칙에 초점을 맞출 때에 자신의 발화를 규칙에 맞도록 점검하고 조정하는 모니터의 구실만 하므로 제2언어 발달에 있어서는 「習得」이 더 중요하다고 보는 가설.

ㄴ. **臨界期仮説** : 문제 05를 참조

ㄷ. **中間言語** : 학습자가 제2언어를 습득하는 과정상에서 만들어내는 언어 체계로, 모어와 목표언어 사이에 위치하고 있으며 오용을 포함하고 있다.

ㄹ. **言語転移** : 문제 04를 참조

07 2010.1차 기출 5

③

問題を解くために

中間言語와 **言語転移**, 그리고 **言語転移** 중에서도 **負の転移**라고 불리는 **母語干渉**에 대한 설명이 바른 조합으로 연결되어 있는 것을 고르는 문제이다.

08 2011.1차 기출 10

④

問題を解くために

제2언어 습득과 관련된 개념에 대해 묻는 문제이다. ④는 목표언어의 규칙을 예외 없이 과도하게 적용시키는 「**過剰(一)般化**」에 대한 설명이다. 「**コード・スイッチング**」은 「**言語の切り替え**」라고도 하는데 외국어 또는 지역 방언을 섞어서 바꿔 말하는 것을 말한다.

09 2010.1차 기출 6

④

問題を解くために

S. Krashen의 다섯 가지 가설에 관한 문제이다. 학습자의 **情意フィルター**를 높은 수준으로 유지하면 감정적 요인이 언어 습득에 방해가 되므로 ④는 잘못된 설명이다.

S. Krashen의 다섯 가지 가설은 다음과 같으며 그의 가설은 내추럴 어프로치 및 커뮤니커티브 어프로치의 이론적 토대가 되었다.

① **習得–学習仮説**(The Acquisition–Learning Hypothesis) : **言語を身につける過程には、幼児が母語を無意識に身につけるような「習得」と、学校等で意識的に学んだ結果の「学習」があるとし、学習によって得られた知識は習得に繋がらないという仮説。**

② **自然習得順序仮説**(The Order of Acquisition Hypothesis) : **目標言語の文法規則はある一定の決まった順序で習得されるという仮説。**

③ **モニター仮説**(The Monitor Hypothesis) : **「学習」した知識は、発話をする際にチェック・修正するモニターとして働くという仮説。**

④ **インプット仮説/入力仮説**(The Input Hypothesis) : **言語習得は理解可能なインプット「i+1」を通して進むという仮説。**

⑤ **情意フィルター仮説**(The Attitude–Acquisition Hypothesis・The Affective Filter Hypothesis) : **学習者の言語に対する自信や不安、態度などの情意面での要因が目に見えないフィルターを作り、接触するインプットの量と吸収するインプットの量を左右するという仮説。**

10 2006 기출 2

(1) ⑥　(2) ③　(3) ①

問題を解くために

제2언어 습득과 관련된 개념 중에서 **言語獲得装置**와 **中間言語**, 그리고 이문화간(**異文化間**) 이해와 관련된 개념 중에서 고정관념이라고도 하는 **ステレオタイプ**에 관한 문제이다.

11 2009.1차 기출 7

②

問題を解くために

제시된 문장을 보면 「**船に乗ったり**」라고 써야 하는 표현을 「**船を乗ったり**」로 잘못 쓰고 있음을 알 수 있다. 이러한 조사의 오용은 한국어 모어 화자에게서 자주 볼 수 있는데 「**乗る**」의 대상이 되는 명사구에 한국어에서는 「을/를」을 사용하기 때문에 그로 인한 「**母語の干渉**」가 일어났음을 알 수 있다. 이러한 「**母語の干渉**」는 「**転移**」 중에서 **負の転移**라고도 한다.

12 2009.1차 기출 4

⑤

問題を解くために

〈보기 1〉의 방법은 명시적 피드백에 의한 지도로 인해 대화 흐름이 끊어지지만 〈보기 2〉에서는 대화의 흐름을 자연스럽게 이어가면서 조사의 오용을 수정하도록 지도하고 있다. 이처럼 학습자의 오용을 명시적으로 지적하지 않고 수정하는 암시적인 피드백을 **「リキャスト(recast)」**라고 한다. 그리고 **「スキーマ」**란 인간의 기억 속에 저장되어 있는 개념의 총체로서 과거의 경험을 통해 알게 된 지식이 구조화된 것을 말한다.

13 2014.A 기출 2

(　　)に入ることばは「認知(にんち)」である。

問題を解くために

R. Oxford가 분류한 **学習ストラテジー**에 관한 문제이다.
먼저 **直接ストラテジー**에는 **「記憶ストラテジ」「認知ストラテジー」「補償ストラテジー」**가 있다.

① **記憶ストラテジー** : 정보를 기억하거나 다시 떠올리거나 하는 전략(단어 암기 시 **語呂合わせ** 이용하기 등)
② **認知ストラテジー** : 학습 면에서의 실용적인 방법을 취하는 전략(요약 노트 작성, 중요한 부분에 표시)
③ **補償ストラテジー** : 지식 면에서의 부족을 메우는 전략(문맥으로부터 유추하기, 제스처 사용하기 등)

다음으로 **間接ストラテジー**에는 **「メタ認知ストラテジー」「情意ストラテジー」「社会的ストラテジー」**가 있다.

① **メタ認知ストラテジー** : 학습 전체 과정을 조율하는 전략(학습 플래너 이용하여 계획 세우기 등)
② **情意ストラテジー** : 학습 동기를 높이거나 불안감을 해소하는 전략(명상하기, 긍정적 생각 하기 등)
③ **社会的ストラテジー** : 학습을 위해 다른 사람과 협력하는 전략(스터디 구성하기, 언어 능통자와 자주 대화하기 등)

14 2006 기출 1

① **具体**
② **映像的**
③ **活動的(行動的)**

問題を解くために

E. Dale의 **「経験の円錐」**는 그가 『Audio—Visual methods in Teaching(1946)』에서 제창한 학습 경험 분류도이다. 그는 추상적인 차원에서 구체적인 차원까지 경험을 11개 단계로 분류하였다. 그에 따르면 학습은 경험의 일반화에 있는 것으로 정의되는데 이를 위해서는 직접적이고 구체적인 경험으로부터 다양한 추상화 단계를 거쳐서 최종적으로 가장 추상적인 언어 상징, 즉, 「개념화」에 이른다고 한다. J. S. Bruner는 표상 양식(**表象様式**)의 발달에는 ①활동적 표상(**活動的表象**) 단계, ②영상적 표상(**映像的表象**) 단계, ③상징적 표상(**象徴的表象**) 단계라는 세 단계가 있으며 아동의 발달 단계에 적합한 방법으로 지도하게 되면 낮은 연령대의 아동에게도 수준 높은 교재를 이해시킬 수 있다고 주장하였다.

제3장 외국어 교수법

본책 p.50

01 2007 기출 3

A ②　　B ⑧　　C ①　　D ④

問題を解くために

외국어 교수법에 관한 설명과 그 종류를 바르게 짝짓는 문제이다. 창시자의 이름으로도 어떤 교수법인지 답을 쉽게 알 수 있도록 출제되었다.
A는 외국어 습득의 이상적인 모델을 유아의 모어 습득 과정에서 찾은 교수법인 ②**ナチュラル・メソッド**에 대한 설명인데 이 교수법의 대표적인 종류로는 **グアン式教授法**과 **ベルリッツ・メソッド**가 있다. B는 심리학자이자 신부인 커런(C. A. Curan)이 심리치료상의 테크닉을 언어 교육에 응용한 교수법인 ⑧**コミュニティ・ランゲージ・**

ラーニング(공동체 언어 학습법)으로 CL(Community Learning)이라고도 한다. C는 심리학자 가테뇨(C. Gattegno)가 제창한 교수법인 ①**サイレント・ウェイ**(침묵식 교수법)이고 D는 정신과 의사 로자노프(G. Lozanov)가 정신 요법의 이론을 언어 교육에 응용한 교수법인 ④**サジェストペディア**(암시적 교수법)이다.
이처럼 심리학 분야에서 이룬 연구 성과는 언어 교육의 발전에 크게 공헌해 왔으며 특히 새로운 외국어 교수법이 탄생하는 이론적 토대가 되었는데 위에 나온 교수법 외에도 구두언어 교수법(**オーディオ・リンガル・アプローチ**)은 행동주의 심리학의 영향을 받아 발전한 것이며 TPR(Total Physical Response전신반응교수법)도 미국의 심리학자 애셔(J. Asher)가 개발한 것이다.

02 2008 기출 4

㉮ **文法翻訳法**(**文法訳読法**도 가능)
㉯ **チーム・ティーチング**

問題を解くために

외국어 교수법에 관한 설명과 학습방법에 대한 설명을 읽고 무엇에 관한 설명인지 쓰는 문제이다. A는 문법 번역식 교수법인데 일본어로 쓰면 「**文法訳読法**」, 또는 「**文法翻訳法**」이다. 그리고 B는 팀 티칭(**チーム・ティーチング**)에 대한 설명이다.

注

●チーム・ティーチング

協力教授組織の一形態。1955年に、ハーバード大学のケッペルによって考案された。教師主導型の授業が主流をなしていた時代に学習者の主体的学習を阻害している状況を改善するために開発された教授法である。数人でチームを作り、リーダーの教師を中心に各教師がそれぞれ専門や技術を活用して、効率的な指導を協同で行うことが特徴。一人の教師に集中していた権力や権威が分散することで好ましい学習環境が提供でき、学習意欲を高め、学習効果をあげることが基本的な目標。

03 2005 기출 5

練習及び体験過程

問題を解くために

1960년대 중반에 영국에서 일어나서 미국 등 여러 나라에 확산된 교육 운동인 오픈 메소드식 교육의 수업 모형에 관해 묻는 문제이다. 이 교육 운동은 종래의 획일식・주입식 학습을 지양하고 학습자의 흥미와 발달 속도에 따라 자발적으로 학습하도록 하는 것이 특징이며 탄력적인 교육과정 운영과 열린 인간관계 속에서 학습자의 개성과 창의성, 자주적인 태도를 기르는 것을 목표로 한다.

04 2004 기출 4-1

(1) ⑤　　(2) ③

問題を解くために

서로 다른 교수법의 장점과 단점을 설명한 글을 읽고 해당하는 교수법을 고르는 문제이다. (1)에서 말하는 장점을 가진 교수법은 단기간에 배우는 것을 목표로 하며, 긴장과 완화가 조화를 이루는 가운데 암시에 의해 학습자의 능력을 최대한까지 발휘시켜 스스로 배울 수 있도록 하는 암시적 교수법이므로 정답은 ⑤**サジェストペディア**이다. 그리고 (2)에서 말하는 단점을 가진 교수법은 청해를 우선시하며 교사가 명령형으로 지시를 한 후에 학습자가 동작으로 대답하도록 하는 방식인 TRP, 전신반응식 교수법이므로 정답은 ③**トータル・フィジカル・リスポンス**이다. 두 교수법은 모두 구두언어 교수법에 대한 반발로 1960년대 이후에 생겨났으며 행동주의 심리학이 아니라 인간의 기본적인 존재성에 관심을 갖는 휴머니스틱 심리학의 입장에서 언어뿐 아니라 인간으로서의 성장까지도 염두에 둔 교수법이다.

05 2010.1차 기출 4

①

問題を解くために

전신반응식 교수법은 독해보다 청해를 우선시하며 교사가 명령형으로 지시를 한 후에 학습자가 언어 표현이 아닌 동작으로 대답하도록 하는 방식으로 진행된다. 몸을 움직여 기억하기 때문에 집중력이 떨어지는 사람에게 효과가 있지만 추상적 개념의 도입이 어렵고 다양한 어휘나 문법 규칙을 설명하지 못하기 때문에 작문 능력으로의 이행은 쉽게 이루어지지 않는다.

06 2007 기출 2

A ⑦ B ② C ⑤ D ④

問題を解くために

학습활동을 보고 어떤 연습에 해당하는지 연결하는 문제이다. 구두언어 교수법에 의한 교실 활동의 기본은 회화문(dialogue)과 드릴(drill)이며 회화문을 암기한 후에 회화문 중의 문형을 선택해서 위와 같은 말하기 연습을 실시한다. 이를 문형 연습이라고 하는데 〈보기〉에 제시된 것처럼 다양한 연습 방법이 있다. 그중에서 A는 주어진 말을 부가하여 말하게 하는 연습인 ⑦**拡張練習**의 예이고 B는 문장의 일부, 또는 낱말을 주고 부족한 부분을 보충하여 문장을 완성하게 하는 ②**完成練習**의 예이다. 한편 의사소통 중심 교수법에서는 문형 연습이 아니라 다양한 **タスク**(task)를 수행하는 과정을 통해 실제적인 커뮤니케이션 활동으로서의 말하기 연습을 실시한다. C는 일본의 축제에 대한 인터뷰를 통해 정보량의 차이를 메우는 ⑤**インタビュー・タスク**(interview task)의 예이며 D는 서로 다른 그림을 들고 어디가 다른지를 묻고 답하는 과정을 통해 정보 차이를 확인하는 ④**インフォメーション・ギャップ**(information gap)의 예이다.

07 2004 기출 4-3

② ③ ⑤ ⑦ ⑨ ⑩

問題を解くために

「**オーディオ・リンガル・メソッド**(구두언어 교수법)」는 구조주의 언어학에 따라 언어는 음소・형태소・단어・문장과 같은 체계 및 구조를 지니고 있다고 보아 음소부터 문장에 이르는 순서로 쉬운 것부터 학습 항목을 제시한다. 그리고 언어는 본래 음성(speech)이며 문자(writing)가 아니라고 하여 처음에는 문자를 사용하지 않은 채 청각을 통한 구두 훈련에 집중하므로 원어민 수준의 발음이 요구된다. 이처럼 「**母語話者並みの正確さ**」를 추구하기 위해서는 발음, 문법, 속도, 유창함 등 모든 면에서 철저한 연습을 통해 정확성을 기하도록 지도할 필요가 있으므로 원어민 교사가 이상적이다. 이때 교사는 학습자가 사용할 표현을 분명하게 제시하고 학생의 모어 사용을 지양하는 태도를 보인다. 한편 행동주의 심리학의 습관형성이론에 따라 언어 학습은 외부로부터의 자극에 대해 반응하는 반복적인 습관을 통해 이루어진다고 보고 철저한 구두 반복 연습을 통한 정확성을 중시하였다.

08 2003 기출 1-1

(1) **代入ドリル**
(2) **場面ドリル**
(3) **結合ドリル**

問題を解くために

구두언어 교수법에 의한 교실 활동의 예를 보고 어떤 문형 연습인지를 맞히는 문제이다. 〈보기〉에 제시된 교실 활동은 주어진 문장을 즉시 그대로 반복하는 연습인 **反復ドリル**이다. 문제 (1)은 주어진 문장의 일부를 바꾸어 넣는 연습이므로 **代入ドリル**이고 (2)는 몇 개의 대답이 예상되는 **ドリル** 중 하나로, 연습해야 하는 문형을 장면에 맞게 활용하도록 하는 **場面ドリル**이다. 그리고 (3)은 두 개의 문장을 조합하여 한 문장으로 만드는 연습인 **結合ドリル**이다.

09 2011.1차 기출 6

④

問題を解くために

(가)는 구두언어 교수법에 대한 설명이다. 그리고 ㄹ의 교수 방법은 구두언어 교수법에서 도입하는 문형 연습의 하나로 주어진 말을 부가하여 길게 말하게 하는 연습인 확장(확대)연습에 대한 설명이다.

(나)는 암시적 교수법에 대한 설명이므로 이에 관련된 교수 방법은 학습자의 긴장이 완화된 상태에서 교사가 편안하게 문장을 낭독하여 암시에 의해 학습자의 능력을 최대한까지 발휘하도록 지도하는 ㄷ이다.

(다)는 직접법(**直接法**)에 대한 설명이다. 직접법은 수업 중에 목표언

어만 사용하는 것이 원칙이며 문법적 설명은 최소한으로 하고 그림, 동작, 사진, 실물 등 시청각 교재를 효과적으로 사용하므로 이와 관련된 교수 방법은 액체가 든 실물 컵으로 「多い」「少ない」를 가르치는 ㄱ이 된다.

10 1997 기출 3

コミュニカティブ・アプローチは機能主義言語学の言語機能理論と社会言語学のコミュニカティブ・コンピテンスに基づいた教授法で、実際の日常生活においてコミュニケーションが行えることを目標とする。そのためには、機械的な文型練習ではなく情報の格差を埋める練習が必要だと主張し、「フォーカス・オン・ミーニング」の観点から正確さより伝達能力を獲得することを唱える。指導過程においてはインフォメーション・ギャップ(情報差)、チョイス(選択権)、フィードバック(反応)という3つの項目を中心に、タスク練習、ロール・プレイ、ゲーム、ディベートなどの会話練習が取り入れられる。

問題を解くために

의사소통 중심 교수법의 이론적 기초로 기능주의 언어학과 사회언어학을 언급하고, 지도 과정상의 특징이 되는 항목으로는 **インフォメーション・ギャップ**, (自由)**選択権**, **フィードバック**을 키워드로 적어야 한다.

11 2000 기출 12

インフォメーション・ギャップ　ゲーム
ロール・プレイ　シミュレーション
プロジェクト・ワーク

問題を解くために

커뮤니커티브 어프로치 교수법(의사소통 중심 교수법)을 일본어 교수・학습 현장에 적용하고자 할 때 사용할 수 있는 방법은 인터뷰를 비롯한 여러 가지 **タスク**(task) 연습, 인포메이션 갭(information gap), 게임(game), 롤 플레이(role play), 시뮬레이션(simulation), 프로젝트 워크(project work), 토론(debate), 토의(discussion), 스피치(speech) 등이 있다. 이 중에서 5개를 골라 쓰면 된다.

12 2011.1차 기출 5

③

問題を解くために

의사소통 중심 교수법에서는 의사소통 능력 양성을 중심 과제로 삼으며 정보의 격차(**インフォメーション・ギャップ**)를 메우는 것이 의사소통의 본질이라고 본다. 그리고 정보의 격차를 메우기 위한 여러 교실 활동을 실시할 때에는 정확성보다는 의미 전달을 중시하고 문맥이나 장면을 설정하며 학습자 중심의 활동을 전개한다. 이때 학습자에게 선택권이 주어지는 「**自由選択練習**」를 실시하는데 이를 통해 학습자들은 이미 학습한 문형이나 표현을 유창하게 사용할 수 있게 된다.

13 1999 기출 16

ナチュラル・アプローチ(Natural approach)の主な目的は、できる限り第一言語習得に近いような環境で自然に第二言語を学ばせることである。そのために注意すべきガイドラインは次のようである。
まず、学習者がリラックスした状態で外国語に接するようにする。次に、質の高いインプットを多く聞かせ、最初から学習者に発話を求めないようにする。また、文法項目に関する指導は控える。学習者の間違いに対して明示的なフィードバックを与えたりしないことで学習者の情意フィルターが高くならないようにする。

問題を解くために

내추럴 어프로치(Natural approach) 교수법의 주요 목적은 학습자가 편안한 상태에서 외국어를 이해하도록 하여 자연스럽게 표현 활동을 할 수 있도록 유도하여 기본적인 커뮤니케이션 능력을 배양하는 것이다. 따라서 교수 방법상의 유의점으로는 표현보다는 이해가 우선되어야 하며 학습자가 자연스럽게 외국어 표현을 표출할 수 있도록 해야 한다. 학습보다는 습득이 중요하기 때문에 문법 사항의 지도보다 전달 기능을 키우도록 지도해야 하며 문형 연습과 같은 교실 활동은 실시하지 않는다. 또한 교사가 학습자의 발화를 강요하거나 오류에 대한 즉각적인 정정을 삼가고 정의 필터를 낮추어서 학습자가 편안한 상태에서 학습이 이루어지도록 해야 한다.

14 1999 기출 12-1

構造主義言語学(こうぞうしゅぎげんごがく)、行動主義心理学(こうどうしゅぎしんりがく)

15 1999 기출 12-2

서로 다른 사회 속에서 서로 다른 문화, 역사, 교육, 관습, 언어행동 및 비언어행동 등을 통해 사회화가 이루어진 개인 간의 교류에서는 그 차이점으로 인해 이문화 커뮤니케이션 갭이 생기게 되어 갈등 요인이 될 수 있다.

16 1999 기출 12-3

체험학습은 교실 안에서 이루어지는 교육의 한계를 초월하기 위해 교실을 벗어나 실제적인 활동 체험을 통해 배우고 익히는 것을 목표로 하는 학습 형태이다. 외국어 교육에 있어서도 체험학습 형태에 따라 자율적인 태스크(task) 활동을 통해 교육 받은 학습자는 상황과 장면에 맞는 언어 표현을 자연스럽게 사용하게 되는 장점이 있다. 이러한 체험학습을 실시할 때에는 정형화된 틀에서 벗어나 학습자들이 자발적이고 자율적인 활동을 할 수 있도록 해야 하는데 이를 위해서는 학습자 자신에게 충분한 내적 동기가 부여되어 있어야 하고 체험학습을 실시하기 전부터 교육 목표에 대해 분명하게 알고 있어야 하며 교사의 지도에 따라 행동해야 한다.

제4장 실러버스/코스디자인

본책 p.68

01 2005 기출 3

- 名称：機能シラバス
- 長所：機能や表現意図を中心に項目を並べているため、表現意図に応じて実際の場面で表現することができ、コミュニケーション能力を効果的に向上させる。
- 短所：語彙や文法項目が体系的に提示されていないため、文法体系の効果的な指導が難しい。

問題を解くために

첫 문장 중 「言語の機能、表現の意図を重視して教授項目を並べたシラバス」라는 설명에서 이 교수요목(Syllabus)이 **機能シラバス**임을 알 수 있다. **機能シラバス**는 문법보다는 회화 능력 향상에 효과적인 실러버스이다. 발화 목적이나 표현 의도별로 교수 항목을 배열하고 있으므로 커뮤니케이션 능력 향상을 목적으로 일본어를 배우는 학습자에게 적합하지만 문법을 체계적으로 배우고 싶은 학습자에게는 적합하지 않다.

02 2002 기출 2

(1) 構造シラバス：言語の構造に着目したシラバスで、「名詞文、指示詞、形容詞文、位置表現……」のように文法項目を基礎から体系的に学習できる。オーディオ・リンガル・アプローチに用いることが多い。

(2) 技能シラバス：スキルシラバスともいう。「読む」「聞く」「話す」「書く」という言語の４技能を個別に高めていくことを目指す。

(3) 場面シラバス：[レストランで、空港で、病院で……]のように、実際のコミュニケーションですぐに使える表現が学べる。

(4) 機能シラバス：『誘う』『謝る』『依頼する』など、言語のコミュニケーション上の機能を中心にしている。機能シラバスに基づく指導では、与えられた状況でどういう行為をどのような言語形式を用いて遂行するかに重きが置かれているため、コミュニカティブ・アプローチで用いることが多い。

問題を解くために

실러버스 중에서 4가지를 선택하여 그 특징과 장단점에 대해 간략하게 설명하는 문제이다. **答案例**와 다른 실러버스를 선택하여 답안을 쓸 수도 있다.

03 2009.1차 기출 8

②

問題を解くために

(가)의 경우에 어울리는 실러버스는 **構造シラバス**, 또는 **文法シラバス**이다. 「**基本文型や語彙などを一通り学習しておきたい**」라고 한 부분에서 힌트를 얻을 수 있다. 그리고 〈보기 2〉의 설명 ㄱ은 **構造シラバス**의 단점이다.

(나)의 경우에 어울리는 실러버스는 **場面シラバス**이다. 「**商談の際に役立つ日本語を身につけたい**」라고 한 부분에서 힌트를 얻을 수 있다. 그리고 〈보기 2〉의 설명 ㄷ은 **場面シラバス**의 장점과 단점이다.

04 2010.1차 기출 8

①

問題を解くために

가족, 학교생활, 취미, 여행 등, 특정 화제에 따라 교육내용을 제시하고 있으므로 **話題シラバス**임을 알 수 있다.

05 2005 기출 1

- 対象：カリキュラム
- 長所：教育の全体計画に従って教育内容を順序立てて配列できるため、全体のコースを視野に入れて進度をコントロールすることができる。また、目標に合わせて適切な教授法を選択でき、教材・教具の効果的な使用が可能になる。

問題を解くために

문제에서 설명하고 있는 대상은 커리큘럼이다. 이는 코스디자인을 할 때 실러버스를 어떤 식으로 가르칠 것인가를 시기별로 구체화하여 계획하는 것으로 도달하고자 하는 학습 목표, 시간 배분, 실러버스의 배열, 교수법, 교재 및 교구, 교원 등의 내용을 포함하고 있다. 제대로 구성되었을 때에는 여러 가지 장점이 있을 수 있는데 그중 두 가지를 들어서 답안을 쓰면 된다.

06 2007 기출 1

A ③ B ⑥ C ④ D ⑩

問題を解くために

코스디자인의 과정 및 실러버스와 커리큘럼에 관한 기본적 개념을 묻는 문제이다.

코스디자인의 과정은 학습자가 어떤 종류, 어느 정도 수준의 언어 능력을 필요로 하는가에 대해 조사하고 분석하는 **ニーズ調査**부터 시작하여, 학습자의 이전 학습 경험이나 언어 능력, 학습한 교재 등에 대해 조사하는 **レディネス調査**로 이어진다. 그 후 교육목표가 설정되면 그 목표를 달성하기 위해 무엇을 가르칠 것인지 학습 항목을 검토하고 추출하여 실러버스 디자인을 하고 실러버스가 결정되면 각 학습 항목을 언제, 어떻게 가르칠 것인가를 결정하는 커리큘럼 디자인 단계로 넘어간다.

07 2004 기출 4-2

① ニーズ
② シラバス

問題を解くために

同範囲問題 06 참조.

08 2011.1차 기출 4

②

問題を解くために

수업 준비도 분석(**レディネス調査**)는 학습자가 어떤 상황에서 학습을 하려 하는지, 학습자의 이전 학습 경험이나 언어 능력, 학습한 교재 등에 대해 조사하는 것이다. 학습자의 미래 목표는 수업 준비도 분석 사항에 해당하지 않는다.

09 2011.1차 기출 3

④

問題を解くために

커리큘럼 디자인은 학습 목표에 따라 정해진 실러버스를 어떤 식으로 가르칠 것인가를 시기별로 구체화하여 계획하는 것으로 학습 목표, 시간 배분, 실러버스의 배열, 교수법, 교재 및 교구, 교원 등의 내용을 포함하게 된다. 학습자의 과거의 학습 이력은 커리큘럼이 아니라 수업 준비도 분석(**レディネス調査**)에 해당하는 내용이다.

10 2008 기출 1

- 거절 표현 : もういいです
- ㉮ 書ける
- ㉯ できる
- ㉰ 食べられ

問題を解くために

대화 내용 중에 나오는 거절 표현은 「**もういいです**」뿐이다. 나머지 문항은 동사에 「**れる**」와 「**られる**」를 접속시켜 가능표현(**可能表現**)을 만들 수 있도록 하는 것이 학습 목표라고 나와 있으므로 각 동사를 가능형으로 만들어 지도안을 완성하면 된다.

11 2018.B 기출 8 / 논술형

	答案例	備考
序論	コースデザインは学習者がどんな目的で目標言語を学習するのか、また学習した目標言語を使用する場面と状況にどんなものがあるかなどを分析した内容を反映させないといけない。そのために必要な情報はニーズ分析から得られるが、これにはニーズ調査とレディネス調査がある。	
本論	○○高校の夏休みのキャンプ参加者を対象に、異文化体験に必要な言語表現を指導するための授業のコースデザインを資料〈B〉の流れに従って説明してみよう。まず、ⓐのニーズ調査では「アンケート法」と「インタビュー法」を利用してニーズを調査することができる。「アンケート法」は、わりと短時間に多くの生徒からの情報を手に入れることができるというメリットがあるが、設問をつくる	「アンケート法」と「インタビュー法」の長所と短所を比較

本論	のに時間と労力がかかるというデメリットもある。一方、「インタビュー法」はその場で詳しく質問を追加することもできるし、予想外の答弁が得られるなど生徒からの多様な声を聴くことができる反面、インタビューする時間が長くなることや、インタビューに参加しない生徒の意見は聞くことができないという短所がある。	
	ニーズ調査と共にレディネス調査を実施して学習者の日本語能力がどのような状況にあるかを調査し、これを分析した結果を踏まえてⓑシラバスデザインを行う。今回のミッションは本場の寿司屋でお寿司を食べることなので、シラバスとしては実際に接する特定の場面で必要な言語表現を集中的に教えられる「場面シラバス」を選択する。そして、授業に使う教具・教材や時間割などを考慮してカリキュラムデザインをする。	シラバスの種類と、それを選んだ根拠を具体的に説明
	目標言語を達成させるための教室活動には次のようなものが考えられる。この際、学習対象になる生徒の日本語能力のレベルを考慮して、文法説明などはなるべく控え、学生中心の簡単なタスクを与える。 ・いろいろなすしの写真を見て、その名前を当てるゲームをする。 ・すしの写真とすしの名前が書かれたメニューを準備し、客と店員にわけてロール・プレーをする。 （その他、自由に答案作成）	初級のための教室活動を工夫して答案を書く。

結論	「放課後特別授業」のコースデザインに上のような内容を盛り込むことで、初級学習者にも楽しく授業に参加してもらい、海外研修プログラムの異文化体験にも積極的に望んでもらうことが期待できる。なお、こういう経験は今後の日本語学習を進めるための内発的動機づけにもつながると思われる。	

問題を解くために

논술형 문제로 출제되었기 때문에 서론, 본론, 결론의 형식으로 답안을 쓰되, 〈**作成方法**〉의 기준을 따르도록 한다. 자료 〈A〉에서 얻을 수 있는 정보는 일본 문화 체험을 위한 해외연수 프로그램에 참가하는 학생들을 위해 방과후 특별수업이 개설된다는 것이고 그 문화 체험은 일본 현지 식당에서 **寿司**를 먹는다는 것이다. 그렇다면 일본 현지 식당이라고 하는 특정 장면에서 사용하게 될 의사소통 능력 배양이 학습 목표가 되므로 그에 맞는 실러버스를 선택해야 한다. 그리고 **ニーズ調査**에서는 「**アンケート法**」와 「**インタビュー法**」를 사용할 때의 장점과 단점을 답안에 포함시켜야 한다. 그리고 교실 활동에 대해 서술할 때에도 〈**作成方法**〉의 기준에 따라 초급 학습자를 대상으로 한다는 점에 주의하여 답안을 작성하는 것이 득점 포인트가 될 것이다.

제5장 교실 활동 본책 p.82

01 2009.1차 기출 5

③

問題を解くために

지문 후반부의 「**自分の知識や経験などを生かして語や文の意味を予測し、検証**」라는 부분에서 힌트를 얻을 수 있다.

02 2009.1차 기출 3

④

問題を解くために

듣기 기능을 높이는 교실 활동에 관한 문제이다. 주어진 과제 해결을 위해 그 답을 찾으려고 듣기 활동을 하는 것을 **タスク・リスニング** 이라고 하는데 주어진 문장에서 필요한 정보만을 추출하기 위한 듣기 방법은 **スキャニング**(scanning **探し聞き**), 전체의 대의를 파악하기 위한 듣기 방법은 **スキミング**(skimming **大意把握**)이라고 한다. 길 찾기를 위한 듣기 활동의 경우에 전체 대의를 파악하는 듣기 방법은 부적절하며 목적지까지 이르는 과정에서 필요한 정확한 정보를 들어야 한다. 따라서 듣기 연습 시작 전의 주의 사항으로 교사가 가장 강조해야 할 사항은 메모 등의 방법을 통해 정확한 정보를 파악하는 것이다.

03 2009.1차 기출 11

①

問題を解くために

교실 활동과 그 방법에 대한 설명으로 옳지 않은 것을 고르는 문제이다. **スキャニング**은 주어진 문장에서 필요한 정보만을 추출하기 위한 듣기 방법이므로 ①의 설명은 잘못되었다.

04 2003 기출 1-2

① ロールプレイ/ロールプレー
② インフォメーション・ギャップ

問題を解くために

의사소통 중심 교수법에서 사용하는 교실 활동의 예로, 특정 장면을 설정하고 그 안에서 역할을 맡아 수행하는 롤 플레이, 그리고 대화 참가자 사이에 존재하는 정보 격차에 대해 묻는 문제이다.

05 2019.B 기출 8 / 논술형

	答案例	備考
序論	この学習指導案に沿って授業を行う場合について、「学習者中心の授業の実現」という観点から評価すると次のように評価できる。	
本論	この学習指導案によると、展開のⓐ段階では、作文のモデルを提示して「書く活動」をさせている。この方法は、文型を提示して「書く活動」をさせることと比べると、生徒が自分の経験や考えを自由に書くことができ、「学習者中心の授業の実現」に効果があると考えられる。 文型を提示して書く活動をさせる方法は、その文型に合わせて文法的に正しい文を書くことはできるが、単なる単語の入れ替え練習にとどまりがちで、提示されているもの以外の表現を作ることはなかなか難しい。 しかし、作文のモデルを提示して「書く活動」をする方法は、モデル文を参考に自分の経験を生かしてより創造的な文を書くことができるし、	作文のモデルを提示して活動させる方法と、文型を提示して作文をさせる方法を比較して長所と短所を記述する。

	書くための準備過程でどんな内容を書くかについてグループでアイデアを出し合ったり話し合ったりする過程で、「学習者中心の授業」が実現できる。 ただし、この方法の「書く活動」は、初級の学習者には、わからない単語が多くて負担になり、短文は作れても複文を作ることは難しいなどの短所もある。したがって、学習者のレベルを考慮して初級の学習者にも参加できるように学習指導案を構成する必要がある。	
	また、この学習指導案によると、ⓑの段階で「学習者同士での修正」をしてから、教師による修正をする。」となっている。複数の人が相互評価をすることは教師一人の評価より客観的かつ信頼性の高い評価になり得る。そして成果物を共有する過程で他人の作文からも学ぶことができ、それが学習者の内省を促進して「学習者中心の授業」を実現させてくれる。しかし、この評価方式では学習者たちが気づかない間違いは修正されずに残ってしまう。そして、互いに遠慮しすぎたあまり、評価の機能がうまくいかない可能性もある。 これに対して教師による修正では、正確なフィードバックが可能になり、修正内容に対する信頼性が高いため、学習者は安心して授業に集中できる。しかし、この方式では学習者の態度が受動的になるため「学習者中心の授業」の実現は難しい。よって、この学習指導案で「学習者同士での修正をしてから、教師による修正をする」と工夫したのは、両者を折衷した良いアイデアだと言える。	「学習者同士での修正」と「教師による修正」それぞれの長所と短所を述べる。
結論	上のような点を踏まえて評価すると、この学習指導案は学習者をより自主的にさせ、「学習者中心の授業」を実現させるものと評価できる。このような教室活動によって、学習者はより積極的に授業に参加でき、学習動機を高めることもできると考えられる。	

問題を解くために

논술형 문제이므로 주어진 조건대로 서론, 본론, 결론을 나누어 작성한다. 본론에서 요구하는 내용을 쓸 때 이 문제의 키워드인 **「学習者中心の授業の実現」**이라는 관점에서 답안을 작성해야 한다는 점을 잊지 않고 각 방법의 장점을 **「学習者中心の授業の実現」**과 연결시키는 내용이 될 수 있도록 한다.

06 2014.B 기출 2 / 논술형

序論	「ビリーフ(belief)」とは、指導の内容や過程などに関して教師が抱いている信条、または確信のことである。〈B〉と〈C〉の教室活動を比較すると、教師1と教師2の日本語教師としてのビリーフは、各教師が取り入れている教授法に現れているといえる。
本論 ①	まず、教師1の授業では、オーディオ・リンガル・アプローチによって、変形ドリルなどの文型練習が行われている。教師1の言語教育観は反復練習によって正確な言語能力を身につけることであり、教師の役割はそのための授業を運営し、リードすることである。このような授業で、学習者は受動的な役割にとどまっている。

本論 ①	次に、教師２の授業では、演繹的に学習する文型を提示し、多くのインプットを与えて学習者がその意味を推測して理解するようにしている。そして、練習を通してその表現をうまく使えるようになってからは自分の経験をスピーチで発表する機会を与えるなど、学習者主導の能動的な授業を目指していることがわかる。その過程において教師は手伝う役割にとどまっている。言語教育観においても、正確さよりは流暢さを重視し、ロール・プレーなどの教室活動を通して場面に合う言語表現を発話できるよう指導している。この教授法はコミュニカティブ・アプローチに基づいていると思われる。
本論 ②	これについての私の考えは、 (이후 각자의 생각을 자유롭게 기술)
結論	

問題を解くために

교수・학습 과정에서 매우 큰 영향을 미치는 교사의 「**ビリーフ**(belief)」에 대해, 실제 수업 예를 보고 평가한 내용을 논술형으로 쓰는 문제이다. 〈B〉와 〈C〉의 교실 활동 내용을 검토하면서 교사 1과 교사 2의 「**ビリーフ**」가 어떤 것인지를 서술하되, 가능한 한 〈A〉에 제시된 「**ビリーフ**」의 구성 요소가 포함되도록 문장을 구성한다. **【答案例】**에 이어서 자신의 생각을 쓸 때에도 〈A〉에 제시된 요소별로 자신의 「**ビリーフ**」에 대해 답안을 완성하는 것이 좋을 것이다.

제6장 평가

본책 p.94

01 2017.A 기출 3

〈B〉の ⓐ に入ることばは「組み合わせ法(くみあわせほう)」であり、ⓑ に入ることばは「結合(けつごう)」である。

問題を解くために

테스트의 종류에 관한 문제이다. 객관테스트(**客観テスト**)란 채점자가 개인적인 판단을 개입시키지 않고 채점하는 테스트를 말한다. 객관테스트의 종류에 대해 설명한 자료 〈B〉의 ⓐ, ⓑ에 들어갈 용어를 자료 〈A〉에 실린 실제 문제를 보고 연결지어 대답하는 문제이다. 〈A〉의 (4)와 같은 문제에서 정답을 찾기 위에서는 낱말과 낱말 간의 결합 관계를 알아야 한다. 참고로 2015개정 교육과정 제2외국어과 교육과정(교육부고시 제2015-74호) 일본어 I 과목 「내용 체계」 중 「어휘 영역」에 이와 관련된 부분이 나와 있다. 교육과정에 나와 있는 내용을 이해한다면 쉽게 답을 적을 수 있다. 다만, 내용으로 보아 **結合** 외에 **共起(きょうき)**도 정답으로 인정받았을 가능성이 크다.

가. 내용 체계

영역	핵심 요소	내용	기능
언어적 내용	발음 및 문자	• 히라가나와 가타카나, 한자 • 청・탁음, 장・단음, 요음, 촉음, 박(拍), 억양	• 듣기 • 듣고 이해하기 • 듣고 반응하기 • 말하기 • 표현하기 • 상황에 맞게 말하기 • 가나와 한자 읽기 • 읽고 이해하기 • 읽고 의미 파악하기 • 쓰기 • 가나와 한자 쓰기 • 문법에 맞게 쓰기
	어휘	• 낱말의 기본 의미와 파생 의미 • 낱말의 **결합** 관계 • 관용적 표현 • 한자의 음독・훈독	
	문법	• 현대 일본어 문법	
	의사소통 표현	• 인사, 소개, 배려 및 태도 전달, 의향 및 의사 전달, 정보 요구, 정보 제공, 행위 요구, 대화 진행 등의 의사소통 기능을 상황에 맞게 사용한다.	
문화적 내용	문화	• 일본의 간략한 개관 • 언어문화 • 비언어 문화 • 일상생활 문화 • 대중문화	• 이해하기 • 표현하기 • 발표하기 • 토론하기

02 2012.1차 기출 4

③

問題を解くために

테스트의 목적에 따른 테스트의 종류를 판단하는 문제이다. ㄹ의 「**プロフィシエンシー・テスト** (Proficiency Test)」는 「**熟達度テスト**」라고도 하며 주로 공적 기관에서 실시하는 테스트를 가리키는데 「**能力テスト**」, 「**認定テスト**」라는 이름으로 불리는 경우가 많다.

03 2008 기출 3

㉮ **診断**
㉯ **形成**

問題を解くために

목적과 시기에 따라 나눈 교육평가의 유형에 대해, 그 이름을 묻는 문제이다. ㉮의 **診断的評価**는 시기만을 기준으로 보았을 때에는 **事前的評価**라고 불리기도 하는데 이 문제에서는 시기와 목적을 모두 충족시켜야 하므로 답안으로서는 「**診断**」이 더 적절하다. 그리고 ㉯는 학습목표의 달성도를 측정하는 **形成的評価**에 대한 설명이다.

04 2003 기출 2-1

(1) (f)　　(2) (h)　　(3) (d)

問題を解くために

테스트에 대한 설명과 테스트의 명칭을 연결하는 문제이다.
(1)은 **客観テスト**의 「**再生形式**」 테스트 문제 중 하나인 「**クローズ・テスト**」에 대한 설명이다. 그리고 (2)와 (3)은 시기로 보면 둘 다 사전 평가(**事前的評価**)인데 (2)는 학습자의 차후 학습의 성공 여부나 학습 정도를 예측하게 해 주는 「**言語学習適性テスト**」, (3)은 학습자에게 어떤 기능이나 지식이 있으며, 앞으로 어떤 내용의 학습이 필요한가를 알기 위한 「**診断テスト**」에 대한 설명이다.

05 2003 기출 2-2

多肢選択法　　**単純再生法**　　**クローズ・テスト**

問題を解くために

客観テスト의 종류는 다양하다. 먼저 응시자가 스스로 답을 적어 넣는 방식인 **「再生形式」**에 속하는 것으로 **「空所補充法(穴埋め法)」**, **「単純再生法」**, **「クローズ・テスト」**, **「翻訳法」**, **「完成法」**, **「訂正法」**, **「変換法」** 등이 있다. 그리고 주어진 내용 중에서 고르거나 재배열하는 방식으로 답을 고르는 방식인 **「再認形式」**에 속하는 것으로 **「多肢選択法」**, **「真偽法」**, **「組み合わせ法」**, **「再配列法」**가 있다.

06 2005 기출 2

① 妥当性
② 信頼性

問題を解くために

테스트를 평가하는 척도에 관한 문제이다. **「妥当性」**는 측정 결과가 처음부터 측정하려고 의도했던 것을 제대로 측정하고 있는가에 대한 척도이다. **「信頼性」**란 그 테스트가 어느 정도 신뢰할 만한 것인가에 대한 척도로 여러 번 실시해도 언제나 안정적인 결과가 나와야 한다.

07 2007 기출 4

プレースメントテスト

問題を解くために

설명을 듣고 어떤 평가를 가리키는 것인지를 쓰는 문제이다. 단락 중간에서 **「最も適したレベルのクラスに振り分けるために行われる。このテストの名称は「テストの結果の使い方」によるもの」**라고 쓰여 있는 부분, 그리고 맨 마지막 문장에서 힌트를 얻을 수 있다.

08 2004 기출 1-2

文法

問題を解くために

〈보기〉의 문제를 풀기 위해서는 두 개 이상의 **句**나 **文**을 연결할 때 필요한 **な形容詞**의 중지형과 명사에 접속하는 **「だ」**의 중지형을 알아야 한다. 따라서 이 문제는 문법 영역을 평가하고 있다고 할 수 있다.

09 2010.1차 기출 7

②

問題を解くために

〈보기〉의 설명에 해당하는 평가 방식은 **②ピア評価**이다.
2015개정 교육과정 제2외국어과 교육과정(교육부고시 제2015-74호) 일본어 I 과목 「평가 방향」을 보면 「통합 언어 기능에 대한 평가는 교수・학습 과정에서 통합적 과제를 수행하도록 하면서 관찰 평가, 자기 평가, 학생 상호 평가 등 다양한 방법으로 실시한다.」고 나와 있다. 이 중 상호 평가(**相互評価**)의 다른 이름이 **「ピア評価」**, 또는 **「ピアアセスメント」**이다. 이 경우, 평가의 주체이자 객체가 **ピア**(peer), 즉 동료가 되는 것이므로 교실에서는 학습자들끼리 서로의 작문이나 스피치, 롤 플레이에서 보여준 수행 능력 등을 평가하는 식으로 평가가 이루어지게 된다.

10 2011.1차 기출 11

①

問題を解くために

테스트의 형식과 실제 테스트 문제의 조합이 잘못되어 있는 것을 고르는 문제이다. ①은 **「食事を(　　)から、勉強をしました。」**라는 문장을 완성하기 위해 가장 적절한 표현을 고르는 4지선다형 문제이므로 [**誤りを訂正させる形式**]가 아니라 [**複数の選択肢から正答を選ばせる形式**]로 고쳐야 한다.

11 2009.1차 기출 6

③

問題を解くために

평가 목표가 독해력 측정이라고 하였는데, 이 문제에서 지시대명사 「ここ」가 가리키는 곳을 알기 위해서는 지문에 있는 내용만으로는 판단하기 어렵고 일본 지리에 관한 지식이 필요하다. 따라서 이 문제는 평가하고자 하는 바를 제대로 평가하고 있다고 할 수 없다.

注

本州의 神戸市와 四国의 徳島市를 연결하는 섬, 淡路島(あわじしま、兵庫県所在)는 일본의 2대 현수교(吊り橋)인 「明石海峡大橋(あかしかいきょうおおはし)」와 「大鳴門橋(おおなるときょう)」가 있어서 많은 관광객들이 찾아오는 곳이다.

12 1998 기출 6

インタビューテストは、口頭言語能力の評価法の一つで、受験者と1対1で交わす会話を通じて評価する方式で行われる。直接会って話しながら言語能力を観察することができるため、内容妥当性は高いほうであるが、面接官の主観が介入する可能性が高いため、客観性は低く、実行可能性の面においても時間と費用がかかるほうなので効率性は落ちる。こういう問題点を最小限にするには、事前に客観的な評価基準を設定して面接官を教育したり、インタビューを録画または録音して複数の面接官に採点してもらい、平均点を出すなどの方策を講じる必要がある。

問題を解くために

구두언어 평가법 중 하나인 인터뷰 테스트의 장단점 및 그 개선책에 대해 묻는 문제이다.

제7장 교재/교구

본책 p.106

01 2003 기출 3

	長所	問題点
(1) 絵カード	(b)	(f)
(2) レアリア	(c)	(a)
(3) OHP	(g)	(d)
(4) モジュール型教材	(h)	(e)

問題を解くために

여러 가지 교재・교구의 장점과 문제점을 제대로 알고 있는지를 묻는 문제이다. (3) OHP를 제외한 나머지 교재・교구의 특징에 대해서는 앞으로도 출제될 가능성이 있다.

02 2007 기출 5

A ② B ① C ④

問題を解くために

교재・교구에 대한 설명과 교재・교구의 명칭을 연결하여 답안을 쓰는 문제이다.

A는 최근에는 보기 힘든 슬라이드(**スライド**)에 대한 설명이고 B는 「**実物教材**」라는 단어에서 힌트를 얻으면 된다. C는 「**学習者それぞれに演ずる役割を箇条書きにして指定したカード**」라는 부분에서 정답을 알 수 있다.

03 2009.1차 기출 2

④

問題を解くために

보기에 제시된 교재를 만들 때 유의해야 할 점으로 옳지 않은 것을 고르는 문제이다. 제시된 내용으로 보면 **タスク・シラバス**가 아니라 **場面シラバス**에 어울리는 내용임을 알 수 있다.

04 2012.1차 기출 5

③

問題を解くために

교재・교구에 관한 설명으로 옳은 것을 모두 고르는 문제이다.

ㄱ. 그림 교재(**絵教材**)는 필요 없는 정보를 제거하거나 주목하고 싶은 정보만을 돋보이게 하는 데 효과적이다.

ㄴ. 모듈형 교재(**モジュール教材**)는 각 단원이 독립적으로 완결되어 있기 때문에 교과서 진도 등에 구애받지 않고 필요한 부분만을 추출하여 사용할 수 있다.

ㄷ. OHP는 겹쳐서 사용할 수도 있고 그 자리에서 필기를 해 넣을 수도 있다.

ㄹ. CAI 교재는 학습자가 자신의 능력이나 학습 스타일에 따라 활용할 수 있으며 시스템 설계에 의해 학습 이력을 파악하거나 오답 경향 분석 등도 가능하다.

ㅁ. 문자 카드(**文字カード**)는 초급반뿐 아니라 중급이나 상급반에서도 사용할 수 있으며 문자 크기나 글자 모양 등은 알아보기 쉽게 만들어야 한다.

ㅂ. 자원형 교재(**リソース型教材**)에는, 학습에 도움이 되는 교육 정보 자원이 될 수만 있다면, 책이나 신문과 같은 매체뿐 아니라 주변 사람들이나 학습 기관 및 공동체 등도 모두 해당된다.

05 2009.1차 기출 12

④

問題を解くために

교재・교구에 관한 설명으로 옳은 것을 고르는 문제이다.

모듈형 교재(**モジュール教材**)는 각 단원이 독립적으로 완결되어 있기 때문에 교과서 진도 등에 구애받지 않고 필요한 부분만을 추출하여 사용할 수 있다. 문자 카드는 문자나 어휘 교육 외에 문형 연습에서도 유용하게 쓰일 수 있고 비디오 교재는 언어 표현뿐 아니라 문화 등의 내용을 접할 수 있다. 그리고 초급반에서 텔레비전 뉴스를 대의 파악(**スキミング**)을 위해 사용해도 그 효과는 매우 미미할 것이다. 또한 CAI(Computer Assisted Instruction) 교재의 장점은 학습자가 자신의 능력이나 학습 스타일에 따라 활용할 수 있다는 것이다.

06 2011.1차 기출 12

③

問題を解くために

교재의 종류와 각 교재에 대한 설명이 올바르게 짝지어진 조합을 고르는 문제이다.

ㄱ. 일반적인 교과서에 딸린 워크 북에 대한 설명이다.

ㄴ. 「**実物教材**」라고 했으므로 「**レアリア**」에 대한 설명임을 알 수 있다.

ㄷ. 「**教育のための情報源**」이라는 표현에서 「**リソース型教材**」임을 알 수 있다.

ㄹ. 「**瞬間的に単語などを見せて**」라는 표현에서 「**フラッシュ・カード**」임을 알 수 있다.

ㅁ. 교육 현장에서 컴퓨터 기기를 이용한 지도가 이루어지는 「**CAI教材**」에 대한 설명이다.

ㅂ. 「**各単元が独立的に自己完結している教材の集合体**」라는 표현에서 「**モジュール型教材**」임을 알 수 있다.

07 2012.1차 기출 10

③

問題を解くために

「**生教材**」에 해당하는 선택지만을 고르는 문제이다. 「**レアリア・生教材**」는 외국어 교육 현장에서 보조 교재로 사용되는 「**本当の物**」로, 교육 목적으로 제작되거나 가공되지 않은 것을 말한다. 텔레비전 방송을 그대로 녹음해서 사용하거나, 신문이나 만화의 내용을 오려내어 사용하거나, 지하철 역에서 구할 수 있는 지하철 노선도를 그대로 가져와서 사용한다면 「生教材」라고 할 수 있다. 교사가 직접 만들거나 **タスク** 활동을 위해 교재 회사에서 만들어 판매하는 롤 카드(**ロール・カード**)나 워크 시트(**タスク・シート**)는 「生教材」에 해당하지 않는다.

08 2000 기출 14

マルチメディアを日本語教育に活用することは次のようなメリットがある。
まず、文字ばかりでなく画像や動画の提供を通してより臨場感あふれる学習が可能になり、学習者の動機付けにつながる。次に、語彙の教育においてことばの検索が容易であり、停止・反復機能を利用してより効率的に指導できる。また、学習者の水準に応じて1対1の対応をすることができ、水準別学習を行うこともできる。最後に教師からの一方的な授業から脱して学習者からも情報を発信できるため双方向コミュニケーションを生かした授業が可能になる。

問題を解くために

멀티미디어 매체를 일본어 교육 현장에 적용했을 때의 장점을 쓰는 서술형 문제이다. 위에 예시로 든 사항 외에도 자유롭게 답안을 작성할 수 있다.

09 1998 기출 7

日本語学習に使用できる視聴覚教育機器を、電気を使用するものに限って述べると次のようなものがある。
OHP、スライド、ビームプロジェクター、テレビ、ビデオ、ラジオ、テープ、CD、音声ファイル、スクリーン、電子黒板、パソコンなど。
このような視聴覚教材を使用した教育は、次のような特性がある。

① 臨場感あふれる授業になり、五感を刺激することで学習効果が高くなる。
② 双方向コミュニケーションによって学習者の参加を誘導できる。
③ 多人数授業にも教材をリアルなものとして見せることができる。
④ 教材を反復して使用できるため、実用性が高い。
⑤ 学習者の学習意欲を高め、動機づけにつながる。

問題を解くために

일본어 학습에 사용될 수 있는 시청각 교육기기 및 그와 같은 시청각 교재를 사용했을 때의 교육의 특성에 대해 묻는 문제이다. 위에 예시로 든 사항 외에도 자유롭게 답안을 작성할 수 있다.

10 1997 기출 2

CAI(Computer Assisted Instruction)教材、またはCALL(Computer Assisted Language Learning)教材という。
CAI教材が日本語教育に導入されると、次のような長所がある。
教育内容の提示、練習、文法の説明など、教師の役割の大きな部分をコンピュータが果たせるようになって、教師の負担が軽減される。そして、反復的に教授内容を提示することで、学習効果を高めることも期待できる。文字ばかりでなく画像・動画の提供を通して臨場感あふれる授業を構成することができる。また、学生の水準に応じて、水準別学習を行うことも可能になる。
短所には、購入費用が負担になるという点と、効果を発揮するためには教師と学習者の操作能力が必ず必要だという点などがあげられる。

問題を解くために

멀티미디어 시스템이 언어 교육에 도입될 때 부르는 명칭과, 멀티미디어가 일본어 교육에 활용될 때의 장・단점에 대하여 서술하는 문제이다. 위에 예시로 든 사항 외에도 자유롭게 답안을 작성할 수 있다.

PART 2 일본 사회와 문화

제1장 일본 개관

본책 p.117

01 2008 기출 20

㉮ 지방명 : 九州　대표 도시명 : 福岡

㉯ 지방명 : 東北　대표 도시명 : 仙台

問題を解くために

일본의 지리에 대한 지식을 묻는 문제이다. 일본을 권역별로 나눌 때에는 북쪽부터 **北海道**, **東北**, **関東**, **中部**, **近畿**, **中国**, 그리고 **四国**와 **九州**의 8개 권역으로 나누는데 이들 지역이 어느 위치에 있는지, 대표 도시가 어디인지를 알아야 한다. 지도에서 **本州**의 가장 북쪽에 위치한 ㉯지방의 이름은 **東北**(とうほく)이고 가장 왼쪽 아래에 위치한 ㉮지방의 이름은 **九州**이다. **東北** 지방의 중심 도시는 **宮城県**(みやぎ)에 위치한 **仙台**(せんだい)인데 이곳에는 일본 3대 절경 중의 하나인 **松島**(まつしま)가 있으며 **七夕祭り**(たなばたまつり)로도 잘 알려져 있다. **九州** 지방의 중심 도시는 인구 160만 명의 도시 **福岡**인데 명실공히 **九州** 지방의 행정・경제・교통의 중심지라고 할 수 있다.

02 2017.A 기출 12

- 〈A〉の下線部の例は、「東海道新幹線」と「北陸自動車道」である。
- 〈A〉の下線部の例は、「とうかいどうしんかんせん」と「ほくりくじどうしゃどう」である。
  (新幹線名은 東海道新幹線과 山陽新幹線과 北陸新幹線 중에서 택일, 自動車道名에 대해서는 北陸自動車道와 東海北陸自動車道 중에서 택일)
- (1)と関連のある地域はⓖであり、(2)と関連のある地域はⓗである。そして、(3)と関連のある地域はⓒであり、(4)と関連のある地域はⓔである。

問題を解くために

五畿七道 중에서 「**五畿**」는 「**五畿内**」의 줄임말인데 「**畿内**」는 고대에 **朝廷**이 있었던 지역을 중심으로 세력을 떨쳤던 5개 나라 **大和**(やまと), **山城**(やましろ), **摂津**(せっつ), **河内**(かわち), **和泉**(いずみ)를 가리키는 말이다. 각각 현재의 **奈良県**, **京都府**, **大阪府&兵庫県**, **大阪府**, **大阪府**에 해당한다.

그리고 「**七道**」는 **京都**와 지방을 연결하는 7개의 **官道**를 따라 존재했던 지역을 가리키는 말이다. 7개의 **官道**는 **東海道**(とうかいどう), **東山道**(とうさんどう), **北陸道**(ほくりくどう), **山陽道**(さんようどう), **山陰道**(さんいんどう), **南海道**(なんかいどう), **西海道**(さいかいどう)를 말한다. 1869**年**에 **北海道**가 추가된 후부터는 **五畿八道**라고 불리기도 한다.

(1)의 **土佐犬**(とさけん)으로 알려진 **土佐** 지방은 현재의 **高知県**에 해당하므로 지도상의 위치는 **四国**지방인 ⓖ가 정답이다. (2) **薩摩焼**(さつまやき)는 **鹿児島県**에서 구워지는 도자기를 말하므로 **九州**지방인 ⓗ가 정답이 된다. (3) **伊豆の踊子**는 **伊豆半島**와 관련이 있으며 이곳은 **静岡県**에 속하므로 정답은 ⓒ이다. (4) **出雲大社**는 **出雲**(いずも)지방에 있는 **神社**인데 **出雲**는 현재의 **島根県 東部**에 해당되므로 지도상의 위치는 ⓔ가 된다.

03 2001 기출 11

A. 日の丸(ひのまる)
B. 君が代(きみがよ)
C. 菊(きく)
D. 雉(きじ)

問題を解くために

일본의 국기(国旗), 국가(国歌), 국화(国花), 국조(国鳥)에 대한 지식을 묻는 문제이다. 단편적인 지식이므로 외워서 답을 쓰면 된다.

제2장 일본 역사

본책 p.123

01 2004 기출 19-1

昭和

問題を解くために

근대 이후의 일본 **年号**는 **明治**(1868~), **大正**(1912~), **昭和**(1926~), **平成**(1989~)의 순서대로 이어진다. 그리고 2019년부터 새로운 **年号**인 **令和**(れいわ)를 사용 중이다.

02 2004.A 기출 19-2

大名

問題を解くために

幕藩体制(ばくはん)는 **江戸時代**의 정치 제도로 **幕府**(**将軍**)와 **藩**(**大名**)이 봉건적인 주종관계를 맺고 **将軍**은 **幕府**를, 그리고 각 지방의 **大名**(だいみょう)들은 **藩**(はん)을 통치하면서 토지와 백성을 다스렸던 제도를 말한다. **大名**에는 **守護**(しゅご)**大名**와 **戦国**(せんごく)**大名**가 있는데 **守護大名**는 **室町時代**부터 **幕府**의 임명을 받아 배치된 **大名**를 말하며 자신이 다스리는 지역에서 무사들을 **家来**(けらい)로 거느렸다. 이후 **守護大名**가 점점 세력을 키워서 **幕府**의 지배로부터 벗어나게 된 **大名**를 **戦国大名**라고 불렀는데 이 중에는 **守護大名**를 모시던 아래 계급의 무사가 하극상(**下剋上**)을 일으켜서 **守護大名**를 무찌르고 스스로 **戦国大名**가 되는 경우도 많았다.

03 2003 기출 11-1

(1) ① せんはっぴゃくきゅうじゅうご(ねん)
② せんきゅうひゃくさんじゅうなな(ねん), (しちねん)
(2) 平成(2003년 기준. 2021년 기준으로는 平成와 令和를 다 써야 정답이 된다.)

問題を解くために

일본 독자의 방법으로 표현된 연도를 서기 연도로 고치는 문제이다. 이를 위해서는 각 **年号**가 시작된 해, 즉 원년이 언제인지 알아야 한다. **明治元年**은 1868년이고, **昭和元年**은 1926년이다. 이처럼 일본에서는 서기로 연도를 표현하는 방법과 함께 새로운 **年号**가 시작된 후에 이어지는 햇수로 연도를 표현하는 독자적인 방법을 병용하고 있는데 전자를 **西暦**(せいれき), 후자를 **和暦**(われき)라고 한다. 「**昭和**」 이후의 **年号**에는 **平成**(1989년이 **元年**)와 **令和**(2019년이 **元年**)가 있다.

04 2003 기출 11-2

江戸時代

問題を解くために

일본 역사상 시대 구분 중에서 근세 시대에 해당하는 **江戸時代**에 대한 설명이다. 초대 **将軍**은 **徳川家康**(とくがわいえやす)이며 15代 **将軍**이었던 **徳川**(とくがわ)**慶喜**(よしのぶ)가 1867년에 정권을 **明治天皇**에게 반환한 사건인 **大正奉還**(たいせいほうかん)에 이르기까지 약 260년 동안을 **江戸時代**라고 하는데 **徳川時代**라고 불리기도 한다.

05 2004 기출 19-3

バブル

問題を解くために

일본에서는 1986년 말부터 1991년 상반기에 걸쳐 자산 가격이 급상승하고 경기가 지나치게 확대되었는데 이 시기의 경제를 거품경제 즉, **バブル経済**라고 부른다. 그 후에 거품이 꺼지면서 경기 침체와 금융 위기 등이 찾아왔다.

06 2005 기출 27

- 사건 : 明治維新(めいじいしん)
- 연도 : 1868年

問題を解くために

일본의 근대 시대를 연 **明治維新**에 대해 묻는 문제이다. 1868년에 탄생한 새로운 정부는 여러 가지 개혁을 단행하였는데 이를 **明治維新**이라고 한다. 수도를 **東京**로 옮겼고 **年号**를 **明治**로 바꾸었다. 중앙집권 국가를 세우기 위해 **版籍奉還(はんせきほうかん)** 제도를 실시하여 **藩**의 토지와 백성을 정부에게 반납하도록 하였고 **藩**을 폐지하고 **県**을 만드는 **廃藩置県(はいはんちけん)**을 단행하였다. 신분제도의 폐지로 **天皇**와 **皇族**을 제외한 모든 사람들을 평등하게 하였으며 일반 백성도 성씨(**名字**)를 가질 수 있고 사는 장소와 직업, 결혼도 자유롭게 선택할 수 있도록 하였다.

07 2007 기출 25

① **大化(たいか)**
② **安土・桃山(あづち・ももやま)**
③ **自由民権運動(じゆうみんけんうんどう)**

問題を解くために

고대와 중세, 근대의 중요한 사건 및 시대에 대해 묻는 문제이다. 각 정답에 대한 부연 설명은 다음과 같다.

- **大化の改新** : 7세기 중엽, 그 당시 권력을 잡고 있었던 **蘇我氏**의 독재정치를 타파하기 위해 645년에 **中大兄皇子**(이후 **天智天皇**)와 **中臣鎌足(なかとみのかまたり=藤原鎌足)** 등이 **蘇我蝦夷・入鹿** 부자를 제거하고 새로운 정치 체제 확립을 위해 단행한 개혁이다.
- **安土・桃山時代** : **桶狭間**의 전투에서 **今川義元**를 무찌르며 실세로 등장한 **織田信長**가 **京都**에 입성한 후에 실권을 장악하고 1573년에 **15代将軍 足利義昭**를 **京都**로부터 추방하면서 **室町幕府**는 막을 내리게 된다. **織田信長**의 사후에 후계자 자리를 차지한 **豊臣秀吉**는 전국의 **大名**들을 복종시켜 전국통일을 이루게 되는데 이렇게 **信長**와 **秀吉**가 세력을 잡았던 시기를 **安土・桃山時代**라고 한다. 이 시기에는 유럽 여러 나라로부터 많은 문화가 들어왔으며 이러한 **南蛮貿易**을 통해 전해진 **南蛮文化**로 인해 일본인들의 예술과 생활, 풍습 등에도 많은 변화가 생겼다.
- **自由民権運動** : **明治新政府**는 **大久保利通**나 **岩倉具視** 등, **幕府**타도(**倒幕**) 운동을 추진한 **長州藩**, **薩摩藩**, **土佐藩**, **肥前藩** 출신이 실권을 잡고 있었기에 **藩閥政治**라고도 불렸다. 이들과 대립하다가 정부를 떠난 **板垣退助**는 **民撰議院**과 **国会** 설립 등을 요구하면서 이를 추진하기 위한 단체로 **立志社**를 결성하였다. **明治政府**의 개혁에 반대하는 사람들이 이에 동조하였고 1877(**明治**10)년에는 **西郷隆盛**를 중심으로 **西南戦争**까지 일어났다. 비록 정부군에 의해 진압되었으나 이 전쟁을 계기로 정부에 대한 비판은 더욱 높아져서 국민이 정치에 참가할 권리를 요구하는 **自由民権運動**은 더욱 거세게 일어났다.

08 2003 기출 13-1

福沢諭吉(ふくざわゆきち)

問題を解くために

明治時代 초기의 대표적인 계몽・사상가인 **福沢諭吉**에 대해 묻는 문제이다. **福沢諭吉**는 국민들을 계몽하기 위해 **『西洋事情』**나 **『学問のすすめ』**와 같은 저술을 남겼고 **慶応義塾大学**를 세워서 교육자로서도 활약하였다.

09 2001 기출 10-2

従軍慰安婦問題(종군위안부 문제)

問題を解くために

한일 양국 관계에 영향을 주고 있는 이슈에 관련된 문제이다. 문제에 등장하는 **藤岡信勝**는 일본의 교육평론가인데 **"新しい歴史教科書をつくる会"**의 **副会長**을 역임한 사람이다.

10 2001 기출 10-3

広開土王陵碑文(또는 **好太王碑文**), **七枝刀**와 **七子景**
광개토대왕 비문, 칠지도와 칠자경

問題を解くために

한일 간의 「古代史論争」 중에서 고대유물이나 유적으로 인해 논쟁이 되고 있는 대상을 묻는 문제이다. 일본에서는 고구려의 광개토대왕 비문에 적힌 내용에 일본이 한반도에 건너와 백제와 신라를 정복했다는 구절이 있다고 주장하지만 한국에서는 그 구절에 대해 일본이 한반도에 침입해 오기 때문에 바다를 건너가 일본을 격파하였다는 내용이라고 주장한다. **七枝刀(ななつさやのたち)**와 **七子景(ななつこのかがみ)**에 대해서 일본에서는 4세기(또는 5세기)경에 백제가 일본에게 바친 것이라고 주장하고 한국에서는 백제가 일본에 하사한 것이라고 주장하고 있다.

제3장 일본의 연중행사와 축제 본책 p.129

01 2014.B 기출 1 / 서술형

- 「七五三」は子供の健やかな成長をお祝いする日本の伝統的な行事で、男の子は3歳と5歳、女の子は3歳と7歳を迎えた年の11月15日ごろ、家族そろって神社にお参りして行う。この日には子供の長寿と健康を願う縁起物として「千歳飴」をあげる習慣がある。
  そして、「七五三」のような、子供のための日本の伝統行事には「端午の節句」がある。(端午の節句 대신에 ひな祭り도 가능)
- ⓐに入る言葉は「絵馬(えま)」であり、ⓑに入る言葉は「おみくじ」である。

問題を解くために

〈A〉에서는 「**七五三**」에 대해 간략하게 일본어로 설명해야 한다. 「**七五三**」은 아이가 건강하게 성장한 것을 조상신에게 감사하며 이를 축하하기 위해 11월 15일경에 아이와 함께 **神社** 등에 가서 참배하며 행운과 건강을 기원하는 행사로 남자아이는 3살과 5살 때, 여자아이는 3살과 7살 때에 이 행사를 치른다. 아이들에게는 **着物**나 **晴れ着**를 입히고 잡귀를 물리치는 힘이 있다는 붉은색 팥밥(**赤飯**)과 장수를 기원하는 **千歳飴**(학과 거북이가 그려진 봉지에 들어 있는 **紅白**의 가늘고 긴 사탕)를 먹도록 하는 풍습이 있다. 이밖에 아이를 위한 전통행사로는 **端午の節句** 또는 **ひな祭り**가 있다.

〈B〉에서는 설명을 읽고 해당되는 물건을 써야 하는데 **絵入りの額や板絵**라는 설명에서 **絵馬**(えま)임을 알 수 있고, **吉凶**을 점치기 위해 뽑는다는 설명에서 **おみくじ**임을 알 수 있다.

02 1997 기출 10-3

남자아이가 3세, 5세, 여자아이가 3세, 7세 되는 해의 11월 15일에 아이들의 건강과 행복 등을 기원하기 위하여 아이들에게 **着物** 등의 정장(**晴れ着**)을 입히고 신사에 참배하러 가는 행사

03 2003 기출 13-2

(③) ⇨ ① ⇨ ⑤ ⇨ ④ ⇨ ②

問題を解くために

주요 연중행사에 대한 설명을 읽고 그 행사가 이루어지는 순서를 적는 문제이다. ①은 **ひな祭り**에 대한 설명인데 **ひな祭り**는 3월 3일에 치르는 행사이다. ②에서 말하는 행사는 **七五三**이며 이 행사가 이루어지는 날은 11월 15일이다. ③은 **節分**에 대한 설명인데 **節分**은 **立春** 전날을 말한다. 또한 ④에서 말하는 행사는 **七夕祭り**이며 **七夕**는 원래 음력으로 7월 7일이지만 현재는 대개 8월 6일에서 8일 사이에 개최된다. 끝으로 ⑤는 **端午の節句**에 대한 설명이므로 5월 5일에 치르는 행사임을 고려하여 순서를 적으면 된다.

04 2007 기출 24

① **昭和(しょうわ)** ② **ゴールデン・ウィーク** ③ **こいのぼり**

問題を解くために

4월 말부터 5월 초에 걸쳐 일본 사람들에게 주어지는 긴 휴가인 **ゴールデン・ウィーク**에 대한 내용이다. 4월 29일 **昭和の日**(2007년 이전에는 **みどりの日**였음)를 시작으로 4월 30일, 5월 3일(**憲法記**

念日), 5월 4일(**みどりの日**), 5월 5일(**こどもの日**)까지 연휴가 계속 된다. 4월 29일은 **昭和時代**의 **天皇**인 **裕仁**(ひろひと)**天皇**의 생일로 2006년까지는 **みどりの日**라고 불리다가 **昭和の日**라고 이름이 변경된 후, **みどりの日**는 5월 4일로 지정되었다.
5월 5일에는 잉어 모습을 한 **鯉のぼり**를 집 밖에 매달아 놓고 남자 아이의 건강한 성장을 기원하는 풍습이 있는데 **鯉のぼり**는 잉어가 **竜門**의 폭포를 타고 올라가 용이 되면 하늘을 난다는 중국의 등용문(**登竜門**) 고사가 기원이다.

05 2006 기출 24

- 음식의 명칭 : **うなぎのかばやき**
- 풍습의 의미 : 여름에 더위를 이겨내고 몸에 좋은 음식을 먹어 영양을 보충한다는 의미가 있다.

問題を解くために

土用는 **五行思想**을 바탕으로 한 계절 분류의 하나로, 각 계절이 끝나는 약 18**日間**을 의미한다. **立夏** 전 18일은 **春の土用**, **立秋** 전 18일은 **夏の土用**, **立冬** 전 18일은 **秋の土用**, **立春** 전 18일은 **冬の土用**라고 하는데 **土用**라고 하면 대개 **夏の土用**를 가리키는 경우가 많다. **夏の土用**의 **丑**(うし)**の日**에는 **鰻の蒲焼**를 먹는 습관이 있는데 이는 여름을 건강하게 나기 위한 생활의 지혜이다.

06 1998 기출 3-1

(お)中元(ちゅうげん)

07 1998 기출 3-2

(お)花見(はなみ)

08 1998 기출 3-3

ⓐ ひな祭り(ひなまつり)
ⓑ 端午(の節句)[たんご(のせっく)]
ⓒ 七五三(しちごさん)

09 1998 기출 3-4

節分(せつぶん)

10 1998 기출 3-5

(お)盆(ぼん)

06-10

問題を解くために

일년 동안 이루어지는 대표적인 연중행사를 묻는 문제이다. 평소에 고마웠던 사람에게 연말을 맞아 보내는 선물은 **お歳暮**(せいぼ)라고 하는데 7월(또는 8월)에 보내는 선물은 **お中元**(ちゅうげん)이라고 한다. 3월에서 4월에 걸쳐 전국적으로 벚꽃 구경을 하는 행사는 **花見**이며 3월의 **ひな祭り**, 5월의 **端午の節句**, 11월의 **七五三**은 모두 어린 아이의 건강한 성장을 기원한다는 공통점을 가진 연중행사이다. **立春** 전날에 **豆まき** 등의 행사를 통해 나쁜 기운을 떨쳐버리고 가정의 평안을 기원하는 행사는 **節分**이며 7월(또는 8월)에 조상신을 모셔 와서 기리는 행사는 **お盆**이다.

11 1999 기출 10-1

① 元旦(がんたん)　② 初詣(はつもうで)
③ お屠蘇(とそ)　④ 雑煮(ぞうに)
⑤ 年神(としがみ)　⑥ 門松(かどまつ)
⑦ しめ飾(かざ)り、しめ縄(なわ)
⑧ 節分(せつぶん)

問題を解くために

お正月의 여러 가지 행사에 대해 묻는 문제이다. 새해 첫날은 **元旦**이라고 부르고 이날 아침에 **神社**나 절을 새해 처음으로 방문하는 것을 **初詣**라고 한다. 그 후 집에 돌아와 가족끼리 오붓하게 한국의 떡국에 해당하는 **雑煮**를 먹고 술을 마시는데 이때 마시는 술을 **お屠蘇**라고 한다. 또한 조상신이 잘 찾아올 수 있도록 집 앞에는 소나무를 주재료로 만든 **門松**를 세우고 현관에는 볏줄을 꼬아서 만든 **しめ飾り** 또는 **しめ縄**를 장식한다.
그리고 **立春** 전날에 가정의 평안을 기원하는 행사는 **節分**이다. 참고로 **春祈祷**는 1월부터 3월에 걸쳐 **神棚**를 준비해서 공양을 바치고 **神職(神社において神に奉仕し祭儀や社務を行う者)**를 집으로 불러서 일년 동안의 가내 안전과 사업 번성, 건강, 풍작 등을 기원하는 행사이다.

12 1999 기출 10-2

일년 동안 가족의 건강과 가내 안전, 풍작 등을 기원하고 각 계절의 수확물을 신에게 바쳐 감사의 뜻을 표하고 가족들과 함께 나누는 데에 의의가 있다.

問題を解くために

일본의 연중행사의 취지와 의미에 대해 묻는 문제이다. 일본어로 답안을 쓴다면 다음과 같이 쓸 수 있을 것이다.
家族の身体健康と家内安全、五穀の豊作などをお祈りするとともに各季節の収穫を神に供えて感謝の意を表し、家族と一緒に食べることに意義がある。

13 1999 기출 10-3

복은 콩을 뿌리며 귀신이나 나쁜 기운을 쫓아버리고 복을 불러들이는 행사이다.

問題を解くために

[A. **福を招くための行事**]는 **節分**에 이루어지는 **豆まき**를 말하는 것이므로 이에 대해 설명하면 된다. 일본어로 답안을 쓴다면 다음과 같이 쓸 수 있을 것이다.

「豆まき」は、「鬼は外、福は内」と唱えながら鬼や邪気を追い払って福を迎え入れることで一年の無病息災を願う儀式である。

14 2000 기출 7-1

① 七夕(たなばた)
② お盆(ぼん)

問題を解くために

여름에 이루어지는 대표적인 연중행사인 **七夕**와 **お盆**에 대해 묻는 문제이다.

15 2009.1차 기출 39

③

問題を解くために

옳지 않은 답은 ③이다. **お盆**에는 **神社**로부터 **神主**를 모셔 와서 불경을 읽도록 하는 습관은 없다. ②의 **彼岸(ひがん)**은 **春分**(3월 21일 무렵)과 **秋分**(9월 23일 무렵) 전후의 7일간을 말하며 이 기간에는 죽은 자의 영혼을 위로하기 위해 **お墓参(はかまい)り**를 하는 습관이 있다. ⑤의 **大みそか**는 섣달 그믐날(12월 31일) 밤을 말한다. 이날은 다 함께 모여 장수를 기원하는 의미에서 국수인 **年越しそば**를 먹고 제야의 종소리를 들으며 새해를 맞이한다.

16 2010.1차 기출 38

③

問題を解くために

연중행사에 대해 잘못된 설명을 한 것은 ③이다. **柏餅**는 여자아이의 성장과 행복을 기원하는 **ひな祭り**가 아니라 남자아이의 건강한 성장을 기원하는 **端午の節句**에 먹는 음식이다. ⑤의 **精霊馬**는 **お盆**을 맞아 **盆だな**를 꾸밀 때 조상신을 위해 만들어 장식하는 것인데 **迎え馬**라고도 한다.

17 2018.A 기출 14

- ⓐ 祇園祭(祇園祭り)
- 祇園祭の起源：平安時代初期、京都で伝染病(疫病)が流行したとき、災いを防ぐために御霊会という祭礼を行って疫神や怨霊たちをなだめようとしたが、この御霊会が祇園祭の起源になった。現在も毎年7月になると丸々1か月を通して祭事が行われている。
- ⓑ 菅原道真(すがわらのみちざね)

問題を解くために

京都의 **八坂神社**에서 7월 한 달 동안 벌어지는 호화로운 축제 **祇園祭**는 9세기 말(**平安時代**)에 **疟病神**를 잠재우고, 역병으로 사망한 이들의 혼령을 위로하기 위해 **祇園寺**(현재의 **八坂神社**)에서 **御霊会**를 열었던 것이 유래가 되었으며 **京都**의 역사와 함께 해 온 가장 전통 있는 **祭り**이다. 특히 **山鉾巡行**의 전날인 「**宵山**」와, 그 다음날에 실시되는 「**山鉾巡行**」 행렬에는 많은 사람들이 참가한다.

菅原道真는 **平安時代**의 학자이자 정치가인데 **宇多天皇**의 총애를 받아 **右大臣**에까지 올랐으나 이러한 파격적인 출세가 다른 귀족들에게 반감을 사게 되어 **宇多天皇**의 뒤를 이어 **醍醐天皇**가 즉위한 후에 라이벌이었던 **藤原時平**의 모함으로 억울하게 **九州**의 **大宰府**로 좌천되고 말았다. 그후 2년 후에 **道真**는 그곳에서 사망하였다. 그로부터 5년 후, 모함에 가담하였던 **藤原菅根**가 벼락을 맞아 죽고 이듬해에는 **時平**가 39세라는 젊은 나이에 급사하는 등의 사건과 함께 천재지변이 계속되자 그 원혼을 달래주기 위해 **天神様**로 모셔지게 되었는데 이후 시간의 흐름과 함께 **御霊信仰**가 쇠퇴하자 **道真**의 본성을 중시하여 학문의 신으로 다시 모셔지게 되었다. 그후 **大宰府天満宮**를 비롯하여 전국 각지의 **天満宮**, **天神社**에서 **祭り**가 행해지고 있다.

18 2004 기출 18

① 相撲 ② 京都 ③ 絵馬

問題を解くために

한국의 씨름과 비슷한 일본의 전통적인 스포츠, 일본의 3대 축제, 소원을 빌 때 취하는 일본인들의 행동에 대해 묻는 문제이다. 일본의 3대 축제는 **東京**의 **神田祭**(5월), **京都**의 **祇園祭**(7월), **大阪**의 **天神祭**(7월)이다. **神社**나 사원에 소원을 담아 걸어두는 나무 판(**祈願やお礼参りの際に、社寺に奉納する絵入りの額や板絵**)인 **絵馬**는 특히 입시철이 되면 수험생들과 그 가족들 사이에 인기가 높다.

제4장 일본의 전통문화

본책 p.141

01 2002 기출 10-2

寺 ⇨ 神社

問題を解くために

일본 문화에 대한 설명 중에서 잘못된 것을 골라 바르게 고치는 문제이다.

鳥居는 **神社** 입구에 세워진 건축물인데 인간과 신의 영역을 구분한다는 의미가 있으며 일본의 전통 종교인 **神道**의 상징물이므로 불교를 숭배하는 절과는 관련이 없다. **神道**는 애니미즘적인 자연 종교로 동물과 식물, 그리고 모든 자연현상에 신의 힘이 깃들어 있다고 믿는다. 이러한 **神道**의 기본 이념은 일본 사람들의 자연관이나 조상숭배 사상의 핵심이 되었다. 그 밖에, **お正月**에 조상신이 잘 찾아올 수 있도록 집 앞에 소나무로 만들어 세워두는 한 쌍의 장식물을 **門松**라고 하며, **こたつ**는 좌식 생활에 어울리는 일본 고유의 난방기구이다.

02 2000 기출 7-2

歌舞伎(かぶき)

問題を解くために

일본의 대표적인 예능인 **歌舞伎**에 대해 묻는 문제이다. **歌舞伎**는 노래와 춤과 기예로 구성되는 종합 연극으로 **江戸時代** 초기부터 지금까지 약 400년간 계승된 고전극이지만 현재도 활발한 공연이 이루어지고 있다. **歌舞伎**의 장르는 역사적 사건을 다룬 **時代物**, 실제 있었던 사건을 다룬 **世話物**, 그리고 당시에 **武家** 사회에서 일어난 사건을 다룬 **お家物**로 크게 나뉜다.

03 1997 기출 10-1

① **通過儀礼**

問題を解くために

출생, 성년, 결혼, 사망 등 일생 동안 경험하게 되는 중요한 고비에 해당하는 시기에 치르는 의식인 **通過儀礼**에 대해 묻는 문제이다.

04 1997 기출 10-2

(a) **トコノマ**　(b) **クイゾメ**　(c) **ヤクドシ**

問題を解くために

床の間는 **和室**의 인테리어 장식의 하나로 방 한쪽 벽면에 바닥보다 약간 높게 만들어 놓은 공간인데 대개 꽃꽂이나 족자 등을 장식한다.

食い初め는 아기가 태어난 후 100일 무렵이 되었을 때 축하하는 행사로 100**日祝い**, 또는 **百日祝い**(ももか)라고도 한다. 아기가 평생 살아가면서 먹을 것이 없어서 곤란한 일을 겪지 않기 바라는 마음을 담아 아기의 식사를 준비하여 먹이는 흉내를 내면서 가족끼리 모여 아기의 건강한 성장을 기원한다.

厄年는 중국의 음양오행설(**陰陽五行説**)에 바탕을 둔 **陰陽道**(おんみょうどう)에서 말하는 것으로 일생을 살아갈 때 어느 특정 연령이 되면 재난이나 불운이 찾아올 가능성이 높다고 보고 그 연령에 해당하는 해를 **厄年**라고 하여 특별히 조심하도록 경계하는 관습이 있다. **厄年**는 한국 나이(**数え年**)로 남자는 25, 42, 61살이 되는 해이며 여자는 19, 33, 37, 61살이 되는 해라고 한다.

05 1997 기출 10-5

神前結婚式

問題を解くために

일본에는 여러 종류의 결혼식이 있는데 먼저 **神前結婚式**(しんぜん)는 **神社**에서 거행하는 결혼식으로 가장 전통적인 결혼식이다. **仏前結婚式**(ぶつぜん)는 절에서 올리는 결혼식이며 교회나 교회처럼 꾸민 식장에서 하는 결혼식은 **教会結婚式**라고 한다. 그 밖에 결혼식에 참석한 사람들을 결혼의 증인으로 삼아서 신랑 집에서 올리는 결혼식인 **人前結婚式**(じんぜん)도 있다.

06 2019.B 기출 5

- ⓐ **南蛮菓子**
- **禅宗が日本文化に及ぼした影響は色々あるが、芸道の中では剣道を、庭園文化の中では枯山水を挙げることができる。剣道の究極の境地は、禅の悟りであると言われており、水を用いずに白砂や小石で水の流れや海を表現した枯山水は、捨てることで本質を表現する禅の思想そのものである。**

(답안으로 **剣道** 대신에 **柔道**나 **弓道**, **書道**를, 그리고 **枯山水** 대신에 **書院造**를 쓸 수 있다.)

問題を解くために

南蛮이라는 단어는 원래 중국 입장에서 남쪽 지역에 거주하는 이민족 집단을 가리키는 말이었으나 현재 일본에서는 서양, 특히 **室町時代** 말기부터 **江戸時代** 초기에 걸쳐서 일본에 진출한 포르투갈 등의 서양 국가를 가리킨다. 그 당시 일본과 서양국가들 사이에서 행해진 무역을 **南蛮貿易**라고 하는데 포르투갈에서 온 선교사가 선교를 목적으로 들여온 과자를 **南蛮菓子**(なんばんがし)라고 불렀다. 대표적인 **南蛮菓子**로는 **カステラ**가 있으며 그 밖에도 **金平糖**(こんぺいとう), **ボーロ**, **ビスケット**, **かりんとう**, **タルト** 등도 **南蛮菓子**라고 불렸는데 이는 그 당시에 발전했던 **茶道**의 **お茶請け**(ちゃう)(**お茶と一緒に出されるお菓子**)가 되어 급속하게 전국에 확산되었다.

禅宗은 대승불교(**大乗仏教**)의 종파 중 하나로 남인도 출신의 승려

였던 **達磨大師**(だるま)가 중국에 전해주었고 일본에는 **鎌倉時代**에 승려 **栄西**(えいせい)와 **道元**(どうげん)에 의해 전파되었다. **鎌倉時代**부터 **室町時代**에 걸쳐 유행한 **禅宗(禅)**은 일본 문화에 많은 영향을 주었는데 그 예를 들면 **茶道, 華道, 剣道, 柔道, 弓道**의 정신은 **禅宗(禅)**과 깊은 관련이 있다. 또 일본의 건축이나 정원 양식도 영향을 받았는데 **金閣寺**에서 볼 수 있는 **書院造(しょいんづくり)** 양식이나 근대의 **和風住宅, 枯山水(かれさんすい)**처럼 제한된 공간에 극단적으로 간소하게 만들어진 정원을 예로 들 수 있으며 소박한 스타일의 요리인 **精進(しょうじん)料理**도 **禅宗**의 영향을 받은 것이다.

07 2012.1차 기출 39

④

問題を解くために

1월부터 12월까지를 부르는 옛 명칭에 대한 문제이다. ㄱ의 **師走**(しわす)는 12월이고 ㄴ의 **水無月**(みなづき)는 6월, ㄷ의 **神無月**(かんなづき)는 10월이고 ㄹ의 **弥生**(やよい)는 3월이므로 달력 순으로 나열하면 ㄹ–ㄴ–ㄷ–ㄱ의 순서가 된다. 참고로 1월부터 순서대로 나열하면 다음과 같다.

1月	2月	3月	4月
睦月 (むつき)	如月 (きさらぎ)	弥生 (やよい)	卯月 (うづき)
5月	**6月**	**7月**	**8月**
皐月 (さつき)	水無月 (みなづき)	文月 (ふみづき/ふづき)	葉月 (はづき)
9月	**10月**	**11月**	**12月**
長月 (ながつき)	神無月 (かんなづき)	霜月 (しもつき)	師走 (しわす)

08 2012.1차 기출 40

③

問題を解くために

일본 전통문화에 대한 설명 중에서 잘못된 것을 고르는 문제이다. 「**寄席**(よせ)」는 **落語**나 **講談** 등의 대중적인 예능을 공연하는 장소를 말한다. **相撲**에서 가장 높은 위치는 **横綱**(よこづな)이고 그 다음은 「**大関/関脇/小結**(おおぜき/せきわけ/こむすび)」의 순서로 내려간다. 「**地謡**(じうたい)」는 음악이 아니라 **能**에서 대사를 제외한 나머지 부분(**地の部分**)을 배우 외의 사람들이 함께 부르는 노래, 또는 그 노래를 부르는 사람들을 말한다. **能**와 **歌舞伎** 등의 각종 전통 예능에서 박자를 맞추거나 감흥을 돋우기 위해 반주하는 음악은 **囃子**(はやし)이다. **歌舞伎**나 **文楽**의 배경음악을 연주할 때 사용하는 세 줄로 된 전통 현악기는 「**三味線**(しゃみせん)」이고, 「**隈取り**(くまど)」는 **歌舞伎**의 특수한 화장법으로 인물의 캐릭터를 표현하는 방법이다.

09 2011.1차 기출 39

④

問題を解くために

일본 문화에 대한 설명 중에서 잘못된 것을 고르는 문제이다. **引出物**(ひきでもの)는 결혼식 등에서 하객에게 들려보내는 답례품이며 일본의 성인식은 만 20세를 맞이한 청년들을 축하하는 행사로 1월 둘째 월요일에 이루어진다. **お年玉**(としだま)는 세뱃돈을 가리키지만 원래는 **歳神**(としがみ)에게 바치는 쌀이나 떡 등의 음식에서 기원을 찾아볼 수 있으며 **暖簾**(のれん)은 가게의 상징과도 같은 것으로 입구에 매달아 영업중임을 알린다. **団扇**(うちわ)와 **扇子**(せんす)는 둘 다 부채이지만 형태가 서로 다르며 접을수 있는 부채는 **扇子**이다.

10 2011.1차 기출 40

①

問題を解くために

일본의 전통문화에 대한 설명 중에서 잘못된 것을 고르는 문제이다. ①의 내용은 「**短冊**(たんざく)」를 설명한 것이다. 「**のし**」는 한자로 **熨斗**라고 쓰며 일반적으로 경사스러운 일이 있을 때 주고받는 물건이나 봉투를 꾸미는 장식물이다. 「**凧**(たこ)」는 하늘에 날리는 연을 말하고 「**和菓子**(わがし)」

는 중국에서 들어온 전통 과자와 서양 선교사들이 들여온 **南蛮菓子**가 일본 스타일로 정착된 것이다. 「**雛人形**」는 액운을 인형에 묻혀 멀리 떠나보내는 풍습에서 기원을 찾을 수 있는데 **桃の節句**인 3월 3일에 여자아이가 있는 가정에서 장식해 놓는다. **盆栽**는 **鎌倉時代**에는 돌을 깔고 그 위에 식물을 심었으나 이후 식물만으로 만드는 **盆栽**가 주류가 되었다.

11 2010.1차 기출 39

③

問題を解くために

일본의 전통문화에 대한 설명 중에서 맞는 것의 조합을 고르는 문제이다.

こけし는 **東北地方**의 전통 인형인데 나무를 깎아서 만드므로 ㄱ의 설명은 옳지 않다. **相撲**에서 시합을 하기 전에 좌우 다리를 교대로 들어올리는 것을 「**四股をふむ**」라고 한다. 그리고 **祇園祭り**는 전염병이 유행했을 때 이를 다스리기 위해 시작된 것이므로 ㄷ의 설명도 옳지 않다. ㄹ에서 **落語**는 1인극이므로 ㄹ의 설명은 잘못되었다. ㅁ의 **漫才**에 대한 설명은 맞는 것이므로 정답은 ㄴ과 ㅁ의 조합이 된다.

12 2009.1차 기출 40

③

問題を解くために

일본 문화에 대한 설명 중에서 맞는 것의 조합을 고르는 문제이다.

千秋楽는 **大相撲**의 흥행 첫날이 아니라 마지막날을 말한다. **日本三景**은 **松島**, **天橋立**, **厳島神社**이며 각각 **宮城**, **京都**, **広島**에 있다. 일본 나막신 **下駄**는 **鼻緒**가 달려 있기는 하지만 **平底**가 아닌 2**本歯の履物**이다. 그리고 **着物** 중에서 **振り袖**는 미혼 여성들이 입는 것이 맞고 「**京の着倒れ、大阪の食い倒れ**」의 「**京**」는 **東京**가 아니라 **京都**를 가리킨다. **親子丼**은 밥 위에 닭고기와 달걀을 얹은 것이고 닭고기가 아닌 다른 고기를 얹으면 **他人丼**이라고 부른다.

제5장 일본의 행동 문화

본책 p.151

01 2003 기출 12-2

(1) いじめ　(2) 村八分

問題を解くために

(1)의 설명을 읽으면 ①과 ②에 공통으로 들어갈 단어가 **いじめ**임을 바로 알 수 있다. (2)의 정답은 **村八分**인데, 이는 옛날에 일본에서 마을의 공동 작업을 게을리하거나 도둑질 등의 비행을 저지른 자에게 가해지는 집단 응징의 관습이었다. 농사일이나 혼례, 수해나 화재 진압, 장례식 등의 행사 중에서 화재 시의 구조나 장례식 돕기를 제외한 행사에 대해서는 일체 거들떠보지도 않을 뿐만 아니라 의도적으로 괴롭히고 따돌려서 소외감을 맛보게 하였다고 한다.

02 2010.1차 기출 40

⑤

問題を解くために

일본의 행동 문화에 대해 묻는 문제이다. **畳** 가장자리나 문지방(**敷居**)을 밟거나 그 위에 앉는 행동은 금기시된다. 그리고 신발을 벗을 때에는 앞부분이 바깥쪽을 향하도록 정리해야 하며 남의 집을 방문했을 때에 **床の間**에 함부로 물건을 놓거나 그 위에 올라가거나 하는 것은 무례한 행동이다. 또한 1층에 **仏壇**이나 **神棚**를 만들 때에는 2층에서 그 위를 걷지 않도록 설계해야 한다. ⑤에서 묘사한 행위는 **拾い箸**라고 하는데 일본에서는 젓가락을 이용해서 음식을 주고받는 행위는 유골을 옮기는 행위를 연상시킨다고 하여 금기시된다.

03 2011.1차 기출 28

⑤

問題を解くために

편지를 쓸 때의 격식에 대해 묻는 문제이다.
편지나 엽서 등의 문장에서는 맨 처음에 「**拝啓**」나 「**謹啓**」라는 말을 쓰는데 이를 **頭語**(とうご)라고 하며, 이와 호응을 이루어 편지 말미에 쓰는 「**敬具**」나 「**敬白**」 등의 말을 **結語**(けつご)라고 한다(여성들의 경우에는 「**敬具**」 대신에 「**かしこ**」를 쓰기도 한다). **頭語** 다음에는 계절 인사를 하는 의미에서 **時候の挨拶**에 해당하는 「**盛夏の候**」와 같은 표현을 쓰게 된다(계절에 따라서 쓰는 말이 거의 정해져 있다). 이때 **頭語**와 **時候の挨拶**를 묶어서 **前文**이라고 하며 「**拝啓 盛夏の候**」처럼 **頭語**와 **時候の挨拶**를 나란히 써도 무방하다. **前文**을 다 쓴 후에는 편지를 쓰는 목적을 알리는 **主文**으로 들어가는데 이때 「**さて, ところで, 実は, このたびは, さっそくですが, 突然ですが**」와 같은 표현(**起語**라고 한다)으로 **主文**의 시작을 알린다. 그 후 **末文**에서는 「**それでは〜**」로 시작하는 **結びの挨拶**를 쓰고 **頭語**와 호응을 이루는 **結語**로 마무리짓는다. 마지막으로 **後付**에 해당하는 부분으로 들어가 날짜를 쓰고 받는 이의 이름(**宛名**)을 **行頭**에, 자신의 이름은 **行末**에 쓰도록 한다. 만약 용건을 쓸 때 빠뜨린 내용이 있다면 편지 마지막 부분에 **副文**을 쓸 수 있는데 그 위치는 **宛名**를 쓴 후 줄 바꿔서 2글자 정도 들여쓰기를 하며 **追伸** 등이라는 말로 시작하되, 본책보다 약간 작은 글씨로 쓰도록 한다.

제6장 일본의 의식주 문화

본책 p.155

01 2017.A 기출 4

間違っている用語はⓓ鴨居とⓔ襖であり、それぞれⓓ敷居(しきい)とⓔ障子(しょうじ)に直さないといけない。

問題を解くために

일본의 전통 가옥 구조에 관한 문제이다. 먼저 ⓐ**塗壁**(ぬりかべ)는 흙과 지푸라기(**藁**(わら)), 모래 등을 물에 반죽하여 발라 만든 벽을 말하는데 **和風建築**의 대표적인 **土壁**인 「**聚楽壁**(じゅらくへき)」도 그 일종이다. **和室**의 바닥에는 지푸라기로 만든 **畳**(たたみ)가 깔려 있는데 **畳**의 표면에는 ⓑ**いぐさ**라는 풀을 엮어서 만든 시트가 덮여 있고 가장자리에는 **畳縁**(たたみべり)라고 하는 띠가 둘러져 있다. 그리고 방 한쪽에 바닥보다 한 단 높여서 만든 ⓒ**床の間**에는 족자를 걸거나 꽃을 장식해 둔다. 창(**窓**)이나 **襖**(ふすま), **障子**(しょうじ) 등의 출입구 종류를 통틀어 **建具**(たてぐ)라고 하는데 이러한 **建具**는 **横木**(よこぎ)라고 하는 목재 가운데에 가로로 길게 홈을 파서 그 위를 이동시키면서 개폐가 이루어지도록 한다. 이때 홈이 파여진 아래쪽 나무를 **敷居**(しきい)라고 하고 위쪽 나무는 ⓓ**鴨居**(かもい)라고 한다. **襖**는 실내에 세우는 문으로 탈・부착이 가능하기 때문에 주로 공간을 분리할 때 사용하는 **間仕切り建具**(まじ)이고 **障子**는 실내와 실외를 구분하는 문이다. 이 밖에도 **襖**와 **障子**의 차이점은 **採光**에 있는데 **採光**이 없는 **襖**는 일본 전통 가옥에서 볼 수 있는 독특한 형식으로 마치 벽과도 같은 존재감을 준다.

02 2010.1차 기출 37

③

問題を解くために

일본의 전통 의상인 **着物**에 대해 묻는 문제이다.
미혼 여성이 입는, 소매가 넓은 **着物**는 **振袖**(ふりそで)라고 하며 일반적 길이의 소매가 달린 기혼 여성용 **着物**는 **留袖**(とめそで)라고 한다. **着物**를 입을 때에는 허리에 **帯**(おび)를 두르며 머리 장식으로 **かんざし**를 꽂기도 하고 핸드백 대신에 **巾着**(きんちゃく)라는 작은 파우치를 들기도 한다. **割烹着**(かっぽうぎ)는 **着物**가 더러워지는 것을 막아 주는, 긴 소매가 달린 앞치마라고 할 수 있으며 **着物** 위에 착용한다.
남성용 **着物** 차림은 검정색의 바지 스타일인 **袴**(はかま)와 기장이 길고 품이 넉넉한 **羽織**(はおり)를 상의로 입는다. 또한 **着物**를 입을 때에는 남녀 모두 **足袋**(たび)라고 하는 전용 양말을 신는다.
한편 **浴衣**(ゆかた)는 남녀 모두 입을 수 있으며 여름에 실내복으로도, 여관에 숙박하거나 축제 등의 자리에서도 편하게 입는 전통 의상이다.

03 2009.1차 기출 38

⑤

問題を解くために

⑤의 설명은 **火鉢**(ひばち)가 아니라 **囲炉裏**(いろり)에 대한 설명이다. **火鉢**는 도자기나 금속, 또는 나무로 만든 오목한 용기에 재를 담고 불이 붙은 숯

을 태워서 난방이나 간단한 요리 등의 목적으로 사용한 것을 말한다. 일본은 바닥 난방을 하지 않는 경우가 대부분이라서 겨울이 되면 가정용 난방기구인 **こたつ**를 둘러싸고 가족들이 모여서 단란한 한때를 보내기도 한다. 그 밖에 **床の間**, **ふすま**, **畳**에 대한 설명도 맞는 말이다.

제7장 일본의 언어 행동

본책 p.160

01 2002 기출 10-3

(a) ほんね (b) たてまえ

問題を解くために

좋은 인간관계를 유지하여 사회생활을 원만하게 하고자 하는 목적에서 일본인들이 사용하는 두 가지 마음인 **本音**와 **建前**에 대해 묻는 문제이다. 자신의 본심인 **本音**는 숨기고 대외적으로 보여 주기 위한 **建前**를 사용함으로써 표면적인 충돌을 피하고자 하는 일본인들의 언어 행동을 이해하는 것은 이문화 커뮤니케이션의 성공에 꼭 필요한 자세가 된다.

02 1998 기출 8

- 日本人の言語行動の特徴の中で日本語教育の観点からみて最も重要な言語行動は「相づち」である。なぜなら、日本人は話すときに聞き手が相づちをしてくれないと、相手は自分の話に興味がないと判断してしまう傾向があるからである。したがって、日本語教育においても、相手とのインターアクションを通して向こう側と共感できるように、相づち表現を教える必要がある。
- 日本人の言語行動の特徴の中で日本語教育の観点からみて最も重要な言語行動は「間接発話」である。「間接発話」とは発話した内容と伝達意図が一致しない発話をいうが、特に何かを提案したり要求したりする場面で多く使用される。異文化コミュニケーションでは間接発話の意図を正しく把握できなくて誤解が生じることも多いので、日本語教育の現場ではこの点についても教える必要がある。
- 日本人の言語行動の特徴の中で日本語教育の観点からみて最も重要な言語行動は「敬語表現」である。日本語は敬語がとても発達しており、韓国語とは違って相対敬語を使うため、いつも「うち」と「よそ」、上下関係などを考慮して、実際の場面でミスすることのないよう、日本語教育の時間にしっかり教える必要がある。

問題を解くために

외국어 교육 현장에서는 어휘나 문법 면에서의 지식뿐 아니라 언어 행동 면에서의 교육도 필요하다는 것을 전제로 어떠한 교육이 필요한지를 묻는 문제이다. 언어와 문화가 서로 다른 이문화 커뮤니케이션에서는 문화적 차이 등으로 인해 오해가 발생할 가능성이 높으므로 외국어 교육에서는 문법 지식뿐 아니라 상황이나 장면을 고려한 화용론적인 지식도 필요한데, 맞장구 표현이나 간접발화, 경어표현 등을 답안의 주제로 삼고 그 이유를 간결하고 논리적으로 적도록 한다.

03 2012.1차 기출 37

⑤

問題を解くために

일본인의 언어 행동에 대해 묻는 문제이다. 대부분의 일본인들은 부모와 대화할 때에는 경어를 쓰지 않는다. 한국과 달리, 부계 친척을 부르는 호칭과 모계 친척을 부르는 호칭이 구분되어 있지 않고 타인에게 손위 형제와 자매를 소개할 때에는 한국과 달리 당사자의 성별에 따라 형이나 오빠를 가리킬 때는 「**兄**」, 누나나 언니를 가리킬 때는 「**姉**」를 사용한다. 손윗사람의 권유를 거절할 때에는 거절 의사를 분명하게 말하기보다는 문장을 완결짓지 않고 뭔가 여지를 남겨두는 느낌을 주는 **言いさし** 표현이 더 예의 바른 표현으로 여겨진다.

제8장 일본의 대중문화

본책 p.163

01 2000 기출 8-1

花火(はなび), 鰻(うなぎ), 影武者(かげむしゃ), リング, ラブレター 등에서 2개 선택

問題を解くために

1998년에 일본 대중문화에 대하여 일부를 개방한 후 2년 뒤에 출제된 문제로 당시에 한국 극장에서 상영되었던 일본 영화 중에서 두 가지를 선택하여 쓰는 문제이다.

PART 3 일본 문학

제1장 상대 문학

본책 p.169

01 2003 기출 10-1

万葉集

問題を解くために

『万葉集』에 대해서 묻는 문제이다. 『万葉集』의 주(注記)에 따르면 『万葉集』가 집대성되기 이전에 대륙에서 漢詩文이 들어오면서 그 영향으로 『古歌集(こかしゅう)』, 『柿本人麻呂歌集(かきのもとひとまろ)』, 『高橋虫麻呂歌集(たかはしのむしまろ)』, 『類聚歌林(るいじゅうかりん)』, 『笠金村歌集(かさのかなむら)』 등의 가집(歌集)이 만들어졌다고 하는데 현존하는 것은 없다. 따라서 일본에 현존하는 가장 오래된 歌集은 『万葉集』가 된다.

02 2018.A 기출 13

ⓐに当てはまる人物名は大伴家持であり、ⓑとⓒに当てはまることばは相聞(歌)と挽歌である。相聞(歌)は男女、親子、兄弟、友人などの親しい人々によって贈答された歌をいうが特に恋をうたった内容の歌が多い。挽歌は人の死を悼(いた)んで作る歌であり、主に辞世や人の死に関してうたった内容で構成されている。

問題を解くために

『万葉集』의 편찬자인 大伴家持(おおとものやかもち)를 묻는 문제는 2005년에도 출제되었다. 『万葉集』는 약 4,500首, 20巻에 이르는 노래를 「雑歌(ぞうか/ざっか)」「相聞(そうもん)」「挽歌(ばんか)」의 3부로 나누어 구성하였다. 참고로 「雑歌」는 「相聞(歌)」과 「挽歌」로 분류되지 않은 것들을 말한다.

03 2004 기출10-4

(1) 記

(2) 紀

問題を解くために

고대의 대표적 역사서인 『古事記』와 『日本書紀』는 마지막 한자가 다르다. 한자를 포함하여 이 두 작품에 대해서는 기본적인 내용과 차이점을 정리해 둘 필요가 있다.

먼저 『古事記』는 712年에, 그리고 『日本書紀』는 720年에 성립되었다. 『古事記』는 신화(神話)시대의 이야기가 풍부하고 문학적 색채가 강하지만 『日本書紀』는 신화보다는 역사서로서의 성격이 강한 편이다. 『日本書紀』는 연대(年代)를 따라 편년체(編年体)로 기술되어 있으며 중국과 한국 역사서의 내용도 참조하고 있다. 『古事記』는 한자의 음(音)과 훈(訓)을 구별하면서 和文으로 표현하고자 하였지만 『日本書紀』는 중국인들도 읽을 수 있도록 한문(漢文)으로 쓰여졌다. 이에 따라 『古事記』는 일본 국내용이고 『日本書紀』는 대외용이라는 해설이 나오는데 특히 『古事記』에서 천손강림(天孫降臨)신화 등의 내용을 중심으로 실은 것은 天皇 가문이 나라를 다스리는 근거와 정통성을 보여줌으로써 국내 정치 기반을 다지기 위함으로 보인다.

제2장 중고 문학

본책 p.175

01 2004 기출 10-1

⑥

問題を解くために

(1)번 작품의 모두(冒頭) 부분을 보고 무슨 작품인지 맞히는 문제이다. 『伊勢物語』의 第一段은 「むかし(昔)、をとこ(男)、初冠して…」로 시작한다. 첫 번째 줄만 현대어로 옮기면 〈昔、ある男が、元服して、奈良の旧都の、春日の里に、(そこを)領地を持っている縁で、鷹狩りに行った。〉가 되는데 여기서 말하는 男는 그 당시에 매

력남이었던 **歌人**, **在原業平(ありわらのなりひら)**를 가리킨다고 하며 그가 사냥을 가는 것으로부터 이야기가 시작된다.

02 2004 기출 10-2

②

問題を解くために

(1)번 작품은 **清少納言**의 수필 『**枕草子**』이다. 이 작품의 문학 이념은 「**をかし**」인데 이는 명랑하고 담백한 정취를 말하며 객관적인 시각으로 대상을 감각적으로 바라보는 작가의 시선이 특징이다.

03 2004 기출 10-3

春

問題を解くために

(1)번 작품에서는 "**春日(かすが)の里に**"에서, (2)번 작품에서는 "**春はあけぼの**"에서, (3)번 작품에서는 "**只春の夜(よ)の夢のごとし。**"에서 각각 「**春**」를 괄호에 넣어 숨기고 출제하였다.

04 2000 기출 6-1

共通点は、女流作家という点である。
作者の名前は、紫式部(むらさきしきぶ)である。

問題を解くために

중고시대의 일기 문학 4편에 대한 문제이다. 『**源氏物語**』의 **作者**는 **紫式部**, 『**枕草子**』의 **作者**는 **清少納言**, 『**蜻蛉(かげろう)日記**』의 **作者**는 **藤原道綱(ふじわらのみちつな)の母(はは)**, 『**更級(さらしな)日記**』의 **作者**는 **菅原孝標(すがわらのたかすえ)の女(むすめ)**로 모두 여성이다.

05 2000 기출 6-2

당시에 권력을 쥐고 있던 귀족들이 외척 관계를 맺기 위해 앞을 다투어 교양 있는 재원을 왕비 자리를 노리고 후궁으로 들여보냈다. 마침 가나 문자의 보급과 함께 여성들은 남성과 달리 한문이 아닌 가나를 사용하여 섬세한 감정을 표현할 수 있게 되었고 서로 간의 경쟁을 통해 다양한 여류 문학이 꽃을 피웠다.

問題を解くために

平安時代에 여류작가들에 의해 **物語文学**, **日記文学**, 수필 문학이 발전한 이유는 다음과 같다. 먼저 역사적인 배경으로 **天皇** 중심의 율령정치(**律令政治**)가 무너지고 귀족들이 권력을 쥐게 되는 셋칸정치(**摂関政治**)가 이루어졌다. 특히 **藤原氏**의 영화(**栄華**)가 정점에 달한 시대였는데 셋칸정치는 **天皇** 가문과 외척관계(**外戚関係**)를 맺는 것이 필수였기 때문에 귀족마다 집안의 재원(**才媛**)을 후궁으로 들여보낸 결과 궁정에는 교양 있는 후궁들과 그들을 모시는 **女房**들의 숫자가 많아지게 된다. 문화적 배경으로는 **仮名文字**의 보급으로 인해 국풍(**国風**) 문화가 탄생하게 되고 **仮名**로 쓰여진 **仮名** 문학이 전성기를 맞이하게 되는데, 이러한 **仮名文字**는 한문에 비해 여성들의 섬세한 심정을 표현하기에 적합하였으므로 여성들에 의한 문학 활동이 활발해졌다.

06 2007 기출 12

- A 작품명 : **古今和歌集(仮名序)**
- B 작품명 : **枕草子**
- C 작품명 : **源氏物語**
- 단어 : ① **あはれ** ② **をかし**

問題を解くために

A. 최초의 칙선(**勅撰**)**和歌集** 『**古今和歌集(こきんわかしゅう)**』의 「**仮名序**」의 **冒頭** 부분이다. 『**古今和歌集**』는 **醍醐天皇**의 명을 받아 **紀貫之** 외 3명이 『**万葉集**』 이후의 노래 1,100**余首**를 모아 **春・夏・秋・冬・賀・離別** 등 13**部立**로 분류한 것으로 모두 20**巻**으로 구성되어 있고 **序文**으로 **紀貫之**가 쓴 「**仮名**

序」가 실려 있다. 「仮名序」는 최초의 문학론이라 할 수 있는데 和歌의 본질은 사람의 마음에 있다고 하면서 心와 詞의 조화를 강조하였다. 원문에 따르면 ①에 들어갈 단어는 「あわれ」인데 뜻은 しみじみ心に染みる感動、感情이다. 출제된 부분을 현대어로 옮기면 다음과 같다.

〈和歌というのは、人の心をもとにして、いろいろな言葉になった(ものである)。世の中に生きている人は、様々な事と関わり合っているため、心に思うことを、見るもの聞くものに託して、言葉に表わしているのである。花で鳴く鶯(うぐいす)、水にすむ蛙の声を聞くと、この世に生きているもの全て、どれが歌を詠まないことがあろうか。力を入れないで天地(の神々)を感動させ、目に見えない鬼神をもしみじみとした思いにさせ、男女の仲を親しくし、勇猛な武士の心を和(なご)やかにするのは、歌なのである。〉

B. 清少納言의 수필 『枕草子』의 일부분이며, ②에 들어갈 단어는 「をかし」이다. 「をかし」는 平安時代 문학에서 볼 수 있는 미적 이념의 하나인데 이를 보여주는 대표적인 작품이 『枕草子』이다.

C. 『源氏物語』의 주인공 光源氏가 현재의 神戸市에 해당하는 須磨(すま)지방에서 근신(謹慎) 중일 때의 외로운 마음을 차가운 바닷바람에 실어 표현한 부분인데, 이 작품에서도 「あわれ」가 쓰였다. 「あわれなるものは、かかる所の秋なりけり。」를 현대어로 옮기면 〈またとなくしみじみともの寂しく感じてしまうのはここ須磨に吹いてくる秋である。〉가 된다.

07 2017.A 기출 13

〈A〉の作品(1)は竹取物語で、ジャンルは作り物語である。したがって〈B〉の中で(1)と同じグループに分類できるのはⓒ落窪物語とⓕ宇津保物語になる。一方、(2)の作品は伊勢物語で歌物語であるため、(2)と同じグループに分類できるのはⓐ大和物語とⓔ平中物語である。作り物語は創作による架空の物語なので伝奇性の強いテーマを素材にするという特徴があり、歌物語は歌(和歌)を中心として話を展開させていくという特徴がある。

問題を解くために

平安時代에는 중국 소설의 영향과 仮名 문자의 발달로 物語라는 새로운 장르가 생겼는데 초기에는 신비하고 전기성(伝奇性)이 강한 주제를 소재로 한 「作り物語」와, 귀족들 사이에서 유행했던 歌語り(노래로 전설이나 설화 등을 읊는 것)가 仮名文字의 발달에 따라 物語文学으로 발전한 「歌物語」의 두 가지 장르로 나뉘어 발달하였다. 「作り物語」 중에서 가장 오래된 작품은 『竹取物語』이며 『宇津保物語』와 『落窪物語』는 사실성(写実性) 있는 묘사가 두드러진 「作り物語」이다. 한편 「歌物語」 작품으로는 在原業平를 모델로 삼아 쓰여진 『伊勢物語』를 비롯하여 『大和物語』와 『平中物語』가 있다. 이 두 가지 계열의 物語를 융합시키고 日記文学의 전통도 이어받아 物語文学의 집대성으로 탄생한 작품이 고전 문학 최고의 걸작으로 칭송받는 『源氏物語』인데 『源氏物語』 이후에는 이를 흉내 낸 모방작들이 物語의 주류를 이루게 되고 귀족 문화의 쇠퇴와 더불어 物語도 쇠락하게 된다.

08 2001 기출 13-1

インド　中国(ちゅうごく)　日本(にほん)

問題を解くために

平安時代 후기에는 설화문학의 대표작인 『今昔物語集』가 탄생하였는데 이 작품은 귀족뿐 아니라 무사나 서민의 생활이 생생하게 묘사되어 있어서 당시의 문화와 생활을 알 수 있는 자료로 큰 가치가 있다. 자그마치 1,000편 이상의 설화를 31권으로 집대성한 대작으로 각 설화의 첫 부분이 「今ハ昔」로 시작한다. 현존하는 것은 28권이며 3분의 2는 불교설화이고 나머지는 세속(世俗)설화이다. 구성은 현재의 인도에 해당하는 天竺(てんじく), 중국에 해당하는 震旦(しんたん), 그리고 일본을 의미하는 本朝(ほんちょう)의 3부로 구성되어 있다. 문체는 漢語와 仏語와 당시의 口語가 섞인 和漢混交文(わかんこんこうぶん)이다.

09 2001 기출 13-2

平家物語(へいけものがたり)

問題を解くために

中世時代의 **物語文学**은 **軍記物語**를 중심으로 발달하는데 「**祇園精舎の鐘の声、諸行無常の響きあり。**」로 시작하는 『**平家物語**』는 그중에서도 대표 작품이라고 할 수 있다. **諸行無常**나 **因果応報**와 같은 불교적 사상이 바탕에 깔려 있으며 **平家** 6**代**에 걸친 약 60년간의 역사가 쓰여 있는 대작이다. 이 작품에서도 기교적인 **和漢混交文**이 등장하는데 이 문체는 **平安時代** 후기의 작품인 『**今昔物語集**』에서도 이미 나타나기 시작한 문체이다.

제3장 중세 문학

본책 p.184

01 2011.1차 기출 23

⑤

問題を解くために

인용된 작품은 **鴨長明**(1155~1216)의 『**方丈記**』이다. 『**方丈記**』는 **鴨長明**가 1204년에 불교에 귀의한 후에 **京都**의 작은 암자에서 은둔생활을 하던 기간에 쓴 수필로 1212년에 완성된 것으로 보인다. **前半**에서는 직접 체험한 천재지변이나 사회 변동에 대한 탄식을, **後半**에서는 자신의 불우한 처지와 은둔생활에 대해 쓰고 있다. 전반적으로 불교적 **無常観**에 의한 자기 성찰이 바탕을 이루고 있다. ⑤의 내용은 『**徒然草**』에 해당되는 내용이다.

02 1998 기출 10

中世時代の随筆文学を代表する作品は、鴨長明の『方丈記』と兼好法師の『徒然草』である。いずれも仏教的無常観が漂う自照文学・隠者文学であるが、『方丈記』では作者が体験した自然災害および、狭い庵での隠遁生活と自分の人生を振り返る内容が和漢混交文で書かれており、『徒然草』では自然と人生に対する鑑賞・批判、趣味、仏教、有職故実など、多岐にわたる内容が和文と和漢混交文で記されている。

問題を解くために

中世時代의 대표적 수필인 『**方丈記**』와 『**徒然草**』에 관한 문제이다. 구체적 해설은 **同範囲問題** 01 참조.

03 2019.A 기출 14

ジャンルは能である。能は室町時代に観阿弥・世阿弥親子によって大成された伝統芸能で、「幽玄」を美的理念としている。「幽玄」は趣きが深く、高尚で優美なことを意味する。

問題を解くために

인용된 작품은 **能**의 극본인 **謡曲** 『**松風**』의 일부이다.

『**松風**』는 **室町時代**의 작품이며 **観阿弥**가 쓴 원작을 아들인 **世阿弥**가 수정했다고 전해진다. 『**源氏物語**』에 등장하는 설화나 『**古今和歌集**』에 실린 **在原行平**의 **和歌** 등을 소재로 삼았다고 하는데 **松風**와 **村雨**는 **平安時代**에 **須磨**에 살았다고 하는 자매의 이름이다.

能는 **室町時代**에 **観阿弥・世阿弥** 부자에 의해 대성(**大成**)된 일본 전통 예능으로 「**幽玄**」을 미적 이념으로 삼고 있다. 「**幽玄**」은 **中古** 시대의 「**もののあはれ**」를 계승한 **中世**의 문학 및 예능을 대표하는 미적 이념으로 **世阿弥**는 자신의 **能楽** 이론에서 「**やさしい美しさ、女性的なたおやかな美**」로서의 「**幽玄**」을 주장하였다.

제4장 근세 문학

본책 p.190

01 2001 기출 14-1

寂(さび)

問題を解くために

「**寂**」는 **松尾芭蕉**가 지은 **俳諧**의 기본 이념으로 **閑寂枯淡**의 예스러운 정취가 넘치는 아름다움(**古びておもむきのある美しさ**)이 예술적으로 승화된 경지를 말한다.

02 2001 기출 14-2

井原西鶴(いはらさいかく)

問題を解くために

井原西鶴는 근세 문학 장르인 **浮世草子**의 창시자이다. **浮世草子**는 **町人**들의 돈벌이나 여성 편력 등에 얽힌 희극과 비극을 그린 소설로, 17세기 말, **元禄期**부터 약 100년간 **上方**를 중심으로 유행하였다.

注

- 浮世草子 ： 江戸時代中期に流行した小説。浮世、つまりこの世の出来事や人間の気持ちをありのままに描写しようとした小説で、男女の恋愛をえがいた好色物、町人の生活をえがいた町人物、武士の生活をえがいた武家物がある。

03 2001 기출 14-3

日本永代蔵(にっぽんえいたいぐら、にほんえいたいぐら)

問題を解くために

井原西鶴의 대표작 중 하나로 30편의 단편소설로 이루어져 있다. **西鶴**가 쓴 최초의 **町人物**로, 금전욕과 물욕에 사로잡혀 살아가는 그 당시 **町人**들의 성공담 및 실패담을 꾸밈없이 있는 그대로 묘사하였다. 일본 문학사상 처음으로 금전을 대상으로 삼은 작품으로 큰 의의를 지닌다.

04 2001 기출 14-4

義理(ぎり)、人情(にんじょう)

問題を解くために

浮世草子의 장르 중 하나인 「**町人物**」의 문학 이념인 **義理**와 **人情**를 묻는 문제이다. 이 두 가지 이념은 **近世**의 봉건 사회 제도와 밀접하게 연관되어 탄생하였다. 「**義理**」는 **江戸時代** 사람들의 생활을 외부에서 규제하는 사회 규범이었으며 타인에 대해 지켜야 할 도덕 규범이기도 했다. 「**人情**」는 그런 봉건적인 도덕관념 등에 규제를 받으면서도 그에 구속되지 않는 인간 본래의 자연적인 심정을 말한다. 이 두 개의 상반된 이념은 현실 사회 속에서 상충하게 되는데 **井原西鶴**나 **近松門左衛門** 같은 작가들은 그와 같은 현실과 양자의 모순 속에서 생겨나는 갈등과 번뇌 등을 있는 그대로 표현하고자 하였다.

05 2006 기출 11

① 작가 : 井原西鶴(いはらさいかく)
작품 : 好色一代男(こうしょくいちだいおとこ)
② 작가 : 松尾芭蕉(まつおばしょう)
작품 : 奥の細道(おくのほそみち)

問題を解くために

近世의 산문 문학과 운문 문학의 대표적 작가와 그의 대표작을 묻는 문제이다. 산문 문학에서는 **浮世草子**를 창시한 **井原西鶴**와 그의 대표작인 『**好色一代男**』(『**日本永代蔵**』나 『**世間胸算用**』도 가능)를, 운문 문학에서는 **松尾芭蕉**와 그의 대표작인 『**奥の細道**』를 답안으로 쓸 수 있다.

注

- 奥の細道 ： 松尾芭蕉の俳諧紀行文。『おくのほそ道』とも書く。1689(元禄2)年3月、46歳の芭蕉は門人の河合曽良(かわいそら)を連れて江戸を立ち、千住の宿(今の東京都荒川区)から奥羽・北陸への旅に出た。旅行の大きな目的は、名所として称えられた松島(まつしま)と象潟(きさかた)を訪ねることであった。その他、日光東照宮や白河(しらかわ)の関(せき)など、各地の名所を訪れながら行程600里(約2,400km)、約5か月にわたる生涯最大の旅行をした後、芭蕉は足かけ5年かけて紀行文を完成させた。作品名は仙台の東北の道の名からとり、奥州路(おうしゅうじ)全体の意味をもたせている。

〈松尾芭蕉の代表作〉

- 「あらたふ(あらとう)と青葉若葉(わかば)の日の光」 – 日光の東照宮でよんだ俳句
- 「五月雨(さみだれ)の降り残してや光堂(ひかりどう)」 – 平泉でよんだ俳句
- 「荒海(あらうみ)や佐渡によこたふ(よことう)天の河(あまのかわ)」 – 越後路(えちごじ)の海岸でよんだ俳句

06 2007 기출 13

① 近松門左衛門
② 時代
③ 世話

問題を解くために

近世時代 劇文学의 대표적 작가로 일본 문화사상 중요한 업적을 남긴 **近松門左衛門**(ちかまつもんざえもん)과 그의 작품에 대해 묻는 문제이다. **近松門左衛門**은 무사 가문 출신으로 **京都**로 상경하여 작가가 되었으며 **元禄** 말년까지는 주로 **歌舞伎** 대본을 집필했지만 **竹本座**의 전속 작가가 된 후부터 많은 **浄瑠璃** 각본을 창작하였다. 운문적 요소가 가미된 서정적이고 아름다운 문체가 특징이다. 그의 작품은 역사상의 사건이나 전설을 소재로 삼아 주로 충의(**忠義**)의 정신을 표현한 **時代物**(例 『**国性爺合戦**(こくせんやかっせん)』)와, 실제로 일어났던 사건을 각색한 현대물로 **義理**와 **人情**의 갈등으로 고민하는 **町人**의 모습을 그린 **世話物**(例 『**曽根崎心中**(そねざきしんじゅう)』)로 나눌 수 있다.

07 2002 기출 10-4

近世時代(江戸時代도 가능)

問題を解くために

모두 **近世時代**를 말해주는 키워드이다. 『**奥の細道**』의 성립은 1702年이고 **近松門左衛門**은 **近世時代 劇文学**의 대표적 작가이다. **人形浄瑠璃**가 탄생하고 발달한 시기는 **近世** 초기이며 **キリスト教禁止令**은 2代将軍인 **徳川秀忠**(とくがわひでただ)에 의해 실시되었다.

08 2005 기출 23

- ①の季語：蝉(せみ)　　季節：夏
- ②の季語：藤の花(ふじのはな)　　季節：春
- 作者：松尾芭蕉(まつおばしょう)
  作品名：奥の細道(おくのほそみち)

問題を解くために

季語(きご)는 **俳句**의 용어로 **季題**라고도 하는데 계절감을 나타내기 위해서 **俳句**에 하나는 꼭 넣는 것이 원칙이다. 기후나 자연뿐 아니라 연중행사나 풍속 습관 등, 계절에 관계된 어휘도 가능했다. 인용된 **俳句**는 **松尾芭蕉**의 작품이고 그의 대표작은 『**奥の細道**』이다. 위의 작품에서 **季語**는 **蝉**(매미)와 **藤の花**(등나무 꽃)이고 계절은 각각 여름과 봄이다.

09 2018.B 기출 7

- (　　)の中に入ることばは「オチ」である。(「さげ」도 가능)
- ⓐとⓒの読み方はそれぞれ「はちまき」と「そろった」である。
- 松公がⓑのように言った意図は、「饅頭が怖い」と言うと自分を嫌う男たちが自分をいじめるために饅頭を持ってくるだろうと考え、彼らを利用して饅頭をいっぱい食べることである。

問題を解くために

落語(らくご)는 **戦国時代** 말기부터 **江戸時代** 초기에 생겨난 **話芸**(わげい)로 1인극이며 예로부터 전해오는 민화나 서민 생활에 있을 법한 재미있는 이야기를 다룬다. 대중 예능을 공연하는 연기장인 **寄席**(よせ)에서 공연되는 **寄席演劇**의 하나로 재치가 넘치고 해학적인 끝마무리(**オチ** 또는 **サゲ**라고 한다)가 특징이다.

注

・オチ：落語や漫才、あるいはマンガなどで、話を落ち着かせて終わらせること、または、そのためのネタを指す語のこと。落ち。サゲともいう。

제5장 근현대 문학

본책 p.198

(1) 작가와 작품의 특징

01 2004 기출 9-1

번호	①	⑦	⑧
작가	ⓐ	ⓕ	ⓖ

問題を解くために

모두 근현대 문학의 대표적인 작가와 작품이다. ①의 『金閣寺』는 **高村光太郎**가 아니라 **三島由紀夫**의 작품이고, ⑦의 『みだれ髪』는 **田山花袋**가 아니라 **明星派**의 **歌人**으로 **近代短歌**의 발전에 힘쓴 **与謝野晶子**가 1901년에 발표한 **歌集**으로 낭만주의 문학의 대표 작품이다. 그리고 ⑧의 『たけくらべ』는 **島崎藤村**이 아니라 5000円 지폐에 초상이 인쇄되어 있는 **明治時代**의 소설가 **樋口一葉**가 쓴 소설인데 문예잡지 『**文学界**』에 발표되었으며 **樋口一葉**의 이름을 널리 알린 대표작이다.

注

・明星：文芸雑誌。1900(明治33)年に与謝野鉄幹主宰の新詩社の機関誌として創刊された。与謝野晶子の歌を中心とする華麗で浪漫的な詩風は明星調・星菫調と呼ばれ、近代浪漫主義の母胎となった。石川啄木・北原白秋・木下杢太郎らのすぐれた詩人・歌人を世に送りだした。

02 2005 기출 25

・①の作者：国木田独歩(くにきだどっぽ)
　作品名：『武蔵野(むさしの)』
・②の作者：谷崎潤一郎(たにざきじゅんいちろう)
　作品名：『刺青(しせい)』
・③の作者：芥川龍之介(あくたがわりゅうのすけ)
　作品名：『鼻(はな)』

問題を解くために

소설의 **冒頭** 부분을 읽고 어떤 작품인지 쓰는 문제이다. ①에서는 「**武蔵野**」라는 지명이, ③에서는 「**禅智内供の鼻**」라는 부분이 힌트가 될 수 있다.

①은 **明治時代**의 시인이자 소설가인 **国木田独歩**가 27세에 쓴 단편소설 『**武蔵野**』이다. **明治30年** 무렵의 **東京** 교외의 **武蔵野**에서 볼 수 있는 자연의 소박한 풍경과 조화로운 아름다움을 서정적으로 표현한 작품으로 투르게네프(**ツルゲーネフ**)의 영향을 받았다.

②는 **耽美派**를 대표하는 작가, **谷崎潤一郎**의 대표작 『**刺青**』이다. 그는 이 소설을 1910(**明治43**)年에 제2차 『**新思潮**』에 발표하면서 관능적인 유미주의(**唯美主義**) 작가로 떠올랐다. 그의 다른 작품으로는 일본의 고전의 전통을 살린 『**吉野葛**』, 『**盲目物語**』, 『**蘆刈**』, 『**春琴抄**』, 그리고 2차 세계대전이 진행될 때부터 전후에 이르기까지 쓴 장편 대작 『**細雪**』 등이 있다.

③은 **芥川龍之介**가 1916**年**에 발표하여 **夏目漱石**에게 극찬을 받은 단편 소설 『**鼻**』인데 주인공인 승려 **禅智内供**가 턱까지 내려오는 긴 코를 어떻게든지 남들에게 숨기기 위해 여러 가지로 궁리하는 내용을 통해 인간에 대한 연민을 해학적으로 그린 작품이며 『**今昔物語集**』의 「**鼻を持ちあげて朝粥を食う話**」에서 소재를 얻었다고 알려져 있다. 그의 다른 작품으로는 『**羅生門**』, 『**河童**』, 『**蜘蛛の糸**』, 『**トロッコ**』 등이 있다.

03 2007 기출 15

・A 作家名：田山花袋　作品名：『蒲団』
・B 作家名：夏目漱石　作品名：『こころ』
・C 作家名：島崎藤村　作品名：『破戒』

問題を解くために

소설의 일부를 읽고 어떤 작품인지 쓰는 문제이다. **冒頭** 부분이 아니기 때문에 다소 어렵다고 느낄 수도 있지만, 작품명이나 주인공의 이름을 기억한다면 도움이 된다. 작품 A에서는 「**芳子が常に用ひて居た蒲団**」이라는 부분에서 힌트를 찾을 수 있고 작품 B에서는 「**勘定してみると奥さんがKに話をしてから**」를 보고 어떤 작품인지 알 수 있다. 그리고 작품 C에서는 「**『私は穢多です、調里です、不浄な人間です』とこう添加して言った。丑松はまだ詫び足りないと思ったか**」 부분이 힌트가 된다. 이름 있는 작가의 대표작 정도는 전체를 다 읽지 않더라도 대강의 내용은 알아 두는 것이 좋다.

注

- 『蒲団』: 田山花袋の中編小説で私生活をありのままに描くことを目指した自然主義文学の代表作。1907(明治40)年に文芸雑誌『新小説』で発表された。露骨な性を書いたことで、当時の文壇に大きな反響を巻き起こした。赤裸々な告白がなされる点から私小説の出発点と評価される。
- 『破戒』: 島崎藤村の長編小説。1906(明治39)年刊。差別の対象であった部落の問題を取りあげ、日本の自然主義文学の出発点となった。被差別部落出身の小学校の教師瀬川丑松(せがわうしまつ)が身分を隠せという父親の戒めに従ってきたが、先輩猪子蓮太郎(いのこれんたろう)の犠牲的な死と父親の死に動かされて、出生の秘密を生徒の前で公表し町を出るまでを描いている。
- 『こころ(こゝろ)』: 夏目漱石の中編小説。1914(大正3)年発表。人間のエゴイズムに対する絶望感から最後まで立ち直れずついには死を選ぶ明治時代の知識人を描いた作品で優れた心理描写が有名。

04 2002 기출 11-1

(1) 어디에서 태어났는지 도무지 짐작이 가지 않는다.
(2) A 作品名 : 三四郎(さんしろう)
　 B 作品名 : 吾輩(わがはい)は猫(ねこ)である

問題を解くために

둘 다 **夏目漱石**의 소설이다. **夏目漱石**는 **教師** 출신으로 영국에 유학을 다녀온 후에 **東京帝国大学**에서 영문학을 가르치다가 1905 **年**에 『**吾輩は猫である**』를, 그리고 『**坊っちゃん**』과 『**草枕**』를 연이어 발표하면서 소설가로서 이름을 높였다. 『**三四郎**』는 인간의 근원적인 존재의 불안을 추구한 작품으로 『**それから**』, 『**門**』과 함께 전기 3부작 중 하나로 꼽힌다. 후기 3부작으로는 『**彼岸過迄**』, 『**行人(こうじん)**』, 『**こゝろ**』가 있다.

05 2008 기출 21

- ㉮ 作品名 : 『雨(あめ)ニモマケズ』
  作家名 : 宮沢賢治(みやざわけんじ)
- ㉯ 作品名 : 『機械(きかい)』
  作家名 : 横光利一(よこみつりいち)
- ㉰ 作品名 : 『サラダ記念日(きねんび)』
  作家名 : 俵万智(たわらまち)
- ㉱ 作品名 : 『金閣寺(きんかくじ)』
  作家名 : 三島由紀夫(みしまゆきお)

問題を解くために

산문 문학뿐 아니라 운문 문학에서도 유명한 작품이 출제되었다. 작품 ㉮는 **宮沢賢治**의 대표작으로 널리 알려져 있지만 시인의 사망 후에 발견된 유작 메모이다. 작품 ㉯는 **新感覚派**를 대표하는 작가 **横光利一**의 단편소설 『**機械**』로 1930(**昭和**5)**年**에 발표되었다. 작은 공장에서 일하는 주인공인 「**私**」의 눈을 통해 공장 주인과 함께 일하는 직원들의 심리를 그린 작품으로 작가가 심리주의적 기법으로 전환하게 되는 계기가 된 작품이다. 작품 ㉰는 현대적 기법의 **歌人**인 **俵万智**를 유명하게 만든 **短歌**로 작가의 대표작이며, 작품 ㉱는 **三島由紀夫**의 대표작 『**金閣寺**』인데 「**金閣を焼くといふ考え**」라는 부분에서 힌트를 얻을 수 있다.

06 2001 기출 15-1

谷崎潤一郎(たにざきじゅんいちろう)
志賀直哉(しがなおや)

問題を解くために

현대 소설의 대표작 중에서 **耽美派**와 **白樺派**에 속하는 작가를 고르는 문제이다. 자주 출제되는 유형이므로 각 유파별로 대표적인 작가와 작품을 알아 두어야 한다.
물질적이고 본능적인 사실 편중의 고백 문학인 **自然主義**에 대하여 비판적 입장에 섰던 **反自然主義 流派**로는 **森鷗外**와 **夏目漱石**의 **高踏派・余裕派**, 그리고 **耽美派**, **白樺派**를 꼽는다. 이 중에서 **耽美派**는 19세기 후반에 프랑스와 영국을 중심으로 일어난 문예사조로, 오로지 아름다움만을 지상 최고의 목표로 삼고 추구하기 때문에 **唯美主義**라고도 한다. **耽美派** 작가들은 인생이나 도덕, 인간의 삶보다는 감각이나 정서를 더 중시하고 그 속에서 아름다움을 발견하고자 하는 예술지상주의적인 태도를 보이는데 일본에서는 **自然主義**에 대한 반발로 19세기 후반에 나타나 문예잡지 **『三田文学』**를 거점으로 활동하였다. **谷崎潤一郎**의 **『刺青』**가 대표적인 작품이며 **北原白秋**, **木下杢太郎**, **永井荷風** 등도 **耽美派**에 속한다.

白樺派는 문예잡지 **『白樺』**를 중심으로 활동한 작가들을 말한다. 이상주의적 인도주의를 바탕으로 한 개성의 존중과 자유를 외쳤는데 **志賀直哉**, **有島武郎**, **武者小路実篤**, **里見弴** 등의 작가가 있다. **志賀直哉**는 **『白樺』**의 창간에서부터 관여한 **白樺派**의 중심 작가로 **『和解』『城の崎にて』『小僧の神様』**와 같은 작품을 남겼는데 제시문에 인용된 소설 **『暗夜行路』**는 그가 반평생을 바쳐서 완성한 장편 소설이다. 날카롭고도 정확한 묘사에 뛰어났으며 **「小説の神様」**라고 평가받을 정도로 당대 문인들에게 많은 영향을 미친 작가이다.

작품 A에 인용된 **『夢十夜』**는 **夏目漱石**의 작품으로 1908**年** 7월부터 8**月**까지 **朝日新聞**에 **「第一夜」**부터 **「第十夜」**까지 10회에 걸쳐 연재된 작품이다. 작품 B에 인용된 **『人間失格』**는 **太宰治**, 작품 D에 인용된 **『地獄変』**은 **『宇治拾遺物語』**에서 소재를 얻어 창작한 **芥川龍之介**의 단편소설이다. 작품 F에 인용된 **『砧をうつ女』**는 재일교포 작가인 이회성(**李恢成**)의 소설이고, 작품 G에 인용된 **『死者の奢り』**는 노벨문학상 수상작가인 **大江健三郎**의 데뷔작이다. 마지막 작품은 역시 노벨문학상을 수상한 **川端康成**의 장편 소설 **『雪国』**에서 인용되었다.

07 2001 기출 15-2

細雪(ささめゆき)

問題を解くために

작품 C를 쓴 작가는 **谷崎潤一郎**이고 그의 대표적 장편소설은 **『細雪』**이다. **『細雪』**는 1943**年**부터 1948**年**에 걸쳐 발표되었는데 **大阪** 부두에서 상업에 종사해 온 **蒔岡家** 네 자매의 삶과 운명을 그린 작품이다. 이 소설에서 **谷崎潤一郎**는 고전적 아름다움을 표현하기 위해 전통적인 행사인 **花見**를 비롯한 사계절의 전통적인 행사 등을 소재로 삼아 일본의 전통미와 문화를 묘사하였다.

08 2001 기출 15-3

芥川龍之介(あくたがわりゅうのすけ)
川端康成(かわばたやすなり)
太宰治(だざいおさむ)

問題を解くために

인용된 작품의 작가들 중에서 스스로 목숨을 끊은 작가는 **芥川龍之介**(1892~1927), **川端康成**(1899~1972), **太宰治**(1909~1948)이다. 작품이 인용되지는 않았으나 **有島武郎**(1878~1923), **三島由紀夫**(1925~1970)도 스스로 목숨을 끊은 작가에 속한다.

09 2001 기출 15-4

伊豆の踊子(いずのおどりこ)

問題を解くために

작품 H를 쓴 작가는 **川端康成**이다. 그의 단편소설 **『伊豆の踊子』**는 1926(**大正**15)**年**에 발표된 작품으로 **伊豆** 지방의 자연을 배경으로 유랑극단(**旅芸人**)의 소녀와, 지식인 학생과의 풋사랑을 서정적으로 그린 청춘소설이다.

10 2001 기출 15-5

이회성 이양지 유미리 현월

問題を解くために

1972**年**에 **『砧をうつ女』**로 재일 한국인 작가로서는 최초로 **芥川賞**을 받은 작가를 포함하여 **芥川賞** 수상자인 재일 한국인 작가 4명이 누구인지를 묻는 문제이다. 이회성(**李恢成**)의 수상 후에도 이양지(**李良枝**)가 1989**年**에 **『由熙』**로, 유미리(**柳美里**)는 1997**年**에 **『家**

族シネマ』로, 그리고 현월(**玄月**)은 2000**年**에 『**陰の棲(す)みか**』로 **芥川賞**을 수상하였다. 최근에는 2016**年**에 재일한국인 3세인 최실(**崔実**)이 『**ジニのパズル**』로 **芥川賞** 수상 작가에 이름을 올렸다.

11 2001 기출 15-6

暧昧な日本の私(あいまいなにほんのわたし)

問題を解くために

작품 C를 쓴 작가는 **大江健三郎**인데 그는 1994**年**에 개최된 노벨 문학상 시상식 때 **川端康成**의 「**美しい日本の私**」를 본딴 수상소감 「**あいまいな日本の私**」로 화제를 모았다.

12 2009.1차 기출 23

①

問題を解くために

근대의 운문 문학의 대표적 경향에 관해 묻는 문제이다. 일본에서는 1882**年**에 『**新体詩抄**』의 출판과 함께 근대시 시대가 시작되었다. **明治**20~30**年代**에는 번역 문학의 영향으로 낭만적인 시가 많았는데 **上田敏**은 번역시집 『**海潮音**』을 통해 유럽의 상징시를 소개하였다. **明治時代** 말기부터 **大正時代**에 걸쳐서 **白樺派**의 영향을 받은 이상주의 시인이나 예술지상주의 입장에서 상징시의 흐름을 이어받은 시인이 활약했는데 대표적 시인과 작품으로는 **高村光太郎**의 시집 『**道程**』를 들 수 있고, **萩原朔太郎**는 첫 시집 『**月に吠える**』(1917)와 『**青猫**』(1923)를 통해 **口語自由詩**를 예술적으로 완성했다고 평가받는다. 또한 시인이자 프랑스문학에도 조예가 깊었던 **堀口大學**는 『**月下の一群**』을 비롯하여 300권 이상의 번역시집을 내면서 일본의 근대시에 큰 영향을 주었다.

13 2010.1차 기출 23

②

問題を解くために

근대 소설 작품의 일부를 읽고 작가를 고르는 문제이다. 작품 (가)는 **谷崎潤一郎**가 **私小説**라고 고백한 『**痴人の愛**』, 그리고 작품 (나)는 **芥川龍之介**의 『**河童**』의 시작 부분이다. 작품 (다)는 **島崎藤村**의 『**千曲川(ちくまがわ)のスケッチ**』 중 일부이며, 작품 (라)는 **小林多喜二**의 『**蟹工船**』 중의 일부이다. 끝으로 작품 (마)는 **太宰治**의 소설 『**走れメロス**』의 시작 부분이다.

작품 (가)의 힌트가 되는 대목은 등장인물의 이름인 「**奈緒美**」가 나오는 부분이다. 이 작품의 내용은 고지식한 샐러리맨 **河合譲治**가 카페에서 일하던 열다섯 살짜리 소녀 **奈緒美(ナオミ)**를 데리고 나와 언젠가는 그녀를 아내로 삼을 생각으로 키우기 시작하지만 자유분방한 그녀로 인해 점점 파멸해가는 이야기이다. 작품 (나) 『**河童**』는 **芥川龍之介**가 자살하기 몇 년 전에 쓴 만년(**晩年**)의 대표작으로 그 당시 이미 그는 신경쇠약 증세를 보이고 있었는데 작품 속에서도 정신질환을 가진 어떤 이의 기묘한 체험담을, 병원을 방문한 「**僕**」가 적는다는 내용으로 시작된다. 작품 (다)는 **島崎藤村**이 **長野県**에서 교편을 잡았을 때 **千曲川** 유역에 사는 사람들의 힘든 생활상이나 주변의 자연 풍물을 관찰하여 묘사한 것인데 작가가 시인에서 소설가로 전환하는 계기가 된 작품이다. 작품 (라)는 **昭和時代** 초기 프롤레타리아 문학의 대표 작가인 **小林多喜二**가 노동자의 시각에서 그들의 생활과 심경을 그린 작품이다. 「**この蟹工船博光丸のすぐ手前に**」라고 쓰여진 부분에서 힌트를 얻을 수 있다. 작품 (마)는 목동인 **メロス**와 절친인 **セリヌンティウス** 사이의 우정을 그린 작품으로 1940년에 발표된 **太宰治** 문학 중기의 대표작이다.

14 2011.1차 기출 22

②

問題を解くために

〈보기 1〉에서는 작가에 대한 설명을, 〈보기 2〉에서는 그 작가들의 작품의 일부를 제시하여 작가와 작품을 이어주는 조합을 찾는 문제이

다. 〈보기 1〉에서 작품 ㈎는 「ロシア文学を通して水準の高いリアリズム論を体得」에서, ㈏는 「ドイツから帰国」에서 ㈐는 「硯友社」에서 각각 힌트를 얻을 수 있다. 〈보기 2〉에서 작품 ㄱ은 **森鷗外**의 『**舞姫**』, 작품 ㄴ은 **二葉亭四迷**의 『**浮雲**』, 작품 ㄷ은 **樋口一葉**의 『**たけくらべ**』, 작품 ㄹ은 **尾崎紅葉** 『**金色夜叉**』의 일부이다. 『浮雲』에서는 「一時間程を経て文三」라는 부분에서, 그리고 『たけくらべ』에서도 「美登利は障子の中ながら硝子ごしに遠く眺めて」에서 주인공 이름을 찾아볼 수 있다. 또한 **鴫沢宮**(しぎさわみや)さん과 **間貫一**(はざまかんいち)는 『金色夜叉』의 주인공 남녀의 이름이다.

15 2012.1차 기출 21

①

問題を解くために

〈보기 1〉에서는 **俳人** 또는 **歌人**에 대한 설명을, 〈보기 2〉에서는 이름을 나열하고 서로 이어주는 조합을 찾는 문제이다. 〈보기 1〉에서 작가별로 대표 작품을 들어 설명하고 있으므로 거기서 힌트를 얻을 수 있다.

㈎는 **明治・大正・昭和時代**를 살았던 **俳人**, **河東碧梧桐**(かわひがしへきごとう)에 대한 설명이다. 그는 **正岡子規**의 제자로 스승의 뜻에 따라 **俳句**의 혁신운동을 위해 노력했다. **子規** 사후에는 작풍(作風)을 둘러싸고 **高浜虚子**(たかやまきょし)와 대립하였는데 **季題**나 **定型**에 대한 집착에서 벗어나 자유롭게 생활 감정을 노래하는 신경향 **俳句**를 완성하고자 노력하였다. 다음은 **河東碧梧桐**의 **俳句**이다.

◇「赤い椿(つばき)白い椿と落ちにけり」

◇「相撲乗せし便船(びんせん)のなど時化(しけ)となり」

㈏는 **明治時代**의 **俳人**이자 **歌人**인 **正岡子規**에 대한 설명이다. 폐결핵과 싸우면서도 **俳句**와 **短歌**의 혁신을 위해 노력한 인물이며 **俳句** 잡지인 『**ホトトギス**』를 창간하였고 **高浜虚子**, **河東碧梧桐**, **伊藤左千夫**(いとうさちお), **長塚節**(ながつかたかし) 등의 제자 양성에도 힘을 기울이는 등 근대 **俳句**와 **短歌**에 지대한 공을 세웠다. **句集**이나 **歌集** 외에도 수필 『**病牀六尺**(びょうしょうろくしゃく)』, **歌論書** 『**歌よみに与**(あた)**ふる書**』 등의 저술을 남겼다.

㈐는 『**みだれ髪**』로 유명한 **明星派 歌人**, **与謝野晶子**에 대한 설명이다. **明星派 歌人**들의 낭만적인 시풍(**詩風**)은 **明星調** 또는 **星菫調**(せいきん)라고 불렸으며 근대 낭만주의 **短歌**의 전성기를 불러왔다.

㈑는 **河東碧梧桐**와 대립했던 **高浜虚子**에 대한 설명이다. **正岡子規**의 제자였으며 **子規** 사후에 **河東碧梧桐**가 신경향의 **俳句**를 주장하는 것과는 달리 자연이나 대상을 객관적으로 묘사하는 사생(**写生**)기법, 사계절의 변화에 따른 자연현상과 세상 일에 대한 감동을 읊는 **花鳥諷詠**(かちょうふうえい)를 외치면서 전통적인 **俳句**를 지켜야 한다는 입장을 취했다. **2万句** 이상의 **俳句** 작품을 남겼는데 대표적인 **句集**으로 『**虚子句集**』, 『**五百句**』 등이 있다. 소설로는 『**俳諧師**(はいかいし)』가 있다. 다음은 **高浜虚子**의 **俳句**이다.

◇「遠山に日の当たりたる枯野(かれの)かな」

◇「流れ行く大根の葉の早さかな」

㈒는 **明治時代の詩人**이자 **歌人**인 **石川啄木**(いしかわたくぼく)에 대한 설명이다. **明星派**로부터 영향을 받았으며 20살에 **詩集** 『**あこがれ**』를 발표하는 재능을 보이며 활동했지만 폐결핵으로 27살의 젊은 나이에 요절하였다. **歌集**에 『**一握の砂**』, 『**悲しき玩具**』가 있다.

注

・『ホトトギス』: 明治時代末期から大正・昭和時代にかけて俳壇の指導的役割をはたしてきた俳句雑誌。1897(明治30)年に正岡子規の主宰により創刊。翌年から東京にうつり, 高浜虚子の手で編集されるようになった。現在も刊行されている。

16 2008 기출 18

㉮ 村上春樹(むらかみはるき)
㉯ 村上龍(むらかみりゅう)
㉰ 吉本(よしもと)バナナ
㉱ 大江健三郎(おおえけんざぶろう)

問題を解くために

현대 문학 중에서도 소설 분야에서 대표적인 작가 네 명에 대해 묻는 문제이다. 이들 네 명은 비교적 한국에서도 잘 알려져 있는 작가들이라 난이도는 높지 않은 문제라고 할 수 있다. 현대 문학 작품 전체를 다 알지 못하더라도 한국에 알려진 작가와 그들의 대표작은 특히 잘 정리해 두어야 한다.

제5장 근현대 문학 본책 p.215

(2) 문학사조

01 1999 기출 14-1

③ 写実主義 ① 自然主義 ② 理想主義

問題を解くために

自然主義 문학의 이론가로 잘 알려진 **島村抱月**의 문학평론 「**文芸上の自然主義**」는 문예잡지 『**早稲田文学**』에 1908**年**에 게재되었다. 제시문에서는 현실 묘사를 목적으로 하는 **写実主義**, 이상의 표현을 목적으로 하는 **理想主義**와 달리, **自然主義**는 **真**(Truth)의 표현을 목적으로 한다고 쓰고 있다. 문학사조로서의 **自然主義**는 현실 세계의 대상을 선입견 없이 실험적으로 관찰하는 기법을 문학에 도입하는 것이다. 모든 현상과 그 변화의 원리가 자연(물질)에 있다고 보는 이러한 실재론(**実在論**)을 바탕으로 **理想主義**에 반대하고 실증주의에 입각하여 관찰과 실험 등의 과학적 방법을 도입하여 당대 사회를 객관적으로 묘사하고자 하였다. 일본에서는 **坪内逍遥**의 『**文芸神髄**』가 발표된 이후 **写実主義** 문학 운동이 가장 먼저 일어났고 **島崎藤村**의 『**破戒**』(1906)와 **田山花袋**의 『**蒲団**』(1907)으로 **自然主義** 문학이 성립되었다. **写実主義**에서 **自然主義** 문학으로 가는 과도기에 나온 문학사조인 **擬古典主義**는 **写実主義**의 표현 기법을 이어갔지만 주제 면에서 보면 **幸田露伴**의 『**五重塔**』나 **樋口一葉**의 『**たけくらべ**』와 같은 작품은 **理想主義**적인 요소가 있다고 할 수 있다. 이 평론이 쓰인 시기는 1908**年**이므로 **島村抱月**가 본책에서 언급한 **理想主義**는 **自然主義** 문학 이전에 나온 문학사조라고 보인다. 그러나 일본에서 **理想主義** 문학 운동이 본격적으로 시작된 것은 1910**年**에 창간된 잡지 『**白樺**』를 중심으로 활동한 **白樺派**(**武者小路実篤・志賀直哉・有島武郎** 등)라고 할 수 있고 문제에서는 일반적인 문학사조의 흐름에 대해 묻고 있으므로 정답은 **写実主義→自然主義→理想主義**의 순서라고 보는 것이 타당하다.

02 1999 기출 14-2

言文一致の文体を初めて駆使した作家は二葉亭四迷で、彼が属した文芸思潮は写実主義である。写実主義は勧善懲悪などのような戯作文学の前近代的な要素から脱し、作家の主観を排除して外的世界および人間の心境をありのまま描写しようとした。

cf. 문제에서는 한국어로 답안을 쓰라고 하였으나 변화된 시험 유형에 따라 일본어로 답안을 예시하였음

問題を解くために

일본 근대 문학에서의 언문일치체(**言文一致体**) 실천은 **写実主義** 문학의 대표작가인 **二葉亭四迷**에서 시작되는데 그의 작품 『**浮雲**』는 「**だ調**」를 사용한, 최초의 **言文一致体** 문학이다. 그 후, **擬古典主義**의 **尾崎紅葉**와 **山田美妙**도 각자 「**である調**」와 「**です調**」를 쓰기 시작하며 **言文一致体** 문학의 완성을 위해 노력하였다. 이러한 **言文一致** 운동은 **白樺派**에 이르러서야 완성되었다.

03 2000 기출 5-1

- 文芸思潮 : 自然主義
- 作品名 : 『破戒(はかい)』『蒲団(ふとん)』 중에서 택일

問題を解くために

自然主義는 19세기 후반에 프랑스의 에밀 졸라, 모파상 등의 작가를 중심으로 유행했던 문학과 예술의 사상이나 창작 태도를 말한다. 자연과학의 발달과 사회 모순의 확대에 자극을 받아 일어난 운동이라고 할 수 있는데 사실주의가 있는 그대로의 현실을 묘사하고자 했다면 자연주의는 대상을 자연과학자의 눈으로 분석, 관찰하여 보고하는 자세로 사회나 인간, 자연을 그대로 묘사하고자 하였다. 일본에서는 러일전쟁(1904~1905) 무렵부터 **明治** 말기까지 유행하였는데 대표 작가로는 **島崎藤村**, **田山花袋**, **国木田独歩**, **正宗白鳥** 등이 있다.

04 2000 기출 5-2

夏目漱石(なつめそうせき)　　森鷗外(もりおうがい)

問題を解くために

일본 근대 문학의 거장인 **森鷗外**와 **夏目漱石**는 두 사람 다 일찍이 외국 유학을 경험했고 풍부한 교양과 넓은 시야, 날카로운 비판 정신을 지니고 있었다. 이들은 20세기 초에 일본 문학계를 휩쓴 **自然主義** 문학의 유행에 휩쓸리지 않고 초연하고 주지적(**主知的**)인 입장에서 이지적(**理知的**) 경향의 작품을 발표하였는데 이 시기의 **森鷗外**와 **夏目漱石**를 각각 **高踏派**와 **余裕派**라고 부른다.

05 1999 기출 14-3

余裕派(よゆうは)・高踏派(こうとうは)
耽美派(たんびは)　　白樺派(しらかばは)

問題を解くために

反自然主義는 물질적이고 본능적인 사실 편중의 고백 문학인 **自然主義** 문학에 대해 비판적 입장에 선 작가들의 문학 경향을 총괄하여 부르는 명칭이다. 크게 세 가지 부류로 나눌 수 있는데 **森鷗外**, **夏目漱石**로 대표되는 **高踏派・余裕派**, 그리고 **永井荷風**, **谷崎潤一郎**로 대표되는 **耽美派**, 마지막으로 **志賀直哉**, **武者小路実篤**, **有島武郎** 등으로 대표되는 **白樺派**이다.

06 2005 기출 26

- 作品名：伊豆(いず)の踊子(おどりこ)
- 作家名：川端康成(かわばたやすなり)
- 新感覚派は大正末期から昭和初期にかけて流行った日本文学の一流派である。1924年創刊された同人誌『文藝時代』を母体に登場した横光利一、川端康成、片岡鉄平、中河与一などの新人作家を指す。人生をありのままに描写しようとした自然主義の文学、プロレタリア文学に対する反発で起こった。擬人法や比喩などの斬新な表現方法を駆使し、感覚的な新しい美や心理の追求を唱えた。

問題を解くために

제시문에 나온 문장은 **新感覚派**를 대표하는 작가 **川端康成**의 소설 **『伊豆の踊子』**의 **冒頭** 부분이다.
芸術派라고도 불리는 **新感覚派**는 **昭和初期**에 활동했던 문인들의 유파로, **自然主義** 문학과 프롤레타리아 문학에 대한 반발로 일어났다. 이들은 지적이며 감각적인 표현으로 문체의 혁신을 도모하여 **新興芸術運動**을 일으키기도 하였다.

07 2002 기출 11-2

新感覚派(しんかんかくは)

問題を解くために

이 문제도 **新感覚派**에 대한 지식을 묻는 문제이다. 대표 문인과 작품으로 **川端康成**의 **『伊豆の踊子』**와 **『雪国』**, **横光利一**의 **『日輪』**을 기억해 두어야 한다.

08 1997 기출 6-1

- 私小説 또는 心境小説
- 「ある朝の事、自分は～見つけた。」で、作家が1人称話者の視点から自分の経験したことを書いていること、「それは見ていて、静かな感じを与えた。淋しかった。」のように、その時に感じた自分の心境を述べている部分を見ると、この小説が自分の経験や心境を描写する形式を取り入れた私小説であることがわかる。

問題を解くために

城の崎는 일본 **兵庫県**의 북쪽에 있는 지역의 이름이다. 1913年에 **志賀直哉**는 교통사로로 그 지역에 머물렀는데 그때 쓴 작품이 **『城の崎にて』**이다. 이 소설이 **私小説**로 분류되는 이유는 작가 자신이 주인공이 되어 자신의 경험과 주변의 사실을 취재하여 심경을 써 내려간 소설이기 때문이다. **私小説**는 일본 특유의 소설 형식으로 **大正時代**부터 **昭和時代** 초기에 걸쳐서 전성기를 맞았다. 대표적인 작가는 **志賀直哉** 외에도 **葛西善蔵(かさいぜんぞう)**, **尾崎一雄(おざきかずお)** 등이 있다.

09 1997 기출 6-2

- 白樺派
- 当時、日本文学界では自然主義文学が主流をなしていたが、彼らは人間の醜悪な部分までもあばき、自分たちが人生で犯した罪を赤裸々に告白するなど、苦悩に満ちた暗い雰囲気の漂う作品を相次いで発表していた。しかし、白樺派の作家たちは割と裕福な家庭で育った若者たちだったため、人間を否定する暗い雰囲気の自然主義文学に反発し、個人主義に基づいて個性を尊重し、人道主義かつ理想主義的な姿勢で作品活動に臨んだのである。

問題を解くために

『城の崎にて』를 쓴 작가 **志賀直哉**는 **白樺派**의 대표적 작가이다. **白樺派**는 1910**年**에 창간된 문학잡지 『**白樺**』를 중심으로 활동한 문인들을 말하는데 **武者小路実篤**, **有島武郎**, **里見弴** 등이 있다. 이들은 주로 **学習院大学**의 학생이나 그 동료들이었는데 **学習院**은 그 당시에 일본에서 유일하게 귀족들의 자제가 다니는 대학이었다. **白樺派**의 문학을 정의하자면 인간에 대한 긍정(**肯定**), 개인주의, 생명존중, 인도주의 등의 개념을 들 수 있다. 이들은 현실의 어두운 면이나 인간의 추악한 부분까지도 묘사하는 **自然主義** 문학에 대해 반발하였으며 개인의 개성을 중시하고 인도주의적이며 **理想主義**적인 문학 작품을 발표하였다.

10 2018.B 기출 6

(1)の作家は島崎藤村であり、(2)の作家は田山花袋である。２人が共通に属する文芸思潮の名称は自然主義である。日本の自然主義文学の特徴は現実を理想化することなくありのままを分析的に描写することと、人間の本質をみにくいものまでふくめてあからさまに描くことである。

問題を解くために

(1)과 (2)의 내용 중에서 작품명 『破戒』와 『蒲団』으로부터 **島崎藤村**과 **田山花袋**에 대한 설명임을 알 수 있다. 두 사람은 일본의 **自然主義** 문학의 대표적 작가이므로 반드시 알아 두어야 한다. 한편, **自然主義** 문학의 특징과, 이에 반발하여 일어난 **反自然主義** 문학의 특징도 자주 출제되는 부분이니 대조하면서 기억해 두는 것이 좋다.

cf. (2)の田山花袋はもともと叙情的・感傷的な詩や小説を書いていたが、モーパッサンなどの影響で現実を見る目を深めた。1907(明治40)年の『蒲団』は愛欲に苦しむ自己のすがたをさらけだし、現実暴露・自己告白という写実主義的な私小説の道を開いた作品で、彼はその後も自然主義運動の中心に立って活躍した。

11 2011.1차 기출 21

①

問題を解くために

근대 문학에서는 문학사조와 문학잡지, 대표 작가와 대표 작품을 체계적으로 알아 두어야 한다. 출제된 내용은 아래와 같이 정리할 수 있다.

〈산문 잡지〉

- 『**早稲田文学**』(1891**年** **坪内逍遥**에 의해 **創刊**)
  坪内逍遥와 **森鷗外**의 **没理想論争**가 실렸던 잡지. 현재도 부정기적으로 간행되며 **早稲田文学新人賞**을 주최하고 있다.
- 『**文学界**』(1893**年** **北村透谷**와 **島崎藤村** 등에 의해 **創刊**)
  浪漫主義. 중심작가는 **北村透谷**, **島崎藤村**, **上田敏**(**後半期**)
  (cf. **小林秀雄**, **川端康成**, **林房雄** 등이 중심이 되어 1933년에 창간한 『**文学界**』와는 별개임)
- 『**白樺**』(1910**年** **白樺派**에 의해 **創刊**)
  反自然主義. 중심작가는 **白樺派**의 문인들(**志賀直哉**, **武者小路実篤**, **有島武郎**, **里見弴**)

〈운문 잡지〉

- 『**明星**』(1900**年** **与謝野鉄幹**에 의해 **創刊**)
  浪漫主義. 고답적(**高踏的**)이고 유미적(**唯美的**)인 분위기. 1908**年**에 폐간될 때까지 일본 **浪漫主義**를 대표하는 문예잡지였다. 이 잡지를 중심으로 활약한 시인들을 **明星派**, 또는 **星菫派**라고 하는데 **与謝野鉄幹**, **与謝野晶子**, **石川啄木** 등이 있다.

- 『スバル』(1909年 創刊)

浪漫主義. 耽美派. 石川啄木, 木下杢太郎, 北原白秋 등, 旧『明星』계 문인들에 의해 창간. 森鷗外, 北原白秋, 永井荷風 등도 이 잡지를 통해 활약하는 등 당시의 새로운 浪漫主義 문학의 거점이 되었다.

12 2009.1차 기출 22

①

問題を解くために

明治時代의 일본 문학은 서구 근대 유럽의 영향을 크게 받았는데 그 당시의 문학사조는 **写実主義**와 **浪漫主義**가 중심이 되었다. **写実主義**는 주관의 개입 없이 사실을 있는 그대로 충실하게 표현하고자 하는 자세를 취했고 근세 소설의 계보를 잇는 **戯作文学**의 권선징악적인 요소, 문명개화를 목적으로 한 **翻訳小説**, 그리고 정치적 계몽을 목적으로 한 **政治小説**의 한계를 극복하고자 하였다. ①에서 말하는 개성과 자아의 해방을 감성 면에서 추구한 문학 운동은 **写実主義**가 아니라 **浪漫主義**의 특징이다.

제5장 근현대 문학 본책 p.223

(3) 기타

01 2019.B 기출 7

- ⓐに当てはまることばは「硯友社」である。
- 近世前期に、17世紀から18世紀初めにかけて現れた文学活動は、主に大阪や京都などの上方で活発に行われたため上方文学と呼ばれる。この上方文学の代表的なジャンルは、散文(小説)では井原西鶴によって町人文学として登場した浮世草子、韻文(詩歌)では松尾芭蕉によって芸術的な境地に至った俳諧をあげることができる。

問題を解くために

尾崎紅葉는 **擬古典主義**를 대표하는 작가로 **山田美妙**(やまだびみょう) 등과 함께 일본 최초의 문학 단체인 **硯友社**(けんゆうしゃ)를 설립하였을 뿐 아니라 **機関誌**『**我楽多文庫**(がらくたぶんこ)』를 창간하여 문단의 중심 세력이 되었다. 그는 **近世元禄時代**의 작가였던 **井原西鶴**의 영향을 받았으며 **坪内逍遥**의 **写実主義**도 계승하는 입장을 취했다. 『**金色夜叉**』, 『**多情多恨**』 등의 소설은 많은 사람들에게 호평을 받아 **幸田露伴**과 함께 「**紅露**(こうろ)**時代**」를 구가하는 한편, **俳人**으로서도 활약하면서 **泉鏡花**(いずみきょうか)나 **徳田秋声**(とくだしゅうせい) 등의 문하생을 길러내며 문단의 대가로서 활약했다.

02 2012. 1 차 기출 20

③

問題を解くために

근현대 일본 문학의 흐름과 특징에 대한 문제이다. ③번에 나온 내용은 『**近代文学**』의 동인들과는 관계가 없다.

昭和時代 초기(1926年 이후)에는 언론 사상에 대한 탄압이 심해져 프롤레타리아 문학 운동이 붕괴되고 전향하는 작가들이 생겨났는데 그들이 고뇌에 찬 자신들의 체험을 고백하는 과정에서 나타난 문학이 **転向文学**이다. 또한 2차 세계대전이 끝난 후, 오랫동안 탄압받아온 프롤레타리아 문학의 부흥과 민주주의 문학 세력의 결집을 외치며 173명이 모여서 **新日本文学会**라는 단체를 결성하고 이듬해 기관지로 『**新日本文学**』을 창간하였다. 그리고 이 시기에는 언론 표현의 자유가 회복되어 젊은 세대 작가들이 활발하게 활동하게 되는데 그중 **太宰治**와 **坂口安吾** 등을 가리켜 **新戯作派** 또는 **無頼派**라고 불렀다. 이들은 **戦後** 사회적 혼란기 속에서 기성 문학 전반에 대한 비판 정신에 입각하여 **反俗・反権威・反道徳**적인 언행을 보이며 시대의 총아로 부상하였다.

「第三の新人」 작가들은 1950년대 전반 무렵부터 등장한 작가들을 가리킨다. 이들은 **戦後派**의 정치성이나 관념성과는 거리를 두고 일상적인 생활을 세밀하게 묘사하려고 했으며 이러한 표현 기법은 **私小説**의 표현 방식에서 그 맥락을 찾아볼 수 있다.

1955年 이후, 매스컴의 발달로 독자층이 확대되고 문학이 다양해진 결과로 **純文学**과 **大衆文学**의 구별이 어려워지면서 그 중간에 위치하는 **中間小説**이 다수 등장하여 인기를 끌었는데 대표적 작가로는 **井上靖**(いのうえやすし)가 있다. 『**近代文学**』의 동인들은 **戦後** 신세대로 문단에

등장한 **戦後派** 작가들이며 1946年에 문학잡지 『**近代文学**』의 창간과 함께 활동을 시작한 이들을 제1차 **戦後派**라고 부른다. 이들은 주로 자신들이 체험한 어두운 시대나 전쟁 같은 극한 상황에서의 실존의 여러 양상을 치밀하고 집요한 자세로 표현하려 했다.

03 2010.1차 기출 22

④

問題を解くために

이 문제도 근현대 일본 문학의 흐름과 특징에 대해 묻는 문제이다. **大正時代**에 활약한 **新現実主義** 작가들은 **新思潮派**(**主知派**)와 **奇蹟派**(**後期自然主義**)로 나뉘는데 **新思潮派**는 잡지 『**新思潮**』를 중심으로 활동했으며 제1차 세계대전 후 사회 정세가 변화하는 가운데 **白樺派**의 이상주의에 대한 비판으로 현실을 응시하고 그 안에 있는 인간성이나 인간 심리를 **理知的**으로 분석하려고 했다. 대표 작가로는 **芥川龍之介**와 **菊池寛** 등이 있다. **奇蹟派**는 잡지 『**奇蹟**』를 중심으로 활동했으며 대표 작가로는 **広津和郎**와 **葛西善蔵** 등이 있다.

新心理主義는 인간의 사고나 심리를 '의식의 흐름'에 따라 묘사하는 수법을 사용하여 인간의 의식이나 자아의 실태를 표현하고자 한 문학사조이다. **新感覚派**의 흐름을 이어받아 인물의 심층 심리를 예술적으로 표현하려고 했으며 심리주의 경향의 문학이 지닌 전통적 속박에서 벗어나고자 했다. 대표 작가로는 **堀辰雄**와 **伊藤整** 등이 있다. **井伏鱒二**와 **梶井基次郎**는 **新心理主義**가 아니라 **プロレタリア文学**에 대항하여 결성된 **新興芸術派**에 속하는 작가이다.

제6장 문학 이념

본책 p.228

01 2014.B 기출 2 / 서술형

- 王朝文学の美的理念には「もののあはれ(もののあはれ)」を挙げられる。これは目で見たり耳で聞いたりする度に、物事に触発されて生ずる、しみじみとした情趣や哀愁の感情であるが、平安時代の文学を代表する美的理念である。
- ⓐに該当する作品名は「細雪」であり、ⓑに該当する雑誌名は『新思潮』である。

問題を解くために

王朝文学의 **美的理念**인 「**もののあはれ**」 및 **近代文学**의 작품과 문학잡지를 묻는 문제이다. 「**もののあはれ**」는 **平安時代** 궁정 문학을 대표하는 미적 이념인데 「**をかし**」와 함께 자주 출제되는 내용이다. 그리고 『**細雪**(ささめゆき)』는 1943年부터 1948年까지 연재된 **谷崎潤一郎**의 대표적 장편소설로 **大阪** 부두에서 상업에 종사해 오던 **蒔岡**(まきおか)**家** 네 자매의 삶과 함께 일본의 전통과 문화를 아름답게 묘사하였다.

大正時代에 활약한 **新現実主義** 작가들은 **新思潮派**와 **奇蹟派**로 나뉘는데 **芥川龍之介**는 **前者**인 **新思潮派**를 대표하는 작가로 1916年에 잡지 『**新思潮**』에 『**鼻**』를 발표하여 **夏目漱石**에게 절찬을 받았다.

02 2009.1차 기출 21

⑤

問題を解くために

「**いろごのみ**」는 **好色**를 훈독한 용어로 한자로는 **色好み**로 쓰인다. 이는 이성과 연애의 정취를 잘 알고 즐기는 것을 말하는데 **平安時代**부터 사용된 용어로 보인다. 제시문에도 인용된 것처럼 **平安** 초기의 『**竹取物語**』에 「**いろごのみといはるるかぎり五人**」이라는 대목, 그리고 『**古今和歌集**』의 「**仮名序**」를 쓴 **紀貫之**가 「**仮名序**」에서 **和歌**의 위상이 사랑의 감정을 표현하는 것으로 하락하고 말았다고 탄식하는 대목에서 **色好み**라는 표현이 등장한다.

제7장 문학 장르

본책 p.232

01 2006 기출 12

① 俳諧(はいかい)
② 浮世草子(うきよぞうし)
③ 歌舞伎(かぶき)

問題を解くために

鎌倉・室町・江戸時代의 대표적 문학 장르에 대해 이전 시대의 흐름을 포함하여 묻는 문제이다. 上代의 和歌의 형식을 변형하여 탄생한 連歌에서 파생되어 나온 近世의 俳諧, 王朝物語(中古) → 説話(中古) → 軍記物語(中世) → お伽草子(中世) → 仮名草子(近世) → 黄表紙・洒落本・人情本으로 이어지는 흐름, 극문학에서는 中世의 能・狂言에서 近世의 人形浄瑠璃・歌舞伎로 이어지는 흐름을 알면 풀 수 있는 문제이다.

02 2021.A 기출 12

- (1)に該当するジャンルは⑨である。
  (2)に該当するジャンルはⓕである。
  (3)に該当するジャンルはⓓである。
  (4)に該当するジャンルはⓒである。
- (3)の作品名は『枕草子』であり、美的理念は「をかし」である。(「をかし」は平安時代の文学にみられる美的理念のひとつで、知的で明るい感動を内容とする趣をいう。)

問題を解くために

中世부터 現代에 이르기까지 각 작품의 문학 장르를 주어진 보기에서 찾아 적고 中世를 대표하는 수필 『枕草子』와 미적 이념 「をかし」에 대해 묻는 문제이다.
작품 (1)은 近世時代의 俳人, 小林一茶가 아픈 아들을 소재로 지은 俳句(俳諧)이다. 「負けるな一茶」에서 힌트를 얻을 수 있다 작품 (2)는 江戸時代에 지어졌다고 전해지는 川柳이다. 川柳는 俳句처럼 5・7・5의 3句로 이루어지지만 切れ字나 季語의 제약이 없었고 풍자적이고 위트가 넘치는 내용으로 이루어져 있다. 작품 (4)는 宮沢賢治의 현대 詩 「永訣(えいけつ)の朝」이다.

03 2011.1차 기출 20

③

問題を解くために

문학 장르에 대해 잘못된 설명을 고르는 문제이다. 読本은 18세기 중반에 浮世草子가 쇠퇴하면서 이를 대신해서 나타난 장르이므로 ③의 설명은 잘못되었다. 나머지는 다 맞는 설명이다.

04 1997 기출 7

作品①は和歌(短歌)である。5・7・5・7・7の31文字で構成され、その内容に季節を表す季語を含んでいるものもあるが必須ではない。
作品②は俳句である。5・7・5の17文字で構成されていて、世界最短の定型詩とも言われる。内容に季語を含んでおり、句中で一句の言い切りを示す切れ字がある。
作品③は川柳である。5・7・5の17文字で構成される定型詩であり、季語や切れ字の制約がない。

問題を解くために

일본 운문 문학의 대표적 장르인 和歌(短歌)와 俳諧(俳句)와 川柳 작품을 세 개 들어 그 형태명과 형식상의 특징을 묻는 문제이다. 작품 ①은 奈良時代의 歌人이었던 大伴家持(おおとものやかもち)가 계절의 정취를 읊은 短歌로 현대어로 옮기면 「春の野原に霞(かすみ)がでてきて、悲しく感じる。夕暮れの光の中で鶯(うぐいす)が鳴いているよ。」가 된다. 和歌는 5・7・5・7・7의 31글자로 구성되었으며 내용에 季語를 포함하는 경우가 많았지만 필수적인 규칙은 아니었다.
작품 ②는 松尾芭蕉의 대표작인 俳句인데 芭蕉가 蕉風俳諧를 확립한 작품이라고 알려져 있다. 형식상의 특징은 5・7・5의 17글자로 이루어져 있다는 점과 내용에 季語와 切れ字(句中で一句の言い切りを示す語)를 포함하여야 한다는 점이다.
작품 ③은 작자 미상의 川柳이며 5・7・5의 17글자로 이루어져 있

다는 점은 **俳句**와 같지만 **季語**나 **切れ字**를 굳이 넣지 않아도 된다는 점이 **俳句**와 다르다.

注

「やまとうた」라고도 하는 **和歌**에는 **長歌**와 **短歌**, **旋頭歌**, 그리고 **片歌** 등이 있지만 일반적으로 **和歌**라고 할 때에는 **短歌**를 가리키는 경우가 많다. **短歌** 외의 **和歌**는 『**万葉集**』 성립 시기를 전성기로 일찍이 쇠퇴하였다. 「**長歌**」는 4분의 4박자에 맞추어 5・7・5・7音으로 이루어진 **句**가 계속 이어지는 형식으로 마지막에는 7・7音의 **句**로 끝나는 형식이다. 5音과 7音의 **句**를 세 번 이상 반복해야 하고 마지막에 7音으로 마무리짓기만 하면 다른 제약은 없었다고 한다. **短歌**와 **長歌** 중에서 어느 쪽이 먼저 생겼는지는 밝혀지지 않았다. 「5・7・5・7・7」의 각 단위를 「**句**」라고 하는데 첫 번째 **句**를 「**初句**(しょく)」, 마지막 **句**를 「**結句**(けっく)」라고도 하며 처음 세 개의 **句**를 묶어서 「**上の句**(かみのく)」, 다음 2**句**를 묶어서 「**下の句**(しものく)」라고 부른다.

제8장 성립 순서 배열

본책 p.237

01 2019.A 기출 8

(3) → (4) → (2) → (1)

問題を解くために

문학작품의 일부를 읽고 그 작품이 무엇인지 알아 시대순으로 배열하는 문제이다.

(1)은 **坪内逍遥**가 쓴 『**小説神髄**』이므로 **近代** 초기의 작품이고, (2)는 『**方丈記**』의 **冒頭** 부분이므로 **中世時代**(**鎌倉初期**), (3)은 **仮名**로 쓴 최초의 **日記文学**으로 **仮名文学**의 효시가 된 『**土佐日記**』의 **冒頭** 부분인데 935年경에 성립되었다고 하므로 **平安時代 前期**, (4)는 **平安時代後期**의 **歴史物語**인 『**大鏡**』이다. 따라서 시대순으로 배열하면 (3) → (4) → (2) → (1)이 된다.

02 2018.A 기출 8

- 成立年代の早い順に並べると(3) → (1) → (4) → (2)になる。
- (　　)に当てはまる古典文学のジャンルの名称は「仮名草子」である。

問題を解くために

문학작품에 대한 설명을 읽고 그 작품이 무엇인지 알아 시대순으로 배열하고 그리고 장르의 명칭도 한자로 적어야 한다.

「**仮名草子**」는 **江戸時代 初期**에 나타난 장르인데 작품 (2)는 **浅井了意**가 지은 『**御伽婢子**/**伽婢子**』로 1666年에 성립되었다고 전해진다. 이 작품에 실려 있는 이야기 중 『**牡丹灯籠**』는 『**四谷怪談**』, 『**皿屋敷**』와 함께 일본의 3**大怪談**으로 널리 알려진 작품이며 **落語**나 **歌舞伎**, 영화 등의 소재로도 사용되었다.

작품 (1)은 **勅撰和歌集** 중 하나인 『**古今著聞集**』에 대한 설명인데 이 **歌集**은 **鎌倉時代** 전기의 문학자 **橘成季**가 1254年에 편찬하였다. 「**王朝文化へのあこがれが強い。**」라는 대목에서 **平安時代**에 대한 그리움을 갖고 있다는 것을 알 수 있으므로 **鎌倉時代**에 쓰여진 작품임을 추측할 수 있다.

작품 (3)은 **平安後期**의 **物語**인 『**夜の寝覚め**(**夜半の寝覚め**)』에 대한 설명이다. 이 작품은 작자 미상이며 11세기 중반이나 후반(1045~1068年)에 쓰여졌다고 전해진다.

작품 (4)는 **中世時代 日記文学** 중 가장 주목받는 작품인 『**とはずがたり**』이다. **後深草院二条**라는 여성의 자전적 **回想記**인데 1313年에 쓰여졌으며 인간 관찰과 종교에 대한 진지한 자세가 중세적 정신을 표현하고 있다고 평가받고 있다.

03 2017.A 기출 14

(1)~(4)を発表年代順に並べると(4)、(2)、(1)、(3)の順になる。そして、(1)、(2)と関連した文学思潮は反自然主義である。反自然主義は当時の文壇に流行していた自然主義文学がみにくい現実もありのままに暴露する立場をとることに反発して起こった風潮で、白樺派、耽美派、余裕派・高踏派に分けられる。(1)と関連した文学思潮は「白樺派」で、(2)と関連した文学思潮は「耽美派」である。「白樺派」は人間肯定の姿勢で自由に個性をのばした理想主義の文学を発表し、耽美派は唯美主義的な立場から自由かつ美しい世界を追求する芸術至上主義的態度を取っていた。

問題を解くために

각 작품의 일부를 읽고 작가와 작품명, 그리고 성립된 시기를 알아내야 한다. 작품 (1)은 **白樺派**를 대표하는 작가 **志賀直哉**의 『**城の崎**

にて』로 1917年에 성립되었다. 작품 (2)는 耽美派의 대표적 작가인 谷崎潤一郎의 소설 『刺青』이며 1910~1911年에 성립되었다. 작품 (3)은 新感覚派 작가인 川端康成의 『雪国』로 1937年에 성립되었고, 작품 (4)는 反自然主義 중에서 余裕派에 속하는 夏目漱石의 『坊っちゃん』으로 1906年에 성립되었다.

04 2010.1차 기출 21

⑤

問題を解くために

각 작품의 일부를 읽고 작품이 성립된 시기를 알아내야 한다.

작품 (가)는 일본 3大수필 중 하나인 『方丈記』이며 성립된 시기는 中世時代 초기(1212年)이다. 「世の中飢渇して、あさましき事侍りき。或は春夏ひでり、或は秋大風・洪水など、よからぬ事どもうちつづきて、五穀ことごとくならず。」라고 자연 재해를 기술하는 부분에서 힌트를 얻을 수 있다.

작품 (나)는 平安時代 말기(1120年)의 설화집인 『今昔物語集』이다. 시작하는 부분에서 「今昔、百済国ヨリ渡レル僧有ケリ。」를 보면 힌트를 얻을 수 있다.

작품 (다)는 『常陸国風土記(ひたちのくにふどき)』 중에서 「筑波郡の条」이다. 「筑波の郡。」이라고 쓰여진 부분에서 힌트를 얻을 수 있다. 『常陸国風土記』는 奈良時代 초기인 713年에 편찬을 시작하여 721年에 완성된, 지리서(地誌)인데 常陸国는 현재의 茨城県의 대부분에 해당하는 지역이다.

작품 (라)는 平安時代 중기(1005年頃)에 성립된 『源氏物語』이다. 「光る源氏のあるやうなど」라고 쓰여진 부분에서 힌트를 얻을 수 있다.

작품 (마)는 芭蕉의 첫 번째 기행문인 『野ざらし紀行』의 序文이다. 성립된 시기는 江戸時代 중기(1684~1685)이다.

05 1999.1차 기출 13-1

中古時代に書かれた作品を成立順に提示すると、『土佐日記』と『枕草子』と『源氏物語』である。

問題を解くために

여러 작품 중에서 中古(平安)時代에 쓰여진 작품을 골라 이를 다시 쓰여진 순서대로 제시하는 문제이다. 이 시대의 日記는 처음에는 날짜와 함께 공적인 기록이나 비망록을 적은 것으로 주로 귀족 남자들이 한문으로 기록하였으나 935年에 성립된 것으로 추정되는 『土佐日記』를 시작으로 개인의 사적인 일상을 仮名文字로 쓰게 되면서 仮名로 쓰여진 뛰어난 女流日記가 탄생하게 되었다. 『枕草子』는 10세기 말경에 성립된 일본 최초의 수필이고, 『源氏物語』는 11세기 초(1005年頃으로 추정)에 쓰여졌다.

제9장 종합

본책 p.248

01 2014.A 기출 8

(C) 新感覚派

問題を解くために

특정 시대에 국한하지 않고 문학 관련 용어와 설명이 서로 맞지 않는 것을 고르는 문제이다. 新戯作派는 戦後의 혼란기 속에서 기존의 도덕관이나 기성 세대의 문학관에 반발하여 자학과 풍자 속에서 아름다움과 진실을 추구하려 했던 문학사조로 無頼派라고도 한다. (C)의 설명은 新感覚派에 해당하는 설명이다.

02 2003 기출 10-2 일부

言文一致体

問題を解くために

두 번째 단락 중간에 「知識青年内海文三を通して明治の文明・風潮を批判し、自我の目覚めと苦悩とを写実的に描く。」라는 부분이 나오므로 二葉亭四迷의 소설 『浮雲』에 대한 글임을 알 수 있다. 『浮雲』는 일본 최초의 言文一致 문체로 쓰여진 소설로 이후 근대문학의 선구가 된 작품이다.

03 2012.1차 기출 18

②

問題を解くために

특정 시대에 국한하지 않고 일본 문학 전반에 관한 설명 중 잘못된 것을 고르는 문제이다. **旋頭歌**는 **五七五七七・五七五七七**로 **短歌 2首**를 반복하는 형태가 아니라 **五七七・五七七**로 **片歌 2首**를 반복하는 형태이므로 잘못된 설명은 ②이다.

04 2012.1차 기출 19

③

問題を解くために

특정 시대에 국한하지 않고 작품에 대한 설명과 작품명의 조합이 바르게 되어 있는 것을 고르는 문제이다. 〈보기 1〉의 ㈎에서 **「金をテーマに取り上げた町人物」**라고 하였으므로 **井原西鶴**의 **『日本永代蔵』**임을 알 수 있고, ㈏는 **藤原道長**에 대해 비판적 시각을 지니고 **紀伝体**로 쓴 **歴史物語**에 관하여 설명하고 있으므로 **『大鏡』**임을 알 수 있다. ㈐에서는 **「仏教的無常観から書かれた人生訓・処世訓」**이라는 부분에서 **『徒然草』**임을, ㈑에서는 **「宮仕えの間に接した行事の様子や、同輩女房たちに対する鋭い批評が見られる作品」**이라고 하였으므로 **和泉式部**나 **清少納言** 등에 대한 평가도 담겨 있는 **『紫式部日記』**에 대한 설명임을 알 수 있다.

05 2009.1차 기출 20

②

問題を解くために

②에서 언급한 **『海道記』**와 **『東関紀行』**는 **中古時代**가 아니라 **鎌倉時代**의 **紀行文学**이다.

06 2010.1차 기출 20

①

問題を解くために

일본 문학사에 대한 각 시대별 특징 중에서 잘못된 것을 고르는 문제로, ①은 **宣命**와 **祝詞**에 대한 설명이 서로 바뀌어야 한다.

PART 4 음성/음운

제1장 개념 정의

본책 p.257

01 2001 기출 8-3

相互同化 또는 **融合同化**

問題を解くために

同化는 그 방향에 따라 **順行同化**와 **逆行同化**로 나누어지는데 이 밖에도 연속되는 음이 서로 영향을 주어 생기는 **同化**를 **相互同化**(**融合同化**)라고 한다. 문제에서 예로 든 「**いたい**」が 「**イテー**」가 되거나 「**すごい**」가 「**すげー**」, 「**つまらない**」가 「**つまらねー**」로 발음되는 경우, 이는 연속되는 모음 [ai]가 [eː]로 **相互同化**를 일으킨 것이다.

02 2021.B 기출 2

ミニマル・ペア 또는 **最小対立語**

問題を解くために

동일한 음성 환경에서 하나의 단음(음소)의 차이에 의해 의미가 달라지는 한 쌍의 어휘를 **ミニマル・ペア** 또는 **最小対立語**라고 한다. 제시문에 나온 단어 **天気**[teŋki]와 **電気**[deŋki]는 무성 치경 파열음인 [t]와 유성 치경 파열음인 [d]를 제외하면 다른 음운 자질은 동일하므로 **ミニマル・ペア**(**最小対立語**)이다.

03 2003 기출 5-1

② ⑤ ⑥

問題を解くために

① 환경에 따라 음이 결정되는 변이음은 **自由異音**이 아니라 **条件異音**이다.
② **ハ行子音**의 **調音点**은 **声門**(ハ・ヘ・ホ), **硬口蓋**(ヒ)、**両唇**(フ)이다.
③ **尾高型** 악센트는 마지막 **拍**이 다른 **拍**보다 특히 높은 것이 아니고 마지막 **拍**에 악센트의 핵이 와서 그 후에 조사가 붙을 경우 악센트가 낮아지는 **起伏式** 악센트를 가리키는 명칭이다.
④ **撥音**의 실제 발음은 앞의 음이 아니라 뒤에 오는 음에 따라 정해진다(역행동화).
⑤ 악센트의 높낮이에 따라 단어의 의미를 구별하는 기능은 악센트의 **弁別機能**이다. 한편 문장 내에서 단어와 단어를 구별하게 해 주는 기능은 악센트의 **統語的機能**(**文法的機能**)이라고 한다.
⑥ 「**日本語能力試験**」은 [に・ほん・ご・のう・りょ・く・し・けん]으로 8**音節**이고, [に・ほ・ん・ご・の・う・りょ・く・し・け・ん]으로 11**拍**이다.

04 2005 기출 10

① **撥音**(はつおん) : さんま
② **促音**(そくおん) : すっきり
③ **長音**(ちょうおん) : おとうさん

問題を解くために

CV(**子音**+**母音**) 구조를 이루지 않으면서 하나의 박을 갖는 예외적인 박을 **特殊拍**이라고 한다. 일본어에서는 **撥音**(「ン」), **促音**(「ッ」), **長音**(「ー」)의 3가지가 있다. **特殊拍**은 음성적으로 한 박자만큼의 길이를 가지지만 어두(**語頭**)에 올 수 없고 앞뒤에 오는 다른 음과의 관계에 따라 실제 발음이 결정되는 등, 음성적으로 자립하지 못한다는 특징이 있다.

05 2014.A 기출 5

ⓐ 3**音節**
ⓑ **長さ** 또는 **長短**

問題を解くために

일본어의 **仮名文字**는 「**母音**」 또는 「**子音＋母音**」이나 「**子音＋母音＋子音**」과 같은 결합을 보이는데 이때 일본어의 **音節**은 발음상의 **中核**이 되는 요소인 모음을 기준으로 정해진다. 「**オジサン**」과 「**オジイサン**」은 둘 다 모음 [o][i][a]로 이루어져 있으므로 3**音節**이다. **モーラ**는 한 **音節**의 길이에 상당하는 시간의 단위인데 여기에는 **特殊音節**(장음, 촉음, 발음)도 포함되므로 「**オジサン**」이 4**モーラ**라면 장음이 포함된 「**オジイサン**」은 5**モーラ**가 된다. 이렇게 일본어는 모음의 길이에 따라 단어의 의미를 변별할 수 있다.

06 2001 기출 | 16-1

プロミネンス란 발화 내용의 특정 부분을 음성적으로 강조하여 해당 정보의 중요성을 부각시키는 방식을 말하는데 구체적으로는 다른 부분보다 강하게 발음하기, 높게 발음하기, 느리게 발음하기, 전후에 포즈를 두기 등의 방법이 있다. **卓立**(**たくりつ**)라고도 한다.

07 2017.A 기출 2

ⓐに入ることば : **卓立**(**たくりつ**) 또는 **プロミネンス**
ⓑに提示された方法以外の例 : **強く発音する。音声を変える。アクセントの高低の差を強調する。**(など)

問題を解くために

2001년도 16번 문항과 거의 같은 내용이다. 다만, 여기서는 구체적인 방법의 예를 쓰라고 했으므로 위의 답안 예시에 나온 내용 중 한 가지 이상을 정확히 서술해야 한다.

08 2010.1차 기출 15

①

問題を解くために

(가) 길이와 관련된 음의 단위는 **拍**(**モーラ**)이다.
(나) 음성을 peak에 따라 구분하여 발음하는 단위는 **音節**이다.
(다) 의미를 구별해 주는 최소한도의 음성 단위는 **音素**이다.
(라) 음성학상으로 더 이상 쪼갤 수 없는 최소단위는 **単音**이다. **音素** 표기는 / /로 하고 **単音** 표기는 [ ]로 하므로 여기서는 **単音**에 대한 설명을 하고 있음을 알 수 있다.
(마) 의미를 가진 최소단위는 **形態素**이다.

제2장 음성의 변별 자질(변별 소성)

본책 p.263

01 2007 기출 9

• 음의 종류 : [k, t, p, s, ʃ] – **無声音**
[g, d, b, z, ʒ] – **有声音**
• 변별 소성 : ③

問題を解くために

음성 [k, t, p, s, ʃ]와 [g, d, b, z, ʒ]는 조음 위치나 조음 방법에서는 차이가 없으나 공통적으로 성대의 진동이 없는 무성음과 성대의 진동이 있는 유성음의 대립을 보이는 그룹이다. 따라서 음의 종류에 대한 답변으로는 **無声音**과 **有声音**이 정답이 되고 이들 그룹을 구별할 수 있는 변별 소성으로는 ③**声帯の振動**가 정답이 된다.

02 2004 기출 3

① **有声音**
② **有声音**

問題を解くために

한국어 자음은 유성음과 무성음으로 대립하지 않고 유기음(격음)과 무기음(평음/경음)으로 대립한다. 따라서 한국인은 어두의 유성음을 유기음으로, 어중의 무성음을 무기음으로 인식해 버리는 경향이 강하다. 그 결과, 한국어의 파열음(/ㄱ ㄲ ㅋ/, /ㄷ ㄸ ㅌ/, /ㅂ ㅃ ㅍ/)이나 파찰음(/ㅈ ㅉ ㅊ/)이 어두에서는 무성음으로, 어중의 유성음과 유성음 사이에서는 유성음으로 소리 나는 경우가 많다.

03 2000 기출 10

カ行의 か・き・く・け・こ와 サ行의 さ・し・す・せ・そ, タ行의 た・ち・つ・て・と, ハ行의 は・ひ・ふ・へ・ほ이다.

問題を解くために

일본어의 무성 자음은 /k/ /s/ /t/ /h/ /p/이다. 청음과 탁음 구별이 없는 行의 자음은 모두 유성음이고 청음과 탁음의 구별이 있는 行의 경우에는 청음이 무성음, 탁음이 유성음이다. 따라서 **カ行**, **サ行**, **タ行**, **ハ行**의 자음이 무성음이 된다. 또한 **パ行**의 자음도 무성음이다. 그런데 문제에서는 오십음도에 나타나는 46개의 음절 중에서 무성자음이 포함되는 음절을 행으로 구분하여 쓰라고 하였으므로 오십음도에 나타나지 않는 **パ行**은 적지 않아야 한다.

04 2001 기출 16-2

- **ア行** : **ウ**와 **オ**를 발음할 때 입술을 둥글게 오므리거나 내밀어서 원순모음처럼 발음하지 않도록 한다. **ウ**는 한국어 '우'와 '으'의 중간 정도로, **オ**는 한국어 '오'와 '어'의 중간 정도로 발음하도록 지도한다.
- **カ行** : 어두에서 한국어 'ㅋ'처럼 유기음으로 발음하지 않도록, 어중에서는 유성음으로 발음하지 않도록 지도한다. 촉음 뒤의 **カ**행은 경음에 가깝게 발음하도록 가르친다.

05 2011.1차 기출 14

⑤

問題を解くために

제시된 단어의 발음과 어두 자음의 음운적 자질은 다음과 같다.

単語	読み方	語頭子音の素性
ㄱ. 若手	わかて	[w] : 有声両唇軟口蓋接近音(半母音)
ㄴ. 里親	さとおや	[s] : 無声歯茎摩擦音
ㄷ. 堆積	たいせき	[t] : 無声歯茎破裂音
ㄹ. 普請	ふしん	[Φ] : 無声両唇摩擦音
ㅁ. 蔓延	まんえん	[m] : 有声両唇鼻音
ㅂ. 背丈	せたけ	[s] : 無声歯茎摩擦音
ㅅ. 呆然	ぼうぜん	[b] : 有声両唇破裂音

문제에서 **語頭子音**의 **調音**에 혀가 관여하지 않는 단어를 고르라는 말은 조음 시에 혀를 활용하지 않는 자음으로 시작되는 단어를 고르라는 뜻이다. 치경 마찰음 [s]는 혀끝을 잇몸 뒤쪽에 가까이 접근시켜서 그 사이로 공기를 내보내는 방법으로 발음하기 때문에 [s]로 시작하는 단어인 ㄴ과 ㅂ은 정답에서 제외되어야 한다. 또한 치경 파열음 [t]도 혀끝을 잇몸 뒤에 붙였다가 떼면서 공기를 내보내는 방법으로 발음하므로 [t]로 시작하는 ㄷ도 정답에서 제외된다.

제3장 음의 변화(이음, 무성화, 중설화 등) 본책 p.267

01 2008 기출 8

	㉮	㉯
가타카나 표기	チ	ティ
해당되는 단어	チケット, センチ, ロマンチック 등	パーティー, スパゲッティー 등

問題を解くために

무성 치경 파열음 /t/는 모음 [i] 앞에서 ㉮ [tʃ](무성 치경 마찰음), ㉯ [t](무성 치경 파열음)로 실현되므로 각 발음에 따라 실현되는 **片仮名**는 **チ**와 **ティ**이다. 그리고 그 음절을 포함하는 외래어 단어를 하나씩만 쓰면 된다.

02 2006 기출 7

- 음절의 종류 : **促音**(「ッ」)을 포함한 음절, **撥音**(「ン」)을 포함한 음절
- 음운적 특징 : 둘 다 발음할 때에 역행동화를 일으키면서 **異音**으로 발음된다. 후속음절에 따라 **促音** /Q/은 [k] [s] [ɕ] [p] [t]로 발음되고 **撥音** /N/은 [m] [n] [ɲ] [ɴ] [ŋ] [ṽ]으로 발음된다.

問題を解くために

일본어 음절의 구조는 기본적으로 CV(**子音**+**母音**) 구조이지만, **促音**과 **撥音**을 자음으로 본다면 **促音**과 **撥音**으로 끝나는 음절은 CVC(**子音**+**母音**+**子音**) 구조라고 할 수 있다. 그 후 바로 CV(**子音**+**母音**) 구조의 음절이 오게 되면 결과적으로 CVCCV(**子音**+**母音**+**子音**+**子音**+**母音**) 구조를 이루게 되므로 이중자음이 나타나게 되는 것이다.

03 2003 기출 5-2

く, ス, き, ち, ふ

問題を解くために

모음은 원래 유성음이지만 고모음(협모음)인 **イ**([i])와 **ウ**([ɯ])가 무성자음 /k/ /s/ /t/ /h/ /p/ 사이에 놓이면 무성음으로 발음되는 현상이 나타나는데 이를 모음의 무성화라고 한다. 문제에 제시된 단어 중에서는 **くかん**[kɯkaN]의 **く**, **アイスコーヒー**[aisɯkoçi]의 **ス**, **かきかた**[kakikata]의 **き**, **ちから**[tʃikara]의 **ち**, **かけふとん**[kakeɸɯtoN]의 **ふ**가 모음이 무성화하는 음절이다.

04 1997 기출 4

모음의 무성화는 고모음(협모음)인 **イ**([i])와 **ウ**([ɯ])가 무성자음 /k/ /s/ /t/ /h/ /p/ 사이에 놓이거나, 해당 모음이 **語末**이나 **文末**에 왔을 때 일어난다. 전자의 예로는 **きかい**[ki̥kai]나 **ちから**[tʃi̥kara], **すし**[sɯ̥ʃi], **つくえ**[tsɯ̥kue]와 같은 단어가 있고, 후자의 예로는 **勝つ**[katsɯ̥], **朝日**[asaçi̥], **です**[desɯ̥], **ます**[masɯ̥]와 같은 예를 들 수 있다. 그 밖에, **いきます**[i̥kimasɯ]나 **うつる**[ɯ̥tsɯrɯ]처럼 **語頭**에서 무성자음 앞에 오는 모음 /i/ /u/가 무성화되는 경우도 있다.

05 2005 기출 20

ス, ツ, ズ, ヅ

問題を解くために

일본어 모음 [ɯ]는 단독으로 발음하면 비원순 후설 고모음(협모음)이지만 [s] [ts] [dz] [z]처럼 혀끝에서 발음되는 자음 뒤에 오게 되면 혀의 위치가 약간 앞으로 이동하여 중설모음이 되는데 이 현상을 모음의 중설음화라고 한다. 「**吸う, すずめ, つく, こづつみ**」와 같은 단어를 예로 들 수 있다.

제4장 拍(モーラ)

본책 p.271

01 2012.1차 기출 12

③

問題を解くために

문제에 제시된 단어의 음운적 특징은 다음과 같다.

	拍	語頭の子音の音韻素性	3拍目の母音の音韻素性
ㄱ. 尊(とうと)ぶ	4拍	[t] 無声破裂音	[o] 半高母音
ㄴ. 戯(たわむ)れ	4拍	[t] 無声破裂音	[ɯ] 高母音
ㄷ. 教唆(きょうさ)	3拍	[k] 無声破裂音	[a] 低母音
ㄹ. 海難(かいなん)	4拍	[k] 無声破裂音	[a] 低母音
ㅁ. 撤廃(てっぱい)	4拍	[t] 無声破裂音	[a] 低母音
ㅂ. 共催(きょうさい)	4拍	[k] 無声破裂音	[a] 低母音
ㅅ. 逆立(さかだ)ち	4拍	[s] 無声摩擦音	[a] 低母音
ㅇ. 土地柄(とちがら)	4拍	[t] 無声破裂音	[a] 低母音

따라서 문제에서 제시한 조건인 4モーラ語, 語頭子音이 無声破裂音, 3拍째의 母音이 低母音인 단어의 조합은 ③이 된다.

제5장 アクセント

본책 p.273

01 1999 기출 8 일부

日本語のアクセントは高低アクセントであり、第一音節と第二音節とは必ず高さが違う。そして、語中のアクセントの下がり目の有無によって、下がり目がない平板式と下がり目がある起伏式に分けられる。アクセントが下がる直前の音節をアクセントの核というが、平板式にはアクセントの核がない。アクセントの核は1語のうち一か所しかないし、一度下がったアクセントが再び高くなることはない。起伏式は、アクセントの核の位置によって、「頭高型」「中高型」「尾高型」に分けられる。一拍語の場合は、助詞をつけてみて、助詞も高くなるものは平板式、助詞が低くなるものは起伏式の尾高型になる。ただし、アクセントは不変のものではなく、合成語になる場合はアクセントの位置が変わることもある。

02 2017.B 기출 2

会話文の中で誤解の原因となったことばは①「車で」と②「来るまで」である。

① 「車で」の「車」のアクセントは平板型なので第1拍目が低く2拍目から高くなり下がり目がない特徴を見せる。したがって、助詞「で」がついたときも「低高高高」で発音される。

② 「来るまで」の「来る」のアクセントは起伏式の頭高型なので第1拍目にアクセントの核があり2拍目は低い。助詞「まで」がついたとき「高低低低」で発音される。

問題を解くために

平板型인 단어 「車」와 頭高型인 단어 「来る」를 제대로 구별하지 못해 의사소통에 오해가 생긴 사례이다. 일본어 악센트는 높낮이에 따라 단어 의미를 구별해 주는 변별적 기능과 문장 내에서 의미 단위(語(または文節)のまとまり)를 구별해 주는 문법적 기능을 수행한다. 오해의 원인이 된 두 단어를 비교해 보면 다음과 같다.

クルマで待ってます ○●●●・●○○	車：平板型のアクセントの語 2拍目から高くなり、下がり目がない。
	助詞「で」が続くと、2音目以降と同じ高さになるので、低高高高のアクセントになる。
くるまで待ってます ●○○○・●○○	来る：起伏式の頭高型アクセントの語 1拍目が高く、2拍目以降は低くなる。
	助詞「まで」が続くと、最終音目と同じ高さになるので高低低低のアクセントになる。

第6장 イントネーション 본책 p.276

01 1998 기출 2-6

①③⑤⑥⑨

問題を解くために

먼저 단어별 악센트를 생각해 보면 1拍째가 높은 **頭高型** 단어인 **雨**(あめ)와 **午後**(ごご), **じゃあ**에서 ①과 ③, ⑨가 높게 발음된다. 그리고 문장 전체의 억양을 생각해 보면 정보를 제공하면서 강조하는 **そうですよ**는 상승조 억양이므로 종조사인 ⑤가 높게 발음되고, **納得**을 나타내는 **そうですか**는 하강조 억양이므로 ⑥이 높게 발음된다.

02 2012.1차 기출 27

②

問題を解くために

㉠은 놀람을 나타내기 때문에 상승조 억양이 자연스럽고 ㉢ 역시 권유하는 문장이므로 상승조가 자연스럽다. 그리고 ㉡과 ㉣은 각자 혼잣말을 하고 있으므로 하강조 억양이 자연스럽다. ㉤에서는 상대방에게 **いいんじゃない**라고 물으며 동의를 구하고 있으므로 상승조 억양이 자연스럽다.

第7장 기타 본책 p.279

01 2006 기출 8

① アクセント
② アクセント、ポーズ
③ プロミネンス、ポーズ
④ イントネーション

問題を解くために

① **橋**는 **尾高型** 악센트이고 **箸**는 **頭高型** 악센트이며 **端**는 **平板型** 악센트이기 때문에 악센트에 따라 의미를 구별할 수 있다.
② **教会**와 **行く**는 둘 다 **平板型** 악센트이므로 **教会に行く**라고 했을 때, **低高高高高** 이후에 **行く**가 시작될 때 악센트가 낮아지면서 문법적 경계가 생겨서 **教会**와 **行く**를 다른 단위로 인식하게 한다. 한편, **きょう**는 **頭高型** 악센트이고 **買う**와 **行く**는 둘 다 **平板型** 악센트이므로 **きょう買いに行く**는 **高低低・低高高・低高**로 악센트가 실현되면서 문법적 경계를 나타내게 된다. 그리고 **会**는 **頭高型** 악센트이므로 만약 **きょう会に行く**라고 하면 **高低低・高低低・低高**라는 악센트를 나타내게 되어 그 의미를 파악하게 도와줄 것이다. 이처럼 단어의 의미가 아니라 문장 내에서의 문법적 경계를 나타나게 해 주는 기능을 악센트의 통사적 기능, 또는 문법적 기능이라고 한다.
③ **きれいな先生の妹**를 발화할 때 피수식어와 수식어의 관계를 나타내기 위해서 프로미넌스를 사용할 수 있는데 여기서는 프로미넌스 중에서도 포즈를 사용하여 수식 관계를 강조하고 있다. 만약 [**きれいな、先生の妹**]라고 해서 포즈를 **先生** 앞에 두면 **きれいな**는 **先生**를 수식하는 것이 아니라 그 다음에 나오는 **妹**를 수식하는 것으로 이해된다. 그러나 만약 포즈를 **妹** 앞에 두면 **きれいな先生**가 한 덩어리로 인식되면서 **きれいな**는 **先生**를 수식하는 것으로 이해될 것이다.
④ [**あしたも雨でしょう。**]라는 발화가 **推量**이라는 표현 의도로 쓰일 때에는 하강조 억양으로 나타나지만 청자의 동의를 구하기 위한 **同意要求 表現**으로 쓰인다면 상승조 억양으로 나타나게 된다.

02 2011.1차 기출 15

④

問題を解くために

① 음소 /h/와 /b/는 청음과 탁음의 대립이다.
② 「**ス・ツ・ズ(ヅ)**」의 모음은 **中舌化**된다(**母音の中舌化**).
③ 음성 [p]는 무성자음이고 [b]는 유성자음으로, 이 두 음성은 무성음과 유성음으로 대립한다.
④ 「**高い**」[takai]와 「**深い**」[ɸɯkai]는 서로 다른 음소가 2개이므로 **ミニマル・ペア**가 아니다.
⑤ 2拍인 **イ形容詞**의 악센트는 모두 **頭高型**이다. 例 **良い ない いい 濃い**

03 2009.1차 기출 18

①

問題を解くために

① 「さ」의 자음과 「し」의 자음은, 조음 방법은 동일하고 조음 위치가 서로 다르다. 조음 방법으로는 둘 다 마찰음에 속하지만 조음 위치는 「さ」가 치경음이고 「し」는 치경구개음이다.

② 「**母音の無声化**」는 무성자음 사이에 위치한 [i]와 [ɯ]에서 일어나는 현상이다.

③ 「**イントネーション**」은 문장이 나타내는 의미와 관계가 깊다. 예를 들어 평서문과 의문문을 구별할 수 있게 해 주고 놀람이나 감탄은 물론, 추측이나 확인, 동의 요구와 같은 문법적 의미도 나타낼 수 있다.

④ 일본어 단어에서 한 번 내려간 악센트가 다시 올라가는 일은 없으므로 **第二拍**이 낮고 **第一拍**과 **第三拍**이 높은 **三拍語**는 존재하지 않는다.

⑤ 「**拍**」은 **拗音**을 제외하고 모두 **仮名** 한 글자만큼의 길이를 가지므로 **等時性**이 있다고 할 수 있다.

04 2010.1차 기출 14

③

問題を解くために

(가) 「**勝手(かって)、切手(きって)**」는 특수박인 촉음까지 포함하여 3**拍**이다.

(나) 일본어 악센트의 **核**은 한 단어 내에 하나뿐이므로 한 번 내려간 악센트가 다시 올라가는 일은 없다.

(다) 「**心配**」의 「**ん**」 발음은 **有声両唇鼻音**이고 「**銀行**」의 「**ん**」 발음은 **有声軟口蓋鼻音**이 맞다.

(라) **複合語**의 두 번째 요소의 어두 **無声子音**은 **有声音**으로 변하기도 하지만 예외도 있다.

(마) 「**日本銀行**」의 공식 발음은 **ニッポンギンコー**로 「**ぎ**」는 비탁음이 아닌 탁음으로 발음한다. 또한 의성어나 의태어, 외래어의 경우는 비탁음으로 발음하지 않는 것이 보통이다.

(바) 「**きし(岸)、くち(口)**」처럼 모음 [i] [ɯ]가 **無声子音** 사이에 위치하거나, **語末**이나 **文末**에서 **無声子音** 뒤에 올 때에는 모음의 **無声化**가 일어나는 경향이 있다.

05 2012.1차 기출 7

⑤

問題を解くために

(가) 손뼉을 치거나 칠판을 두드리면서 발음하도록 함으로써 **拍**에 대한 개념을 가르치려는 지도는 5**拍**인 「**びょういん**」을 4**拍**인 「**ビョーイン**」으로 발음하는 오용에 대해 적용되어야 한다.

(나) 목에 손가락을 대고 성대의 진동을 직접 느끼게 하는 지도는 무성음과 유성음을 지도하는 것이므로 어두 자음이 유성음인 「**がっこう**」를 무성음인 「**カッコー**」로 발음하는 오용에 대해 적용되어야 한다.

(다) **無声歯茎摩擦音**을 발음하게 하고 다시 **無声歯茎破擦音**을 연습시키는 지도는 「**ついたち**」의 「**つ**」를 파찰음이 아니라 마찰음인 「**チュ**」로 발음하는 오용에 대해 적용되어야 한다.

(라) **音**의 높낮이 변화가 「도미도」가 아니라 「미도도」임을 가르치는 것은 **中高型** 악센트를 **頭高型** 악센트로 교정하고자 하는 지도이므로 **頭高型** 악센트를 가진 단어를 **中高型** 악센트로 발음하는 오용에 대해 적용되어야 한다.

PART 5 문자/표기

제1장 개념 정의

본책 p.285

01 2004 기출 8-2

ワ行

問題を解くために

ハ行転呼는 어두(**語頭**)를 제외한 어중(**語中**), 어말(**語末**)의 **ハ行音**이 **ワ行音**으로 변화하는 현상이다. 이러한 현상은 **平安時代**에 일어나기 시작하여 **鎌倉時代**에 걸쳐서 진행되었는데 그 결과 문자와 음성(발음)이 일치하지 않는 현상이 생기게 되어 표기상의 혼란이 발생하였다. 이러한 현상에 의해 생겨난 **ワ行音**을 **ハ行転呼音**이라고 한다.

02 2004 기출 6-3

(1) 句点(くてん)　　(2) 読点(とうてん)

問題を解くために

표기 시에 필요한 문장 부호, 구두점에 대해 묻는 문제이다.

03 2004 기출 5-2

連濁

問題を解くために

복합어를 만들 때 **後項**의 첫 번째 음이 청음에서 탁음으로 변하는 현상인 **連濁**에 대해 묻는 문제이다.

04 2002 기출 3-3

当て字(充て字、あてじ)

問題を解くために

일본어를 한자로 표기할 때 한자의 **音**과 **訓**을 빌려와서 해당 한자의 의미와는 상관 없이 맞춰 표기하는 방식인 **当て字**에 대해 묻는 문제이다.

05 1999 기출 8 일부

① 一般的に漢字熟語は音読みどうし、訓読みどうしを組み合わせて読むが、「株式、荷物、見本」のように、前の漢字は訓読みして後の漢字は音読みする漢字熟語の読み方を湯桶読みという。

② 連声とは、漢字二つが合わさって熟語になるとき、前の語の音が「m」「n」「t」で終わって後の語の音が「ア行」「ヤ行」「ワ行」の場合に後の語の音の「ア行」「ヤ行」「ワ行」が「ナ行」「マ行」「タ行」の音に変化する現象である。その例に、反応(はん＋おう→はんのう)・三位(さん＋ゐ→さんみ)・雪隠(せつ＋いん→せっちん)がある。

③ 係り結びは、古文の規則で、文中に「ぞ・なむ・や・か・こそ」のような係助詞が出てきたら文末の活用形が連体形や已然形になるという決まりである。その機能は、文の内容を強調したり疑問を表したりすることである。中世以降、終止形と連体形が同じ形になるにつれて次第に衰えていった。

問題を解くために

한자숙어를 읽는 방식인 **湯桶読み**와 한자숙어가 만들어질 때 일어나는 음의 변화인 **連声**, 그리고 고전 문법에서 볼 수 있는 **係り結び**에 대해서 간단히 기술하는 서술식 문제이다.

06 2011.1차 기출 13

③

問題を解くために

ひょうごもじ
表語文字(logogram)란 **表意文字**의 하위 분류로, 글자 하나하나로 단어의 개념을 나타낼 수도 있고 그 자체가 형태소가 될 수도 있는 문자체계를 말한다. 한자가 대표적인 **表語文字**의 예라고 할 수 있으며 문자 하나가 단어의 개념을 나타낼 때에는 **単語文字**라고 부르기도 한다. 표현하고자 하는 개념만큼 단어가 필요한 **表語文字**에 비해 **表音文字**는 음소의 조합으로 수많은 단어를 만들어낼 수 있으므로 (가)에 들어갈 답안은 **経済性**이다. 그리고 일본어의 문자는 **ア行**을 제외하면 모두 자음과 모음의 결합으로 이루어진 음절문자에 해당하므로 (나)에 들어갈 단어는 **音節**이다. 일본어의 **仮名**는 한자로는 표기 불가능한 활용어미나 조사, 조동사, 고유명사 등을 표기하고자 하는 의도에서 탄생하였으므로 (다)에 들어갈 단어는 **助詞**이다. 한자가 만들어지는 방법 중에서 가장 일반적인 방법으로, 음을 나타내는 문자와 의미를 나타내는 문자를 조합하여 새로운 글자는 만드는 방법은 けいせい**形成**이므로 (라)에 들어갈 단어는 **形成文字**이다.

② 「**計る**」는 시간이나 정도가 얼마나 되는지를 어림잡아 계산하거나 조사한다는 뜻이다. 상황에 맞도록 대처하여 어떤 일을 실현하도록 도모한다는 뜻을 나타낼 때는 「**図る**」를 사용해야 하므로 「**解決を図る**」가 옳은 용법이다.

③ 「**乗せる**」는 사람을 동물이나 자동차 등에 태우거나 비위를 맞추어 추켜세우거나 할 때 쓰는 단어이므로 「**子供を車に乗せる**」나 「**くちぐるまに乗せる**」처럼 사용한다. 「**載せる**」는 물건을 위에 올려놓거나 쌓을 때, 또는 인쇄물에 글을 실을 때 쓰는 단어이므로 「**掲載**」의 의미를 나타낸다면 「**新聞に載せる**」라고 써야 한다.

④ 「**延びる**」는 정해진 기준(한계점)을 넘어서서 더 길어진다는 뜻을 나타내고 「**伸びる**」는 정해진 기준 없이 시간의 흐름에 따라 높아지거나 길어지는 등의 변화를 나타낸다. 「**背(身長)**」에 대해서는 「**伸びる**」를 사용하지만 일정한 기준(한계점)이 정해져 있는 「**寿命**」는 「**延びる**」를 써야 한다. **学力**는 정해진 기준(한계점)이 없는 단어이므로 「**伸びる**」로 수정하는 것이 옳다.

⑤ 「**治める**」의 의미는 「**国を治める**」나 「**領地を治める**」처럼 무언가를 정복하여 지배하거나 진압하여 평온한 상태로 만든다는 것이고 「**納める**」는 「**月謝を納める**」, 「**税金を納める**」처럼 대금을 납부하거나 물건을 바친다는 뜻으로 사용한다. 어딘가에 잘 넣어두거나 기록한다는 의미를 나타내는 경우에는 「**財布に収める**」나 「**カメラに収める**」처럼 「**収める**」를 써야 하는데 여기에서 의미가 파생되어 추상적인 것을 자신의 소유로 한다는 의미를 나타내는 뜻으로 「**手中に収める**」나 「**勝利を収める**」, 「**成功を収める**」와 같은 표현이 쓰이게 된다. 따라서 「**成功を納める**」는 잘못된 수정 피드백이다.

제2장 한자

본책 p.289

01 2009.1차 기출 9

⑤

問題を解くために

訓読み는 동일하지만 서로 다른 한자를 쓰는 どうくんいじ**同訓異字**의 용법을 묻는 문제이다.

① 「**効く**」는 효과나 작용이 나타난다는 의미로 쓰이는 한자이므로 「**薬が効く**」로 수정해야 한다. 한편 「**利く**」는 「**気が利く**」나 「**機転が利く**」, 「**ブレーキが利く**」처럼 어떤 효과나 작용이 충분히 기능을 발휘한다는 뜻으로 쓰인다.

02 2006 기출 3

① じ ② こう ③ なま

問題を解くために

2글자로 이루어진 한자 단어에 공통으로 들어가는 한자를 맞히는 문제이다. ①의 경우, **事後・事業・事故・事典・事務・事情・事実・事件**이라는 단어는 모두 「**事**」로 시작하고 있으며 **事**의 **音読み**는 **じ**이므로 정답은 **じ**이다. 그리고 ②의 경우, 화살표의 방향에 따라 **旅行・移行・運行・発行・銀行・実行・飛行・急行**라는 단어의 마지막 글자인 한자 「**行**」를 추측할 수 있으므로 **こう**가 정답이 된다. 마지막으로 ③에서는 **音読み**로는 공통점이 없으므로 **訓読み**로 공통된 한자를 찾아야 하는데 **生水・生身・生臭い・生傷・生魚・生物・生皮・生木**라는 단어에서 공통된 한자는 「**生**」이므로 **生**의 **訓読み**인 **なま**가 정답이다.

03 2002 기출 3-2

(a) (c) (i)

問題を解くために

한자 「**者**」의 **音読み**는 「**しゃ**」와 「**じゃ**」가 있는데 제시된 단어 중에서 「**じゃ**」로 읽는 단어는 (a) **患者(かんじゃ)**, (c) **忍者(にんじゃ)**, (i) **信者(しんじゃ)**의 세 단어이다. 나머지는 (b) **前者(ぜんしゃ)** (d) **芸者(げいしゃ)**, (e) **作者(さくしゃ)**, (f) **学者(がくしゃ)**, (g) **医者(いしゃ)**, (h) **業者(ぎょうしゃ)**이다.

04 2008 기출 9

撮らずに取ってよ

問題を解くために

訓読み는 「**とる**」로 동일하지만 의미에 따라 서로 다른 한자를 쓰는 **同訓異字**의 용법을 묻는 문제이다. 제시문에서 아내가 「**ハチの巣とって、とって**」라고 남편에게 부탁했는데 남편이 카메라를 갖고 왔다는 내용으로 보아 남편은 사진을 찍었을 것이고 그 모습을 본 아내가 「**とらずにとってよ**」라고 말했을 것으로 추측되므로 첫 번째 「**とる**」는 사진을 찍는다는 의미의 「**撮る**」, 두 번째 「**とる**」는 뭔가를 제거한다는 의미의 「**取る**」를 사용하여 다시 쓸 수 있다. 참고로 상용한자표에는 「**とる**」라는 **訓**에 대해 「**取・採・執・捕・撮**」의 5 글자가 포함되어 있다.

05 2010.1차 기출 10

⑤

問題を解くために

문맥의 의미에 맞는 한자를 고르는 문제이다. 「**人事異動(いどう)**」의 「**異動(いどう)**」, **百科事典**의 「**事典(じてん)**」, 그리고 자세하게 계산하여 셈을 치르는 「**精算(せいさん)**」까지 한자가 모두 바르게 쓰인 선택지는 ⑤이다.

06 2011.1차 기출 7

①

問題を解くために

각 단어에 맞는 한자를 고르는 문제이다. 용돈을 뜻하는 단어 「**お小遣い(こづかい)**」, 다정하게 우산을 같이 쓰는 상태를 말하는 단어 「**相合傘(あいあいがさ)**」, 그리고 '흥미진진'의 한자 「**興味津々(きょうみしんしん)**」까지 한자를 모두 제대로 쓴 선택지는 ①이다.

07 2019.A 기출 12

ⓐ 呉音, 漢音, 唐(宋)音
ⓑ 「行」という漢字には、ⓑ「行事」の「ギョウ」、「行動」の「コウ」、「行脚」の「アン」という3つの字音が存在する。

問題を解くために

일본에 전래된 한자음을 시대순으로 나열하면 **呉音→漢音→唐(宋)音**의 순서가 된다. **呉音**은 중국의 **南北朝時代**(420~589) **呉(南宋)**나라의 발음이 전해진 것이고, **漢音**은 중국의 **隋**나라와 **唐**나라 시대(589~618/618~907)의 도읍이었던 **長安** 부근의 발음이 전해진 것이다. 그리고 **唐(宋)音**은 중국의 **宋・元・明・清** 시대의 발음으로 **鎌倉時代**부터 **江戸時代**에 걸쳐서 일본에 전래되었다.
한자 「**行**」의 **音読み**는 **呉音→漢音→唐(宋)音**의 순서에 따라 「**ギョウ**」와 「**コウ**」와 「**アン**」의 세 가지가 있는데 「**ギョウ**」의 예는 「**行事(ぎょうじ)**・**行列(ぎょうれつ)**・**行間(ぎょうかん)**」, 「**コウ**」의 예는 「**行動(こうどう)**・**行為(こうい)**・**施行(しこう)**」, 「**アン**」의 예는 「**行脚(あんぎゃ)**・**行燈(あんどん)**」과 같은 단어가 있다.

08 2011.2차 기출 3 일부

日本語の漢字の音読みは、中国のどの時代のどの地方の字音が伝わったものかによって3種類に大別される。〈資料1〉の「行」は、ⓐでは「行動(こうどう)」の「コウ」、ⓑでは「行事(ぎょうじ)」の「ぎょう」、そしてⓒの「行燈(あんどん)」では「アン」という3つの字音がある。そのうち「コウ」は中国の漢音、「ぎょう」は中国の呉音、そして「アン」は中国の唐宋音が伝えられたものである。

問題を解くために

同範囲問題 07의 설명을 참조.

제3장 표기 규칙 일반

본책 p.295

01 2017.B 기출 1

ⓐとⓑを漢字仮名交じり文に書き直すと、「庭には母の好きな花が咲いています。」「妹はアメリカへ旅行に行きました。」になる。
これらの文はひらがな、カタカナ、漢字の三つの文字が使われている。「送り仮名の付け方」によると「庭・母・花・妹・旅行」のように活用のない名詞は送り仮名をつけないが、活用のある語「好きだ・咲く・行く」などには送り仮名をつけて表記する。そして「外来語の表記」に従って外国の地名「アメリカ」はカタカナで表記している。最後に、助詞や助動詞・補助動詞はひらがなで表記する。

問題を解くために

일본어의 문자 표기는 크게 **ひらがな**와 **カタカナ**, 그리고 **漢字**로 나눌 수 있다. 이 중에서 **「外来語の表記」**에 따라서 외국의 지명이나 인명은 **カタカナ**로 표기해야 한다. 그리고 **「送り仮名の付け方」**를 근거로 **活用**의 유무에 따라서 **送り仮名**의 사용이 정해지는데 **活用**이 있는 용언인 동사나 형용사(형용동사를 포함)의 경우 **語幹**은 한자로, **活用語尾**는 **ひらがな**로 표기한다. 또한 조사나 조동사, 보조동사는 **ひらがな**로 표기한다. 참고로 **「好きな」**는 동사 **「好く」**의 활용형인 **「好き」**를 포함하고 있기 때문에 **「好く」**의 **送り仮名** 표기 원칙을 따르고 있다.

02 2007 기출 10

① 契沖　　　② 歴史的仮名遣い

問題を解くために

17세기에 일본의 국학자(国学者) **契沖(けいちゅう)**는 **上代**와 **平安時代**의 문헌을 연구하여 **藤原定家(ふじわらていか)**의 **定家仮名遣い**를 비판하고 **『和字正濫抄(わじしょうらんしょう)』**를 통해 본인이 만든 **契沖仮名遣い**를 주장하였다. 그 후 **契沖仮名遣い**를 바탕으로 만들어진 것이 **歴史的仮名遣い**인데 이는 1872年에 **明治政府**에 의해 도입되어 1946年에 **現代仮名遣い**가 발표되기 전까지 널리 쓰였다.

03 2019.B 기출 3

- ⓐに従って仮名を前から12番目まで書くと、「いろはにほへと ちりぬるを」になる。
- ⓑに当てはまることばは「天地(あめつち)の詞(ことば)」である。(「鳥啼(な)く歌」일 가능성도 있음)
- 下線部ⓒのように言える理由は、濁音と半濁音と拗音は含まれていないからである。

問題を解くために

ⓐ는 **いろは唄**(うた)의 첫 행(**冒頭**) 부분에 나오는 12글자가 정답이 된다. **いろは唄**처럼 글자를 한 번씩만 사용하여 만든 작품으로는 10세기 초에 만들어진 **天地の詞**, **明治時代**에 만들어진 **鳥啼く歌**의 두 가지가 있는데 **鳥啼く歌**에는 **撥音**이 포함되어 있어서 **いろは唄**보다 글자 수가 하나 더 많다. 그리고 오십음도에는 현대 일본어의 음운 중 탁음과 반탁음, 그리고 요음(**拗音**)이 포함되어 있지 않기 때문에 현대 일본어의 모든 음운을 담고 있는 일람표라고 보기 어렵다.

04 2018.A 기출 2

・体言の例 : おおかみ(狼) おおやけ(公) こおろぎ ほお(頬) ほおずき ほのお(炎) とお(十) 등의 단어 중에서 선택하되 ひらがな로 답안을 쓴다. (조건에 따라 転成名詞인 おおせ(仰)와 こおり(凍・氷)는 제외)
・用言の例 : いきどおる(憤) おおう(覆) こおる(凍) しおおせる とおる(通) とどこおる(滞) もよおす(催) いとおしい おおい(多) おおきい(大) とおい(遠) 등의 단어 중에서 선택하되 ひらがな로 답안을 쓴다.

問題を解くために

1986년에 **文部科学省内閣告示**로 발표된 **現代仮名遣い**에서는 **長音**에 대해 **ア列**은 「あ」, **イ列**은 「い」, **ウ列**은 「う」, **エ列**은 「え」로 나타내지만 **オ列**의 **長音**은 「う」로 나타낸다고 명시하고 다만 **歴史的かなづかい**의 「ほ」 또는 「を」가 이어지는 단어는 **オ列**의 **長音**으로 발음되더라도 **オ列**의 **仮名**에 「お」를 이어 쓴다고 하면서 위와 같은 단어를 예로 들고 있다. 아울러 **エ列**의 **長音**으로 발음되더라도 **エ列**의 **仮名**에 「い」를 이어 쓰는 단어의 예로 かれい, せい(背), へい(塀), めい(銘), れい(例), えいが(映画), とけい(時計), ていねい(丁寧) 등의 경우를 예로 들고 있다.

05 2012.1차 기출 11

②

問題を解くために

로마자 표기법을 비롯한 표기 일반에 관하여 묻는 문제이다.

ㄱ. 1954年에 발표된 **訓令式ローマ字表記法**에 따르면 「**促音(っ)は字音を重ねて表記する**」라고 되어 있으므로 「おっしゃる」의 로마자 표기는 「otsyaru」가 아니라 「ossyaru」가 되어야 한다.

ㄴ. 1981年에 발표된 「**送り仮名の付け方**」에 따르면 「**賜(たまわ)る**」와 「**賜わる**」는 둘 다 허용되는 표기이다. 이 같은 동사에는 「**表(あらわ)す**」와 「**表わす**」, 「**著(あらわ)す**」와 「**著わす**」, 「**現(あらわ)れる**」와 「**現われる**」, 「**行(おこな)う**」와 「**行なう**」, 「**断(ことわ)る**」와 「**断わる**」 등이 있다.

ㄷ. 1981年에 발표된 「**送り仮名の付け方**」에 따르면 활용어미 앞에 「か」「やか」「らか」를 포함한 **形容動詞**는 그 음절부터 **仮名**로 표기해야 하므로 「**健やかだ**」는 바른 표기이지만 「**健かだ**」는 잘못된 표기이다.

ㄹ. 1981年에 발표된 「**送り仮名の付け方**」에 따르면 복합어의 경우 각 구성 요소의 **送り仮名** 규칙에 따라 표기해야 하므로 「**立ち退く**」가 맞는 표기이지만, 잘못 읽을 우려가 없는 경우에는 **送り仮名**를 생략할 수도 있다고 하였으므로 「**立退く**」라고 표기하는 것도 역시 허용된다. 이 같은 단어에는 「**申し込む**」와 「**申込む**」, 「**封切り**」와 「**封切**」, 「**売り上げ**」와 「**売上**」 등이 있다.

ㅁ. 「**布地**」의 **仮名** 표기는 「**ぬのじ**」이며 「**ぬのぢ**」라고 쓰지 않는다.

ㅂ. 1986年에 발표된 「**現代仮名遣い**」에 따르면 「**氷**」처럼 **歴史的仮名遣い**에서 「ほ」라고 표기했었던 단어는 **オ列仮名**에 「お」를 이어 표기하도록 되어 있다. 따라서 「**公理(こうり)**」와 「**氷(こおり)**」는 발음의 차이를 반영하여 표기한 것이 아니다.

06 2010.1차 기출 13

④

問題を解くために

「**現代仮名遣い**」를 비롯한 표기 일반에 관하여 묻는 문제이다.

① **オ列長音**은 「**わこうど(若人)**」나 「**こおり(氷)**」처럼 **オ列仮名**에 「う」 또는 「お」를 이어 쓴다.

② 「**そえぢ(添乳)**」나 「**にいづま(新妻)**」처럼 **前項**과 **後項**의 두 요소의 결합(**2語の連合**)으로 만들어진 단어의 경우, **後項**의 「ぢ」와 「づ」는 그대로 적는다.

③ 1991年에 발표된 「**外来語の表記**」에서는 「**ハンカチ**」와 「**ハンケチ**」, 「**グローブ**」와 「**グラブ**」처럼 복수의 형태가 존재할 경우 굳이 어느 한쪽으로 정하지 않겠다는 방침을 밝히고 있다. 따라서 외래어 표기로 「**メーター**」와 「**メートル**」, 「**グローブ**」와 「**グラブ**」는 둘 다 허용된다. 참고로 NHK에서는 야구는 「**グラブ**」, 권투는 「**グローブ**」를 사용한다고 한다.

④ 1981年에 발표된 「**送り仮名の付け方**」에 따르면 원래 활용어미부터 **送り仮名**를 표기하는 것이 원칙이지만 예외적으로 어간이 「し」로 끝나는 형용사는 「し」부터 **仮名**를 표기하도록 정하고 있

다. 다만 형용사가 동사의 활용형을 포함하고 있다면 그 동사의 표기법에 따르는 것이 바른 표기가 된다. 따라서 「**輝しい, 喜しい**」는 잘못된 표기이다.

⑤ 로마자표기법에서 **撥音** 「**ん**」이 모음 또는 「y」 앞에 왔을 때 **旧ヘボン式**에서는 「n」을 표기한 후에 「–」를 넣어서 표기했었지만 **修正ヘボン式**에서는 이를 고쳐서 「'」를 넣도록 하였고 **日本式**과 **訓令式**에서는 「'」를 넣어서 분리 표기하도록 하고 있다.
例 **単位**「tan'i」 **原因**「gen'in」 **金曜日**「kin'yôbi」

제4장 표기/발음의 변화

본책 p.304

01 2021.A 기출 3

ⓐ ワ行音　　ⓑ へ

問題を解くために

語中이나 **語末**의 **ハ行音**이 **ワ行音**으로 변화하는 현상인 **ハ行転呼**(てんこ)에 대해 묻는 문제이다. **ハ行転呼**는 **平安時代**에 일어나기 시작하여 **鎌倉時代**에 걸쳐서 일어났으며 그 결과 발음과 표기가 일치하지 않는 현상이 생기게 되었다. 「**こんにちは**」라고 쓰고 「**コンニチワ**」라고 읽는 것은 그 대표적인 예이다.

02 2002 기출 3-1

① (a) 48 (b) ゑ (c) ぢ (d) づ
② **現代仮名遣い**

問題を解くために

仮名遣い의 변천과 더불어 표기 및 발음의 대표적인 변화를 묻고 있는 문제이다. **ワ行**의 **ゐ**[wi]와 **ゑ**[we]가 [i]와 [e]로 통합된 것, 그리고 원래는 **ダ行**의 다른 글자와 마찬가지로 **ぢ**[di]와 **づ**[du]로 발음되던 글자가 이제는 **じ**[zi]와 **ず**[zu]처럼 발음하게 되어 발음상의 차이가 없어진 것 등을 설명하고 있는 문장이다.

03 2008 기출 5

- 연탁현상이 나타나는 카드 : A
- 조건(상황) 설명 : **修飾・被修飾関係を表す複合語で後の語(後項第１音節)が「カ・サ・タ・ハ行」の場合、語頭の無声子音(清音)が有声子音(濁音)に変わる。主に和語で起こり、後項第２音節以降に濁音がある場合は起こらない。また、外来語では連濁が起こらない。**

問題を解くために

주어진 카드 중에서 **連濁**이 일어나는 조건을 갖추고 있는 것은 **鼻血**(はなぢ)와 **昔話**(むかしばなし)가 쓰여진 카드 A이다. **連濁**은 주로 고유어인 **和語**끼리의 복합어에서 나타나지만 2글자로 이루어진 한자숙어에서 「**ウ・ン**」으로 끝나는 **字音** 뒤에서도 **連濁**이 일어나는 경우가 있다(例 **平等, 問答**). 또한 외래어에서 **連濁**은 일어나지 않는 것이 원칙이다.

04 2009.1차 기출 19

⑤

問題を解くために

(가)의 단어 「**恋**」는 원래 **こひ**였던 발음이 **こい**로 변화한 것으로 **ハ行音**이 **ワ行音**으로 변화한 **ハ行転呼**의 예이다.

(나)의 단어 「**因縁(いんねん)**」은 **因**(いん)과 **縁**(えん)이 결합하면서 [n] 직후에 모음이 왔을 때 그 모음이 **ナ行音**으로 변화한 **連声**의 예이다.

(다)의 단어 「**平仮名**」는 **平**(ひら)와 결합한 단어 **仮名**(かな)의 **語頭音**이 **清音**에서 **濁音**으로 변화한 **連濁**의 예이다.

(라)의 인사말 표현 「**おはようございます**」는 「**ございます**」 앞에서 형용사 **早**(はや)い의 연용형 **はやく**가 발음의 편의를 위해 **はよう**로 변화한 **ウ音便**의 예이다.

05 2003 기출 8-2

(b) 蹴る　(d) 甦る

問題を解くために

蹴(け)る와 甦(よみがえ)る는 둘 다 1그룹동사(5단동사)이기 때문에 촉음편이 일어난다.

06 2011.2차 기출 3 일부

足	補足(ほそく) 遠足(えんそく)→音読み
	足袋(たび) 足音(あしおと) 素足(すあし)→訓読み

音	福音(ふくおん) 騒音(そうおん) 観音(かんのん) 発音(はつおん)→音読み
	音色(ねいろ)→訓読み

- このうち、音の変化が生じるものは「観音(かんのん)」であり、現象は連声である。
- 連声は、二つの語が連接するとき、ア行・ヤ行・ワ行で始まる語が、[m]・[n]・[t]を末尾に持つ字音語に後接した場合、後接語の語がナ行・マ行・タ行の音に変化する現象である。

素	素材(そざい) 素顔(すがお) 素手(すで) 素性(すじょう)→音読み
	素人(しろうと)→訓読み

- このうち、音の変化が生じるものは「素手(すで)」「素性(すじょう)」であり、現象は連濁である。
- 連濁は、複合語や漢字熟語を成すときに後項成分の語頭音が濁音になる現象である。

豆	納豆(なっとう) 大豆(だいず) 豆腐(とうふ)→音読み
	小豆(あずき) 豆粒(まめつぶ)→訓読み

- このうち、音の変化が生じるものは「納豆(なっとう)」であり、現象は促音化である。
- 促音化は、もともとあった音素が促音に変わる現象である。

発	発明(はつめい) 発作(ほっさ) 発射(はっしゃ) 突発(とっぱつ) 発起(ほっき)→音読み
	訓読みはない。

- このうち、音の変化が生じるものは「発作(ほっさ)」「発射(はっしゃ)」「発起(ほっき)」であり、現象は促音化である。また、「突発(とっぱつ)」も音の変化が生じたものであり、現象は半濁音化である。
- 促音化はもともとあった音素が促音に変わる現象である。
- 半濁音化は、後項の語頭のハ行音がパ行音になる現象であるが、その場合促音化も直前で同時に起こる。

雨	梅雨(ばいう) 雨量(うりょう)→音読み
	梅雨(つゆ) 時雨(しぐれ) 大雨(おおあめ) 雨戸(あまど) 雨具(あまぐ) 霧雨(きりさめ)→訓読み

- このうち、音の変化が生じるものは「雨戸(あまど)」「雨具(あまぐ)」であり、現象は母音交替(転音(てんおん))である。また、「霧雨(きりさめ)」も音の変化が生じたものであり、現象は音韻添加である。
- 母音交替(転音)は、前項末尾の母音が交替する現象である。
- 音韻添加は、前の語と後ろの語の音が合わさるとき、新しい音素が追加される現象である。

問題を解くために

먼저 각 단어에서 제시된 한자를 音読み와 訓読み(熟字訓 포함)에 따라 분류한다. 그 후 단어 중에서 음이 변화하는 変音現象(へんおんげんしょう)가 일어나는 단어를 찾아 어떤 현상에 해당하는지를 간단하게 서술한다.

제5장 기타

본책 p.311

01 2011.1차 기출 8

②

問題を解くために

(가) 1981年에 발표된 「送り仮名の付け方」에서는 관용적으로 送り仮名를 붙이지 않는 복합어로 書留(かきとめ)를 비롯하여 関取(せきとり), 頭取(とうどり), 取締役(とりしまりやく), 切手(きって), 消印(けしいん), 小包(こづつみ), 振替(ふりかえ), 切符(きっぷ), 踏切(ふみきり) 등의 복합어를 제시하고 있다.

(나) 「真丸」가 아니라 「真ん丸」가 바른 표기이므로 「真」 뒤에 「っ」를 붙이면 안 된다.

(다) 「手綱さばき」는 「たずなさばき」가 아니라 「たづなさばき」로 고쳐야 한다.

(라) 「たった今」와 「ただいま」는 둘 다 조금 전에 있었던 일을 나타낼 수 있지만 현재의 일을 나타낼 수 있는 것은 「ただいま」뿐이다.

(마) 「私は図書館で火事が起きたと聞きました。」에서 「は」 다음이나 「で」 다음에 句点을 찍으면 문장이 끝난다.

02 2012.1차 기출 16

④

問題を解くために

ㄱ. 「峠(とうげ)」「込」「働」는 일본에서 만들어진 国字(こくじ)의 예이다.

ㄴ. 「三」「上」는 지사문자(指事文字)이지만 「馬」는 전형적인 상형문자(象形文字)의 예이다.

ㄷ. 「時雨(しぐれ)」「小豆(あずき)」는 熟字訓의 예라고 할 수 있지만 「素敵」는 熟字訓이 아닌 当て字의 예이다.

ㄹ. 「起工」「気候」「寄港」의 발음은 모두 きこう지만 뜻은 제각기 다르므로 이 세 단어는 서로 동음이의어(同音異義語)이다.

ㅁ. 「倶楽部(ぐらくぶ)」「目出度い(めでたい)」「出鱈目(でたらめ)」는 전형적인 当て字의 예이다.

03 2009.1차 기출 13

④

問題を解くために

① 「荷物(にもつ)」는 訓読み와 音読み의 순서로 읽는 단어이므로 「湯桶読み」의 예가 맞다.

② 「てくてく」는 사람의 걸음걸이를 나타내는 의성어인 オノマトペ이다.

③ 「手前(てまえ)みそ」는 자화자찬의 의미를 나타내는 관용어구이다. 「手前味噌ではありますが~」라고 하면서 조심스럽게 자기 자신을 칭찬하는 말을 꺼낼 때 사용한다.

④ 「先祖(せんぞ)」를 발음할 때, 「撥音」에 이어지는 [zo]는 有声歯茎破擦音이지 軟口蓋音이 아니다.

⑤ 「書きゃ」는 「書けば」의 축약형인데 「書きやしない」에서 「書きや」가 축약된 형태로도 볼 수 있다.

PART 6 일본어 어휘

제1장 어휘 일반 본책 p.316

01 2001 기출 4-2

① よんはい ② にだい ③ いっとう
④ さんば・さんわ ⑤ さんぼん

問題を解くために

조수사 읽는 방법을 묻는 문제이다. 특히 連濁 현상이 일어나는 경우에 주의한다.

「階」「足」「分」「発」에 대해서는 「何階(なんがい), 何足(なんぞく), 何分(なんぷん), 何発(なんぱつ)」처럼 조수사의 발음이 탁음 또는 반탁음이 되는 것이 일반적이지만 최근에는 「ナンカイ, ナンソク, ナンフン, ナンハツ」처럼 청음으로 발음하는 사람들이 많아지고 있다. 그리고 조수사 「羽」와 「歩」의 앞에 「3」이 붙으면 「羽」는 「サンバ」와 「サンワ」, 「歩」는 「サンボ」와 「サンポ」 두 가지로 읽을 수 있다. 동물을 셀 때 쓰는 조수사는 「匹(ひき)」가 일반적이지만 소처럼 덩치가 큰 동물의 경우에는 「頭(とう)」를 사용하는 점도 주의해야 한다.

02 2002 기출 7-1

(1) (d) (2) (c) (3) (a)

問題を解くために

부사, 또는 의성어나 의태어에 대한 설명을 읽고 그에 해당하는 단어를 찾는 문제이다. 각 단어의 의미는 다음과 같다.〔出典 : 「goo国語辞書」〕

• (a) ぐんと。
① 思いきって力を入れるさま。ぐっと。ぐいと。
例「両手でぐんと押す。」
② 他のものや今までの状態と大きく変わるさま。際立って。いちだんと。
例「スピードをぐんと上げる。」

• (b) すっかり
① 残るもののないさま。ことごとく。
例「金庫の金がすっかりなくなる。」
「仕事がすっかりかたづく。」
② 完全にある状態になっているさま。まったく。
例「からだはもうすっかりよい。」「すっかり春めいてきた。」

• (c) ゆったり
① ゆるやかでゆとりのあるさま。
例「ゆったり(と)編んだセーター」「ゆったり(と)した旅程」
② 落ち着いてのんびりしているさま。
例「ゆったり(と)くつろぐ。」

• (d) せっかく
いろいろの困難を排して事をするさま。期待した結果の得られないことを惜しむ気持ちを表すときに使う。無理をして。苦労して。わざわざ。
例「せっかく来てくれたんだから、ゆっくりしていきなさい。」
「せっかく努力したのに不合格だった。」
「せっかく用意したのだから、食べていけばよいのに。」

• (e) たまたま
① 時おり。時たま。たまに。
例「春とはいえたまたま寒い日がある。」
② 偶然に。ちょうどその時。
例「たまたま駅で旧友にあった。」

• (f) とっくり
念をいれて物事をするさま。十分に。よくよく。とくと。
例「とっくり(と)考えて結論を出す。」

• (g) ふっつり
① 糸・ひもなどが断ち切れる音、また、そのさまを表す語。ぷっつり。
例「張った糸がふっつり(と)切れる。」
② 続いていた物事が急にやむさま。ぱったり。ぷっつり。
例「ふっつり(と)顔を見せなくなる。」

03 2004 기출 12-2

(1) ③ (2) ②

問題を解くために

주어진 문장을 완성시키기 위해 필요한 부사를 고르는 문제이다. 문장 (1)에서는 모처럼 심은 나무가 태풍으로 쓰러진 것을 안타까워하는 마음을 나타내야 하므로 부사 **せっかく**가 정답이다. 문장 (2)에서는 이미 헤어진 연인의 사진을 처리하는 행동을 나타내야 하므로 힘차고 빠른 속도로 결단력 있게 행동할 때 사용하는 부사 **さっさと**가 정답이다. **つい**는 '나도 모르게 그만', **ひととおり**는 '완벽하지는 않더라도 일단 어느 정도는', **あまり**는 부정어를 수반하여 '그다지, 별로', **かえって**는 '오히려, 도리어'라는 뜻의 부사이다.

04 2004 기출 6-1

(1) ④ (2) ⑤

問題を解くために

외래어의 의미에 대한 설명을 읽고 해당하는 단어를 고르는 문제이다. **コンパ**나 **グルメ**처럼 한국에서는 잘 쓰이지 않지만 일본에서는 일상적인 단어에 특히 주의한다.

05 2002 기출 9-1

どうも

問題を解くために

일본인의 언어 행동 중 하나인 사과, 감사에 관한 표현을 묻는 문제이다.

06 2012.1차 기출 30

②

問題を解くために

한국어에서는 일상적으로 사용되는 한자숙어가 일본어에서는 다르게 표현되는 경우가 있는데 이를 잘 구별할 수 있는지를 묻는 문제이다.
한국어에서는 「**歸家**」라는 한자를 사용하지만 일본어에서는 동음이의어로 인한 혼란을 피하기 위해서 「**帰宅(きたく)**」라는 한자 단어를 사용한다. 그리고 한국어에서 말하는 「난치병(**難治病**)」은 일본어에서는 「**難病(なんびょう)**」이며 평생교육(**平生教育**)은 「**生涯教育(しょうがいきょういく)**」가 맞는 표현이다. 마치 그 자리에 있는 것 같은 기분을 느낄 수 있다는 의미를 나타내는 단어, 현장감은 「**現場感**」이 아니라 「**臨場感(りんじょうかん)**」이라는 한자 단어를 사용하며 경제 회생은 「**回生**」이 아니라 「**回復(かいふく)**」라는 한자 단어를 사용한다(「**回生**」은 본래의 의미를 살려서 「**起死回生の妙薬**」와 같은 표현에서 사용). 한편 두 가지가 매우 흡사하다는 뜻을 나타내는 단어는 「**酷似(こくじ)**」이다.

07 2009.1차 기출 37

③

問題を解くために

일본어의 언어 행동과 관련된 단어의 의미를 제대로 알고 있는지를 묻는 문이다. 선택지에 제시된 단어의 의미는 다음과 같다. 먼저 **押(お)しつけがましい**는 '강요하는 느낌이 강하다'는 뜻이고 **思(おも)いやる**는 '상대방을 배려하다'라는 뜻이다. **仲睦(なかむつ)まじい**는 '화목하다', **軽(かろ)んじる**는 '우습게 보다, 업신여기다'라는 뜻이며, **差(さ)し支(つか)えない**는 '지장이 없다', 그리고 **気配(きくば)り**는 '배려'라는 뜻의 단어이다.
본문의 내용처럼 지나치게 음식을 권하는 행위는 일본의 문화를 잘 모르는 외국인 입장에서는 강요를 당하는 것처럼 느껴질 수 있다. 그리고 일본인들이 선물을 건네면서 정말 사소한 물건이지만 받아달라고 말하는 것은 그러니까 굳이 답례를 하지 않아도 된다는 뜻을 전달함으로써 상대방의 수고를 덜어주겠다는 배려를 나타내는 것이다. 따라서 (가)에서는 강요를 나타내는 표현, 그리고 (나)에서는 배려를 나타내는 표현이 들어가는 선택지가 정답이 된다.

08 2010.1차 기출 29

②

問題を解くために

두 사람의 대화를 읽고 네모 안에 들어갈 적절한 표현의 조합을 찾는 문제이다. 대화의 흐름을 볼 때 (가)는 대화를 시작할 때 사용하는 표현이므로 **ねえ**나 **おい**와 같은 표현이 적절하고, (나)는 의외의 사실을 듣고 놀랐을 때 사용하는 표현을 사용해야 하므로 **えっ**가 가장 적절하다. **ほら**는 상대방의 주의를 집중시키기 위해 쓰는 표현이고 **さてと**는 화제를 전환할 때 사용하는 표현이다. **そうそう**는 상대방의 말을 듣고 동감하듯이 맞장구 칠 때 사용하고 **なるほどね**는 상대방의 말을 듣고 공감할 때 사용하는 표현이다. 그리고 **よいしょ**는 뭔가 중요한 일을 할 때 기합을 넣듯이 말하는 추임새 표현이고 **ちぇっ**는 실망했을 때 혀를 차듯이 말하는 표현이다.

09 2012.1차 기출 33

③

問題を解くために

긴 문장 독해와 함께 각 부분에 들어갈 적절한 단어를 찾는 문제이다. ㉠은 **わりに**(비교적)와 **たしか**(아마도) 중에서, ㉡은 **目が光る**(눈이 빛난다)와 **目ざとい**(금방 발견해낸다, 보는 눈이 빠르다) 중에서, ㉢은 **見渡す**(전체를 조망하다)와 **見回す**(주위를 둘러보다) 중에서, ㉣은 **そっと**(살짝)와 **すっと**(쓱, 쑥) 중에서, ㉤은 **見逃す**(간과하다, 보고도 놓치다)와 **見間違える**(잘못 보다) 중에서 의미적으로 어울리는 단어를 선택해야 한다.

10 2021.A 기출 11

- ⓐ에 들어갈 단어 : **遠慮**
- ⓑ의 이유 : **上司の誘いに対して部下が答える場面なので提案を断るときにも工夫が必要になる。(3)の部下の発言では行きたくないという意思をストレートに言う代わりに「遠慮しておく」という婉曲な表現を用いることで上司の体面を害することがないように配慮している。**

問題を解くために

어휘적 의미와 언어 행동을 동시에 묻는 문제로 **遠慮**라는 단어의 사전적인 정의와 함께, 실제로 그 단어가 어떤 장면에서 사용되는지를 묻고 있다. 조건에서 사용 장면과 사용 목적이라는 관점에서 서술할 것을 제시하였으므로 상사와 부하 사이에서 주고받는 대화라는 사용 장면과 상사의 체면을 상하지 않도록 한다는 사용 목적을 넣어서 답안을 작성해야 한다.

11 2003 기출 9-1

① **拝啓** ③ **敬具**

12 2003 기출 9-2

② さて

11-12

問題を解くために

이 문제에서는 먼저 편지글에서 사용되는 어휘인 「**頭語と結語**」를 묻고 있다. 편지의 서두에 사용하는 인사말인 **拝啓(はいけい)**와 끝부분에 사용하는 인사말인 **敬具(けいぐ)**의 의미는 각각 「**謹(つつし)んで申し上げます**」와 「**謹んで申し上げました**」라는 의미를 나타낸다. 그리고 의례적인 인사말을 마친 후에는 「**さて**」나 「**つきましては**」라는 어휘를 사용하여 본론으로 들어가 편지를 쓰게 된 이유 등을 쓰는 것이 일반적이다.

13 2004 기출 16-4

④

問題を解くために

「通り」는 「通行・通過」, 「一遍」은 「一回」, 「一度」라는 뜻의 단어로 小学館에서 출판된 『日本国語大辞典第2版』(2001)에 따르면 원래 「通(とお)り一遍(いっぺん)」은 「通りがかりに立ち寄った客で、平素からの馴染でないこと」라는 뜻이었다고 한다. 그러나 시간의 흐름과 함께 의미가 변화되어 지금은 「通り一遍のあいさつ」처럼 「오로지 표면적인」이라는 뜻으로 사용되고 있다. 참고로 『岩波国語辞典第7版』(2011)에서는 「通り一遍」에 대한 설명으로 「うわべの形だけであること」라는 표현을 사용하고 있다.

14 1997 기출 8-2

① 산해진미(산과 바다, 들에서 나는 온갖 맛있는 음식물)
② 신세를 진 사람
③ 연말 선물

15 2004 기출 15-1

推敲

제2장 한자 본책 p.329

01 2001 기출 5

① 禁止 ② 人権 ③ 信頼 ④ 効果 ⑤ 徹底

問題を解くために

한자의 음독을 보고 동음이의어 중에서 문맥에 맞는 단어를 한자로 고쳐 쓰는 문제이다.

02 1999 기출 1

② ⑤ ③ ① ④

問題を解くために

먼저 한자 단어를 바르게 음독으로 읽고, 이를 사전에서 배열하는 순서로 써야 한다. 대개의 일본어 사전에서 단어를 배열하는 규칙은 다음과 같다. 오십음도의 「あ・い・う・え・お」에 따라 단어를 배열하되 清音→濁音→半濁音의 순으로 배열한다. 장음(長音)은 바로 앞의 글자에 「あ・い・う・え・お」를 넣어서(例 「カード」→「かあど」) 취급한다. 요음(拗音)을 구성하는 「ゃ」「ゅ」「ょ」나 촉음(促音)인 「っ」는 직음(直音)인 「や」「ゆ」「よ」와 「つ」의 다음 순서로 배열한다.
문제에 제시된 한자 단어의 음독은 각각 〈抗争(こうそう)/交渉(こうしょう)/更生(こうせい)/故障(こしょう)/恒常(こうじょう)〉이므로 순서는 ②こうしょう-⑤こうじょう-③こうせい-①こうそう-④こしょう가 된다.

03 2004 기출 6-4

③ ⑤ ⑥

問題を解くために

雨를 훈독으로 읽을 때 모음 앞에 [s]가 삽입되어 [ame]를 [same]으로 읽는 경우에 해당하는 단어를 고르는 문제이다. 〈보기〉에 제시된 단어들은 ①五月雨(さみだれ), ②大雨(おおあめ), ③春雨(はるさめ), ④梅雨(つゆ/ばいう), ⑤小雨(こさめ), ⑥氷雨(ひさめ)라고 읽는다.

04 2011.1차 기출 18

①

問題を解くために

문제에서 말하는 **読み方の結合パターン**은 음독(音読み)과 훈독(訓読み)의 결합을 말한다. 문제에 제시된 단어를 읽어보면
ㄱ. 火鉢(ひばち : 訓+音),
ㄴ. 切符(きっぷ : 訓+音),
ㄷ. 縁側(えんがわ : 音+訓),
ㄹ. 結納(ゆいのう : 訓+音),
ㅁ. 消印(けしいん : 訓+音),
ㅂ. 反物(たんもの : 音+訓),
ㅅ. 両替(りょうがえ : 音+訓)
라고 읽으므로 이 단어들 중에서 **読み方の結合パターン**이 같은 것은 훈독과 음독의 순서로 결합되어 있는 **火鉢, 切符, 結納, 消印**이다.

05 2018.A 기출 11

ⓐに入ることばは漢語であり、ⓑに入ることばは和製漢語である。
ⓒ「湯桶読み」とは、漢字熟語を音と訓の組み合わせで読むときに、訓読みと音読みの順で読む読み方をいう。「湯桶読み」のことばは、訓読みの和語と音読みの漢語から構成されているため、複数の語種に属する語の結合でつくられた混種語の一つとして考えられる。

問題を解くために

한자숙어를 읽는 두 가지 방법인 **湯桶読み**와 **重箱読み**, 그리고 어종(語種)과 **和製漢語**에 대한 지식을 묻는 문제이다. 일본어의 단어는 어종에 따라 고유어인 **和語**, 한자를 이용하여 만들어진 **漢語**, 중국 이외의 나라에서 들어온 **外来語**, 2개 이상의 어종이 섞여서 만들어진 **混種語**로 나뉘는데 **漢語** 중에서 일본에서 만들어진 **漢語風** 단어를 **和製漢語**라고 한다. **和製漢語** 중에는 **切符**나 **株式**처럼 고유어를 읽는 방법인 훈독과 중국에서 전래된 한자음을 읽는 방법인 음독이 섞여 있는 단어도 있는데 이러한 단어는 어종으로 본다면 **混種語**에 해당된다.

06 2001 기출 10-1

① しさ　② たちば
③ ししん　④ にんしき

07 2000 기출 4-1

① 誤作動　② 行政

08 2006 기출 21

① たいしんもんだい
② うすがた
③ さいやすね

09 1997 기출 8-1

(a) やくびょうたいさん{えきびょうたいさん}
(b) ぎおん
(c) おおみそか

10 2008 기출 7

- 更迭(こうしつ) → 更迭(こうてつ)
- 最寄り(さより) → 最寄り(もより)
- 時雨(しごれ) → 時雨(しぐれ)
- 匿名(どくめい) → 匿名(とくめい)

제3장 의성어・의태어(オノマトペ) 본책 p.339

01 2001 기출 6-1

① ㉡ ② ㉠ ③ ㉢ ④ ㉤

問題を解くために

의성어나 의태어에 대한 설명을 읽고 해당하는 단어를 조합하는 문제이다. 「**しとしと**」는 비가 조용히 내리는 모습을 나타내는 말이므로 ②가 답이 되고, 「**ぼんやり**」는 어렴풋이 보일 뿐 뚜렷하지 않은 모습이나 의식 상태가 뚜렷하지 않고 멍하니 있는 모습을 나타내는 말이므로 ①이 답이 된다. 「**がさがさ**」는 표면이 말라서 까칠까칠한 느낌을 나타내는 표현이므로 ③과 연결지을 수 있고, 「**すくすく**」는 기운차게 쑥쑥 잘 자라는 모습을 나타내는 표현이므로 ④와 연결지을 수 있다. 참고로 「**もぐもぐ**」는 입을 벌리지 않고 무언가를 우물우물 씹거나 중얼거리는 모습을 나타낸다.

02 2006 기출 13

(1) くすくす (2) うとうと (3) しくしく

問題を解くために

그림을 보고 어떤 상태인지를 파악한 후에 이를 나타내는 단어를 찾아 기입하는 문제이다. 그림 (1)에서는 남몰래 소리를 죽여서 웃고 있는 여자의 모습이 있으므로 「**くすくす**」를 써야 한다. 그림 (2)에서는 꾸벅꾸벅 졸고 있는 남자의 모습이 있으므로 「**うとうと**」를 써야 하며, 그림 (3)에서는 훌쩍훌쩍 눈물을 흘리는 여자의 모습이 있으므로 「**しくしく**」가 어울리는 답이 된다.

그 밖에 「**にこにこ**」는 싱글벙글 웃는 모습, 「**ぐうぐう**」는 코를 골며 잘 때 나는 소리나 배고플 때 배 속에서 나는 소리, 「**おいおい**」는 큰 목소리로 엉엉 우는 소리, 「**げらげら**」는 입을 벌리고 호쾌하게 껄껄 웃는 소리, 「**せかせか**」는 말씨나 행동이 침착하지 못하고 뭔가에 쫓기는 듯이 불안한 모습, 「**めきめき**」는 성장이나 발전이 눈에 띄게 빠른 모습을 나타낸다.

03 2007 기출 18

A ⑦ B ② C ①

問題を解くために

첫 번째 문장에서는 프로포즈를 거절당한 것인지 집에 와서 밥도 먹지 않고 낙담해 있는 모습을 나타내야 하므로 빈칸 A에 들어갈 의태어는 「**⑦しょんぼり**」이다. 두 번째 문장에서는 햇빛에 그을려 따끔거리는 피부의 상태를 나타내야 하므로 빈칸 B에 들어갈 단어로 「**②ひりひり**」를 고를 수 있다. 세 번째 문장에서는 코트가 너무 커서 입기 힘들다는 말을 하고 있으므로 빈칸 C에 들어갈 의태어는 「**①だぶだぶ**」가 적절하다.

「**③がらがら**」는 단단한 것이 부딪치며 나는 소리, 또는 공간이 텅 비어 있는 모습을 나타내는 말이고, 「**④さらさら**」는 표면에 습기가 없어 끈적거리지 않는 모습을 나타낼 때 쓰이는 의태어이다. 「**⑤がんがん**」은 불이 활활 타오르거나 종이 땡땡 울리는 소리를 나타내는 말인데, 비유적 표현으로 누군가가 시끄럽게 잔소리를 할 때에도 사용할 수 있다. 그 밖에 「**⑥こつこつ**」는 딱딱한 것이 부딪히는 소리를 나타내기도 하고 조금씩 꾸준하고 성실하게 노력하는 모습을 나타내기도 한다. 「**⑧ねばねば**」는 끈적끈적하여 길게 늘어나거나 달라붙기 쉬운 모습을 나타내고, 「**③がらがら**」보다 어감이 작은 말인 「**⑨からから**」는 달그락거리는 소리를 나타낸다. 마지막으로 「**⑩じめじめ**」는 습기가 많아서 축축한 상태를 나타내는 의태어이다.

04 2002 기출 7-2

(1) (b) (2) (a) (3) (f) (4) (e)

問題を解くために

(1)에서는 빨리 일어나라는 말을 하고 있는데 그 앞에 꾸물거리지 말라는 표현을 넣어주어야 하므로 괄호 안에는 「**ぐずぐず**」가 들어가는 것이 좋다. (2)에서는 지진으로 집이 흔들리는 모습을 나타내야 하므로 「**ぐらぐら**」가 정답이다. (3)에서는 비가 내리는 모습을 나타내는 의태어가 필요한데 보기 중에서는 「**ざあざあ**」가 유일하며 (4)에서는 눈물을 방울방울 흘리는 모습을 나타내고 있으므로 괄호 안에 「**ぽろぽろ**」를 넣어야 한다. 「**くすくす**」는 숨죽여서 킥킥거리며 웃는 모습을, 그리고 「**ひらひら**」는 얇은 종이나 깃발 등이 바람에 나풀거리며 나부끼는 모습을 나타낸다.

05 2011.1차 기출 9

③

問題を解くために

의성어 및 의태어의 올바른 사용을 묻는 문제이다. ①에서 「**もりもり**」는 어떤 행위나 동작을 왕성하고 기세 좋게 실행할 때에 사용하는 말이다. 죽순이 쑥쑥 잘 자라는 모습을 나타내는 모습을 나타내기 위해서는 「**すくすく**」를 사용해야 한다. ②에서 「**しっかり**」는 견고하고 튼튼한 모습이나 빈틈없고 철저한 모습을 나타내는 말이므로 정확한 시간을 표현할 때에는 「**きっかり**」를 쓰는 것이 자연스럽다. ③에서 「**ちらちら**」는 작은 물체가 흩날리거나 불빛이 반짝이는 모습, 그리고 무언가를 띄엄띄엄 보거나 그렇게 보이는 모습을 나타내는 표현이고 「**ちらっと**」는 의도하지 않았던 것을 일시적으로 한 번 보거나 들을 때 쓰는 표현인데, ③에서는 빈자리가 여기저기 여러 곳에 보인다는 의미이므로 「**ちらっと**」의 사용은 적절하지 않다. ④에서 「**ぱきぱき**」는 어떤 행동을 빠르고 민첩하게 할 때에 쓰는 표현이며, 「**はきはき**」는 주로 말투나 태도, 성격, 행동 등이 시원시원하고 분명할 때 사용하는 표현이다. ⑤에서 「**きりきり**」는 뭔가가 마찰을 일으키며 삐걱거리는 소리나 힘차게 회전하는 모습, 그리고 활시위를 팽팽하게 당기는 모습을 표현하거나 칼로 찌르듯이 날카로운 통증이 느껴질 때 사용하는데 눈이 따끔거리는 통증을 느낄 때에는 「**ちくちく**」를 사용하는 것이 자연스럽다.

06 2012.1차 기출 28

④

問題を解くために

대화의 내용에 따라 괄호 안에 들어갈 의성어 및 의태어의 조합을 찾는 문제이다. ㉠에서 늦잠을 자는 바람에 헤어스타일이 엉망진창이 된 모습을 나타내는 의태어는 「**ぼさぼさ**」이고, ㉡에서 뒤늦게 문제 해결을 위해 허둥대거나 초조해하는 모습을 나타내는 의태어는 「**じたばた**」이다. 그리고 ㉢에서 어떤 일을 계속 신경 쓰면서 이런 저런 고민을 하는 모습을 나타내는 말은 「**くよくよ**」이고, ㉣에서 힘차게 술을 들이키는 모습을 표현하는 의태어는 「**ぐいっ**」이다. 끝으로 ㉤에서 시끄러운 잔소리를 늘어놓는 모습을 나타내는 말은 「**がみがみ**」이다.

그 밖에 「**ばさばさ**」는 건조해서 바스락거리는 소리나 부스스한 모습을 나타내는 말이고, 「**どたばた**」는 소란을 피우면서 정신없이 우당탕거리는 모습, 「**ぐずぐず**」는 판단이나 행동이 굼뜬 모습, 「**がつがつ**」는 뭔가를 걸신들린 듯이 먹는 모습을 나타낼 때 사용하는 표현이다.

07 2021.B 기출 7

(1)と(2)が不自然な理由は、コロコロとゴロゴロの使用が逆になっているからである。
日本語の擬態語は、一般に清音は語感の軽いものを、濁音は語感の重いものを表す。
何かが転がる様子を表す場合、無声子音[k]は軽い様子を表して有声子音[g]は重い様子を表すのが自然であるため、(1)はゴロゴロ、(2)はコロコロにならないといけない。
そして⒜と⒝に入る適切なことばはそれぞれ「つく」と「動詞」である。

問題を解くために

의성어・의태어의 어감(**語感**) 및 동사 파생에 관한 문제이다. 의성어・의태어의 **語感**의 크고 작음을 나타낼 때 청음은 작고 가벼운 느낌을 주고 탁음은 크고 무거운 느낌을 준다. 그리고 **語基**를 반복하여 만들어지는 반복형(ABAB型) 의성어 및 의태어에 **する**를 붙이거나, 2음절 **語基** AB에 접미사 **めく**나 **つく**를 붙이면 동사가 파생된다.

제4장 관용 표현

본책 p.347

01 2001 기출 6-2

① ㉣ ② ㉥ ③ ㉦ ④ ㉡ ⑤ ㉢

問題を解くために

①의 「口をすべらす」는 해서는 안 되는 말을 실수로 말해 버린다는 뜻이고, ②의 「腰がひくい」는 겸손한 태도를 나타낸다. ③의 「ほらを吹く」는 허풍을 떤다는 뜻이고, ④의 「歯がたたない」는 힘의 차이가 나서 대적할 수 없다는 뜻이다. 끝으로 ⑤의 「帯に短かし、たすきに長し」는 직역하면 허리에 매는 띠(帯)로 쓰기에는 짧고 멜빵처럼 어깨에서 내려오는 끈(たすき)으로 쓰기에는 너무 길다는 말인데 어중간해서 어느 쪽의 용도로도 사용할 수 없다는 의미의 비유 표현이다.

02 2021.B 기출 1

(1) 魚すまず　(2) 先の杖
(3) あとを濁さず　(4) 回れ

問題を解くために

관용어구의 일부만 보고 나머지 표현을 찾아 넣어 완성하는 문제이다. 완성된 관용어구 및 그 의미는 다음과 같다.

(1) **水清ければ(魚すまず)** : 너무 맑은 물에는 물고기가 살지 않는다. 사람이 지나치게 청렴하고 결백하면 사람이 따르지 않음을 비유한 표현이다.
(2) **転ばぬ(先の杖)** : 유비무환. 미리 조심하고 준비를 해 두면 실수하는 일이 없을 거라는 뜻이다. 비슷한 표현으로 「備えあれば患(うれ)いなし」도 있다(患い＝憂い).
(3) **立つ鳥(あとを濁さず)** : 떠나가는 새는 자신이 있었던 자리를 탁하게 만들지 않는다는 뜻으로 사람도 떠나갈 때에는 아름다운 모습으로 떠나되, 깨끗하게 뒤처리를 하고 떠나야 한다는 교훈을 나타내는 말이다.
(4) **急がば(回れ)** : 급할수록 돌아가라는 뜻이다.

03 2002 기출 9-3

一石二鳥

問題を解くために

네 개의 관용어구를 완성하기 위해 필요한 글자를 순서대로 조합하여 4자 숙어를 만드는 문제이다. 첫 번째 표현부터 순서대로 보자면 「一言もない」는 변명의 여지가 없다는 뜻이고, 「石橋をたたいて渡る」는 돌다리도 두드려 보고 나서 건넌다는 뜻으로 매우 조심스러운 태도를 의미한다. 그리고 「うりニつ」는 마치 붕어빵처럼 서로 닮았다는 뜻을 나타내며, 「足もとから鳥が立つ」는 생각지도 못했던 뜻밖의 일이 생겨났음을 나타내는 표현이다.

04 2004 기출 17

(1) ⑥　(2) ④　(3) ②　(4) ①　(5) ⑦

問題を解くために

보기에 제시된 단어를 사용하여 관용어구를 완성하는 문제이다. 완성된 관용어구 및 각 관용어구의 의미는 다음과 같다.

(1) **亀の甲(こう)より年の劫(こう)** : 「劫」는 아주 긴 시간을 의미하는 말로 거북이의 등(甲)과 음독이 같기 때문에 사용한 것이다. 오랜 시간에 걸쳐 쌓은 경험은 그만큼 가치가 있다는 뜻을 나타낸다. 「亀の甲より年の功」라고도 쓰인다.
(2) **河童(かっぱ)の川流れ** : 수영의 달인인 河童(전설상의 동물)조차도 때로는 강물에 떠내려갈 수 있다는 뜻이므로 아무리 실력이 뛰어난 사람도 실수할 수 있다는 의미이다. 비슷한 뜻을 가진 표현으로 「猿も木から落ちる」, 「弘法にも筆の誤り」가 있다.
(3) **花より団子(だんご)** : 아름다운 풍경을 보며 즐기기보다는 실리를 취하는 쪽이 낫다는 뜻. 금강산도 식후경.
(4) **どんぐりの背くらべ** : 비교대상들이 도토리 키 재기처럼 별 차이가 나지 않고 모두 그저 평범하다는 뜻이다.
(5) **泣き面(つら)に蜂(はち)** : 설상가상으로 불행이나 불운이 겹쳐서 찾아온다는 뜻이다.

05 2004 기출 6-2

心

問題を解くために

세 문장을 읽고 각 문장에 사용된 공통된 말을 찾는 문제이다. **「心もとない」**는 어쩐지 불안하고 염려된다는 뜻을 나타내는 표현이고 **「心なしか」**는 '어쩐지, 왠지 모르게', **「心おきなく」**는 '걱정이나 거리낌 없이 안심하고'라는 뜻을 나타낸다.

06 2006 기출 10

① 焼(や)く ② 出(で)る ③ 眩(くら)む ④ 乗(の)る

問題を解くために

일본어도 한국어처럼 신체의 일부분을 사용한 관용어구가 많이 있다. **「手を焼く」**는 처리하는 데 매우 애를 먹는다는 뜻이고, **「足が出る」**는 적자가 나거나 숨겨두었던 일이 드러났다는 의미이다. **「目が眩む」**는 현기증이 난다는 뜻이지만 관용어구로 쓰일 때에는 너무나 좋아한 나머지 사리 분별을 할 수 없을 정도라는 뜻이고, **「口に乗る」**는 감언이설에 속아 넘어간다는 의미를 나타낸다.

07 2002 기출 7-3

(1) 気 (2) 目

問題を解くために

관용어구에 공통적으로 들어갈 말을 찾는 문제이다. **「気が置けない」**는 아주 친해서 거리낄 것이 없는 막역한 사이라는 뜻이고, **「気がない」**는 관심도 흥미도 없는 상태, **「気が引ける」**는 주눅이 들어서 어쩐지 기가 죽어 있는 모습을 나타낸다. 한편, **「目に余る」**는 도를 넘었기 때문에 도저히 묵과할 수 없는 상황을 말하며, **「目がない」**는 사족을 못 쓸 정도로 매우 좋아한다는 뜻이고, **「目が回る」**는 너무나 바빠서 정신이 없는 상태를 나타내는 표현이다.

08 2012.1차 기출 38

④

問題を解くために

동물과 관련된 관용 표현에 대해서 묻는 문제이다. ㄱ의 **「たぬき寝入(ねい)り」**는 실제로는 잠이 들지 않았으면서 자는 척하는 상태를 말한다. ㄴ의 **「竹に雀(すずめ)」**는 그림을 그릴 때 대나무에 참새를 배치한 구도를 말하는데 어떤 배합이 조화롭게 잘 이루어져 있는 상태라는 뜻으로 쓰이므로 〈보기〉에 나와 있는 설명은 사실이 아니다. ㄷ의 **「きつねうどん」**은 우동의 한 종류로 면 사리 위에 유부(**油揚げ**)를 얹은 것이 특징이다. ㄹ의 **「からすの行水(ぎょうずい)」**란 까마귀가 놀아서 탁해진 물이 아니라 까마귀가 멱을 감듯이 간단하게 마치는 목욕을 의미한다. ㅁ의 **「やぶ蛇(へび)」**는 **「やぶをつついで蛇を出す」**의 줄임말로 한국어의 '긁어부스럼'에 해당하는 표현이다. ㅂ의 **「きつねの嫁入(よめい)り」**는 맑은 날씨임에도 불구하고 비가 내리는 것을 말하고, ㅅ의 **「鶴(つる)の一声(ひとこえ)」**는 의사 결정에 절대적인 영향력을 행사하는 높은 신분이나 강한 권력을 가진 사람의 한 마디를 말한다.

09 2010.1차 기출 9

②

問題を解くために

ㄱ에서 **「割れるような」**는 **拍手**라는 단어의 수식어구가 될 수는 있지만 **批判**과는 어울리지 않으므로 교사의 수정은 옳다고 할 수 있다. ㄴ에서 **「目を皿のようにする」**는 놀라거나 뭔가를 찾기 위해 눈을 크게 뜬 상태를 말하며 동사 **よろこぶ**와는 어울리지 않으므로 올바른 수정이라고 할 수 없다. ㄷ에서 **「喉(のど)から手が出るほど」**는 뭔가를 간절하게 원하는 모습을 나타내는 비유 표현이므로 **ほしい**의 수식어구가 될 수 있다. ㄹ에서 **「盆と正月が一緒に来たような」**는 매우 바쁜 모습을 나타내는 표현이므로 **煩わしさ**를 수식할 수는 있지만 **のどかさ**를 수식할 수는 없으므로 올바른 수정이라고 할 수 없다.

10 2006 기출 5

① 出るくいは打たれる
② 二兎を追う者は一兎をも得ず、あぶはち取らず

問題を解くために

첫 번째 지문에서는 일본인들의 언어 행동을 이해하기 위한 몇 가지 키워드를 설명하고 그와 관련된 속담을 묻는 문제이다. 「根回(ねまわ)し」는 원래 나무를 옮겨 심기 전에 이식 효과를 높이기 위해 뿌리 주변을 잘 정리해 두는 것을 말하는데 사회 생활에서는 어떤 일을 하기 전에 관계자에게 의도나 사정을 잘 설명하여 어느 정도는 미리 허가나 양해를 얻어 두는 행동을 말한다. 따라서 「根回しが上手い」라는 표현은 주위 사람들과 좋은 협력 관계를 맺으며 빈틈없고 꼼꼼하게 사전 준비를 하는 타입이라는 긍정적인 의미로 쓰일 수 있다. 이처럼 회의나 협상이 잘 성사되도록 사전에 의견 조율을 잘 해 두는 「根回し」는 공적인 자리에서 서로 대립하는 것을 피하고자 하는 일본인들의 사고방식에 기인한 것이다.
「右へならえ」는 직역하면 오른쪽 옆 사람의 행동을 그대로 따라하라는 뜻인데, 부대 등에서 진열을 정비할 때의 구령으로 쓰이기도 하지만 처음에 행동한 사람을 보고 아무 비판 없이 그냥 따라서 행동한다는 의미로 쓰일 때가 많다. 혼자서만 너무 눈에 띄면 미움을 받거나 견제당한다는 의미를 가진 속담은 「出る杭(くい)は打たれる」, 또는 「雉(きじ)も鳴かずば撃(う)たれまい」 등이 있다.
그리고 두 번째 지문에서는 대화를 읽고 어울리는 속담을 쓰는 문제인데, 두 가지 다 욕심내지 말고 한 가지에만 집중하라는 이야기를 하고 있으므로 ②에 들어갈 속담은 「二兎(にと)を追う者は一兎(いっと)をも得ず」, 또는 「あぶはち取らず」가 적절하다.

11 2018.B 기출 4 일부

ⓐ 上(あ)げた　　ⓑ だから

問題を解くために

ⓐ는 관용어구 「株を上げる」에 대해 묻는 문제이다. 이 관용어구는 원래 어떤 인물에 대한 평가나 평판이 좋아진다는 의미를 나타내는데 본문에서는 모 배우가 입에 올린 「不器用」라는 말에 대해 긍정적인 의미가 더해졌다는 뜻으로 쓰였다. 이어지는 표현 중에서 「好意的なニュアンスが膨らんだ。」, 「いまや「器用」を越える褒め言葉かもしれない。」를 통해 그러한 맥락으로 쓰인 표현임을 알 수 있다.
ⓑ에 들어갈 단어로는, 앞에서 전국에서 85건 적발된 것은 단지 기록에 남은 수치만 집계한 수치임을 말하고 있고 이후에 빙산의 일각이라는 결론을 내리고 있으므로 인과관계를 나타내는 접속사가 적절하다.

12 1998 기출 2-5

(일을) 대충대충 하다, (일을) 건성으로 하다, (일을) 적당히 대충 처리하다 등

제5장 위상어(位相語)　본책 p.358

01 2003 기출 7-2

位相

問題を解くために

위상과 위상어의 개념을 묻는 문제이다.

02 2006 기출 16

① すずきさん　② いいかしら　③ 持ってるよ

問題を解くために

위상어 중에서 성별에 따른 언어 사용의 차이를 이해하면 풀 수 있는 문제이다. 이름을 부를 때의 표현이나 문말의 종조사 사용 등에서 남녀 간의 차이를 알 수 있다.

03 2004 기출 13-1

母{私の母、僕の母}

問題を解くために

일본어에서는 상대방과의 사회적 관계를 고려하여 사용하는 단어를 잘 선택해야 한다. 선생님과 학생이 대화를 나누는 상황에서는 학생이 자기 자신을 「おれ」로 표현하거나, 어머니에 대해 「おふくろ」라는 단어를 사용하는 것은 적절치 못하다. 또한 경어 측면에서 생각해 보아도 자신의 가족을 타인에게 지칭으로 사용할 때에는 「母」를 사용해야 한다.

04 2005 기출 8

- 남성어 : ② ③ ⑤
- 여성어 : ① ④ ⑥ ⑦

問題を解くために

성별에 따른 위상어의 특징을 구별하는 문제이다. 절대적인 기준이 될 수는 없겠지만 일반적으로 남자가 여자에 비해 한자를 사용하는 빈도가 높으며 맞장구 표현은 여성 쪽이 더 적극적으로 사용한다고 한다. 종조사 「ぞ」와 「ぜ」의 경우, 여성들은 사용하지 않는다. **ナ形容詞**를 **文末**에서 사용할 때 「だ」를 생략하는 경향이 많은 것도 여성어의 특징이며, 남성보다는 여성이 주관적 평가를 동반하는 형용사를 자주 사용하는 경향이 있다고 한다.

한편, **感動詞**는 **おお, あら, まあ**처럼 그 자리에서 놀람이나 기쁨, 분노, 탄식 등의 느낌을 바로 표현하는 말을 비롯하여, 타인을 부를 때 사용하는 말(**おい, ほら, もしもし** 등)이나, 응답할 때 사용하는 말(**はい, いいえ, おう** 등), 인사말(**おはよう, こんにちは, さようなら** 등), 구호를 외칠 때 사용하는 말(**えい, やあ, よいしょ** 등)을 이르는데, 이러한 말을 보면 여성보다는 남성이 쓰는 말이 좀 더 다양하다는 것을 알 수 있다.

05 2018.B 기출 5

- ⓐ、ⓑに当てはまることばは、「地域」と「性別」である。
- ⓒに当てはまる文は、「きわめて難しい問題だったようだ」である。({非常に/はなはだ/きわめて}・{難しい/難解な}問題だった{ようだ・ようである})

問題を解くために

지역과 성별에 따른 위상어와 문체를 구별하는 문제이다.

보기 〈A〉의 (2) 「**ぼくは行かん。あしたから試験やから。**」는 오사카 지역 방언임을 알 수 있다. 그리고 보기 〈A〉의 (3)에서는 「**あら、めずらしいわね。あなたも本、読んでるのね。**」에서 여성의 발언임을 알 수 있다. 또한 보기 〈B〉에서는 (1)의 예문을 보면 첫 번째 문장은 **話し言葉**이고 두 번째 문장은 **書き言葉**임을 알 수 있으므로 ⓒ에 들어갈 문장도 **書き言葉**로 바꾸어서 적어야 한다.

06 2014.A 기출 3

この場面にふさわしくない表現は「終わらせていただきます」であり、適切な表現にするには「お開きにさせていただきます」に変えないといけない。その理由は、「終わる」は結婚式や宴会などのようなお祝いの場面においてはタブー視される忌み言葉だからである。

問題を解くために

일본에서는 대화 장면에 따라 사용하는 어휘가 달라지는 경우가 있는데, 결혼식이나 개업식 등, 상서롭고 기쁜 자리에서는 불길한 기운이 느껴지는 표현의 사용은 금기시되며, 이러한 어휘를 **忌み言葉**라고 한다. 이 문제에서는 동사 「**終わる**」를 사용했기 때문에 결혼식 장면에 어울리지 않는 표현이 되었다. 이럴 경우에는 「**お開き(会合や宴会などを終わりにすること)にする**」라는 표현을 사용해야 한다.

07 2019.A 기출 11

ⓐの形態上の特徴2つは、「おかず」のように語頭に「お」をつけたり、「しゃもじ」のように語尾に「もじ」をつけたりしたことである。そして、使用主体は宮中に仕えていた女房たちである。(「女官」も可能)
ⓑに入ることばは「階級(かいきゅう)」である。(「身分」も可能)

問題を解くために

女房詞란 **室町時代**에 궁중(**宮中**)에서 왕비나 후궁, 귀족들을 모시던 **女房**(**女官**)들이 사용하던 어휘로 위상어의 한 종류라고 할 수 있다. 주로 신체나 음식에 관련된 단어들이 많았으며 **町人**들에 의해 널리 퍼져서 현재에도 사용되는 어휘가 많이 남아 있다.
주로 2음절어의 맨 앞에 **お**를 붙이는 경우가 많았고 첫 번째 음절에 **もじ**를 붙이는 형태도 있었다. 전자의 예에 해당하는 말로 「**おかず, おひや, おでん, おかか, おこわ, おじや, おはぎ, おなか, おつむ, おなら**」 등이 있고 후자의 예로 「**すもじ, かもじ, しゃもじ, ひもじい**」 등이 있다. 그 밖에도 소금을 「**波の花**」라고 부르기도 했다고 한다.
한편, 예전에는 신분이나 계급에 따라 **夫婦の呼び方**가 서로 구별되었다고 한다. 예를 들어 **江戸時代**에는 **将軍**의 부인은 「**御台所(みだいどころ)**」, **大名家**의 부인은 「**御内室(ごないしつ)・奥方(おくがた)・奥様**」, **御家人**의 부인은 「**御新造(ごしんぞう)・御深窓様(ごしんそうさま)**」, **町人**의 부인은 「**女房**」, **庶民**의 부인은 「**おかみさん**」으로 불렸다고 한다. 그리고 이때 「**奥様**」에 대해서는 「**殿様**」가, 「**御深窓様**」에 대해서는 「**旦那様**」가, 그리고 「**おかみさん**」에 대해서는 「**御亭主**」가 짝을 이루어 사용되었다고 한다.

08 2006 기출 6

① 「～です、～ます、～でございます」のような丁寧語を使用する。(「丁寧語」 대신에 「です・ます体」도 사용 가능)
② 「お出で」「お電話」「お伝えいただく」のような尊敬語と、「まいる」「いたす」のような謙譲語が現れる。
③ 〈A〉の「って」「～ちゃった」のような縮約表現が使われない。
④ 男性語と女性語の区別が明確でない。
(위 내용 중에서 세 가지를 쓴다.)

問題を解くために

친한 사이에서 편하게 사용하는 말투와 격식 차린 자리에서 사용하는 말투의 차이에 대해 묻는 문제이다. 문체로 말하자면 「**常体(じょうたい)**」와 「**敬体(けいたい)**」의 비교라고도 할 수 있는데 「**常体**」에서는 존경어나 겸양어, 정중어 등의 **敬語類**는 사용하지 않으며 한국어의 반말에 해당하는 「**タメロ**」에 가까운 인상을 준다. 그러나 「**敬体**」는 정중한 마음을 직접 나타내기 위해 사용하는 「**丁寧語**」와 거의 비슷한 수준으로 정중한 문장에서 사용하는 문체이다. 이러한 문체의 차이는 회화 장면에서 몇 가지 담화적 특징으로 나타나게 되는데 서로 거리를 두는 격식 차린 상황에서는 상대적으로 경어를 많이 사용하고 축약 표현은 거의 사용하지 않으며 종조사의 사용을 자제하여 남성어와 여성어의 특징이 두드러지지 않게 되는 등의 특징이 있다.

09 1998 기출 1-1

화자 A는 남성일 수도, 여성일 수도 있지만 화자 B는 여성이라고 생각된다.

問題を解くために

화자 A의 말투는 중성적이지만 화자 B의 말투는 문말표현 「**～んのよ**」로 보아 여성임을 알 수 있다. 만약 남성이었다면 「**何言ってんだ**」라고 했을 것이다.

10 1998 기출 1-3

何を言っているのですか。何を言っていますか。

問題を解くために

「**フォーマルな形**」는 공적인 자리에서도 통용되는 정중한 말투를 말하며 대개의 경우 「**デス・マス体**」를 가리킨다. 그와 반대되는 표현은 「**インフォーマルな形**」라고도 한다.

11 1998 기출 1-4

ありがとう。

問題を解くために

(ⓒ) 다음에 바로 「**なぐさめてくれて。**」가 이어지므로 「**なぐさめてくれて、ありがとう**」에서 앞부분과 뒷부분이 도치된 문장으로 볼 수 있다.

제6장 어휘의 의미

본책 p.367

01 2014.A 기출 3

- グループ2 : ⓒとⓗは、ある意味領域を二つに分割していて、一方が成り立つと他方は成り立たない相補的反義関係である。
- グループ3 : ⓕとⓖは、程度の差があり、それが連続的なものとして意識される反義関係である。
- グループ4 : ⓑとⓔは、極端的かつ非連続的な、対極的な反義関係である。

問題を解くために

반의어의 종류를 묻는 문제이다. 분류하는 기준이 무엇인지를 정확히 파악해야 한다. 문제에 나온 단어들을 분류해 보면 다음과 같다.

- グループ1 : 하나의 사건이나 사물을 상반되는 입장에서 파악하는 반의관계
  ⓐ **貸す : 借りる** ⓓ **上り坂 : 下り坂**
- グループ2 : 어떤 의미 영역을 두 개로 분할하여 한쪽의 의미가 성립하면 나머지 한쪽은 성립하지 못하는 상보적(**相補的**)인 반의관계. **排反関係**라고도 한다.
  ⓒ **当たる : 外れる** ⓗ **地上 : 地下**
- グループ3 : 두 단어 사이에는 정도의 차이가 있으며 그것이 연속인 것으로 의식되는 반의관계. 중간 단계가 존재하며 정도 부사로 수식할 수 있다.
  ⓕ **太る : 痩せる** ⓖ **好きだ : 嫌いだ**
- グループ4 : 극단적이고 비연속적(**非連続的**)이며 서로 극단점을 가진(**対極的な**) 반의관계. 중간 단계가 존재하는 것으로 생각되지 않는다.
  ⓑ **最大 : 最小** ⓔ **北極 : 南極**

02 2021.A 기출 8

- ⓐに入る用語は「類義語」である。
- ⓑについて説明すると、(1)の文で「展望台にあがる」は、展望台という到達点に移動するという移動後の結果に重点があるのに対し、「展望台にのぼる」というと、移動する途中の経過に重点があって展望台への移動を連続的にとらえる。したがって、「あがる」と「のぼる」とでは意味の差があるといえる。
- そして、ⓒに入ることばは「あがる」であり、ⓓに入ることばは「のぼる」である。

問題を解くために

類義語의 개념 및, 동사 「**あがる**」와 「**のぼる**」를 예로 들어 단어의 **類義関係**에 대해 묻는 문제이다. 「**あがる**」는 도달점까지 이동한다는 의미를 강조하는 단어로 이동이 끝난 후의 결과에 중점을 두고 이동 주체의 위치가 변화했다는 점을 나타낸다. 한편, 「**のぼる**」는 이동하는 과정에 중점을 두고 이동이라는 사건을 연속적으로 파

악한다는 특징이 있다. 참고로 유의어에 대한 정의는 다음과 같다.

◎ 類義語〔三省堂『大辞林』〕

同一の言語体系のなかで、語形は異なっていても意味の似かよった二つ以上の語。

「ホテル」と「旅館」と「宿屋」、「あがる」と「のぼる」、「きれいだ」と「うつくしい」などの類。

広義では「同義語」も含まれる。類語。

03 2011.1차 기출 16

①

問題を解くために

접미사의 용법을 묻는 문제이다. 접미사 「~まる/める」는 イ形容詞의 어간에 접속하여 그 형용사가 나타내는 상태로의 변화를 나타내는 자동사와 타동사를 파생시킬 수 있는데 「~くなる」와는 달리 추상적인 의미를 나타낼 수도 있다.

例 彼女が結婚して会社をやめるといううわさが会社中に{○広まった/×広くなった}。

또한 접미사 「~がる/げる」도 비슷한 용법으로 사용된다. 그런데 「広まる」와 「広がる」는 「広く行き渡る」라는 공통된 의미를 지니면서도 실제 쓰임새에서는 차이를 보인다. 예를 들어 「広まる/める」는 사람들이 무언가를 받아들여서 타인에게 전파하여 그 세력 범위가 넓어질 때 사용하는데 질병처럼 부정적인 이미지의 단어에 대해서는 사용하지 않는다. 한편 「広がる」는 사물이나 사태의 범위가 커진다는 뜻을 나타낸다. 따라서 눈앞의 시야가 확대되거나 방이 넓어진다는 의미를 나타낼 때에는 「広がる」의 사용이 적절하다. 추상적인 의미에 대해서는 다음 표를 참고하기 바란다.

	広まる	広がる
うわさが…	○	○
わるい評判が…	○	○
名声が…	○	−
風邪が…	−	○
仏教が…	○	−

04 2011.1차 기출 29

②

問題を解くために

「適当」의 의미는 대략 다음과 같이 정리해 볼 수 있다.

(a) ある状態や目的などに、ほどよく当てはまること。

(b) 分量、程度などがほどよいこと。また、そのさま。

(c) その場に合わせて要領よくやること。いい加減。

이 중에서 (c)의 의미가 부정적인 뉘앙스로 사용되는 경우가 있다. 예를 들어 「適当にやっておいて」라는 말은 「雑にやっておいていいよ」라든가, 「いい加減にやっておいていいよ」라는 말로 바꿀 수 있다.

문제를 보면 ②를 제외한 나머지는 모두 (c)를 부정적인 의미로 사용하고 있음을 알 수 있다. 참고로 ②는 (b)의 의미로 사용되었다.

제7장 어종(語種)

본책 p.372

01 2005 기출 12

- 개념 : 混種語とは、和語か漢語か外来語の3つのうち2種類以上の複数種の語彙で形成された語を言う。その例には「歯ブラシ」(和語+外来語)、「運動靴」(漢語+和語)、「半そでシャツ」(漢語+和語+外来語)などがあげられる。
- 단어 : 本箱　生ゴム

問題を解くために

4가지 어종(語種) 중에서 혼종어의 개념에 대한 이해를 묻는 문제이다. 보기에 제시된 단어 중에서 혼종어는 「本箱」(漢語+和語)와 「生ゴム」(和語+外来語)이다. 그리고 나머지 단어 중에서 「話し手, 受付, なまたまご, 田舎者」는 和語이고 「ローカル」는 外来語이며 「国際関係」는 漢語이다.

제8장 단어의 구성(語構成)

본책 p.375

01 2004 기출 11-1

① ④

問題を解くために

복합동사의 전항(**前項**)과 후항(**後項**)의 조합이 바르지 않은 것을 고르는 문제이다. 동사의 **連用形**에 붙어서 복합동사를 이루어 전항의 동작이 일어나기 시작했음을 나타내는 동사는 **始まる**가 아니라 **始める**이다. 한편 동사의 **連用形**에 붙어 전항의 동작이 끝났음을 나타내거나 어떤 상태가 충분하게 이루어졌음을 나타낼 때에는 **上げる**와 **上がる**를 둘 다 사용할 수 있다. 다만 기어오른다는 뜻을 나타내는 동사는 **這い上げる**가 아니라 **這い上がる**가 되어야 하며 이 경우 **上がる**는 이동이라는 의미를 나타낸다.

02 2009.1차 기출 15

②

問題を解くために

복합어의 결합관계를 종류별로 나누는 문제이다.

보기에 나온 단어를 보면 (가)는 주어와 술어 관계로 결합되어 있고 (나)는 수단이나 방법을 나타내는 말이 먼저 나오고 술어가 뒤따르고 있음을 알 수 있다. 선택지에 나온 단어들을 같은 결합관계끼리 묶어 보면 다음과 같다.

(가)		
日暮れ	雪解け	値上がり
日が暮れる	雪が解ける	値が上がる
白髪まじり		
白髪がまじる		

(나)		
砂遊び	石焼	体当たり
砂で遊ぶ	石で焼く	体で当たる
手作り	手書き	水遊び
手で作る	手で書く	水で遊ぶ

(가) (나) 양쪽 모두에 해당되지 않는 단어들		
川くだり	里帰り	雨宿り
川をくだること	里に帰ること	雨を避けること
金持ち	肌ざわり	島育ち
金を多く持った人	肌にさわる感じ	島で育った人

03 2012.1차 기출 15

④

問題を解くために

보기 1에서 「**家出**」「**挿絵**」「**厚着**」라는 복합명사를 구성하는 **前要素**와 **後要素**의 결합관계를 보고 그와 같은 패턴을 보이는 복합명사를 〈보기 2〉에서 골라서 분류하는 문제이다. 먼저 「**家出**」의 결합관계는 「**家を出る(起点＋動詞)**」, 「**挿絵**」의 결합관계는 「**挿した絵(動詞＋対象)**」, 「**厚着**」의 결합관계는 「**厚く着る(副詞語{連用修飾語}＋動詞)**」임을 파악하고 그와 같은 결합관계를 보이는 복합명사를 찾아본다. 그리고 그 복합명사의 의미가 사물인지, 사람인지, 행위인지도 살펴본다. 그 결과를 정리하면 다음과 같다.

家出 : 「家を出ること」 (起点＋動詞)	ㄷ. 子守 「子の面倒をみること」: 行為
	ㅂ. 脇見 「脇を見ること」: 行為
挿絵 : 「挿した絵」 (動詞{連体修飾語}+対象)	ㄱ. 煮物 「煮た物」: もの
	ㅅ. 見方 「ものを見る方式」: もの
厚着 : 「厚く着ること」 (副詞語{連用修飾語}＋動詞)	ㄴ. 早寝 「早く寝ること」: 行為
	ㄹ. 遠出 「遠く出ること」: 行為

ㅁ. 書留 :「書いて留める方式の郵便」

ㅇ. 近道 :「近い道」

04 2011.1차 기출 17

④

問題を解くために

합성어에 관한 설명 중 바르지 못한 것을 찾는 문제이다. ④의 「**近寄る**」와 「**飛びはねる**」 중에서 「**飛びはねる**」는 병렬구조의 복합어가 맞지만 「**近寄る**」는 「**近く**」가 「**接近する**」를 수식하는 **連用修飾関係**의 복합어이다.

05 2017.A 기출 5

- ⓐに入る例は、金持(かねも)ちである。
(借金取り、人殺し、所帯持ち…)
- ⓑに入る例は、栓抜(せんぬ)きである。
(箸置き、爪切り、塵取り…)
- ⓒに入る言葉は時間名詞であり、ⓓに入る言葉は場所名詞である。
(「時間名詞」の代わりに「時の名詞」も可能。また、「場所名詞」の代わりに「ところ名詞」か「空間名詞」も可能)

問題を解くために

문제에서 말한 것처럼 「**N(名詞)+V(動詞)型**」の**複合名詞**를 의미에 따라서 분류하면 행위명사, 행위자명사, 도구명사, 시간명사, 장소명사, 상태명사 등으로 나눌 수 있다. ⓒ와 ⓓ 오른쪽에 나열된 단어의 의미를 보고 그 종류를 파악할 수 있어야 한다. 그 후 복합명사를 구성하는 명사와 동사 사이의 **格 関係**가 어떠한 것인지를 파악하여 단어 사이의 공통점을 찾아보고, 행위자 명사와 도구 명사 중에서 같은 관계를 보이는 단어를 ⓐ와 ⓑ에 적어 넣으면 된다.

제9장 축약(縮約)

본책 p.379

01 2002 기출 5-2

(1) 準備しといた　(2) 来ちゃ

問題を解くために

「**~ておく**」의 축약형 「**とく**」, 「**~ては**」의 축약형 「**ちゃ**」에 대한 문제이다.

02 2004 기출 5-3

行けりゃ

問題を解くために

조건 표현 「**~ければ**」의 축약형은 「**けりゃ**」이다.

03 2005 기출 9

① しているの　② やめたければ

問題を解くために

구어체에서 흔히 볼 수 있는 축약 표현을 다시 복구시키는 문제이다. 축약 표현 「**してんの**」는 먼저 「**しているの**」의 모음 음절 「**い**」가 탈락하여 「**してるの**」가 된 후에 「**る**」가 「**の**」 앞에서 「**ん**」으로 변화한 것이다. 그리고 축약 표현 「**やめたきゃ**」는 「**やめたければ**」에서 조건 표현 「**たければ**」가 「**たきゃ**」로 변화한 형태이다.

PART 7 일본어 문법

제1장 일본어의 특징

본책 p.383

01 2003 기출 4

(1) × (2) × (3) ○ (4) ○

問題を解くために

일본어와 한국어는 둘 다 교착어에 가까운 성질을 보이는 언어이다. 일본어는 **撥音**이나 **促音**으로 끝나는 음절을 제외하고 대부분의 음절이 0이나 1개의 자음 음소, 그리고 1개의 모음 음소로 구성된 개음절(**開音節**)로 끝나는 언어이다.

02 2006 기출 18

① たいしょう(対照)
② とうご(統語)/とうじ(統辞)
③ こうちゃく(膠着)

問題を解くために

대조언어학은 2개, 또는 그 이상의 언어를 서로 대조하여 공통점과 상이점을 연구하는데 계통이나 시대상의 제한을 두지 않는 것이 특징이다. 서로 다른 구조의 언어를 대조함으로써 그 언어의 특징을 더 잘 알 수 있게 해 주기 때문에 대조언어학의 연구 결과는 외국어 교육에도 응용되는데 구두언어 교수법이 그 대표적인 예이다. 세계 각 언어들의 언어적 특징을 연구하는 유형론 연구 결과에 따라 세계의 언어가 크게 굴절어와 고립어, 교착어, 포합어의 4종류로 나뉜다는 것을 알게 되었다.

03 1997 기출 1

사용언어가 1억 이상인 언어를 대언어(**大言語**)라고 하는데 일본어는 약 1억 2천만 이상의 인구가 사용하는 언어로 언어 인구 순위에서는 9위에 해당한다. 다만 사용 인구의 대다수가 일본 국내에 한정되며 제2언어로서의 위상은 낮은 편이다. 하지만 한국과 일본은 정치・경제적으로 상호 밀접한 협력관계를 맺어 왔으며 앞으로도 기계, 건축, 전기, 농업 등의 분야에서 양국은 활발한 교류 활동을 이어갈 것이다. 뿐만 아니라 한류 붐 등으로 인해 양국의 문화 교류도 점점 더 확대되어 가고 있는 상황이므로 이러한 문화 및 인적 교류 등의 면에 있어서 학습 대상 언어로서의 일본어의 위상은 높다고 할 수 있다.

問題を解くために

일본어의 위상에 대한 객관적인 평가를 묻는 문제이다. 일본이 세계적으로 어떤 위치를 차지하는 나라인지, 일본어를 배웠을 때의 장점에는 어떤 점이 있는지 등에 대해 기술한다.

제2장 품사와 문장 성분

본책 p.387

01 2007 기출 16

① 自立する自立語(詞)か自立しない付属語(辞)か。
② 活用する(用言)か活用しない(体言・副用言・助詞など)か。
③ 修飾語になる(副詞・連体詞など)か修飾語にならない(感動詞など)か。

問題を解くために

[학교문법]이란 현대 일본의 학교에서 이루어지는 국어 교육의 기준이 되는 문법을 말하며 이는 4대 일본어 문법 중 하나인 **橋本文法**(はしもとぶんぽう)를 바탕으로 만들어졌다. [학교문법]에서는 품사 분류를 위해서 **語**를 먼저 자립어(**自立語**)인 「**詞**」와 자립할 수 없는

부속어(付属語)인 「辞」로 나눈다. 예를 들어 명사는 독립적으로 쓸 수 있으니 **自立語**이고 조사나 조동사는 항상 「詞」에 붙어서 쓰이는 「辞」이며 **付属語**이다. 그리고 활용(活用) 여부에 따라 용언(用言)과 체언(体言)을 나누고, 수식어가 되는지의 여부에 따라 **用言**을 수식하는 부사와 **体言**을 수식하는 연체사(連体詞), 그리고 수식어가 될 수 없는 감동사(感動詞)를 따로 분류하였다.

02 2001 기출 4-3

① 副詞(부사) ② 連体詞(연체사)
③ 感動詞(감동사) ④ 助動詞(조동사)
⑤ 形容動詞(형용동사)

問題を解くために

[학교문법]에서는 품사를 명사・동사・형용사・형용동사・부사・연체사・감동사・접속사・조사・조동사의 10개(대명사까지 포함하면 11개)로 분류한다. ①의 「また」는 동사를 꾸미는 부사, ②의 「おかしな」는 명사를 꾸미는 연체사, ③의 「うん」은 감동사(「はい」나 「いいえ」도 모두 감동사), ④의 「ない」는 동사의 부정형으로 쓰였으므로 조동사, ⑤의 「きれいに」는 「きれいだ」의 부사적인 용법으로 품사는 형용동사이다.

03 2018.B 기출 2

ⓐについて、ナ形容詞は文末において名詞に「だ」が後接したものと同じく活用する。「有名だ」を例にあげると、「有名です・有名ではない・有名でした」などになり、「有名人です・有名人ではない・有名人でした」と同じ活用を見せる。そして、ⓑについて、ナ形容詞の語幹は独立して名詞のように用いられる場合があるが、例えば「元気がもりもり」「元気を出す」「健康の秘訣」「親切に感謝する」のように色々な格助詞と共起して主語や目的語になるなど、統語的関係を表し、修飾/被修飾の関係を表す。

問題を解くために

ナ形容詞의 어간은 명사로도 쓰이는 경우가 많기 때문에 학습자 입장에서는 명사와 혼동하기 쉽고 사전에도 어간에 해당하는 명사만이 표제어로 올라 있기 때문에 품사 면에서 어떤 차이가 있는지를 분명히 알아야 한다. 제시문에서 **ⓐナ形容詞の語尾「だ」は、文末においては、指定・断定の助動詞「だ」と同じ形の変化を見せます**라고 한 부분은 서술어로 쓰이는 **ナ形容詞**의 활용이 명사에 だ(일본 [**学校文法**]의 **断定の助動詞**)가 접속한 형태와 비슷하다는 점을 말하고 있는데 이는 품사 분류 기준 중에서 형태론적인 활용을 말한 것이다. 그리고 **ⓑナ形容詞の語幹は独立して用いられる**라고 한 부분은 **ナ形容詞**의 어간이 명사와 공통된 의미를 지닌다는 품사론상의 특징을 지적한 것이므로, 〈**条件**〉을 따르면서 그에 맞추어 답을 적어야 한다.

04 2002 기출 4-2

(c) (d) (f)

問題を解くために

「ない」의 품사가 조동사인 것을 찾으려면 동사의 부정형으로 쓰인 것을 찾으면 된다. 「ない」의 품사를 정리하면 다음과 같다.

① **助動詞**：例 読まない 見ない しない こない わからない
② **形容詞**：例 時間が無い ひとつも無い もうしわけ(が)無い
③ **補助形容詞**：例 かわいくない 静かで(は)ない 食べてない 読みたくない 学生で(は)ない

05 2001 기출 2

ⓐ それから ⓑ それとも
ⓒ それに ⓓ それなら

問題を解くために

두 사람이 주고받는 대화와 접속사의 의미를 잘 해석하면 풀 수 있는 문제이다. ⓐ에서는 시간의 흐름에 따라 순서대로 사건을 나열하고 있으므로 「**それから**」를 써야 하고, ⓑ에서는 「**邦子さん**」과 「**尚子さん**」 중에서 하나를 선택하는 관계로 접속사가 쓰였으므로 「**それとも**」가 적절하다. ⓒ는 시간의 선후 관계 없이 비슷한 사항을 첨가하여 열거하는 경우에 해당하므로 「**それに**」가 자연스럽고, ⓓ처럼 어떤 발언을 받아 그것을 전제로 삼아 말할 때에는 「**それなら**」를 쓴다.

06 2001 기출 7

A なぜなら　B 逆に　C 要するに

問題を解くために

짧은 문장이지만 해석만 잘 하면 어렵지 않게 접속사를 고를 수 있다. (A)의 앞뒤 문장의 흐름을 보면 앞쪽에 「**～ているわけではありません**」이 있고 뒤쪽에 「**～からです**」가 나오므로 어떤 판단이나 주장을 한 후에 방금 한 주장을 뒷받침하는 근거나 이유를 대고 있는 구조임을 알 수 있다. (B)의 뒤 문장에서는 앞에서 말한 내용을 반대로 만든 상황을 제시하고 있으므로 「**逆に**」가 들어가는 것이 자연스럽다. 마지막 문장에서 지금까지의 내용을 정리하면서 결론을 내리고 있으므로 (C)에는 「**要するに**」가 적절하다.

07 2002 기출 8-1

だから

問題を解くために

이 글을 쓴 이는 「**話すこと**」가 어렵다는 이야기에도 동의하고 「**書くこと**」가 어렵다는 이야기에도 동의한다고 먼저 밝히고 있다. 그리고 그 이유는 자신의 직업이 교육 관련 업종이기 때문이라는 말을 이후에 하고 있으므로 접속사는 〈판단〉과 〈이유〉를 연결하는 「**だから**」가 가장 적절하다.

08 2006 기출 17

- ①과 ②의 차이 : **①は前件と後件が対等に並べられているが、②は前件と後件の間に時間的な順序がある。**
- ③과 ④의 차이 : **③は前の状態と後の状態が対等な関係で結ばれているが、④は同類の情報を後から付け加えている。**

問題を解くために

「**そして**」와 「**それから**」는 사물이나 사건 등을 부가하거나 첨가할 때 쓰는 접속사로 대개의 경우 바꿔 쓸 수 있다. 하지만 「**それから**」는 시간의 선후 관계를 분명하게 밝힐 때, 또는 앞에 여러 개를 열거한 후에 마지막 하나를 첨가할 때에 주로 사용한다는 특징이 있음을 기억해야 한다.

09 2000 기출 1-2

① しかし　② そして

問題を解くために

芥川龍之介의 소설 『**杜子春**』의 일부를 인용하여 글의 맥락에 맞는 접속사를 찾도록 하는 문제이다. 첫 번째 문장에서 주인공이 부자가 되어 사치스러운 생활을 했다는 내용이 나오고 그 후에는 1, 2년 사이에 다시 가난해졌다는 내용이 이어지므로 (①)에는 역접 관계를 나타내는 접속사가 와야 한다. 그렇게 다시 가난해진 주인공을 주위 사람들이 거들떠 보지 않는다는 내용이 나온 후에 어느덧 3년 후 봄에 무일푼이 된 주인공에게 사람들이 더욱 차갑게 행동한다는 이야기가 이어지므로 (②)에는 같은 종류의 내용을 열거하는 접속사가 들어가야 한다.

10 2010.1차 기출 17

①

問題を解くために

부사의 의미를 묻는 문제이다.

ㄱ. 「さらに」와 「もっと」는 둘 다 정도가 더 심해졌다는 뜻을 나타낸다.

ㄴ. 「せっかく」와 「わざわざ」는 일부러 신경 써서 상대방을 위해 노력했다는 공통된 의미를 가지므로 바꿔 쓸 수 있다.

ㄷ. 「とりあえず」는 본격적인 단계에 들어가기 전에 어느 정도 일부만 대응을 한다는 뜻으로 쓰이는 부사이고, 「いちおう」는 '만족스럽지는 않더라도 일단 한 번'이라는 뜻으로 쓰는 부사이다. 시험을 칠 때 일부만 칠 수는 없으므로 「とりあえず」는 사용할 수 없다.

ㄹ. 「全然」과 「けっして」는 둘 다 부정어를 수반하지만 「けっして」는 강한 의지나 결단을 나타낼 때 쓰는 표현이므로 「わからない」의 수식어로 「けっして」는 쓸 수 없다.

ㅁ. 「やっとです」는 '최대한 노력해도 그 정도가 한계'라는 뜻으로 쓰는 말이다. 「ようやくです」에는 그런 용법이 없다.

ㅂ. 예상과는 달리 반대의 결과가 나왔을 때에 사용하는 부사는 「かえって」이다. 「むしろ」는 '차라리'라는 뜻이다.

11 2005 기출 13

① 情態副詞 : ざあざあ, そっと
② 程度副詞 : かなり, ずっと
③ 陳述副詞 : ひょっとしたら, 必ずしも, たぶん

問題を解くために

부사를 의미용법에 따라 분류하는 방법을 묻는 문제이다. 일본어의 부사를 3종류로 나누면 情態副詞(様態副詞), 程度副詞, 陳述副詞(誘導副詞)로 나눌 수 있다. 情態副詞는 동작이나 상태의 모습을 나타내는 부사이고 程度副詞는 동사・형용사・부사 앞에 와서 양이나 정도가 얼마나 되는지를 한정한다. 陳述副詞는 술어(述語) 뿐 아니라 문장 전체에 담겨 있는 화자의 마음을 나타내는 부사로 특정 モダリティ 표현과 호응(呼応)을 이루는 것이 특징이다.

12 2009.1차 기출 17

③

問題を解くために

각 부사의 의미를 잘 구별해서 풀어야 하는 문제이다.
먼저 「どうも」와 「どうやら」는 둘 다 '아무래도'라는 뜻으로 추측의 의미를 갖지만 「らしい」와 呼応을 이룰 수 있는 부사는 「どうやら」이다. 「どうにも」는 「どうにもならない・どうにもできない」처럼 부정어를 수반하여 '도저히 불가능하다, 어쩔 도리가 없다'라는 뜻으로 쓰이며 「どうにか」는 '어떻게든 해서 간신히'라는 뜻이다.

13 2008 기출 15

㉮ さえ ㉯ な ㉰ も ㉱ のに

問題を解くために

辻 仁成의 소설 『冷静と情熱のあいだ』의 일부를 인용하여 문맥에 알맞은 조사를 찾도록 하는 문제이다. 첫 번째 (㉮)에서는 '잊어버린 것조차도 생각이 안 난다'라고 하고 있다. 두 번째로 (㉯)에서는 '그러고 보니 그런 일도 일이 있었지'라고 혼잣말을 하는 장면이므로 종조사가 필요하다. 세 번째 (㉰)에서는 5년이라는 시간의 길이를 강조하는 조사가 와야 하며, (㉱)에서는 세월이 지났음에도 불구하고 어떤 기억들은 잊혀지지 않는다고 하고 있으므로 역접이면서 의외의 결과를 초래할 수 있는 표현을 써야 한다.

14 2012.1차 기출 23

④

問題を解くために

取り立て助詞 「さえ」의 의미용법을 묻는 문제이다. 「さえ」는 뭔가를 더 '첨가'하거나, '극단적인 예'를 들어 나타낼 때 사용하는 조사이다. 〈보기 1〉의 「風だけでなく雨さえ降ってきた。」와 「親兄弟ばかりでなく、妻にさえ死に別れた。」는 둘 다 '첨가'의 의미이다. ('극단적 예시'의 예는 〈보기 2〉의 ㄷ과 ㄹ이다.) 한편 「さえ」는 「ば」와 함께 쓰일 때에는 그 조건만 충족되면 충분하다는 의미를 나타내는데 〈보기 2〉의 ㅂ이 그 예가 된다.

15 2006 기출 15

① 名詞と名詞、または二つの事柄を並列的に示し、そのいずれかを選択するという列挙選択(選択的列挙)を表す。
② 硬い調子の言葉で、二つ以上の語を並列的に結びつける時に使う。
③ 多くの中から二つ以上の例を挙げて言う表現であるが、話し手の不満や非難の気持ちが含まれることが多い。

問題を解くために

어떤 사물이나 사항을 연결해주는 접속어 「か」「ならびに」「だの」의 용법을 묻는 문제이다. 일본어에는 이러한 의미를 나타내는 비슷한 표현이 많은데 많은 예문을 보면서 정확한 용법을 익히도록 한다.

16 2005 기출 22

① が ② かな ③ な ④ のよ ⑤ ね

問題を解くために

문말 표현 및 종조사(終助詞)의 용법에 대한 문제이다. **終助詞**는 **文末**에 놓여 어떤 사건 및, 대화에 참여하는 상대방에 대한 화자의 태도를 나타내는 조사를 말하며 「ね、よ、よね、か、わ、ぞ、さ」 등이 있다. (①)에서는 앞 문장과 뒤 문장을 잇는 접속조사인 「が」가 쓰이고 뒤 문장은 생략되어 있는데 이런 경우는 상대방에게 어떤 반응을 끌어내고자 하는 의도가 있는 완곡한 표현이다.

17 2002 기출 4-3

わけ

問題を解くために

형식명사 「わけ」를 이용한 여러 가지 문말 표현에 대한 문제이다. **モダリティ** 표현인 「わけだ」는 시험에 자주 출제되는 영역이므로 의미용법을 잘 알아 두고, 「わけがない(…리가 없다)」, 「わけにはいかない(상황상 …할 수만은 없다)」, 「わけではない(그렇지는 않다, 꼭 그런 것은 아니다)」 등의 표현도 꼭 정리해 두도록 한다.

18 2008 기출 13

㉮ ㉯ ㉶

問題を解くために

형식명사 「の」와 「こと」의 쓰임새를 묻고 있다. 한국어의 '것'에 해당하는 형식명사 「の」와 「こと」는 **共起**하는 동사의 종류에 따라서 그 대상을 명사화할 때 「の」와 「こと」 중 하나를 선택해야 하는 경우가 있다. 직접 어떤 사태를 목격하거나 들었을 때에는 「**～のを見る・聞く、～のが見える・聞こえる**」를 사용한다. 그리고 「**～のをやめる・～のを手伝う・～のをとめる**」와 같은 문형도 기억해야 한다. 「こと」는 「**言う・話す・伝える・宣言する・命じる・信じる・祈る**」와 같은 동사의 대상으로 쓰인다.

19 2010.1차 기출 16

②

問題を解くために

문제 18에서 설명한 것처럼 동사 「**やめる・手伝う・見える**」는 「**～のをやめる・～のを手伝う・～のが見える**」라고 써야 한다.

제3장 지시어

본책 p.403

01 2000 기출 1-1

① あの ② この

問題を解くために

문맥지시의 지시사 사용에 관한 문제이다. 대화 중에 상대방도 알고 있다고 생각되는 대상을 가리킬 때에는 「ア」계열의 지시사를 사용하고 나만 알고 있고 상대방은 아직 모르는 대상을 가리킬 때에는 「コ」계열의 지시사를 사용해야 한다.

02 2003 기출 14-1

その

問題を解くために

지시사의 올바른 사용을 묻는 문제이다. 상대방이 먼저 말한 대상을 바로 받아서 가리킬 때에는 「ソ」계열의 지시사를 사용한다.

03 2010.1차 기출 27

④

問題を解くために

문맥지시에서 「コ」계열은 직전 화제에 등장했거나 곧바로 화제로 삼을 대상을 가리킬 때 사용한다. 따라서 ①은 **それ**를 **これ**로 고쳐야 한다. 그리고 ②는 직전에 나온 사항을 가리키는 경우이므로 「コ」계열이나 「ソ」계열을 사용해야 한다. ③에서 상대방은 아직 모르고 화자 자신이 말한 내용 중, 지시어가 명사의 소유관계를 나타낼 때에는 **その**를 사용해야 하므로 **この程度**를 **その程度**로 고쳐야 한다. ④에서 상대방이 직전에 말한 내용을 화자가 자신의 영역으로 받아들여 말할 때 「コ」계열의 지시어를 사용하는 것은 바른 사용이다. 끝으로 ⑤에서 기억 속의 사항을 회상할 때에는 「ア」계열의 지시어를 사용해야 하므로 **このころ**를 **あのころ**로 고쳐야 한다.

04 2012.1차 기출 29

①

問題を解くために

대화의 내용을 보면 ㉠은 **良子**와 **智美**가 둘 다 알고 있는 사람을 가리키고 있고 ㉡은 **良子**와 **智美**가 둘 다 알고 있는 의복 스타일을 가리키고 있으므로 「ア」계열의 지시어를 사용해야 한다. 그리고 ㉢에서는 둘 다 알고 있는 그 의복을 직접 가리키는 말로 **あれ**를 사용해야 하고, ㉣에서는 **由希子**가 그만두었다는 사실을 **智美**가 알고 있을 거라는 전제 하에 **良子**가 이야기를 하고 있으므로 역시 「ア」계열의 지시어를 사용해야 한다.

제4장 주어와 주제

본책 p.407

01 2012.1차 기출 26

③

問題を解くために

〈보기 1〉 ㈏의 예 「**あの人が社長です。**」에서 「**社長**」는 이미 앞에 나온 기지(**既知**)의 사실이며 전제(**前提**)가 된다. 이 문장에서 초점이 되는 것은 「**あの人**」이며 이는 신정보(**新情報**)이다. 〈보기 1〉에서 이러한 문장 구조를 보이는 문장은 ㄷ과 ㅁ이다. 참고로, 나머지 문장은 주제가 없는 **無題文**이자 일시적으로 파악한 사태를 표현하는 **現象文**이다.

02 2021.A 기출 9

- (1)の「が」は「作る」に結びつき、(2)の「は」は「好きだ」に結び付く。そして、(3)の「は」が「好きじゃない料理がてんぷらだ」全体に結び付く。
- (2)の「は」は主題を表す取り立て助詞であるが、(3)の「は」は対比を表す取り立て助詞である。

問題を解くために

주어와 주제의 개념, 그리고 **取り立て助詞**의 기능에 대해서 묻는 문제이다. 먼저 주어와 술어의 **呼応** 관계를 보면 (1)의 「**母**」는 술어 「**作る**」의 주어이고 (2)의 「**私**」는 술어 「**好きだ**」의 주어이다. (3)의 「**私**」는 술어 「**天ぷらだ**」의 주어가 아니라 「**好きじゃない料理が天ぷらだ**」라는 사태 전체의 주어이자 주제인데 「**弟**」와 비교하면서 대비를 이루고 있다. 답안을 쓸 때 **取り立て助詞**의 두 가지 기능인 **主題**와 **対比**에 대해서도 분명하게 서술해야 한다.

제5장 문법 카테고리 본책 p.411

(1) Tense & Aspect

01 2018.A 기출 12

- 〈A〉の下線部と文法的性質が同じものは、〈B〉のⓑとⓓとⓔである。
- 〈A〉の下線部の補助動詞「くる」は移動の意味ではなく開始(始発)というアスペクト的意味を表している。
  〈B〉のⓑ、ⓓ、ⓔにおいても「くる」は空間の移動ではなくアスペクト的意味を表している。
  ⓑとⓓは過去から発話時(現在)までの漸進的な変化を、そしてⓔは開始(始発)という文法的意味を表す。

問題を解くために

보조동사 「**くる**」의 의미용법을 묻는 문제이다. 이동동사 **くる**의 공간적 이동의 의미가 남아 있는 경우와, 시간적 의미로 문법화하여 **アスペクト**의 기능을 수행하는 경우(ⓑ ⓓ ⓔ)를 구분하여 답을 고르면 된다. 그리고 문법적 성질에 대해 쓸 때에는 어떤 **アスペクト** 의미를 나타내는지를 간단하게 적도록 한다. ⓒ의 「**走ってきました**」는 실제로 공간을 이동한 것이고 ⓐ의 「**送ってきました**」는 동작주가 아니라 대상의 공간 이동이 화자 쪽으로 이루어졌음을 나타내고 있다.

02 2008 기출 14

㉮ • 계속동사 : 見る, 歩く, 読む
  • 순간 동사 : 決まる, 到着する, 死ぬ

㉯ 비교 설명 : 継続動詞は動詞の「ている」形が動作進行という相的意味を表すが、瞬間動詞は動詞の「ている」形が動作・作用が終わってその結果が残存しているという相的意味を表す。

問題を解くために

金田一春彦(1950)에서 **動詞**를 **分類**한 기준에 따라 계속동사(**継続動詞**)와 순간동사(**瞬間動詞**)를 고르는 문제이다. **継続動詞**는 「**ている**」형으로 만들 수 있고 **継続相**인 「**ている**」형이 동작 진행 중임을 나타내는 동사이다. **瞬間動詞**는 순간적으로 동작이 완결되는 것 같은 동작이나 작용을 나타내는 동사를 말하며 **継続相**인 「**ている**」형이 그 동작이나 작용의 결과가 남아 있음을 나타내는 동사이다.

03 2009.1차 기출 25

④

問題を解くために

「**タ**」는 (가)의 「**旅行に行った**」처럼 발화시 이전에 이루어진 상태를 나타내는 경우도 있지만 동사의 어휘적 의미에 따라 현재의 상태를 나타내는 경우((나)와 (라)의 예문)도 있다. 다만 (라)는 종지형이므로 「**ている**」형이 될 수 있지만 (나)는 될 수 없다. 그리고 「**タ**」가 시간적 의미가 아닌 다른 의미를 나타내는 경우도 있는데 (다)의 예문은 이미 알고 있었던 사실을 다시 떠올리는 **想起**의 용법으로 무드(**ムード**)의 「**タ**」라고 할 수 있다. 그리고 (마)의 「**～たほうがいい**」도 앞으로의 행동에 대한 조언을 나타내는 표현이므로 과거의 의미가 아니다.

04 2000 기출 9-1

① (c) (f)　　② (b) (e)　　③ (a) (d)

問題を解くために

①의 「飾った」는 동작의 결과 상태가 발화시까지 지속됨을 나타내는 **アスペクト**의 의미를 나타내며 명사 앞에서 그 명사를 수식하는 한정적 용법으로 쓰인 예이므로 (c)의 「似た」와 (f) 「面した」가 같은 의미의 용법이 된다. ②의 「あっ、汽車が来た」는 예상하고 기대하고 있었던 사태가 실현되었음을 화자가 발견했다는 **ムード**의 「タ」 용법이므로 (b)의 「やってきた」를 같은 유형으로 들 수 있고, **想起**의 용법인 (e)도 **ムード**의 「タ」이다. 그리고 ③의 「起きた」는 과거를 나타내는 「タ」의 용법으로 같은 의미의 용법은 (a)와 (d)이다. 참고로 (a) 「見つけた」는 상대텐스(**相対テンス**)로서의 시제이다.

05 2005 기출 17

- 공통된 문법적 기능 : **共通した文法的機能はアスペクトである。**
- 차이점 :
  ①のように非過去形に「ところ」が後接したときは動作を始める直前の局面を表す。
  ②のように「～ている」形に「ところ」が後接したときは動作の進行中という局面を表す。
  ③のように過去形に「ところ」が後接したときは動作の完了直後の局面を表す。

問題を解くために

공간을 나타내는 명사 「ところ」는 구문 속에 쓰여 **アスペクト** 기능을 할 수 있다. 이때 그 앞에 오는 동사의 시제 형식에 따라 비과거형 동사 뒤에서는 그 동작을 시작하기 직전임을, 의지적인 동사의 계속상 뒤에서는 그 동작을 한창 하고 있는 중임을, 과거형 동사 뒤에서는 발화시 직전에 그 동작이 끝났음을 나타낸다.

제5장 문법 카테고리　본책 p.416

(2) Voice

01 2014.B 기출 1 / 논술형

(A)	(A)のⓐ～ⓓは動作主の観点から、動作主が「わたし」であるⓐⓓと、動作主が「木村さん」であるⓑⓒに分けられる。 ⓐ「使わせられる」とⓓ「～使わせてもらう」は、いずれも動作主の「わたし」が部屋を使うことを表すが、ⓐは自分の自発的な意思ではなく「木村さん」によってその部屋を使うようになったことを、ⓓは「木村さん」の許可を得てその部屋を使うことができたことを意味し恩恵を被ったことをほのめかす。 ⓑ「使ってもらう」は動作主の「木村さん」が部屋を使ってくれて、「わたし」が利益を得たことを意味する。そして使役形に恩恵を含意する「あげる」がついたⓒ「使わせてあげる」は、「わたし」が「木村さん」に2階の部屋を使うように許可し、動作主の「木村さん」に恩恵を施したことをほのめかす。
(B)	ⓔとⓕ： ⓔの述語は能動形でⓕは受身形である。ⓔは事柄を中立的に述べているが、ⓕは間接受身文であるため、「木村さんが2階の部屋を使う」ことによって話し手の「わたし」が何らかの被害を被ったことを表している。
(C)	ⓖとⓗ： ⓖの述語は能動形で事柄を中立的に述べているが、ⓗの述語には行為の授受表現「～てくれる」が使われているため、動作主の「木村さん」が「部屋を使う」行為によって話し手が何か利益を被ったという意味を表している。

(D)	ⓘとⓙ： ⓘの述語は使役形なので話し手の「わたし」が動作主の「木村さん」に「部屋を使う」ように仕向けたという意味を表す。これに対してⓙの述語は使役形に「～てあげる」が後接しているため、話し手が「木村さん」に部屋を使うことを許可して恩恵を与えたという意味を表している。

問題を解くために

논술형 문제이기 때문에 답안이 길어질 수 있는데 그럴수록 문제에서 요구하는 바에 따라 키워드를 잘 적어야 한다. 먼저 (A)에서 ⓐ~ⓓ를 「방을 사용하는」 동작주의 관점에서 나누라고 했으므로 동작주가 누구인지를 분명하게 밝혀서 답안을 적고 두 개로 나눈 문형을 설명할 때에도 동작주에 초점을 맞추되, 각 문장이 어떤 의미를 나타내는지를 서술한다. **【答案例】**에서는 동작주 외에도 자발적인 의사(**意思**)의 유무와 수수동사의 은혜(**恩恵**) 등에 대해서도 언급하였다.
(B) 이하의 답안을 적을 때에도 술어의 형태에 주목하여 「ⓔとⓕ」에서는 능동문과 간접수동문의 특징을, 「ⓖとⓗ」에서는 일반적인 능동문과 「**～てくれる**」가 있는 문장의 특징, 「ⓘとⓙ」에서는 일반적인 사역문과 「**～てあげる**」가 있는 사역문의 특징을 분명하게 밝혀서로 비교하면서 적어야 한다.

02 2018.B 기출 3

(1)のⓐは学生が自分の意志ではなく先生の指示に従って本を読んだことを表す強制使役文である。これに対してⓑは、学生が自分の意志によって本を読むことを申し込み、先生はそれを許可する許容・放任使役である。
(2)のⓐは動作主の「私」が自分の意志でお酒を飲んだことを表す。これに対してⓑは述語が使役受身形になっていて、「私」の意志ではなく他人からの強要で仕方なくお酒を飲んだことを表す。

問題を解くために

사역표현은 크게 다음 두 가지로 나눌 수 있다.
① **強制使役：動作主の意志を問わず使役主が動作主にある行為をするように働きかける。**
② **許容・放任使役：動作主がその行為をしようとしているか、または実際にその行為をしているところを、使役主が許可したり、妨げないでそのまま し続けさせたりする。**
위와 같은 사역표현의 특징에는 동작주의 의지가 중요한 변인이 된다. 또한 의지동사(**意志動詞**)의 **使役受身形**은 일반적으로 동작주의 자발적인 의지가 아니라 타인에 의해서 그 동작을 하게 되므로 이러한 점도 고려해서 답안을 적어야 한다.

03 2001 기출 3-2

① ㉣　② ㉢　③ ㉡

問題を解くために

「**れる・られる**」의 문법적 의미를 묻는 문제이다. 「**れる・られる**」는 수동(**受身**), 가능(**可能**), 자발(**自発**), 존경(**尊敬**)의 의미를 나타낼 수 있으므로 문장을 해석할 때 주의해야 한다. ①의 「**かかれました**」는 **尊敬**, ②의 「**死なれて**」는 **間接受身**, ③의 「**思われて**」는 **自発**이라는 문법적 의미를 나타내고 있다.

04 2007 기출 17

- ②의 바른 문 : 田中さんは息子に本を読ませた。
- 문법적 이유 : 「本を読む」という表現にすでにヲ格があるため、「息子を」が前に来るとヲ格が連続して現れてしまい、不適切な構文になる。

問題を解くために

일본어의 타동사 능동문은 <SOV>의 구조를 보이는데 이를 사역문으로 만들면 <SOOV>의 구조가 되어 「**を**」가 두 번 연달아 나오게 된다. 다만 이런 이중목적어(**二重目的語**) 구문은 일본어에서는 매우 부자연스럽게 느껴지기 때문에 **ヲ格** 외에 **ニ格**을 사용하여 **動作主**(**被使役主**)를 표현하는 것이 일반적이다.

05 2019.A 기출 9

- ⓐに当てはまる用語は「使役」でありⓑに当てはまる用語は「受身」である。
- 「飛ぶ」と「走る」は他動詞ではなくて自動詞であり、共起しているヲ格名詞句「大空を」と「高速道路を」はいずれも動作の対象ではなくて移動の経路を表しているため、ⓒの説明は正しくない。

問題を解くために

타동사는 대상(목적어)을 취하는 동사이고 자동사는 그렇지 않다. 타동사와 자동사가 짝을 이루지 않는 동사의 경우, 자동사를 타동사처럼 사용하려면 사역형을, 타동사를 자동사처럼 사용할 때에는 수동형을 사용한다. 그리고 이동동사의 경로를 나타내는 격조사 「を」는 타동사의 대상이 아니다.

06 2000 기출 9-2

①の「本を」は他動詞「よむ」の対象を意味するが、②の「道を」は対象ではなくて自動詞「とおる」の移動経路である通過域を意味する。

問題を解くために

「を」의 의미와 용법을 묻는 문제이다. 「を」가 붙는 명사구가 항상 타동사의 목적어(대상)을 나타내는 것은 아니므로 타동사의 대상을 나타내는 「を」와, 자동사 앞에서 이동동작의 경로나 통과 장소 등을 나타내는 「を」를 잘 구별해야 한다.

07 2005 기출 11

① おどろかしました
② かたづきました

問題を解くために

「開(ひら)く」나 「増(ま)す」처럼 자동사로도 타동사로도 쓰이는 동사도 있지만 일본어의 동사는 형태적으로도 〈보기 1〉의 「あがる-あげる」나 〈보기 2〉의 「かたづく-かたづける」「おどろく-おどろかす」처럼 자동사와 타동사의 구분이 있는 자타대응동사(自他対応動詞)가 일반적이다.

08 2005 기출 15

日本語の視点は話し手(話者)とかかわっていて、通常話し手の視点は主語に優先的に置かれる。ところが、「あげる」は与え手に、「くれる」は受け手に視点が置かれる。したがって、話し手が受け手の「花子」と同じ立場で述べるときは①のように「教えてくれる」を使い、与え手の「太郎」と同じ立場で述べるとき②のように「教えてあげる」を使うようになる。

問題を解くために

일본어의 **視点**은 화자(**話し手**)와 관련되어 있는데 화자의 **視点**은 우선적으로 **主語**에 놓이는 것이 일반적이다. 수수동사의 경우 「やる/あげる」는 주는 입장(ガ格)에, 「くれる/もらう」는 받는 입장(ニ格)에 각각 **視点**이 놓인다. 따라서 문장 ①에서는 **視点**이 **花子**에게 놓이므로 **話し手**가 **花子**의 입장에서 말한다는 것을 알 수 있고, 문장 ②에서는 **太郎**에게 **視点**이 놓이게 되므로 **話し手**가 **太郎**의 입장에서 말한다는 것을 알 수 있다.

09 2006 기출 4

- 순서 : ② ③ ④ ①(② ③ ① ④도 가능)
- 근거 : 意思疎通のためには文法を構文の形式として、より理解しやすくて使用頻度の高いものから教えたほうが効果的である。

問題を解くために

문법항목을 의사소통에 직접 활용할 수 있도록 지도한다면 수동문보다는 능동문이 이해하기도 쉽고 사용빈도도 높다. 그리고 한국어에는 없는 구조인 「~てもらう文」보다 「~てくれる文」을 먼저 지도하는 것이 실제 사용에도 도움이 된다.

10 2012.1차 기출 22

②

問題を解くために

의미에 따라 타동사를 쓸 것인지, 사역표현을 쓸 것인지를 선택하는 문제이다.

(가)는 약점을 보여준다는 의미를 지닌 타동사 ㉠「みせ」가 정답이 되고, (나)에서는 딸이 본인 의지로 드레스를 입을 수 없는 상황이라 사역표현을 쓸 수 없으므로 타동사 ㉠「着せた」가 정답이다. (다)와 (라)와 (마)는 「消耗する」「発生する」「持続する」가 자동사이므로 타동사로 만들기 위해서는 사역표현을 사용해야 한다. 따라서 각각 ㉡「消耗させ」, ㉡「発生させない」, ㉡「持続させる」가 맞는 표현이 된다.

제5장 문법 카테고리 본책 p.423
(3) Mood & Modality

01 2002 기출 8-2

ムード

問題を解くために

モダリティ의 기본 개념에 관한 문제이다. **モダリティ**는 **モダリティー**라고도 표기하며 학자에 따라 **ムード**라는 용어도 사용되고 있다.

02 2001 기출 17-2

① **比喩** ② **例示** ③ **推測(推定)**

問題を解くために

モダリティ表現 「**ようだ**」의 문법적 의미에 대해 묻는 문제이다. 예문에 나온 문장은 다음과 같이 정리할 수 있다.

① **比況(比喩)** : **彼はまるで白痴のようだ。**(어리석은 정도를 바보에 비유)

② **例示** : **君のようなのを怠け者というのだ。**(게으른 사람의 표본으로 **君**를 예시)

③ **推測** : **とても助からないようだ。**(주변 정황에 입각한 화자의 판단)

03 2004 기출 12-1

③ ④

問題を解くために

③의 「**なければいけない**」는 불필요가 아니라 의무나 당위를 나타내는 표현이고, ④의 「**ものではない**」는 어떤 행동을 하지 말라고 조언하거나 충고할 때 쓰는 표현이다.

04 2000 기출 11

① 「**様態・推測(~인 것 같다)**」**の意味** : (b), (c), (e), (f)
② 「**伝聞(~라고 한다)**」**の意味** : (a), (d)

問題を解くために

モダリティ表現 「**そうだ**」가 나타내는 의미는 「**様態(또는 推測)**」와 「**伝聞**」으로 나누어지는데 그 의미에 따라 예문을 분류하는 문제이다.

05 2005 기출 14

① 今日は雨が{降りそうにありません。/ 降りそうもありません。}
② 今日は天気がよさそうではありません。

問題を解くために

モダリティ表現「そうだ」의 부정표현은 명제에 사용된 단어의 품사에 따라 달라진다. 동사에 접속한 「そうだ」의 부정표현은 「**そうにない**」, 또는 「**そうもない**」이지만 **イ形容詞**나 **ナ形容詞**에 접속한 「**そうだ**」의 부정은 「**そうではない**」이다.

06 1998 기출 9

「ようだ」は、ある証拠に基づいて推測し、命題に対する判断を下す。たとえば①は、何らかの証拠を踏まえて推測し、「彼女が来た」と判断している。一方、「らしい」は「ようだ」に比べるとやや客観的な情報による判断を表し、情報の出所が他人からの話である場合は「伝言」の用法としても使われる。たとえば、②の「卒業論文を出すらしい」は推測の用法としても伝言の用法としても受け取れる。

問題を解くために

文末表現「ようだ」와 「**らしい**」의 차이점을 묻는 문제이다. 두 표현 모두 어떤 증거에 입각하여 **命題内容**에 대한 추측이나 판단을 하고 있음을 나타내지만 「**らしい**」가 「**ようだ**」보다는 다소 객관적인 느낌을 준다. 따라서 ②「**彼女は、来年、卒業論文を出すらしい**」는 실제로 말하는 이가 어떤 정황 증거로부터 추측을 하고 있다고도 해석할 수 있지만 그녀로부터 직접 들은 이야기를 객관적으로 전달하고 있다고 해석할 수 있는 여지도 있다.

07 2018.A 기출 5

答えは(2)である。ムードの具体的な意味は差し迫った命令(急な要求)である。

問題を解くために

ムード의 「**タ形**」가 쓰인 문장을 고르고 그 의미를 쓰는 문제이다. (2)에서 「**どいた、どいた。**」의 「**タ形**」는 과거의 의미가 아니라 **差し迫った命令**, 또는 **急な要求**라고 하는 **ムード的用法**을 나타낸다.

08 2021.B 기출 6

(1)と(2)の下線部と同じ用法のものはそれぞれⓑとⓒである。まず、(1)とⓑのノダは相手に自分の感情や状態を表し、それを何かを求めるための理由として関連づける用法である。次に、(2)とⓒのノダはその場で目撃した状況と関連づけた話し手の推測を表しているが、この場合、ノダを含む文は状況に対する話し手の解釈を表す。

問題を解くために

説明のモダリティ의 하나로 분류되는 **のだ(ノダ)文**은 **文末表現**이 「**のだ(んだ)**」로 끝나는 문장을 말하는데 이러한 문장은 앞이나 뒤에 나오는 문장, 또는 발화시의 상황과 어떤 맥락에서든 관련성을 갖고 있다. 예를 들어 ⓐ의 「**さあ、はやく歩くんだ。**」는 급한 상황이기 때문에 빨리 걸을 것을 상대방에서 명령하고 있고, ⓓ의 「**あ、あした締め切りなんだ。**」는 달력을 보고 어떤 정보를 통해 화자가 어떤 사실을 발견했음을 나타내고 있다.
〈A〉의 예문 (1)은 상대방을 설득하기 위해 화자가 어떤 물건을 절실하게 원한다는 자신의 심정을 이유로 들고 있다. 이 용법은 〈B〉의 ⓑ와 동일한 용법이다. 그리고 (2)에서는 화자가 땅바닥이 젖어 있는 상황을 보고 어젯밤에 비가 내렸을 것이라는 추측을 하면서 앞 문장과 관련짓고 있다. 이 용법은 〈B〉의 ⓒ와 동일한 용법이다.

09 2009.1차 기출 30

②

問題を解くために

文末表現「**ではないか(じゃないか)**」의 의미용법을 묻는 문제이다. 제시문에 나온「**彼、プレッシャーを感じてたんじゃないかな。**」는「**彼、プレッシャーを感じてたと思うよ。**」로도 바꿔 쓸 수 있는데 여기서「**ではないか**」의 의미용법은 자신의 의견을 완곡하게 말하는 용법이다. 선택지에서 같은 용법을 찾아보면 그 사람은 오늘 쉬는 날인 것 같다고 의견을 말하는 ②「**あの人、今日お休みじゃないの。**」가 같은 용법임을 알 수 있다.

제5장 문법 카테고리 본책 p.429

(4) 복문

01 2009.1차 기출 26

④

問題を解くために

조건표현에 대한 설명으로 적절하지 않은 것을 고르는 문제이다.

(가)는 일반적인 사실이나 불변의 진리를 나타내는 조건 표현으로「**ナラ**」는 사용할 수 없다.

(나)는 이미 일어난 과거의 사건을 나타내는 사실적 조건문으로「**と**」를「**たら**」와 바꿔 쓸 수 있다.

(다)는 사실과 반대되는 상황을 말하는 반사실적 조건문이며「**たら**」도 사용할 수 있다.

(라)는 미지(**未知**)의 사실을 가정하는 용법이며 **主節**에 의뢰표현이 올 경우「**たら**」만 사용 가능하다.

(마)의「**たら**」와「**なら**」는 시간 순서가 서로 반대이며 **主節**에 명령이나 금지 표현이 올 경우에는「**と**」는 사용할 수 없다.

02 2009.1차 기출 27

①

問題を解くために

「**テ形**」는 두 개의 절을 연결하여 사건의 계기(**継起**) 또는 병렬(**並列**)을 나타낼 수 있다. 이때 각 절(**前件・後件**)의 술어(**述語**)의 종류에 따라「**テ形**」를 포함한 **節**의 의미는 다양하게 나타난다. ㄱ과 ㄷ은 **前件**의 동작을 수행한 후에 **後件**의 동작을 했다는 **継起**의 용법이다. ㄴ은 **前件**이 **後件**의 동작을 하기 위한 수단이나 방법을 나타내고 있고, ㄹ은 **前件**이 **後件**의 이유를 나타내고 있으며, ㅁ은 **後件**에 나오는 동작이나 상태가 성립될 때 **前件**에서 실현된 사태가 동반되는 **付帯状況**이라는 의미를 나타낸다.

03 2017.B 기출 4

- ⓐ ように ⓑ ために ⓒ ために ⓓ ように ⓔ ように
- 「ために」と「ように」の文法的意味における共通点と相違点：
  「ために」と「ように」の共通点はいずれも目的を表すという点である。ただし、「ために」には理由を表す用法もある。目的を表す「ために」は意志動詞に接続して主節の示す行為の目的を表し、前件と後件の動作主は同じである(ⓑⓒ)。理由を表す「ために」は、前件に意志的な動作はくることができず、前件と後件の動作主が異なっていても良い。一方、目的を表す「ように」は、前件に「できる、わかる、みえる」のように状態性の動詞や可能形が使われることが多く(ⓐⓓⓔ)、前件と後件の動作主は異なっていても良い。

問題を解くために

「**ために**」와「**ように**」의 의미용법을 비교하여 공통점과 상이점을 서술하는 문제이다.「**ために**」와「**ように**」는 둘 다 **目的**을 나타낼 수 있지만「**ために**」는 **目的** 외에 **理由**를 나타내는 용법도 있다. 그 밖에도 **従属節**의 술어의 종류, **共起**하는 동사의 의지성의 유무, **前件**과 **後件**의 **動作主**의 일치 여부 등을 고려하여「**ために**」와「**ように**」를 비교하여 답안을 작성해야 한다.

제6장 오류 찾기

본책 p.434

01 2014.A 기출 7

ⓓの「環境問題に対して」を「環境問題について」に直さないといけない。(문제에 따라 「に関して」도 가능)

問題を解くために

「に対して」와 「について」는 둘 다 한국어로 「에 대해서」라고 해석되지만 일본어에서는 구별해야 한다. 「に対して」는 어떤 동작이나 발언을 하는 상대방을 나타내거나 두 가지의 사항을 서로 대비하여 나타낼 때 쓰는 표현이고 「について」는 사고나 발화의 주제를 나타낼 때 쓰는 표현이다.

02 1999 기출 7

①は「蓋をゆるぐ」を「蓋をゆるがす」に、②は「結婚を申し込むべき」を「結婚を申し込むべく」に書き直す。

問題を解くために

「ゆるぐ」는 자동사이므로 뚜껑을 흔들거리게 만든다는 뜻을 나타내려면 타동사 「ゆるがす」를 써야 한다. 「べき」는 명사 앞에 와서 「~해야 마땅한」이라는 뜻을 나타내므로 「청혼하기 위해서」라는 목적을 나타내기 위해서는 「結婚を申し込むべく」라고 써야 한다.

03 2001 기출 3-1

① ⓐ ② ⓑ ③ ⓑ

問題を解くために

①과 ②는 「まで」와 「までに」를 구별하는 문제이다. 「まで」는 그때까지 일정 상태가 지속된다는 의미를 나타내며, 「までに」는 기한을 정해 놓고 그 이전에 어떤 사태가 이루어진다는 뜻을 나타낸다. 그리고 일정 기간이 지속되는 동안, 어느 시점에서 다른 사건이 일어났다고 할 때에, 그 일정 기간을 가리키는 표현은 「あいだ」가 아니라 「あいだに」를 사용한다. 참고로 庵功雄ほか3人(2000)에서는 다음과 같이 알기 쉽게 도식화하고 있다.

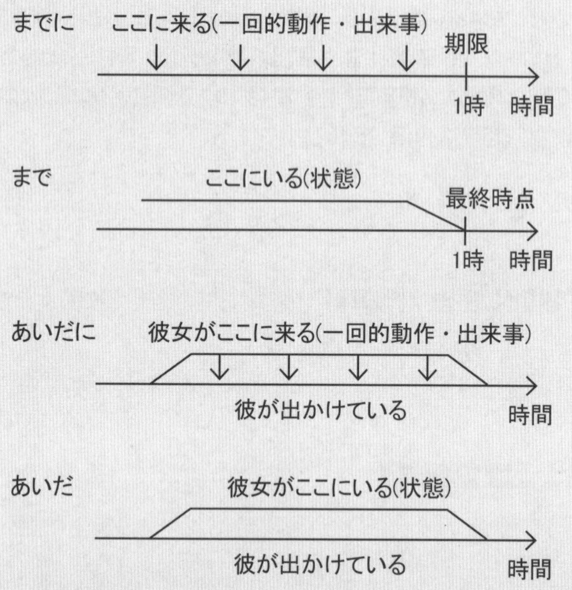

– 庵功雄ほか３人(2000)『初級を教える人のための日本語文法ハンドブック』スリーエーネットワーク p.205 –

04 2006 기출 14

① ⑤ ⑥

問題を解くために

①에서 「もらう」의 視点은 受け手에 있으며 「もらう」의 受け手는 주어 위치에 온다. 이때 与え手인 ニ格, 또는 カラ格에 1인칭이나 「うちの人」가 올 수는 없다.
⑤에서 視点은 화자인 주어에게 있고 제3자가 1인칭 화자에게 어떤 행위를 할 때 그 행위의 방향성을 나타내주어야 하므로 「私に話しかけた」를 「私に話しかけてきた」로 고쳐야 자연스럽다.
⑥에서 「つもりだ」는 3인칭 주어를 포함한 상태로는 쓸 수 없다.

05 2009.1차 기출 10

③

問題を解くために

오류 수정이 바르게 되어 있는 선택지를 찾는 문제이다. (다)의 예문은 5시간이나 기다렸으니 표를 만약 못 구한다면 가만 두지 않겠다는 뜻이므로 「おかない」를 「ただではおかない」로 바꾸는 것이 좋다. 나머지는 틀린 표현이 아니므로 고칠 필요도 없다.

06 2009.1차 기출 28

⑤

問題を解くために

상황에 적합한 일본어 표현을 찾는 문제이다.
⑤를 제외하면 모두 수정이 필요한데, 먼저 ①은 「**わざわざ家まで来てくれてありがとう**」라고 해야 한다. ②에서는 의뢰 표현으로 「**〜ていただけませんか**」라고 해야 하며, ③에서 상사에게 조퇴하겠다는 허락을 구하는 표현으로는 「**部長、今日は用事があるんですが、早く帰らせていただけますか**」라고 말하는 것이 상황에 맞는 일본어가 된다. 그리고 ④는 「**ご紹介します**」라고 하는 것이 맞는 대우 표현이다.

07 2009.1차 기출 24

④

問題を解くために

「**〜うちに**」는 「〜동안에」라는 뜻을 나타내는데 **前件**의 상태가 끝나버리면 **後件**의 동작 실현이 곤란해지므로 **前件**의 상태가 지속되는 동안에 **後件**의 동작을 실현한다는 의미가 있다. 예를 들어 선택지 ①〜③, 그리고 ⑤의 문장에서 **前件**은 각각 「**冷めない**」, 「**晴れている**」, 「**若い**」, 「**朝**」가 되며 이러한 상태가 끝나버리면 **後件**에서 가리키는 「**食べる**」, 「**干す**」, 「**旅行する**」, 「**やる**」라는 동작을 수행하는 것이 곤란해지므로 그렇게 되기 전에 그 동작을 해야 한다는 것이다. 이러한 관계가 성립하지 않는 것은 ④이며, ④의 「**うちに**」는 「**あいだに**」가 되어야 한다.

08 2010.1차 기출 11

①

問題を解くために

「**〜にわたって**」는 어떤 범위 전체에 걸쳐서 행위나 상태가 이루어지는 모습을 나타내지만 「**〜にかけて**」는 시간적・공간적인 도착점을 나타낸다. ①의 문장에서는 홍수를 유발한 비가 계속 온 시간적 범위가 3주일이라는 의미를 나타내므로 「**三週間にわたって**」는 바른 사용이다. ②〜⑤는 모두 올바른 수정이다. 참고로 「**かんかん**」은 시끄럽게 두들기는 소리나 햇빛이 강렬하게 내리쬐는 모습을 표현할 때 사용한다.

09 2010.1차 기출 18

④

問題を解くために

④의 문장은 오로지 미움받고 싶지 않다는 그 이유 하나 때문에 마음에도 없는 아부성 발언을 하고 말았다는 뜻인데, 이때 유일한 이유를 나타내는 표현은 「**ばかりで**」가 아니라 「**ばかりに**」이므로 ④가 정답이 된다.

10 2010.1차 기출 24

⑤

問題を解くために

①에서, 판단이나 조언을 하기 위한 전제 조건을 나타내는 표현은 「ば」가 아니라 「なら」이다.

②에서, 어떤 새로운 사건이 일어나는 배경으로서 그 사건이 일어나기 전부터 진행중인 상태를 나타내는 표현은 「し続ける」가 아니라 継続相 「している」이다.

③에서, 動作主를 「によって」로 나타내고 싶다면 受動文을 사용해야 한다. 동작 후의 상태 존속(状態存続)을 나타내는 「てある」構文에서는 動作主가 共起하지 않는다.

④에서, 이유를 나타내는 従属節에서는 「ないで」가 아니라 「なくて」를 사용해야 한다.

注

・「ニヨッテ受動文」
作成・生産と関わる動詞(「建てる」「描く」「生み出す」「作る」「発見する」「提唱する」等)の動作主はニ格ではなく、「によって」で表す。ただし、例外もある(「~によって裁(さば)かれる」「~によって罰せられる」など)。

例 私は 先生(○に / ○から / ×によって)叱られた。
推薦状は先生(×に / ○から / ○によって)生徒に送られる。
金閣寺は足利義満(×に / ×から / ○によって)建てられた。

11 2010.1차 기출 25

③

問題を解くために

고전 문법의 조동사 「べき(終止形은 べし)」의 의미용법을 묻는 문제이다. 당위(当為)나 의무(義務)를 나타내는 「べきだ」는 사회 상식이나 도덕적인 기준에 따른 화자의 판단을 나타내는 표현이므로 ③처럼 개인적인 이유를 들어 사적인 생활 규칙을 주장할 때 사용하면 부자연스러운 문장이 된다. 「べきだ」의 부정표현은 「べきではない」이며 이는 「~てはいけない」보다 강한 금지표현이다.

12 2010.1차 기출 26

③

問題を解くために

ㄱ. 主節의 文末表現이 命令나 依頼일 경우, 従属節의 조건표현으로 「と」는 사용할 수 없다.

ㄹ. 부정의지를 나타내는 「まい」 표현 중, 「~하지 않으려고」라는 의미를 나타내는 표현은 「まいとして」이다.

ㅁ. 아이가 잠을 깨면 세탁을 하기 곤란해지므로 아이가 깨기 전에 세탁을 마쳤다는 내용의 문장이다. 이런 경우, 시간을 나타내는 従属節에서는 「あいだに」가 아니라 「うちに」를 사용한다.

ㅂ. 主節의 文末表現이 命令나 依頼 등일 경우, 원인이나 이유를 나타내는 従属節에서 「ために」는 사용할 수 없다.

13 2011.1차 기출 24

⑤

問題を解くために

ㄱ. 授受動詞 「もらう」의 주어는 受け手가 되어야 하고 与え手는 主語가 되지 못한다. 이때 与え手에는 1인칭이 올 수 없다는 제약이 있다.

ㄷ. 動作主를 「によって」로 나타내고 싶다면 受動文을 사용해야 한다. 「てある」構文에서는 動作主가 나타나지 않는다.

14 2011.1차 기출 25

③

問題を解くために

(가) 조언이나 충고의 의미용법을 갖는 문말표현 「ものではない」가 바른 표현이다.

(나) 3인칭 주어의 생각이나 계획을 화자가 「ようと思う」로 표현할 수는 없다. 참고로 「つもり」는 2인칭과 3인칭 주어에 대해 의문문으로는 쓰일 수 있다.

(다) 앞선 대화를 통해 추론할 수 있는 사항을 부정할 때에는 「わけではない」를 사용한다.

(라) 사회적인 제도 등, 객관화된 의무 사항을 중립적으로 말할 때에는 「べきだ」가 아니라 「なければならない」가 적절한 표현이

되다.

(마) 화자 나름대로의 판단 근거에 따라 직관적으로 추측하는 경우이므로 「違いない」가 적절하다. 「決まっている」는 화자가 확신에 가득 차서 단정적으로 말하는 경우에 사용하며 특별한 근거가 없어도 직감적으로 드는 생각을 말할 수 있다.

15 2011.1차 기출 26

①

問題を解くために

① 「ついでに」는 동사의 과거형과 비과거형을 둘 다 취할 수 있다. 「ついでに」가 쓰인 **従属節**의 **テンス**는 **主節**에서 결정되기 때문이다.

② **主節**에 권유표현이 있을 때, 「て形」로는 이유나 원인을 나타낼 수 없다.

③ 「まで」는 지속적인 사태가 계속 이어져야 하므로 **完了**의 뜻을 가진 표현은 사용할 수 없다.

④ 「たとえ~ても」는 양보절의 의미로 쓰였으며 설령 그런 일이 있더라도 라는 의미를 나타낸다.

⑤ 「たびに」는 계속상과 함께 쓰일 수 없다.

16 2011.1차 기출 27

④

問題を解くために

ㄱ. 「走り抜いた」는 장애물을 극복하면서 끝까지 달리는 행위를 포기하지 않고 완수했다는 의미를 나타낸다. 지각하지 않으려고 달리는 경우라면 「走った」나 「走り続けた」만으로도 충분하다.

ㄷ. 「~といえば」는 「~について話すと」라는 의미이다. 즉, 새로운 화제를 제공하거나 이야기의 흐름을 바꿀 때 사용하는 표현으로 방금 들은 주제에 대해 관련된 사실을 말해야 한다. 명령이나 의뢰 표현은 부적절하다.

17 2012.1차 기출 24

④

問題を解くために

ㄴ. 「~ているところ」는 의지적인 동작을 나타내는 동사에 접속해야 하므로 「痛んでいるところ」는 잘못된 표현이다.

ㄷ. 「食べだそう」를 「食べ始めよう」로 고쳐야 한다. 복합동사의 **後項** 「出す」는 **話し手**의 의지를 나타내는 문장에서는 쓰이지 않는다.

ㅁ. 「降り始まり」를 「降り始め」로 고쳐야 한다.

18 2012.1차 기출 25

①

問題を解くために

「~うちに」는 어떤 변화가 일어나는 시간대를 지정하는 용법도 있지만 **前件**의 상태가 끝나버리면 **後件**의 동작 실현이 곤란해지므로 **前件**의 상태가 지속되는 동안에 **後件**의 동작을 실현한다는 의미가 있다. 선택지 ①에서 그가 신문을 사는 행위는 변화가 아니며 버스를 기다리는 상태가 지속되는 동안에만 실현되어야 하는 동작이라고 볼 수 없으므로 이런 경우에는 「うちに」가 아니라 「あいだに」를 사용하는 것이 적절하다.

19 2012.1차 기출 8

④

問題を解くために

ㄱ. 타동사 「務める」의 가능형을 자동사 「務まる」로 고쳐야 한다.

ㄴ. 이동동사가 술어이므로 도착점인 「私に」를 「私のところに」로 고쳐야 한다.

ㄹ. 「~하려면」이라는 뜻을 나타내려면 동사 사전형에 「には」를 쓰면 된다.

ㅁ. 항상적인 습관이므로 「たがっています」를 「たがります」로 고쳐야 한다.

제7장 대우 표현

본책 p.447

01 2019.A 기출 5

ⓐに当てはまる用語は「対者敬語」である。そして、下線部ⓑに該当する用語は「美化語」である。

問題を解くために

素材敬語와 **対者敬語** 등 **敬語**의 기본 개념에 대해 묻는 문제이다. **素材敬語**는 화제의 인물(**話の素材となる人物**)이나 대상, 사건 등에 관한 **敬語**를 말하는데 그 종류로는 **尊敬語**와 **謙譲語**가 있다. **対者敬語**는 청자에 대해 사용하는 **敬語**를 말하며 대표적인 예로 「**デス・マス体**」를 들 수 있다. 2007년부터 일본 **文化庁**에서는 **敬語**를 5가지로 분류하고 있는데 이러한 「**5分類**」에서 **対者敬語**는 **丁重語**(**謙譲語Ⅱ**)와 **丁寧語**로 나누어지며 그와 별도로 **美化語**를 **敬語** 체계에 포함시키고 있다.

02 2019.A 기출 3

(　　)に入る文法上の意味用法は「許可」である。

問題を解くために

「**なくてもいい**」는 「**なければならない**」 「**といい**」 등과 함께 **当為的モダリティ**, 또는 **価値判断のモダリティ**에 속하는 표현이다. 이러한 표현들에는 사태의 실현에 대한 화자의 마음가짐이 반영되어 있는데 「**なくてもいい**」는 상대방에게 어떤 행위를 하지 않아도 된다고 허가하는 태도가 반영된 표현이므로 윗사람에게 쓰면 매우 실례가 된다.

03 2018.A 기출 4

ⓐに当てはまることばは「謙譲語」であり、ⓑに当てはまることばは「問い合わせ」である。
(ⓑ에 대해서는 「聞き」, 「尋ね」도 가능)

問題を解くために

敬語의 바른 사용을 묻는 문제이다. 한국어의 「여쭙다」에 해당하는 말로, 「**聞く・尋ねる・質問する**」의 **謙譲語**가 「**伺(うかが)う**」임을 알고 **尊敬表現**을 만드는 방법을 알면 쉽게 풀 수 있다. 또한 창구에서의 대화이므로 「**聞く・尋ねる・質問する**」 대신에 「문의하다」라는 의미의 동사 「**問い合わせる**」를 활용할 수도 있다.

04 2017.A 기출 7

不自然なものはⓑ「白教授」とⓕ「黒川一郎教授様」である。ⓑは「教授の白」に、ⓕは「黒川一郎教授」に正しく直すことができる。

問題を解くために

호칭 및 지칭에 대한 **敬語** 표현은 한국과 일본이 서로 다른 경우가 많다. 일본어로 「**先生**」「**教授**」와 같은 표현은 그 자체로서 이미 **尊敬語**이기 때문에 자기 자신 및 자기 쪽 사람들(**内の関係**)을 지칭할 때는 사용하지 않는다. 직함으로 사용하여 자기소개를 할 때에는 「**教授の白**」처럼 이름 앞에 위치시켜서 연체수식어로 사용할 수는 있다. 「**先生**」의 경우에는 「**教師**」를 사용한다. 상대방을 부를 때에는 「**先生**」나 「**教授**」를 상대방의 이름 뒤에 붙여 부를 수 있는데 이미 **尊敬語**로서 사용하는 것이므로 호칭 뒤에 「**様**」를 붙이지 않는 것이 자연스러운 표현이다.

05 2011.1차 기출 19

②

問題を解くために

(가) 자신이 근무하는 직장의 상사를 외부인에게 지칭으로 말할 때에는 「**部長**」와 같은 직함을 이름 뒤에 붙여서 부르지 않는다.

(다) 선배의 권유를 받아들여 기쁘게 참가하겠다는 의사를 밝힐 때에는 「**参加させてもらいます**」라고 해야 문법적으로 맞는 표현이 된다.

(라) 사회자가 회사 내부인들을 대상으로 사장님에 대한 **尊敬語**를 쓰는 것은 괜찮지만 **謙譲語**인 「**申す**」를 활용하여 「**申されました**」로 쓰는 것은 바른 **敬語** 표현이 아니다.

06 2012.1차 기출 17

②

問題を解くために

ㄱ. 학생이 아버지의 생일 선물을 구입하는 동작은 **敬意**를 표현할 대상이 존재하지 않으므로 **謙譲** 표현의 사용은 부자연스럽다.

ㄷ. 윗사람에게 짐을 들어드리겠다고 할 때 사용하는 표현으로 「**持ってあげましょうか**」는 부적절하다. 「**あげる**」에는 타인에게 은혜를 베푼다는 의미가 내포되어 있기 때문이다.

ㅁ. 「**おっしゃる**」는 「**言う**」의 **尊敬語**인데 「**関西弁を言う**」보다 「**関西弁を話す**」가 자연스러운 표현이므로 「**関西弁をおっしゃっていました**」를 「**関西弁を話されていました**」로 해야 한다.

07 2010.1차 기출 12

④

問題を解くために

④의 「**拝見する**」는 「**見る**」의 **謙譲語**이다. 사람을 만날 때에는 동사 「**会う**」를 사용하기 때문에 「**拝見したい**」를 「**お会いしたい**」로 수정하는 것은 올바른 지도이다. ①의 「**いらっしゃいますか**」는 수정할 필요가 없고, ②의 「**おりますか**」는 「**いらっしゃいますか**」로 고쳐야 한다. 그리고 ③의 「**おありですか**」는 수정할 필요가 없고, ⑤의 「**お持ちして**」는 「**お持ちになって**」라고 해야 바른 대우 표현이 된다.

08 2010.1차 기출 19

②

問題を解くために

ㄴ. 윗사람을 초대하는 장면에서 「**誘ってあげましょうか**」는 부적절한 표현이다. 「**あげる**」에는 타인에게 은혜를 베푼다는 의미가 내포되어 있기 때문이다.

ㄹ. **新幹線**의 역 이름을 다 알고 있다는 상태는 **敬意**를 표현할 대상이 존재하지 않으므로 「**存じ上げています**」와 같은 **謙譲** 표현의 사용은 부자연스럽다.

ㅂ. 질문 받은 사항에 대해 생각하는 행위는 혼자서 하는 행위이므로 **敬意**를 표현할 대상이 존재하지 않는다. 대답을 듣는 면접관에 대한 **敬意**를 표현하고 싶었다면 「**よく考えてお答えしました**」라고 해야 한다.

09 2010.1차 기출 28

⑤

問題を解くために

직장에서의 상하관계를 고려한 대우 표현의 적절한 사용을 묻는 문제이다. 상사인 과장이 신입사원에게 서류를 정리해 달라고 지시할 때에는 **敬語**를 사용할 필요가 없지만 신입사원이 과장에게 말할 때에는 **敬語** 표현을 사용해야 한다. 예를 들어 신입사원이 과장의 지시에 대해 「**いいですよ**」와 같은 표현을 사용하는 것은 비상식적이다. 그리고 과장이 신입사원에게 남아서 함께 잔업을 해 달라고 부탁할 때에는 「**してほしい**」나 「**してもらいたい**」를 사용하는 것이 문법적으로 맞는 표현이다.

10 2009.1차 기출 14

②

問題を解くために

敬語의 용법이 같은 것끼리 모은 선택지를 고르는 문제이다. ㄱ, ㄴ, ㅂ, ㅅ은 모두 **尊敬語**가 사용되었으므로 정답은 ②가 된다. 그리고 ㄹ, ㅁ, ㅇ은 겸양표현이다.

11 2008 기출 12

㉮ お客さんや取引先の人など、社内の職員・役員ではない他所の人物。
㉯ 社長の家族や社内の職員・役員などの内の人物

問題を解くために

한국과 달리 일본에서는 나이나 직위 등에 의한 상하관계보다는 **身内**인지 아닌지, **内(うち)の人**인지 **他所(よそ)の人**인지가 **敬語** 사용에서 중요한 기준이 된다. 비서가 사장의 존재를 알릴 때에도 이와 같은 점을 고려하여 **尊敬語「いらっしゃいます」**와 **謙譲語「おります」**를 바르게 사용해야 한다.

12 2007 기출 19

• 번호 : ⑥　　• 바른 표현 : おっしゃった

問題を解くために

「おっしゃる」에 **「られる」**를 접속시킨 ⑥ **「おっしゃられた」**는 이중경어(**二重敬語**)이므로 이를 바르게 고쳐야 한다. 참고로 **二重敬語**의 사용은 부적절하지만 **「お召し上がりになる・お見えになる・お伺いする・お伺いいたす・お伺い申し上げる」**처럼 이미 관습적으로 굳어진 표현은 인정하는 경우도 있다.

13 2006 기출 23

• 수정문 : いいえ、社長はただいま、出かけております。
• 이유 : 日本語の敬語システムは相対敬語なので、他所の人を相手に話すときに内の人に対して尊敬語を使ってはいけないし、謙譲語を使うことが適切な待遇表現になる。

14 2004 기출 7-1

存じます

15 2004 기출 7-2

飲んだら

14-15

問題を解くために

「思います」의 **謙譲語**와 **「召し上がる」**의 **普通語**를 쓰는 문제이다. **「召し上がる」**의 **普通語**는**「食べる」**와 **「飲む」**의 두 가지가 있는데 문제에서 **「お酒」**가 나왔으므로 **「飲む」**를 답안으로 적어야 한다.

16 2005 기출 21

• 잘못된 부분 : ご拝見なさいましたか
⇨ 고쳐진 것 : ご覧になりましたか

問題を解くために

敬語 사용이 잘못된 부분을 찾아 바르게 고치는 문제이다. 좋은 작품을 보셨느냐고 물어볼 때에는 **尊敬語**를 써야 하는데 **「拝見する」**는 **謙譲語**이므로 **「ご覧になる」**로 고쳐야 한다.

17 2002 기출 5-1

(1) お帰りになる ⇨ 帰る
(2) お母さん ⇨ 母
(3) お待ちしてください ⇨ お待ちください

問題を解くために

敬語 사용이 잘못된 부분을 찾아 바르게 고치는 문제이다. 자기 가족에 대한 사항을 남에게 말할 때에는 **尊敬語**를 사용해서는 안 되며 **お母さん**이라는 표현도 사용하지 않는 것이 바른 대우 표현이다. 상대방에게 기다려 달라고 할 때 **お待ちする**라는 **謙譲** 표현을 사용하는 것도 잘못이다.

18 2001 기출 3-3

① いらっしゃいますか ② お待ちしておりました
③ 行ってまいりました ④ 召し上がって

問題を解くために

敬語 사용이 잘못된 부분을 찾아 바르게 고치는 문제이다. 화제의 인물인 상대방의 존재나 행위에 대해서는 **尊敬語**를 사용하고 자신의 존재나 행위에 대해서는 **謙譲語**를 사용하는 원칙에 따라 답안을 적으면 된다.

19 2003 기출 16

① お目にかかりたい(「お会いしたい」도 가능)
② 少々お待ちください。
③ おっしゃる方が{おいでになっていますが/お見えですが/お見えになっていますが/来ていらっしゃいますが}
④ {ただいま/すぐ}参(まい)りますのでこちらにお入りになって

問題を解くために

보통 표현을 **敬語** 표현으로 고치는 문제이다. 답안을 적기 위해 필요한 **敬語** 표현은 「お目にかかる」「おっしゃる」「おいでになる」「お見えだ」「参る」 등이다.

20 2001 기출 4-1

① お ② × ③ ご ④ お ⑤ ご

問題を解くために

美化語를 만드는 **接頭語** 「お・ご」의 사용에 관한 문제이다. 원칙적으로 **和語**에는 「お」가, 그리고 **漢語**에는 「ご」가 사용되지만 「**お天気、お食事**」, 「**ごゆっくり、ごもっともだ**」와 같은 경우도 있다.

21 2000 기출 1-3

① いただく ② 敬具(けいぐ)

問題を解くために

제시문은 회사 담당자가 고객의 문의에 대해 답변하는 내용의 편지글이다. 편지 내용 중 '고객이 이용하실 수 있도록 개발되었다'는 문장의 일본어 표현 「**利用していただくために開発された**」에서 「**〜ていただく**」에 대해, 그리고 편지글을 시작할 때 사용하는 인사말인 **拝啓**(はいけい)와 짝을 이루어 편지글을 마무리할 때 쓰는 **敬具**(けいぐ)에 대해 묻는 문제이다.

22 2000 기출 2-1

① いたしますので
② 休ませて{いただきたいんですが/いただけますか/いただけませんか}

23 2000 기출 2-2

① よろしい日
② おっしゃってください

22-23

問題を解くために

「目上の人」를 상대로 하는 발언이라는 점을 고려하여 답안을 적으면 된다. 문제를 풀기 위해서는 「する」의 謙譲語 「いたす」, 윗사람에게 허락을 구할 때 사용하는 표현인 「させていただく」, 「いい」의 丁寧語 「よろしい」, 「言う」의 尊敬語 「おっしゃる」 등에 대한 지식이 필요하다.

24 1999 기출 3

どうぞ、ご遠慮なさらず、ごゆっくりご覧ください(ませ)。

25 1998 기출 2-1

お降りして ⇨ お降りになって

26 1998 기출 2-2

おっしゃいました ⇨ 申しました

27 1998 기출 2-3

いきます ⇨ 参(まい)ります・お伺(うかが)いします

25-27

問題を解くために

문제 25에서는 하차하는 인물이 고객이므로 謙譲 표현 「お降りする」를 尊敬 표현 「お降りになる」로, 문제 26에서는 자기 가족의 발언을 타인에게 전하는 경우이므로 尊敬語 「おっしゃる」를 謙譲語 (또는 丁重語) 「申す」로, 문제 27에서는 상대방의 お宅에 방문하는 행위를 표현해야 하므로 「いきます」를 謙譲語 「伺います・お伺いします・参ります」 등으로 고쳐 쓰면 된다.

28 2004 기출 13-2

住んでいるの 또는 住んでるの

問題を解くために

「です・ます体(정중체)」를 「友達言葉(반말체)」로 고쳐 쓰는 문제이다. 縮約表現을 사용할 수도 있고 의문의 종조사 「か」 대신에 文末表現에 「の」를 사용하여 의문문으로 만들 수도 있다.

제8장 고전 문법

본책 p.466

01 2001 기출 18

用言の活用の違いを除いて文語と口語の相違点を述べると次のようなことがあげられる。

- 文語は用言の基本形が口語と違う。文語ではイ段で終わる動詞もある。また、形容詞は「し」で終わり、ナ形容詞は「なり」「たり」で終わる。
- 文語には口語とは違う助詞と助動詞がある。例えば文語の助詞「にて」は口語では「で」に該当する。口語では過去を表すときに「た」を使うが、文語では助動詞「けり」などを使う。
- 文語には、口語ではなくなった「係り結び」という文の制約現象がある。
- 文語には、体言などにつく助詞、または体言に準ずる形式名詞を省略する場合がある。

(위 내용 중에서 3가지를 선택)

問題を解くために

일본어의 역사에서 고어(**古語**)는 일반적으로 근대 이전까지의 일본어를 가리키는데 **古典文法**라고 하면 주로 10세기 **平安時代**의 문법 체계를 말한다. 또한 **古語**는 **文語**라고도 하며 그에 반해 현대어는 구어(**口語**)라고 부르고 현대어 문법을 **口語文法**라고 부른다. **文語**와 **口語**를 비교해 보면,

①용언의 기본형이 서로 다르다.
②용언의 활용이 서로 다르다.
③**文語**에는 **口語**와는 다른 조사나 조동사가 있다.
④**文語**에는 「**係り結び**」라는 문장 규칙이 있다.
⑤**文語**에는 체언에 붙는 조사를 생략하거나(例 : **月○出(いで)ぬ**), 체언에 준하는 형식명사를 생략하는 경우(例 : **行く○も帰る○もあり**)가 있다.

注

・「係り結び」

普通は文末には「終止形」がくるが、もし文中に「ぞ・なむ・や・か・こそ」(係助詞)が現れたら、文末の活用形が「連体形」や「已然形」になるという決まり。文の内容を強調したり疑問を表したりする機能をする。(「ぞ・なむ・こそ」は強調、「や・か」は疑問を表す。)

02 2004 기출 8-1

		意味	活用形
(1)	風と共に去りぬ。	完了	終止形
(2)	言わぬが花。	否定	連体形

問題を解くために

(1) 「**風と共に去りぬ。**」의 「**ぬ**」는 **完了**를 나타내는 **文語**의 조동사 「**ぬ**」의 **終止形**이다.
(2) 「**言わぬが花。**」의 「**ぬ**」는 **打消し(否定)**를 나타내는 **文語**의 조동사 「**ず**」의 **連体形**이다.

03 2002 기출 4-1

(1) いか (2) いく

問題を解くために

(1)의 문장을 해석해 보면 「가지 않겠다고 말은 했지만 그래도 가도록 해 볼까」이고, (2)의 문장을 해석해 보면 「갈까 말까 망설였지만 결국 가지 않기로 결정했다」이다. 문법적으로 보아 (1)에서는 **否定**의 「**ぬ**」 앞에 접속하는 형태로 「**行く**」의 **未然形**를 적어야 하고, (2)에서는 **否定意志**의 「**まい**」 앞에 접속하는 형태로 「**行く**」의 **終止形**를 넣어야 한다.

04 1999 기출 4

人の心は素直(なもの)ではないため、偽りがないとは限らない。
{人の心は素直なものではないし、偽りがないというわけではない。}

問題を解くために

고전(**古典**)에서 등장하는 「**素直(すなほ)なり**」는 현대어의 「**素直だ**」에 해당하는 말로, 그 의미는 현대와 크게 다르지 않으며 「**ありのままだ, 素朴だ, まっすぐだ, 正直だ**」 등의 뜻을 나타낸다. 「**すなほならねば**」의 「**ね**」는 **打消し(否定)**를 나타내는 **文語**의 조동사 「**ず**」의 **已然形(いぜんけい)**이다. **已然形**는 「**已(すで)に起こった**」라는 의미로, 이미 확정된 사실을 나타낼 때 쓰이는 활용형이다(반대의 의미를 나타낼 때는 **未然形**). **已然形**에는 조사 「**ば**」「**ど**」「**ども**」 등이 접속하여 순접이나 역접의 확정조건(**確定条件**)을 나타내는데 이에 따라 「**すなほならねば**」를 현대어로 옮기면 「**素直ではないため**」 정도가 된다.
「**なきにしもあらず**」에는 「**ない(無い)**」와 「**あらず(非ず)**」라고 하는 2개의 부정 표현이 들어가 있는데 현대어로 옮기면 「**ないとは限らない, 少しはある, ないわけではない**」 정도로 해석할 수 있다.

제9장 화용론

본책 p.469

01 2002 기출 9-2

あいづち

問題を解くために

일본의 언어 행동 문화 중 하나인 「**あいづち**」에 대해 묻는 문제이다. 한국에서는 상대방의 이야기를 들을 때 끝까지 다 듣고 나서 자신의 이야기를 하는 것이 예의로 여겨지지만 일본인의 이야기를 들을 때에는 대화 도중에 적당한 곳에서 「**はい**」, 「**ええ**」, 「**うん**」, 「**そうですか**」, 「**そうですね**」, 「**なるほど**」 등의 대답을 하면서 맞장구를 치는 것이 좋다. 만약 대화 도중에 상대방이 맞장구를 치지 않으면 일본인들은 상대방이 자기의 말에 관심이나 흥미가 없다고 여기고 불안해하기 때문이다.

02 2011.1차 기출 30

⑤

問題を解くために

두 사람의 대화를 살펴보면 정보가 들어 있는 어휘나 문장이 아니더라도 대화를 주고받는 과정에서 감동사나 크게 의미가 없는 말들이 등장하고 있음을 알 수 있다. 이러한 담화 표지 중에는 「**フィラー**」라고 하는 것도 있는데 대화를 내용을 잘 이해하면 어떤 감동사나 「**フィラー**」가 언제 나와야 하는지를 알 수 있다.

03 2010.1차 기출 36

②

問題を解くために

발화문과 전달 의도가 일치하지 않고 그 장면이나 상황에서만 유효한 발화문을 **間接発話**라고 한다. **間接発話**는 제안을 거절하거나 뭔가를 요구하는 장면에서 많이 사용되는데 각 장면에 맞게 그 숨은 의미를 제대로 해석할 필요가 있다. 또한 일본인들은 직접적으로 거절하는 표현을 사용하는 것을 매우 꺼리는 경향이 있으며 그 대신에 「**あいにく……**」나, 「**とてもじゃないけど……**」, 「**実は、それがね……**」와 같은 완곡한 표현을 사용하여 자신의 의사를 전달하는 경우가 많다. ⑤의 「**勘弁してよ**」도 직역하면 용서해 달라는 뜻이 되지만 제안을 수락할 수 없다는 의도를 전달하기 위해 일본인들이 자주 쓰는 표현이다.

04 2005 기출 19

- 이유 : 「嘘をつけ！」は表面的には嘘をつくことを働きかける命令文の形をしているが、それはあくまでも修辞的表現であり、実質的な意味は「嘘をつくな」という禁止になる。こういう修辞的表現を「反語」という。
- 표현 예 : 勝手にしろ! バカ言え!

問題を解くために

수사적 표현(**修辞的表現**)의 일종인 **反語** 표현에 관한 문제이다. **反語** 표현은 표면적인 의미가 실제 발화 의도와 정반대인 표현을 말하며 한국어와 마찬가지로 일본어에서는 명령문과 의문문에서 **反語** 표현을 많이 볼 수 있다.

05 2017.B 기출 8

レイさんが使用すべきだった言語表現は前置き表現である。前置き表現は、ディスコースにおいて、次にくる主な言語内容を導入するという機能を果たす。そして、依頼のような主要な内容を話す直前に、いわゆるクッションことばとして前置き表現を使うことで言語行動における配慮を表す用法もある。
(「指導する際の授業の流れ」는 생략)

問題を解くために

제시된 대화문에서 **レイ**는 갑자기 **田中**에게 전화를 걸어 안부 인사도 나누지 않고 바로 자신이 원하는 요구사항을 말하고 있다. 이는 담화 전개에 있어 상대방에 대한 배려가 결여된 태도이며 담화 전략으로도 결코 바람직하지 않다. 특히 **レイ**처럼 상대방에게 어떤 부탁을 할 때에는 주요 용건을 꺼내기 전에 **前置き表現**을 사용함으로써 상대방이 받게 될 심적 부담을 줄여주고 대화를 부드럽게 이어가는 담화 전략이 필요하다.

문제의 〈**条件**〉에서 커뮤니커티브 어프로치에 입각하여 도입, 전개 순으로 수업 내용을 구성하여 설명하도록 하고 있으므로 답안을 쓸 때에는 이 점을 주의해서 써야 한다. 도입 시에는 잘못된 담화 전략으로 인해 어떤 문제점이 있을 수 있을지에 대하여 생각해 보도록 하고 수업을 전개할 때에는 몇 가지 상황을 만들어 그 장면에 어울리는 조건을 제시하고 학생들에게 선택권을 준다. 또한 부탁하는 입장과 부탁 받는 입장으로 역할을 나누어 롤 플레이를 하도록 지도하는 등 커뮤니커티브 어프로치의 특징을 최대한 살린 지도안을 작성하도록 하는 것이 바람직하다.

또한 문제의 〈**条件**〉에 따라 사용해야 하는 언어 표현(**前置き表現**)의 예를 세 개 들어서 각각 어떠한 상황에서 쓰면 자연스러운 표현이 되는지 학생들에게 선택하게 하여 그 표현이 자연스럽게 나올 수 있도록 교실 활동을 구상한다.

注

- 行動要求に用いられる前置き表現の例
  「悪いけど……。」
  「すみませんが……。」
  「申し訳ないんですが……。」
  「恐れ入りますが……。」
  「恐縮ですが……。」
  「失礼ですが……。」
  「勝手ですが……。」
  「突然こんなことをいうのもあれですが……。」

제10장 기타 문법 및 어휘 표현

본책 p.476

01 2017.B 기출 3

ⓐ～ⓖの中で「はい」「いいえ」で答えられる疑問文はⓑ、ⓒ、ⓓ、ⓔ、ⓕであり、答えられない疑問文はⓐ、ⓖである。ⓐ、ⓖは疑問詞疑問文で疑問詞に焦点が置かれるため、答えるときも疑問詞に対応する答えをしないといけない。一方、ⓑ、ⓒ、ⓓ、ⓔ、ⓕは真偽疑問文であるため、「はい」「いいえ」で答えられる。このうち、「はい、そうです。」「いいえ、違います。」で答えられるものは名詞述語文のⓑとⓒである。形容詞述語文のⓓとⓔ、動詞述語文のⓕは「はい、そうです。」「いいえ、違います。」で答えることができない。

問題を解くために

의문문은 질문의 초점이 어디에 있는지에 따라 의문사에 질문의 초점이 있는 **疑問詞疑問文**과, **命題 成立** 자체에 질문의 초점이 있는 **真偽疑問文**으로 나눌 수 있다. 이 중에서 「**はい**」「**いいえ**」로 답변할 수 있는 것은 **真偽疑問文**이고 **疑問詞疑問文**에 대해 대답할 때에는 의문사에 초점을 맞추어 그에 해당되는 답변만 하면 된다. 그리고 **真偽疑問文** 중에서도 「**はい、そうです**」「**いいえ、違います**」로 답변할 수 있는 것은 **名詞述語文**과 **のだ文**뿐이다. 형용사 술어문이나 동사 술어문은 「**はい、そうです**」「**いいえ、違います**」로 답변할 수 없다.

02 2011.1차 기출 37

⑤

問題を解くために

일본어 표현을 제대로 이해하여 바른 응답을 하는 대화를 찾아야 하는 문제이다. 대화가 어긋나는 이유는 일본어 표현을 제대로 이해하지 못하기 때문이다. ①에서 A가 「**うるさい**」를 쓴 것은 '시끄럽다'는 의미가 아니라 '귀찮다'는 의미이다. ②의 「**会社をあずかる**」는 '회사를 맡는다'는 의미이고 ③의 「話をつめる」는 '협상 등에서 이제부터 본격적으로 논의에 들어가 결론을 낼 수 있도록 한다'는 의미이다. 그리고 ④에서 「仏門の道に入った」라는 말은 '출가하여 승려가 되었다'는 뜻이다. ⑤의 「お先にいただきました」는 식사가 아니라 욕실을 먼저 사용한 사람이 건네는 말이다.

03 2011.1차 기출 38

①

問題を解くために

A가 말한 일본어 표현을 제대로 이해하여 B가 적절한 답변을 하는 것을 찾아야 한다. ①에서 나온 「あがってもいい」는 이제 그만 일을 끝내고 철수해도 좋다는 뜻이므로 B가 먼저 퇴근하겠다고 인사한 것은 적절한 대응이 된다. ②에서 A가 「体がしびれてしまう」라고 한 것은 너무 좋아서 몸에 전율이 흐른다는 의미이지 전기에 감전되었다는 뜻이 아니다. ③에서 A가 「お茶をいれる」라고 한 것은 차를 끓이는 행위를 말한 것인데 B는 차 잎이 용기에 담겨 있다고 하여 동문서답식의 답변을 하고 있다. ④에서 A는 「腕をあげた」라고 하면서 상대방의 실력이 늘었음을 칭찬하고 있는데 B는 팔의 통증 운운하면서 전혀 다른 이야기를 하고 있다. ⑤에서 A가 말한 「おひらきにしたいと思います」는 연회 등의 모임을 이제 그만 마무리짓겠다는 의미이지 지금부터 시작하겠다는 의미가 아니다.

04 2009.1차 기출 16

③

問題を解くために

일본어 표현에 관한 설명으로 바르지 않은 것을 고르는 문제이다. ③의 설명과 달리 「動く」는 자동사이기 때문에 「体を動く」라고는 하지 않는다.

05 2009.1차 기출 29

⑤

問題を解くために

두 사람의 대화를 보면서 의미적으로 맞는 구어체 축약표현을 찾아 그 조합이 바른 것을 고르는 문제이다. (가)에서는 만화를 보느라 밤을 새우고 말았다는 의미의 표현(~ちゃった)을, (나)에서는 사과해야 한다는 의미의 표현(~なきゃ)을, (다)에서는 만화 책 표지를 실수로 오염시키고 말았다는 의미의 표현(~ちゃった)을, (라)에서는 당연하다는 의미를 나타낼 수 있는 표현(~に決まってるじゃん)을 넣어야 한다.

06 2002 기출 8-4

(b), (g)

問題を解くために

일본어 표현이 바른 것을 찾는 문제이다.
(a)의 「安全する」는 ナ形容詞로 바꾸어야 하고, (c)의 「自己」는 「自分」으로, (d)의 「もある」는 「でもある」로 고쳐야 한다. (e)의 「考えをする」는 「考える」가 맞는 표현이며, (f)에서 지시대명사는 「そのもの」가 아니라 「それ」가 되어야 한다.

07 2001 기출 17-1

【한국어 답안 예】
「思う」는 상상, 결의, 희망, 사랑 등 마음에서 우러나오는 주관적인 감정에 따라 순간적으로 느끼고 정서적인 심적 활동을 한다는 의미를 나타낸다. 「考える」는 두뇌를 활용하여 비교적 장시간에 걸쳐 사고하고 의견을 만드는 정신 활동을 한다는 의미를 나타낸다.

【日本語答案例】
「思う」は、「嬉しく思う」「彼女のことを思う」「マンションが良いと思う」のように、心に浮かんでいる感情や感覚、心的活動、個人的な評価や判断をするという意味を表す。
「考える」は、「数学の問題を考える」「国の将来を考える」のように割と長時間をかけて論理的に頭を使った精神的な活動をするという意味を表す。

08 2004 기출 11-3

③, ⑤

問題を解くために

어간에 「~がる」를 붙여서 사용할 수 있는 형용사는 감정형용사에 한정된다. 따라서 속성을 타내는 「**太い**」와 「**薄い**」는 「~がる」를 붙여서 사용할 수 없다.

09 2008 기출 6

【例示】
〈質問〉次のうち、正しい文を一つ選びなさい。
㉠ 彼女は僕にやさしがる。
㉡ 私はほんとうに悲しがる。
㉢ 山田さんは寂しがっている。
㉣ あなたはうれしがっていますか。

問題を解くために

문제를 만들 때에는 감정형용사와 감정형용사가 아닌 것을 구별할 수 있도록, 그리고 1인칭과 2인칭, 3인칭을 섞어서 출제한다.

10 2005 기출 18

【答案例①】
「私は車がほしい」と「息子は車をほしがる」という例からもわかるように、「~がほしい」は1人称話者の希望を述べるときに、「~をほしがる」は第三者(3人称)が何かを望むことを１人称話者が述べるときに使う表現である。

【答案例②】
「ほしい」は「私は車がほしい」のように希望する主体は１人称話者であり、望む対象は普通ガ格で表示される。「ほしがる」は「息子は車をほしがる」のように希望する主体は第三者(3人称)であり、望む対象はヲ格で表示される。

問題を解くために

형용사 「**ほしい**」와 동사 「**ほしがる**」가 구별되는 문법적 조건을 묻는 문제이다. 문법적 조건이라고 했으므로 답안을 쓸 때에는 희망하는 주체의 인칭과 대상의 격조사를 반드시 적어야 한다.

11 2009.1차 기출 32

④

問題を解くために

다소 긴 문장을 읽고 정확하게 뜻을 파악하여 같은 의미를 가진 문장을 찾는 문제이다. ㈎는 동의하기 어렵다는 뜻을 나타낸다. 그리고 ㈏는 일본 경제가 어느 정도 회복되었다는 뜻을 나타낸다.

PART 8 일본어 작문/번역

제1장 오류 정정

본책 p.485

01 2004 기출 2

① 有名した → 有名だった/有名であった
② でる → する

問題を解くために

① '유명하다'는 형용사이므로 **有名した**로 쓸 수 없다.
② '소리가 나다'는 **音がでる**가 아니라 **音がする**이다. 사람의 목소리인 경우, **声がする**가 된다.

02 2009.1차 기출 31

② (가)—ㄴ (나)—ㅅ

問題を解くために

(가) 형용사 **多い**가 단독으로 명사를 수식할 때에는 **多くの**의 형태를 취해야 한다. 술어인 **入る**의 주체가 무의지성 주어이기 때문에 가능형을 사용할 수 없다.
(나) 정보를 듣고 전하는 문장이어야 한다. **元気ではなさそうだ**는 전문이 아니라 양태의 표현이다. 전문의 **そうだ**는 부정으로 만들 수 없다. 현재 그 정보를 들은 상태이기 때문에 미래형인 **~と聞く**는 사용할 수 없다.

03 2010.1차 기출 30

③

問題を解くために

もったいぶる는 수줍어한다는 뜻이 아니라 거드름을 피운다는 뜻이다. 수줍어한다는 의미를 가진 일본어 단어에는 「**照れる、恥ずかしがる、はにかむ**」 등이 있다.

04 2010.1차 기출 31

②

問題を解くために

~に越したことはない는 그 이상 좋은 것이 없다는 뜻이므로 가장 좋다는 의미로 쓰여야 한다.

05 2011.1차 기출 31

②

問題を解くために

조사 **やら**와 **や**는 둘 다 대표적인 사항을 예로 들어 비슷한 것들이 더 있음을 암시하는 데 쓰이지만 한두 번의 일이 아니라고 할 때에는 **や**를 써야 한다.

06 2011.1차 기출 32

⑤

問題を解くために

① **仏頂面(ぶっちょうづら)**는 '인자한 얼굴'이 아니라 '불만이 가득한 얼굴'이다.
② **まんざらではない**의 뜻은 '아주 나쁘다고만은 할 수 없다, 아주 싫은 것만은 아니다'이다.
③ **もう少しで~ところだった**는 만약 조금만 더 시간이 지났다면 어떤 사태가 일어날 수도 있었다는 뜻이다.
④ **~ずにはいられない**는 '~하지 않을 수가 없다'이므로 **幸せを願わずにはいられなかった**는 행복을 빌어 주었다는 의미가 된다.

07 2012.1차 기출 31

⑤

問題を解くために

ㄱ 様態の **そうだ**는 동사에 접속했을 때 가까운 미래에 일어날 사태를 추측하는 데 쓰이므로 현재 피곤해 보이는 사태를 말할 때에는 「疲れたようだ、疲れたみたいだ、疲れて見える」라고 해야 한다.

ㄴ お金があって見える는 「お金があるように見える、お金がありそうだ」라고 해야 자연스럽다.

08 2012.1차 기출 32

④

問題を解くために

① 僭越(せんえつ)ながら는 '외람되지만'이라는 뜻이다.

② 足かけ4年은 햇수로 4년이라는 뜻이므로 총 기간은 4년을 넘길 수 없다.

③ ～といったらありはしない는 어떠한 사태의 정도가 매우 심할 때 쓰는 표현이다.

⑤ お手盛(ても)り는 자기에게만 유리하도록 일을 꾸민다는 뜻이다.

제2장 일본어로 작문하기

본책 p.492

01 2021.B 기출 9

- 筆者が下線部ⓐのように思う理由 : TPOにあわせてそのつど持っていくかばんのように国語辞典も用途にあわせた編集方針が組まれていて、必要に応じて使えるようになっているため
- ⓑ「想い」と置き換えられることば : あたたかみ
- 〈訳〉執筆者たちは、その個々の感情を押し殺してあくまで冷静に記述しようと心がけています。

02 2019.B 기출 4 일부

他者との関係が揺れると他者のみならず自分という存在にも目を向けるようになります。

03 2017.B 기출 5

- 〈訳〉
  教育とは、文字通り子どもたちを教え、育てることである。わたしは教師の一人として毎日子どもたちにさまざまな知識を教えている。しかし、私たちは「教える」ことに偏りすぎたあまり、「育てる」ことを疎かにしているのではないか。
- 〈訂正〉
  ① それでは、才能とは何でしょうか。→ 何だろうか。
  ② 学校ではさまざまな教科を教えているけど、→ 教えているが、

04 2008 기출 10

㉮ このケーキ、おいしそう(だ)。

㉯ 京都{へ/に}行く(の)なら、新幹線が便利です。(「の」를 사용할 경우, 「なら」 대신 「だったら」도 가능)

㉰ 父が空港まで送ってくれました。/ 父に空港まで送ってもらいました。

㉱ 洗濯(を)している間、部屋には誰もいなかった。

05 2007 기출 20

田中さんは毎日夜遅くまで残業させられているらしい。

06 2007 기출 21

A っぱなし　　　　B いられない

07 2006 기출 19

① 仕事が手につかない
② 知られたくない
③ 歯止めがかからない/ブレーキがかからない

08 2006 기출 20

① 朝{ミルク/牛乳}を飲んだきりで何も食べていません。
② 映画を見たつもりで本を買うことにしました。
③ 彼女は叱られるどころか褒められました{褒めてもらいました}。

09 2005 기출 7

① 田中さんは先生のところに行きました。
② 田中さんはまだ来ていないそうです。(「らしい」도 가능)
③ 田中さんは韓国に来られるようになりました。(「韓国へ」도 가능)

10 2004 기출 13-3

本当に良かった。(ほんとうによかった。)

11 2004 기출 14

① しばふに立ち入るべからず。
② いかに苦しくとも生きねばならない。
③ わざわざ行っただけのことはあった。
④ なせばなる。

12 2003 기출 14-2

① 行っていない
② 悪化したのは/悪くなったのは

13 2002 기출 5-3

① 金持ちになればなるほど
② 専門知識の習得だけでなく/専門知識の習得のみならず(「ばかりでなく」도 가능)

14 2000 기출 4-2

手(て)が届(とど)かない、手の届かない

15 1998 기출 2-4

太(ふと)り始(はじ)めた(「太り出した」도 가능)

제3장 한국어로 번역하기

본책 p.503

01 1999 기출 5

① 사야겠다고 생각만 하는 동안에 살 기회를 그만 놓치고 말았다.
② 엎친 데 덮친 격/설상가상

02 2002 기출 11-3

쥐가 살아남기 위해서, 이내 죽음에 이르게 될 운명을 짊어지고 전력을 다해 이리 저리 도망다니는 모습이 묘하게 뇌리에 박혔다.

03 2004 기출 16-3

무엇과도 바꿀 수 없는, 둘도 없이 소중한

04 2001 기출 9-2

① 확고한 위치의, 부동의, 확고부동한
② 공격 대상이 되는 일도 있다, 표적이 되어 버리기도 한다.
③ (반발이나 비난의) 불길이 솟아오르기 시작한다, (반발이나 비난의 움직임에) 불이 붙기 시작한다.

05 2004 기출 15-2

무례에 대해 사과하면서, 무례를 사과함과 동시에, 무례를 사죄하면서 등

06 1998 기출 1-2

최악이야! 완전히 망쳤어! 망했어! 폭망했어! 등

제4장 주제 작문

본책 p.513

01 2014.B 기출 3 / 서술형

今年の訪問期間について、日程は確定したのでしょうか。

ご確定になり次第、具体的な日程を教えていただきたく存じます。

次に、本校に訪問される生徒と先生はそれぞれ何名でしょうか。

性別を含めて人数をお知らせくだされればと思います。

それから、ご希望の見学先がありましたら、ぜひお知らせください。

日程を組むうえで参考にさせていただきたいと思います。

問題を解くために

자매 학교의 담당 교원 앞으로 보내는 메일이므로 이 문제의 답안을 쓸 때에도 비즈니스 레터 형식을 갖추어 정중한 문체를 사용해야 한다. 조건을 충족시키기 위해서는 메일 〈B〉의 본문 중에서 일정과 인원수, 희망 견학처가 있음을 확인하고 이 사항에 대하여 문의하는 문장을 답안에 반드시 넣어야 감점을 피할 수 있다.

PART 9 지문 독해

제1장 단락 재배열

본책 p.517

01 2019.B 기출 6

(1)~(3)を自然な流れになるように並べかえると、(3)-(1)-(2)になる。
ⓐに当てはまることばは「自然」である。
ⓑの理由は、この状況が続けば日本の自然は破壊しつくされるだろうし、そうなれば取り返しがつかなくなるからである。

02 2018.A 기출 10

(1)~(4)を自然な流れになるように並べかえると、(3)-(2)-(1)-(4)になる。
「たとえば」を文頭に入れられる文は(2)である。
主旨が分かるように文章のタイトルをつけると、「論理力を高める接続詞の使用」になる。

03 2017.B 기출 6

〈A〉で筆者が考える「本当の意味での人工知能」とは「人間の知能の原理を解明し、工学的に実現する人工知能」である。
〈B〉の(1)~(4)を自然な流れになるように並べかえると、(4)-(2)-(1)-(3)になる。
〈B〉の(ⓐ)を完成させると、「人間の思考はコンピュータのプログラムで実現できる」になる。

04 2014.A 기출 10

自然な流れになるように並べかえると、(C)-(A)-(D)-(B)になる。

05 2012.1차 기출 34

②

06 2011.1차 기출 34

⑤

07 2010.1차 기출 33

⑤

08 2009.1차 기출 34

⑤

09 2008 기출 22

(A)⇨(D)⇨(G)⇨(B)⇨(E)⇨(C)⇨(F)

10 2006 기출 25

- 글의 순서 : A ⇨ C ⇨ B ⇨ E ⇨ D ⇨ F
- 원인 :
  ① 학교 교과서에 인생을 논하는 풍조의 문장이 많다.
  ② 학교와 집만 왔다 갔다 하며 오로지 입시 공부만 하는 학생들 입장에서 실제 체험을 통해 느낄 수 있는 현실이 부족하다.

11 2005 기출 32

(C) ⇨ (A) ⇨ (D) ⇨ (B)

12 2004 기출 16-5

(C)

13 2000 기출 4-3

(D) ⇨ (B) ⇨ (A) ⇨ (C)

제2장 요지 파악

본책 p.540

01 2014.B 기출 4

この文章で筆者は、世界の言語はすべて平等であり、他の言語より本質的に優れている言語は存在しないと主張している。主張の根拠は次のようである。
まず、言語を比較してどの言語が優れていると判断できるような科学的根拠が存在しない。形態的に複雑な言語もあれば音調などの面が複雑な言語もあり、言語の複雑さは言語の優秀性を決める普遍的な基準にならない。もし、科学技術の議論ができない言語があるとしてもそれはその言語に科学関係の語彙がまだ取り入れられてないだけのことで、それも言語そのものの優秀性を決める基準にはならない。

02 2012.1차 기출 36

③

03 2011.1차 기출 33

②

04 2011.1차 기출 35

④

05 2010.1차 기출 32

⑤

06 2010 기출 34

⑤

07 2010.1차 기출 35

①

08 2009.1차 기출 33

①

09 2005 기출 33

그때그때 상황에 꼭 맞는 아름다운 표현을 할 수 있도록 평소부터 다양한 표현을 익혀 두자.

10 2006 기출 22 일부

森林の働き

제3장 문장 완성하기

본책 p.558

01 2012.1차 기출 35

①

02 2006 기출 22 일부

山(やま)くずれ

03 2011.1차 기출 36

③

04 2009.1차 기출 35

④

05 2009.1차 기출 36

⑤

06 2004.1차 기출 16-1

ⓐ それだけに　ⓒ さらに　ⓓ けれども

07 2004 기출 16-2

③

제4장 종합 독해

본책 p.568

01 2007 기출 22

① 道程　② あみだな
③ 改札　④ そうで

02 2007 기출 23

• 글의 순서 : A → (F) → (B) → (D) → (E) → (C)
• 단어 : 一途(いちず)さ

03 2005 기출 29

① 유약함(나약함, 무기력함)
③ 마마보이 행태(마마보이 같은 행동)

注

• 不甲斐(ふがい)ない : 「どうにも情けない」나 「意気地がない」와 같은 뜻을 나타내는 형용사. 열심히 노력했는데도 원하던 결과가 안 나왔을 때 한탄하듯이 말하는 경우에 주로 쓰인다. 不甲斐無さ는 不甲斐ない의 명사형.
• マザーコン(mother complex) : 和製英語로 「マザーコンプレックス」의 略語. 성인이 되어도 어머니에게 집착하고 어머니에게 좌지우지당하는 상태를 말한다. 반대로 아버지에게 집착하는 관계는 「ファザーコンプレックス」, 관계는 「ファザーコン」이라고 한다.

04 2005 기출 30

② ふらず(ふらずに)
④ され
⑥ 背負(せお)わされて、背負って

注

• 脇目(わきめ)も振(ふ)らず(に) : 곁눈질도 하지 않고 집중하는 모습을 나타내는 표현
• 馬鹿(ばか)にされる : 바보 취급 당하다, 무시당하다.

05 2005 기출 31

この世に生まれ変わるなら(この世に生まれてくるなら、この世に生まれるなら)

06 2003 기출 15-1

① ふへんせい ③ ばくぜん ⑤ れいこく

07 2003 기출 15-2

② 過失 ④ 根本 ⑥ 精神

08 2003 기출 15-3

B (d) C (c) D (b)

09 2003 기출 15-4

善美なるもの

10 2003 기출 15-5

④ ⑥

11 2003 기출 15-6

ヒューマニズム

12 2002 기출 6-1

① ひそ ② しょうそく

13 2002 기출 6-2

③ 大人　④ 期待
⑤ 仲間　⑥ 特別

14 2002 기출 6-3

この人生をいかに生くべきかということ

15 2002 기출 6-4

C

16 2002 기출 6-5

(E)⇨(D)⇨(A)⇨(C)⇨(B)

17 2002 기출 6-6

終生の友

18 2000 기출 3-1

① ムク　② ソガイ

19 2000 기출 3-2

자신들의 영향력에 대해서는 일부러 눈을 감고,
자신들이 지닌 영향력은 보려 하지 않고

20 2000 기출 3-3

과학기술의 진보는 인간의 생활과 밀접한 관계가 있다. 따라서 과학자들은 단지 과학적 성과를 올리기 위한 연구가 아니라 지구 환경에 미치는 영향을 고려하면서 연구를 진행하는 등, 인류와 사회에 공헌할 수 있는 연구를 해야 한다.

21 1999 기출 9-1

① 思想　② 仮説　③ 思考
④ 懐疑　⑤ 仮説

22 1999 기출 9-2

ⓐ 明瞭　ⓑ 純粋
ⓒ 虚無　ⓓ 固有

23 1999 기출 9-3

それにもかかわらず、それなのに、しかし

24 1999 기출 9-4

A もし　B すなわち
C しかし　D だから

25 1999 기출 9-5

考えるということ

26 1999 기출 9-6

仮説

27 1999 기출 9-7

つまり～である

28 1999 기출 9-8

人生

29 1999 기출 9-9

④ 仮説について

30 1999 기출 15-1

상대방의 속마음을 헤아려 알아차리거나 자신의 의사를 직접 말로 하지 않고도 상대방에게 전달하는 것

注

腹芸(はらげい) : 원래는 연극 용어로, 배우가 대사나 동작을 하지 않고도 등장 인물의 내면 심리를 표현하는 연기를 말한다.

31 1999 기출 15-2

일본의 **短詩型文学**은 5・7・5・7・7, 또는 5・7・5와 같은 정해진 형식에 맞추어야 하므로 시어를 선택할 때 꼭 필요한 요소만을 사용하여 강한 인상을 남긴다. 또한 절제된 표현 방식으로 여운을 남김으로써 독자들로 하여금 자유롭게 상상할 수 있도록 하고 정취를 오래 느낄 수 있도록 한다. 이러한 분위기는 꼭 필요한 말 외에는 하지 않고 속마음인 **本音**는 최대한 드러내지 않으면서도 서로의 생각이나 마음을 알아차리기를 바라는 일본인들의 언어 운용 방식과 밀접한 관련이 있다.

32 1999 기출 15-3

일본어는 주어를 반드시 표현하지 않아도 되며 술어 중심의 문장 구조를 이룬다. 또한 맥락으로 보아 알 수 있는 사항에 대해서는 굳이 표현하지 않아도 의사소통이 가능하다. 그리고 **言いさし** 표현처럼 일부러 주절이 생략된 문장을 사용하여 본인이 원하는 바를 간접적으로 표현하는 문장도 발달되어 있다.

33 1998 기출 4-1

(e), (k) 教壇
(f), (i) 講義

34 1998 기출 4-2

(a) シツヨウ (g) タゼイ

35 1998 기출 4-3

とにかく、ともあれ、ともかく

36 1998 기출 4-4

(보습)학원에서 나오는 수입

37 1998 기출 4-5

나름대로 의욕에 넘쳐 있기도 했지만, 의욕에 넘쳐 있었던 것도 사실이지만

38 1998 기출 4-6

教えることに変わりはなかったものの

39 1998 기출 4-7

多勢の人の前で話すのが苦手で、話しおわったあとは自己嫌悪に陥いることのみ多い

40 1997 기출 9-1

① 장애 요인을 극복하면서 성공적인 대회를 이루어내고 한일 양국 간의 유대를 강화해야만 공동개최를 진심으로 기뻐할 수 있다.
② 불편한 관계가 때때로 드러나기도 한다.

41 1997 기출 9-2

선수들(팀)이나 관객을 안전하게 이동하도록 하는 방법, 물가나 통화 격차 조정, 비자 발급 등의 문제에 있어서 양 정부의 협력은 반드시 필요하다.

問題を解くために

본문 중의 「共催となれば、チームや観客を安全でスムーズに運ぶ方法、物価や通貨の違いの調整、査証の発給などで、政府間の協力が欠かせない。」를 참고하면 된다.

42 1997 기출 9-3

상대의 사정을 서로 배려하는 마음과 서로 양보하는 정신

問題を解くために

본문 중의 「そうなれば、せっかくの共催が、日韓関係にマイナスとなってしまう。こうした事態を避けるためには、相手の事情を配慮する気持ちや、譲り合いの精神が大切だ。」를 참고하면 된다.

완전공략 가이드

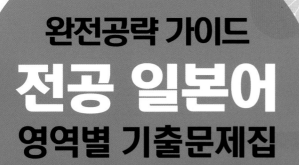

전공 일본어 영역별 기출문제집

同範囲問題

答案例

問題を解くために